EdiBimbi è un marchio di EDICART
Via Jucker, 28 - Legnano (MI) - Italia
Titolo originale: *The Kingfisher A-Z Encyclopedia*
Traduzione dall'inglese di *Rita Marchiori*

Stampato in Cina

www.edicart.it

la mia GRANDE Enciclopedia dalla A alla Z

EdiBimbi

miti e leggende

musica

oceani

Oceania

pesci

piante

Prima guerra mondiale

Seconda guerra mondiale

Sistema solare

sport

tempo atmosferico

Terra

uccelli

vichinghi

Tavole speciali

aeroplano

Africa

agricoltura e allevamento

America meridionale

America settentrionale

anfibi e rettili

animali preistorici

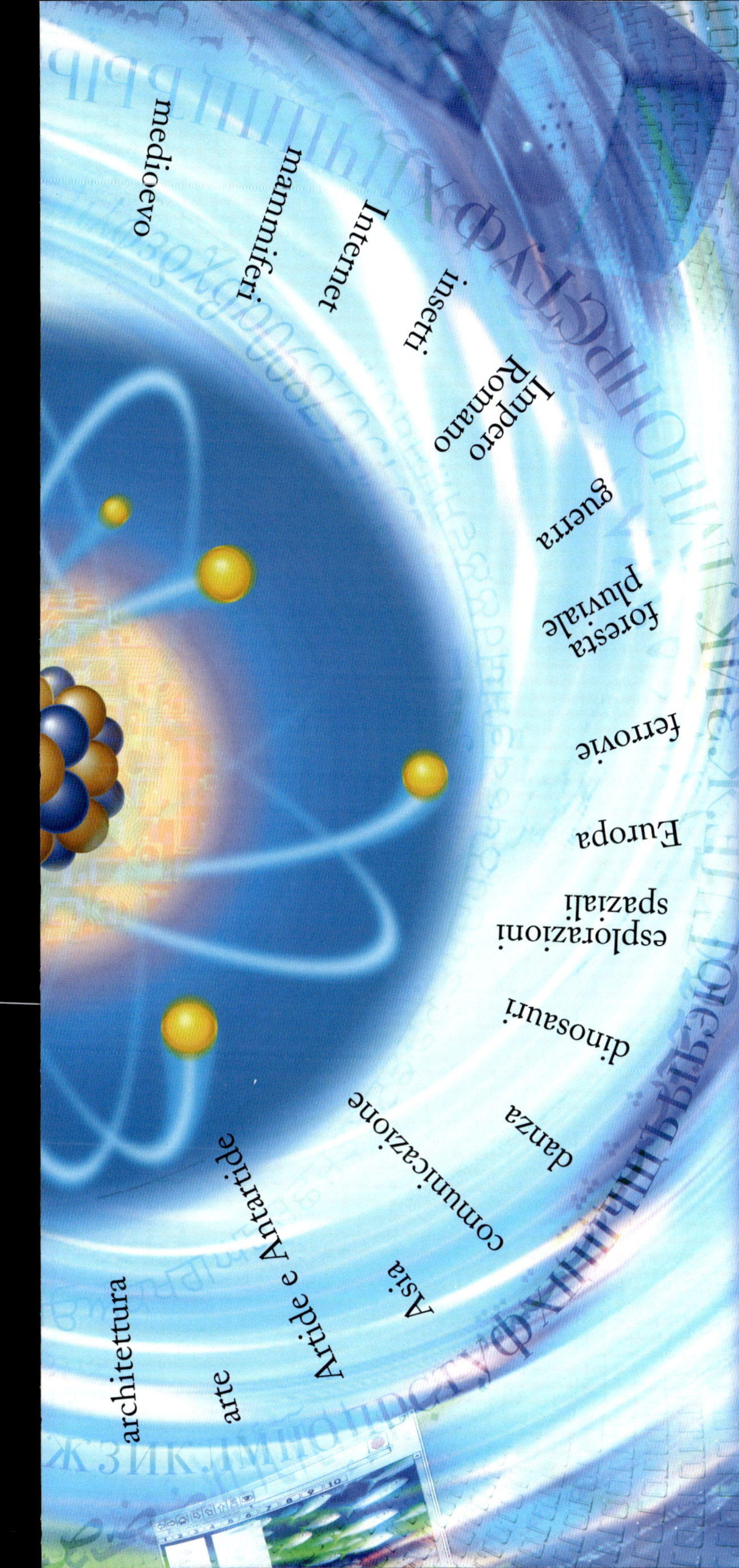

Come usare questa enciclopedia

Questa enciclopedia è semplice e divertente da consultare. Puoi cercare un lemma (o voce) in particolare, sono disposti in ordine alfabetico oppure puoi semplicemente sfogliare il libro e curiosare tra le mille informazioni che contiene. Dovresti trovare informazioni a sufficienza consultando le voci principali, per esempio **orso**, o **pianeta**. Se quello che stai cercando non compare tra le voci principali, prova nell'indice analitico alla fine dell'enciclopedia: troverai certamente indicazioni sull'argomento che ti interessa. Tavole speciali dedicate ad argomenti di rilievo come le epoche storiche, i dinosauri e i continenti del mondo contengono moltissime notizie interessanti. L'elenco delle tavole di approfondimento è riportato qui a lato. Le parole in **neretto** all'interno dei lemmi rimandano ad altri lemmi di approfondimento.

Ogni lemma dedicato a uno stato è provvisto di un riquadro contenente i dati riepilogativi: troverai la bandiera dello stato e le informazioni sulla forma di governo, sulla capitale, e ancora superficie totale, popolazione, lingua e moneta.

Lungo il testo, in parallelo ad alcuni lemmi, troverai box di approfondimento con curiosità o informazioni molto speciali. Dopo aver letto le informazioni che ti interessano, controlla la guida ai siti Web riportata a p. 426: in questi siti accuratamente selezionati troverai ulteriori informazioni utili con quello straordinario strumento che è Internet.

abaco

L'abaco è un semplice strumento di calcolo usato nei tempi antichi da babilonesi, egizi, greci e romani. È costituito da file di palline infilate in asticelle o fili metallici. Le palline della prima fila rappresentano le unità, quelle della seconda le decine, quelle della terza le centinaia, e così via. In alcune parti dell'Asia e del Medio Oriente l'abaco è usato ancora oggi.

Per eseguire operazioni matematiche, talvolta gli antichi romani utilizzavano invece appositi sassolini che chiamavano *calculi* e da cui derivò il nostro termine "calcolare".

abbreviazione

Un'abbreviazione è la forma accorciata di una parola. Le parole si abbreviano per risparmiare spazio e soprattutto tempo, perché le forme abbreviate sono più veloci da scrivere. A volte vengono utilizzate le prime lettere delle parole, come in "Dott." per "Dottore" o "Avv." per "Avvocato", altre volte soltanto l'iniziale, come "S." per "Santo". Dopo l'abbreviazione si aggiunge sempre un punto per segnalare che si tratta di una parola abbreviata.

abete, *vedi* conifere

▽ Gli **aborigeni** furono i primi esseri umani ad abitare l'Australia. Ancora oggi realizzano dipinti sulle pareti delle caverne e sulla corteccia degli alberi, quasi sempre ispirati ad antichi miti che risalgono a molte migliaia di anni fa.

aborigeni

Il termine "aborigeno" significa semplicemente "originario di una determinata località", ma viene solitamente usato per indicare le prime popolazioni che abitarono l'Australia. Gli aborigeni giunsero in Australia dall'Asia sudorientale più di 40 000 anni fa. Non avevano dimore permanenti e si spostavano continuamente alla ricerca di cibo, cacciando animali con armi come il boomerang e le lance.

Gli europei che si trasferirono in Australia 200 anni fa circa non ebbero alcun rispetto per gli aborigeni. Fortunatamente, però, oggi gli ultimi aborigeni sono cittadini australiani a tutti gli effetti e il governo ha concesso loro alcuni territori sui quali rivendicavano diritti di proprietà.

Abruzzo

Regione (1 338 898 ab.) dell'Italia centromeridionale che confina con le Marche, il Lazio e il Molise, e si affaccia a est sul mare Adriatico. Occupata in massima parte dall'Appennino abruzzese, comprende i massicci del Gran Sasso, del Morrone e della Maiella ed è attraversata dai fiumi Tronto, Tordino, Vomano, Pescara, Sangro, Trigno. L'agricoltura e l'allevamento ovino rappresentano le principali risorse. Come altre regioni d'Italia (Sicilia e Friuli), anche l'Abruzzo è soggetto a **terremoti**.

Le sue province sono: L'Aquila (capoluogo), Chieti, Pescara e Teramo.

accelerazione

Quando un'automobile aumenta la velocità con cui si muove, accelera. Se si lascia cadere una pallina dalla cima di un edificio molto alto, anch'essa inizia ad accelerare, raggiungendo la velocità di 9,8 m al secondo dopo un solo secondo. Dopo due secondi si trova a cadere a una velocità di 19,6 m al secondo: per ogni secondo di caduta aumenta la propria velocità di 9,8 m.

La pallina accelera perché viene attratta verso il centro della Terra dalla forza di gravità.

acciaio, *vedi* ferro e acciaio

acido

Un acido è un composto chimico liquido spesso tossico. Alcuni acidi, come l'acido solforico, l'acido nitrico e l'acido cloridrico sono molto forti e possono corrodere, ossia consumare, anche i metalli più robusti. Altri acidi, al contrario, sono innocui. Tra questi, l'acido citrico, che dà ai limoni e alle arance quel caratteristico sapore aspro, e l'acido acetico, contenuto nell'aceto.

L'acido lattico, invece, è prodotto dal latte quando inacidisce e anche dai nostri muscoli quando si contraggono.

Tutti gli acidi fanno diventare di colore rosso un tipo speciale di carta chiamata *cartina al tornasole*, usata dai chimici.

Esistono poi sostanze che sono l'opposto degli acidi: sono chiamate *alcali* o *basi*, e fanno diventare di colore blu le cartine al tornasole. La soda caustica, per esempio è una base molto forte. Gli alcali sono i principali ingredienti del sapone.

acqua

La superficie della Terra è costituita per il 71% da acqua: per la maggior parte si tratta dell'acqua salata dei mari, per il resto dell'acqua dolce dei fiumi, dei laghi e dei ghiacciai. Senza l'acqua, la vita non sarebbe possibile: la vita ebbe infatti inizio proprio nell'acqua e il corpo di tutti gli esseri viventi è costituito per lo più da acqua.

L'acqua contiene minerali che assorbe dal terreno e dalle rocce che la circondano e può esistere in forma solida, come il ghiaccio, liquida o gassosa, come il vapore. A 0 °C l'acqua solidifica e si trasforma in ghiaccio, mentre a 100 °C inizia a bollire e si trasforma in vapore.

Le nuvole (*vedi* **tempo atmosferico**) sono enormi ammassi di particelle d'acqua: esse contengono milioni di tonnellate di acqua che ricade sulla terra sotto forma di pioggia. Una parte di quest'acqua rimane nel terreno o nel sottosuolo per anni, ma la maggior parte di essa ritorna negli oceani, trasportata dai fiumi o dai torrenti.

△ Nei laboratori, gli **acidi** sono segnalati da apposite etichette (1) di avvertimento. Gli acidi della frutta hanno un sapore aspro e sono innocui (2). L'acido dei pungiglioni delle vespe (3) provoca una reazione molto dolorosa, infine le batterie delle automobili (4) contengono acido solforico.

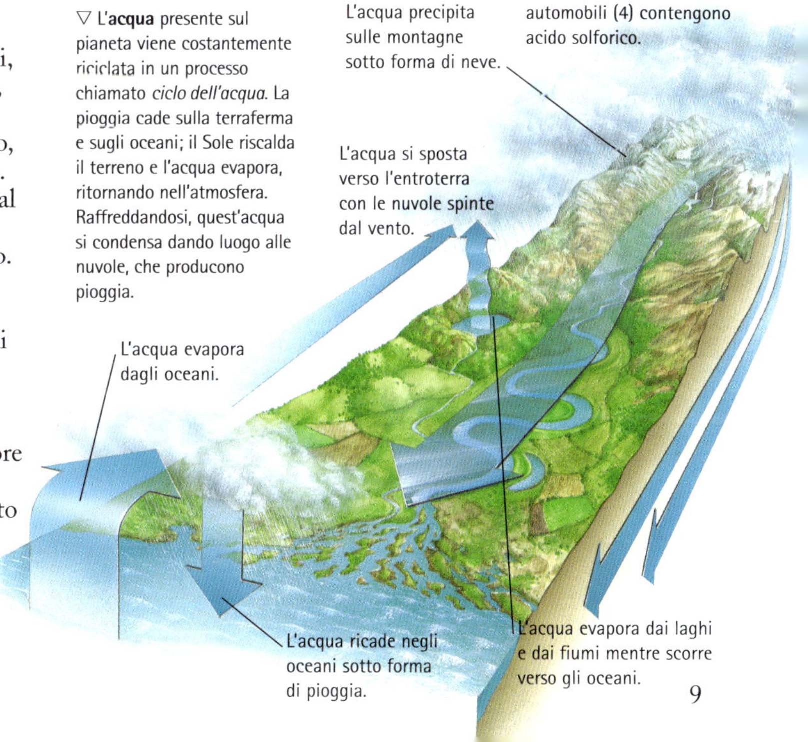

▽ L'**acqua** presente sul pianeta viene costantemente riciclata in un processo chiamato *ciclo dell'acqua*. La pioggia cade sulla terraferma e sugli oceani; il Sole riscalda il terreno e l'acqua evapora, ritornando nell'atmosfera. Raffreddandosi, quest'acqua si condensa dando luogo alle nuvole, che producono pioggia.

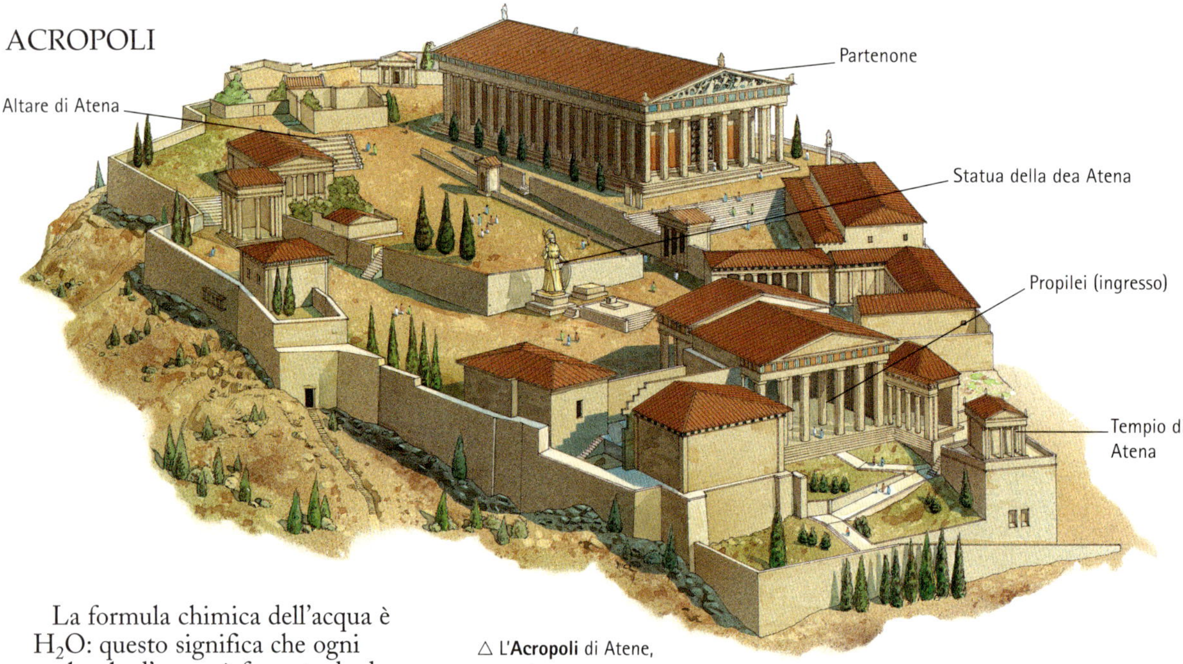

△ L'**Acropoli** di Atene, come doveva essere attorno al 400 a.C.

La formula chimica dell'acqua è H_2O: questo significa che ogni molecola d'acqua è formata da due atomi di idrogeno e da un atomo di ossigeno. Se si fa passare elettricità attraverso l'acqua con due elettrodi, l'acqua si separa nei due gas che la compongono, idrogeno e ossigeno.
Questo processo è chiamato *elettrolisi*.

acropoli

"Acropoli" è una parola di origine greca che indica la parte centrale, più elevata, di molte città dell'antica Grecia.

L'acropoli più famosa ancora esistente ai giorni nostri è quella di Atene, capitale della Grecia moderna, dove si trovano le rovine di antichi templi costruiti attorno al 400 a.C., quando Atene era una città ricca e potente.
Il **Partenone**, il più grande e importante di questi templi, fu eretto in onore di Atena, dea protettrice della città, ed è caratterizzato da una serie di gigantesche colonne di marmo bianco.

All'inizio del XIX secolo, molte sculture in marmo che adornavano il Partenone furono sottratte da Lord Elgin, ambasciatore britannico in Grecia, e sono ora visibili al British Museum di Londra.
Sono in molti però a pensare che le sculture dovrebbero essere restituite alla Grecia.

Il grande Fidia

In cima all'**Acropoli** si ergeva il Partenone, uno splendido tempio fatto innalzare da Pericle in onore di Atena Parthènos, dea protettrice di Atene.
Il Partenone fu opera di Ictino e Callicrate, sotto la supervisione del grande Fidia che realizzò i modelli spesso direttamente al momento dell'esecuzione.
Scultore greco di straordinario talento, Fidia fu celebrato dagli antichi come il maggior artista del suo tempo.

acustica

L'acustica è lo studio del suono e del modo in cui si propaga. Quando un architetto progetta una sala per concerti o un teatro, deve occuparsi anche della qualità sonora dell'edificio: durante una conferenza o un concerto le onde sonore raggiungeranno tutti i posti a sedere? Ci saranno fastidiosi fenomeni di eco provocati dalle pareti e dal soffitto?

Le onde sonore si propagano in linea retta e possono essere riflesse o assorbite dalle diverse superfici che esse colpiscono. Scegliendo materiali diversi per rivestire le pareti o i soffitti, gli architetti sono in grado di deviare le onde sonore nella direzione più appropriata.

adolescenza

L'adolescenza è il periodo della vita in cui i bambini crescono fino a diventare adulti. I cambiamenti caratteristici dell'adolescenza hanno inizio solitamente tra i 10 e i 13 anni di età nelle femmine e tra gli 11 e i 14 nei maschi. I cambiamenti continuano per diversi anni, modificando il corpo dell'adolescente sotto molti aspetti: nelle bambine i fianchi diventano più larghi, inizia a svilupparsi il seno e si verifica anche il primo ciclo mestruale, segno che un giorno le future donne potranno avere figli. Nei maschi, invece, la voce diventa più profonda e iniziano a crescere i primi peli facciali.

Maschi e femmine, poi, sviluppano entrambi una peluria nell'area pubica e sotto le ascelle.

Gli adolescenti spesso si sentono goffi e soffrono di sbalzi di umore, ma ben presto questa sensazione di disagio scompare e si ritrovano giovani uomini e giovani donne.

aeroplano, *vedi* pp. 12-13

Afghanistan

L'Afghanistan è uno stato dell'Asia costituito da un territorio montagnoso compreso tra la ex Unione Sovietica, il Pakistan e l'Iran. La capitale è Kabul, la più grande città del paese. Quasi tutti gli abitanti, chiamati *afgani*, sono musulmani, ossia seguaci dell'islamismo. Nel 1979 le truppe russe invasero l'Afghanistan per aiutare il governo, amico dell'Unione Sovietica, che si era insediato con un colpo di stato. Quando nel 1988 i sovietici si ritirarono, ebbe inizio una lunga guerra civile, al termine della quale un gruppo di musulmani, chiamati *taliban* o *talebani*, assunse il controllo di più del 90% del paese.

Alcuni capi talebani sostennero le organizzazioni terroristiche (*vedi* **terrorismo**) che organizzarono l'attacco a New York City e Washington dell'11 settembre 2001. In seguito a questi avvenimenti gli Stati Uniti, con l'appoggio degli alleati della NATO, hanno lanciato azioni di guerra provocando ben presto la caduta del regime. Nel dicembre del 2001 la Conferenza di Bonn ha eletto un governo di transizione e nel 2002 l'assemblea dei capi tribali ha finalmente eletto il presidente della repubblica. Dal 2002 è comunque presente sul territorio una forza multinazionale di sicurezza dell'ONU. Con la costituzione firmata nel 2004 l'Afghanistan è una repubblica islamica presidenziale. Le elezioni parlamentari del 2005 hanno completato il processo di istituzionalizzazione, che però ancora non garantisce la pace in un paese a tutt'oggi lacerato dai conflitti interni, come dimostrano le elezioni presidenziali del 2009, svoltesi tra attentati, minacce e pesantissime accuse di brogli, e i continui attentati alle truppe del contingente NATO.

AFGHANISTAN
Forma di governo: repubblica islamica
Capitale: Kabul
Superficie: 652 864 km²
Popolazione: 23 993 500 ab.
Lingue: pashto, dari
Moneta: nuovo afghani

Africa, *vedi* pp. 14-15

aggettivo

Un aggettivo è una parola che descrive, quantifica o modifica un sostantivo. "Un cavallo *grigio*" è più preciso di "un cavallo". Possiamo specificare ancora meglio scrivendo "un *grande* cavallo *grigio*". Le parole "grande" e "grigio" sono aggettivi che descrivono il sostantivo "cavallo".

Gli aggettivi possono essere usati prima o dopo il sostantivo.

L'aeroplano *Blackbird* americano poteva volare oltre i 26 000 m di altitudine, più in alto di qualsiasi altro. Lassù l'aria è estremamente fredda e rarefatta e contiene pochissimo ossigeno.

Disegno di una macchina volante realizzato da Leonardo da Vinci.

AEROPLANO

Oggi noi diamo per scontata la possibilità di viaggiare in aereo, ma ci vollero migliaia di anni perché il nostro sogno di volare come gli uccelli divenisse realtà. Il primo volo a motore, infatti, fu effettuato soltanto all'inizio del XX secolo.

Il pallone ad aria calda dei fratelli Montgolfier.

GLI ALBORI

Nei miti e nelle leggende sono frequenti i racconti straordinari di uomini capaci di volare. Così, nell'antichità, numerosi inventori coraggiosi ma sconsiderati saltavano da alte torri indossando ali posticce, e ogni tentativo si rivelava un fallimento. Nel XVI secolo, Leonardo da Vinci, illustre artista e inventore, realizzò il progetto di un primitivo elicottero, ma una simile macchina non avrebbe mai potuto essere costruita ai suoi tempi.

L'era dei viaggi aerei ebbe inizio con il primo volo di una mongolfiera, o aerostato, nel 1783 e settant'anni dopo si levarono in cielo i primi *dirigibili*, enormi palloni aerostatici dotati però di comandi, motore ed eliche. Nello stesso periodo furono inventati anche i primi alianti: si dimostrò così che era possibile volare con mezzi più pesanti dell'aria dotati di ali.

▷ I biplani sono dotati di due paia di ali

AEREI MILITARI

Gli aerei furono utilizzati per la prima volta come mezzi di combattimento nella Prima guerra mondiale e nel 1939 quasi tutte le grandi nazioni ormai possedevano un'aviazione militare. La Germania diede vita a una forte aviazione chiamata *Luftwaffe*, che utilizzò in attacchi a sorpresa all'inizio della seconda guerra mondiale. I tedeschi sapevano bene che nessuno scontro terrestre poteva essere vinto senza il controllo dei cieli sovrastanti.

Nella Seconda guerra mondiale i bombardieri a lungo raggio ebbero un ruolo importante nella tattica dell'aviazione britannica, americana, tedesca e giapponese. Da allora, i missili teleguidati hanno offuscato l'importanza dei bombardieri, ma gli aerei con pilota a bordo sono tuttora necessari come difesa contro gli odierni bombardieri veloci. I moderni caccia (o aerei da caccia) possono volare a bassissima quota a velocità elevatissime, passando così al di sotto dei radar nemici senza essere individuati.

LA CONQUISTA DEI CIELI

Con l'invenzione del motore a benzina negli anni 80 del XIX secolo si ebbero anche i primi velivoli a motore. Il 17 dicembre 1903 i fratelli Wright salirono sul loro fragile aeroplano, il *Flyer*, ed effettuarono il primo volo a motore con persone a bordo, percorrendo poco più di 36 m. Da quello storico volo, i progressi nell'aviazione sono stati straordinariamente rapidi. Nei primi aerei, motori a pistoni alimentavano eliche che facevano avanzare i velivoli. Molti piccoli aerei usano ancora oggi le eliche, ma gli aerei più grandi sono per lo più dotati di motori a reazione, molto più potenti.

AEREI DI LINEA GIGANTESCHI

Grazie agli aerei di linea a reazione, viaggiare su lunghe distanze è ora molto semplice e poco costoso. Il *Boeing 747* è stato il primo dei cosiddetti grandi jumbo jet. Questo riuscitissimo aereo di linea è entrato in servizio nel 1970 e può trasportare fino a 560 passeggeri. Ha un'apertura alare di 60 m, è lungo 70 m e pesa quasi 320 tonnellate. Il 747 può volare a una velocità di 910 km orari per una distanza di 8000 km.

Grandi flap, o ipersostentatori, disposti sul retro delle ali vengono abbassati durante l'atterraggio per fornire un maggiore sostegno all'aereo e ridurne la velocità

COME VOLANO GLI AEREI?

Fendendo l'aria, l'ala dell'aereo crea una forza verso l'alto. L'ala ha la superficie superiore curva e la superficie inferiore piatta: questo costringe l'aria a scivolare più rapidamente lungo la superficie superiore che lungo quella inferiore. In questo modo si crea una specie di aspirazione verso l'alto che fa salire l'ala, portando con sé l'intero aeroplano. La grande elica di un elicottero (il *rotore*) ha la stessa forma curva sopra e piatta sotto, ed è chiamata *superficie portante*.

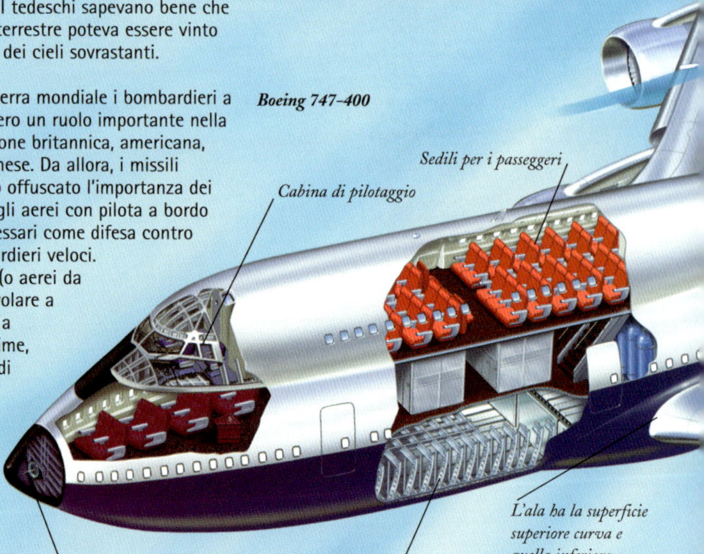

Boeing 747-400

Storia del volo
1783 Primo volo in mongolfiera dei fratelli Montgolfier
1852 Henri Giffard inventa il dirigibile con motore a vapore
1853 George Cayley costruisce il primo aliante guidato da un pilota
1903 Orville e Wilbur Wright compiono il primo volo a motore
1919 Prima trasvolata atlantica
1927 Lindbergh compie la trasvolata atlantica in solitario
1939 Primo aereo a reazione, l'*Heinkel He 178*
1939 Primo elicottero a rotore singolo, il *Sikorsky VS-300*
1942 Primo caccia a reazione, il *Messerschmitt Me 262*
1947 L'aereo con motore a razzo *Bell X-1* supera la velocità del suono
1952 Il *Comet* è il primo aereo di linea a reazione del mondo
1964 Primo aereo da guerra con ali a geometria variabile, lo statunitense *F-111*
1976 Entra in servizio l'aereo di linea supersonico *Concorde*
1978 Prima trasvolata atlantica in mongolfiera
1981 Il *Solar Challenger*, il primo aereo a energia solare, attraversa la Manica
1986 Il *Voyager* compie il giro del mondo senza scalo

Primati dell'aviazione
Aereo da guerra più veloce: *Lockheed SR-71 Blackbird*, 3 529 km/h, USA
Aereo di linea più veloce: *Concorde*, 2 333 km/h, Gran Bretagna/Francia
Aereo più pesante: *Antonov AN-225*, 600 tonnellate, Russia
Elicottero più grande: *Mil Mi-26*, 55 tonnellate, Russia

Elicottero a doppio rotore Chinook

F-16 Fighting Falcon

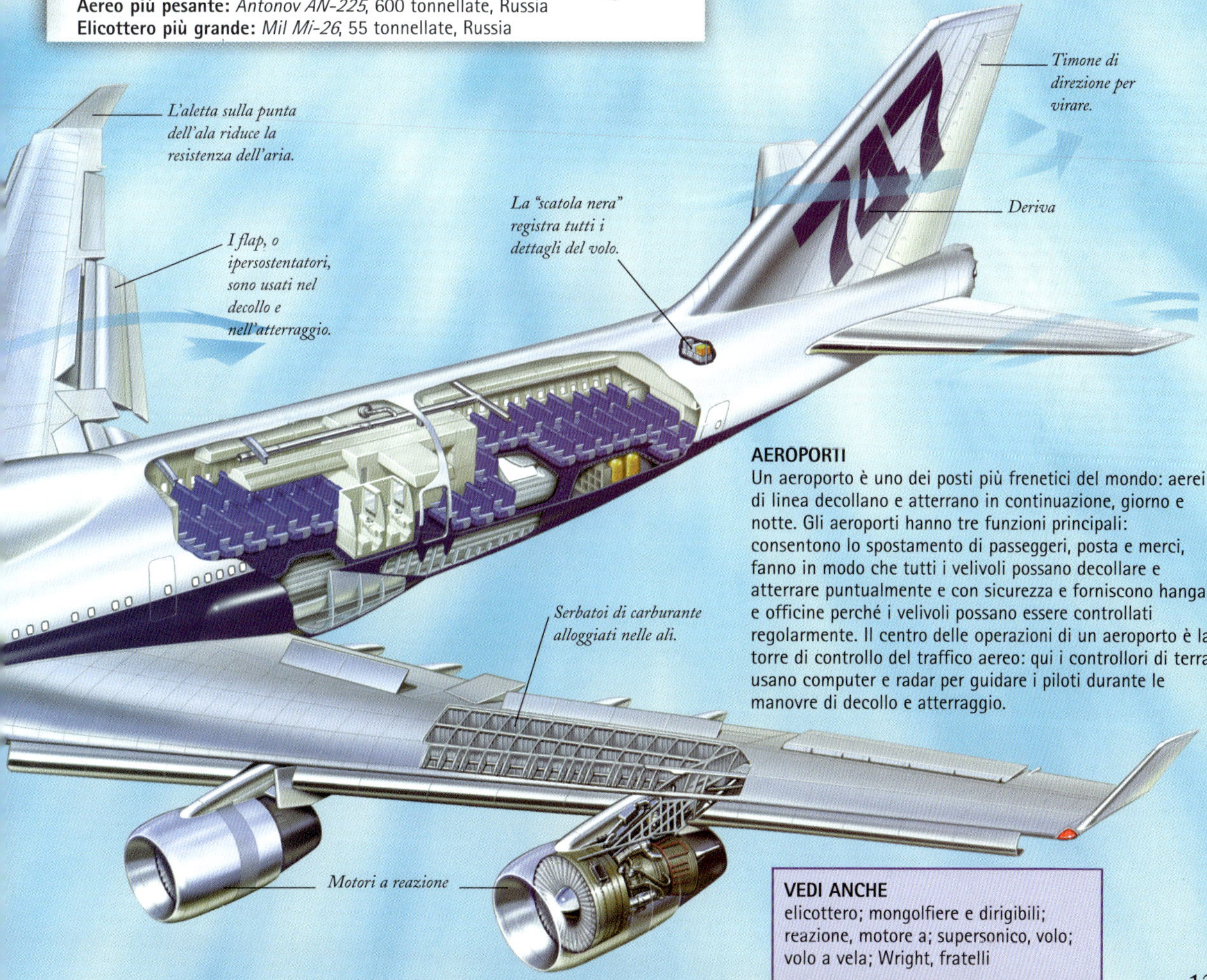

AEROPORTI
Un aeroporto è uno dei posti più frenetici del mondo: aerei di linea decollano e atterrano in continuazione, giorno e notte. Gli aeroporti hanno tre funzioni principali: consentono lo spostamento di passeggeri, posta e merci, fanno in modo che tutti i velivoli possano decollare e atterrare puntualmente e con sicurezza e forniscono hangar e officine perché i velivoli possano essere controllati regolarmente. Il centro delle operazioni di un aeroporto è la torre di controllo del traffico aereo: qui i controllori di terra usano computer e radar per guidare i piloti durante le manovre di decollo e atterraggio.

VEDI ANCHE
elicottero; mongolfiere e dirigibili; reazione, motore a; supersonico, volo; volo a vela; Wright, fratelli

AFRICA

L'Africa è un grande continente che si estende dal mar Mediterraneo, a nord, al capo di Buona Speranza, a sud.

Gli avvoltoi orecchiuti si nutrono della carne in putrefazione degli animali morti.

AFRICA SELVAGGIA

Grandi zone dell'Africa sono ancora allo stato selvaggio. L'arroventato deserto del Sahara si estende su gran parte della zona settentrionale del continente: questa terra sconfinata di sabbia e pietraie è uno dei luoghi più torridi del pianeta. Nei pressi dell'equatore, che attraversa il centro dell'Africa, si trovano vaste foreste pluviali dagli alberi giganteschi. Le foreste sono sempre umide perché ricevono grandi quantità di pioggia torrenziale.

Più di un terzo dell'Africa è occupato da un'alta pianura, o altopiano, ricoperta per gran parte da una prateria chiamata *savana.* Grandi branchi di animali da pascolo, come elefanti, antilopi e zebre, vagano nella savana, cacciati da altri animali predatori, principalmente leoni.

MONTAGNE, LAGHI E FIUMI

Una grande fenditura nella crosta terrestre, chiamata *Rift Valley*, attraversa l'Africa orientale ed è circondata da montagne, burroni e profondi laghi. Le vette più elevate si trovano in Etiopia, Kenya, Uganda e Tanzania. Il più grande lago africano, il lago Vittoria, riempie un ampio bacino al centro della Rift Valley: è come un mare interno ed è circondato da fertili terreni agricoli.

I fiumi principali dell'Africa sono: il Nilo, il Niger, il Congo, lo Zambesi e il Limpopo. Sono usati per la pesca, come mezzi di trasporto e per l'irrigazione dei campi.

LE POPOLAZIONI AFRICANE

L'Africa è abitata da popolazioni molto diverse tra loro. Al nord vivono arabi e berberi, molti dei quali seguono la religione musulmana. I popoli di colore che vivono a sud del deserto del Sahara rappresentano tre quarti della popolazione africana e sono suddivisi in oltre 800 gruppi etnici.

L'Africa conta 53 nazioni, più di qualsiasi altro continente, e i popoli che vi vivono parlano oltre 2000 lingue diverse.

△ Il deserto del Sahara presenta vaste aree di dune sabbiose modellate dal vento.

▽ Le sorgenti sono vitali per gli animali che vivono nelle calde pianure erbose dell'Africa, soprattutto nella stagione secca.

Il boomslang è un serpente arboricolo ed è tra i più velenosi che vivono in Africa. Dà la caccia a lucertole e uccelli sulle cime degli alberi.

STILE DI VITA

Molti africani sono dediti all'agricoltura e coltivano cacao, cotone, zucchero, caffè, tè, banane e alberi della gomma. L'Africa produce tre quarti della produzione mondiale di olio di palma, utilizzato nella preparazione del sapone e della margarina. Il continente possiede inoltre risorse minerarie estremamente preziose, come oro, diamanti, stagno e rame. In alcune parti dell'Africa settentrionale e occidentale si trovano anche ricchi giacimenti di petrolio.

La maggior parte degli africani vive in villaggi tribali, all'interno dei quali regnano una cultura e uno stile di vita peculiari. Le aree industriali e urbane, però, stanno crescendo rapidamente. Le maggiori città africane sono: Il Cairo e Alessandria d'Egitto, Lagos in Nigeria, Kinshasa nella Repubblica Democratica del Congo e Città del Capo nella Repubblica Sudafricana.

Grandi stormi di fenicotteri rosa si radunano attorno ai laghi salati dei paesi dell'Africa orientale, come il Kenya.

AFRICA
Superficie: 30 303 262 km²
Monte più alto: Kilimangiaro, Tanzania, 5 895 m
Massima depressione: lago Assal, Gibuti, 155 m al di sotto del livello del mare
Lago più grande: lago Vittoria, 68 100 km²
Fiume più lungo: Nilo, 6 671 km
Deserto più vasto: Sahara, 9 000 000 km²
Stato più grande: Sudan
Stato continentale più piccolo: Gambia
Stato insulare più piccolo: Seicelle
Città più popolata: Il Cairo, Egitto, 11 894 000 ab.
Popolazione totale: 994 896 870 ab.

L'INFLUENZA EUROPEA

Per secoli gli europei seppero ben poco dell'Africa e delle sue genti. Verso la fine del XV secolo, però, i portoghesi scoprirono una comoda rotta marittima per l'India navigando attorno alla punta meridionale dell'Africa. Ben presto fu così possibile tracciare sulla mappa la linea costiera dell'Africa, ma soltanto pochi mercanti ed esploratori si avventuravano all'interno del continente.

Nel XVI secolo i marinai europei iniziarono a importare schiavi dall'Africa. Tra il 1 500 e il 1 800 furono trasportati nelle Americhe 14 milioni di schiavi, acquistati dai mercanti presso le tribù che vivevano sulle coste africane.

◁ *In occasione di cerimonie speciali le donne masai dell'Africa orientale indossano abiti dai colori vivaci e collari di perline.*

LA CONQUISTA DI UN CONTINENTE

Nel XIX secolo alcune nazioni europee iniziarono a fondare colonie in Africa. Il continente fu così diviso tra inglesi, francesi, belgi, tedeschi, portoghesi e italiani. Le potenze europee importarono in Africa nuovi stili di vita, ma ben presto gli africani si opposero al dominio straniero.

LA CONQUISTA DELL'INDIPENDENZA

Negli anni 50 e 60 del secolo scorso la maggior parte delle colonie divennero nazioni indipendenti. Molte, però, erano molto povere e dovettero affrontare sanguinose guerre civili, con fazioni opposte che lottavano per la conquista del potere. Oggi l'Africa sta lentamente sviluppando una propria economia con l'aiuto dei paesi più ricchi.

Molti abitanti dell'Africa vivono a tutt'oggi di agricoltura. Questa donna dello Zambia sta trasportando pannocchie di granoturco.

VEDI ANCHE
apartheid; Congo; Egitto; Etiopia; foresta pluviale; Kenya; Niger; Nilo; Sahara; savana; schiavitù; Repubblica Sudafricana

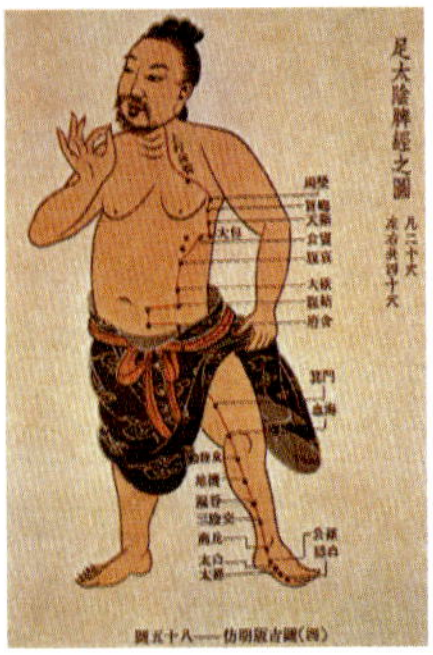

△ L'**agopuntura** è una pratica terapeutica che prevede l'utilizzo di sottilissimi aghi. Secondo la medicina cinese, gli aghi sbloccano il *ch'i* (l'energia vitale) e rimettono in salute l'organismo.

agopuntura

L'agopuntura è una pratica terapeutica che utilizza aghi sottilissimi inseriti in punti particolari del corpo.

L'agopuntura iniziò a essere praticata in Cina circa 5000 anni fa ed è tuttora in uso. Recentemente è stata accettata in molti altri paesi come un ramo della medicina alternativa. Viene spesso utilizzata per curare disturbi quali l'emicrania, l'asma e l'artrite.

agricoltura, *vedi* p. 18

AIDS

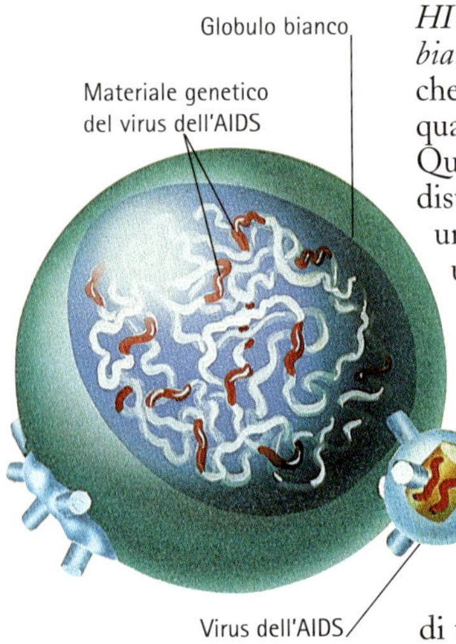

△ Una volta penetrato nel flusso sanguigno, il virus dell'**AIDS** si attacca a un globulo bianco, si moltiplica e si diffonde in tutto il corpo.

L'AIDS (Acquired Immune Deficiency Syndrome, ossia Sindrome da Immunodeficienza Acquisita) è una malattia causata da un virus chiamato *HIV*. Il virus dell'AIDS attacca i *globuli bianchi* del sangue, che sono le cellule che combattono i virus e i batteri quando entrano nel nostro corpo. Quando i globuli bianchi vengono distrutti, il paziente può ammalarsi di una malattia che non sarebbe grave per una persona sana. Le persone affette dall'AIDS, quindi, non hanno più i mezzi per combattere le malattie e spesso muoiono.

Le vie di contagio dell'AIDS sono principalmente il rapporto sessuale non protetto con l'uso di profilattici, il contatto sangue-sangue e la trasmissione nel grembo materno di una madre malata di AIDS.
Le persone che contraggono il virus dell'AIDS possono ammalarsi gravemente anche molti anni dopo il contagio. Attualmente non esiste una cura per l'AIDS, ma nuovi farmaci sono oggi in grado di controllare la malattia per molti anni. Ciò nonostante, l'AIDS resta un grave problema mondiale che uccide migliaia di persone ogni anno.

Albania

L'Albania è un piccolo stato dal territorio aspro situato tra la Serbia, la Macedonia e la Grecia sulla costa orientale del mar Adriatico. Gli albanesi vivono per lo più in remoti villaggi montani. L'Albania fu sotto il dominio della Turchia per oltre 400 anni. Dopo la Seconda guerra mondiale divenne uno stato comunista, ma nel 1992 fu ripristinato un sistema politico a più partiti. Nel 1997 il paese fu lacerato da una rivolta armata. L'ordine fu presto ristabilito dalle forze dell'ONU. Nel 2005 alle elezioni vi è stata l'affermazione del partito democratico, riconfermato alle successive elezioni del 2009, anno in cui l'Albania si è candidata ufficialmente a entrare nell'Unione Europea.

albatro

L'albatro è un grande uccello che trascorre gran parte della vita volando sopra i mari. Esistono 14 specie diverse di albatro, la maggior parte delle quali vive nelle regioni a sud dell'equatore. Questi grandi uccelli spesso seguono le navi per giorni e giorni, raccogliendo gli avanzi di cibo gettati fuori bordo e si posano a riva soltanto per riprodursi o durante forti tempeste. Normalmente, infatti, per dormire e per mangiare gli albatri si posano sulla superficie del

◁ L'**albatro** urlatore ha le ali più lunghe di qualsiasi altro uccello: possono infatti raggiungere la lunghezza di 3,5 m. L'albatro vola planando sull'oceano a pelo dell'acqua sfruttando le correnti d'aria.

mare e si lasciano cullare dalle onde. Si nutrono principalmente di calamari, meduse e pesci. Questi grandi uccelli bevono così tanta acqua marina che sono dotati di speciali ghiandole, disposte sul capo, per eliminare tutto il sale che ingeriscono.
Ogni anno migliaia di albatri muoiono impigliati nelle reti da pesca e nelle lunghe lenze dei pescatori, e sono quindi sempre più rari.

---

alberi

Gli alberi sono piante bellissime e molto utili. Alcuni alberi producono frutti, mentre altri, soprattutto le **conifere**, vengono coltivati per il legname.

Il legno degli alberi non è solo un prezioso materiale da costruzione, ma è anche utilizzato per fabbricare la carta e in alcuni paesi viene bruciato come combustibile. Gli alberi sono essenziali per l'ambiente perché arricchiscono l'atmosfera di ossigeno e contribuiscono a proteggere il suolo dall'erosione operata dal vento e dalla pioggia.

L'albero più grande è un tipo di sequoia che può superare i 100 m di altezza. In Nevada, negli Stati Uniti, esiste un pino aristato che si pensa abbia almeno 4900 anni!

Esistono due tipi principali di alberi: le conifere, o alberi a legno dolce, e gli alberi decidui, o a legno duro. Le **conifere**, come pini, abeti, larici, pini nordamericani e abeti rossi, hanno foglie simili ad aghi. Sono anche chiamate *sempreverdi* perché conservano il fogliame tutto l'anno.

Le conifere producono semi all'interno delle squame che compongono le pigne, i loro frutti.

Gli *alberi decidui*, come querce, frassini, aceri, olmi, betulle e ippocastani, sono alberi con foglie larghe che cadono in autunno.

continua a p. 19

ALBANIA
Forma di governo: repubblica
Capitale: Tirana
Superficie: 28 748 km²
Popolazione: 3 155 300 ab.
Lingua: albanese
Moneta: lek

▽ Le diverse specie di **alberi** possono essere identificate in base alle loro caratteristiche. Ogni tipo di albero possiede una combinazione ben definita di colore e di struttura della corteccia, di forma e colore delle foglie e dei semi. A distanza, alcuni alberi possono essere identificati anche dalla forma caratteristica delle loro fronde.

Quercia rossa

Albero deciduo con la chioma fitta di forma rotonda

In autunno le foglie diventano rosse e gialle.

I frutti della quercia sono chiamati ghiande.

Corteccia di colore grigio argento

Pinabete di Brewer

Albero sempreverde a forma di cono

Foglie a forma di aghi

I semi sono contenuti all'interno di lunghe pigne di colore marrone.

AGRICOLTURA E ALLEVAMENTO

Agricoltura e allevamento comprendono tutte le attività relative alla coltivazione di alcune specie vegetali e alla cura del bestiame per la produzione di alimenti, bevande e tessuti.

△ *Le* mietitrebbiatrici *sono macchine in grado di tagliare e battere ad alta velocità i cereali per separarne i chicchi.*

△ *I metodi di irrigazione furono inventati in Medio Oriente attorno al 4 000 a.C. Si tratta di sistemi speciali per portare acqua ai campi e favorire la crescita delle colture.*

ORIGINI DELL'AGRICOLTURA

Le popolazioni preistoriche, 13 000 anni fa, iniziarono a radunare le prime greggi di animali selvatici e già nel 7 000 a.C. gli uomini avevano imparato che spargendo semi sul terreno sarebbero nate piante che avrebbero fornito cibo a loro e ai loro animali. Le prime coltivazioni, effettuate con l'aiuto di bastoni e zappe rudimentali, furono probabilmente grano, orzo e miglio. Nel 3 000 a.C. gli agricoltori della Mesopotamia (il moderno Iraq) inventarono l'aratro trainato dai buoi, così le colture crescevano meglio.

▽ *Il latte è normalmente prodotto dalle vacche allevate nelle fattorie e negli allevamenti, ma anche le capre e le pecore possono essere allevate per produrlo. Nelle moderne fattorie gli animali sono munti da mungitrici automatiche.*

△ *Il riso è l'alimento principale per oltre la metà della popolazione mondiale. In Asia le piantine di riso vengono solitamente fatte germinare in campi all'asciutto e poi trapiantate manualmente nelle* risaie, *campi allagati con pochi centimetri di acqua.*

RIVOLUZIONI AGRICOLE

Gli ultimi 500 anni hanno visto importanti evoluzioni nell'agricoltura. La rotazione dei raccolti ebbe inizio nel XVII secolo quando ci si rese conto che colture da foraggio come rape, piselli e trifoglio miglioravano la qualità del terreno impoverito dai troppi raccolti. Ogni anno gli agricoltori alternarono quindi raccolti di foraggio e cereali come il grano. Gli allevatori iniziarono a nutrire il bestiame nelle stalle durante l'inverno sviluppando razze più resistenti e vigorose di bovini, pecore e maiali. Nel XIX secolo i campi coltivati divennero sempre più grandi, comparvero i primi trattori e le mietitrebbiatrici, introdotte negli USA attorno al 1830.

L'AGRICOLTURA OGGI

Oggi la maggior parte delle aziende agricole dei paesi industrializzati è meccanizzata e vi lavorano poche persone. Il pollame è solitamente allevato al chiuso all'interno di gabbie: il cosiddetto *allevamento in batteria.* Tuttavia, mentre molte nazioni producono un eccesso di prodotti alimentari, quelle più povere soffrono ancora terribili carestie. Nuovi metodi di coltivazione sono stati introdotti nei paesi in via di sviluppo per aiutarli a risolvere questo problema.

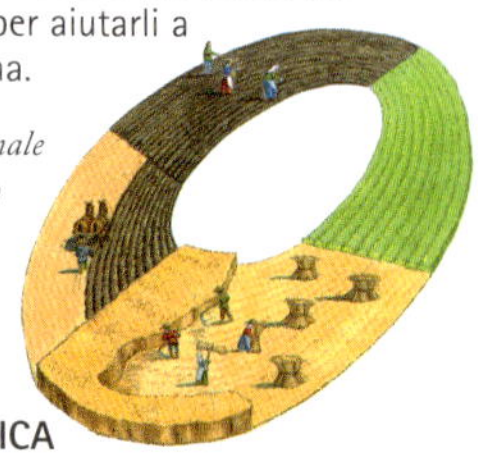

▷ *L'anno agricolo tradizionale inizia sul finire dell'inverno con l'aratura dei campi che vengono poi seminati in primavera e mietuti a fine estate.*

AGRICOLTURA BIOLOGICA

Dall'inizio del XX secolo gli agricoltori utilizzano prodotti chimici come i concimi e gli antiparassitari perché migliorano la resa dei raccolti. Oggi però si sta tornando a metodi di coltivazione più "naturali", i cosiddetti *metodi biologici*, perché i consumatori cominciano a preoccuparsi per le sostanze chimiche nocive presenti nel cibo.

VEDI ANCHE
alimenti; aratro; bovini; cereali; concime; irrigazione; maiale; mulino a vento; pecora; verdure

continua da p. 17

Gli alberi decidui hanno fiori che si trasformano in frutti, all'interno dei quali si trovano i semi.

Lo strato più esterno di legno del tronco e dei rami di un albero è chiamato *corteccia*. La corteccia è legno morto, robusto e impermeabile che protegge il legno sottostante, che è vivo: sotto questo aspetto, la corteccia svolge la stessa funzione degli strati più superficiali della pelle che ricopre il nostro corpo. Gli alberi crescono formando strati, o anelli, di legno nuovo che fanno aumentare di diametro il loro tronco. Questo nuovo legno all'interno dell'albero preme contro la corteccia esterna, che spesso si spacca e si stacca dal tronco.

Alberti, Leon Battista

Architetto e trattatista tra i più grandi dell'*Umanesimo* (1404-1472). Visse a Firenze e dal 1443 a Roma, presso il papa Niccolò V, come esperto di urbanistica. In quegli anni Alberti maturò la sua idea di un'architettura intesa come diretto recupero dello spirito classico di Roma. Tra le sue opere ricordiamo il *Tempio Malatestiano* a Rimini e il completamento della facciata di *S. Maria Novella* a Firenze. È anche autore di una ricca produzione letteraria in latino (*De re aedificatoria*, *De statua*, *De pictura* dedicati al Brunelleschi) e in volgare (*Della famiglia*).

albinismo

Gli animali albini sono tutti bianchi perché la loro pelle o il loro pelo sono privi di *pigmenti*, ossia di sostanze coloranti. Gli albini ereditano questa mancanza di colorazione dai loro progenitori (*vedi* **genetica**). Da un albino può comunque nascere un individuo normale, ma questi, a sua volta, potrà dare alla luce individui albini.

Tra gli esseri umani gli albini sono molto rari. In Europa e negli Stati Uniti meno di un bambino su 20000 è albino.

Umanesimo

L'*Umanesimo* è un movimento culturale che ebbe inizio in Italia tra la fine del XIV sec. e l'inizio del XV, caratterizzato dallo studio appassionato delle lingue e della letteratura greca e latina, e della civiltà classica come fondamento spirituale dell'uomo. Influenzò tutta la cultura europea fino alla crisi rivoluzionaria del XVIII sec. L'umanista è un uomo che vuole una "nuova umanità", e studia poesia, retorica, etica e politica.

Lo studioso umanista tende a negare tradizione culturale e autorità, ritenendosi capace di autonomia critica e di senso storico, dovuto alla sua grande cultura. L'umanista prende spunto da grandi maestri quali Cicerone, Virgilio, Orazio e dai grandi maestri classici. È un intellettuale, un erudito, un filologo, e lo è perché ama prima di tutto la verità e la cerca nel "cuore dell'uomo". Gli stessi umanisti si trovano concordi: **Francesco Petrarca** è considerato il padre dell'Umanesimo, ed è il nuovo ideale di *sapientia*, delineato dal Petrarca, che si trasformerà nel tentativo di scoperta integrale dell'uomo.

Albinoni, Tomaso

Compositore e violinista (1671-1750). Proveniente da agiata famiglia borghese, si dedicò inizialmente alla musica come dilettante, passando più tardi al professionismo. Compì gli studi a Venezia, dove trascorse quasi tutta la vita. Della vasta attività di Albinoni nell'ambito melodrammatico (48 opere composte soprattutto per i teatri veneziani tra il 1694 e il 1740) è pervenuta un'unica partitura completa (*Il Radamisto*, 1701) oltre ad alcune arie staccate. La sua fama è legata alla produzione per strumenti ad arco e per archi e oboi che si collega alla tradizione di A. Corelli, ma annuncia il futuro concerto per strumento solista e orchestra. Il famoso *Adagio per archi e organo in sol minore* è in realtà un'elaborazione del musicologo R. Giazotto, probabilmente derivante da una Sonata a 3 di Albinoni.

alchimia

L'alchimia era la **chimica** del Medioevo: uno strano miscuglio di magia, scienza e religione.

Le persone che praticavano l'alchimia sognavano di trovare la cosiddetta *pietra filosofale*, una sostanza che sarebbe stata in grado di trasformare in oro i normali metalli come il piombo, di curare le malattie e di conservare la giovinezza. Inutile dire che gli alchimisti non trovarono mai la pietra filosofale, ma nelle loro ricerche svilupparono molto le conoscenze nel campo della chimica e inventarono apparecchiature tuttora usate dai chimici dei giorni nostri.

alcol

Esistono diversi tipi di alcol. Quello che conosciamo meglio è l'alcol contenuto nella birra, nel vino e nelle bevande alcoliche come il whisky, che ha l'effetto di inebriare le persone, ossia di ubriacarle. L'alcol si forma in seguito

Nasce l'alfabeto

L'invenzione dell'**alfabeto** è attribuita a popolazioni semitiche del Medio Oriente che realizzarono l'evoluzione dei primi sistemi di scrittura, come per esempio la scrittura cuneiforme della Mesopotamia e la scrittura geroglifica dell'Egitto.
I segni dapprima rappresentavano oggetti e singoli concetti, gli *ideogrammi*, poi, rappresentarono gruppi e singoli suoni.

a un processo chiamato *fermentazione* in cui i lieviti agiscono sullo zucchero contenuto nei cereali e nella frutta e lo trasformano in alcol. Se si desidera un alcol di gradazione elevata, il liquido fermentato deve essere distillato.

L'alcol è utilizzato nella produzione di profumi e farmaci. L'alcol chiamato *glicolo* è utilizzato come antigelo nei radiatori delle automobili perché, come tutti gli alcol, ha un punto di congelamento molto basso.

Alessandro Magno

Alessandro III, re di Macedonia (356-323 a.C.), una regione a nord della **Grecia antica**, detto poi *Magno* (cioè il Grande) fu uno dei più potenti generali della storia. Allievo di **Aristotele**, grande filosofo greco, divenne re nel 336 a.C. Conquistò le città-stato greche e poi partì alla volta dell'Oriente per conquistare la Persia, che allora rappresentava il più grande impero del mondo. Nel 326 a.C. l'impero di Alessandro Magno si estendeva dalla Grecia fino all'India, ma quando il suo esercito raggiunse il fiume Indo era ormai stremato dalle lunghe marce e battaglie e Alessandro dovette fare ritorno in patria. Giunto a Babilonia contrasse una grave febbre e morì, a soli 33 anni.

△ **Alessandro Magno** fu un grande generale che governò su un vasto impero. Possedeva un vero genio per la pianificazione delle battaglie e il comando delle truppe. Qui è in groppa al suo destriero, *Bucefalo*.

alfabeto

L'alfabeto è un insieme di lettere, o simboli, utilizzati per rappresentare graficamente, ossia scrivere, i suoni di una lingua. Il termine alfabeto deriva dai nomi delle prime due lettere dell'alfabeto greco: alfa e beta. Le 26 lettere dell'alfabeto italiano moderno derivano dall'alfabeto latino di 2500 anni fa. Altri alfabeti oggi di uso comune sono l'alfabeto greco, arabo, ebraico e russo, o cirillico. La maggior parte di essi contiene simboli per le vocali (suoni dolci come "a" ed "e") e per le consonanti (suoni più duri come "s" e "t"). L'alfabeto arabo e quello ebraico, invece, indicano soltanto le consonanti.

Alfieri, Vittorio

Poeta (1749-1803). Di nobile famiglia, ebbe un carattere inquieto e ribelle che lo portò a viaggiare lungamente per l'Europa; si stabilì poi a Firenze, dove è sepolto in S. Croce.

L'odio verso il tiranno e l'amore per la libertà sfociano nell'Alfieri in un estremo individualismo aristocratico e libertario; al vertice della vita spirituale egli colloca la poesia, intesa come massima espressione della libertà di coscienza.

Tra le sue opere più famose ricordiamo: *Saul*, *La congiura de' Pazzi*, le *Rime*.

alga

Le alghe sono un gruppo di piante marine che crescono sugli scogli e sul fondo del mare. Le alghe non hanno né foglie né fiori, ma fronde robuste e coriacee.

Come la maggior parte delle piante, le alghe hanno bisogno della luce del Sole per produrre il cibo di cui si nutrono. Poiché i raggi solari non penetrano nel mare oltre una certa profondità, sui fondali più profondi non vivono alghe.

In alcuni paesi, come la Cina e il Giappone, diversi tipi di alghe vengono consumati come se si trattasse di normali ortaggi.

algebra

L'algebra è un ramo della **matematica** nel quale si usano le lettere per rappresentare i numeri e segni matematici particolari per rappresentare i collegamenti tra le varie lettere.

Ne fanno parte le *equazioni*, specie di "affermazioni" in cui le due parti che si trovano prima e dopo il segno di uguaglianza (=) devono essere uguali, per esempio x + 3 = 9.

Risolvere un'equazione significa trovare il numero (*incognita*) che rende vera l'affermazione.

Algeria

Questo grande stato dell'Africa settentrionale confina con altri sei stati e con il mar Mediterraneo.

Gran parte dell'Algeria è occupata dal vasto deserto del Sahara, dove abitano soltanto poche persone, i *berberi*. La maggior parte degli algerini vive invece nelle città disposte lungo una striscia sottile che costeggia il mar Mediterraneo.

Algeri è la capitale e anche la città più grande del paese.

I francesi occuparono l'Algeria nel 1830 e vi rimasero finché il paese non conquistò l'indipendenza nel 1962, dopo una lunga e violenta guerra.

Molti musulmani, però, si opposero strenuamente al nuovo governo algerino, perché temevano che introducesse valori del mondo occidentale. Tra la fine del 2010 e primi mesi del 2011 grandi manifestazioni si sono svolte in tutto il paese contro l'aumento dei prezzi dei generi alimentari e contro il presidente Bouteflika, in carica dal 1999.

ALGERIA
Forma di governo: repubblica
Capitale: Algeri
Superficie: 2 381 741 km^2
Popolazione: 34 895 500 ab.
Lingua: arabo, francese, tamazight (berbero)
Moneta: dinar algerino

alimenti

Si definisce alimento qualsiasi sostanza fonte di nutrimento per un essere vivente. Senza alimenti non ci sarebbe la vita. Per l'uomo gli alimenti diventano "cibo" attraverso la preparazione, un comportamento che non esiste tra gli altri animali. Gli esseri umani necessitano di cibo per molte ragioni: principalmente perché fornisce l'energia necessaria al movimento e al mantenimento di una certa temperatura corporea e perché aiuta l'organismo a rimanere sano.

I tre principali tipi di alimento umano sono: le *proteine*, i *grassi* e i *carboidrati*, ai quali si aggiungono anche alcuni tipi di minerali e vitamine. Una *dieta bilanciata* (che comprende, cioè, tutte queste sostanze) è necessaria per mantenersi in buona salute.

Oggi noi mangiamo una grande varietà di alimenti che possono essere accuratamente preparati e cotti prima di essere consumati.

Sempre più spesso gli alimenti che consumiamo vengono lavorati in apposite aziende, dove possono essere imbottigliati, inscatolati, surgelati o essiccati prima di essere messi in commercio.

aliscafo

La maggior parte della potenza del motore di una nave è utilizzata per superare la resistenza dell'acqua attorno allo scafo dell'imbarcazione, ossia attorno alla sua parte inferiore.

▽ Le **alghe** sono un gruppo di piante semplici che vivono nelle acque poco profonde dei mari, nelle quali liberano ossigeno. Le alghe forniscono cibo e riparo a molti animali, come granchi, lumache di mare e gamberi.

△ L'**alligatore** americano nidifica lungo le sponde sabbiose dei fiumi. Ogni femmina depone dalle 30 alle 40 uova e costruisce cumuli di piante e terra per tenerle al caldo. Questa femmina sta portando verso il fiume i suoi piccoli appena nati.

△ Gli **aliscafi** possono navigare a maggiore velocità rispetto alle altre imbarcazioni grazie alle "ali" che li sollevano sulla superficie dell'acqua. Sono per lo più utilizzati per il servizio passeggeri espresso su brevi distanze.

L'aliscafo risolve questo problema utilizzando specie di "ali" subacquee che sollevano lo scafo appena fuori dalla superficie dell'acqua.

Queste ali sono fissate allo scafo in corrispondenza della *prua* (parte anteriore) e della *poppa* (parte posteriore) e sollevano l'imbarcazione non appena acquista velocità, facendola scivolare sull'acqua. Diminuendo così la resistenza dell'acqua, l'aliscafo procede a una velocità molto più elevata di quella di un'imbarcazione normale.

allevamento, *vedi* p. 18

alligatori e coccodrilli

Gli alligatori e i coccodrilli sono grandi e possenti animali appartenenti alla famiglia dei rettili (*vedi* **anfibi e rettili**). Esistono due specie di alligatori: quello americano che vive negli Stati Uniti del sud e il più piccolo alligatore cinese che vive nello Yangtze Kiang.

Vi sono invece 20 specie di coccodrilli, tra le quali il coccodrillo del Nilo, che vive in Africa, e il coccodrillo marino dell'Australia e dell'Asia meridionale.

Alligatori e coccodrilli sono predatori aggressivi che danno la caccia a pesci, tartarughe e grandi mammiferi.

Oggi sono meno comuni di un tempo a causa della caccia a cui li sottopone l'uomo e dell'inquinamento delle zone paludose e dell'habitat in cui vivono.

alluminio

L'alluminio è presente nella crosta terrestre in quantità superiore a qualsiasi altro metallo.

La maggior parte dell'alluminio è ricavata dalla *bauxite*, un tipo di *roccia metallifera* (ossia una roccia o un minerale che contengono metalli).

La bauxite è trattata con sostanze chimiche e collocata in grandi forni elettrici, dove viene attraversata da una corrente elettrica che separa l'alluminio dagli altri minerali e lo fa cadere sul fondo del forno.

L'alluminio è di colore argentato ed è leggero: pesa soltanto un terzo dell'acciaio. Il suo utilizzo è fondamentale negli oggetti che necessitano al tempo stesso di leggerezza e di robustezza.

alluvione

Esistono due tipi di alluvioni: quelle causate dai fiumi che straripano e le inondazioni degli oceani, provocate da alte maree e da forti venti che soffiano dal mare verso terra. I fiumi solitamente straripano in primavera, quando all'acqua prodotta dalla fusione di neve e ghiaccio si aggiungono le piogge stagionali. Il livello del fiume si innalza così tanto che l'acqua esce dagli argini.

Nel corso della storia, tre grandi fiumi hanno provocato regolarmente alluvioni: il Nilo in Egitto, il Mississippi negli USA e l'Huang Ho, o Fiume Giallo, in Cina. Due grandi dighe furono costruite sul Nilo ad Assuan per ricavare energia idroelettrica per la produzione di elettricità. Prima che le dighe di Assuan controllassero le acque del Nilo, le inondazioni annuali del fiume creavano una zona di terreno fertile nel mezzo del deserto sabbioso.

L'inondazione più nota è quella leggendaria provocata dal Diluvio Universale narrata nella Bibbia. L'evento su cui è basato questo episodio del Vecchio Testamento potrebbe essere avvenuto attorno al 3000 a.C., quando il fiume Eufrate inondò una vasta area della Mesopotamia meridionale (l'attuale Iraq).

Un metallo utile

L'alluminio è un metallo molto utile. Tra i suoi impieghi, è utilizzato per le racchette da tennis, per i cavi elettrici, per gli aerei e molte altre cose. Tra le sue molte proprietà vi sono il basso peso specifico, l'elevata resistenza alla corrosione, l'alta conducibilità termica ed elettrica, l'elevata plasticità e l'eccellente duttilità e malleabilità.

▽ Il Bangladesh si trova in una zona soggetta ad **alluvioni**, che lasciano un terreno fertile sul quale i contadini possono coltivare due o tre raccolti all'anno. Le inondazioni inaspettate, però, possono distruggere le coltivazioni.

Alpi

Le Alpi sono la più importante catena montuosa d'Europa. Queste montagne si sviluppano dalla Francia sudorientale alla Germania meridionale, fino alla ex-Iugoslavia.

Il **monte Bianco**, con i suoi 4807 m di altezza, è la vetta più alta delle Alpi e si trova in territorio italiano. Fitte foreste coprono le ripide pendici delle montagne e le valli sono occupate da numerosi laghi, il più grande dei quali è il lago di Ginevra (al confine tra Svizzera e Francia).

Le Alpi attirano molti turisti appassionati di alpinismo, sci e pesca.

America centrale

L'America centrale è una striscia di terra che unisce gli Stati Uniti e il Messico, a nord, all'America meridionale, a sud. È costituita dalle repubbliche di Belize, Guatemala, El Salvador, Honduras, Nicaragua, Costa Rica e Panama. Bassipiani, fitte foreste e paludi sono distribuiti lungo le coste, mentre all'interno vi sono alte montagne. L'America centrale occupa una zona dal clima molto caldo, così le grandi città si trovano per lo più sugli altipiani, molto più freschi.

L'America centrale non comprende il Messico, e spesso si usa una denominazione diversa, *America Latina*, per definire tutta l'area che si estende dal Messico fino al Brasile e all'Argentina: gli abitanti di questi paesi parlano infatti spagnolo e portoghese, due lingue che derivano dall'antico latino.

Le popolazioni dell'America centrale si dedicano a coltivazioni tropicali come la canna da zucchero, il caffè, il cotone e le banane. Le industrie sono relativamente scarse in quest'area.

Nel XVI secolo, soldati e coloni giunsero in America centrale dalla Spagna e gran parte dei territori divennero colonie spagnole. Prima di allora la regione era abitata da numerose tribù indigene, tra le quali i **maya**. Nel 1838 Guatemala, Honduras, Costa Rica, Nicaragua ed

El Salvador conquistarono l'indipendenza dalla Spagna. Panama si separò dalla Colombia nel 1903, ma il Belize restò una colonia britannica fino al 1981.

△ **L'America centrale** comprende sette stati. La maggior parte della popolazione parla spagnolo ed è per lo più di religione cattolica.

America meridionale,

vedi pp. 26-27

America settentrionale,

vedi pp. 28-29

amido

L'amido è una sostanza che si trova nelle piante. Cereali come il grano, il riso e il granoturco sono particolarmente ricchi di amido. Altre piante che lo contengono sono i piselli, i fagioli e le patate.

L'amido è un *carboidrato*, ossia è costituito da carbonio, ossigeno e idrogeno, gli stessi elementi di cui è composto lo zucchero. È importante includere l'amido nell'alimentazione perché è una cospicua fonte di energia.

L'amido puro è una polvere bianca utilizzata per la realizzazione di molti prodotti alimentari. Si usa anche per applicare una copertura lucida ad alcuni tipi di carta e per rendere più rigidi i tessuti di cotone, lino e altri materiali, che vengono così "inamidati".

Amnesty International

Organizzazione umanitaria internazionale fondata nel 1961 in Gran Bretagna e attiva in oltre 100 Paesi, con lo scopo di difendere la dignità della persona umana contro ogni violazione fisica e morale. Ha poteri consultivi presso l'Unesco e il Consiglio d'Europa. Ha ricevuto il Premio Nobel per la pace nel 1977.

Solidarietà
Amnesty International è indipendente da qualsiasi governo, parte politica, interesse economico o credo religioso. I suoi valori fondamentali sono: Solidarietà internazionale, Azione efficace per singole vittime, Copertura globale per ogni vittima ovunque nel mondo, Universalità e indivisibilità dei diritti umani, Imparzialità e indipendenza, Democrazia e rispetto.

L'edredone, una specie di **anatra**, vive in località marine. Le sue morbide piume sono utilizzate per imbottire giacche a vento, trapunte e cuscini.

Amundsen, Roald

Esploratore norvegese (1872-1928). Compì la traversata del passaggio di Nordovest tra l'Atlantico e il Pacifico e raggiunse per primo il Polo Sud il 14 dicembre 1911, un mese prima della sfortunata spedizione guidata dal capitano Scott.

anatra

Le anatre sono uccelli acquatici con le zampe palmate appartenenti alla stessa famiglia dei cigni e delle oche.

I due principali tipi di anatre sono: le *anatre di superficie*, che si nutrono di quello che trovano sulla superficie dell'acqua, e le *anatre tuffatrici*, che si immergono sott'acqua alla ricerca di cibo.

Il germano reale, una delle specie di anatre più conosciute, vive nei pressi di stagni, laghi e fiumi dell'emisfero settentrionale del pianeta.

Ande

Le Ande sono la catena montuosa più lunga del mondo, che si estende per 7500 km lungo tutta la costa occidentale dell'America meridionale.

Numerose vette superano i 6000 m di altezza e l'Aconcagua, con i suoi 6960 m, al confine tra l'Argentina e il Cile è la montagna più alta di tutto il continente americano.

Molte cime sono in realtà vulcani ancora attivi.

Le Ande sono ricche di minerali come il rame, l'argento e l'oro.

Andersen, Hans Christian

Scrittore danese (1805-1875). Rimasto orfano, visitò l'Europa (anche l'Italia). I suoi studi furono discontinui e nel 1830 cominciò a scrivere romanzi, poesie ma soprattutto fiabe. Alcune delle sue fiabe, come *La sirenetta*, *Il brutto anatroccolo* e *La piccola fiammiferaia*, ancora oggi sono famose in tutto il mondo.

ANDORRA
Forma di governo: coprincipato parlamentare
Capitale: Andorra la Vella
Superficie: 468 km²
Popolazione: 84 082 ab.
Lingua: catalano
Moneta: euro

Andorra

Il Principato di Andorra è un minuscolo stato montuoso situato tra Francia e Spagna. Capi di stato congiunti sono il presidente francese e il vescovo di Urgel in Spagna. La capitale sorge a 1 000 m di altitudine ed è un centro turistico e bancario, essendo Andorra un "paradiso fiscale", cioè un paese in cui non si pagano le tasse.

anfibi e rettili, *vedi* p. 31

Angola

La Repubblica dell'Angola è un grande stato dell'Africa sudoccidentale situato sulla costa dell'oceano Atlantico.

Possiede preziosi giacimenti di diamanti.

Il Portogallo rivendicò il dominio sull'Angola nel 1482. Nel 1960 gli angolani si ribellarono ai portoghesi e iniziò una rivolta che si concluse nel 1975, con la concessione all'Angola della piena indipendenza da parte del Portogallo. Ebbe così inizio una violenta guerra tra fazioni angolane rivali, alcune aiutate da eserciti stranieri. La guerra civile è terminata nel 2002, quando il governo e i ribelli hanno firmato un cessate il fuoco. Nel 2008, si sono tenute le prime elezioni dopo 16 anni, vinte dal partito marxista.

ANGOLA
Forma di governo: repubblica presidenziale
Capitale: Luanda
Superficie: 1 246 700 km²
Popolazione: 18 497 600 ab.
Lingua: portoghese
Moneta: kwanza

angolo

Un angolo è formato da due rette che si incontrano. Le dimensioni degli angoli sono misurate in gradi sessagesimali (°). Un angolo *retto* misura 90° ed è quello che si osserva nei quadrati. Un angolo *acuto* misura meno di 90° e un angolo *ottuso* tra i 90 e i 180°. L'angolo *piatto* è di 180° e l'angolo *giro* di 360.

anguilla

Le anguille sono pesci dal corpo lungo e sottile ricoperto da minuscole squame e dotato di una lunga pinna dorsale. Le due specie più famose sono l'anguilla d'acqua dolce europea e quella americana, il cui ciclo di vita è senz'altro singolare. Quando è il momento della riproduzione, le anguille adulte lasciano i fiumi, i ruscelli e le paludi in cui vivono e nuotano per migliaia di chilometri fino all'oceano Atlantico, dove, dopo essersi riprodotte (ossia, dopo aver deposto le uova e averle fecondate), muoiono.

Quando le uova si schiudono, le minuscole anguille giovani hanno il capo trasparente e non assomigliano affatto ai loro genitori. Questi piccoli trovano la via di ritorno alle loro località originarie in America settentrionale e in Europa.

Le giovani anguille crescono nell'acqua dolce dove completano il loro sviluppo finché non sono pronte per affrontare nuovamente il lungo viaggio attraverso l'Atlantico. Questi spostamenti delle anguille sono un esempio di migrazione.

animali

Un animale è qualsiasi essere vivente che non appartenga al gruppo delle piante. Non si sa con esattezza quanti tipi diversi di animali vivano sulla Terra e nuove specie vengono scoperte ogni anno. La principale differenza tra gli animali e le piante è il modo di procurarsi il cibo. Gli animali mangiano piante o altri animali, mentre le piante estraggono il loro nutrimento da sostanze che assorbono attraverso le radici o le foglie.

Gli animali, inoltre, diversamente dalle piante, possono spostarsi da un luogo all'altro.

continua a p. 30

AMERICA MERIDIONALE

L'America meridionale si estende dalla Colombia, a nord, fino alla punta estrema del Cile, a sud. Vi si trovano la più lunga catena montuosa e la più grande foresta pluviale del mondo.

▷ *Esperti mandriani chiamati gauchos accudiscono il bestiame sulle sconfinate praterie argentine.*

MONTAGNE E FORESTA PLUVIALE

L'America meridionale è caratterizzata da una straordinaria varietà di paesaggi. La catena montuosa delle Ande, o cordigliera, scorre lungo la costa del Pacifico per 7 500 km e comprende la vetta più alta di tutto il continente americano, il monte Aconcagua, in Argentina, 6 959 m al di sopra del livello del mare. Dalle altitudini delle Ande sgorga il Rio delle Amazzoni, uno dei fiumi più lunghi del mondo, che attraversa il continente per 6 280 km per gettarsi infine nell'Oceano Atlantico in Brasile. Il bacino del Rio delle Amazzoni è un'area enorme occupata da una lussureggiante foresta pluviale tropicale in cui vivono innumerevoli varietà di piante e animali. Purtroppo questo importante habitat naturale si riduce di dimensioni di giorno in giorno a causa dell'abbattimento delle foreste operato dall'uomo.

PRATERIE E DESERTI FREDDI

Gran parte della zona orientale dell'America meridionale è occupata da una giungla lussureggiante, mentre più a sud vi sono immense regioni su cui si estendono praterie senza fine. Nelle praterie dell'Argentina e del Venezuela vi sono enormi allevamenti di bestiame e fertili terreni coltivabili. In America meridionale si trovano anche deserti freddi: il deserto Atacama nel nord del Cile è una delle località più brulle della Terra, mentre all'estremità meridionale del continente si trova il deserto della Patagonia, tra l'Argentina e il Cile, una regione desolata e inospitale.

△ *La pesca delle acciughe lungo le coste dell'oceano Pacifico. Anche sardine e tonni vengono lavorati e confezionati per essere esportati in tutto il mondo.*

LE POPOLAZIONI ATTRAVERSO I SECOLI

I primi abitanti dell'America meridionale furono i cosiddetti *amerindi*. Vi sono prove della loro migrazione dall'Asia, attraverso lo stretto di Bering, lungo l'America settentrionale fino ad arrivare in America meridionale nel 9 000 a.C. circa. Queste popolazioni indigene diedero vita ad alcune delle più straordinarie civiltà del mondo, tra cui quelle degli aztechi e degli inca, che furono annientate dagli invasori europei nel XVI secolo.

△ La Boca, *con le sue case colorate, è il quartiere degli artisti di Buenos Aires, in Argentina. Nel XIX secolo in questo quartiere si stabilirono principalmente italiani provenienti da Genova.*

CONQUISTE E SACCHEGGI

Sul finire del XVI secolo, gli europei avevano già conquistato gran parte dell'America meridionale, attirati dall'oro e dagli altri minerali preziosi di cui quelle regioni abbondano. Avventurieri europei saccheggiarono gran parte delle ricchezze del continente e trasmisero numerose malattie europee agli indigeni, molti dei quali morirono dopo avere avuto contatti con gli invasori.

LE POPOLAZIONI ODIERNE

L'America meridionale comprende tredici stati indipendenti. Il più grande, il Brasile, occupa la metà del territorio, compresa gran parte del bacino amazzonico. Le popolazioni sudamericane parlano per lo più spagnolo, in conseguenza del loro passato di colonie della Spagna. In Brasile, invece, la lingua nazionale è il portoghese (la lingua dei suoi conquistatori), e in Guyana si parla inglese. Negli stati andini, come la Bolivia e il Perù, gli indigeni rappresentano ancora una grande percentuale della popolazione. La popolazione argentina è per lo più bianca di origine europea, mentre in Brasile vivono molti discendenti degli schiavi africani.

RISORSE NATURALI

L'America meridionale possiede una grande varietà di risorse naturali. Le Ande sono ricche di minerali: argento in Perù, stagno in Bolivia e rame in Cile. Il Venezuela è ricco di giacimenti petroliferi. Il Brasile produce un terzo del caffè del mondo, mentre le praterie dell'Argentina, dell'Uruguay e del Paraguay danno sostentamento a bovini e ovini, che forniscono carne a tutte le popolazioni dell'area. Dalle piante delle foreste pluviali vengono estratte molte sostanze medicinali importanti.

CULTURA E SPORT

L'America meridionale ospita alcune delle più vivaci e straordinarie popolazioni e culture. Molta attenzione è dedicata al gioco del calcio, infatti due delle maggiori squadre nazionali del mondo, il Brasile e l'Argentina, sono sudamericane. Uno dei più grandi calciatori di tutti i tempi, *Pelé*, giocava nel Brasile.

Il Brasile è inoltre la sede del più grande carnevale del mondo, che si svolge ogni anno a Rio de Janeiro. In questo periodo, solitamente febbraio o marzo, milioni di persone affollano le strade per festeggiare e assistere alle incredibili sfilate che si snodano per la città: è sicuramente la festa più grande e spettacolare del mondo.

◁ *Molte popolazioni indigene delle zone più remote vivono ancora in modo primitivo. Questo ragazzo di una tribù amazzonica caccia lanciando una freccia avvelenata con una lunga cerbottana.*

△ *Un'imponente statua di Gesù Cristo domina la baia di Rio de Janeiro, in Brasile.*

AMERICA MERIDIONALE
Superficie: 17 817 087 km^2
Monte più alto: Aconcagua, 6959 m
Massima depressione: Salinas Chicas, Argentina, 42 m al di sotto del livello del mare
Lago più grande: Maracaibo, 14 243 km^2
Fiume più lungo: Rio delle Amazzoni, 6280 km
Deserto più vasto: Atacama
Stato più grande: Brasile
Stato più piccolo: Trinidad e Tobago
Città più popolata: São Paulo, Brasile, 19 226 426 milioni di ab.
Popolazione totale: 388 524 773 ab.

VEDI ANCHE
Ande; Argentina; aztechi; Bolivia; Brasile; Cile; cowboy; Ecuador; equatore; foresta pluviale; inca; Paraguay; Perú; pesca; Rio delle Amazzoni; sport; Uruguay; Venezuela

AMERICA SETTENTRIONALE

L'America settentrionale si estende dal mar Glaciale Artico (a nord) al Messico (a sud). Comprende i paesi dell'area delle Antille e il Messico, gli Stati Uniti d'America e il Canada. Solitamente è considerata insieme all'America centrale.

△ *I cowboy accudiscono il bestiame nei ranch del Texas, USA.*

AMERICA SETTENTRIONALE
Superficie: 24 236 868 km²
Monte più alto: McKinley, Alaska, USA, 6 194 m
Massima depressione: Valle della Morte, California, USA, 86 m al di sotto del livello del mare
Lago più grande: lago Superiore, 84 131 km²
Fiume più lungo: Mississippi-Missouri, 5 620 km
Deserto più grande: Chihuahua, 363 000 km²
Stato più grande: Canada
Stato più piccolo: Saint Kitts e Nevis
Città più popolata: Città del Messico, 19 231 829 ab.
Popolazione totale: 532 424 403 ab.

PAESAGGIO

L'America settentrionale presenta una grande varietà di paesaggi. Il suo clima varia dalla fredda e rigida tundra del nord ai caldi e aridi deserti e alle foreste pluviali del sud. Le Montagne Rocciose a ovest e i monti Appalachi a est sono due delle più importanti catene montuose del continente nordamericano. Al centro si estende una vasta pianura solcata da due dei più lunghi fiumi dell'America settentrionale, il Missouri e il Mississippi. In Alaska e nel Canada settentrionale quasi non crescono alberi, a causa del clima inclemente, mentre nel resto del Canada e nel nord degli Stati Uniti si estendono enormi foreste di sempreverdi che forniscono legname da costruzione. Due sono le meraviglie della natura dell'America settentrionale: le cascate del Niagara e il Grand Canyon.

POPOLAZIONI DELL'AMERICA SETTENTRIONALE

L'America settentrionale è un crogiolo di popoli e culture diverse. Per migliaia di anni, prima dell'arrivo dei primi esploratori nel XV secolo, fu abitata da popolazioni indigene, come gli inuit nel Canada settentrionale e le tribù di nativi americani nel resto del continente. Agli esploratori succedettero gli immigrati europei alla ricerca di nuovi insediamenti possibili. Gran parte delle terre furono così sottratte dai coloni europei alle popolazioni native, che dovettero subire le conseguenze di aspre guerre e dell'esposizione a nuove malattie. Oggi il continente è per lo più abitato dai discendenti degli immigrati.

△ *La* Borsa di New York a Wall Street *è uno dei principali mercati azionistici del mondo, nonché il centro finanziario dell'America settentrionale.*

Nel XVII secolo i coloni europei iniziarono a impiantare grandi piantagioni nel continente. Poiché necessitavano di molta manodopera per coltivare il tabacco e il cotone, decisero di importare schiavi dall'Africa. Per oltre 300 anni più di un milione di schiavi attraversarono l'oceano Atlantico. Il problema dello schiavismo fu aspramente discusso dagli stati del nord e del sud e provocò una guerra civile che lacerò gli Stati Uniti d'America dal 1861 al 1865. La schiavitù fu abolita dopo la guerra, ma molti afroamericani continuarono a vivere in uno stato di estrema povertà, senza godere degli stessi diritti dei bianchi. Negli anni 60 del secolo scorso molti attivisti nel campo dei diritti civili protestarono contro la discriminazione e si batterono per la parità dei diritti fra tutti i gruppi etnici. Oggi gli afroamericani rappresentano il 12 per cento della popolazione dell'America settentrionale.

La maggior parte della popolazione del continente vive sulla costa a est degli Stati Uniti, ma è Città del Messico la città più popolosa del continente nordamericano. Le lingue principali sono l'inglese, lo spagnolo e il francese, parlato in alcune zone del Canada.

INDUSTRIA

Metà della produzione industriale del mondo è realizzata in America settentrionale, grazie alle enormi risorse naturali di cui il continente dispone, come per esempio il legname. I nordamericani sono inoltre responsabili di molti progressi tecnologici degli ultimi decenni e hanno sviluppato industrie, come quella dei computer, che hanno posto il continente all'avanguardia della produzione industriale mondiale. Le industrie sono per lo più situate in Canada e negli Stati Uniti, che di conseguenza sono paesi estremamente ricchi e potenti. A confronto, la maggior parte dei paesi dell'America centrale e delle Antille sono invece estremamente poveri. Molti di questi piccoli stati non possiedono infatti le stesse risorse naturali degli Stati Uniti e del Canada e le loro economie sono quindi più deboli.

▽ *La lince vive nella tundra canadese, dove dà la caccia a uccelli e piccoli mammiferi.*

VEDI ANCHE
America centrale; Antille; Canada; immigrazione; inuit; Messico; nativi americani; Niagara, cascate; schiavitù; Stati Uniti d'America; tabacco; tundra

MAR GLACIALE ARTICO
Mare dei Čukči
Stretto di Bering
Mare di Groenlandia
Mare di Beaufort
ALASKA
Baia di Baffin
Stretto di Davis
Capo di Farewell
Golfo di Alaska
Grande Lago degli Orsi
MONTAGNE ROCCIOSE
Montagne Costiere
Grande Lago degli Schiavi
CANADA
Mare del Labrador
Lago Athabasca
Baia di Hudson
Labrador
Lago delle Renne
Altopiano Laurenziano
Lago Winnipeg
Lago Winnipegosis
Lago Manitoba
OCEANO PACIFICO
WASHINGTON
MONTANA
NORTH DAKOTA
MINNESOTA
Lago Superiore
MAINE
Ottawa
VERMONT
NEW HAMP.
OREGON
IDAHO
SOUTH DAKOTA
WISCONSIN
Lago Michigan
Lago Huron
Lago Ontario
WYOMING
Grandi Pianure
MASS.
RHODE I.
CONNECTICUT
NEW YORK
MICHIGAN
STATI UNITI D'AMERICA
Grande Lago Salato
Gran Bacino
NEVADA
Catena Costiera
CALIFORNIA
UTAH
IOWA
Lago Erie
PENNSYLVANIA
NEW JERSEY
NEBRASKA
ILLINOIS
INDIANA
OHIO
DELAWARE
WEST VIRGINIA
Washington DC
MARYLAND
COLORADO
KANSAS
MISSOURI
VIRGINIA
KENTUCKY
OCEANO ATLANTICO
Altopiano del Colorado
Appalachi
NORTH CAROLINA
TENNESSEE
ARIZONA
NEW MEXICO
OKLAHOMA
ARKANSAS
SOUTH CAROLINA
ALABAMA
GEORGIA
TEXAS
MISSISSIPPI
LOUISIANA
FLORIDA
Baia Sebastián Vizcaíno
Penisola di California
Golfo di California
Sierra Madre
Golfo del Messico
Nassau
BAHAMAS
MESSICO
Havana
CUBA
REPUBBLICA DOMINICANA
HAITI
Port-au-Prince
Santo Domingo
ST KITTS E NEVIS
DOMINICA
ST LUCIA
BARBADOS
ST VINCENT E GRENADINE
GRENADA
Città del Messico
Penisole dello Yucatán
Kingston
GIAMAICA
Belmopan
BELIZE
Mar dei Caraibi
ARUBA
NETHERLAND ANTILLES
GUATEMALA
HONDURAS
Città del Guatemala
Tegucigalpa
San Salvador
NICARAGUA
Managua
Lago Nicaragua
San José
COSTA RICA
Panamá
PANAMÁ

I *predatori* sono **animali** che catturano e mangiano altri animali, chiamati *prede*. La principale preda del ghepardo è l'antilope.

continua da p. 25

Alcuni animali, come la microscopica ameba, si riproducono semplicemente dividendosi in due, ma in genere la femmina produce uova che vengono fecondate dal maschio.

Gli animali dotati di spina dorsale sono chiamati *vertebrati*. Essi comprendono uccelli, mammiferi, pesci, anfibi e rettili. Gli *invertebrati* sono animali privi di spina dorsale: insetti, meduse, molluschi, vermi, ragni e lumache ne sono tutti esempi. Essendo privi di ossatura interna, alcuni sono muniti di un guscio protettivo.

animali preistorici,

vedi pp. 32-33

Annibale

Generale cartaginese (247-183 a.C.). Combatté numerose guerre contro l'Impero Romano per mantenere il controllo delle preziose vie di commercio che attraversavano Cartagine, situata sulla costa dell'Africa settentrionale e capitale dell'impero cartaginese, uno dei più potenti del Mediterraneo nei tempi antichi. Grazie alle sue brillanti strategie militari, Annibale fu in grado di sconfiggere eserciti molto più grandi di quello cartaginese. Tuttavia, pur vincendo numerose battaglie importanti, non riuscì mai ad annientare i romani.

▽ Nel 218 a.C., **Annibale** condusse il proprio esercito dalla Spagna fino in Italia attraverso le Alpi. Oltre a 40 000 soldati, portò con sé 37 elefanti, con i quali intendeva spaventare le truppe nemiche dell'Impero Romano.

anno

Un anno è il periodo di tempo in cui la Terra compie un'orbita (ossia un giro completo) attorno al Sole.

Questo viaggio dura 365 giorni e sei ore (*vedi* **giorno e notte**). L'anno del nostro calendario dura soltanto 365 giorni, quindi ogni quattro anni le sei ore rimanenti vengono sommate insieme, formando un giorno supplementare.

Questi anni più lunghi, di 366 giorni, si chiamano *bisestili*.

continua a p. 34

I serpenti sono cacciatori. Il boa smeraldino dell'America meridionale avvolge la coda attorno a un ramo e attende, perfettamente immobile. Quando un uccello o un piccolo mammifero si avvicinano sufficientemente, attacca la preda!

△ *La maggior parte degli anfibi depone le uova nell'acqua, in uno strato gelatinoso di protezione. Quando le uova si schiudono, escono le larve, che nel caso di rane e rospi sono chiamate* girini. *Le larve possono respirare sott'acqua, proprio come i pesci. In due o tre mesi le larve si trasformano gradualmente in adulti e sono in grado di lasciare l'acqua.*

ANFIBI e RETTILI

Gli anfibi e i rettili sono due gruppi di animali straordinariamente vari. Gli anfibi hanno la pelle morbida e umida, mentre i rettili sono coperti di squame dure.

IL MONDO DEGLI ANFIBI

Gli anfibi comprendono rane, rospi, salamandre e tritoni. Sono animali che possono vivere sia in acqua che sulla terraferma, ma molti di essi nascono e trascorrono le prime fasi di vita nell'acqua. I luoghi in cui è più facile trovare gli anfibi sono stagni, ruscelli, fossati, paludi e foreste umide. Gli anfibi assorbono l'acqua e l'ossigeno dall'aria direttamente attraverso la pelle, che deve quindi rimanere sempre umida.

Tutti gli anfibi sono predatori. Cacciano una grande varietà di insetti e altri piccoli animali, solitamente nascondendosi per compiere un improvviso scatto e agguantare le loro vittime di sorpresa.

IL MONDO DEI RETTILI

I primi rettili comparvero sulla Terra circa 360 milioni di anni fa. Un gruppo di rettili, i dinosauri, furono le più spettacolari creature che abbiano mai abitato questo pianeta. Oggi i rettili comprendono lucertole, serpenti, alligatori, coccodrilli, tartarughe e testuggini. La maggior parte dei rettili vive sulla terraferma o nei fiumi e nelle paludi, ma vi sono alcune tartarughe e serpenti che vivono nell'acqua. Molti serpenti hanno il morso velenoso e se ne servono per uccidere le prede. Le tartarughe e le testuggini sono dotate di un guscio durissimo, detto *carapace*, che serve da protezione.

△ *Quando i piccoli degli alligatori escono dal guscio sono versioni in miniatura dei loro genitori.*

COMPENSAZIONE

Gli anfibi e i rettili sono *animali a sangue freddo*. Questo significa che la loro temperatura corporea aumenta e diminuisce a seconda che l'aria o l'acqua circostanti si riscaldino o si raffreddino. Quando fa freddo, devono restare esposti al Sole per riscaldarsi, ma se fa molto caldo devono ripararsi dai raggi del Sole.

La maggior parte degli anfibi e dei rettili vive nelle regioni più calde del mondo. Quelli che abitano le regioni più fredde trascorrono l'inverno in una specie di sonno profondo chiamato *letargo*.

◁ *La rana volante della Malesia è dotata di speciali membrane tra le dita delle zampe che fungono da minuscole "ali": in questo modo può volare in planata da un albero all'altro.*

VEDI ANCHE
alligatori e coccodrilli; letargo; lucertola; rane e rospi; salamandre e tritoni; tartarughe e testuggini

▷ *Il clamidosauro solleva il collare e spalanca la bocca per spaventare gli eventuali aggressori.*

◁ *L'*Ornithocheirus *era uno pterosauro che viveva lungo le coste, caratterizzato da un'apertura alare di 12 m: quasi cinque volte quella del più grande uccello oggi vivente. Alle sue spalle, lo Pterosauro* Tapejara *e altri uccelli primitivi si affollano sulla scogliera.*

ANIMALI PREISTORICI

Fossili (resti conservati) di molti animali sono stati scoperti in tutto il mondo: alcuni risalgono a centinaia di milioni di anni fa.

▽ *Il* Meganeura, *uno dei primi insetti volanti, aveva un'apertura alare che poteva raggiungere i 70 cm. Viveva nelle foreste calde nello stesso periodo dei primi rettili, circa 300 milioni di anni fa.*

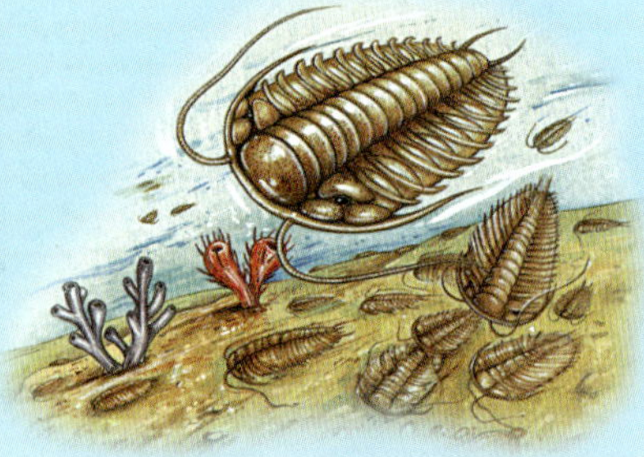

△ *Le trilobiti furono tra i primi animali a sviluppare un involucro protettivo rigido.*

PRIMI SEGNI DI VITA

I primi animali comparvero nei mari e negli oceani circa 3 500 milioni di anni fa. Per la maggior parte si trattava di organismi unicellulari che si lasciavano trasportare dall'acqua. Circa 550 milioni di anni fa si evolvettero i primi animali complessi: *invertebrati* (animali privi di colonna vertebrale) dal corpo molle come le meduse e i vermi.

ANIMALI CORAZZATI

Alcune creature marine dal corpo morbido, come crostacei, coralli e ammoniti, svilupparono involucri o arti rigidi muniti di articolazioni. Per un certo periodo, tra 570 e 245 milioni di anni fa, le trilobiti munite di involucro furono gli animali marini più comuni sul pianeta. Le parti dure del loro corpo si sono spesso conservate come fossili.

△ *Il dimetrodonte era un feroce rettile carnivoro vissuto circa 275 milioni di anni fa.*

I PRIMI PESCI

I primi pesci comparvero circa 500 milioni di anni fa: furono i primi *vertebrati*, ossia animali dotati di spina dorsale. Inizialmente erano privi di mandibole e con la loro bocca a ventosa potevano ingerire cibo soltanto in frammenti piccolissimi. In seguito alcuni pesci svilupparono una corazza ossea e robuste mandibole mobili dotate di denti aguzzi. Questi adattamenti consentirono ai pesci di subentrare, come dominatori degli oceani, ai giganteschi scorpioni acquatici della lunghezza di 2 m.

DALL'ACQUA ALLA TERRAFERMA

Circa 380 milioni di anni fa, alcuni pesci iniziarono a strisciare sulla terraferma alla ricerca di nuove fonti di cibo. Possedevano polmoni primitivi e pinne muscolari sufficientemente robuste da consentire loro di muoversi fuori dall'acqua. Inizialmente questi pesci avventurosi potevano probabilmente resistere fuori dall'acqua soltanto qualche ora, ma gradualmente si trasformarono nei primi *anfibi*, ossia animali in grado di vivere sia nell'acqua che sulla terraferma. È possibile che avessero l'aspetto di grandi tritoni o salamandre.

I PRIMI RETTILI
I rettili si evolvettero dagli anfibi. Avevano la pelle più spessa e deponevano uova con gusci robusti e ciò consentiva loro di vivere lontano dall'acqua. Alcuni rettili, chiamati *pterosauri*, svilupparono membrane simili ad ali e impararono a volare. Altri, come gli ittiosauri, tornarono nel mare. Nei periodi Triassico, Giurassico e Cretaceo, tra i 230 e i 65 milioni di anni fa, i rettili terrestri dominanti furono i dinosauri.

△ L'Archaeopteryx *aveva le dimensioni di una gazza. Aveva le penne come gli uccelli ma anche i denti e la lunga coda ossea tipici di molti rettili.*

INSETTI E UCCELLI
Gli insetti furono i primi animali a levarsi nell'aria, circa 300 milioni di anni fa, molto prima degli pterosauri. Il più grande insetto volante fu il *Meganeura*, simile a una gigantesca libellula. Si pensa che il primo uccello, l'*Archaeopteryx*, si sia evoluto da un dinosauro circa 150 milioni di anni fa.

PICCOLI MAMMIFERI
I primi mammiferi si evolvettero dai rettili circa 230 milioni di anni fa. Nell'era dei dinosauri rimasero piccoli e simili a ratti, nutrendosi di vermi, insetti e uova di dinosauro. Quando i dinosauri si estinsero, alcuni mammiferi iniziarono ad aumentare di dimensioni e ad assumere forme diverse e in breve tempo divennero i dominatori del pianeta.

IL MONDO DEI MAMMIFERI
I mammiferi preistorici avevano le forme e le dimensioni più svariate. Uno dei primi cavalli, l'*Hyracotherium*, era alto soltanto 20 cm al garrese. Alcuni grandi mammiferi, i brontoteridi, erano dotati di un massiccio corno doppio sul muso. Il *Baluciterio* fu probabilmente il più grande mammifero che abitò la Terra: era un rinoceronte gigantesco con il corpo da giraffa la cui testa distava 8 m da terra.

FELINI DAI DENTI A SCIABOLA
I felini dai denti a sciabola erano diffusi in diverse parti del mondo. I loro lunghi canini raggiungevano la lunghezza di 15 cm: l'ideale per penetrare nella spessa pelle dei grandi mammiferi erbivori. Gli ultimi felini dai denti a sciabola si estinsero qualche decina di migliaia di anni fa.

VEDI ANCHE
anfibi e rettili; cavallo; denti; dinosauri; elefante; evoluzione; foresta; gatti e felini; insetti; mammiferi; pesci; uccelli

ELEFANTI PREISTORICI
Gli elefanti furono i mammiferi preistorici più comuni e vari. Elefanti delle dimensioni di un maiale vivevano nelle regioni mediterranee, mentre i pelosi mammut europei e asiatici e i mastodonti americani raggiungevano l'altezza di 3 m. I mammut e i mastodonti si adattarono al terribile freddo delle glaciazioni sviluppando un mantello di lunga e spessa pelliccia. Questi animali furono le ultime specie preistoriche a estinguersi, circa 10 000 anni fa, probabilmente decimati dai primi esseri umani dediti alla caccia.

▷ *Il* Megatherium, *una sorta di bradipo di 5 m di altezza, si estinse 11 000 anni fa.*

▽ *Questa ricostruzione di un ambiente tipico dell'America meridionale di un milione di anni fa dimostra come i mammiferi si diversificarono dopo la scomparsa dei dinosauri. Il* Toxodon, *per esempio, era un erbivoro con la pelle spessa, più o meno delle stesse dimensioni di un rinoceronte.*

▽ *Il* Glyptodon *era un mammifero corazzato dai movimenti molto lenti, probabilmente preda dei felini dai denti a sciabola.*

continua da p. 30

I primi a misurare la lunghezza di un anno furono gli egizi. Notarono infatti che il Nilo fuoriusciva sempre dagli argini quando Sirio, la stella più luminosa del cielo, sorgeva appena prima del tramonto del Sole. Così decisero di contare i giorni che trascorrevano tra un'inondazione e l'altra: erano 365, ossia un anno.

Antartide, *vedi* p. 45

antibiotici

Gli antibiotici sono sostanze prodotte da organismi viventi e sono velenose per i batteri. Queste sostanze, in grado di uccidere i batteri senza nuocere all'organismo che li assume, cominciarono a essere scoperte dagli scienziati all'inizio del XX secolo.
Il più importante di questi antibiotici fu la *penicillina*, una sostanza prodotta da una muffa. La penicillina fu un "rimedio miracoloso" che salvò numerosissime vite. Era soprattutto utile contro la *polmonite*, una malattia che provoca l'infiammazione dei polmoni. Gli scienziati hanno scoperto molti altri antibiotici utili che possono combattere malattie come la tubercolosi, il tifo e la pertosse.
Gli antibiotici non funzionano però contro i *virus*, gli organismi che provocano il raffreddore, l'influenza, la parotite, il morbillo, l'AIDS e altre malattie.

antifascismo

Opposizione politica al fascismo che si manifestò in Parlamento e sulla stampa tra il 1922 e il 1924 e fu costretta poi, dopo l'assassinio di Matteotti e il consolidamento della dittatura, alla clandestinità.
Dopo l'ingresso dell'Italia nella Seconda guerra mondiale le organizzazioni antifasciste si rafforzarono e in seguito guidarono la **Resistenza**.

Antille

Per Antille, o Caraibi, si intende una regione situata a est dell'America centrale, tra l'America settentrionale e quella meridionale, comprendente decine di isole che formano una specie di catena lunga circa 3200 km. Le maggiori isole sono Cuba, Giamaica, Puerto Rico e Hispaniola (divisa in due stati: Haiti e Repubblica Dominicana). Tra le isole più piccole vi sono le Barbados, Grenada e le Isole Vergini. Le Antille sono anche chiamate Indie Occidentali perché quando Cristoforo Colombo le vide per la prima volta, nel 1492, pensò erroneamente di trovarsi nei pressi dell'India. Dopo Colombo, molti europei arrivarono a colonizzare la regione e le popolazioni antillane di oggi rispecchiano questo misto di culture: parlano spagnolo, francese o inglese, spesso con accenti e variazioni locali.

Il turismo è sicuramente la principale industria delle Antille. Infatti i turisti vi si recano in massa per le straordinarie spiagge sabbiose e il tiepido mare. Le maggiori coltivazioni sono rappresentate da canna da zucchero, banane e caffè.

È carnevale!
Ogni anno, in primavera, gli abitanti delle **Antille** festeggiano il carnevale, un incredibile caleidoscopio di colori, costumi e sfilate ma soprattutto un fiume di persone che si riversa nelle strade per ballare tutta la notte. Il Carnevale delle Antille è una delle maggiori manifestazioni carnevalesche del mondo: migliaia di persone ogni anno partecipano a questa celebrazione in nome della gioia e del divertimento.

antilope

Le antilopi sono erbivori dotati di corna e zoccoli. Assomigliano ai cervi, ma sono in effetti della stessa famiglia delle capre.

▷ I partecipanti al Carnevale delle **Antille** indossano costumi spettacolari. Bidoni vuoti di petrolio vengono trasformati in tamburi chiamati *steel drum*.

△ All'interno di un alveare vi sono centinaia di piccole celle di cera in cui l'**ape** regina depone le uova. Dalle uova nascono larve che vengono nutrite dalle api operaie. Le api operaie raccolgono il nettare e il polline dai fiori e lo portano all'alveare, dove viene trasformato in miele e usato come nutrimento per le larve.

Ape regina

La maggior parte delle antilopi vive nelle grandi pianure africane, le *savane*.

Sono veloci corridori e spesso vivono in grandi branchi che fuggono immediatamente al primo segno di pericolo. I loro principali nemici sono leoni, ghepardi e iene. Alcune delle più note varietà di antilopi sono l'impala, il taurotrago, l'antilope d'acqua, lo gnu, la gazzella e il minuscolo dik dik, poco più grande di un coniglio.

Antonello da Messina

Pittore (ca. 1430-1479). Fu influenzato dall'arte fiamminga e dalla prospettiva di Piero della Francesca. Giorgio Vasari gli attribuisce l'introduzione in Italia della tecnica della pittura a olio.

È autore di ritratti di grande intuizione psicologica, che si richiamano allo schema fiammingo del ritratto di tre quarti su sfondo scuro (come l'*Autoritratto.*) Viene ricordato anche per la *Crocifissione*, *S. Sebastiano* e la *Pala di S. Cassiano*.

apartheid

Il termine "*apartheid*" veniva usato dai governanti bianchi della Repubblica Sudafricana per descrivere la loro politica di segregazione della popolazione di colore da quella bianca: "*apartheid*" significa infatti "separazione" in lingua afrikaans.

Nel 1948 il governo sudafricano bianco iniziò ad approvare leggi che facevano dell'*apartheid* la politica ufficiale del governo.

Dure leggi mantenevano la popolazione bianca e quella di colore rigidamente separate e garantivano ai bianchi un tenore di vita migliore rispetto alla popolazione nera.

Nel 1991 il governo sudafricano abrogò le principali leggi dell'*apartheid*.

Nel 1994 le prime elezioni libere organizzate nella Repubblica Sudafricana portarono al governo l'African National Congress e **Nelson Mandela** alla carica di presidente.

ape

Esistono diversi tipi di api, ma le più note sono le *api mellifere*, ossia le api produttrici di miele. Queste api vivono in alveari, colonie composte da circa 50 000 api operaie. Ogni alveare viene fondato da un'*ape regina*, più grande, che si accoppia con i maschi, privi di pungiglione e chiamati *fuchi*. In ogni alveare vivono diverse centinaia di fuchi, il cui solo scopo nella vita è accoppiarsi con l'ape regina, dopo di che muoiono.

Le *api operaie* sono tutte femmine sterili, ossia non in grado di riprodursi. La vita di un'ape operaia è molto breve, in genere dura soltanto quattro settimane, quindi l'ape regina deve deporre molte uova per garantire api a sufficienza per l'alveare. Di quando in quando, nasce una nuova regina: in tal caso una delle due abbandona l'alveare portando con sé uno sciame composto dalla metà circa delle operaie e cerca una nuova casa.

Gli *apicoltori* sono le persone che si prendono cura degli alveari e raccolgono il miele che le api producono, nutrendole con sciroppo di zucchero in sostituzione del miele che asportano dall'alveare.

Esistono altri tipi di api che non vivono in colonie e sono chiamate *api solitarie*.

Appennini

Catena montuosa che si allunga nella penisola italiana per 1200 km dal Colle di Cadibona allo Stretto di Messina; diretta da nordovest a sudest, forma l'ossatura della penisola italiana.

Gli Appennini, il cui limite settentrionale viene fatto convenzionalmente coincidere con il Colle di Cadibona (435 m) a nord di Savona, vengono di solito suddivisi in tre sezioni: settentrionale, centrale e meridionale. L'*Appennino settentrionale*, che si estende fino al solco segnato dalle alte valli dei fiumi Tevere e Metauro (valico di Bocca Serriola), comprende l'Appennino ligure e l'Appennino tosco-emiliano. L'*Appennino centrale*, il cui limite meridionale si fa coincidere con la bocca di Forlì, è formato dall'Appennino umbro-marchigiano (monte Vettore, 2476 m) e dall'Appennino abruzzese.

A sud della bocca di Forlì, l'*Appennino meridionale* si fraziona in rilievi isolati che compongono l'Appennino campano (monte Miletto, 2050 m), l'Appennino lucano (Serra Dolcedorme, 2267 m) e l'Appennino calabro. L'Appennino siculo giunge fino al fiume Torto e comprende i monti Peloritani (1287 m), i monti Nebrodi o Caronie (monte Soro, 1847 m) e le Madonie (Pizzo Carbonara, 1979 m).

aquila

Le aquile sono grandi uccelli predatori. Trascorrono ore e ore librandosi nell'aria o appollaiate su rocce o alberi, scrutando attentamente l'ambiente circostante con la loro vista acutissima. Quando un'aquila individua una preda si avventa su di essa in picchiata e la ghermisce. Afferra la vittima con gli artigli affilati e affonda il robusto becco adunco nella sua carne.

In tutto il mondo, esistono oltre 50 specie di aquile. Si nutrono delle prede più svariate, da piccoli mammiferi a uccelli, pesci, serpenti e lucertole. Le aquile appartengono alla stessa famiglia dei falchi e degli sparvieri.

△ L'**aquila** reale dà la caccia ad animali di medie dimensioni, come i conigli.

Arabia Saudita

L'Arabia Saudita è un vasto stato che occupa gran parte della penisola arabica, nell'Asia sudoccidentale. Deve il suo nome alla dinastia di Ibn Saud, che governa il paese dalla sua fondazione nel 1932.

Nel 1933, lungo le coste del Golfo Persico fu scoperto il petrolio. Oggi si calcola che l'Arabia Saudita disponga di circa un quarto delle riserve petrolifere mondiali.

Il denaro derivante dal petrolio è stato utilizzato per modernizzare il paese.

Durante la guerra del Golfo (1991), l'Arabia Saudita mise a disposizione le proprie basi militari all'esercito di liberazione del Kuwait.

ARABIA SAUDITA
Forma di governo: monarchia assoluta
Capitale: Riyadh
Superficie: 2149690 km²
Popolazione: 25720600 ab.
Lingua: arabo
Moneta: riyal

araldica

Nel Medioevo un cavaliere in armatura era difficile da riconoscere perché il suo viso era nascosto dall'elmo.

I cavalieri iniziarono quindi ad adottare disegni particolari sulla sopravveste indossata sull'armatura e sugli scudi per farsi riconoscere. Questi disegni divennero *stemmi*, emblemi familiari che nessun altro poteva indossare.

Il termine "araldica" deriva da *araldo*, il funzionario che, nel Medioevo, aveva tra le altre cose il compito di registrare gli stemmi e di assegnarne di nuovi. I diversi colori e simboli utilizzati nell'araldica hanno nomi specifici e spesso sono la base di molte bandiere moderne.

aratro

L'aratro è una macchina agricola dotata di lame che rovesciano le zolle di terreno nei campi coltivati.

È utilizzato per dissotterrare erbacce, stoppie e altre piante rimaste sulla superficie di un terreno per prepararlo per una nuova coltivazione.

arazzo

Gli arazzi sono tessuti con figure o motivi ornamentali usati per decorare le pareti. L'arte degli arazzi è molto antica: gli egizi, infatti, realizzavano arazzi già 1700 anni fa circa.

Gli arazzi sono lavorati intrecciando fili colorati di seta attorno a robusti fili di lino o di lana disposti in fila e fissati a un'intelaiatura.

Il disegno dell'arazzo viene riportato con l'inchiostro sui fili di lino e il tessitore segue questa guida lavorando sulla parte posteriore dell'arazzo.

archeologia

L'archeologia è lo studio della storia attraverso gli oggetti creati e costruiti dall'uomo, come utensili, monete, vasi, case, templi e tombe. Persino un deposito di rifiuti può rivelare informazioni su come vivevano i popoli di un tempo.

Inizialmente i siti archeologici non erano protetti e venivano saccheggiati dei loro tesori, ma a cominciare dal XIX secolo gli archeologi iniziarono a trattare le loro scoperte con più cura, annotando ogni cosa trovata e il relativo luogo di ritrovamento. Si fecero molte scoperte importanti ed entusiasmanti, come il rinvenimento dei resti dell'antica Troia (1871), della prima civiltà greca di Micene (1876) e della tomba del faraone Tutankhamon in Egitto (1922).

Oggi la scienza aiuta gli archeologi nel loro lavoro. La datazione con il carbonio radioattivo può dirci quando è stato realizzato un oggetto particolare, mentre le fotografie agli infrarossi e l'uso dei raggi X possono rivelare disegni al di sotto della superficie rovinata di una ciotola di bronzo. L'archeologia si è persino spinta nelle profondità marine: con le moderne attrezzature subacquee, gli archeologi possono esplorare relitti affondati in mare e altri resti del passato che si credevano perduti.

ARGENTINA
Forma di governo: repubblica federale
Capitale: Buenos Aires
Superficie: 2 780 092 km²
Popolazione: 40 134 425 ab.
Lingua: spagnolo
Moneta: peso argentino

△ Una leggenda dice che ai piedi dell'**arcobaleno** si trova la pentola d'oro, ma nessuno l'ha mai trovata! L'arcobaleno non ha fine: è un cerchio intero, la cui metà inferiore si trova al di sotto dell'orizzonte e non è visibile.

▽ Nel Medioevo, **arazzi** multicolori decoravano le pareti delle case dei nobili.

architettura, *vedi* p. 39

arcobaleno

I meravigliosi colori dell'arcobaleno sono creati dalla luce del Sole che colpisce le goccioline d'acqua sospese nell'aria quando piove o sta per smettere. Il momento migliore per vedere un arcobaleno è subito dopo un temporale, quando le nuvole si aprono e lasciano filtrare i raggi solari.

Possiamo vedere l'arcobaleno soltanto se il Sole è alle nostre spalle e piuttosto basso sull'orizzonte. Quando i raggi colpiscono le goccioline di pioggia, ognuna di esse funziona come un prisma e scompone la luce in uno spettro di colori, dal rosso al violetto.

Più il Sole è basso sull'orizzonte, più l'arcobaleno è alto nel cielo e appare come un arco completo.

Argentina

L'Argentina è il secondo stato più grande dell'America meridionale.

La popolazione è costituita per lo più da agricoltori e allevatori: la ricchezza del paese, infatti, deriva principalmente dalle coltivazioni e dal bestiame.

L'Argentina è uno dei massimi produttori mondiali di carne e lana.

La principale regione agricola è costituita dalla *pampa*, un termine spagnolo che significa "terra piatta".

Antico metallo

In antichità l'**argento** era connesso al culto delle divinità lunari ed era per valore secondo soltanto all'oro.
L'argento estratto allo stato metallico era utilizzato già nel VII millennio. Metallo molto duttile e malleabile, era lavorato a martellatura, fino a divenire una foglia sottilissima, o veniva usato per produrre filo ritorto.
Fu impiegato inoltre per lavori a sbalzo e cesello di gran pregio e valore, come per esempio vasellame, monili e decorazioni varie. La superficie esterna degli oggetti in argento veniva solitamente decorata a freddo con ceselli di varia misura e punzoni che producevano forme e motivi diversi.

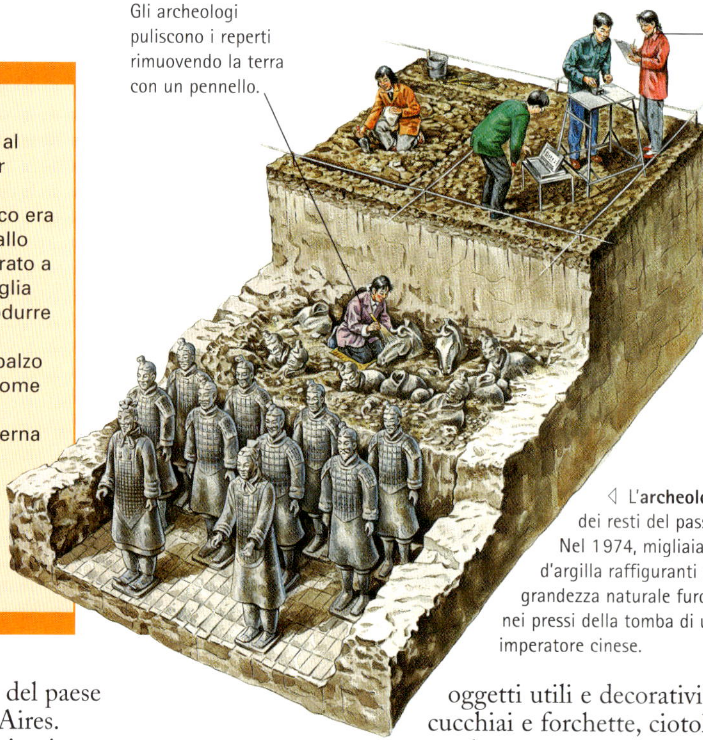

Gli archeologi puliscono i reperti rimuovendo la terra con un pennello.

Prima di essere rimosso, ogni reperto viene registrato e numerato.

◁ L'**archeologia** è lo studio dei resti del passato. Nel 1974, migliaia di statue d'argilla raffiguranti soldati a grandezza naturale furono rinvenute nei pressi della tomba di un antico imperatore cinese.

La pampa si trova al centro del paese attorno alla capitale, Buenos Aires. Nella pampa, in enormi fattorie, si allevano milioni di capi di bovini e ovini. L'Argentina settentrionale è occupata da foreste tropicali, mentre all'estremo sud, verso la punta dell'America meridionale, si trova la Patagonia, una terra gelida di pianure spazzate dal vento e di alte montagne innevate. Ushuaia è la città più meridionale del Pianeta. A ovest si snoda invece la cordigliera delle Ande.

L'Argentina fu dominata dalla Spagna dal 1535 al 1810. Oggi la maggior parte della popolazione discende dagli europei, ma nel paese vivono ancora circa 20 000 indigeni.

argento

L'argento è un metallo prezioso usato dalle popolazioni di tutto il mondo da migliaia di anni. Molti stati possiedono giacimenti di argento, ma il processo di estrazione è molto costoso.

L'argento si piega con facilità e può essere lavorato in molte forme diverse.

Inoltre, come l'oro, può essere appiattito e assottigliato in lamine finissime. È utilizzato per realizzare oggetti utili e decorativi come cucchiai e forchette, ciotole e gioielli e a volte è usato come rivestimento per oggetti ottenuti da metalli meno preziosi come il rame o il nichel, così che essi possano sembrare d'argento.

L'argento è impiegato nell'industria perché è un buon conduttore di elettricità. Alcune sostanze chimiche ottenute dall'argento reagiscono alla luce e sono utilizzate in fotografia.

△ Se viene bagnata, l'**argilla** può essere modellata in vasi dalla forma diversa usando un apposito attrezzo chiamato *tornio*, costituito da una piastra rotonda che ruota.

argilla

L'argilla è una roccia che si è decomposta in seguito a milioni di anni di erosione atmosferica. È composta da minuscole particelle che danno vita a una specie di impasto denso e appiccicoso. Le particelle d'argilla sono così fini e compresse le une contro le altre da formare strati impermeabili. Se nel sottosuolo si trova uno strato di argilla, la pioggia che filtra nel terreno non può superarlo: l'acqua forma così una pozza sotterranea, o bacino, da cui può essere attinta trivellando pozzi.

L'argilla è facile da modellare e, messa in appositi forni, diventa solida. È utilizzata per fabbricare vasi, piastrelle e mattoni.

ARCHITETTURA

L'architettura è l'arte di disegnare edifici e altre strutture. Scopo principale dell'architettura è garantire che le costruzioni siano robuste, belle da vedere e adeguate al loro scopo.

△ *Dal 3000 al 2000 a.C. i sumeri dell'antico Iraq costruirono alti templi a forma di piramidi che chiamavano* ziggurat.

△ *L'imponente cupola di S. Maria del Fiore, a Firenze, è stata progettata nel Rinascimento da Filippo Brunelleschi.*

△ *Il Taj Mahal (1650), in India, è caratterizzato da cupole e minareti (torrette) tipici dell'architettura islamica.*

PRIME OPERE ARCHITETTONICHE

I primi edifici erano strutture semplici fatte di erba o fango essiccati che fornivano un riparo dal Sole, dal vento e dalla pioggia. Più di 5000 anni fa le antiche civiltà della Mesopotamia (l'attuale Iraq) iniziarono a costruire case di una sola stanza con mattoni di argilla cotti al Sole. Man mano che la gente diveniva più abile nel costruire e le tecniche si affinavano, si cominciarono a creare edifici più elaborati. Nel periodo compreso tra il 2600 e il 1000 a.C., gli egizi costruirono gigantesche piramidi come tombe per i loro sovrani defunti. La più grande di queste piramidi è realizzata con oltre due milioni di blocchi di pietra.

L'ARCHITETTURA GRECA E ROMANA

L'architettura occidentale che conosciamo oggi iniziò a prendere forma in Grecia attorno al 600 a.C. Nei 450 anni successivi, gli architetti greci svilupparono uno stile classico che prevedeva l'uso di bellissime colonne in pietra o in marmo. Esempi dell'architettura greca sopravvissuti fino ai giorni nostri comprendono templi, come il Partenone di Atene, e teatri all'aperto.

I romani copiarono lo stile architettonico greco, ma inventarono anche tecniche di costruzione proprie, come gli archi e le cupole. Gli archi potevano sostenere un carico elevato, consentendo agli architetti di progettare edifici più grandi e più robusti. Gli architetti romani costruirono una grande varietà di strutture, soprattutto tra il 100 a.C. e il 300 d.C., tra le quali bagni pubblici, palazzi, ponti e grandiosi edifici scoperti riservati agli spettacoli (il Colosseo.)

STILI IN EVOLUZIONE

Durante il Medioevo gli architetti europei svilupparono nuovi sistemi di costruzione con la pietra ed edificarono ogni genere di struttura, dai castelli alle chiese.

◁ *Il nuovo Guggenheim Museum di New York fu inaugurato nel 1960.*

Lo stile gotico fiorì verso la metà del XII secolo e prosperò fino al XV secolo. Molte tra le più belle e antiche cattedrali europee furono costruite in stile gotico con delicati archi a sesto acuto, alti soffitti e vetrate colorate.

Il Rinascimento, che ebbe inizio in Italia verso la fine del XIV secolo, provocò una nuova evoluzione architettonica che modificò anche l'orientamento dell'architettura: invece di concentrarsi principalmente su chiese e altri edifici religiosi, gli architetti iniziarono a occuparsi sempre più spesso della progettazione di case private ed edifici pubblici, come uffici governativi e municipi.

Nel XVI secolo, gli architetti cominciarono a divenire famosi per le loro opere. Da allora, i migliori architetti sono sempre molto ricercati perché capaci di adattare il loro stile alle esigenze dei clienti.

▷ *Negli anni 80 del secolo scorso, nel cortile del museo del Louvre, a Parigi, fu costruita una grande piramide di vetro.*

L'ARCHITETTURA MODERNA

Nell'era moderna, i materiali da costruzione di base sono sempre mattoni e pietre, ma oggi gli architetti possono utilizzare per i loro progetti anche molti materiali nuovi: calcestruzzo e acciaio, vetro e plastica danno oggi una nuova forma al mondo in cui viviamo. Molte altre invenzioni hanno contribuito a rivoluzionare l'architettura, come il riscaldamento centralizzato, la luce elettrica e l'aria condizionata. L'ascensore, inventato nel 1854, consentì agli architetti di progettare edifici molto più elevati. I primi grattacieli con intelaiatura di acciaio furono eretti a Chicago e a New York sul finire del XIX secolo.

Oggi gli architetti lavorano insieme agli ingegneri e ai geometri. Usano computer per calcolare i diversi carichi e le forze che agiscono all'interno dell'edificio da costruire e, se necessario, possono rapidamente modificare il loro progetto. Alcuni edifici moderni hanno forme impressionanti e futuristiche che sarebbe stato impossibile realizzare senza l'uso delle tecnologie moderne.

VEDI ANCHE
casa; chiesa; cupola; Egitto antico; grattacielo; Grecia antica; moschea; Partenone; piramide

aria

L'aria è ovunque intorno a noi e circonda la Terra in uno strato che chiamiamo *atmosfera*. Per vivere, noi dobbiamo respirare aria. L'aria è incolore e inodore, ma in realtà è una miscela di diversi gas. Quando soffia il vento, "avvertiamo" la presenza dell'aria. Sappiamo anche che ha un peso: una stanza di dimensioni medie contiene oltre 45 kg circa di aria. L'aria trasporta anche i suoni e senza di essa non potremmo sentire, perché i suoni non possono propagarsi nel vuoto.

Il principale gas contenuto nell'aria è l'*azoto*, che ne costituisce quasi i quattro quinti. Un quinto circa è invece composto da *ossigeno*, il gas di cui abbiamo bisogno per vivere. L'aria contiene anche una piccola quantità d'acqua sotto forma di minuscole particelle di vapore. Quando parliamo di *umidità* intendiamo la quantità di acqua contenuta nell'aria.

▽ Il tae-kwon-do è un'**arte marziale** coreana che utilizza i calci. Questa "cintura nera" sta dimostrando la potenza del suo calcio spezzando una tavoletta di legno.

L'aria che circonda la Terra diventa più rarefatta man mano che si sale di quota. Gli scalatori a volte portano con sé una riserva d'aria, perché in cima alle montagne più alte l'aria è troppo rarefatta e non consente di respirare adeguatamente. Gli aerei che volano ad alta quota devono mantenere l'aria all'interno a livelli di pressione simile a quella che si misura al suolo, in modo che i passeggeri possano respirare normalmente. L'aria calda si espande e diventa più leggera. Quando l'aria attorno al termosifone si riscalda diventa più leggera e si solleva verso l'alto, l'aria fredda prende il suo posto, si riscalda a sua volta e si solleva verso l'alto, e così via: in questo modo si riscalda tutta la stanza.

Ariosto, Ludovico

Poeta (1474-1533). Nacque a Reggio Emilia e alla morte del padre, 1500, abbandonò gli studi umanistici e fu costretto a cercarsi un'attività remunerativa nella corte degli Estensi di Ferrara seguendo l'esempio paterno. Tuttavia non abbandonò mai del tutto l'attività letteraria a cui si dedicò con passione e amore negli ultimi anni della sua vita.

Il suo capolavoro è l'*Orlando furioso*, poema epico in ottave e in 26 canti, il cui racconto si collega all'*Orlando innamorato* di M. M. Boiardo e tratta dell'amore di Orlando per Angelica, che non essendo corrisposto porterà Orlando alla follia.

Tra le altre opere ricordiamo *Carmina*, le *Rime* e le *Satire*.

Aristotele

Filosofo greco (384-322 a.C.). All'età di 17 anni, Aristotele si recò ad Atene e divenne uno dei più importanti discepoli di Platone.

Rimase ad Atene vent'anni e divenne precettore di Alessandro Magno.

Aristotele pervenne al sistema di ragionamento chiamato *logica*. Le sue opere trattano di molti argomenti, comprese la natura e la politica.

armadillo

Gli armadilli sono inconsueti mammiferi che vivono nell'America centrale e meridionale. Il loro dorso è ricoperto da una corazza di squame ossee. Possiedono robusti artigli che usano per scavare tane e distruggere termitai alla ricerca di cibo.

Esistono 20 specie diverse di armadillo.

armatura

L'armatura è una copertura utilizzata dai guerrieri dell'antichità per proteggere il corpo durante le battaglie. La prima armatura a essere stata indossata risale ad almeno 5000 anni fa ed era realizzata in cuoio durissimo. Poi furono aggiunte piastre pettorali, elmi e scudi di metallo, ma il resto del corpo rimaneva protetto da cuoio o da *maglia di ferro*, composta da centinaia di piccoli anelli di ferro collegati insieme per formare una specie di tessuto. Nel Medioevo i cavalieri affrontavano le battaglie rinchiusi dalla testa ai piedi in armature che potevano pesare anche 30 kg! Quando però le armi da fuoco divennero più potenti e precise, queste pesanti armature non ebbero più alcuna utilità e smisero di essere utilizzate.

Oggi, per i giubbotti antiproiettile, indossati dai militari e dalla polizia si utilizzano metalli leggeri e plastiche speciali.

arpa

L'arpa è il più antico strumento a corda. Le prime arpe erano semplici archi con corde di diverse lunghezze tese tra le due estremità. Le arpe moderne hanno un telaio di legno, con le corde tese fra la tavola armonica e la parte superiore dello strumento. Un'arpa è dotata di sette pedali che possono modificare l'altezza delle note. L'arpista suona seduto, tenendo la tavola armonica tra le gambe e pizzicando le corde con le dita.

arte, *vedi* p. 42

arteria

Un'arteria è un vaso sanguigno che trasporta il sangue dal cuore a tutte le parti del corpo. Le *vene* sono diverse dalle arterie perché trasportano il sangue già utilizzato dal corpo nuovamente verso il cuore. Le arterie hanno pareti spesse ed elastiche. La più grande è l'*aorta*, che è collegata direttamente al cuore.

△ L'**armadillo** deve il suo nome alla corazza che ha sul dorso. Quando si sente in pericolo o viene attaccato si arrotola su se stesso.

▽ Le **armature** erano composte da così tanti pezzi che i cavalieri impiegavano un'ora a vestirsi per la battaglia. Pur sembrando poco agevole, l'armatura era in realtà molto flessibile.

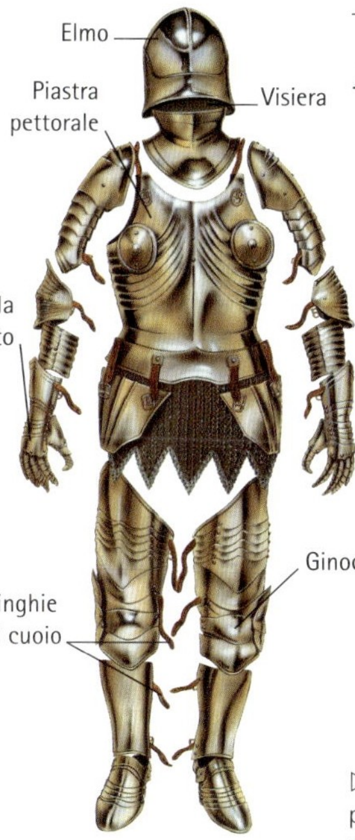

Artide e Antartide, *vedi* p. 45

artigli, *vedi* unghie e artigli

arti marziali

Le arti marziali sono forme di combattimento originarie dell'Asia orientale. Comprendono judo, karate e aikido, nate in Giappone, e il kung-fu, diffuso in Cina. Il judo, che significa "arte della gentilezza" è la più famosa delle arti marziali. Deriva dal ju-jitsu, un tipo di combattimento violento che poteva menomare o uccidere. Oggi, invece, il judo è uno sport sicuro praticato da uomini, donne e bambini.

È sport olimpico dal 1964 ed è usato in molte parti del mondo per autodifesa.

Uno sportivo di judo allenato può rapidamente far perdere l'equilibrio a un avversario e farlo cadere a terra.

Artù, re

Re di Bretagna (500 d.C. circa). Lottò duramente contro gli invasori sassoni.

Attorno alla sua figura crebbero molte leggende popolari che si diffusero in tutta l'Europa del nord e furono riprese in molte opere letterarie del XII secolo, come quelle di Geoffrey of Monmouth e di Chrétien de Troyes, dove si narra della sua corte e dei cavalieri della Tavola Rotonda.

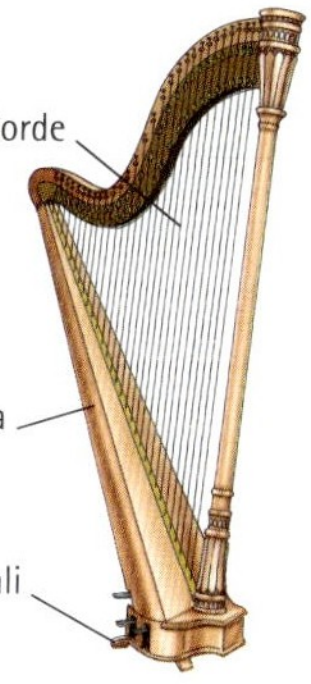

▷ L'**arpa** da concerto produce un suono pieno e robusto. I pedali sono utilizzati per suonare i semitoni.

ARTE

Un'opera d'arte è qualsiasi opera creativa che abbia lo scopo di riprodurre immagini ed esprimere sensazioni. L'arte è prodotta dall'uomo in molti modi e in molte forme diverse, tra le quali la pittura, il disegno, la stampa, la scultura, la fotografia e il cinema.

△ *Le pitture rupestri realizzate fino a 30 000 anni fa si trovano in luoghi molto lontani fra loro, in Africa, Cina ed Europa. Questa mandria accudita dall'uomo fu dipinta su una roccia nel Sahara centrale.*

△ *L'arte giapponese spesso ritrae scene sensazionali ispirate alla natura. Questa stampa,* Sotto l'onda a Kanagawa, *fu realizzata da Hokusai dal 1831 al 1833.*

LA STORIA DELL'ARTE

In passato, l'arte aveva solitamente uno scopo pratico. I primi dipinti sulle pareti delle caverne, per esempio, avevano probabilmente un significato religioso o rituale. In Egitto, in Grecia e nella Roma dell'antichità, i governanti e i ricchi usavano l'arte per sfoggiare la loro importanza e il loro potere. Possedevano ceramiche decorate, mosaici e statue che spesso ritraevano dei, dee e scene mitologiche.

In Europa, nel Medioevo, l'arte aveva uno spiccato carattere religioso. Spesso ai nostri occhi i dipinti medievali sembrano un po' "piatti" e innaturali: gli artisti, infatti, non sapevano come fare per dare un aspetto tridimensionale alle immagini che disegnavano. È soltanto alla fine del XIV secolo, in Italia, che gli artisti scoprono la prospettiva. Questo nuovo stile, più realistico, si diffuse in tutta l'Europa nel XV e XVI secolo. In questo periodo, chiamato *Rinascimento*, gli artisti sperimentarono molte altre nuove tecniche.

Nel XVII secolo, gli artisti iniziarono a dedicarsi a soggetti non religiosi e realizzarono ritratti di gente comune, *nature morte* (ossia insiemi di più oggetti) e scene di vita quotidiana. Iniziarono anche ad apporre la loro firma alle opere che producevano, così la gente poté conoscere i loro nomi. Gli artisti medievali, invece, non firmavano mai le loro opere.

◁ *Le tombe degli egizi erano ricoperte di pitture murarie che ritraevano dei, cerimonie religiose e spedizioni di caccia.*

L'invenzione della fotografia, verso la metà del XIX secolo, ebbe un grosso impatto sull'arte. Infatti molti artisti decisero di creare un tipo di arte meno realistica. In Francia, i pittori introdussero l'*Impressionismo*, nel quale utilizzavano audaci pennellate di colore per dare l'impressione dei mutevoli effetti della luce. Da allora, gli stili artistici hanno continuato a evolvere. Alcuni artisti hanno inventato l'*arte astratta*, il cui soggetto non è rappresentato da un oggetto reale ma ha più a che fare con l'idea e la sensazione di tale oggetto. Gli artisti oggi producono un'ampia varietà di opere in molti stili diversi.

◁ *Botticelli, uno dei massimi artisti del Rinascimento italiano, dipinse* La Primavera *nel 1478 circa.*

△ *Gli scultori moderni usano i materiali più disparati per realizzare sculture con forme inusuali.*

Vedi anche
Astrattismo; Botticelli; Impressionismo; Michelangelo; Picasso; pittura; Rinascimento; scultura; Van Gogh

Asburgo

Molti sovrani e imperatori europei del passato appartenevano alla famiglia reale degli Asburgo, il cui nome deriva da un castello svizzero chiamato *Habichtsburg* ("rocca del nibbio"), fatto costruire nel 1020 da un vescovo tedesco, del quale i conti d'Asburgo divennero proprietari.

Nel 1273, il conte Rodolfo d'Asburgo (1218-1291) fu eletto imperatore del Sacro Romano Impero, e nel 1276 conquistò l'Austria.

Anche i successivi imperatori furono per lo più della casata degli Asburgo, e alcuni sposarono anche principesse straniere, aumentando così il potere della dinastia, che annetteva all'impero anche i paesi che le loro consorti ereditavano.

Nel XVI secolo gli Asburgo regnavano su gran parte dell'Europa: dalla Spagna, a ovest, fino all'Ungheria, a est.

Il loro potere andò però declinando nel XVIII secolo in seguito a guerre e rivolte.

Napoleone pose fine al Sacro Romano Impero nel 1806 e la Prima guerra mondiale distrusse definitivamente il gigantesco impero austroungarico degli Asburgo.

△ Gli **asini** sono in grado di trasportare carichi molto pesanti rispetto alle loro dimensioni. Hanno la testa grande, lunghe orecchie e una corta criniera.

Asia, *vedi* pp. 46-47

asino

L'*asino domestico* è il cugino più piccolo e massiccio del cavallo e deriva dall'asino selvatico africano. Si tratta di un animale alquanto utile, in grado di arrampicarsi con sicurezza sulle montagne e di trasportare anche per tempi prolungati carichi pesanti su terreni accidentati.

Gli asini vengono utilizzati come animali da lavoro in Europa meridionale, Asia, Africa settentrionale e America meridionale.

assicurazione

L'assicurazione è un sistema per tutelarsi contro perdite, danni o lesioni.

Chi possiede una polizza assicurativa, ogni anno paga una certa somma di denaro a una compagnia di assicurazioni.

Se l'assicurato perde o danneggia un oggetto che ha assicurato, la compagnia gli fornirà il denaro per sostituirlo o per ripararlo. È possibile assicurare qualsiasi tipo di proprietà, comprese le case e altri edifici.

Spesso le persone stipulano anche un'*assicurazione sanitaria* che paghi le cure mediche speciali in caso di malattia.

assiri

Antica popolazione dell'Asia occidentale il cui centro principale fu l'Assiria. Gli assiri erano una mescolanza di semiti provenienti dal sud (Babilonia e Accadia) con tribù non semite dell'ovest e curdi caucasici.

La loro civiltà, culturalmente dipendente dai sumeri, si formò a nord di Babilonia, negli altipiani dell'alta valle del Tigri, l'attuale regione di Mosul (Iraq), e nel periodo della sua massima espressione si diffuse quasi in tutta la Mesopotamia.

asteroide

Gli asteroidi sono migliaia e migliaia di rocce rimaste nello spazio quando si formarono il Sole e i pianeti.

La maggior parte di essi si trova nell'ampia fascia compresa tra le orbite di Marte e Giove.

Le collisioni con gli asteroidi sono responsabili dei crateri che possiamo osservare sulla Luna e su Mercurio. Di quando in quando, gli asteroidi cadono ancora sulla Terra, ma con i moderni telescopi è possibile individuare quelli che rappresentano una seria minaccia per il nostro pianeta.

◁ La fascia di **asteroidi** compresa tra Marte e Giove contiene rocce di tutte le dimensioni. Spesso queste rocce urtano l'una contro l'altra e si spezzano. *Cerere*, il più grande di questi asteroidi, ha un diametro di circa 1 000 km ed è uno dei pianeti nani.

astice

L'astice è un crostaceo appartenente alla stessa famiglia dei gamberi e dei granchi.

Ha il corpo protetto da una corazza rigida, quattro paia di zampe e un paio di enormi chele per afferrare il cibo. Viene spesso confuso con l'aragosta, che però non possiede le chele.

Quando un astice avverte un pericolo, piega la coda sotto il corpo: così facendo spinge in avanti l'acqua e si dà una spinta all'indietro riuscendo a fuggire.

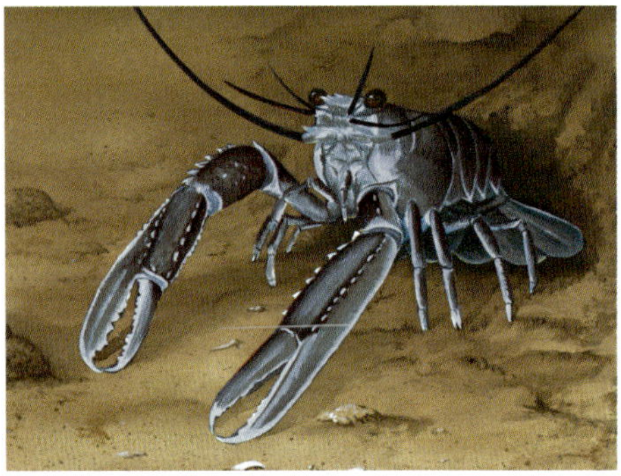

△ Durante il giorno, gli **astici** si nascondono tra gli scogli o in buchi scavati sul fondo del mare ed emergono soltanto di notte per cacciare le loro prede, come gamberi e piccoli pesci, e nutrirsi dei resti di animali morti.

Astrattismo

Lo scopo principale dell'Astrattismo non è ritrarre le persone, i panorami o gli oggetti così come si vedono: nell'arte astratta gli artisti si concentrano su forme, colori e strutture riuscendo comunque a esprimere ogni tipo di emozione e di idea. L'arte astratta può essere estremamente audace e sorprendente, oppure delicata e inafferrabile.
Secondo i principi dell'Astrattismo possono essere realizzati dipinti, disegni e sculture.

Nel corso della storia, molte culture hanno prodotto opere d'arte astratta, comprese molte popolazioni africane e aborigene.

In Europa le prime opere d'arte astratta furono realizzate a Parigi e a Mosca all'inizio del XX secolo e negli anni 50 gli Stati Uniti, e soprattutto New York, divennero il centro dell'Astrattismo. Molti artisti moderni si sono dedicati a questo tipo di arte, come Pablo Picasso, Jackson Pollock e Mark Rothko.

◁ Robert Delaunay dipinse *Elica* a Parigi nel 1923. Delaunay fu uno dei primi esponenti europei dell'**Astrattismo**. Era più interessato alle forme e ai colori che al ritrarre le cose come appaiono nella realtà.

△ *Come molti animali artici, la civetta delle nevi è bianca per mimetizzarsi tra la neve.*

ARTIDE e ANTARTIDE

L'Artide e l'Antartide si trovano alle estremità opposte, a nord e a sud, del nostro pianeta. Sono le località più fredde della Terra, in cui le condizioni di vita sono molto rigide.

△ *L'orso polare caccia foche, pesci e piccole balene nei mari ghiacciati delle regioni polari nordiche. La volpe artica spesso lo segue, in cerca di avanzi di cibo.*

AI CONFINI DELLA TERRA

L'Artide è una regione compresa all'interno del *Circolo polare artico*, un'immaginaria linea disegnata attorno alla parte più settentrionale del globo. Comprende il mar Glaciale Artico, i mari e le isole a esso circostanti e le parti più settentrionali di Alaska, Canada, Groenlandia, Norvegia, Svezia, Finlandia e Russia. Al centro dell'Artide è posizionato il Polo Nord: qui non vi è terraferma, ma soltanto una vastissima area di mare ghiacciato.

L'Antartide è un continente più vasto dell'Europa che si estende attorno al Polo Sud. Quasi tutta l'Antartide è coperta da una calotta di ghiaccio dello spessore medio di 2 500 m, interrotta soltanto da qualche catena montuosa. Al largo delle coste dell'Antartide vi sono molte isole, iceberg e distese di ghiaccio.

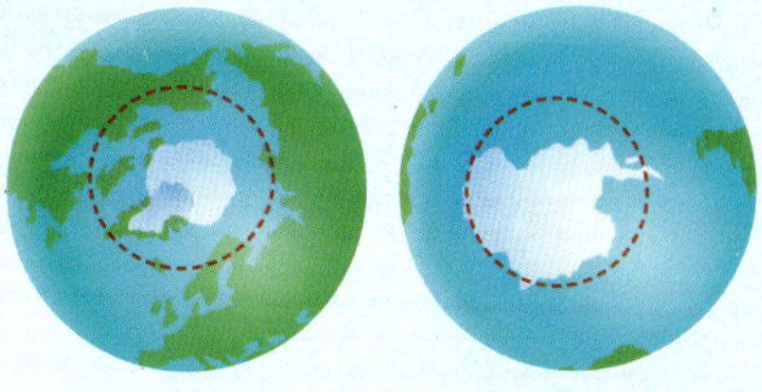

Artide *Antartide*

△ *Il Circolo polare artico e quello antartico sono linee immaginarie disegnate attorno al pianeta. La maggior parte dell'area compresa dal Circolo polare artico è costituita da mare ghiacciato, mentre il Circolo polare antartico è occupato da un continente coperto di ghiaccio chiamato* Antartide.

△ *Molti tipi di balene e delfini nuotano nei mari artici e antartici in cerca di cibo. I capodogli si immergono negli abissi del mare alla ricerca del loro cibo preferito: i calamari.*

VITA AI POLI

Nonostante le rigide condizioni ambientali, nell'Artide e nell'Antartide vivono molte specie di animali. La fauna dell'Artide comprende lemming, renne o caribù, lepri artiche e orsi polari. Molti animali artici trascorrono l'inverno in tane sotterranee. La maggior parte degli uccelli migra verso zone più calde (volano cioè verso sud) per trascorrere l'inverno e ritorna in primavera per riprodursi. I mari artici ospitano foche, trichechi e balene.

Al Polo Sud riescono a sopravvivere pochissimi animali. I mari antartici, però, sono ricchi di pesci e di animali minuscoli simili a gamberetti chiamati *krill* che forniscono cibo a grandi quantità di calamari, balene, pinguini e albatri.

GHIACCIO E NEVI

In Artide e in Antartide si registrano le condizioni climatiche più estreme del mondo. In Artide, le temperature salgono al di sopra del punto di congelamento (0 °C) soltanto per quattro mesi all'anno. L'Antartide è ancora più fredda: la temperatura più bassa del pianeta è stata misurata qui: -89,2 °C! Venti gelidi soffiano sulla regione, creando cumuli di neve e scatenando furiose tempeste di neve.

La temperatura attorno al Polo Nord e al Polo Sud è tanto fredda perché il Sole non si leva mai alto nel cielo. D'inverno vi sono giorni in cui il Sole non sorge neppure, mentre d'estate il Sole è in cielo giorno e notte e non diventa mai buio.

POPOLAZIONI POLARI

L'Antartide è abitata da popolazioni diverse. Tra queste, gli inuit del Canada e della Groenlandia e i lapponi di Norvegia, Svezia e Finlandia, che per vivere praticano la caccia e la pesca. Gli unici esseri umani a vivere in Artide, invece, sono gli scienziati delle basi di ricerca.

△ *I pinguini imperatore si riproducono nell'inverno antartico. Per sopravvivere al freddo pungente hanno uno spesso strato di grasso su tutto il corpo e si stringono l'uno all'altro in grandi gruppi.*

◁ *Ancora oggi, uno dei modi più rapidi per spostarsi sulle regioni artiche è la slitta trainata da mute di cani husky.*

VEDI ANCHE
Amundsen, Roald; balena; clima; foche e leoni marini; iceberg; orso; pinguino; Polo Nord; Polo Sud; Scott, Robert Falcon

ASIA

L'Asia è il più grande continente del mondo e rappresenta un terzo della terraferma del nostro pianeta. Vivono più persone in Asia che in tutti gli altri continenti messi insieme.

△ *Gli edifici dell'antica città di Petra, in Giordania, sono scolpiti nella roccia. Questa splendida città fu costruita nel 400 a.C. dai* nabatei, *una popolazione araba.*

UNA TERRA DI ESTREMI

L'Asia si estende dal mar Mediterraneo, a ovest, all'oceano Pacifico, a est, e dal Circolo polare artico a nord a isole tropicali assolate a sud. L'Asia è così vasta che in Turchia il Sole sorge quasi 11 ore prima che in Giappone, all'estremità opposta del paese.

L'estremo nord dell'Asia è occupato dalla tundra, una regione selvaggia senza vegetazione con temperature gelide per la maggior parte dell'anno. A sud della tundra si estendono vaste foreste e praterie. Gran parte dell'Asia occidentale, invece, è occupata da un arido deserto. L'Asia possiede molte catene montuose importanti, come l'imponente Himalaia, a sud della quale si aprono pianure fertili e foreste pluviali lussureggianti.

△ *Molte città asiatiche in rapida espansione si trovano nel Sudest asiatico: sono i principali centri dell'industria e del commercio.*

△ *I cinesi festeggiano il Capodanno con cortei che si snodano per le strade guidati da enormi draghi.*

ANTICHE CIVILTÀ

Alcune delle prime civiltà del mondo si svilupparono in Mesopotamia (il moderno Iraq), nella valle dell'Indo (l'attuale Pakistan) e in Cina. Le popolazioni di queste zone costruirono le prime grandi città e inventarono le lingue scritte, i codici legali e le tecniche di coltivazione. A loro si devono anche molti progressi nel campo dell'architettura, della matematica e della scienza.

Nel XVI secolo, l'Asia comprendeva quattro dei più potenti stati del mondo: l'Impero Ottomano in Medio Oriente, l'impero dei Safawidi in Iran, l'Impero Moghul in India e la dinastia Ming in Cina, le cui ricchezze provenivano principalmente dal commercio.

▽ *Le principali città giapponesi sono collegate da un treno ad alta velocità chiamato* Shinkansen *in grado di raggiungere la velocità di 300 km orari.*

LA CULLA DELLE RELIGIONI

L'Asia è il luogo in cui nacquero le più importanti religioni del mondo. In India si sviluppò sia l'induismo, nel 2000 a.C. circa, che il buddhismo, 1500 anni dopo.
Il buddhismo è ora la principale religione in grandi aree dell'Asia orientale, come il Tibet, la Cina, il Giappone e la Thailandia. Israele fu invece la culla dell'ebraismo e del cristianesimo, che in seguito si diffusero in Europa e nel resto del mondo. L'islamismo, invece, nacque nella penisola araba attorno al 600 d.C. ed è ora praticato dai musulmani di tutto il mondo. Il sikhismo, infine, ha origini relativamente recenti: nacque nella regione del Punjab, nell'India settentrionale, all'inizio del XVI secolo.

ATTRAVERSO I SECOLI

Gli europei intrapresero i viaggi verso l'Asia nel XV secolo e il commercio tra i due continenti ebbe un rapido sviluppo. Veniva scambiato ogni genere di merce: spezie, seta, ceramiche e gioielli. Più tardi, e per diversi secoli, la Cina e il Giappone chiusero le loro frontiere all'Europa, sospendendo il commercio e altri contatti. Nel XIX secolo la maggior parte dell'Asia fu colonizzata da potenze europee, le cui forze armate erano più forti e meglio equipaggiate. I colonizzatori crearono grandi piantagioni per coltivare tè, caffè, albero della gomma e cotone.

Dopo la Seconda guerra mondiale (1939-1945), nel corso della quale il Giappone aveva occupato parti dell'Asia orientale, molte delle colonie conquistarono la libertà. Diversi stati adottarono il sistema politico comunista, e tra questi l'Unione Sovietica, la Cina e la Corea del Nord. Con la caduta dell'Unione Sovietica nel 1991 furono creati otto nuovi stati asiatici, tra i quali il Kazakistan e il Tagikistan. Oggi l'Asia conta 50 nazioni indipendenti, da staterelli minuscoli come il Brunei e il Bahrein, a potenti giganti come la Russia e la Cina.

▷ *I panda giganti vivono nelle foreste montane della Cina e si nutrono esclusivamente di germogli di bambù. Ne esistono ormai meno di 1000 esemplari.*

LA NATURA

L'Asia presenta una grande varietà di paesaggi in cui vivono migliaia di animali e piante di innumerevoli specie. Le cime più elevate ospitano yak e leopardi delle nevi, mentre i lupi e le renne abitano l'estremo nord. Le foreste pluviali del sud e del sudest offrono riparo alla più disparata varietà di vita animale, compresi elefanti asiatici, tigri, uccelli multicolori e serpenti velenosi. La caccia e la *deforestazione* (l'abbattimento degli alberi) stanno però minacciando l'esistenza di molte specie ormai da considerarsi rare.

ASIA

Superficie: 44 619 779 km²
Monte più alto: Everest, sul confine tra Nepal e Tibet, 8 848 m
Massima depressione: mar Morto, Israele/Giordania, 422 m al di sotto del livello del mare
Lago più grande: mar Caspio, (Europa/Asia) 371 000 km²
Fiume più lungo: Yangtze Kiang (Chang Jiang), 5 800 km
Deserto più esteso: Gobi, 1 096 000 km²
Stato più grande: Russia (per il 77% appartenente all'Asia)
Stato continentale più piccolo: Brunei
Stato insulare più piccolo: Maldive
Città più popolata: Mumbai (Bombay), India, 18 978 000 ab.
Stato più popolato: Cina, 1 345 751 000 ab.
Popolazione totale: 4 126 584 436 ab.

UNA POPOLAZIONE IN ESPANSIONE

Alcune parti dell'Asia sono densamente popolate e con una popolazione in costante crescita, come le valli dei grandi fiumi cinesi, l'isola indonesiana di Giava e la pianura del Gange in India. Nelle foreste siberiane e nelle remote praterie della Mongolia la popolazione è invece scarsissima.

Negli ultimi anni la Cina e molti stati del Sudest asiatico sono diventati forti potenze economiche, quasi al pari del Giappone. Possiedono enormi fabbriche che producono una grande varietà di prodotti altamente tecnologici.

VEDI ANCHE

Cina; comunismo; Corea; Giappone; India; Indonesia; Medio Oriente; Pakistan; religione; Russia; Sudest asiatico; Turchia

▷ *Il riso è l'alimento base di tutto l'est asiatico. Cresce in campi allagati chiamati* risaie: *per la sua coltivazione nelle zone collinari si ricavano strette terrazze lungo i pendii.*

astrologia

L'astrologia è l'arte di predire il futuro osservando i movimenti del Sole, della Luna, dei pianeti e delle stelle. Si basa sullo *zodiaco*, un immaginario cerchio nel cielo all'interno del quale si muovono il Sole, la Luna e i pianeti. Questo cerchio contiene anche 12 **costellazioni** o gruppi di stelle disposte in forme diverse. Ogni costellazione rappresenta un segno zodiacale e occupa un mese del calendario astrologico. I 12 segni dello zodiaco sono: Capricorno, Acquario, Pesci, Ariete, Toro, Gemelli, Cancro, Leone, Vergine, Bilancia, Scorpione e Sagittario. Alcuni credono che le persone nate sotto uno stesso segno zodiacale possiedano in comune particolari tratti della personalità.

△ L'**oceano Atlantico** è il secondo oceano più grande del mondo e occupa il 17% della superficie del nostro pianeta.

astronomia

L'astronomia è lo studio scientifico dei corpi presenti nello spazio e, tra le scienze, è la più antica. Le prime osservazioni del cielo notturno consentirono alle antiche popolazioni di dividere l'anno in mesi, settimane e giorni in base ai movimenti del Sole, della Terra e della Luna. In seguito, la creazione del calendario aiutò i primi astronomi a prevedere il passaggio delle comete e le date delle eclissi. Per molti secoli l'uomo credette che la Terra fosse al centro dell'universo ma, attorno al 1540, Niccolò Copernico introdusse l'idea che il Sole fosse al centro del nostro sistema solare. Nel 1608 Hans Lippershey inventò il *cannocchiale*, poi perfezionato da Galileo Galilei, uno strumento molto importante per gli astronomi. I radiotelescopi moderni, derivati dai cannocchiali, usano gigantesche antenne paraboliche per captare le onde radio inviate dai corpi celesti, come i pulsar e i quasar.

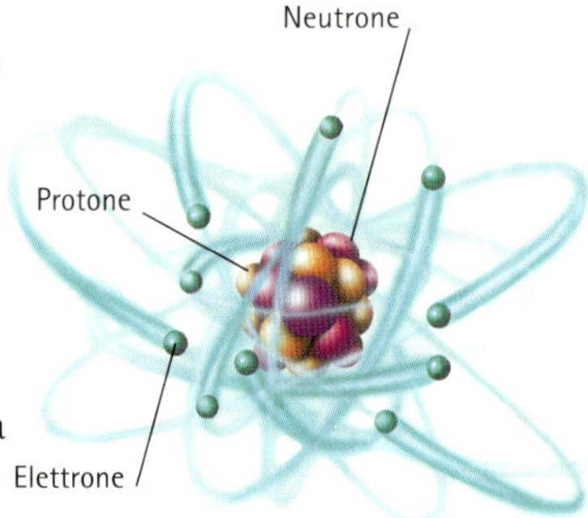

△ Il nucleo di un **atomo** consiste di protoni e neutroni. Gli elettroni si muovono attorno al nucleo seguendo orbite fisse.

Atlantico, oceano

L'Atlantico è uno dei grandi oceani del mondo, secondo soltanto all'oceano Pacifico. È compreso tra l'Europa e l'Africa a est e le Americhe a ovest. La sua profondità media è di oltre 3300 m. L'Atlantico è percorso da numerose correnti molto forti, tra le quali la Corrente del Golfo, che trasporta l'acqua calda del golfo del Messico verso le coste dell'Europa occidentale.

atmosfera

L'atmosfera è lo strato di aria e umidità che circonda il nostro pianeta.

Ci fornisce l'ossigeno che respiriamo, mantiene la temperatura della Terra ai valori corretti e ci protegge dalla maggior parte dei nocivi raggi ultravioletti del Sole.

La maggior parte dell'aria è concentrata nello strato più basso dell'atmosfera, che si estende dal livello del mare fino a circa 18 km di altezza.

L'ultimo strato dell'atmosfera raggiunge l'altezza di 500 km, oltre la quale inizia lo spazio cosmico.

atomica, bomba, *vedi* nucleare, energia

atomo

Ogni cosa è composta da atomi, particelle invisibili perché troppo piccole per i nostri occhi.

Guardate il punto posto alla fine della frase precedente: contiene circa 250000 milioni di atomi!

Pur essendo già molto piccoli, gli atomi sono composti da particelle ancora più minuscole.

L'atomo più semplice è quello dell'idrogeno, al cui centro vi è un minuscolo corpo chiamato *protone*, attorno al quale ruota un *elettrone*, ancora più piccolo. Altri atomi sono molto più complicati di quello dell'idrogeno. L'atomo del carbonio, per esempio, ha nel nucleo, ossia nel suo centro, sei protoni e altre sei particelle chiamate *neutroni*. Attorno a queste ruotano sei elettroni. L'atomo più grande esistente in natura è quello dell'uranio.

attinia

Le attinie sono animali marini dal corpo molle, cioè **invertebrati**.

Appartengono alla stessa famiglia dei coralli, ma diversamente da questi non costruiscono attorno a sé strutture di materiale calcareo. Le attinie, o anemoni di mare, solitamente si attaccano agli scogli, ma molte vivono anche sulla costa o nelle sue vicinanze.

Attorno alla bocca hanno una o più corone di tentacoli simili a petali.

attrito

Quando due oggetti strisciano l'uno contro l'altro producono attrito. L'attrito rende difficile spostare un oggetto lungo una superficie perché si oppone al movimento. Gli oggetti lisci producono meno attrito di quelli più ruvidi: quindi, quando è necessaria una certa velocità di movimento è consigliabile utilizzare superfici lisce.

Ecco perché le ruote di un treno e le rotaie sono sempre molto lisce.

Quando desideriamo che gli oggetti rallentino, aumentiamo l'attrito, per esempio quando azioniamo i freni della nostra automobile.

Se due oggetti strisciano l'uno contro l'altro a grande velocità, l'attrito produce calore. Strofinando velocemente una mano su una gamba, si avvertirà il calore prodotto dall'attrito. Senza attrito il mondo sarebbe molto strano: non potremmo infatti camminare perché le nostre scarpe non farebbero presa sul terreno e le automobili resterebbero ferme, anche se le loro ruote dovessero girare molto velocemente.

Auschwitz

Nome tedesco della città di Oshwieçim (41 382 ab.), a 50 km a ovest di Cracovia (in Polonia). Durante la Seconda guerra mondiale, nel suo territorio furono eretti dai nazisti, nel maggio del 1940, quattro *campi di concentramento* (il più grande era Birkenau) dove i prigionieri erano costretti a lavorare in condizioni disumane per alcune industrie tedesche, fra cui la Siemens e la Krupp.

Ben presto i campi di lavoro diventarono *campi di sterminio*: si valuta che tra il 1940 e il 1945 siano stati infatti sterminati 1 milione di prigionieri, in grande maggioranza ebrei.

Australia

L'Australia è l'isola principale dell'Oceania, tanto vasta da essere considerata un continente a sé. È bagnata a nord e a est dall'oceano Pacifico, a sud e a ovest dall'oceano Indiano. L'entroterra è occupato da deserti e altipiani e i terreni sono piuttosto aridi.

È una confederazione di 6 stati, Australia occidentale, Australia meridionale, Queensland, Nuovo Galles del Sud, Victoria e Tasmania, e di 3 territori, Territorio del Nord, Territorio della Capitale e Jervis Bay.

L'Australia è una delle maggiori potenze economiche dell'oceano Pacifico e la sua risorsa fondamentale è rappresentata dall'allevamento degli ovini: l'isola è infatti il primo produttore di lana nel mondo.

Colonizzata sul finire del XVIII secolo dagli inglesi, l'Australia mantiene forti legami con il Regno Unito e il suo capo di stato è ancora il sovrano britannico. Il suo governo, però, è completamente indipendente.

La maggior parte degli australiani vive nelle grandi città costiere di Sydney, Melbourne e Perth.

AUSTRALIA
Forma di governo: stato federale
Capitale: Canberra
Superficie: 7 692 024 km²
Popolazione: 22 063 625 ab.
Lingua: inglese
Moneta: dollaro australiano

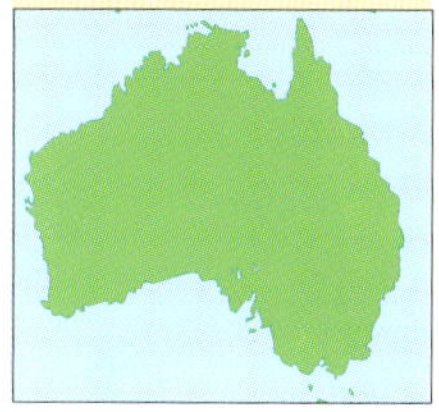

△ L'**attinia** si attacca agli scogli con un disco simile a una ventosa. Quando l'attinia è coperta dalla marea, i suoi tentacoli fluttuano nell'acqua. Quando la marea si ritira, l'attinia ritrae i tentacoli per evitare che si secchino.

AUSTRIA
Forma di governo: repubblica federale
Capitale: Vienna
Superficie: 83 879 km^2
Popolazione: 8 355 260 ab.
Lingua: tedesco
Moneta: euro

Austria

Oggi l'Austria è uno stato piuttosto piccolo, ma un tempo era una tra le nazioni più grandi e potenti d'Europa.

Per quasi 700 anni, dal 1278 al 1918, l'Austria fu governata da una dinastia di re e regine (gli Asburgo). I loro possedimenti occupavano gran parte dell'Europa centrale. L'impero austroungarico crollò dopo la Prima guerra mondiale, ma sono rimaste molte vestigia dei potenti imperatori asburgici.

Vienna, la capitale dell'Austria, è ricca di bellissime chiese, castelli, statue e parchi che risalgono a quel periodo.

automobile

I veicoli a motore furono inventati già verso la metà del XVIII secolo, ma le prime vere automobili funzionanti furono costruite soltanto attorno al 1880. Da allora le automobili hanno determinato cambiamenti enormi nel mondo in cui viviamo e sono diventate le automobili veloci, confortevoli e affidabili di oggi. La maggior parte delle automobili è dotata di *motore a benzina*. La benzina brucia all'interno del motore, generando una potenza sufficiente a far girare le ruote del veicolo. Altre automobili, invece, funzionano con *motori diesel*. Per accelerare l'automobile (ossia procedere più rapidamente), il conducente preme il pedale dell'acceleratore: in questo modo entra più carburante nel motore.

Le automobili possono essere trainate dalle ruote anteriori o da quelle posteriori. Andando su e giù, i pistoni del motore fanno ruotare l'albero di trasmissione, collegato alle ruote da ingranaggi. Il pedale della frizione e la leva del cambio consentono al conducente di cambiare le marce, ossia di azionare l'ingranaggio che imprime la rotazione alle ruote. Se l'automobile ha bisogno di molta potenza, per esempio per partire da ferma o per salire lungo una ripida salita, si usa una marcia bassa, come la prima; quando invece si percorre una strada in piano a una certa velocità si usa la marcia più alta. Per ridurre l'inquinamento prodotto dai gas di scarico, oggi molte automobili hanno motori che funzionano in modi alternativi alla benzina: si tratta di gas (gas metano o gas propano liquido), mentre altre, chiamate *ibride*, sono dotate di doppio motore, a benzina ed elettrico.

△ La prima **automobile** del mondo fu una specie di carro a vapore con tre ruote inventato in Francia nel 1769 da Nicholas Cugnot.

▽ Le **automobili** moderne sono progettate al computer. I progettisti cercano di rendere le loro vetture il più possibile sicure, efficienti, confortevoli e attraenti.

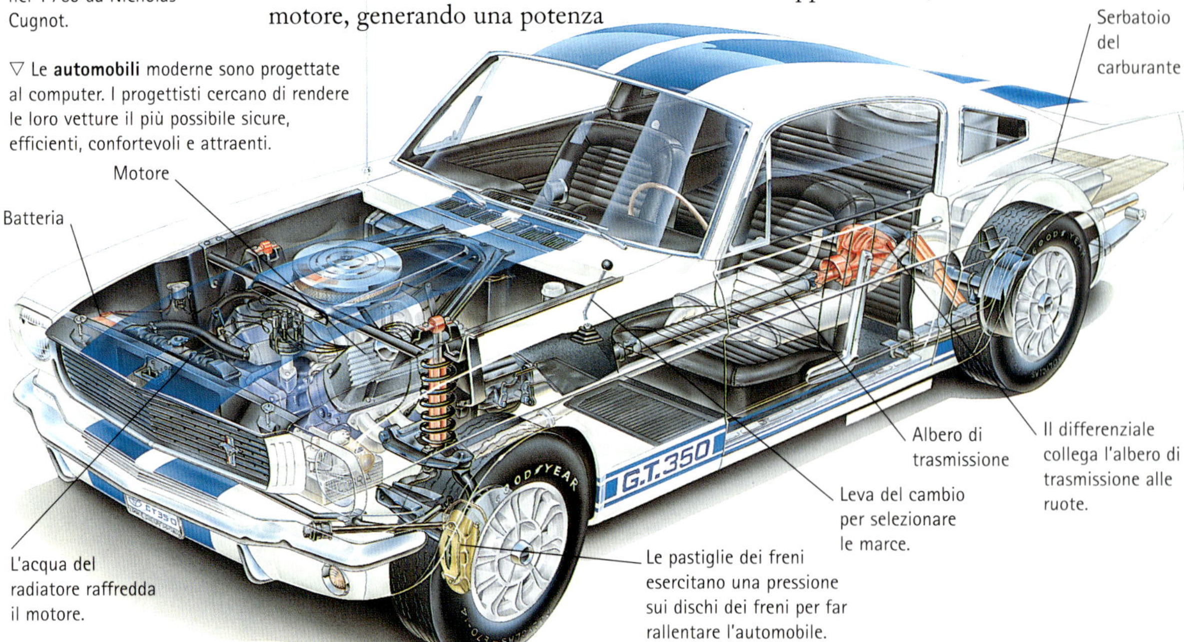

avvoltoio

Gli avvoltoi sono grandi uccelli predatori che vivono nelle zone calde e sulle montagne di Asia, Africa, America settentrionale, America meridionale ed Europa meridionale. Il più grande uccello terrestre dell'America settentrionale è proprio un tipo di avvoltoio, il *condor californiano*. Completamente distese, le sue ali misurano 3 m da un'estremità all'altra.

Gli avvoltoi non cacciano per procurarsi il cibo ma vivono di carogne, ossia corpi in putrefazione di animali morti. A volte, per mangiare, gli avvoltoi devono attendere che un grande animale cacciatore, come il leone, uccida e divori la sua vittima a sazietà e quindi trascorrono ore volando alti nel cielo aspettando un'opportunità per nutrirsi. Quando un avvoltoio plana verso terra, gli altri lo seguono e si uniscono al banchetto.

Gli avvoltoi hanno per lo più la testa e il collo privi di piume, così non si sporcano quando affondano la testa nelle carcasse degli animali morti.

△ Gli **aztechi** adoravano molti dei (della guerra, della pioggia, del Sole e del vento) e praticavano sacrifici umani per ottenere i loro favori. I prigionieri catturati in battaglia venivano uccisi da sacerdoti, che ne estraevano il cuore ancora pulsante usando pugnali cerimoniali in pietra.

▽ Gli **avvoltoi**, come questi grifoni dorsobianco africani, per nutrirsi ripuliscono le carcasse di animali abbandonate dai predatori. Quando ne scorgono una, planano verso terra e se ne cibano. Alcuni avvoltoi si sono adattati a vivere nelle città cercando il cibo nelle discariche.

Hanno becchi robusti per strappare la carne di cui si cibano e sono dotati di un'ottima vista che consente loro di individuare un animale morto o morente a grande distanza. Anche il loro odorato è molto sviluppato. Gli avvoltoi nidificano in gruppi sulle scarpate, sugli alberi e a terra. Depongono un solo uovo per volta.

aztechi

Gli aztechi furono una civiltà che creò un potente impero in Messico nel XIV e XV secolo. Gli imperatori aztechi si servivano di guerrieri ben addestrati per conquistare le popolazioni vicine.

Costruirono grandi città ed eressero piramidi di pietra con larghe scalinate che conducevano a un tempio posto sulla cima. L'ultimo imperatore azteco fu *Montezuma*, ucciso dalle truppe spagnole comandate da **Hernán Cortés** nel 1519-1521. Gli odierni discendenti degli aztechi sono cattolici che hanno fatto propria la cultura e il modello nazionale messicani.

B

Babilonia

Babilonia fu una delle città più illustri del mondo antico. Sorgeva su una fertile pianura compresa tra i fiumi Tigri ed Eufrate, in una regione che oggi è l'Iraq. Per ricchezza e splendore, Babilonia poteva competere con l'Egitto.

La città di Babilonia fu fondata attorno al 2300 a.C. e prosperò per 2000 anni, divenendo un importante centro commerciale e religioso. I babilonesi erano esperti anche nella matematica e nell'astronomia. Un potente re babilonese, *Nabucodonosor* (605-562 a.C.), fece costruire imponenti palazzi, templi a forma di piramide e i famosi *giardini pensili*, una delle sette meraviglie del mondo antico. I giardini erano colmi di ogni genere di fiori e piante, le cui fronde ricadevano da alte terrazze di pietra.

△ **Bach** scrisse centinaia di composizioni, ma le sue opere più famose sono i *Concerti Brandeburghesi*, la *Passione secondo S. Matteo* e la *Messa in Si minore*.

Bach, Johann Sebastian

Compositore tedesco (1685-1750). Nacque a Eisenach, in Germania, da una famiglia di musicisti e iniziò da bambino a suonare il violino e la viola, per poi dedicarsi all'organo. All'età di 38 anni, Bach si trasferì a Lipsia, dove visse per il resto della sua vita. Qui egli realizzò alcune delle sue opere migliori, per lo più corali e composizioni per organo.

Quando Bach morì, la sua opera fu quasi immediatamente dimenticata.

Trascorsero quasi cento anni prima che il mondo riscoprisse la sua musica e riconoscesse il suo genio come uno dei massimi compositori di tutti i tempi.

▽ **Babilonia** era la capitale dell'impero babilonese. Il suo ingresso principale, l'imponente *porta di Ishtar*, era sorvegliato da due grandi fortezze. All'interno delle mura della città c'erano templi, palazzi e i famosi giardini pensili.

Balboa, Vasco Núñez de

Soldato ed esploratore spagnolo (1475-1517). Fu il primo europeo a raggiungere l'oceano Pacifico, nel cosiddetto Nuovo Mondo. Balboa si unì a una spedizione spagnola per l'America meridionale nel 1501, esplorando la costa nord del continente. Successivamente guidò una spedizione che attraversò la stretta striscia di terra oggi nota come istmo di Panama e lì, dall'alto di una montagna, vide per la prima volta l'oceano Pacifico.

balcanica, penisola

La penisola balcanica è una regione dell'Europa sudorientale a cui si fa spesso riferimento chiamandola "i Balcani", dal nome del sistema montuoso che la occupa per gran parte.

Comprende Grecia, Albania, Romania, Bulgaria, Bosnia ed Erzegovina, Croazia, Slovenia, Macedonia, Serbia, Kosovo, Montenegro e la parte europea della Turchia. I turchi governarono gran parte di questa regione dal XIV al XIX secolo. Fu sui Balcani che l'arciduca Francesco Ferdinando d'Austria fu assassinato nel 1914. Questo evento scatenò la Prima guerra mondiale.

balena

Le balene sono enormi cetacei o *mammiferi marini*, ossia mammiferi che si sono adattati a vivere nell'acqua dei mari. Uno spesso strato di grasso non permette al freddo di penetrare all'interno del loro corpo, che ha una forma affusolata per rendere più facile il nuoto. I loro arti anteriori sono pinne e la parte posteriore del corpo è appiattita e a forma di pinna disposta orizzontalmente, e non verticalmente come nei pesci.

Diversamente dai pesci, le balene devono risalire in superficie per respirare. Prima di inspirare, soffiano fuori dai polmoni l'aria rimasta attraverso uno *sfiatatoio* (due fessure in cima alla testa, una specie di narici). I piccoli di balena nascono nell'acqua e devono immediatamente nuotare fino in superficie per poter respirare.

La balenottera azzurra è il mammifero più grande del mondo: può raggiungere i 30 m di lunghezza!

Il termine balena è spesso usato anche per altri cetacei simili, come l'orca, che si nutre di altre balene, foche, pinguini e pesci; la balena dal naso a bottiglia, che ha una specie di becco simile a quello di alcuni delfini e si sposta in banchi di oltre 50 esemplari; la megattera, che si nutre di pesci, krill e plancton.

△ Lo strato di grasso disposto sotto la pelle delle grandi **balene** può raggiungere anche lo spessore di mezzo metro. Per centinaia di anni le balene sono state uccise dall'uomo per questo grasso, da cui si ricavava un olio utilizzato nella produzione dei saponi.

balletto

Il balletto è una forma di **danza** solitamente eseguita in teatro.
Una prima forma di balletto si sviluppò in Italia nel XV secolo, ma il balletto come viene inteso oggi ha le sue origini in Francia.
Il balletto tradizionale, o classico, segue regole rigidissime: esistono posizioni prestabilite per le braccia, le gambe e le mani, nonché movimenti predefiniti che rendono più morbido il fluire della danza. Il *balletto classico* utilizza costumi molto ricchi, scenografie elaborate e grandi orchestre.
Molti balletti narrano una storia, ma i ballerini non pronunciano una parola: mimano il racconto usando soltanto il loro corpo.

▽ Nel **balletto**, i ballerini devono allenarsi costantemente per migliorare la precisione dei movimenti e l'equilibrio.

Il balletto *Giselle*, la tragica storia di una fanciulla che muore d'amore, fu composto da Adolphe Adam e messo in scena per la prima volta nel 1841. Il compositore russo *Čajkovskij* scrisse tre opere per balletto che divennero classici di tutti i tempi: *Il lago dei cigni* (1877), *La bella addormentata nel bosco* (1889) e *Lo Schiaccianoci* (1892).

I balletti moderni spesso sono molto diversi da quelli classici. Prendono a prestito passi di danza da altri stili e a volte, invece di narrare una storia, esprimono stati d'animo.

Baltici, stati

Gli stati Baltici sono Estonia, Lettonia e Lituania, situati a nord della Polonia, sulla costa meridionale del mar Baltico. Un tempo appartenenti all'impero russo, gli stati Baltici conquistarono l'indipendenza nel 1918. Nel 1940, durante la Seconda guerra mondiale, furono occupati dall'Unione Sovietica e divennero repubbliche sovietiche, ma furono poi invasi dalle truppe tedesche, che mantennero il controllo del territorio finché non furono cacciate dall'esercito sovietico alla fine della guerra. Nel 1991, mentre l'Unione Sovietica attraversava una fase di disordini politici, l'Estonia, la Lettonia e la Lituania dichiararono l'indipendenza. Questi stati hanno mantenuto sempre letteratura, tradizioni e lingua proprie, pur essendo di lingua russa. Dal 2004 i tre stati sono membri dell'Unione Europea.

bambola

La bambola è probabilmente il giocattolo più antico con cui giocano le bambine di tutto il mondo.
Le bambole possono essere di legno, porcellana, plastica o molti altri materiali. La primissima bambola costruita dall'uomo fu probabilmente un ramoscello a forcella che assomigliava a una figura umana.

Les Ballets Russes

Diaghilev Sergej Pavlovic (Novgorod 1872 - Venezia 1929), critico d'arte, impresario, direttore di compagnia russo, ebbe il merito di rivoluzionare il **balletto** moderno. Con elementi attinti dai teatri imperiali di Mosca e di Pietroburgo, formò una compagnia che ottenne trionfi a Parigi nel maggio-giugno 1909. La visita in Occidente gli fece balenare l'idea di costituire stabilmente una compagnia vera e propria di ballerini, *Les Ballets Russes*, appoggiandosi a quella che in breve tempo divenne la stella del complesso per molteplici doti e meriti, dalla presenza fisica alla bravura tecnica: *Vaslav Nijinskij*, dimissionario dal Marijinskij. Diaghilev ne rimase, fino alla morte, arbitro assoluto. La sua azione fu determinante per la trasformazione e la formazione del balletto europeo. Con Diaghilev, il balletto fece molta strada: acquistò dignità d'arte, cercando e trovando nella collaborazione più vasta di artisti una fisionomia unica e particolarissima.

Alcune bambole antiche possono avere un notevole valore.

banca

Le banche sono società che custodiscono il denaro per conto di altre persone. Quando si porta il proprio denaro in banca per la prima volta si dice che si *apre un conto*.

Ogni volta che si consegna denaro alla banca si dice che si fa un *versamento*. Quando invece occorre prendere una parte di quel denaro, si dice che si fa un *prelievo*. Le banche non si limitano a custodire al sicuro il denaro, fanno anche prestiti a persone e aziende e offrono altri modi per rendere più semplice risparmiare o spendere il denaro.

bandiera

Le bandiere sono drappi di stoffa colorata, solitamente decorata con simboli particolari. Hanno sistemi di fissaggio speciali su un lato, in modo da poter sventolare su aste e pennoni.

Le bandiere sono utilizzate da stati, re, eserciti e navi e da organizzazioni come partiti politici, squadre sportive e associazioni.

Le bandiere sono usate come simboli dai tempi degli egizi: le loro bandiere sventolavano su lunghi pennoni come stendardi di battaglia, trasportati da "portavessilli", e indicavano a quale governante o generale appartenevano i soldati.

Oggi le bandiere nazionali sono un simbolo della storia dello stato, della sua potenza e della sua importanza.

Dal 1857 le navi in mare utilizzano un *codice internazionale di segnalazione con bandiere*. Una *bandiera gialla*, per esempio, significa che una nave è in quarantena per via di una malattia a bordo.

Altri segnali noti sono la *bandiera bianca*, segno di tregua durante la guerra, e la *bandiera a mezz'asta*, issata soltanto fino a metà asta, segno di lutto per la morte di qualcuno.

Bangladesh

Il Bangladesh è uno stato asiatico nato nel 1971. Prima di allora faceva parte del Pakistan. È una delle nazioni più densamente popolate del mondo e la maggior parte dei suoi abitanti è molto povera. Durante la stagione delle piogge, alcuni rami dei fiumi Gange e Brahmaputra inondano la pianura.

Nel 1991 un ciclone uccise 125 000 persone. Dopo anni di governo militare, il Bangladesh adottò un sistema parlamentare nel 1991, ma a tutt'oggi vi è una costante instabilità politica. Le maggiori città sono Dacca, la capitale, e Chittagong, il principale porto del paese. Vi si coltiva principalmente riso, iuta, tè e canna da zucchero.

BANGLADESH
Forma di governo: repubblica
Capitale: Dacca
Superficie: 147 570 km²
Popolazione: 162 220 800 ab.
Lingua: bengali
Moneta: taka

Barbados, *vedi* Antille

barometro

Se l'aria ha una pressione elevata, significa che le condizioni meteorologiche sono buone, ossia c'è bel tempo. Se invece la pressione è bassa, il tempo è brutto o variabile. Il barometro è lo strumento utilizzato per misurare queste variazioni della pressione atmosferica.

Esistono due tipi di barometro, il barometro aneroide e il barometro al mercurio. Il *barometro aneroide* è quello più utilizzato.

All'interno contiene una scatola metallica piatta, le cui pareti sono così sottili che si piegano facilmente, senza però cadere l'una sull'altra perché una molla le tiene distanziate. Se la pressione dell'aria scende, la molla spinge le pareti della scatola verso l'esterno, allontanandole. Se la pressione sale, le pareti vengono compresse verso l'interno.

△ Il **baseball** è uno sport importantissimo negli Stati Uniti ed è molto popolare anche in America centrale e meridionale, a Cuba, in Giappone e nelle Filippine.

Questi movimenti sono individuati da leve e ingranaggi che fanno muovere una lancetta per indicare i diversi valori di misurazione.

baseball

Il baseball è lo sport nazionale degli Stati Uniti. Le sue origini non sono chiare, ma sembra derivi da un gioco inglese simile chiamato *pallabase*. Il baseball fu probabilmente giocato la prima volta a New York.

Oggi il baseball si gioca tra due squadre con nove giocatori ciascuna su un campo con un quadrato all'interno, chiamato *diamante*. I vertici del diamante si chiamano *basi* e sono poste a 27,5 m di distanza l'una dall'altra. Ogni battitore, dopo aver colpito con una mazza la palla lanciata dal lanciatore avversario, deve avanzare da una base all'altra fino a toccarle tutte e quattro e segnare un punto. Una squadra resta alla battuta finché non vengono eliminati tre battitori.

Il lanciatore lancia una pallina al battitore della squadra avversaria, posizionato su una delle basi chiamata *casa base*. Se il battitore si muove per colpire la palla e la manca, oppure se colpisce una palla che non è stata lanciata correttamente, si dice che ha commesso uno *strike*.

Dopo tre strike il battitore è eliminato. Il battitore può essere eliminato anche se un giocatore esterno al diamante raccoglie la palla colpita dal battitore e la rilancia a una base prima che vi giunga il battitore.

Basilicata

Regione (ab. 588 879) dell'Italia meridionale, confina con Puglia, Calabria, Campania e si affaccia su mar Tirreno e mar Ionio. È attraversata da buona parte dell'Appennino lucano la cui cima più alta è il monte Pollino (2 248 m). I fiumi principali sono il Bradano, il Basento, l'Agri e il Sinni.

La regione comprende due province: Potenza (capoluogo) e Matera. L'agricoltura (vite e olivo) è abbastanza sviluppata. Nella valle del Basento sono presenti giacimenti di metano.

batteri

I batteri sono germi o *microrganismi*, ossia minuscoli esseri viventi non visibili a occhio nudo, e sono una delle più semplici forme di vita esistenti. I batteri sono più simili alle piante che agli animali e possono essere di varie forme: alcuni sono simili a bastoncini, altri a spirali, altri ancora sono rotondi.

Esistono migliaia di batteri diversi, che si trovano in grande quantità quasi ovunque si guardi. Molti vivono nel terreno, dove contribuiscono a decomporre la materia animale e vegetale rendendolo più fertile.

Altri vivono persino all'interno del nostro corpo e ci aiutano a digerire il cibo di cui ci nutriamo.

I batteri si moltiplicano molto rapidamente. Ogni cellula batterica si divide in due cellule più piccole, che crescono e si dividono a loro volta.

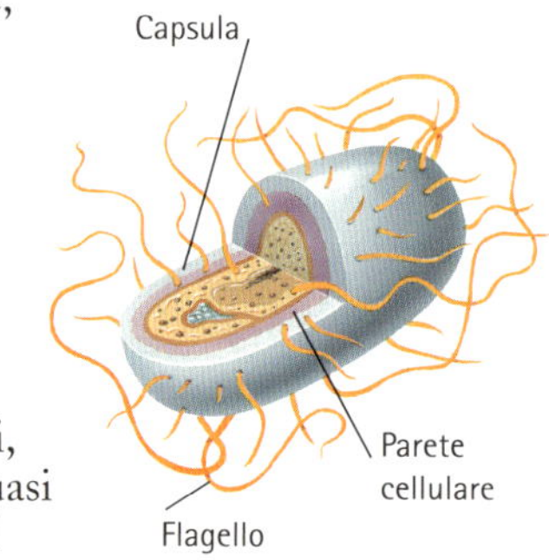

I **batteri** sono organismi costituiti da una sola cellula. Sono circondati da una parete cellulare e da una capsula esterna protettiva. Alcuni sono ricoperti di filamenti chiamati *flagelli* che li aiutano a muoversi o ad attaccarsi ad altre cellule.

Per alcuni batteri questa divisione avviene ogni 20 minuti, quindi da un singolo batterio possono derivare milioni di batteri in poche ore.

Sebbene la maggior parte dei batteri sia innocua, come quelli che per esempio causano i foruncoli, alcuni provocano malattie, e altri, quando penetrano nel corpo umano, possono essere mortali. Oggi disponiamo di farmaci chiamati *antibiotici*, come la penicillina, che distruggono i batteri.

Tuttavia, essendo in grado di moltiplicarsi così rapidamente, i batteri possono modificarsi e trasformarsi in nuovi tipi resistenti a questi tipi di farmaci. In tal caso devono essere trovati nuovi farmaci in grado di eliminare i nuovi batteri.

batterie, *vedi* pile e batterie

Beato Angelico

Nome con il quale è noto *Guido di Pietro*, pittore (ca. 1400-1455).
Era un frate domenicano (fra Giovanni da Fiesole) che rinnovò la pittura a soggetto religioso adottando la visione plastica e spaziale di Masaccio, senza rinunciare all'idealizzazione dei personaggi e al gusto del prezioso tutto trecentesco.

Tale linguaggio, molto spiritualizzato eppure modernissimo, fu determinante per l'evolversi della pittura toscana.

Tra le sue opere ricordiamo la *Deposizione*, la *Pala di Annalena* e gli affreschi nella Cappella Niccolina in Vaticano e nel Convento di S. Marco a Firenze.

Beethoven, Ludwig van

Musicista e compositore tedesco (1770-1827). Le sue composizioni comprendono concerti, sinfonie, corali e musica da camera (*vedi* **orchestra**). In gioventù, Beethoven raggiunse la fama come pianista di grande talento.

Conobbe Mozart ed ebbe per maestro un altro famoso compositore, Haydn. Beethoven iniziò a perdere l'uso dell'udito all'età di 32 anni, ma continuò a comporre anche quando divenne completamente sordo. Tra le sue numerose opere, famose in tutto il mondo, segnaliamo: le *Sonate per pianoforte* (fra cui *Patetica*, op. 13 e *Appassionata*, op. 57) le *Sonate per violino e pianoforte* (fra cui quella *a Kreutzer*, op. 47) e le *Sinfonie* (fra cui l'*Eroica*).

Befana

Leggendaria vecchia che nella notte dell'Epifania (il 6 gennaio) entra nelle case per portare regali ai bambini.
Il personaggio della Befana è di origine molto antica e riprende tradizioni popolari e magiche precedenti il cristianesimo.

Beijing (Pechino)

Beijing, un tempo chiamata Pechino, è la capitale della Cina. Nel 1267 il conquistatore mongolo Kublai Kahn ne fece la capitale del suo impero. La moderna Beijing, con oltre 16 milioni di abitanti, è un grande centro industriale e culturale.
Nel cuore della città si ergono i palazzi degli antichi imperatori cinesi, all'interno delle cui alte mura i comuni cittadini non potevano entrare: per questo la zona degli edifici imperiali di Beijing è nota come la *Città proibita*.

Palazzo dell'epoca degli imperatori a **Beijing**.

BELGIO
Forma di governo: monarchia federale costituzionale
Capitale: Bruxelles
Superficie: 30 528 km²
Popolazione: 10 646 800 ab.
Lingua: neerlandese, francese
Moneta: euro

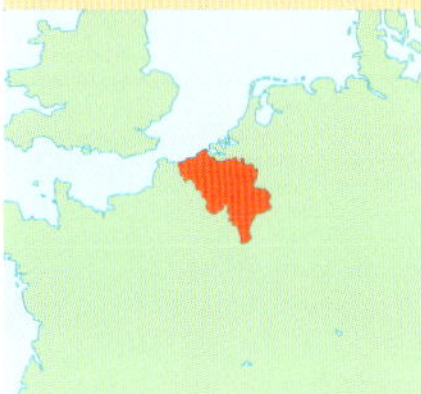

Belgio

Il Belgio è un piccolo stato compreso tra Francia, Germania e i Paesi Bassi.
La sua capitale è Bruxelles. La popolazione del Belgio è costituita da due gruppi principali, i *fiamminghi* di origine germanica a nord e i *valloni*, di lingua francese, a sud.
A causa della sua posizione strategica, il Belgio fu oggetto di invasioni e tentativi di conquista nel corso di tutta la storia d'Europa. Oggi ospita il quartier generale dell'Unione Europea (UE) e della NATO.

Bellini, Vincenzo

Compositore (1801-1835). Allievo a Napoli di N. Zingarelli, si mise in luce nella stessa città come esponente del melodramma con *Bianca e Fernando*.
Bellini, che è da annoverarsi tra i maggiori operisti europei, anche se non s'inserisce nell'evoluzione del melodramma italiano attuata da Rossini, Donizetti e Verdi, rimane un compositore d'ispirazione elegiaca che sa raggiungere espressioni drammatiche di rara intensità.
I suoi capolavori sono *Norma* e *La sonnambula*.

▽ **Beethoven** fu uno dei più grandi pianisti del suo tempo. Nel 1787, a soli 17 anni, si esibì davanti a Mozart.

Berchet, Giovanni

Poeta (1783-1851). Teorico del romanticismo italiano (*Lettera semiseria di Grisostomo*, 1816) e collaboratore del *Conciliatore*, fu esule a Londra e in Belgio.
Il tema dell'esilio e quello della patria dominano nelle sue opere: *I profughi di Parga*, *Romanze*, *Fantasie*.

Berlino

Berlino è la più grande città della Germania, di cui è tornata a essere la capitale nel 1990. È uno dei maggiori centri culturali ed economici d'Europa.

Berlino fu distrutta da violentissimi bombardamenti durante la Seconda guerra mondiale (1939-1945).

Nel 1945, quando la Germania fu divisa in quattro zone di occupazione, anche Berlino fu divisa in quattro settori tra i vincitori del conflitto, americani, inglesi, francesi e russi.

Nel 1948 i russi, in contrasto con gli altri alleati, "bloccarono" Berlino interrompendo i collegamenti stradali e ferroviari che collegavano la città con l'ovest. La Gran Bretagna e gli USA intervennero approvvigionando la città per via aerea. Dopo un anno i russi cedettero e riaprirono strade e ferrovie, ma ormai si erano già create due città divise, una a est e una a ovest, e quando nel 1949 la divisione tra Germania Est e Germania Ovest divenne ufficiale, si ebbe la definitiva separazione anche tra Berlino Est e Berlino Ovest. Nel 1961 il governo comunista della Germania Est costruì un muro per separare le parti a ovest della città da quelle a est. Per la gente che vi viveva divenne molto difficile passare da una parte all'altra della città divisa.

Nel 1989, in seguito alla perestrojka avviata da **Gorbaciov**, in URSS, il Muro di Berlino fu abbattuto.

Una crudele "prigione"...

Il muro di **Berlino** ebbe un significato sociale e culturale, sia sul popolo tedesco che sulle genti di tutti i paesi del mondo. Al momento della sua costruzione il muro separò, all'apparenza per sempre, famiglie e amicizie, lasciando entrambe le metà della città, dopo l'incredulità iniziale, nello sconforto e nella disperazione. Divenne la rappresentazione fisica della Cortina di Ferro che separava in due l'Europa durante la Guerra Fredda, il muro di una stramba prigione nella quale i reclusi erano in realtà paradossalmente liberi.

Bernini, Gian Lorenzo

Architetto e scultore (1598-1680). Allievo del padre Pietro, dominò con il rivale F. Borromini la scena del Seicento romano. Le sue sculture, caratterizzate dal movimento a spirale e da un suggestivo pittoricismo che le fa vibrare nello spazio, sono fra gli esempi più alti del barocco romano.

Ricordiamo, a Roma: il *David* e l'*Apollo e Dafne* della Galleria Borghese, il *baldacchino* e la *cattedra di S. Pietro*, l'*Estasi di S. Teresa* in S. Maria della Vittoria; sue sono pure le spettacolari *fontane del Tritone e dei Fiumi*. Sempre a Roma: *Il colonnato di S. Pietro*, *S. Andrea al Quirinale*, *Palazzo Barberini*.

Bianco, monte

Massiccio montuoso delle Alpi Graie: con un'altezza di 4807 m è la cima più elevata d'Europa. Si trova al confine tra Italia e Francia, compreso tra i corsi superiori dei fiumi Arve e Dora Baltea.

È costituito da granito, a cui si associano micascisti e calcescisti. I suoi versanti sono ripidi nella parte sud, più dolci in quella nord. L'azione degli agenti erosivi sugli strati quasi verticali del massiccio ha dato luogo alla formazione di creste appuntite e dentellate (*aiguilles*).

Numerosi e imponenti, specie sul versante francese, i ghiacciai (*Mer de Glace*, *Argentière*); sul versante italiano i principali sono quelli del *Miage* e della *Brenva*. Frequentata zona turistica, il monte Bianco è varcato da una funivia che collega Courmayeur, in Italia con Chamonix, in Francia.

Dal 1965 queste due località sono collegate anche da un tunnel autostradale di 11,6 km (chiuso nel 1999 dopo un gravissimo incidente e riaperto nel 2002 dopo una totale ristrutturazione). Il monte Bianco fu scalato per la prima volta l'8 agosto 1786, dal versante francese, da Balmat e Paccard.

Bibbia

La Bibbia è il libro sacro di due religioni: l'*ebraismo* e il *cristianesimo*.

Gli ebrei e i cristiani considerano la Bibbia la "Parola di Dio" e molti dei riti, delle credenze e delle feste religiose ebraiche e cristiane si basano su racconti della Bibbia.

La Bibbia è divisa in due parti. La prima è chiamata *Antico Testamento* e inizia descrivendo la creazione del cielo e della Terra da parte di Dio. Quindi prosegue narrando la storia del popolo ebraico e gli insegnamenti dei suoi profeti prima della nascita di Gesù Cristo. La seconda parte della Bibbia, chiamata *Nuovo Testamento*, racconta invece la vita di Gesù e dei suoi discepoli.

Per secoli, tutte le edizioni della Bibbia furono scritte a mano. La prima edizione stampata fu realizzata verso la metà del XIV secolo.

La Bibbia è da sempre il libro più venduto nel mondo: dal 1816 ne sono state vendute oltre 2 miliardi e mezzo di copie! La Bibbia è stata tradotta in più di 1500 lingue.

△ Uno degli episodi dell'Antico Testamento della **Bibbia** narra di come Dio parlò a Mosè da un cespuglio in fiamme, dicendogli di allontanare il popolo ebraico dall'Egitto e di condurlo in Israele.

biblioteca

La biblioteca è un luogo in cui libri e documenti sono custoditi in modo che il pubblico possa consultarli.

Alcune biblioteche custodiscono anche documenti antichi, come manoscritti, carte geografiche, disegni e registrazioni. Una delle più grandi biblioteche del mondo è la Biblioteca del Congresso di Washington D.C., negli Stati Uniti, che contiene una raccolta di oltre 80 milioni di volumi e altri documenti.

Le più grandi biblioteche d'Italia sono la Biblioteca Nazionale Centrale di Roma e quella di Firenze, quest'ultima contenente circa 4 milioni di volumi.

bicicletta

La bicicletta è un veicolo a due ruote spinto dal guidatore che, con i piedi, fa ruotare una coppia di pedali.

Le prime biciclette furono inventate nel XVIII secolo: si trattava semplicemente di due ruote unite da un'asta munita di un sedile. Queste rudimentali biciclette venivano spinte dal guidatore puntando i piedi a terra.

Le prime biciclette a pedali comparvero soltanto nel 1861: venivano chiamate *scuoti-ossa* perché i sellini erano rigidi, non avendo le molle come quelli attuali. L'evoluzione seguente fu il *velocipede*, con un'enorme ruota anteriore e una minuscola ruota posteriore. Lo stile delle biciclette moderne comparve negli anni dal 1880 al 1890: queste nuove biciclette avevano la ruota posteriore azionata da una catena e pneumatici gonfiati con aria. Questo stile base della bicicletta è cambiato poco da allora, tranne che per l'adozione dei rapporti di marcia.

△ I velocipedi erano **biciclette** pesanti e scomode. Avevano pneumatici pieni e un predellino sul retro per aiutare il ciclista a montare in sella.

△ Le moderne **biciclette** *da corsa* sono costruite con materiali leggerissimi. Hanno una forma aerodinamica e fino a 15 o 20 rapporti di marcia.

binario, sistema

Il sistema binario è un sistema numerico basato su due soli numeri: 0 e 1.

Il *sistema decimale* che usiamo quotidianamente utilizza dieci numeri: da 0 a 9. Nel sistema decimale si moltiplica un numero per 10 spostandolo di una posizione verso sinistra e aggiungendo uno zero: 20, 200 e così via.

Nel sistema binario, quando si sposta un numero di una posizione verso sinistra si moltiplica per due il suo valore. Un 1 da solo significa 1, ma spostandolo di una posizione verso sinistra diventa 1 moltiplicato 2, ossia 2 e si scrive 10.

Spostandolo di un'altra posizione ancora, diventa 1 moltiplicato 2 moltiplicato 2, ossia 4, e si scrive 100.

Le apparecchiature elettroniche come i computer utilizzano il sistema binario per eseguire calcoli e altre operazioni.

biochimica

La biochimica è lo studio delle reazioni chimiche che avvengono all'interno delle minuscole cellule che costituiscono tutti gli esseri viventi. È una materia molto vasta. I *biochimici* si occupano degli alimenti che dovremmo mangiare per restare in salute, aiutano i coltivatori e gli allevatori a fornire le sostanze nutritive necessarie alle piante e agli animali e ci aiutano a combattere le malattie sviluppando sostanze chimiche che eliminano i batteri nocivi.

I biochimici cercano anche di scoprire più informazioni sulle reazioni chimiche che avvengono all'interno del nostro corpo (vedi **clonazione** e **genetica**).

biologia

La biologia è lo studio degli esseri viventi e dei loro rapporti reciproci. La parte della biologia che si occupa delle piante è chiamata *botanica*, mentre lo studio degli animali è chiamato **zoologia**. I *biologi* studiano qualsiasi essere vivente, dall'ameba più minuscola, costituita da una sola cellula, alle querce imponenti o agli esseri umani.

Uno dei primi biologi della storia fu il pensatore greco **Aristotele**: egli fu il primo a sezionare (ossia a tagliare e aprire) e a classificare gli animali. Per più di mille anni la biologia non fu oggetto di molto interesse, finché nel Rinascimento studiosi come Leonardo da Vinci cercarono di scoprire come gli esseri viventi crescessero e funzionassero.

L'invenzione del microscopio spalancò nuove aree di ricerca ai biologi, i quali poterono scoprire molto di più sulle cellule animali e vegetali che rappresentano gli elementi fondamentali della vita. Lo studio di altri organismi microscopici, come i batteri, aiutò scienziati come Louis Pasteur a capire meglio il meccanismo di certe malattie e a prevenirle.

Nel XIX secolo il naturalista inglese **Charles Darwin** rivoluzionò la biologia con la *teoria dell'evoluzione*. Oggi la biologia è stata suddivisa in varie scienze separate.

△ La **biologia** è lo studio di tutti gli organismi viventi. I complessi legami che collegano piante e animali sono chiamati *catene alimentari*. Nella catena alimentare qui illustrata, per esempio, l'alga si nutre grazie al Sole, al terreno e all'acqua. L'alga viene mangiata da chiocciole e gamberi, che a loro volta sono mangiati dal pesce. La lontra, infine, mangia il pesce e quando muore le larve delle mosche si nutrono della sua carne, che decomponendosi restituisce sostanze nutritive al terreno e all'acqua.

Birmania, *vedi* Myanmar

bisonte, *vedi* bovini

Bizantino, Impero

L'Impero Bizantino fu fondato dall'imperatore romano Costantino I nel 330 d.C. come distaccamento orientale dell'Impero Romano. Costantino decise di spostare il quartier generale dell'impero a est e costruì una nuova capitale, che chiamò *Costantinopoli* in proprio onore, oggi Istanbul, la capitale della moderna Turchia. Nel VI secolo d.C. l'Impero Bizantino dominava la maggior parte dei paesi che si affacciavano sul Mediterraneo e sul mar Nero. L'Imperò Bizantino prosperò fino al 1453, anno in cui Costantinopoli fu conquistata dai turchi.

blues

Il blues è un genere di musica nato tra i musicisti neri degli Stati Uniti d'America. La musica blues fece la sua comparsa verso la fine del XIX secolo negli Stati Uniti del sud, nei pressi della foce del Mississippi. È un tipo di musica estremamente vario, tanto che molti musicisti blues hanno creato un proprio stile individuale, diverso da tutti gli altri.

Gli strumenti principali utilizzati nel blues tradizionale sono la chitarra acustica, il pianoforte e l'armonica, a cui possono aggiungersi il contrabbasso e la batteria. I testi dei brani riflettono miseria ed emarginazione dei neri, fanno largo uso dell'improvvisazione e trattano spesso temi erotici. Il blues influenzò uno stile di musica per pianoforte chiamato *boogie-woogie*, molto popolare negli anni 30 del secolo scorso. La musica blues contribuì anche allo sviluppo del jazz e influenza ancora molti dei moderni musicisti rock.

Boccaccio, Giovanni

Scrittore (1313-1375). È considerato, insieme con Dante e Petrarca, il più importante scrittore del Trecento sia in Italia che in tutta Europa.

Boccaccio si distingue però per il suo stile centrato su tematiche terrene e per il suo relativo disinteresse per le questioni morali, religiose, teologiche e politiche.

L'opera maggiore di Boccaccio è il *Decamerone,* una raccolta di 100 novelle collegate in una trama narrativa generale, in cui tratteggia con grande abilità differenti personaggi e le loro varie passioni, creando un'immagine della vita vivace e dalle mille sfaccettature.

Quasi tutte le opere minori oscillano tra la confessione autobiografica delle pene d'amore (l'amore per Fiammetta) e l'allegorismo medievale. Ricordiamo: *Caccia di Diana*, *Elegia di Madonna Fiammetta* e il *Corbaccio.*

Boccherini, Luigi

Compositore e violoncellista (1743-1805). Compositore di grande e originale ispirazione, legato all'ideale dello stile galante pur anticipando spesso soluzioni preromantiche.

Visse a lungo alle corti di Spagna e di Prussia; negli ultimi anni visse in grande povertà. Eccelse per i suoi *Quartetti*, ricchi di grazia ed eleganza. Tra le altre sue composizioni, *Quintetti*, *Sonate*, il conosciutissimo *Minuetto*, il *Concerto per violoncello e orchestra.*

Bolivia

La Bolivia è uno stato dell'America meridionale senza sbocco sul mare, situato a ovest del Brasile. Gran parte della Bolivia è occupata da un'enorme pianura che si estende dal confine brasiliano fino alle colline ai piedi del versante orientale delle Ande. Qui, a oltre 4000 m di altitudine, si trova il grande altopiano boliviano, dove vivono due terzi della popolazione del paese. La Paz è la capitale, la più elevata del mondo, e il lago Titicaca, a 3812 m al di sopra del livello del mare, è uno dei laghi più alti del pianeta.

La Bolivia fu dominata dalla Spagna dal 1538 al 1825. Conquistò l'indipendenza grazie a Simón Bolívar, un generale venezuelano, che ha dato il nome al paese.

Più della metà della popolazione è costituita da nativi, un terzo sono *mestizos* (in parte europei in parte nativi) e il resto è rappresentato da diretti discendenti degli europei. La Bolivia è il secondo maggior produttore di stagno del mondo e l'estrazione mineraria rappresenta la principale industria del paese.

boomerang

Il boomerang è un'arma da lancio costituita da una stecca di legno appiattita con un'accentuata curvatura nella parte centrale, ed è usata principalmente dagli aborigeni australiani. Esistono due tipi di boomerang: uno è molto pesante e viene lanciato direttamente verso il bersaglio, l'altro è più leggero.

La curvatura fa sì che il boomerang, se lanciato correttamente, possa ritornare al lanciatore se non colpisce il bersaglio.

borsa valori

La Borsa è un luogo in cui persone chiamate *broker*, o mediatori, acquistano e vendono *azioni*, fogli di carta che dimostrano la proprietà di una quota di una società.
Le azioni di una società tendono a costare di più se gli affari di quella società vanno bene, e diminuiscono di prezzo se la società non naviga in buone acque. La gente acquista azioni nella speranza di rivenderle in seguito a un prezzo più elevato di quello a cui

△ Il **blues** influenzò moltissimo i musicisti jazz come Duke Ellington (1899-1974) che amavano il suo ritmo energico e il suo stile molto libero.

BOLIVIA
Forma di governo: repubblica
Capitale: La Paz (sede del governo)
Superficie: 10227299 km²
Popolazione: 9827521 ab.
Lingua: aymará, quechua e spagnolo
Moneta: boliviano

sono state acquistate. Milioni di azioni cambiano proprietario ogni giorno nelle Borse di Londra, New York e Tokyo.

Bosch, Hieronymus

Pseudonimo del pittore fiammingo *J. van Aeken* (ca. 1450-1516). Popolano le sue opere figure mostruose e inquietanti evocazioni tratte dal simbolismo medievale e un tragico umorismo pervade i suoi quadri sacri e profani. Tra le sue opere ricordiamo *Il giardino delle delizie*, *Il carro di fieno* e *Il Calvario* che sono esposti al Museo del Prado di Madrid.

Bosnia ed Erzegovina

La Bosnia e l'Erzegovina erano un tempo repubbliche della ex-Iugoslavia, che nel 1992 si unirono per dare vita a uno stato indipendente. La popolazione è composta da croati, musulmani e serbi. Tra i bosniaci e l'esercito iugoslavo guidato dai serbi esplose però un conflitto per il tentativo, da parte dei serbi, di ricondurre nuovamente la Bosnia e l'Erzegovina sotto il controllo della Iugoslavia. Scoppiò così una guerra civile in cui musulmani e croati vennero allontanati con la forza dalle regioni del paese conquistate dai serbi, in un'operazione che fu chiamata di *pulizia etnica*. Il conflitto in Bosnia fu uno dei più violenti in Europa dai tempi della Seconda guerra mondiale. Nel 1995 fu firmato un accordo di pace e le truppe della NATO rimasero di stanza nel paese per assicurare che esso venisse rispettato.

BOSNIA ED ERZEGOVINA
Forma di governo: repubblica federale
Capitale: Sarajevo
Superficie: 51 209 km²
Popolazione: 3 842 566 ab.
Lingua: bosniaco, serbo e croato
Moneta: marco convertibile (legato all'euro con un cambio fisso)

botanica

La botanica è lo studio delle **piante** e delle loro modalità di crescita. Esistono più di 400 000 tipi diversi di piante, o vegetali, dalle minuscole alghe visibili soltanto al microscopio alle imponenti sequoie che raggiungono quasi i 100 m di altezza. Altri tipi di vegetali sono l'erba, i fiori, le felci, il muschio e i funghi.

Studiando il modo in cui le caratteristiche di una generazione di piante vengono tramandate alla generazione successiva, gli scienziati sono in grado di ottenere raccolti sempre più abbondanti e migliori, perché possono coltivare varietà che resistono meglio alle malattie.

Nel 1753 il botanico svedese Carl von Linné, noto come *Linneo*, inventò il primo vero sistema di classificazione delle piante dando a ognuna di esse un nome composto da due parole latine.

Botswana

Il Botswana è uno stato africano senza sbocco sul mare. Confina con Zimbabwe, Repubblica Sudafricana e Namibia. Nel 1885 il paese, al tempo chiamato Bechuanaland, divenne un protettorato inglese, ma conquistò l'indipendenza nel 1966. Il Botswana è un paese arido e caldo che comprende il deserto del Kalahari. Le miniere di diamanti e di altri minerali rappresentano la più importante industria del paese, ma anche l'allevamento di bestiame e il turismo sono molto importanti.

BOTSWANA
Forma di governo: repubblica
Capitale: Gaborone
Superficie: 581 730 km²
Popolazione: 1 949 800 ab.
Lingue: setswana e inglese
Moneta: pula

Botticelli, Sandro

Sandro Filipepi, detto Botticelli. Pittore (1 445-1 510). Allievo di F. Lippi e influenzato dal Pollaiolo e dal Verrocchio, ricercò nella sua opera i valori musicali della linea, l'armonia melodica della composizione e la trasparenza del colore, la contemplazione di una realtà trasfigurata, fuori dal tempo e dallo spazio, nell'autonoma perfezione della forma, secondo le raffinate concezioni della cultura umanistica medicea. Tra le sue opere più importanti la *Pala delle Convertite*, *Giuditta e Oloferne*, *Adorazione dei Magi*, *Allegoria della Primavera*, *Nascita di Venere*, e vari affreschi.

bovini

I bovini sono grandi animali *erbivori*. L'erba è difficile da digerire, per cui tutti i bovini hanno lo stomaco diviso in quattro parti per rendere più facile questa operazione. Durante la digestione, il cibo ritorna spesso nella bocca dell'animale per essere masticato e ingoiato nuovamente: è la cosiddetta *ruminazione*.

I tipi di bovini più conosciuti sono le mucche, i buoi e i bufali, animali che ci forniscono latte, carne e cuoio. I bisonti sono i bovini più grandi, con il corpo massiccio ricoperto di pelo lungo e ispido. Un tempo, enormi mandrie di milioni di bisonti abitavano le pianure dell'America settentrionale, dove venivano cacciati dai nativi americani. Quando però giunsero i cacciatori europei, uccisero troppi bisonti, tanto che oggi essi sopravvivono soltanto in pochi parchi nazionali.

△ I **bovini** sono ancora utilizzati in molte parti del mondo per arare i campi e trainare carri.

boxe, *vedi* pugilato

bradipo

I bradipi sono un gruppo di mammiferi che vivono nell'America meridionale. Si muovono molto lentamente, solitamente di notte, e trascorrono gran parte del tempo appesi agli alberi a testa in giù. Mangiano foglie, boccioli e ramoscelli.

Il loro pelo è spesso ricoperto da una massa di minuscoli vegetali verdi della famiglia delle alghe. Esistono due tipi principali di bradipo: quelli che hanno due dita nelle zampe anteriori e quelli che ne hanno tre.

Bramante

Donato di Pascuccio d'Antonio detto Bramante. Architetto e pittore (1444-1514). La sua opera architettonica, grandiosa e ricca di suggestivi effetti di prospettive e di luce, fa di lui un precursore del gusto rinascimentale. Fu attivo soprattutto in Lombardia, sotto gli Sforza, eseguendo a Milano il *presbiterio* e la *sagrestia di S. Satiro*, il *chiostro di S. Ambrogio*, l'*abside di S. Maria delle Grazie* e lavorando nel duomo e nella Certosa di Pavia.

A Roma dal 1499, costruì tra l'altro il *chiostro di S. Maria della Pace*, il *tempietto di S. Pietro in Montorio*, il *cortile del Belvedere* e attese al progetto della basilica di S. Pietro. Tra i suoi quadri, *Uomini d'arme*, esposto alla Pinacoteca di Brera a Milano.

Brasile

Il Brasile è lo stato più grande dell'America meridionale. Gran parte del Brasile è pianeggiante e comprende l'enorme bacino del Rio delle Amazzoni e le più grandi foreste pluviali del mondo, dove fino a poco tempo fa vivevano soltanto tribù di popolazioni indigene. Più della metà della popolazione del Brasile vive in città come Rio de Janeiro, São Paulo e Belo Horizonte. *Brasilia*, una città totalmente moderna la cui costruzione iniziò nel 1954, è la capitale del Brasile dal 1960. Il Brasile fu governato dal Portogallo dall'inizio del XVI secolo fino al 1822, e la maggior parte della popolazione parla portoghese. Molti brasiliani lavorano in fattorie. Il paese è il massimo produttore al mondo di caffè e il petrolio sta diventando un prodotto sempre più importante. Il Brasile produce anche carne, cacao, cotone, mais, canna da zucchero e tabacco. Nel 2010 Dilma Roussef è diventata la prima donna presidente del Paese.

BRASILE
Forma di governo: repubblica federale
Capitale: Brasilia
Superficie: 8 514 876 km^2
Popolazione: 191 480 630 ab.
Lingua: portoghese
Moneta: real

bronzo

Il bronzo è una *lega* (miscela) di rame e stagno. È estremamente utile perché è molto più resistente del rame puro.

Il bronzo non esiste allo stato naturale e fu prodotto per la prima volta nei paesi situati all'estremità orientale del

△ Il **bronzo** può essere modellato in qualsiasi forma riscaldandolo finché non fonde e colandolo in uno stampo. Questo scudo in bronzo risale a 2000 anni fa.

Mediterraneo circa 3000 anni prima di Cristo, ma ci vollero altri 1000 anni prima che arrivasse in Europa.

Bronzo, Età del

Il bronzo cambiò la vita delle popolazioni che vivevano in Europa nell'Età della Pietra.

Con il bronzo, infatti, poterono costruire utensili più resistenti molto rapidamente e armi che erano molto più robuste e affilate delle vecchie asce e dei coltelli di pietra o selce.

Gli uomini dell'Età del Bronzo usavano il bronzo per creare anche tantissimi altri oggetti, come vasi, scudi, elmi e ornamenti vari.

bruco

Tutti gli insetti hanno un ciclo di vita che comporta tre stadi principali: uovo, larva e infine animale adulto. "Bruco" è semplicemente un altro nome per indicare la larva di una farfalla o di una falena.

Solitamente le farfalle e le falene depositano le loro uova sulle piante.

Quando le uova si schiudono, ne escono piccole creature dal corpo morbido simili a vermi: sono i bruchi.

I bruchi trascorrono tutto il loro tempo mangiando. Il loro unico scopo è nutrirsi, crescere e prepararsi per trasformarsi in adulti e sono quindi dotati di potenti mandibole per triturare le piante. Alcuni si cibano delle piante coltivate, provocando così gravi danni ai raccolti.

Crescendo, i bruchi diventano troppo grandi per la pelle che li ricopre, che quindi si tende e si spacca, lasciando fuoriuscire il bruco con una nuova pelle. Questo accade diverse volte, ma l'ultima "pelle" è molto diversa dalle altre, forma uno strato duro e impedisce al bruco di muoversi: in questa fase il bruco è chiamato *crisalide*. All'interno della crisalide, il bruco si trasforma in farfalla. Il bruco delle falene fila una specie di bozzolo attorno a sé prima di trasformarsi in crisalide.

▽ Il **bruco** della farfalla monarca è molto velenoso. Il motivo a righe sul suo corpo avverte gli animali affamati che è meglio stare alla larga.

Brunelleschi, Filippo

Architetto (1377-1446). Esordì come orafo (1398) e come scultore, partecipando, nel 1402, al concorso per la porta del Battistero di Firenze con il *Sacrificio di Isacco*, ora al Museo del Bargello. Dedicatosi all'architettura, dopo un attento esame delle rovine di Roma compiuto con quel metodo razionale di cui i suoi studi sulla prospettiva costituivano la base, inaugurò il classicismo rinascimentale che si distinse dall'antico per il ritmo leggero e armonioso e per la lucida semplicità della struttura, per la chiarezza dei rapporti proporzionali e la funzione della luce, elemento di definizione dello spazio.

La sua opera maggiore è la *cupola di S. Maria del Fiore* a Firenze, realizzata a più riprese dal 1423 al 1438.
Sue sono anche la *chiesa di S. Lorenzo* e quella di *S. Spirito*; l'*ospedale degli Innocenti*, la *cappella dei Pazzi* in S. Croce e *Palazzo Pitti*.

buco nero

Le stelle sono principalmente composte da idrogeno. È la trasformazione dell'idrogeno in elio che fa splendere ed emanare calore alle stelle come il nostro Sole. Quando una grossa stella consuma tutto il suo "carburante", ossia l'idrogeno, collassa e dà origine al fenomeno chiamato *esplosione di una supernova*. Ciò che resta dopo una simile esplosione è una stella minuscola.

Il materiale contenuto in questa stella è così compresso, ossia così denso, che la sua gravità è tale da non lasciar sfuggire nulla verso l'esterno, nemmeno la luce.

Poiché le onde luminose non riescono a uscire da questa massa, chiamiamo questa entità buco nero.

△ In molte statue e immagini, il **Budda** è ritratto seduto con le gambe incrociate, in una posizione nota come *posizione del loto*. Il suo viso ha sempre un'espressione rilassata e serena.

Gli astronomi non hanno mai visto i buchi neri perché sono invisibili, ma hanno scoperto stelle che potrebbero avere accanto a sé un buco nero invisibile.

Un buco nero inverte lo spazio dall'interno verso l'esterno: all'esterno potrebbe sembrare un oggetto nero rotondo della larghezza di qualche chilometro, mentre dall'interno potrebbe sembrare immenso quanto un universo e non si riuscirebbe a vedere nulla fuori di esso.

Budda

La parola "Budda" significa "l'Illuminato", un titolo che venne dato a *Siddharta Gautama*, nato nel 563 a.C. circa nell'India settentrionale, fondatore della religione buddista.

Per la maggior parte della sua vita, il Budda viaggiò per l'India predicando alla gente la sua dottrina, insegnando che l'unico modo per raggiungere la vera felicità consisteva nel vivere in pace con il prossimo e gli animali, nell'essere generosi e nell'evitare il male.

buddismo

Il buddismo è una religione nata in Asia circa 2500 anni fa.

Come gli induisti, anche i buddisti credono nella *reincarnazione*, ossia che dopo la morte si nasca nuovamente nel corpo di un animale o di un altro essere umano.

I buddisti trascorrono molto tempo in meditazione e pensano che, se vivranno con rettitudine, termineranno il loro ciclo vitale in una specie di paradiso senza più dolore, il *Nirvana*.

Attualmente vi sono 350 milioni di buddisti diffusi in tutto il mondo, ma principalmente in India, Tibet, Cina, Giappone e nel Sudest asiatico.

Bulgaria

La Bulgaria è uno stato dell'Europa orientale. Come molti degli stati vicini, la Bulgaria fu governata da un partito comunista durante la seconda metà del XX secolo e divenne una repubblica democratica nel 1990. La Bulgaria è attraversata a nord dalla catena montuosa dei Balcani, mentre a est si affaccia sul mar Nero, dove molti abitanti dell'Europa orientale trascorrono le vacanze. La Bulgaria ha molte fabbriche, miniere e fattorie, ma è uno stato relativamente povero, se paragonato all'Europa occidentale. Dal gennaio 2007 fa parte della UE.

Buonarroti Michelangelo,

vedi **Michelangelo**

bussola

La bussola è uno strumento di orientamento che indica sempre i poli magnetici della Terra, molto vicini al Polo Nord e al Polo Sud geografici.

Funziona per magnetismo: un ago magnetico, fissato a un perno in modo da poter ruotare liberamente, punta sempre verso nord in qualsiasi località ci si trovi. In questo modo è facile orientarsi e spostarsi in qualsiasi direzione si desideri.

BULGARIA
Forma di governo: repubblica
Capitale: Sofia
Superficie: 111 002 km²
Popolazione: 7 563 710 ab.
Lingua: bulgaro
Moneta: nuovo lev

▽ Un'antica **bussola** europea. L'ago della bussola si orienta sempre sull'asse nord-sud perché la Terra stessa è un magnete gigantesco e l'ago si allinea al suo campo magnetico.

▽ I **buchi neri** hanno la forma di un imbuto. Gli oggetti sono attratti all'interno dell'imbuto, come l'acqua che scende nello scarico di un lavandino. Qualsiasi cosa vi cada dentro non può più fuoriuscire.

C

caccia

Per gli uomini preistorici, la caccia era il modo principale di procurarsi il cibo ma, con il sorgere delle prime civiltà, divenne, in località come la Cina e l'Egitto, uno sport diffuso tra le persone più abbienti.

Oggi, in alcune zone, è sempre un'attività praticata per procurare cibo o ridurre il numero di animali nocivi, ma in altre è ancora molto diffusa come semplice passatempo. Sempre più persone nel mondo, però, vogliono salvaguardare gli animali selvatici e si impegnano perché la caccia venga abolita (*vedi* **conservazione dell'ambiente**).

△ Il **caffè** si ricava dai semi contenuti all'interno delle bacche prodotte dalla pianta del caffè. Quando sono mature, queste bacche sono di un bel colore rosso acceso.

cactus

Esistono centinaia di specie diverse di cactus, ma tutte hanno in comune la capacità di vivere in climi estremamente caldi e aridi. I cactus, infatti, accumulano acqua nei loro fusti carnosi e sono ricoperti di spine aguzze che proteggono queste riserve d'acqua interne dagli attacchi degli animali assetati che vivono nel deserto.

I cactus sono di tutte le forme e dimensioni, dai piccoli esemplari della grandezza di un puntaspilli al gigantesco saguaro, che può raggiungere i 15 m di altezza.

▽ I **cactus** vivono nelle regioni aride, soprattutto nei deserti, e rappresentano un nido ideale per diversi uccelli, tra cui i gufi e i picchi. I cactus forniscono cibo a una grande varietà di piccoli animali.

caffè

Il caffè è una bevanda ottenuta dai semi della pianta del caffè. Questa pianta produce bacche rosse che contengono i semi, o chicchi, all'interno di una polpa gialla, ricoperta da una buccia resistente. La buccia e la polpa vengono eliminate, mentre i chicchi vengono essiccati e tostati fino a diventare marroni e poi macinati per preparare la bevanda che tutti conosciamo.

Čajkovskij, Pëtr Ilič

Compositore russo (1840-1893). Fu uno dei compositori più famosi e apprezzati nel mondo della musica classica. Nato a Votkinsk, studiò musica classica al conservatorio di San Pietroburgo. Musicalmente abile e raffinato, mediò fra gusto occidentale e tradizione russa. Tra le sue opere più conosciute spiccano balletti come *Il lago dei cigni*, *Lo Schiaccianoci* e *La bella addormentata nel bosco*, il *Concerto n. 1 per pianoforte e orchestra*, il *Concerto per violino e orchestra in Re maggiore*.

Calabria

Regione (2 009 330 ab.) all'estremità meridionale dell'Italia peninsulare, confina a nord con la Basilicata ed è bagnata dal mar Tirreno e dal mar Ionio. Lo stretto di Messina la separa dalla Sicilia. Province: Catanzaro (capoluogo), Cosenza, Crotone, Reggio di Calabria e Vibo Valentia. Il territorio è prevalentemente montuoso (è percorso dalla dorsale appenninica) e lo attraversano i fiumi Amato, Mesima, Neto e Crati. L'agricoltura produce agrumi (arance, bergamotti) e olive. Il turismo è piuttosto sviluppato. Sono presenti industrie olearie ed enologiche, chimiche e metalmeccaniche.

calamaro

I calamari sono molluschi della stessa famiglia dei polpi. Molti vivono nelle profondità del mare durante il giorno e risalgono in superficie soltanto di notte per nutrirsi. I calamari usano i tentacoli per catturare i pesci e portarli alla bocca, simile a un becco. Alcuni calamari non sono più grandi di un pollice, ma il calamaro gigante può raggiungere i 12 m di lunghezza.

calcestruzzo

Il calcestruzzo è una miscela di cemento, ghiaia, sabbia e acqua. Simile a una pasta, quando asciuga si indurisce e viene usato per costruire edifici, strade, ponti e dighe. Il *cemento*, materiale base del calcestruzzo, è solitamente composto da calcare e argilla, frantumati e mescolati insieme e successivamente scaldati in un forno.

Una volta raffreddata, questa miscela viene macinata fino a ottenere la polvere di cemento.

Spesso il calcestruzzo viene rinforzato inserendovi sbarre di acciaio quando è ancora morbido: in questo caso si parla di *cemento armato*.

calcio, *vedi* sport

calcolatore

Il primo, primitivo calcolatore fu l'*abaco*, inventato circa 5000 anni fa.

▷ In Cina la **caccia** era uno sport molto diffuso tra le persone più abbienti, che cacciavano qualsiasi tipo di selvaggina sia con arco e frecce che con l'aiuto di cani, ghepardi e falchi.

△ Gli aztechi dell'America centrale costruivano **calendari** a forma di Sole su grandi pietre: nel centro era ritratto il volto del dio azteco del Sole e lungo i bordi erano riportati i simboli dei giorni.

Molto dopo, nel 1642, lo scienziato e filosofo francese *Blaise Pascal* costruì la prima macchina per addizionare i numeri, che funzionava con la rotazione di una serie di quadranti. In seguito, macchine calcolatrici meccaniche furono usate per anni negli uffici e nei negozi: erano utili ma lente e non potevano eseguire calcoli complicati.

Tutto cambiò negli anni 70 del secolo scorso, quando fu inventato il **chip**, grazie al quale oggi è possibile costruire piccoli calcolatori elettronici in grado di eseguire addizioni, sottrazioni, moltiplicazioni e divisioni con la sola pressione di appositi tasti. Macchine calcolatrici più avanzate possono anche effettuare i calcoli più elaborati utilizzati nel campo della scienza.

calendario

Ogni civiltà ha sempre usato un proprio calendario per calcolare giorni, settimane, mesi e anni.

I calendari sono utilizzati per pianificare la semina e il raccolto delle coltivazioni e per indicare speciali festività. I paesi del mondo occidentale usano il calendario *gregoriano*, introdotto nel 1582 da papa Gregorio XIII, basato sul tempo che occorre alla Terra per compiere un'orbita (un giro completo) attorno al Sole, ossia 1 anno, cioè 365 giorni.

Il calendario *cinese* si basa invece sull'orbita della Luna attorno alla Terra.

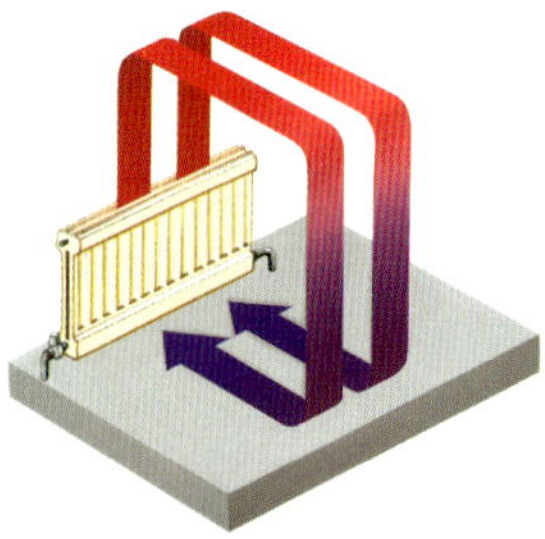

△ Un termosifone emette, o irraggia, **calore**, che si propaga nell'aria attraverso il processo di *convezione*. Quando l'aria al di sopra del termosifone si scalda, sale verso l'alto e aria più fredda interviene a prendere il suo posto, creando una corrente convettiva.

calore

Il calore è una forma di energia di cui possiamo percepire la sensazione, ma che non possiamo vedere. Quando qualcosa brucia, produce calore. Il Sole emette enormi quantità di calore, prodotto da atomi che si uniscono l'uno all'altro o "fondono" al suo interno: si tratta dello stesso tipo di energia che può essere emessa dall'esplosione di una bomba all'idrogeno sulla Terra.
Noi ricaviamo gran parte del calore che utilizziamo bruciando combustibili come il carbone o il gas naturale.
Il calore può essere prodotto anche dall'attrito, quando due oggetti strisciano l'uno sull'altro, oppure dall'elettricità che attraversa una bobina di filo metallico: è per questo che le serpentine all'interno del tostapane diventano incandescenti.

Possiamo sapere quanto è caldo un oggetto misurando la sua temperatura con un termometro. Quando una sostanza si scalda, le molecole di cui è composta si muovono più velocemente e spesso, quando questo accade, la sostanza si espande. I metalli sono gli elementi che si espandono maggiormente quando vengono riscaldati.

L'energia del calore può essere trasmessa dalle zone a temperatura più elevata verso quelle a temperatura più bassa in tre modi: conduzione, convezione e irraggiamento.

La *conduzione* è la trasmissione del calore da un punto all'altro di corpi solidi, chiamati *conduttori*. Per esempio, immergendo un cucchiaino in una bevanda bollente, subito inizierà a scaldarsi.

La *convezione* è il trasporto del calore attraverso i liquidi e i gas.

L'*irraggiamento* invece è un processo per cui l'energia si propaga attraverso lo spazio vuoto lungo linee rette: questo è il modo in cui il calore del Sole raggiunge la Terra.

Calvino, Italo

Scrittore italiano (1923-1985). Dopo aver esordito con romanzi e racconti ispirati alla Resistenza (*Il sentiero dei nidi di ragno* e *Ultimo viene il corvo*), ha rivelato le sue doti di narratore fra realismo e fiaba con *Il visconte dimezzato*, *Il barone rampante*,

Il cavaliere inesistente, *Marcovaldo* (celebre libro per ragazzi) e *Lezioni americane*, postumo.

camaleonte

I camaleonti sono un gruppo di rettili diffusi in Africa, Asia e in alcune zone dell'Europa meridionale. Hanno il corpo affusolato con una cresta lungo il dorso e corni o protuberanze sul capo.

L'elemento più insolito, nei camaleonti, è la loro capacità di modificare il colore della pelle.

I camaleonti vivono per lo più sugli alberi. Si muovono molto lentamente e stanno fermi sui rami per ore, immobili come statue, aspettando che qualche insetto si avvicini a loro. Quando questo avviene, i camaleonti catturano l'insetto saettando la lunga lingua appiccicosa a una velocità tale che l'insetto sembra svanire nel nulla.

Cambogia

La Cambogia è uno stato del Sudest asiatico costituito da una vasta pianura.

Ha cambiato il nome in Kampuchea nel 1976 e nuovamente in Cambogia nel 1988. La maggior parte dei cambogiani vive in piccoli villaggi e coltiva riso, ortaggi e frutta. Il paese un tempo faceva parte dell'Indocina francese, ma divenne indipendente nel 1954. Da allora la Cambogia ha vissuto una terribile guerra civile e una carestia che, soltanto tra il 1976 e il 1978, uccise oltre 2,5 milioni di persone. In seguito a libere elezioni, nel 1993 la Cambogia è diventata nuovamente una monarchia costituzionale.

Camerun

Il Camerun è una repubblica situata sulla costa occidentale dell'Africa.

La maggior parte della popolazione vive in sperduti villaggi tribali ed è costituita da contadini. Le principali coltivazioni sono cacao, caffè, cotone, arachidi e banane. Vi si produce anche petrolio.

cammello

Con le lunghe zampe a X, le gobbe sul dorso e il lungo collo robusto, il cammello ha un aspetto davvero unico. È uno dei pochi mammiferi che riesce a vivere e a lavorare in climi estremamente torridi trasportando carichi pesanti.

I cammelli sono l'ideale per compiere lunghi viaggi attraverso il deserto: le zampe dotate di spessi cuscinetti plantari evitano all'animale di sprofondare nel morbido terreno sabbioso. I cammelli sono forti e veloci e possono camminare per giorni interi senza né mangiare né bere, nutrendosi del grasso accumulato nelle gobbe. I cammelli si nutrono quasi di qualsiasi cosa, compresi i cespugli spinosi e i cardi che trovano nel deserto.

La famiglia dei camelidi comprende due tipi di animali: il *dromedario*, che vive nell'Africa del nord e nel Medio Oriente e ha una sola gobba, e il *cammello* della Battriana, a due gobbe, diffuso nel deserto del Gobi, in Mongolia.

CAMBOGIA
Forma di governo: monarchia costituzionale
Capitale: Phnom Penh
Superficie: 181 035 km²
Popolazione: 14 805 400 ab.
Lingua: khmer
Moneta: riel

CAMERUN
Forma di governo: repubblica
Capitale: Yaoundé
Superficie: 475 442 km²
Popolazione: 19 521 600 ab.
Lingua: francese e inglese
Moneta: franco CFA

◁ Il **camaleonte** è in grado di roteare ogni occhio separatamente per guardarsi attorno. Può anche modificare il colore della pelle per mimetizzarsi con l'ambiente circostante, nascondendosi in tal modo ai suoi nemici.

Campania

Regione (5 824 662 ab.) dell'Italia meridionale, confinante con Lazio, Molise, Puglia, e Basilicata. È bagnata dal mar Tirreno. Fanno parte della Campania le isole di Ischia, Procida e Capri. Le sue province sono Napoli (capoluogo), Salerno, Avellino, Benevento e Caserta. Il territorio è prevalentemente collinare anche se è presente l'Appennino sannita e il vulcano Vesuvio. Il suo fiume principale è il Volturno. L'agricoltura è piuttosto sviluppata (olivi, cereali, ortaggi e frutta, vigneti). È attiva l'industria siderurgica, meccanica e tessile.

Canada

Il Canada è il secondo stato più grande del mondo dopo la Russia. A nord si spinge fino alla Groenlandia, mentre a sud raggiunge la stessa latitudine della Francia meridionale.

La distanza tra la costa ovest, affacciata sull'oceano Pacifico, e la costa est, sull'oceano Atlantico, è maggiore della distanza tra l'America settentrionale e l'Europa, ma nonostante queste dimensioni, due terzi della popolazione del Canada vivono in una stretta fascia di territorio compresa entro una distanza di 200 km dal confine con gli USA.

Nella parte est del Canada si trovano i Grandi Laghi, attraversati dal confine con gli USA. Questi enormi mari interni alimentano il fiume S. Lorenzo, che sfocia nell'oceano Atlantico. Le due maggiori città sono Montreal e Toronto, ma la capitale è Ottawa.

Storicamente, furono la Gran Bretagna e la Francia a governare il paese o parte di esso per lunghi periodi. Oggi il 24% circa dei canadesi considera la lingua francese come lingua madre.

Le vaste foreste del Canada ne fanno il maggiore produttore di legno per la fabbricazione della carta. Il paese possiede anche enormi risorse minerarie, in particolare petrolio e ferro, che ne fanno una delle dieci nazioni più industrializzate del mondo.

▽ I **cammelli** e i dromedari sono animali da soma indispensabili nelle regioni desertiche dell'Africa settentrionale, del Medio Oriente e dell'Asia.

canale

Un canale è un corso d'acqua artificiale costruito per la navigazione o l'irrigazione. Fino al XVI secolo i canali potevano essere costruiti soltanto in pianura, ma con l'invenzione delle chiuse fu possibile realizzarli anche su alture.

Una chiusa è un'opera di sbarramento che utilizza un sistema di saracinesche e condotti che consentono di variare il livello dell'acqua. Prima che una barca o una nave possano entrare in una chiusa, il livello dell'acqua all'interno di questa deve essere uguale a quello del tratto di canale in cui si trova l'imbarcazione.

I primi canali potevano essere utilizzati esclusivamente da *chiatte*, barche strette dal fondo piatto trainate da cavalli che avanzavano lungo

CANADA
Forma di governo: stato federale
Capitale: Ottawa
Superficie: 9 984 670 km²
Popolazione: 33 930 830 ab.
Lingua: inglese e francese
Moneta: dollaro canadese

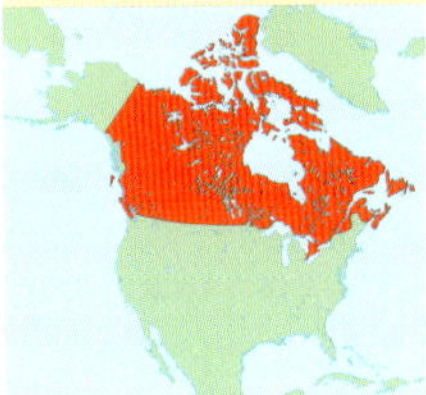

sentieri che seguivano il corso del canale. Alcuni canali, come il canale di Suez e quello di Panama, sono così grandi da consentire il passaggio anche ai grandi transatlantici. Il canale di Panama è lungo 80 km e collega l'oceano Atlantico al Pacifico.

Canaletto

Giovanni Antonio Canal, detto il Canaletto. Pittore e incisore italiano (1697-1768). Allievo e collaboratore del padre scenografo, si accostò poi alla pittura di vedute e immortalò vari aspetti della sua città (Venezia) con immagini di grande luminosità e di precisa prospettiva. Caposcuola dei vedutisti veneti del Settecento, lavorò anche in Inghilterra (a Londra). Tra le sue opere più importanti ci sono: *Festa di S. Rocco*, *Vedute di piazza S. Marco*, *Bacino di S. Marco* e *Veduta del Tamigi*.

Canberra

Canberra è la capitale dell'Australia. È una piccola città sede del governo del paese, ha poche industrie e vi hanno sede tutti i principali ministeri governativi.

Canberra fu fondata nel 1908 in seguito a una legge parlamentare e iniziò a espandersi subito dopo il termine della Prima guerra mondiale nel 1918.

Cani & Topi

Il più grande cacciatore di topi di tutti i tempi non è un gatto ma... un **cane**! Più precisamente un Bull Terrier di 12 chilogrammi, che inoltre era cieco da un occhio. Nell'arco di 5 anni riuscì a uccidere 4 000 topi in 17 ore di caccia, ma la sua "operazione" più riuscita fu l'uccisione di 100 topi in 5 minuti e 30 secondi, il 23 aprile 1825 a Londra.

cancro

Il cancro è una malattia che provoca la crescita incontrollata di alcune cellule del corpo, che possono ammassarsi e dare luogo a una escrescenza chiamata *tumore*. Alcuni tumori sono chiamati *maligni* perché spesso provocano la morte. Esistono circa 100 tipi di cancro, ma i più comuni sono quelli al seno, ai polmoni e all'intestino. Le cause di questa malattia non sono ancora del tutto note, ma con le terapie oggi disponibili spesso si ottengono buoni risultati. Trovare una cura per il cancro è una delle più grandi sfide della medicina e ricercatori di tutto il mondo si stanno impegnando per raggiungere questo obiettivo. Nel 2008 è stato decodificato per la prima volta il genoma di una paziente affetta da leucemia, identificando così le mutazioni delle cellule cancerose.

cane

Gli uomini allevano i cani da 10 000 anni. Spesso sono semplicemente animali da compagnia, ma molte volte svolgono mansioni utili, come condurre le mandrie al pascolo o fare la guardia alle abitazioni. Possono essere istruiti a guidare i non vedenti e a fiutare droga e altre sostanze illegali nascoste nei bagagli o all'interno di veicoli.

Il primo cane addomesticato discendeva probabilmente da un lupo.

Oggi esistono più di cento razze di cani domestici, che variano quindi per forma e dimensioni, tipo e colore del pelo. Tipi di cani selvatici sono invece la volpe, il coyote dell'America settentrionale, lo sciacallo asiatico e africano e il dingo australiano.

I cani sono carnivori e appartengono tutti alla stessa famiglia. Sono dotati di olfatto, udito e vista molto sviluppati.

△ I **cani** domestici sono allevati per scopi specifici. Questo levriero, per esempio, è stato selezionato per correre velocemente: può raggiungere i 70 km orari!

canguro

I canguri sono **marsupiali** che vivono in Australia, per lo più nelle praterie e nelle immense regioni aride del paese. Si nutrono di erba e altre piante e si spostano in gruppi saltando sulle grandi zampe posteriori, usando la lunga coda per mantenere l'equilibrio.

Esistono molte specie di canguro. I canguri rossi e quelli grigi sono i più grandi. In posizione eretta, un canguro rosso adulto può superare in altezza un uomo. I canguri grigi possono correre alla velocità di 55 km orari.

△ I **canguri** sono i marsupiali più grandi. Questa illustrazione raffigura una famiglia di canguri giganti grigi diffusi nell'Australia orientale che possono raggiungere la lunghezza di 2,4 m, coda compresa.

cannocchiali e telescopi

I cannocchiali fanno sembrare più vicini oggetti che si trovano a grande distanza. Funzionano captando la luce di un oggetto e curvandone i raggi per produrre un'immagine minuscola, che poi viene nuovamente ingrandita in modo da essere visibile.

Il cannocchiale contiene due lenti fissate dentro un tubo in modo che, dall'esterno, non penetri luce indesiderata. Una lente più grande, l'*obiettivo*, posta a un'estremità del tubo, capta la luce. Una lente più piccola, l'*oculare*, all'estremità opposta, ingrandisce l'immagine.

L'immagine vista attraverso questo tipo di cannocchiale risulta capovolta e per vederla correttamente viene aggiunta una terza lente.

I telescopi sono cannocchiali a fortissimo ingrandimento usati per lo studio dei corpi celesti e, invece di una lente, per l'obiettivo usano uno specchio che raccoglie la luce.

Lo specchio ha una forma tale che i

▽ I **telescopi** di Keck, sulla cima di Mauna Kea, nelle Hawaii, sono formati, ognuno, da 36 specchi esagonali uniti insieme a formare un solo grande specchio largo 10 m.

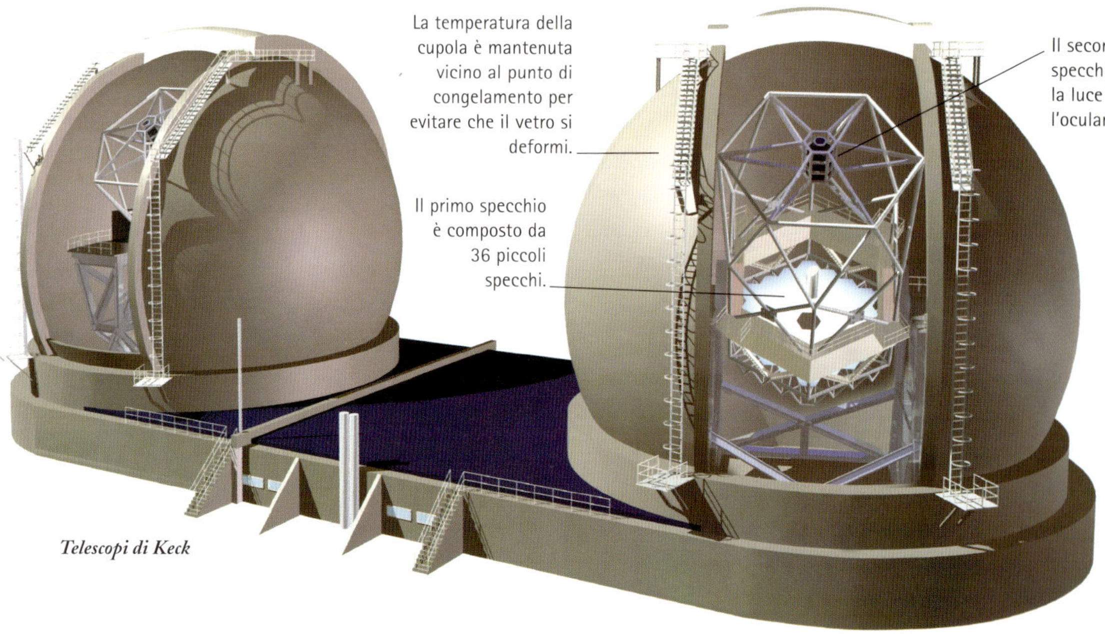

Telescopi di Keck

raggi vi rimbalzano e vengono inviati a un secondo specchio che li riflette verso l'oculare.

Canova, Antonio

Scultore italiano (1757-1822). Dopo un periodo a Venezia si stabilì a Roma, dove abbracciò gli ideali neoclassici.

Conquistatosi il favore dei papi e quello di Napoleone, per il quale lavorò anche a Parigi, assurse ben presto a fama internazionale, esercitando un grande ascendente su tutta la scultura europea del primo Ottocento. Tra le sue opere principali: *Amore e Psiche*, *Paolina Borghese* e *Napoleone*.

capra

Le capre sono animali più alti, magri e agili delle loro parenti più strette, le pecore. La capre hanno zoccoli e corna cave, e i maschi presentano un ciuffetto di peli sul mento simile a una barba.

Le capre selvatiche che vivono sulle montagne dell'Asia centrale, del Medio Oriente e dell'America settentrionale vivono in mandrie e mangiano erba e foglie. Capre domestiche sono invece allevate in molti paesi e forniscono latte, carne e pellame. La capra d'Angora e la capra del Kashmir sono famose per la loro lana, utilizzata per fabbricare eleganti tessuti pregiati.

Caraibi, *vedi* Antille

Caravaggio

Michelangelo Merisi, detto il Caravaggio. Pittore italiano (1573-1610). Dipinse a Roma le sue opere maggiori. Costretto a fuggire in seguito a un omicidio, fu a Napoli, a Malta, a Messina e a Palermo. Rivoluzionò la pittura sacra con soggetti del popolo e situazioni reali di vita quotidiana. Tra le sue opere più famose: *Storie di S. Matteo*, *Crocifissione di S. Pietro*, *Seppellimento di S. Lucia*.

carbone

Il carbone è un combustibile che si trova nel sottosuolo in strati chiamati *filoni*. È detto *combustibile fossile* perché ebbe origine milioni di anni fa da accumuli di piante morte.

Il carbone è utilizzato per il riscaldamento e per la produzione di elettricità e di sostanze chimiche.

▽ Il **carbone** viene estratto dal sottosuolo in molti modi, a seconda della profondità a cui si trova. Quando il filone raggiunge la superficie si costruiscono miniere a cielo aperto o da mezzacosta, mentre miniere con accesso da discenderia sono usate per gli strati di carbone leggermente più profondi. Le miniere a pozzo estraggono invece il carbone dalle zone più profonde del sottosuolo.

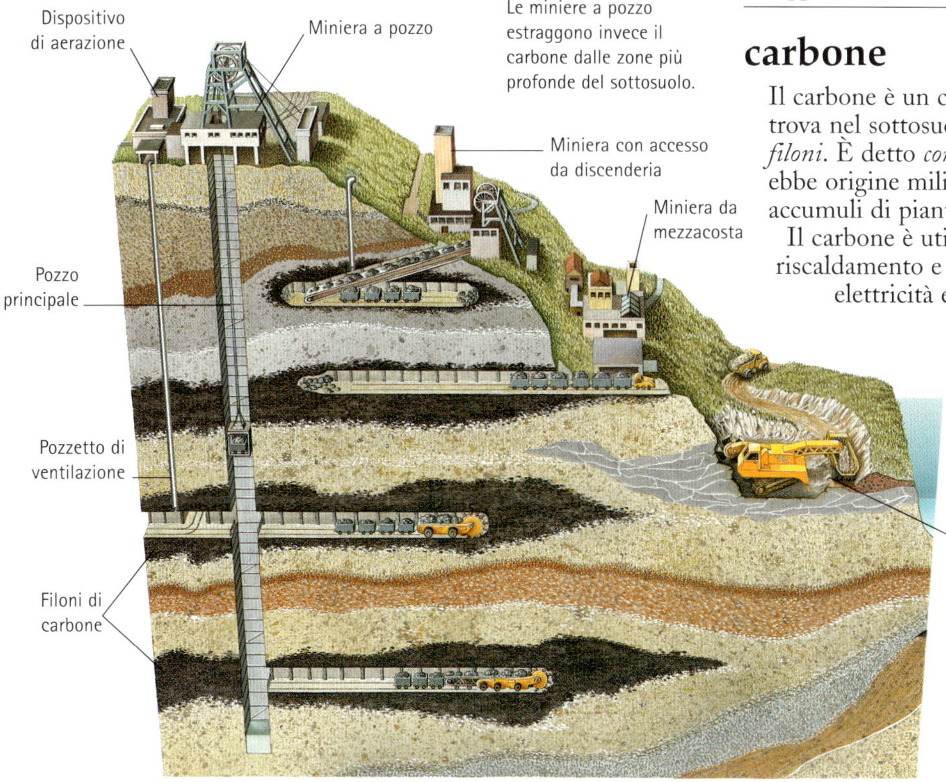

△ La grafite è una forma di **carbonio** puro. I suoi atomi (in alto) sono disposti in strati che scivolano facilmente l'uno sull'altro: per questo la grafite è uno dei corpi solidi più morbidi. Le "mine" utilizzate nelle matite (sopra) sono composte da una miscela di grafite e argilla.

carbonio

Il carbonio è un importante elemento presente in ogni essere vivente, animale o vegetale.

Molte cose che utilizziamo ogni giorno contengono carbonio, come per esempio lo zucchero e la carta. Il carbonio esiste anche sotto altre forme, come carbone, petrolio, diamanti e grafite.

La *datazione con il carbonio radioattivo* è un metodo utilizzato per determinare l'età di oggetti che risalgono a meno di 50000 anni fa. Funziona misurando la quantità di questo elemento contenuto in un oggetto: tutto ciò che vive, infatti, contiene carbonio radioattivo e quando muore esso comincia a decadere, ossia a decomporsi.

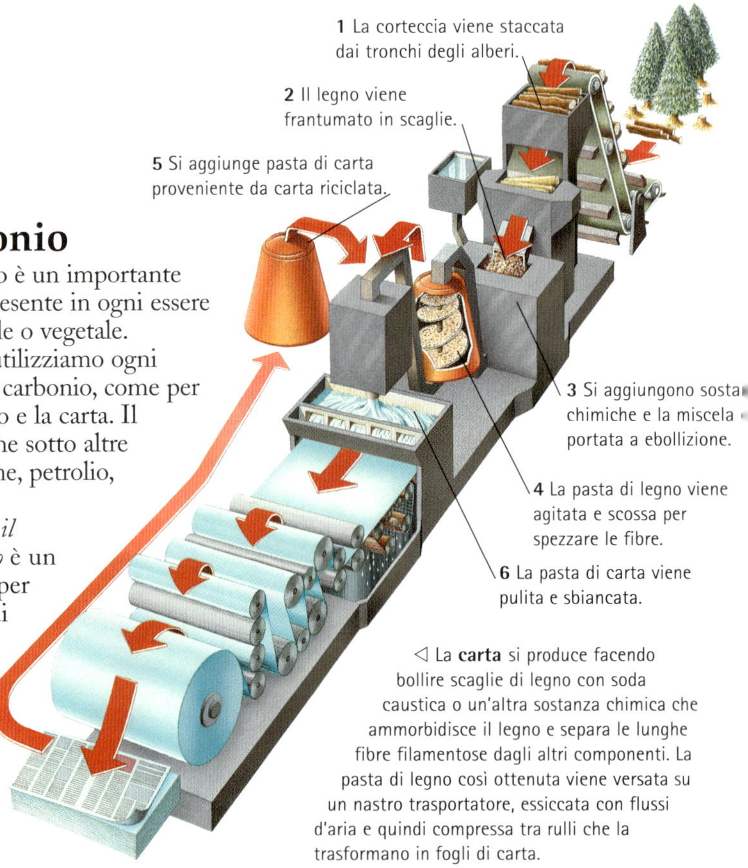

◁ La **carta** si produce facendo bollire scaglie di legno con soda caustica o un'altra sostanza chimica che ammorbidisce il legno e separa le lunghe fibre filamentose dagli altri componenti. La pasta di legno così ottenuta viene versata su un nastro trasportatore, essiccata con flussi d'aria e quindi compressa tra rulli che la trasformano in fogli di carta.

Carducci, Giosuè

Poeta e critico letterario italiano (1835-1907). Fondò in gioventù il gruppo degli "Amici pedanti" con il proposito di reagire al Romanticismo languido e sentimentale. Insegnò a Bologna dal 1860 al 1904 e nel 1906 vinse il premio Nobel. Nell'età matura, dopo una giovinezza repubblicana, si avvicinò alla monarchia e divenne il cantore dell'Italia guerriera.
Tra le sue opere ricordiamo: *Juvenilia*, le *Rime nuove* e le *Odi barbare*.

carestia

A volte una nazione non dispone di cibo a sufficienza per sfamare la sua popolazione, che si ritrova a morire letteralmente di fame. Questa situazione è chiamata carestia. Molti paesi in via di sviluppo sono colpiti da carestie, spesso perché non piove a sufficienza per consentire la coltivazione di prodotti alimentari. Le nazioni che non hanno questo problema inviano rifornimenti di cibo alle popolazioni che ne hanno bisogno per sconfiggere la fame nel mondo.

△ **Carlo Magno** regnò su gran parte dell'Europa occidentale nell'alto Medioevo.

Carlo Magno

Re dei franchi e imperatore del Sacro Romano Impero (742-814). Figlio di Pipino il Breve, fu un valoroso condottiero e nell'VIII secolo fondò un enorme impero esteso su gran parte dell'Europa occidentale.

Nel 768 Carlo Magno divenne re dei franchi, un popolo che abitava il paese che oggi chiamiamo Francia. Grazie alla sua abilità in guerra, conquistò la Spagna settentrionale, l'Italia e la Germania. Combatté per la Chiesa di Roma e, in cambio, il papa lo incoronò imperatore del Sacro Romano Impero nel giorno di Natale dell'anno 800.

La corte di Carlo Magno fu un grande centro di cultura e di sapere a cui accorrevano artisti e studiosi dalle località più remote del mondo. Quando Carlo Magno morì, i suoi figli si contesero l'impero, che alla fine fu diviso tra i nipoti Carlo, Ludovico e Lotar.

carnivori

I carnivori sono un gruppo di mammiferi che per la maggior parte si nutrono esclusivamente della carne di altri animali, mentre soltanto alcuni si cibano anche di insetti e piante. Tutti i carnivori hanno in comune potenti mandibole per triturare il cibo, artigli ricurvi per strappare la carne delle prede e lunghi denti affilati.

I carnivori comprendono felini, cani, iene, orsi, procioni e tassi. Tutti i carnivori sono dotati di fiuto, udito e vista acutissimi e sono veloci e abilissimi nel dare la caccia alle loro prede. Alcuni carnivori, come i lupi, le iene e i leoni cacciano insieme in branchi: in questo modo possono uccidere animali molto più grandi di loro. Altri carnivori, come il leopardo e la tigre, cacciano invece da soli.

carta

Un primo tipo di carta venne realizzato dagli egizi con le foglie di papiro, una pianta che cresce nelle paludi dell'Egitto. La carta che conosciamo oggi fu invece inventata dai cinesi.

Circa 1900 anni fa, i cinesi impararono a separare le fibre della corteccia del gelso, che venivano immerse nell'acqua, poi essiccate e pressate in fogli sottili e piatti sui quali era possibile scrivere. La carta è realizzata con fibre vegetali ancora oggi. La carta migliore è ricavata dal cotone, mentre la carta usata per i quotidiani si ottiene dal legno.

△ I **carnivori**, come questo leopardo, sono cacciatori abilissimi e feroci. Oltre ad avere denti e artigli robusti, sono dotati di fiuto, udito e vista straordinari per individuare le loro prede.

carte geografiche

Le carte geografiche ci aiutano a orientarci e a scoprire dettagli della geografia del mondo. Esistono diversi tipi di carte. Le *carte politiche* indicano i confini degli stati e la posizione delle città, le strade e le ferrovie più importanti. Le *carte fisiche* evidenziano le caratteristiche naturali come montagne, fiumi e laghi. Le *carte meteorologiche* indicano invece le condizioni di temperatura e pressione dell'aria.

Le carte sono disegnate in scale diverse. La scala di alcune carte è così grande che ci si potrebbe persino trovare disegnata la propria casa. La scala di altre è invece così piccola da consentire di "schiacciare" il mondo intero in una sola pagina dell'atlante.

In passato, le carte geografiche venivano realizzate semplicemente immaginando come potesse essere fatta la Terra. Oggi, per ottenere carte estremamente precise, si utilizza la fotografia aerea. Diverse fotografie vengono scattate da un aeroplano che vola ad altezza costante

▽ Con una **carta geografica** e una bussola è possibile localizzare con esattezza la propria posizione.
Le carte geografiche spesso riportano le cosiddette *curve di livello* che evidenziano le caratteristiche del terreno, come colline e valli. Ogni linea unisce punti diversi situati alla stessa altitudine.

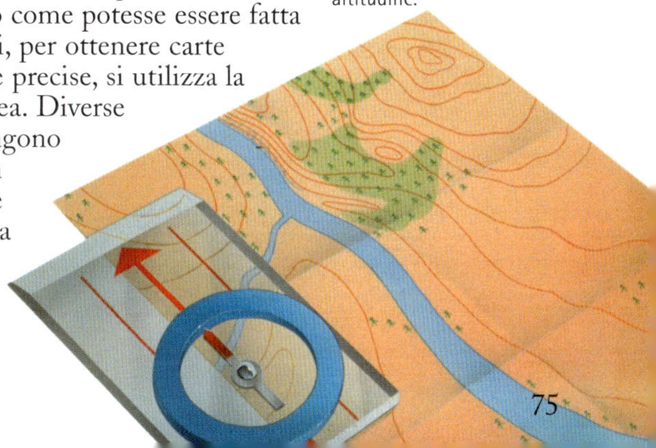

△ I **castori** costruiscono dighe sui corsi d'acqua con fango, rami e alberi che abbattono con i denti affilati. Quando alle spalle della diga si forma uno stagno, costruiscono una specie di isoletta come tana, alla quale si accede sott'acqua.

sovrapponendo leggermente ognuna di esse a quella successiva, in modo da non tralasciare nessun dettaglio. Per realizzare le *carte climatiche* si utilizzano invece le immagini riprese dai satelliti.

Le *carte nautiche* sono le carte geografiche dei mari che informano i marinai riguardo a fari, scogli, canali e alla profondità dell'acqua in diverse località. Carte estremamente dettagliate dei fondali marini possono essere realizzate con il sonar.

Cartesio

Nome italianizzato di René Descartes. Filosofo e matematico francese (1596-1650). Studioso di diverse discipline, come matematica, fisica, astronomia e diritto, pensava che tutte le scienze fossero collegate tra loro, come gli anelli di una catena, e dedicò molto tempo alla ricerca di un metodo che potesse unire insieme tutta la conoscenza. Con le sue idee rivoluzionarie, Cartesio influenzò molti altri filosofi ed è spesso definito *il padre della filosofia moderna*.

Tra le sue opere più famose: *Discorso sul metodo*, *Meditationes de prima philosophia* e *Le passioni dell'anima*.

cartoni animati

I cartoni animati sono brevi film divertenti interpretati da personaggi disegnati. Il modo tradizionale per realizzare un cartone animato consiste nel collegare insieme numerosi disegni singoli. Ognuno di questi disegni è leggermente diverso dal precedente, e quando essi vengono mostrati l'uno dopo l'altro a velocità molto elevata si ha l'impressione che l'immagine si muova. Per realizzare un cartone animato i disegni originali vengono realizzati su fogli di materiale trasparente, chiamati *cel* o *rodovetri*, e poi fotografati in sequenza sulla pellicola.

Negli anni 80 del secolo scorso è stata introdotta una nuova tecnica di animazione computerizzata: gli artisti usano il computer per realizzare le loro immagini e hanno quindi la possibilità di creare particolari effetti speciali, in particolare animazioni in 3D.

casa

Le prime case erano semplici ripari costruiti con fango, rami, foglie o pelli di animali. Successivamente l'uomo imparò a fabbricare i mattoni lasciando asciugare al Sole l'argilla umida. Per migliaia di anni, mattoni, legno e pietra furono i materiali con cui venivano costruite quasi tutte le case.

Le case moderne sono appositamente studiate perché il freddo, le correnti d'aria e la pioggia rimangano all'esterno e il calore resti all'interno. I doppi vetri alle finestre e l'isolamento dei tetti e delle pareti contribuiscono al

▽ La forma delle **case** è cambiata molto nel corso degli anni, ma tra le case moderne e i ripari dei nostri primi antenati rimangono alcune somiglianze fondamentali. Tutte le case, per esempio, devono offrire la possibilità di cucinare cibo, fornire un qualche tipo di riscaldamento e disporre di acqua e di un metodo per eliminare i rifiuti.

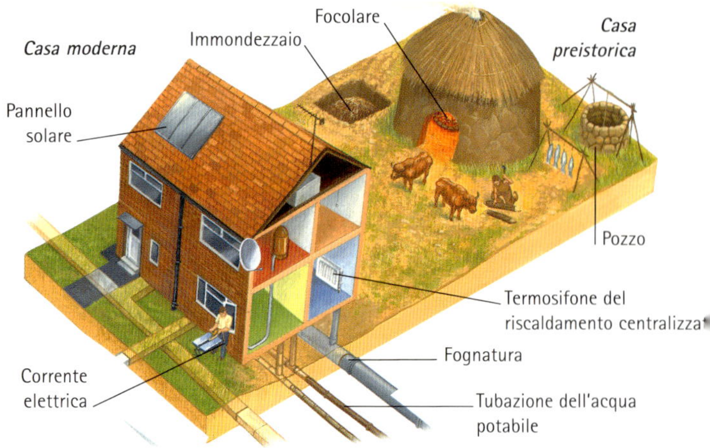

raggiungimento di questo scopo. Oggi le case dispongono per lo più di un sistema di riscaldamento centralizzato e, nei climi più caldi, di un sistema di condizionamento dell'aria.

cascata

Qualsiasi dislivello brusco e improvviso nel corso di un fiume viene definito cascata. Questi dislivelli o salti sono originati dall'acqua stessa che erode lentamente, cioè consuma, la roccia del letto del fiume su cui essa scorre. Alcuni tipi di roccia sono più permeabili e morbidi di altri e quindi si consumano più velocemente.

Quando la roccia permeabile viene consumata, lascia una scarpata di roccia non permeabile e dura oltre la quale si getta l'acqua del fiume.

In tutto il mondo esistono cascate: la più alta è il *Salto Angel*, in Venezuela, alto 979 m. Le cascate Iguaçu si trovano sul confine tra Argentina e Brasile: l'acqua si getta da oltre 82 m di altezza in numerose cascate separate che si estendono per oltre 3 km di larghezza. Le grandi cascate Vittoria lungo il fiume Zambesi hanno un'altezza di 122 m e un fronte di circa 2,6 km: da questo salto si gettano quasi 100 milioni di litri d'acqua al minuto. Se tutta questa forza venisse utilizzata, produrrebbe energia sufficiente a rifornire di elettricità una città di cinque milioni di abitanti!

△ Le **cascate** più famose del mondo sono quelle del **Niagara**, al confine tra gli USA e il Canada, e le cascate Vittoria lungo il fiume Zambesi, in Africa.

castello

I castelli sono edifici fortificati costruiti nel Medioevo da nobili e governanti. Al sicuro dietro le spesse mura, i signori dei castelli e i loro eserciti potevano respingere gli attacchi di banditi e di orde inferocite di nemici e sostenere lunghi assedi di eserciti invasori.

Alcuni castelli sono ancora abitati, ma molti sono ormai in rovina.

I primi castelli furono costruiti attorno al 950 d.C. ed erano solitamente disposti su una collina o un tumulo di terra circondati da un fossato.

Verso la fine dell'XI secolo alcuni castelli tra i più grandi cominciarono a essere dotati di una torre in pietra detta *maschio*. Con il passare del tempo i castelli divennero sempre più grandi e confortevoli: invece di avere tutti gli alloggiamenti ammassati nel maschio, cominciarono a sorgere piccoli "villaggi" di capanne all'interno delle mura del castello.

Per attaccare un castello medievale altamente fortificato era necessaria ogni sorta di tattica e di macchinario da assedio. I soldati assaltavano i bastioni da gigantesche torri su ruote che venivano spinte fino sotto le mura del castello. Potenti catapulte scagliavano pietre contro la cinta muraria o all'interno del castello per seminare confusione. Gli arcieri facevano cadere una pioggia continua di frecce per costringere i difensori ad allontanarsi dalle mura mentre i soldati vi si arrampicavano con l'aiuto di scale.

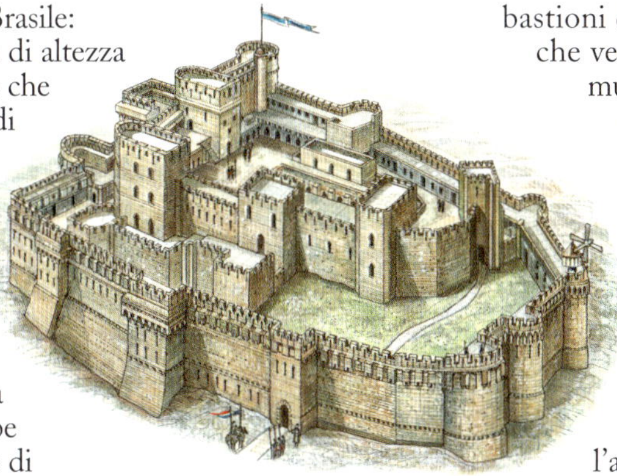

△ I **castelli** spesso erano dotati di doppie mura per una maggiore protezione. Avevano inoltre moltissime torri dalle quali era possibile colpire gli assalitori contemporaneamente da diverse direzioni.

castoro

I castori sono grossi roditori lunghi più di 1 m, coda compresa, e di peso superiore a 25 kg. Vivono nei boschi nei pressi di laghi e fiumi di molte zone dell'America settentrionale e

△ In questo esempio di **catena alimentare**, l'erba produce il proprio nutrimento usando l'energia del Sole e le sostanze presenti nel suolo. L'erba è mangiata dai conigli, che a loro volta forniscono nutrimento a una volpe. A sua volta la volpe morta nutrirà l'erba attraverso le sostanze rilasciate nel suolo.

dell'Europa. I castori sono ottimi nuotatori e possono persino resistere per 15 minuti sott'acqua senza respirare! Hanno la coda larga e piatta ricoperta di squame che utilizzano per cambiare direzione quando nuotano. Mangiano foglie, ramoscelli e cortecce di alberi, principalmente ontani e salici.

I castori hanno bisogno di stagni in cui costruire la loro tana e spesso a tale scopo bloccano i corsi d'acqua con dighe di fango e ramoscelli che rafforzano con i tronchi degli alberi che essi stessi abbattono con i denti affilati.

catena alimentare

Quando si mangia un pesce di mare, come il tonno per esempio, si partecipa a una catena alimentare che ha avuto inizio da qualche parte nelle profondità dell'oceano. Laggiù, microscopiche piante e animali galleggianti chiamati *plancton* sono stati mangiati da pesci minuscoli. Questi pesci minuscoli sono stati a loro volta mangiati da pesci più grandi, e questi ultimi da pesci ancora più grandi, come il tonno.

Ogni essere vivente ha una propria posizione all'interno di una catena alimentare e spesso appartiene a catene alimentari diverse. Una catena alimentare inizia con piante verdi che fabbricano il proprio nutrimento grazie all'acqua e alle sostanze chimiche presenti nel suolo e nell'aria e ai raggi del Sole. Questo processo è chiamato *fotosintesi clorofilliana*.

Diversamente dalle piante, gli animali non sono in grado di produrre il proprio cibo, così alcuni mangiano le piante, e altri si nutrono di animali. Quando gli animali o le piante muoiono, i batteri che vivono nel terreno decompongono i loro tessuti e così le sostanze chimiche di cui essi sono costituiti vengono rilasciate nel terreno. Queste sostanze chimiche agiscono da concime, arricchendo il terreno e favorendo la crescita delle piante: la catena alimentare ricomincia così nuovamente dall'inizio.

cattedrale, *vedi* chiesa

cava

Le cave sono enormi buche in cui le rocce vengono tagliate a blocchi o frantumate da esplosioni. Nell'epoca preistorica, l'uomo realizzava cave da cui estraeva la selce per fabbricare utensili e armi.

Oggi è possibile estrarre rocce in enormi quantità grazie all'impiego di esplosivi. Le rocce così estratte

◁ Spesso nelle **cave** viene usata la dinamite o un altro esplosivo per rompere la roccia, caricata poi da ruspe su autocarri e trasportata al frantoio: qui la roccia viene ulteriormente frantumata per poter essere usata lungo le linee ferroviarie, nei fondi stradali e nel calcestruzzo per la costruzione di edifici. La cava più grande del mondo è la miniera di rame di Bingham Canyon, nello Utah, USA: ha una profondità di circa 770 m.

vengono raccolte da bulldozer e ruspe e trasportate ai frantoi, dove vengono frantumate in pietre per essere usate nella realizzazione di strade, ferrovie, calcestruzzo e cemento.

Non tutte le rocce vengono estratte in questo modo. Le pietre utilizzate per la realizzazione di edifici e pavimentazioni, invece di essere fatte esplodere, vengono tagliate utilizzando apposite macchine elettriche da taglio, seghe a filo metallico e trapani.

Cavalcanti, Guido

Poeta italiano (ca. 1250-1300). Esponente di spicco e principale teorico del "Dolce stil novo". Guelfo bianco, fu amico di **Dante**, che gli dedicò la *Vita nova*. La sua concezione dell'amore è idealizzata, la sua ispirazione è ora tenera e malinconica, ora angosciata o drammatica. Scrisse canzoni (tra cui *Donna me prega perch'io voglia dire*), ballate (celebre quella dell'esilio: *Perch'i' no spero di tornar giammai*) e sonetti.

▷ Eserciti di **cavalieri** dalle pesanti armature comparvero in Europa nel IX secolo ed ebbero un ruolo di primo piano nelle guerre combattute fino al XIV secolo.

cavaliere

Nel Medioevo un cavaliere era un soldato a cavallo che combatteva per il suo governante e in tempo di pace serviva il padrone presso la sua dimora.

Sebbene in teoria chiunque potesse diventare cavaliere, in realtà i cavalli e le armature erano così costosi che soltanto poche persone potevano permetterseli e quindi il titolo di cavaliere divenne un onore conferito solitamente ai più ricchi. I giovani venivano addestrati a diventare cavalieri fin dall'età di sette anni.

I cavalieri persero la loro utilità in guerra quando l'introduzione delle armi da fuoco cambiò i metodi di combattimento.

cavalletta

Le cavallette sono insetti dotati di antenne, ali e lunghe zampe posteriori. Mangiano le foglie delle piante e quelle chiamate *locuste* danneggiano i raccolti. I maschi "cantano" strofinando le zampe posteriori sulle ali. Le cavallette possono, con un solo balzo, coprire distanze fino a 20 volte la loro lunghezza.

cavallo

Il cavallo fu uno dei primi animali selvatici a essere domato dall'uomo. Oggi esistono pochissimi cavalli selvatici, come il cavallo di Przewalski, che vive nelle remote praterie della Mongolia e del nord della Cina. Molti cavalli che chiamiamo "selvatici", come i *mustang* dell'America settentrionale, sono in realtà discendenti di cavalli

△ Gli uomini di Neanderthal erano **cavernicoli** che vissero in Europa e nel Medio Oriente fino a 35 000 anni fa. A quel tempo il clima era molto più freddo di oggi e le caverne fornivano un riparo vitale.

domestici ritornati allo stato brado.

Il cavallo è un animale forte e veloce, ma le prime specie comparse sulla Terra erano creature piccole, simili a cani, con un modo di vivere completamente diverso da quello dei loro moderni simili.

Chiamati *Eohippus*, vissero milioni di anni fa: avevano zampe anteriori con quattro dita e zampe posteriori con tre ed erano così piccoli da riuscire a sottrarsi ai nemici nascondendosi nel sottobosco.

Successivamente, i cavalli iniziarono a vivere nelle vaste pianure e, mancando il sottobosco in cui nascondersi, sfuggivano ai nemici fuggendo di corsa.

Lentamente, allora, le loro zampe divennero sempre più lunghe e persero tutte le dita, conservando un solo dito. Dopo milioni di anni di evoluzione, apparve infine il cavallo moderno: ha un dito per zampa, diventato uno zoccolo, su cui si appoggia per correre.

▽ I **cavalli** si sono evoluti in nome della velocità: persino i piccoli puledri sono in grado di galoppare. Non si sa quando i cavalli vennero domati, ma è certo che già 5000 anni fa circa venivano usati in Egitto e in Asia centrale per cavalcare e trainare carri.

caverna

Una caverna è una cavità o un cunicolo al di sotto del suolo. Le caverne più grandi si formano quando acqua leggermente acida si infiltra nella roccia calcarea. L'acqua, infatti, scioglie lentamente la roccia, lasciando talvolta dietro di sé un intero reticolo di caverne.

Dopo che la caverna si è formata, l'acqua a volte continua a gocciolare dalle pareti e dal soffitto, spesso creando depositi di minerali dalla forma bizzarra, chiamati *stalattiti* e *stalagmiti*.

cavernicoli

Le caverne sono luoghi ideali per ripararsi dalle intemperie e dagli animali selvatici e furono le prime dimore utilizzate dagli esseri umani.

L'imboccatura di una caverna è spesso asciutta ed è possibile accendervi un fuoco all'interno quando il clima è freddo, mentre nella stagione calda offre riparo dal Sole.

Inoltre, protetti dalle pareti della caverna, gli uomini che abitavano nelle caverne, i cavernicoli, potevano respingere gli attacchi degli animali pericolosi dall'ingresso della caverna.

Resti di popolazioni cavernicole sono stati trovati in tutto il mondo: Cina, Asia meridionale, Africa ed Europa (*vedi* **popolazioni preistoriche**).

È nelle caverne che frammenti dei loro utensili e delle loro armi sono stati portati alla luce, insieme alle ossa degli animali che essi cacciavano. Sulle pareti di alcune caverne sono anche stati ritrovati dipinti raffiguranti animali.

cavia

La cavia è un roditore originario del Perù, chiamato anche "porcellino d'India". Le cavie possono raggiungere la lunghezza di 29 cm e sono in genere marroni, grigie, bianche, nere o tutti questi colori insieme.
In alcune il pelo è lungo e setoso, in altre forma riccioli chiamati *rosette*. Le cavie si nutrono di erba e fieno e spesso sono allevate in casa come animali domestici.

Cavour, Camillo Benso, conte di

Statista italiano (1810-1861). Fu ministro delle Finanze nel 1851.

Leader della destra liberale, alleatosi con la sinistra di Rattazzi, fu presidente del Consiglio nel 1852. Nel 1855 stipulò un'alleanza con Francia e Inghilterra; il trattato di Plombières gli assicurò l'aiuto francese contro l'Austria nella II guerra di indipendenza (1859). Morì dopo la proclamazione del Regno d'Italia mentre cercava di trovare un accordo sulla questione romana ("libera chiesa in libero stato").

Ceca, Repubblica

La Repubblica Ceca è uno stato dell'Europa orientale, un tempo parte della Cecoslovacchia, che fu divisa nel 1 993 in due nazioni, la Repubblica Ceca e la Slovacchia. Gran parte della Repubblica Ceca è occupata da montagne. Praga, la capitale, è una delle principali città storiche europee.

Nel 1 938, la Germania occupò la Cecoslovacchia e ne mantenne il controllo fino a quando venne sconfitta alla fine della Seconda guerra mondiale. Poi la Cecoslovacchia divenne un paese comunista finché, nel 1989, si insediò un governo democratico.

Nel 2004 è entrata nella UE.

REPUBBLICA CECA
Forma di governo: repubblica
Capitale: Praga
Superficie: 78 865 km²
Popolazione: 10 506 813 ab.
Lingua: ceco
Moneta: corona ceca

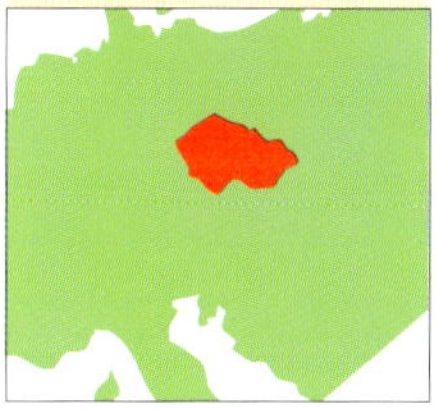

cellula

Le cellule sono le più piccole parti viventi di animali e piante, visibili soltanto al microscopio. Persino un piccolo frammento di pelle umana contiene milioni di cellule. Le cellule sono solitamente di forma rotonda, alcune sono a spirale e altre, come le cellule nervose, sono munite di ramificazioni.

Nel 1665 lo scienziato inglese *Robert Hooke* esaminò un frammento di sughero al microscopio e notò che era composto da minuscoli "scompartimenti" che chiamò cellule: questo termine è in uso da allora.

Ogni essere vivente è composto da cellule: sono diverse per forma, dimensioni e funzione, ma tutte possiedono un centro di controllo chiamato *nucleo*. Le cellule degli animali sono munite di una parete cellulare, o membrana, molto sottile, mentre le cellule delle piante hanno la parete cellulare più spessa e contenente cellulosa, una sostanza di rinforzo. Le cellule delle piante, o vegetali, contengono anche i *cloroplasti*, minuscole strutture che contengono una sostanza verde chiamata *clorofilla*, che le piante usano per fabbricare il proprio cibo, in un processo chiamato *fotosintesi*.

▽ Una **caverna** impiega migliaia di anni per formarsi nella roccia calcarea. Spesso presenta numerosi pozzi verticali, cunicoli laterali, cavità, laghetti e piccoli fiumi sotterranei.

△ Gli oggetti di **ceramica** come queste brocche possono essere realizzati versando argilla liquida in uno stampo, oppure possono essere modellati al tornio dal ceramista. La brocca di destra è stata cotta, poi decorata e infine rifinita con una vernice trasparente.

celti

I celti furono un antico popolo dell'Europa nordoccidentale. Un tempo, oltre 2000 anni fa, vivevano in Gran Bretagna, in Francia e in alcune regioni della Spagna e della Germania. Nel 400 a.C. circa si spinsero fino in Italia e attaccarono Roma. I celti erano alti di statura e bellicosi.

Vivevano in tribù che spesso combattevano tra loro ed erano costituite da un capo, nobili, uomini e donne liberi e schiavi. I celti erano abili nella lavorazione dei metalli e spesso decoravano le loro armi e armature con disegni vivaci e di creature bizzarre. Erano anche poeti e musicisti di talento. La religione celtica è chiamata anche *druidismo*, dal nome dei loro sacerdoti, i druidi.

Quando l'Impero Romano iniziò a espandersi militarmente, molti celti fuggirono in regioni remote. Nei paesi conquistati dai romani, le tradizioni celtiche si persero. Soltanto negli angoli più remoti d'Europa la lingua e le consuetudini celtiche riuscirono a sopravvivere.

Fino a qualche centinaio di anni fa la lingua celtica era comune in Irlanda, nel Galles, in Cornovaglia (una regione dell'Inghilterra sudoccidentale), in Scozia e in Bretagna (una regione della Francia nordoccidentale). Oggi, sebbene meno comuni, le lingue celtiche sono ancora parlate: tra queste il gallese e il gaelico irlandese e scozzese.

▽ I **celti** non avevano lingua scritta: si tramandavano racconti dei loro dei e della loro storia con canzoni e poemi.

censimento

Quasi tutte le nazioni del mondo contano regolarmente il numero dei propri abitanti: questo conteggio della popolazione è chiamato censimento. La maggior parte delle nazioni organizza un censimento ogni dieci anni.
Il censimento può anche fornire informazioni utili sul tipo di lavoro svolto dagli abitanti, su quanto guadagnano, in che tipo di casa vivono, se sono sposati o vivono soli e quanti figli hanno.

Nell'antica Roma, i responsabili dei censimenti stilavano elenchi dei cittadini e delle loro proprietà e li utilizzavano per assicurarsi che ognuno pagasse le tasse nella giusta misura.

centopiedi

I centopiedi sono lunghi *invertebrati* (animali privi della colonna vertebrale) il cui corpo è composto da molti segmenti, spesso più di 100, ognuno dei quali è munito di un paio di zampe.

La testa possiede lunghe antenne, bocca robusta e due artigli in grado di iniettare veleno nelle vittime. Tutti i centopiedi sono cacciatori molto attivi che si nutrono principalmente di vermi, insetti e lumache.

I centopiedi sono diffusi in quasi tutto il mondo. Il più grande ha 46 paia di zampe e vive nelle foreste pluviali dell'America meridionale. È lungo circa 25 cm e ha uno spessore di 2,5 cm.

I centopiedi sono simili a un altro gruppo di animali chiamati *millepiedi.*

La principale differenza tra i due è che i centopiedi possiedono due zampe per ogni segmento del corpo, mentre i millepiedi ne hanno quattro.

centrale elettrica

Le centrali elettriche sono impianti in cui l'energia del calore o dell'acqua che scorre viene trasformata in energia elettrica da utilizzare nelle abitazioni e nelle fabbriche. La maggior parte delle centrali elettriche ricava l'energia da un combustibile che produce vapore, il quale a sua volta alimenta un generatore o un gruppo di generatori.

I generatori producono corrente elettrica, o elettricità, spesso trasportata per via terra lungo fili metallici tesi tra alte torri di metallo chiamate *tralicci*.

Prima del trasporto, la corrente passa attraverso un trasformatore che ne aumenta la tensione per ridurre la quantità di perdite che essa subisce nel trasferimento. La tensione viene nuovamente ridotta prima che l'elettricità raggiunga le case e le fabbriche dove viene utilizzata.

▽ Una **centrale elettrica** alimentata a carbone trasforma l'energia immagazzinata nel carbone in elettricità. Carbone, petrolio e gas naturale sono combustibili fossili utilizzati nella grande maggioranza delle centrali elettriche del mondo, dove enormi quantità di combustibile vengono bruciate per produrre vapore dall'acqua.

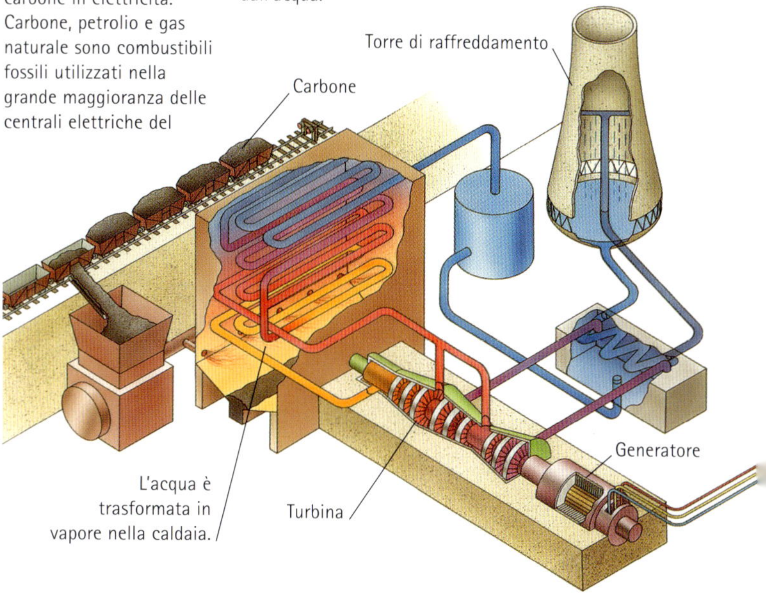

ceramica

La ceramica è un impasto di argilla cotto a temperature elevate con il quale vengono realizzati piatti, piattini, tazze, ciotole, anfore, vasi e altri oggetti e ornamenti.

Gli uomini realizzano oggetti di ceramica da migliaia di anni. I primi vasi erano spessi e molto ruvidi, perdevano i liquidi e, se riscaldati, si spaccavano. Con il tempo, però, l'uomo imparò a realizzare ceramiche che fossero più utili e al tempo stesso più belle. Oggi i due principali tipi di

▽ I **centopiedi** sono feroci cacciatori. Possono muoversi rapidamente per catturare la preda di sorpresa o sfuggire ai pericoli.

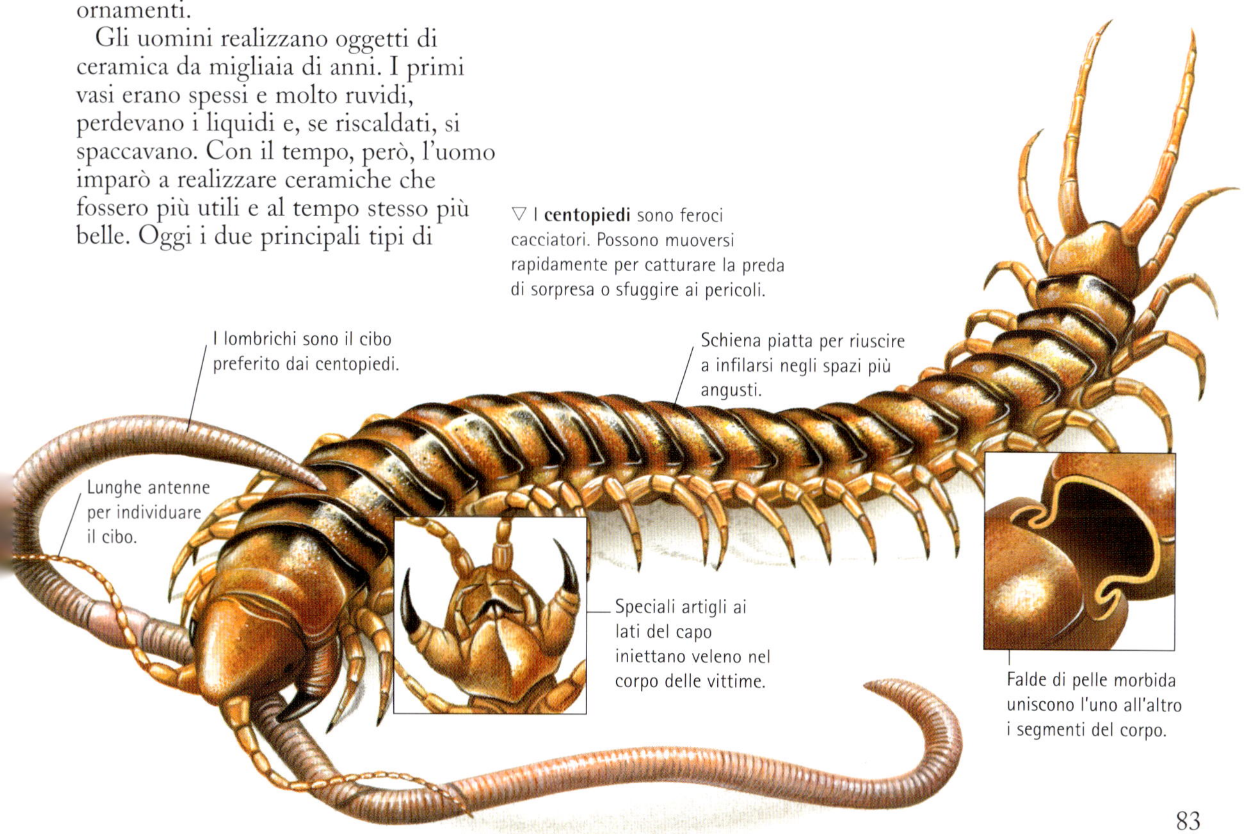

ceramica sono la porcellana e il grès. La *porcellana* è ceramica finissima realizzata con argilla bianca cinese: è così sottile da lasciar passare la luce. Il *gres*, invece, è solitamente molto più spesso e robusto.

Per fabbricare un vaso, il ceramista dispone un blocco di argilla umida su un macchinario chiamato *tornio* e poi con le mani lo modella a forma di vaso.

Il vaso viene lasciato essiccare e successivamente la sua superficie può essere ricoperta con una vernice trasparente chiamata *vetrina*. Infine, viene cotto in un forno speciale: con la cottura il vaso aumenta la sua solidità e la vernice trasparente si trasforma in un rivestimento liscio e lucido. Vernici diverse producono colori diversi e alcune donano persino una lucentezza metallica al vaso.

La maggior parte degli odierni oggetti in ceramica è prodotta in gran quantità nelle fabbriche perché il materiale può essere modellato, cotto e decorato velocemente e a basso costo su una linea di lavorazione industriale.

cereali

I cereali sono i frutti di un gruppo di piante erbacee della famiglia delle *graminacee*.

In tutta la storia dell'umanità hanno rappresentato il più importante tipo di alimento. Nell'epoca preistorica i cereali si raccoglievano da piante selvatiche.

Più tardi, quando iniziarono a essere coltivati nelle fattorie, i cereali divennero il nutrimento più importante delle prime civiltà.

Alcuni cereali sono consumati dall'uomo nella loro forma naturale, come il granoturco, o mais, e il riso, l'alimento principale di metà della popolazione mondiale. Altri cereali, come il grano e la segale, vengono macinati in farina, adeguatamente preparati e cotti in forno. La pasta, invece, è realizzata con una miscela di farina di grano e acqua. I cereali sono utilizzati anche per produrre bevande alcoliche come la birra e il whisky (*vedi* **alcol**) e alcune varietà sono coltivate come mangime per animali.

△ I **cereali** sono piante erbacee coltivate a scopo alimentare e rappresentano le maggiori coltivazioni mondiali.

cervello

Il cervello è l'organo che controlla tutte le altre parti del corpo. In alcuni minuscoli insetti non è più grande di un granello di polvere, mentre nei mammiferi è piuttosto voluminoso, rispetto alle loro dimensioni. Gli esseri umani hanno il cervello più grande di tutti gli animali. Il cervello controlla le attività involontarie (automatiche) come la respirazione o la pressione sanguigna. Comanda anche i muscoli e gli organi dell'equilibrio, del tatto e del movimento.

Il cervello umano usa un quinto di tutta l'energia prodotta dal corpo ed è composto da sostanza grigia e bianca.

La *sostanza grigia* contiene le cellule nervose, mentre la *sostanza bianca* contiene le fibre nervose che

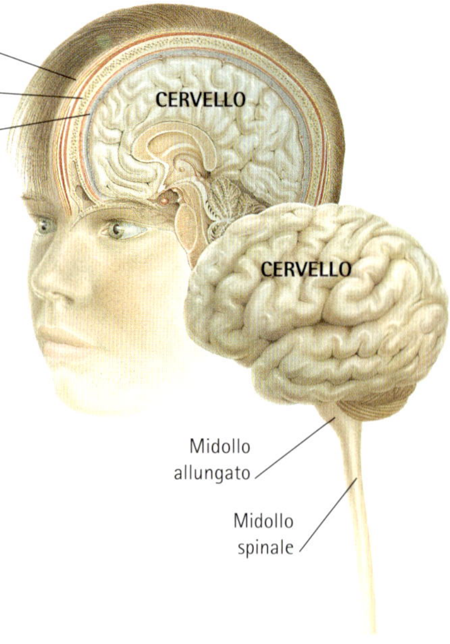

▷ Il **cervello** è il centro di controllo del corpo, responsabile di azioni, pensiero, memoria, comportamento ed emozioni. È protetto da un cranio osseo, tre membrane (*meningi*) e uno strato di fluido.

trasportano i messaggi dalle cellule nervose al corpo. Queste fibre nervose partono dal cervello in grossi fasci che raggiungono tutte le parti dell'organismo, poi risalgono fino al cervello con i messaggi inviati dal corpo. Aree diverse del cervello controllano parti diverse del corpo. Per esempio, la parte anteriore del cervello è l'area in cui ha luogo l'attività del pensiero, mentre la vista è controllata dalla parte posteriore del cervello.

△ Un gruppo di nemici di Giulio **Cesare** congiurò per ucciderlo. Il 15 marzo dell'anno 44 a.C. lo pugnalarono a morte nel Foro romano, il luogo in cui si svolgeva la vita pubblica romana.

Cervino

Monte (4478 m) delle Alpi Pennine, al confine tra la Valle d'Aosta (Valtournenche) e il Vallese. Costituito da rocce cristalline metamorfiche (gneiss e scisti), si erge a forma di piramide, dominando a nord la conca di Zermatt, a sud quella del Breuil. Fu scalato per la prima volta nel 1865 dall'inglese E. Whymper.

cervidi

I cervidi sono un gruppo di mammiferi il cui esponente più conosciuto è il cervo, diffuso nelle foreste di Asia, Europa e America settentrionale.

Questi animali sono imparentati con i bovini e le antilopi, dai quali differiscono perché hanno corna annuali e non permanenti.

Ogni anno, infatti, i maschi perdono le corna e ne sviluppano un nuovo paio.

Cervo comune maschio

▷ D'estate i maschi dei **cervidi** strofinano le corna contro i rami per eliminare lo strato di pelle morta che le ricopre.

Le femmine, invece, sono prive di corna, fatta eccezione per le renne, chiamate *caribù* nell'America settentrionale, nelle quali le corna sono presenti in entrambi i sessi.

All'inizio della primavera, il sangue inizia a scorrere in due protuberanze dure sulla fronte dei maschi, trasportando una sostanza ossea che accelera la crescita delle corna, le quali, inizialmente, si presentano coperte da una pelle morbida e vellutata. Per l'inizio dell'estate, le corna hanno raggiunto la loro crescita massima.

L'approvvigionamento di sangue viene sospeso e la pelle vellutata muore. L'animale strofina allora le corna per eliminare i resti di pelle e renderle dure e lucenti. Alcune corna, chiamate *palchi*, sono molto grandi: quelle dell'alce, per esempio, raggiungono una larghezza di 2 m!

Le varie specie di cervidi vivono per lo più nei boschi e nelle foreste dell'emisfero settentrionale, ma ne esistono anche in America meridionale e in Asia meridionale. Sono animali selvatici, ma alcuni possono essere domati con successo. Le renne, per esempio, possono essere addestrate a trainare le slitte e la loro carne e la loro pelle vengono utilizzate dai lapponi della Scandinavia. Questi animali vengono infatti anche allevati per consumarne la carne.

Cesare, Gaio Giulio

Condottiero e uomo politico romano (100 ca.-44 a.C.). Ebbe un importante ruolo nella trasformazione della repubblica romana in un impero governato da una sola persona.

Cesare assunse grande potere quando, al comando dell'esercito, conquistò la regione oggi occupata dalla Francia e dal Belgio. Nel 55 a.C.

attraversò il canale della Manica e invase la Britannia. In seguitò si ribellò al senato romano (organo di governo principale dell'Impero Romano) e con il suo esercito vittorioso marciò su Roma conquistandola senza combattere. Nel 48 a.C. sconfisse Pompeo, suo principale rivale nell'ascesa al potere e divenne così il solo dominatore della repubblica romana.

Nel 45 a.C. Cesare si fece nominare dittatore a vita, ma aveva molti nemici che lo odiavano per ciò che stava facendo alla repubblica e l'anno successivo fu ucciso a Roma da un gruppo di cospiratori.

△ Charlie **Chaplin** recitò in decine di film muti. Fu definito "l'omino più buffo del mondo". Alla compagnia teatrale Keystone di Mack Sennett viene indissolubilmente legato il successo di Charlie Chaplin. Fu infatti durante le prove in quella compagnia che, nel 1914, nacque la maschera di Charlot, in un modo fortuito: "Non sapevo a quale truccatura ricorrere... Pensai di mettermi un paio di calzoni sformati, due scarpe troppo grandi... Volevo che fosse tutto in contrasto: i pantaloni larghi e cascanti, la giacca attillata, il cappello troppo piccolo e le scarpe troppo grandi. Ero incerto se truccarmi da vecchio o da giovane, poi ricordai che Sennett mi aveva creduto un uomo assai più maturo e così aggiunsi i baffetti che mi avrebbero invecchiato senza nascondere la mia espressione. Non avevo la minima idea del tipo di personaggio, ma come fui vestito, il costume e la truccatura mi fecero capire che tipo era. Cominciai a conoscerlo, e quando m'incamminai verso l'enorme pedana di legno, esso era già venuto al mondo".

Chaplin, Charles (Charlie)

Regista e attore inglese (1889-1977). Tra i più famosi attori di film comici di tutti i tempi, è ricordato per il personaggio del vagabondo dal cuore tenero e dalle buone intenzioni, in Italia chiamato *Charlot*, che commette un errore dopo l'altro e finisce sempre nei guai. Chaplin era nato a Londra, ma trascorse la maggior parte della sua vita lavorando negli Stati Uniti.

Dopo gli inizi come attore teatrale, raggiunse la popolarità nel cinema muto di Hollywood.

Chaplin scrisse, diresse e produsse molti dei film di cui fu interprete.

Tra i più famosi ricordiamo: *Luci della ribalta*, *Il dittatore* e *Tempi moderni*.

Cherubini, Luigi

Musicista italiano (1760-1842). Visse a Parigi, nell'epoca della rivoluzione e di Napoleone, ove insegnò composizione al Conservatorio. Maestro del contrappunto e dell'armonia, fu ammirato persino da Beethoven. Scrisse musica sacra (*Messa in fa*, *Requiem in do minore*), strumentale (*Sinfonia in re*) e teatrale (*Demofonte*, *Lodoïska*, *Medea*, *Il portatore d'acqua*, *Anacreonte*).

chiesa

Le chiese cristiane sono tanto varie quanto le nazioni in cui sorgono. Ne esistono di tutte le forme e dimensioni, da minuscole capanne di legno o tende a cattedrali imponenti di pietra. Tutte le chiese, però, sono usate per gli stessi scopi: sono luoghi di preghiera, sedi in cui vengono celebrate le funzioni religiose e strutture che custodiscono ogni sorta di oggetto religioso. La maggior parte delle chiese è orientata in modo che l'ingresso principale sia situato a occidente e l'altare a oriente.

Nel corso dei secoli, le chiese sono state costruite in diversi stili architettonici. Nell'XI e nel XII secolo la maggior parte delle chiese era in stile romanico, con archi ampi e arrotondati e cupole basse e rotonde.

Successivamente, nel Medioevo, si sviluppò in Europa occidentale uno stile noto con il nome di *gotico*. Le chiese gotiche avevano guglie appuntite, archi svettanti, decorazioni scolpite in pietra e vetrate colorate. La costruzione di una cattedrale gotica come quella di Chartres in Francia o di Canterbury in Inghilterra era un'impresa faticosa che richiedeva molti anni. Le chiese moderne, invece, hanno spesso interni molto sempli e utilizzano una grande varietà di materiali diversi.

Molte chiese, soprattutto quelle cattoliche, sono costruite a forma di croce.

I fedeli siedono al centro, in una sezione chiamata *navata*, rivolti verso l'altare e il punto in cui canta il coro.

Lateralmente alla navata vi sono due "ali", chiamate *transetti*, che donano all'edificio la caratteristica forma a croce.

△ Le **chiese** sono il cuore di molte comunità cristiane. In passato furono importanti luoghi di incontro e fornirono riparo e aiuto ai bisognosi.

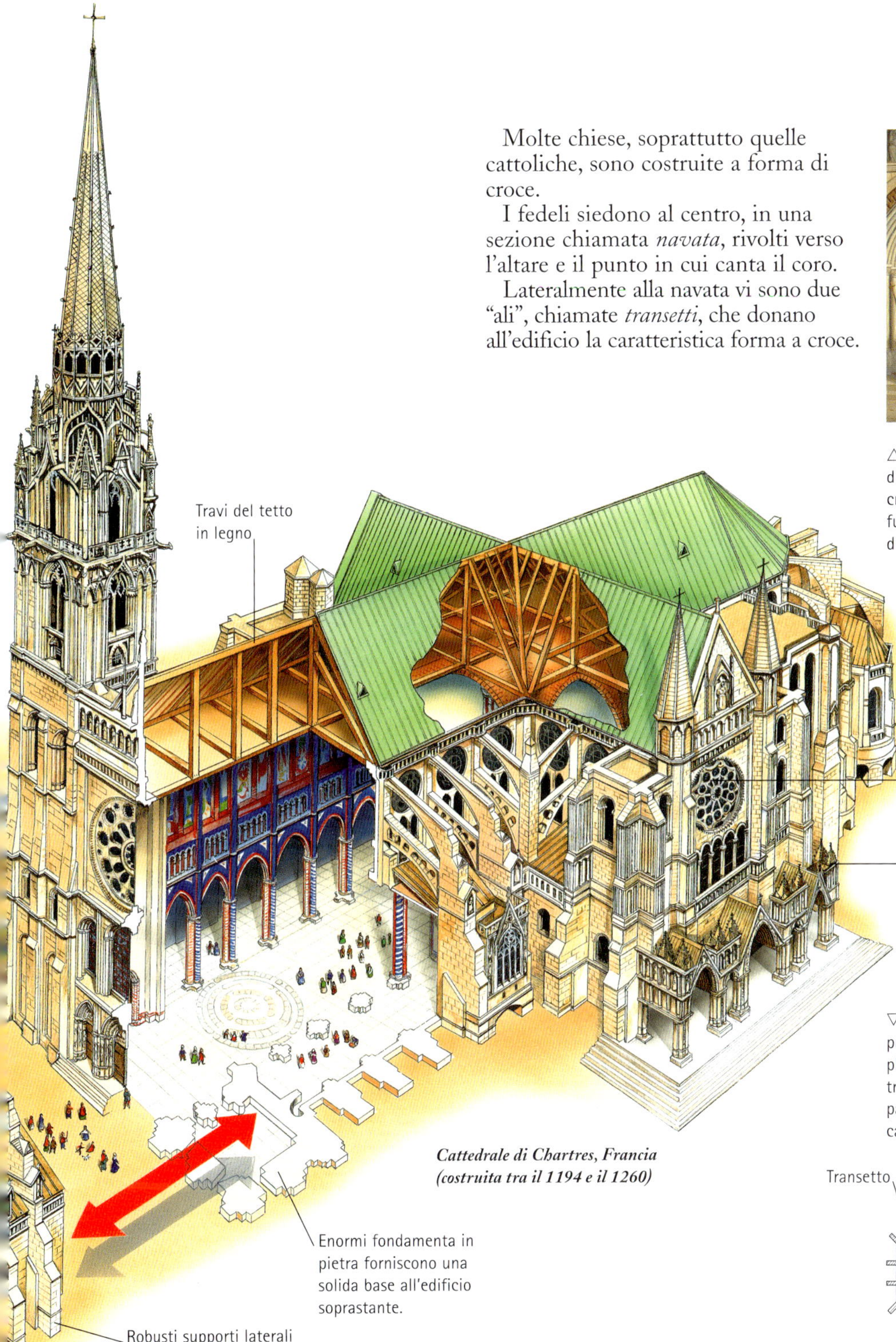

Cattedrale di Chartres, Francia (costruita tra il 1194 e il 1260)

▽ Molte **chiese** presentano la stessa planimetria di base, che si tratti di piccole chiese di parrocchia o di enormi cattedrali cittadine.

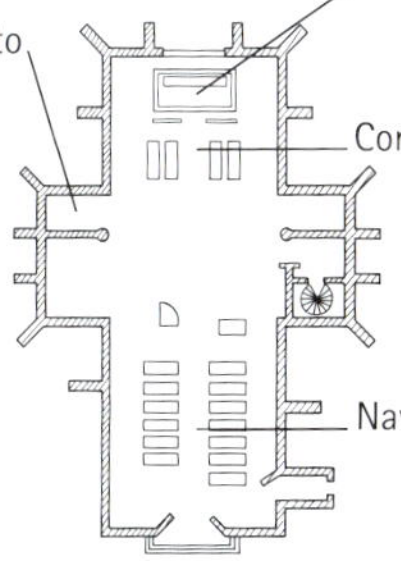

chimica

La chimica è la scienza che studia la materia nelle sue varie forme, ossia i solidi, i liquidi e i gas. I chimici scoprono di quali elementi sono composte le cose e come questi elementi restano uniti insieme. Quando un pezzo di legno brucia nel fuoco, si ha una reazione chimica: il legno si trasforma in cenere e, allo stesso tempo, emette luce e calore, ma ci volle molto tempo perché i chimici scoprissero che, bruciando, il legno si univa all'ossigeno presente nell'aria. Esistono molti tipi di reazioni chimiche.

La vera scienza chimica, così come noi la conosciamo, nacque soltanto nel XVII secolo. In quel periodo i chimici iniziarono a capire il comportamento delle sostanze presenti sulla Terra e successivamente scoprirono gli elementi di cui esse sono composte. Tra naturali e artificiali, gli elementi sono circa un centinaio, ognuno composto da minuscoli atomi. Gli atomi degli elementi spesso si uniscono tra loro dando origine a sostanze diverse: il sale che aggiungiamo ai cibi, per esempio, è composto da atomi degli elementi sodio e cloro.

chip

I chip sono minuscole piastrine di silicio, un elemento **semiconduttore**. I chip possono alloggiare piccolissimi circuiti elettrici chiamati *microcircuiti*, utilizzati nelle radio, negli orologi digitali, nei calcolatori e nei computer.

Poiché i chip sono tanto minuscoli, anche le apparecchiature elettroniche in cui vengono utilizzati possono essere molto piccole.

chirurgia

La chirurgia tradizionale consiste nella realizzazione di un'incisione, o taglio, nel corpo di una persona al fine di rimuovere o ricostruire una parte danneggiata. Le operazioni chirurgiche sono effettuate in ospedale da medici appositamente addestrati chiamati *chirurghi*. Le immagini a raggi X, o radiografie, e altri esami aiutano il chirurgo a operare nel migliore dei modi. Prima dell'operazione, al paziente viene somministrato un anestetico per evitare che avverta dolore.

Il chirurgo effettua un'incisione sul paziente con uno strumento speciale molto affilato chiamato *bisturi* o con un laser. Altri strumenti sono usati per evitare le emorragie e per tenere divaricati i lembi di pelle conseguenti all'incisione.

Al termine dell'operazione, il chirurgo chiude la ferita con un nastro adesivo speciale oppure cucendone insieme i bordi.

Andrés Segovia

Tra le più grandi personalità musicali del Novecento spicca Andrés Segovia. Il suo contributo di sensibilità e di esperienza tecnica ha risvegliato l'interesse dei musicisti per la **chitarra**, aprendo una nuova era nella storia di questo strumento. Nella storia della chitarra il fenomeno di Segovia è paragonabile a quello che **Paganini** ha rappresentato per il violino. Segovia stesso ha sostenuto più volte, infatti, e con legittimo orgoglio, di essersi "fatto da sé", di esser stato a un tempo il maestro e l'allievo di se stesso. Soltanto un genio avrebbe potuto conseguire i risultati che Segovia ottenne da autodidatta.
Il 2 giugno 1987, all'età di 94 anni, Segovia muore e con lui scompare uno dei più grandi strumentisti del Novecento.

chitarra

La chitarra è uno strumento musicale a corde costituito da un corpo o cassa a forma di otto con il retro piatto e un lungo "manico". Le corde (di nylon, acciaio o budello) sono tese lungo il manico, intervallato da una serie di sottili strisce di metallo (chiamate *tasti*) disposte perpendicolarmente a varie distanze l'una dall'altra. Il chitarrista

▽ In **chirurgia**, quando il chirurgo e i suoi assistenti operano, indossano camici, guanti e mascherine sterili per evitare di ricevere e trasmettere germi.

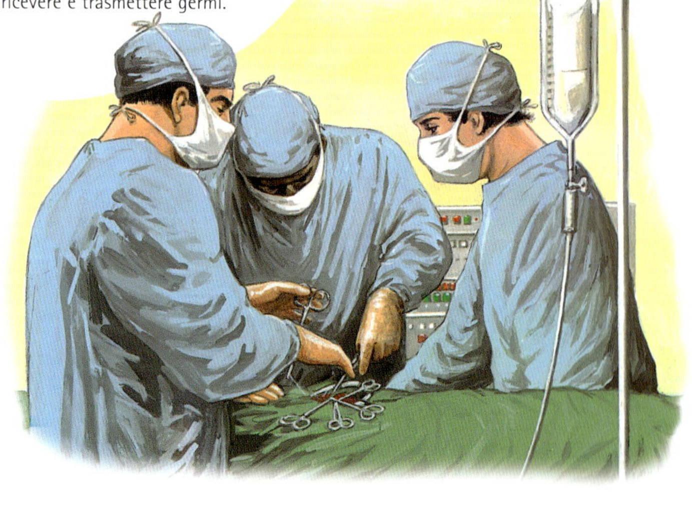

△ I **cigni** reali sono uccelli pesanti, ma le lunghe e ampie ali e i potenti muscoli del torace consentono loro di volare con facilità. Per decollare, però, hanno bisogno di correre per un lungo tratto, sul terreno o sul pelo dell'acqua.

suona le corde con una mano e con l'altra le preme contro i tasti: a seconda del punto in cui le corde vengono premute, la chitarra produce note diverse.

La maggior parte delle chitarre ha sei corde. Le chitarre acustiche sono realizzate in legno e hanno un foro rotondo sul fronte della cassa per amplificare il suono. Le chitarre elettriche sono in metallo o plastica e sono prive di foro centrale sulla cassa, quindi necessitano di un amplificatore elettrico separato.

Chopin, Fryderyk Franciszek

Compositore polacco (1810-1849). Figlio di un precettore francese, nel 1831, già concertista affermato, si stabilì a Parigi. Chopin, di animo sensibile e di salute instabile, presto incarnò l'immagine ideale del musicista romantico. L'amore per la scrittrice George Sand e la nostalgia per la patria lontana e oppressa furono le passioni della sua esistenza.

Tra le sue opere più importanti vi sono gli *Studi op. 10* e *op. 25*, i *Notturni*, i *Preludi*, le *Polacche* e le *Mazurche* oltre ai due *Concerti per Pianoforte e orchestra.*

cibo, *vedi* alimenti

ciclone, *vedi* uragano

cicogna

Le cicogne sono grandi uccelli con zampe e becco molto lunghi. Si aggirano nelle paludi e negli stagni a caccia di pesci e rane, ma alcune preferiscono nutrirsi di animali morti. Nelle zone più calde del mondo vivono oltre una dozzina di specie diverse di cicogne.

La specie più conosciuta è la cicogna bianca, che d'estate nidifica in Europa e in Asia centrale e d'autunno migra verso sud. Le cicogne sono molto pesanti e si stancano presto di agitare le ali, così spesso preferiscono lasciarsi trasportare dalle correnti.

△ In Europa settentrionale e orientale, coppie di **cicogne** bianche spesso costruiscono i loro nidi sui tetti delle abitazioni. La femmina depone solitamente quattro uova, che impiegano circa cinque settimane a schiudersi.

cigno

Questi grandi uccelli acquatici molto aggraziati sono gli uccelli più pesanti in grado di volare, anche se per decollare necessitano di una lunga distesa d'acqua sgombra da ostacoli.

In autunno alcune specie di cigno migrano verso sud in stormi disposti a V.

I cigni nuotano muovendo le zampe palmate e tuffano il lungo collo nell'acqua per cibarsi delle piante che vivono sott'acqua. Costruiscono grandi nidi nei pressi di stagni o fiumi.

Cile

Il Cile è uno stretto stato che si estende per oltre 4300 km lungo la costa occidentale dell'America

CILE
Forma di governo: repubblica
Capitale: Santiago
Superficie: 756 102 km²
Popolazione: 16 928 873 ab.
Lingua: spagnolo
Moneta: peso cileno

meridionale. La zona abitabile è ulteriormente ristretta dalla Cordigliera delle Ande, che si snoda lungo il confine orientale del paese.

Il Cile possiede oltre un quarto delle risorse mondiali di rame. I suoi abitanti parlano spagnolo e sono principalmente di religione cattolica. Nel 1973 il generale Pinochet si impadronì del potere, ma nel 1988 la popolazione cilena votò per porre termine al dominio dei militari.

Cimabue

Cenni di Pepo, detto Cimabue. Pittore italiano (ca. 1240-1302). Formatosi sulla tradizione bizantina e romanica, creò opere di un appassionato sentimento umano, di altissimo valore drammatico. Tra le sue opere ricordiamo *Crocifisso, Madonna in maestà* e *Madonna con S. Francesco*, numerosi affreschi e mosaici. Operò in Toscana, ad Arezzo, Assisi, Firenze e Pisa. Fu maestro di Giotto.

Cina

La Cina è il terzo stato più grande del mondo e la nazione più popolata. Vi vivono infatti circa un miliardo e mezzo di abitanti.
La Cina vanta una delle più antiche civiltà del mondo.

Le barriere naturali, come i deserti e la catena montuosa dell'Himalaya, isolano la Cina dagli stati confinanti del continente asiatico. A est si estendono vaste pianure solcate da fiumi, tra cui il fiume più lungo della Cina, lo Yangtze Kiang, e lo Huang Ho (Fiume Giallo), leggermente più breve. È qui che si concentra la maggior parte della popolazione. Molti cinesi vivono in città e lavorano in fabbriche, ma esistono anche milioni di contadini che vivono nelle campagne.

Per oltre 3 000 anni la Cina fu un impero governato da imperatori appartenenti a diverse famiglie reali, o dinastie. I magnifici palazzi imperiali possono ancora essere ammirati nella capitale, Beijing. Nel 200 a.C. circa, per arginare le invasioni di nomadi provenienti da nord, un imperatore cinese ordinò la costruzione della *Muraglia Cinese*, un lungo muro che si snoda per oltre 2 400 km: la più lunga fortificazione mai costruita dall'uomo.

I cinesi, grandi inventori, inventarono la carta, la stampa, l'inchiostro, la seta, la porcellana, i fuochi artificiali e la polvere da sparo: tutti oggetti usati in Cina molto prima che fossero conosciuti in Europa o altrove. Oggi il cinese è la lingua più parlata del mondo, una lingua che al posto delle lettere utilizza simboli chiamati *ideogrammi*. Esistono circa 40 000 ideogrammi, anche se ne vengono normalmente usati soltanto 5 000.

Dal 1912 la Cina è una repubblica. Una dura guerra civile tra nazionalisti e comunisti ebbe fine nel 1949 con la vittoria dei comunisti (*vedi* **comunismo**). **Mao Zedong** fu uno dei più importanti leader comunisti. Egli cercò di trasformare la Cina in una superpotenza accelerando la crescita delle sue fabbriche e fattorie. Durante gli anni in cui Mao fu al potere, la Cina si isolò dal resto del mondo. I leader più recenti hanno intensificato i contatti con l'Occidente, ma a tutt'oggi chi si oppone al regime viene arrestato e incarcerato. Da tre decenni la Cina sta vivendo un periodo di enorme sviluppo economico.

△ La principale lingua parlata in **Cina**, il mandarino, è scritta con simboli chiamati *ideogrammi*.

CINA
Forma di governo: repubblica popolare
Capitale: Beijing (Pechino)
Superficie: 9 572 900 km²
Popolazione: 1 345 751 000 ab.
Lingua: cinese
Moneta: yuan renminbi

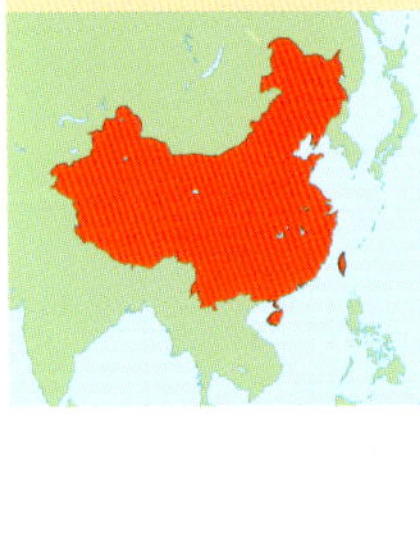

cinema

L'arte delle "immagini in movimento" nacque da una macchina chiamata *kinetoscopio*, inventata da un americano, Thomas Edison, nel 1891.

Subito dopo, i fratelli francesi Auguste (1862-1954) e Louis Lumière (1864-1948), costruirono un apparecchio simile, che chiamarono *cinematografo*.

La loro macchina proiettava su uno schermo le immagini impresse su una striscia di pellicola. Le immagini venivano mostrate l'una dopo l'altra così velocemente che, sullo schermo, pareva si muovessero. Nel 1896, a Parigi, i fratelli Lumière organizzarono il primo spettacolo cinematografico pubblico e ben presto in Europa e in America settentrionale molti si dedicarono alla realizzazione di pellicole.

Questi primi film non assomigliavano molto ai film che siamo abituati a vedere oggi. Erano in bianco e nero, i movimenti erano a scatti e non c'erano suoni. Inizialmente i film venivano realizzati per mostrare al pubblico notizie ed eventi reali, ma nel 1902 gli autori cinematografici iniziarono a inventare storie e a usare attori per interpretare i vari ruoli.

Il primo film sonoro, ossia accompagnato da suoni e voci, fu *Il cantante di jazz*, del 1927. Man mano che l'industria cinematografica cresceva, somme sempre più ingenti venivano spese in sontuose produzioni. Dopo la Seconda guerra mondiale, però, divenne popolare un tipo di cinema più realistico, soprattutto in Italia, dove si diffuse il cosiddetto *neorealismo*.

Negli anni 50 la crescente popolarità della televisione determinò il declino dell'industria cinematografica, perché il pubblico preferiva rimanere a casa a guardare la TV, invece di andare al cinema. Negli anni 70, tuttavia, l'industria cinematografica cominciò a risollevarsi fino ad arrivare alla produzione attuale di film con effetti speciali sorprendenti.

Hollywood, un quartiere di Los Angeles, in California, USA, è da molto tempo la capitale mondiale della cinematografia. Quasi ogni nazione possiede una propria industria cinematografica. Una delle più fiorenti si trova a Mumbai (Bombay), in India.

cioccolato

Il cioccolato che mangiamo è prodotto con i semi dell'albero del cacao. I semi crescono all'interno di frutti ovali che pendono dal tronco e dai rami dell'albero. Per fare il cioccolato, i semi devono essere tostati e poi macinati finché non rilasciano una sostanza liquida alla quale vengono aggiunti altri ingredienti.

Al cioccolato al latte, per esempio, vengono aggiunti latte e zucchero.

△ Il **cioccolato** è prodotto dai semi dell'albero del cacao. Per prima cosa i grandi frutti vengono tagliati con un grande coltello, quindi i semi contenuti all'interno vengono essiccati e poi tostati.

Cleopatra

Regina egizia (69-30 a.C.). Legata a Giulio Cesare, visse con lui a Roma per qualche tempo e dopo la morte di questi nel 44 a.C., incontrò Marco Antonio, che governava l'impero romano insieme a Ottaviano. Subito Cleopatra si innamorò di Antonio, che lasciò la moglie, sorella di Ottaviano, per vivere con lei. Ottaviano non si fidava delle mire di Cleopatra e di Antonio e combatté contro di loro una guerra sconfiggendoli in una battaglia navale nei pressi della Grecia nel 31 a.C.

▽ Nel **cinema**, la realizzazione di un film coinvolge moltissime persone: attori, operatori delle cineprese, direttori della fotografia, tecnici per la ripresa del suono e tecnici vari. Il regista dirige il cast e controlla quello che si vedrà sullo schermo.

△ **Cleopatra**, regina d'Egitto, è famosa per aver causato una guerra innamorandosi di Marco Antonio. La sua vita affascinante ha ispirato molti scrittori, tra cui **Shakespeare**.

Dopo la sconfitta, Cleopatra e Antonio si suicidarono. Antonio si pugnalò e morì tra le braccia di Cleopatra, che invece si lasciò mordere da un aspide (un serpente velenoso).

clima

Il clima è l'insieme delle condizioni meteorologiche abituali di una località riscontrate per un lungo periodo di tempo, solitamente un anno. Il tempo atmosferico può cambiare di giorno in giorno, ma il clima resta generalmente immutato.

Il Sole ha un grande influsso sul clima: scalda la Terra, i mari e l'aria. Le nazioni vicine all'equatore ricevono più raggi solari e solitamente hanno un clima più caldo rispetto a quelle che si trovano più a nord o a sud. I raggi del Sole non raggiungono facilmente l'Artide e l'Antartide, che hanno quindi un clima molto freddo.

Quando il Sole riscalda l'aria, provoca i venti, che possono rendere più caldo o più freddo il clima. I venti, inoltre, possono trasportare pioggia o aria asciutta, creando un clima umido o arido.

La Terra può essere divisa in diverse zone climatiche, approssimativamente, all'interno delle quali si registrano variazioni locali.

In montagna, per esempio, le condizioni meteorologiche possono essere diverse da quelle delle pianure che sono situate più in basso. I climi possono anche cambiare nel corso del tempo. Molti scienziati ritengono che il nostro pianeta stia diventando sempre più caldo, un processo noto come **riscaldamento globale.**

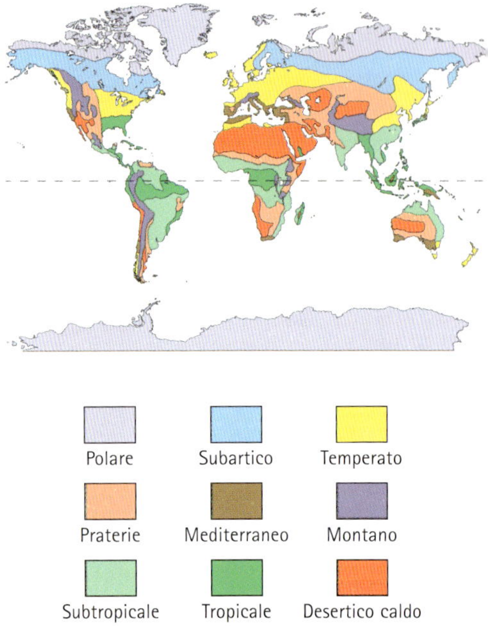

LE ZONE CLIMATICHE DEL MONDO

△ La **clonazione** è una tecnica per realizzare copie esatte, o *cloni*, di esseri viventi. Nel 1996, gli scienziati clonarono una pecora chiamata *Dolly*, che era la copia identica della madre.

clonazione

I cloni sono organismi o esseri viventi che hanno esattamente le stesse caratteristiche, o materiale genetico, dell'organismo da cui derivano. In natura esistono molti esempi di cloni. La prole degli organismi più semplici come i batteri e i lieviti, per esempio, è sempre composta da cloni. Alcune piante e animali semplici come i platelminti producono cloni in un processo di *riproduzione asessuata*, ossia senza l'accoppiamento della cellula maschile e della cellula femminile. Di quando in quando, i cloni possono essere prodotti anche in animali più evoluti e negli esseri umani. I gemelli identici, per esempio, sono cloni l'uno dell'altro, ma sono piuttosto rari.

Recentemente gli scienziati hanno scoperto come clonare gli esseri viventi in laboratorio. La tecnica della clonazione fu utilizzata per la prima volta negli anni 60 del secolo scorso sulle rane. Nel 1996, in Scozia, un team di scienziati applicò per la prima volta questa tecnica a un mammifero, clonando una pecora. Un giorno i ricercatori potrebbero essere in grado di clonare un essere umano, ma molti pensano che sarebbe pericoloso ed eticamente sbagliato.

La capacità di clonare animali e

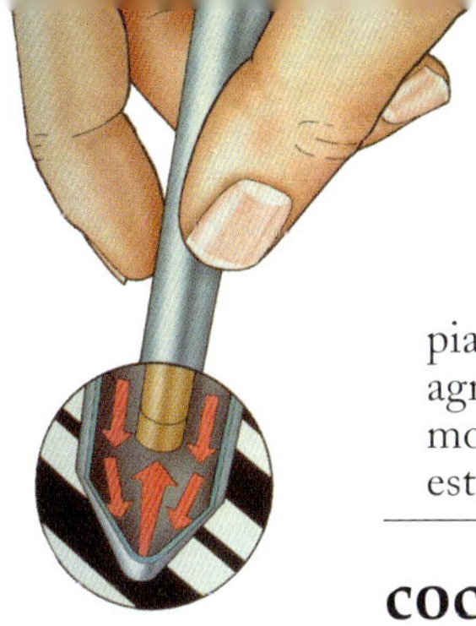

△ I **codici a barre** sono una serie di strisce che possono essere lette con un apposito lettore laser. Ogni barra rappresenta un numero.

△ Il minuscolo **colibrì** golarubino nidifica in tutti gli USA orientali e migra in America centrale durante l'inverno: un'impresa notevole per un uccello così piccolo!

Curculione dal collo di giraffa

△ I **coleotteri** esistono in diverse forme, ma tutti possiedono tre paia di zampe e un involucro rigido sul dorso.

piante potrebbe essere molto utile in agricoltura e in medicina. Tuttavia, al momento la clonazione è ancora estremamente difficile e costosa.

coccodrillo, *vedi* alligatori e coccodrilli

codice a barre

Su molte confezioni e imballaggi di prodotti si nota spesso una serie di strisce bianche e nere: sono i codici a barre. Queste strisce rappresentano un numero espresso in codice binario e ogni prodotto che si acquista ha un numero diverso.

Alla cassa dei negozi, una macchina chiamata *lettore* legge il codice a barre con un raggio laser.

Il lettore trasforma il codice a barre in un segnale che viene inviato al registratore di cassa, all'interno del quale un computer cerca nella propria memoria il prezzo dell'articolo con quel codice e calcola il totale finale.

Il computer può inoltre calcolare quanti prodotti sono stati venduti e, quando è necessario, ordinare le nuove forniture.

coleotteri

I coleotteri sono insetti di cui si conoscono oltre 300 000 specie diverse.

Alcuni sono piccoli come la capocchia di uno spillo, mentre altri sono molto grandi, come il golia africano, che può raggiungere i 10 cm di lunghezza e i 100 g di peso.

I coleotteri iniziano la propria vita nelle uova, dalle quali fuoriescono allo stadio di larve.

Le larve si trasformano quindi in crisalidi, o pupe, dalle quali emergono infine i coleotteri adulti.

Molti coleotteri e le rispettive larve sono animali infestanti. I punteruoli, i millepiedi e le dorifore, per esempio, provocano gravi danni ai raccolti, mentre i tarli rosicchiano il legno. Alcuni di questi insetti, però, possono essere estremamente utili. Le coccinelle sono piccoli coleotteri colorati che si nutrono di insetti nocivi come gli afidi e i pidocchi delle piante. Anche i necrofori e gli scarabei stercorari sono utili perché si nutrono di animali morti e letame.

I necrofori, in particolare, seppelliscono i cadaveri di piccoli uccelli e mammiferi scavando il terreno sotto di essi e poi depongono le loro uova sugli animali così sepolti, in modo che le larve possano nutrirsene quando usciranno dalle uova.

colibrì

I colibrì sono tra i più piccoli uccelli del mondo, diffusi soltanto nel cosiddetto Nuovo Mondo, dal Canada meridionale all'estremità dell'America meridionale.

Il più piccolo delle 320 specie diverse è il colibrì ape di Cuba, che misura meno di 5 cm di lunghezza.

I colibrì possono compiere fino a 70 battiti di ali al secondo: questo consente agli uccelli di librarsi a mezz'aria e di volare all'indietro e lateralmente come gli elicotteri per muoversi da un fiore all'altro e nutrirsi in volo senza mai posarsi.

Bevono il nettare dolcissimo dei fiori.

Collodi, Carlo

Pseudonimo di Carlo Lorenzini. Scrittore italiano (1 826-1 890).

Dopo aver tentato le vie del giornalismo e del teatro, trovò la sua vera strada nella letteratura per l'infanzia; dopo *Giannettino* e *Minuzzolo* scrisse il suo capolavoro: *Le avventure di Pinocchio*, a tutt'oggi un libro di riferimento della letteratura infantile.

Colombia

La Colombia è una nazione dell'America meridionale, occupata per circa un terzo della sua superficie dalla cordigliera delle Ande. La maggior parte della popolazione vive nel nordovest, dove gli altipiani sono fertili. I colombiani conquistarono l'indipendenza dalla Spagna nel 1819 sotto la guida di Simón Bolívar. Dagli anni 1965-70 vi è una forte instabilità politica, e molti sono i problemi di ordine sociale, tra cui un ingente traffico di droga. Il caffè è la principale coltivazione commerciale.

COLOMBIA
Forma di governo: repubblica presidenziale
Capitale: Bogotá
Superficie: 1 141 748 km²
Popolazione: 44 977 758 ab.
Lingua: spagnolo
Moneta: peso colombiano

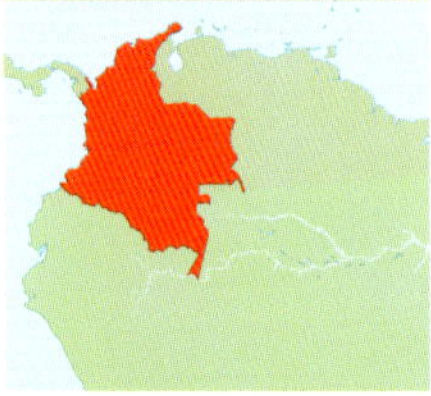

Colombo, Cristoforo

Navigatore ed esploratore italiano (1451-1506). Nel 1492 scoprì e conquistò diverse isole al largo dell'America per conto della Spagna.

Pur essendo tornato in America altre tre volte, morì in povertà con la convinzione di aver raggiunto le Indie e quindi senza sapere di aver scoperto un nuovo continente, l'America.

Colombo, come molti del suo tempo, sapeva che la Terra non era piatta, ma rotonda. I marinai europei erano soliti navigare a oriente verso le "Indie" (Asia), riportando in patria ricchi carichi d'oro e spezie.

Colombo pensava che se avesse navigato verso ovest invece che verso est, avrebbe raggiunto le Indie più velocemente.

Ferdinando e Isabella, regnanti di Spagna, gli affidarono navi e denaro per compiere questo viaggio.

Il 3 agosto del 1492 Cristoforo Colombo salpò verso ovest con tre navi e il 12 ottobre raggiunse un'isola nelle Americhe che chiamò San Salvador, oggi un isolotto delle Bahamas.

coloranti

I coloranti sono sostanze che vengono utilizzate per colorare i tessuti e altri materiali. Alcuni coloranti sono estratti dalle piante, ma la maggior parte di quelli oggi in uso sono composti da sostanze chimiche.

▽ **Cristoforo Colombo** compì quattro viaggi attraverso l'Atlantico verso l'America. Nella prima spedizione, nel 1492, utilizzò tre navi, o caravelle, la Niña, la Pinta e la Santa Maria.

colore

Il primo a scoprire che la luce solare bianca è composta da diversi colori fu Isaac Newton. Nel corso di un esperimento, egli fece passare un raggio di Sole attraverso un blocco di vetro a forma di prisma triangolare: la luce che fuoriuscì dal prisma era suddivisa in tutti i colori dell'arcobaleno, cioè rosso, arancione, giallo, verde, blu, indaco e violetto.

Newton aveva così scoperto che la luce bianca era in realtà l'unione di vari colori.

Quando la luce del Sole colpisce le gocce di pioggia sospese nell'aria appare un fenomeno chiamato *arcobaleno*. L'arcobaleno è quindi provocato dalle goccioline d'acqua che si comportano come minuscoli prismi, scomponendo la luce del Sole in uno spettro di colori che seguono sempre la stessa sequenza, dal rosso al violetto.

Il colore di un oggetto è dato dai colori dello spettro che esso non assorbe. Un fiore rosso appare rosso perché assorbe tutti gli altri colori e riflette soltanto il rosso, che rimane l'unico colore visibile ai nostri occhi. Così, una foglia verde assorbe tutti i colori dello spettro tranne il verde.

La luce colorata si comporta in modo diverso dai *pigmenti colorati* (le sostanze che danno a inchiostri e vernici il loro colore). Tutti i colori contenuti nella luce si combinano per dar luogo a una luce bianca, mentre tutti i pigmenti colorati miscelati insieme danno come risultato il nero.

△ Il **Colosseo** fu completato nell'80 d.C. e fu inaugurato da Tito. Era composto da quattro piani ed era dotato di una copertura di tela per proteggere gli spettatori dal Sole e dalla pioggia.

◁ Il **colore** è ciò che vediamo quando la luce riflessa da un oggetto raggiunge i nostri occhi. Noi vediamo il pomodoro rosso perché riflette la luce rossa e assorbe tutti gli altri colori che compongono la luce.

Colosseo

Il Colosseo è un gigantesco *anfiteatro* (cioè un edificio di forma circolare con un'arena al centro e gradinate concentriche in cui si svolgevano giochi di lotta), costruito dagli antichi romani. Poteva contenere più di 50000 persone ed era il più grande edificio del suo genere in tutto l'impero romano.

L'arena era utilizzata per incontri tra gladiatori e combattimenti tra uomini e animali o tra diversi tipi di animali; poteva essere anche allagata per consentire la simulazione di battaglie navali.

coltivazione, *vedi* agricoltura

combustibile

I combustibili sono sostanze che emettono calore quando bruciano e ci forniscono l'energia per cucinare il cibo, riscaldare gli edifici, far funzionare gli aeroplani, le automobili e le macchine e produrre elettricità. I combustibili più importanti sono **petrolio**, **carbone** e **gas naturale**.

Alcuni combustibili emettono più calore di altri. Un chilogrammo di carbone produce quasi tre volte più calore di un chilogrammo di legno. Il petrolio ne produce quattro volte di più e l'idrogeno dieci volte circa. L'uranio, un elemento radioattivo, può produrre 500000 volte più calore dell'idrogeno. Poiché le risorse di combustibili fossili si stanno esaurendo, in futuro si dovrà fare uso di energia solare, eolica e idroelettrica, energie alternative sostenibili e meno rischiose dell'**energia nucleare**.

cometa

Le comete viaggiano all'interno del sistema solare compiendo percorsi circolari, o orbite, attorno al Sole. Lungo il loro percorso in alcuni momenti passano molto vicino al Sole, in altri si trovano a superare persino l'orbita di Plutone, il corpo celeste più esterno del sistema solare. Le loro orbite possono durare da qualche anno a molti secoli.

Le comete sono masse di gas congelato, ghiaccio, polvere e rocce. Le più grandi hanno il diametro soltanto di qualche chilometro, ma le loro lucenti "code" possono raggiungere milioni di chilometri di lunghezza. Una delle comete più famose porta il nome dell'astronomo inglese Edmond Halley, che la studiò.

△ Quando la **cometa** viaggia verso il Sole, i raggi solari provocano il distacco dalla sua massa di alcune particelle, che vengono spinte nella direzione opposta al Sole dando luogo alla lunga coda. La coda è quindi composta da gas incandescente e polvere.

commercio

L'acquisto e la vendita di merci e servizi è chiamato commercio. Il commercio include anche il *baratto*, ossia lo scambio di una merce con un'altra di tipo diverso. Il *commercio interno* è il commercio che si svolge all'interno di una nazione. Le organizzazioni che acquistano merci in grandi quantità e poi le rivendono ai negozi sono chiamate *grossisti*, mentre quelle che vendono le merci nei negozi si chiamano *dettaglianti*.

Il *commercio internazionale* è il commercio tra stati diversi. Le *importazioni* sono le merci che uno stato acquista, le *esportazioni* sono le merci che uno stato vende. Alcune importazioni ed esportazioni si dicono *visibili*: tra queste, le materie prime, come i minerali contenenti ferro, e i prodotti agricoli, come il grano, nonché i prodotti di fabbricazione industriale, dalle matite ai jet. Altre importazioni ed esportazioni sono invece *invisibili*: esse comprendono prodotti bancari (*vedi* **banca**) e assicurazioni, servizi di trasporto e anche il denaro speso dai turisti.

Le principali nazioni commerciali sono quelle che possiedono molte industrie, ma oggi quasi ogni paese dipende dal commercio.

△ La maggior parte del **commercio** visibile avviene via mare e lungo i corsi d'acqua. Le navi consentono infatti il trasporto delle merci, imballate in grandi cassoni chiamati *container*.

compact disc, *vedi* registrazione

composti

I composti sono sostanze chimiche costituite da uno o più elementi. Il sale da cucina, per esempio, è un composto formato dagli elementi sodio e cloro. I composti si formano quando gli elementi si combinano tra loro e danno luogo a una sostanza completamente diversa dagli elementi che li costituiscono. L'acqua è un composto costituito dagli elementi gassosi idrogeno e ossigeno, ed è molto diverso da entrambi.

Nel mondo esistono milioni di composti, da quelli più semplici, come l'acqua (con tre atomi in ogni molecola) a quelli più complessi, come alcuni tipi di plastica (con molecole costituite da centinaia di atomi).

computer

I computer stanno assumendo un ruolo sempre più importante nella nostra vita. Hanno prodotto enormi progressi nel campo della scienza e della tecnologia: possono, per esempio,

▽ I **computer** possono essere usati per guidare robot come questo, utilizzato nelle fabbriche automobilistiche per spruzzare la vernice sulla carrozzeria delle autovetture.

guidare aerei e navicelle spaziali, controllare apparecchiature mediche necessarie per la vita e far funzionare gli sportelli bancomat dai quali possiamo prelevare denaro per strada. Questo stesso libro è stato impaginato, scritto e stampato usando i computer!

I computer sono in grado di fare tutte queste cose perché possono svolgere milioni di calcoli al secondo. Per prima cosa il computer riceve i dati, o informazioni, immessi dall'utente, quindi elabora i dati in base al proprio programma e produce un risultato.

Tutti i computer utilizzano un tipo di linguaggio chiamato *sistema binario*. Nel sistema binario esistono soltanto due numeri, 1 e 0. I computer utilizzano questo sistema perché sono stati progettati per funzionare con la corrente elettrica e sono in grado di riconoscere la differenza tra un flusso di corrente intenso e uno più ridotto.

Se la corrente è elevata, registrano 1, mentre se la corrente è ridotta, registrano 0. Quando scriviamo utilizzando la tastiera del computer, noi produciamo numerosi flussi di correnti elettriche attraverso minuscoli circuiti all'interno di **chip** e sono sempre queste minuscole correnti che ci danno la risposta di cui abbiamo bisogno.

Un computer è composto da quattro elementi base: un dispositivo di immissione dei dati, come la tastiera, il mouse o il joystick, il cosiddetto *cervello del computer* (l'unità di elaborazione centrale o processore) che elabora i dati ed esegue le operazioni che è stato istruito a compiere, un dispositivo di emissione dei dati, come lo schermo o la stampante per la visualizzazione delle informazioni risultanti, e per finire l'unità di memoria sulla quale vengono immagazzinati i programmi e i dati. Questi ultimi possono essere memorizzati anche su dispositivi rimovibili.

I computer possono essere collegati l'uno all'altro usando una rete di linee telefoniche e cavi. **Internet** è una rete di computer diffusa sull'intero pianeta che consente di inviare messaggi e informazioni da un punto all'altro del mondo in pochi secondi.

comunicazione, *vedi* pp. 98-99

comunismo

Il comunismo prevede una serie di principi sul modo in cui uno stato dovrebbe essere organizzato. L'idea principale del comunismo è la *proprietà comune*, cioè di tutte le persone, di beni e ricchezze: in questo modo l'uguaglianza tra gli individui sarebbe reale, perché non vi sarebbe nessuno né molto ricco né molto povero (*vedi* **Marx, Karl**).

Nella maggior parte dei paesi comunisti, il

continua a p. 100

▽ Il **comunismo** prevede l'organizzazione di una nazione in modo che ognuno possa condividere i beni e le ricchezze della nazione stessa. Questa immagine illustra un incontro del partito comunista cinese nel 1949. Grandi manifesti raffiguranti i leader del partito fanno da sfondo ai discorsi.

△ *La rete mondiale di linee telefoniche riecheggia dei milioni di chiamate e di e-mail che circolano ogni giorno.*

◁ *La macchina da stamp a caratteri mobili consen di produrre i libri pi velocemente e a cos minori. Utilizzava picco pezzi di metallo, ognun raffigurante un caratter che potevano essere sposta per comporre le diver parol*

LA PAROLA STAMPATA

Le prime forme di comunicazione scritta furono realizzate su tavolette di argilla, pietra, legno, steli di canne di palude pressate o pelli di animali. I cinesi inventarono la carta 1900 anni fa, ma fino a tutto il Medioevo soltanto pochi sapevano leggere o scrivere. I libri erano scritti a mano, solitamente da scrivani professionisti o da monaci, quindi erano molto costosi e rari.

Verso la metà del XV secolo, il tipografo tedesco Johann Gutenberg inventò la prima macchina da stampa: finalmente i libri erano disponibili per un pubblico più vasto. In seguito, nel XVII secolo, comparvero anche i primi giornali: si potevano comunicare più rapidamente e a un maggior numero di persone idee riguardanti il mondo e la società.

COMUNICAZIONE

La comunicazione è il processo di condivisione di idee e informazioni con altre persone. Può assumere molte forme, da semplici gesti ed espressioni del viso, a parlare, ascoltare, leggere un giornale o inviare un messaggio di posta elettronica attraverso Internet. La comunicazione può avere luogo tra due sole persone o tra milioni di individui, come quando un programma televisivo viene trasmesso in tutto il mondo.

▽ *Inventato nel 1878, il centralino manuale consentì la connessione di più chiamate telefoniche attraverso una sola centrale telefonica. Gli operatori dovevano collegare separatamente ogni chiamante con il rispettivo destinatario della chiamata.*

LINGUA PARLATA E SCRITTA

Decine di migliaia di anni fa, gli uomini preistorici elaborarono gradualmente una forma di lingua parlata per comunicare tra loro. Prima dell'invenzione della lingua scritta, però, l'unico modo per "registrare" una comunicazione consisteva nel ricordarla o nel tradurla in disegni. I sumeri della Mesopotamia (l'odierno Iraq) crearono la prima lingua scritta attorno al 3500 a.C.: si trattava di un sistema che utilizzava piccoli disegni per indicare oggetti o idee. Gli egizi inventarono poi i geroglifici: un'altra forma di scrittura basata su simboli.

Attorno al 1000 a.C. emerse in Medio Oriente un nuovo metodo di scrittura basato su un alfabeto composto da 22 simboli. Ogni simbolo rappresentava un suono diverso e più simboli potevano essere uniti per formare parole. Erano le basi della scrittura usata in gran parte del mondo moderno. Altri tipi di alfabeto sono l'arabo, il cinese e il Braille, che utilizza una serie di punti in rilievo per consentire anche ai non vedenti di leggere.

◁ *La lingua cuneiforme dei sumeri veniva scritta su tavolette di argilla con un bastoncino ricavato da una canna di palude e chiamato* stilo.

△ *Un satellite per le comunicazioni è sempre posizionato in corrispondenza dello stesso punto della Terra. Riceve e ritrasmette segnali televisivi e telefonici da un punto all'altro del pianeta.*

TELECOMUNICAZIONE
La telecomunicazione è la possibilità di comunicare su lunghe distanze. Nel corso della storia fu tentata più volte con tamburi, messaggeri e segnali di fumo. Nel XIX secolo furono inventati sistemi di comunicazione che utilizzavano segnali elettrici trasportati lungo fili metallici. Il primo di questi fu il telegrafo, messo a punto tra gli anni 30 e 40 di quel secolo in Russia, Gran Bretagna e USA. Ben presto vennero installati migliaia di chilometri di linee telegrafiche.

Antonio Meucci nel 1871 e l'inventore americano Alexander Graham Bell nel 1876 scoprirono il modo di trasmettere la voce umana lungo i cavi del telegrafo: era stato inventato il telefono. Il nuovo strumento si sviluppò rapidamente e 20 anni dopo esistevano già un milione di linee telefoniche in tutto il mondo. Oggi sono oltre un miliardo.

LA RIVOLUZIONE DELLE COMUNICAZIONI
I diversi strumenti di comunicazione di massa sono chiamati con il termine latino *media*, ossia "mezzi". Nel XX secolo, nuove tecnologie di comunicazione offrirono molti nuovi tipi di media. La registrazione del suono, la fotografia e il cinema divennero così disponibili a milioni di persone. Guglielmo Marconi creò il primo telegrafo senza fili, che trasmetteva messaggi utilizzando onde radio al posto dei cavi. La trasmissione di un messaggio da un solo trasmettitore a più ricevitori ebbe inizio con i primi programmi radiofonici attorno al 1920. Nel 1936, con le prime teletrasmissioni ebbero inizi i primi esperimenti televisivi.

Dal 1962 i satelliti "ripetono", ossia ritrasmettono, le chiamate telefoniche e le immagini televisive in tutto il mondo. La nascita dei personal computer negli anni 70 del secolo scorso migliorò e accelerò le forme di comunicazione esistenti. I computer contribuirono anche alla nascita del World Wide Web (**Internet**) e del sistema di posta elettronica.

Vedi anche
computer; fotografia; geroglifici; giornale; Internet; lingua; libro; radio; registrazione; satellite; stampa; telefono; televisione.

continua da p. 97

△ **Confucio**, pensatore cinese, insegnò agli uomini il rispetto reciproco.

popolo è proprietario delle fabbriche e delle fattorie, ma è il governo a gestirle. Il governo controlla quasi ogni cosa e la libertà personale è spesso limitata. Il controllo dei mezzi di comunicazione, come giornali, televisione, cinema e libri, è in genere in mano al governo.

Lo scopo di tutti questi rigidi controlli governativi è l'organizzazione della nazione per il bene di tutti.

Molti paesi divennero comunisti nel corso del XX secolo. Tra questi, l'Unione Sovietica, la Cina, Cuba, la Corea del Nord e numerosi altri stati dell'Europa dell'est. Lenin e Stalin in Unione Sovietica e Mao Zedong in Cina furono tra i più importanti leader comunisti del secolo scorso.

Non sempre il comunismo ha ottenuto il suo scopo: molti, nei paesi comunisti, sono infatti rimasti poveri.

conchiglie

Molti animali vivono all'interno di conchiglie che producono essi stessi perché hanno un corpo morbido che necessita di protezione. Le conchiglie sono solitamente dure e di tutte le forme e colori. Le conchiglie di alcuni molluschi marini non sono più grandi di un granello di sabbia, mentre la tridacna dell'oceano Pacifico ha una conchiglia del diametro di 120 cm.

Alcuni animali terrestri come le chiocciole sono muniti di conchiglia, ma la maggior parte delle creature provviste di conchiglia vive nei mari.

Tra queste vi sono i molluschi e i crostacei, alcuni dei quali, come le ostriche e le capesante, sono commestibili. Molluschi e crostacei sono un'importante fonte di nutrimento da migliaia di anni. In alcune località del pianeta sono stati rinvenuti rifiuti di cibo delle popolazioni preistoriche che consistevano principalmente in enormi cumuli di conchiglie, alti quanto una casa di due piani.

concime

I concimi sono sostanze chimiche che vengono aggiunte al suolo per nutrirlo. Aiutano le piante a crescere più grandi e sane donando loro le sostanze nutritive necessarie. I concimi più importanti sono a base di calcio, fosforo, potassio e zolfo.

Confucio

Pensatore e uomo politico cinese (551-479 a.C.). Studioso delle opere e delle tradizioni del passato, fu ministro della giustizia. Dimessosi a causa di rivalità politiche, concluse la sua vita peregrinando e diffondendo i precetti della sua dottrina morale. I cinesi hanno seguito i suoi insegnamenti, che sono stati raccolti nei *Dialoghi*, per secoli.

Congo, Repubblica Democratica del (Zaire)

La Repubblica Democratica del Congo, chiamata Zaire tra il 1971 e il 1997, è un grande stato dell'Africa centrale. Comprende gran parte del bacino del fiume Congo, il secondo fiume africano per lunghezza dopo il Nilo e una importante via di trasporto per le popolazioni dell'Africa centrale.

▽ I **continenti** poggiano su enormi zolle di roccia che si muovono costantemente perché galleggiano su uno strato di roccia semiliquida chiamata *magma*.

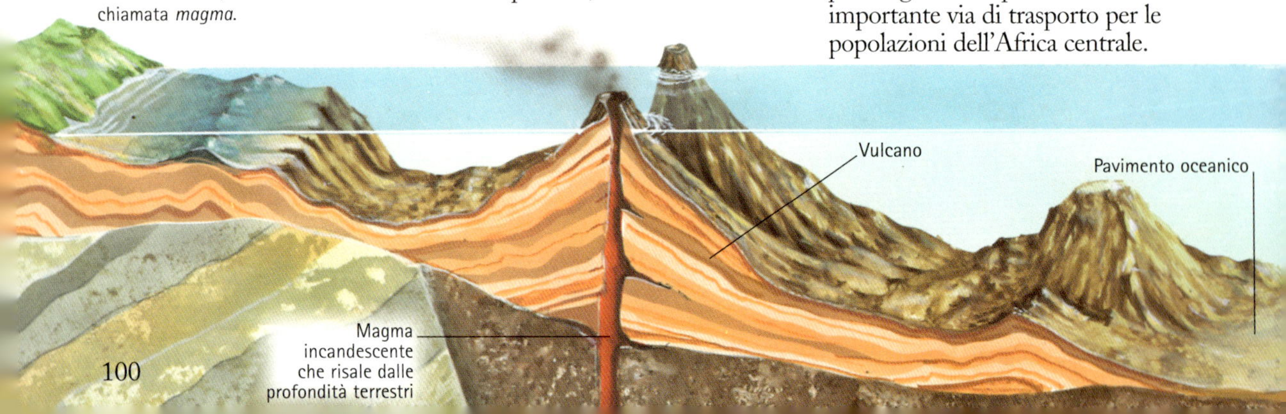

Foreste e savane occupano gran parte del paese. Il Congo è molto ricco di minerali come rame, cobalto e diamanti, ma la maggior parte della popolazione vive di agricoltura.

Il paese, un tempo governato dal Belgio, divenne indipendente nel 1960. Da allora fu lacerato da una lunga guerra civile, ma nel 2003 si è insediato un governo di unità nazionale che ha portato alle elezioni nel 2006.

conifere

Le conifere sono alberi e arbusti che invece di avere fiori di tipo tradizionale per la produzione di semi e polline (i granelli simili a polvere che le piante usano per fecondarsi), hanno coni o pigne. Molti di questi alberi vivono nelle parti più fredde del pianeta: vaste foreste di conifere ricoprono infatti gran parte del Canada e della Russia.

coniglio

Originariamente i conigli erano diffusi soltanto nell'Europa meridionale; furono gli uomini a introdurli nelle altre parti del mondo. Si tratta di piccoli mammiferi con coda corta, zampe posteriori più lunghe di quelle anteriori e lunghe orecchie a punta.

Vivono in tane scavate nel terreno, ognuna delle quali ospita una sola famiglia di conigli.

conservazione dell'ambiente

In quasi tutte le sue attività, l'uomo utilizza le piante, gli animali, il suolo, l'acqua e i minerali. La conservazione dell'ambiente implica un uso assennato di queste preziose risorse e la protezione di aree di straordinaria bellezza naturale e utilità.

Oggi la protezione della natura e delle sue risorse è un importante problema mondiale oggetto di studio dell'**ecologia**, il ramo della biologia che si occupa dei rapporti tra gli esseri viventi e l'ambiente che li circonda. Gli *ambientalisti* sono le persone che cercano di trovare un equilibrio tra le necessità dell'uomo e la cura dell'ambiente naturale. Senza attenzione per l'ambiente, la popolazione mondiale in rapida crescita provocherà sempre più danni agli habitat naturali come foreste, acquitrini e mari.

La conservazione dell'ambiente coinvolge diversi fattori, quali il riciclaggio di materiali come carta, plastica, vetro e metallo, il risparmio energetico e la riduzione dell'inquinamento prodotto da fabbriche e veicoli. Un altro impegno degli ambientalisti consiste nel cercare di fermare l'estinzione di animali e piante, ossia la loro definitiva scomparsa dalla Terra. Il modo migliore per ottenere questo scopo è creare riserve naturali in cui poter proteggere habitat interi.

△ Le **conifere** comprendono abeti, pini, abeti rossi, larici e cedri. Detti *sempreverdi*, hanno foglie a forma di aghi che d'inverno non cadono.

REPUBBLICA DEMOCRATICA DEL CONGO
Forma di governo: repubblica
Capitale: Kinshasa
Superficie: 2 344 858 km²
Popolazione: 66 020 400 ab.
Lingua: francese
Moneta: franco congolese

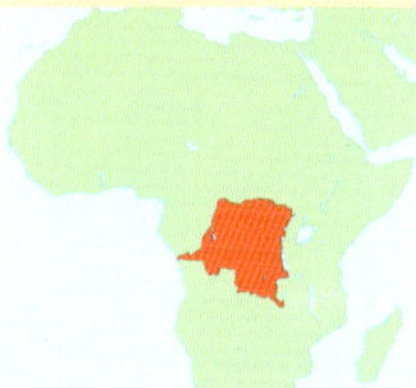

continente

Un continente è una vasta area di terraferma. I continenti sono cinque: Africa, Asia, Europa, America e Oceania, ai quali si aggiunge l'Antartide.

De revolutionibus

"Mi rendo conto, o Padre Santo, che, quando alcuni saranno venuti a conoscenza del fatto che in questi libri da me scritti sulla rivoluzione delle sfere del mondo, attribuisco certi movimenti al globo terrestre, subito andranno urlando che sono da mettere al bando con le mie opinioni. (...) E ben certo che i pensieri del filosofo sono distanti dal comune pensare, proprio perché suo primo compito è cercare sempre la verità (...) penso tuttavia che siano da evitarsi le opinioni che si allontanano dalla retta via. (...) Prendendo spunto da qui cominciai anch'io a meditare intorno alla possibilità di un movimento della Terra. E sebbene l'opinione potesse sembrare assurda, (...) cercai spiegazioni più sicure sulla rivoluzione delle sfere celesti."

Niccolò Copernico, *De revolutionibus orbium coelestium* (1543)

I continenti non sono immobili. Il grande calore al centro della Terra ha fatto in modo che le rocce superficiali del pianeta si frantumassero in enormi frammenti chiamati *placche* o *zolle*, sulle quali poggiano i continenti. Queste placche galleggiano al di sopra di uno strato di roccia fusa chiamato *magma*.

Poiché il magma si muove, le zolle scivolano insieme al magma al di sopra di esso, trascinando con sé i continenti. Questo movimento è molto lento: i continenti si spostano soltanto di pochi centimetri ogni secolo.

Le forme dell'America settentrionale e meridionale, dell'Europa e dell'Africa sembrano tessere di un puzzle che si potrebbero incastrare insieme se potessero essere avvicinate. I continenti hanno questo aspetto perché un tempo erano una sola enorme massa di terra emersa che successivamente si spezzò e i cui frammenti si allontanarono l'uno dall'altro, in un processo chiamato *deriva dei continenti*.

Le persone che studiano la storia del nostro pianeta, i *geologi*, hanno trovato prove del fatto che in tempi remoti l'America meridionale fosse unita all'Africa. I geologi pensano che i movimenti dei continenti spinsero verso l'alto alcune masse di terra dando origine a catene montuose come le Alpi, le Ande e l'Himalaya. Le montagne aumentano continuamente di altezza perché le zolle terrestri, in alcuni punti, premono l'una contro l'altra.

contraccezione, *vedi* nascite, controllo delle

Copernico, Niccolò

Nome italianizzato di Nikolaj Kopernik. Scienziato polacco (1473-1543). È spesso definito il padre della moderna astronomia. Egli dimostrò che la Terra non è al centro dell'universo, come gli uomini di un tempo credevano, ma ruota con i pianeti attorno al Sole. Copernico dimostrò anche che la Terra ruota su se stessa impiegando un giorno a compiere un giro completo. Scrisse il trattato *De revolutionibus orbium cœlestium*.

corallo

I coralli sono minuscoli animali che vivono nei mari caldi e poco profondi.

Il loro corpo è morbido, quindi costruiscono attorno a sé una specie di "scheletro" calcareo rigido per proteggersi. La maggior parte dei coralli vive in gruppi chiamati *colonie*, che possono assumere svariate forme, da ramificazioni tozze a elaborate strutture simili a ventagli di merletto, solitamente di bellissimi colori. Alcune colonie formano spesse pareti sottomarine chiamate *barriere coralline*, o *reef*. Le barriere coralline consentono una ricchissima varietà di vita animale marina. Il reef più grande del mondo è la *Grande Barriera Corallina* situata al largo della costa orientale dell'Australia.

◁ La barriere formate dai **coralli** offrono ospitalità a numerosi animali marini che trovano riparo nelle fenditure e nelle crepe del corallo.

△ I musulmani credono che il **Corano** sia stato rivelato al profeta Maometto da Dio attraverso l'arcangelo Gabriele.

Corano

Il Corano è il libro sacro dell'Islamismo. Il suo nome significa "recitazione" in arabo. Contiene 114 capitoli di versi in arabo e afferma l'esistenza di un solo Dio, tra i cui profeti vi sono Abramo, Gesù Cristo e Maometto. Il libro insegna ai musulmani a essere umili, generosi e giusti. Secondo la tradizione, il Corano contiene le rivelazioni che Maometto ricevette da Dio attraverso l'arcangelo Gabriele, o Jizreel. Lo stile in cui è scritto ha influenzato la letteratura araba.

Corea del Nord

La Corea del Nord è uno stato dell'Asia nordorientale. Rappresenta la metà settentrionale della penisola coreana, che dalla Cina si protende nel mare del Giappone. Fu creato nel 1948 quando la penisola fu divisa in due stati separati, la Corea del Nord e la Corea del Sud. La Corea del Nord ha un territorio molto montuoso, ricoperto per vaste aeree da grandi foreste.

L'agricoltura è la principale attività e le coltivazioni più diffuse sono il riso e la seta. Anche le industrie pesanti, come le acciaierie sono importanti.

La Corea del Nord adottò il comunismo come forma di governo e dal 1950 al 1953 combatté una guerra contro la Corea del Sud. Durante la guerra fu aiutata da altre due potenze comuniste asiatiche, la Cina e l'Unione Sovietica. La Corea del Sud era invece appoggiata dalle forze delle Nazioni Unite (principalmente dagli USA). Al termine della guerra, le due Coree rimasero ostili, ma sul finire degli anni 90 del secolo scorso i rapporti tra le due nazioni incominciarono gradualmente a migliorare. Oggi nella regione regna una pace incerta.

COREA DEL NORD
Forma di governo: repubblica socialista
Capitale: P'yŏngyang
Superficie: 122 762 km²
Popolazione: 23 906 100 ab.
Lingua: coreano
Moneta: won nordcoreano

Corea del Sud

Lo stato della Corea del Sud nacque nel 1948 dalla divisione della penisola coreana in due nazioni autonome. È più piccola della sua vicina settentrionale, la Corea del Nord, ma ha il doppio della popolazione e un settore industriale più sviluppato. Vi si producono automobili, navi, tessuti, acciaio e una vasta gamma di prodotti elettronici. La capitale della Corea del Sud, Seoul, è una delle città più grandi del mondo e conta oltre 10 milioni di abitanti.

COREA DEL SUD
Forma di governo: repubblica
Capitale: Seoul
Superficie: 99 646 km²
Popolazione: 48 332 800 ab.
Lingua: coreano
Moneta: won sudcoreano

Corelli, Arcangelo

Violinista e compositore italiano (1 653-1713). Contribuì a dare compiuta fisionomia poetica e tecnica alla forma del concerto grosso e della sonata barocchi. Fu attivo soltanto a Roma, ma le sue composizioni influenzarono i compositori di tutta l'Europa. Lasciò 12 *Sonate per violino op. 5* (tra cui la celebre *Follia*) e 12 *Concerti grossi op. 6.*

△ I due grandi **corni** sulla fronte del triceratopo potevano superare il metro di lunghezza.
Questo dinosauro erbivoro era sostanzialmente un animale pacifico, e probabilmente usava le sue corna spaventose in modo offensivo per respingere gli attacchi dei grandi predatori carnivori come il tirannosauro e forse, più raramente, come arma nei combattimenti con rivali della sua stessa specie.

corna

Le corna sono escrescenze rigide sul capo di alcuni animali. Possono essere sporgenze ossee del cranio coperte da uno strato di sostanza cornea, oppure protuberanze completamente ossee o completamente di materia cornea, una specie di pelle molto dura, la stessa sostanza di cui sono composte le unghie delle mani e dei piedi di noi esseri umani, le penne e i becchi degli uccelli e le squame dei rettili. Bovini, pecore, capre e gran parte delle antilopi hanno corna ricurve.
Le corna dei cervidi, invece, sono ramificazioni ossee ricoperte di pelle e sono chiamate anche *palchi*: ogni anno queste corna cadono e l'animale ne sviluppa di nuove.

corpo umano

Il corpo umano è simile a una macchina composta da molte parti, ognuna delle quali ha una funzione speciale e tutte insieme funzionano per mantenerci in vita sani. Come tutte le macchine, il nostro corpo ha bisogno di carburante, che viene procurato sotto forma di cibo.

L'ossigeno che respiriamo dall'aria contribuisce a trasformare gli alimenti da noi ingeriti in energia che ci consente di lavorare, pensare e crescere.

Il nostro corpo è composto da milioni di minuscole cellule. Un gruppo di cellule che lavorano insieme è chiamato *tessuto*: per esempio, le cellule che ci consentono di sollevare gli oggetti costituiscono il tessuto dei muscoli. I tessuti che adempiono insieme a una funzione compongono un *organo*. Il cuore, per esempio, è un organo che pompa sangue; altri organi sono il cervello, l'orecchio, l'occhio, il fegato, i polmoni, lo stomaco e la pelle.

Gli organi che funzionano insieme danno luogo ai *sistemi*: noi siamo dotati di un sistema digestivo che effettua la digestione (bocca, stomaco e intestino), di un sistema circolatorio (cuore, arterie e vene) e di un sistema nervoso (cervello e nervi). Lo studio del corpo umano è chiamato *anatomia*.

Cortés, Hernán

Conquistatore spagnolo (1485-1547). Sbarcò sulle coste del Messico nel 1519 e con un esercito di soli 600 uomini e qualche cavallo conquistò il grande impero degli aztechi, i quali, vedendo i suoi cavalli e i suoi fucili credettero che egli fosse una divinità. Cortés marciò sulla capitale azteca Tenochtitlán, catturò l'imperatore Montezuma e assunse il controllo del Messico nel 1521.

cosmetici

I cosmetici sono prodotti per mantenere o migliorare la bellezza del corpo e sono utilizzati fin dall'epoca preistorica, da quando i cavernicoli si decoravano il capo con tinture e colori. Rossetto, ombretto, smalto per unghie e tintura per capelli erano ampiamente usati anche dagli egizi.
I greci e i romani, invece, facevano il bagno in oli odorosi e si cospargevano di profumo affinché il loro corpo e i loro abiti avessero un odore gradevole.

La maggior parte dei moderni cosmetici è composta da una base di grassi e oli ai quali viene aggiunta una grande varietà di sostanze naturali e artificiali.

costa

Le coste che cingono i mari e gli oceani del pianeta sono modellate dall'acqua. Lungo alcune coste, onde violente si infrangono sulle rocce e le erodono. Lungo altre, invece, le onde e le maree portano e accumulano ciottoli e sabbia.

Esistono diversi tipi di coste: costituite da roccia, sabbia, fango, ciottoli o un misto di tutti questi elementi. Tutte le coste ospitano numerose forme di vita.

Patelle, littorine, buccini, cirripedi, attinie e spugne sono alcune delle creature che abitano le coste rocciose.

Tutti questi animali si attaccano alla roccia e si nutrono di minuscoli frammenti di cibo che galleggiano nell'acqua. Altri, come noci di mare, cannolicchi, mitili e granchi vivono sulle spiagge sabbiose e fangose.

Le coste sono caratterizzate da una flora tipica, per lo più composta da alghe, ma anche da altre piante capaci di vivere in questo ambiente umido e salmastro. La maggior parte delle piante e degli animali che abitano le coste sono in grado di vivere sia nell'acqua che fuori da essa. Quando la marea è alta, spesso queste creature sono sommerse, ma quando la marea è bassa, si ritrovano fuori dall'acqua.

Lungo le coste vivono anche molti uccelli. Alcuni di essi usano i lunghi becchi per scavare il terreno alla ricerca di vermi e insetti nel fango, altri invece catturano pesci nel mare.

▽ Tra i molti animali che abitano le **coste** possiamo trovare: (1) la beccaccia di mare, (2) il granchio comune, (3) le patelle, (4) l'astice, (5) il gamberetto, (6) il paguro, (7) il ghiozzo, (8) la cozza, (9) il granchio del genere coristide, (10) la tellina, (11) il cannolicchio, (12) l'arenicola, (13) la stella marina, (14) il gabbiano comune, (15) il chiurlo e (16) la medusa.

Costantinopoli

Costantinopoli è l'antico nome della città di Istanbul, in Turchia. Situata tra l'Asia e l'Europa, fu la più importante città del mondo orientale per più di mille anni.

Costantinopoli fu così chiamata in onore dell'imperatore romano Costantino. Nel 330 d.C. egli ricostruì la città sul sito dell'antica città greca di Bisanzio e vi trasferì la capitale dell'Impero Romano, all'epoca ancora unito. Con la divisione dell'Impero Romano Costantinopoli divenne la capitale dell'Impero d'Oriente, chiamato Impero Bizantino.

Dopo la caduta dell'ultimo imperatore romano d'Occidente nel 476 d.C.,

△ Nel 1453 **Costantinopoli** fu attaccata dai turchi ottomani, i quali sconfissero i difensori e trasformarono la città cristiana in una nuova capitale musulmana.

EMISFERO MERIDIONALE

EMISFERO SETTENTRIONALE

△ Le **costellazioni** sono gruppi di stelle che formano figure particolari nel cielo notturno. Chi vive a nord dell'equatore (nell'emisfero settentrionale) vede stelle diverse rispetto a chi vive a sud dell'equatore.

Costantinopoli e l'Impero Bizantino continuarono a essere molto potenti. La città fu un importante centro del cristianesimo, delle scienze e del commercio finché non fu invasa dai turchi ottomani nel 1453. Costantinopoli divenne così una città musulmana e il suo nome fu cambiato in Istanbul.

COSTA RICA
Forma di governo: repubblica
Capitale: San José
Superficie: 51 100 km²
Popolazione: 4 438 995 ab.
Lingua: spagnolo
Moneta: colón

Costa Rica

Il Costa Rica è un piccolo stato di lingua spagnola situato tra il Nicaragua e Panama nell'America Centrale.

Scoperto nel 1502 da Cristoforo Colombo, fu una colonia spagnola fino al 1821, quando divenne indipendente.

Il Costa Rica è un paese fondamentalmente agricolo le cui principali coltivazioni sono rappresentate da caffè, banane, canna da zucchero e cacao. Le foreste pluviali ricoprono quasi un terzo del territorio.

costellazione

I gruppi di stelle danno luogo a singolari figure nel cielo, note con il nome di costellazioni. Nei tempi antichi, le costellazioni prendevano il nome da antichi dei, eroi, animali e oggetti le cui forme venivano riconosciute nelle figure delle stelle: Orione il cacciatore, il Leone, la Lira e così via. Gli astronomi hanno dato il nome a un totale di 88 costellazioni nel cielo.
Dodici di esse sono disposte in una fascia lungo la quale il Sole sembra spostarsi nel corso dell'anno e in cui si trovano anche i pianeti: si tratta delle *costellazioni dello Zodiaco*.

◁ Il **cotone** produce frutti verdi che, quando maturano, si aprono e rivelano una massa lanuginosa di fibre bianche e semi.

cotone

Il cotone cresce nelle località calde e tropicali del mondo. È una delle più importanti piante coltivate dall'uomo.

Le sue fibre sono trasformate in filato, con il quale si realizzano tessuti. I semi sono usati come mangime per il bestiame e vi si estrae un olio utilizzato per fabbricare saponi, vernici e cosmetici.

cowboy

Negli USA occidentali esistono ancora molti mandriani a cavallo che accudiscono le mandrie di bovini, ma l'epoca d'oro dei cowboy durò soltanto 40 anni, dal 1860 circa al 1900. A quel tempo, gigantesche praterie si estendevano dal Texas verso nord, fino al Canada: qui pascolavano grandi mandrie di bovini, che poi venivano condotte dai cowboy fino alle stazioni ferroviarie.

La vita dei cowboy era molto semplice ma dura. Viaggiavano continuamente e solitamente non possedevano altro al di fuori del loro cavallo, della sella, di una coperta per dormire e degli abiti che indossavano.

Cremlino

Il Cremlino è la parte più antica della città di Mosca, in Russia. Alcuni degli edifici che lo compongono risalgono al XII secolo. Per gran parte della storia, il Cremlino è stato la sede del governo sovietico e un tempo fu la residenza degli zar, o imperatori, di Russia.

cristianesimo

Il cristianesimo è una delle principali religioni del mondo. Circa due miliardi di persone, suddivise tra le varie confessioni, si dicono cristiane: seguono gli insegnamenti di Gesù Cristo e credono che egli sia il figlio di Dio sceso sulla terra con sembianze umane. Il cristianesimo ha 2000 anni. Infatti, il calendario oggi in uso in molti paesi parte dall'anno in cui si ritiene sia nato Gesù. I cristiani considerano la Bibbia il loro libro sacro e la domenica il giorno da consacrare a Dio, in cui si recano in chiesa, pregano e osservano altri riti religiosi.

Esistono diverse forme di cristianesimo. La *chiesa cattolica romana*, espressione del cattolicesimo, è la più antica e grande chiesa cristiana, il cui capo è il papa.

△ I **cowboy** sono chiamati *gauchos* nell'America meridionale. Molti conducono ancora uno stile di vita tradizionale nelle sconfinate pianure dell'Argentina.

◁ Il **cristianesimo** nacque nella zona in cui oggi sorge Israele e si diffuse in tutto il mondo. I santi sono persone che si sostiene abbiano compiuto miracoli.

Da centinaia di anni i papi vivono a Città del Vaticano, a Roma. La principale cerimonia religiosa dei cattolici è chiamata *Messa*. In Grecia e in Russia, è la *chiesa ortodossa*, di derivazione e riti bizantini, la principale forma di cristianesimo. I *protestanti*, invece, sono cristiani che non appartengono né alla chiesa cattolica né a quella ortodossa. Essi credono che quanto è scritto nella Bibbia sia più importante di quello che affermano i capi della chiesa. Alcuni passaggi della Bibbia possono infatti essere spiegati in modi diversi e i protestanti credono che la gente debba decidere da sola circa il loro significato. Il protestantesimo nacque nel XVI secolo quando un tedesco chiamato Martin Lutero capeggiò un movimento, la cosiddetta *Riforma*, per cambiare la chiesa cattolica romana.

I seguaci di Lutero vennero chiamati "protestanti" perché protestavano contro gli insegnamenti e la politica della chiesa cattolica romana.

Croazia

CROAZIA
Forma di governo: repubblica
Capitale: Zagabria
Superficie: 56 594 km^2
Popolazione: 4 416 200 ab.
Lingua: croato
Moneta: kuna

La Croazia è un piccolo stato del Mediterraneo. Un tempo era una repubblica appartenente alla federazione della Iugoslavia, ma dichiarò la propria indipendenza nel 1991. Questo scatenò la lotta tra la Croazia e l'esercito iugoslavo, dominato da un'altra repubblica, la Serbia, che voleva mantenere la struttura federale. Il conflitto, insieme a quello dei serbi contro i bosniaci (*vedi* **Bosnia ed Erzegovina**), durò fino al 1995. La Croazia ha lunghe coste disseminate di moltissime isole. Ripide montagne scendono verso la costa, separando il mare dalle pianure nell'*entroterra*. Nel 2009 è diventata membro della NATO e la sua adesione all'Unione Europea è prevista per il 2012.

△ Le **crociate** furono una serie di sette guerre tra i cavalieri cristiani (a sinistra) e i musulmani turchi (a destra), chiamati *saraceni.*

△ **Cuba** è uno dei principali produttori al mondo di sigari, arrotolati a mano utilizzando foglie di tabacco essiccate.

CUBA
Forma di governo: repubblica socialista
Capitale: L'Avana
Superficie: 109 886 km²
Popolazione: 11 177 743 ab.
Lingua: spagnolo
Moneta: peso cubano

crociate

Le crociate furono guerre tra i seguaci del cristianesimo e quelli dell'islamismo combattute nel Medioevo in Palestina, la Terra Santa.

Nel 1071 i musulmani turchi occuparono la città di Gerusalemme e impedirono ai cristiani di visitare i luoghi sacri in Palestina.

Qualche anno dopo, l'imperatore bizantino di Costantinopoli unì le proprie forze a quelle del papa per cacciare i turchi dalla Terra Santa, dando così inizio alla I crociata. I loro eserciti strapparono Gerusalemme ai musulmani nel 1099.

Ci furono altre sei crociate dopo questa, molte delle quali fallirono per dissidi interni.

Nel 1187 un grande generale musulmano chiamato *Saladino* prese Gerusalemme, scatenando così la III crociata, che non ebbe però esito positivo e i musulmani ripresero così possesso di gran parte della Terra Santa.

Durante le crociate, gli europei vennero a contatto con le civiltà dell'oriente del mondo e quando tornarono in Europa portarono con sé nuovi prodotti come spezie e seta.

crostacei

I crostacei sono un gruppo di circa 10 000 *invertebrati* (animali privi di spina dorsale).

Comprendono pulci di mare, onischi, cirripedi, gamberi, astici, granchi e pulci d'acqua. Vivono per lo più in mare.

Tutti i crostacei possiedono numerose articolazioni nel corpo e nelle zampe. Spesso hanno chele sulle zampe anteriori che utilizzano per difesa e per afferrare le prede.

Molti crostacei vivono all'interno di conchiglie che proteggono il loro corpo molle e indifeso.

Cuba

Cuba è un'isola delle Antille che fu governata dalla Spagna dal XVI secolo al 1898, quando gli Stati Uniti la aiutarono a liberarsi del dominio spagnolo. Nel 1902 l'isola conquistò l'indipendenza e nel 1959 divenne un paese comunista sotto la guida del leader *Fidel Castro,* che l'ha governata fino al 2008. A partire dal 2006, infatti, Castro lasciò gradualmente gli incarichi politici per problemi di salute: gli successe il fratello Raul, che il 28 febbraio 2008 fu eletto presidente. Cuba possiede grandi fattorie dove si coltiva la canna da zucchero e il tabacco, mentre il centro dell'isola è ricoperto di foreste.

cuoio

Il cuoio è prodotto con la pelle degli animali, per lo più di bovini. Si immerge la pelle in acqua salata, per eliminare resti di pelo e di carne, quindi la si tratta con una sostanza chimica chiamata *tannino*, derivata dalla corteccia degli alberi, in un processo chiamato *concia* che la rende robusta e resistente all'acqua. Il cuoio così ottenuto viene infine ammorbidito con oli e tinto di vari colori ed è finalmente pronto per essere tagliato e cucito o incollato per realizzare il prodotto finale.

cuore

Il cuore è una potente pompa muscolare che mantiene un flusso costante di sangue nelle vene e nelle arterie. In una persona adulta, il cuore funziona normalmente a una frequenza compresa tra le 70 e le 80 pulsazioni al minuto. Il cuore umano è all'incirca delle dimensioni di un pugno. È diviso in due metà, ognuna delle quali possiede una piccola cavità superiore, chiamata *atrio*, e una più grande cavità inferiore chiamata *ventricolo*. Gli atri

△ La **cupola** della Roccia, a Gerusalemme. Fu completata nel 691 d.C. È un santuario musulmano chiamato *al Aqsa*.

raccolgono il sangue che fluisce verso il cuore, mentre i ventricoli sono robusti muscoli che pompano il sangue nelle arterie.

L'atrio destro riceve il sangue povero di ossigeno proveniente dal corpo attraverso grandi vene chiamate *vena cava superiore* e *vena cava inferiore*. Questo sangue viene pompato dal ventricolo destro, attraverso le arterie polmonari, ai polmoni, dove assorbe ossigeno. L'atrio sinistro riceve il sangue ricco di ossigeno proveniente dai polmoni attraverso le vene polmonari. Il ventricolo sinistro pompa quindi questo sangue verso le cellule del corpo attraverso una grande arteria chiamata *aorta*.

cupola

Le cupole sono tetti a forma di ciotola rovesciata, realizzate in mattoni o in pietra, calcestruzzo, acciaio o plastica. Tetti a cupola ornano moschee e chiese: la cupola della Roccia a Gerusalemme, la cupola di S. Sofia a Istanbul e quella del duomo di S. Pietro a Roma. La cupola più grande del mondo, la *Louisiana Superdome* nella città statunitense di New Orleans, ha un diametro di 223 m.

Curie, Marie e Pierre

Scienziati francesi, Marie (1867-1934), Pierre (1859-1906). Nel 1895 Pierre sposò Marie Sklodowska, di origine polacca, con cui già lavorava: studiarono la radioattività e scoprirono l'elemento **radio**, scoperta per la quale nel 1903 ricevettero il premio Nobel per la fisica.

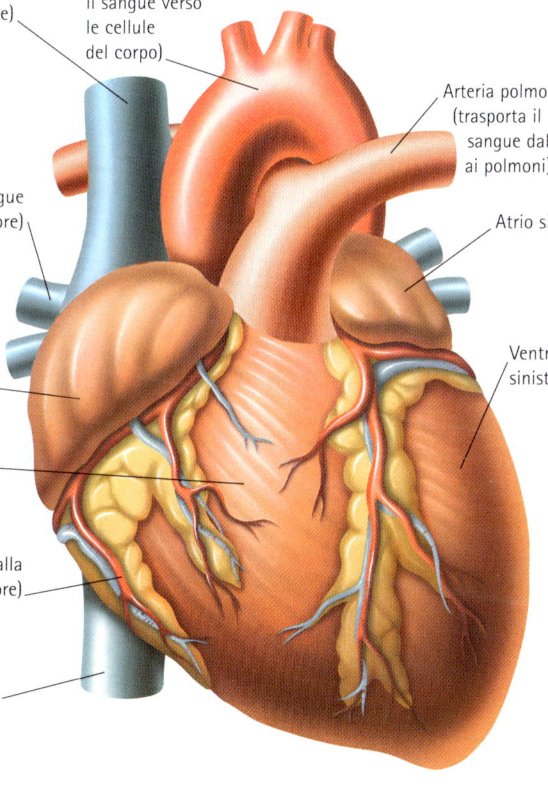

▷ In questa vista frontale di un **cuore** umano sono visibili i principali vasi sanguigni che trasportano il sangue da e verso il cuore e l'arteria coronarica che rifornisce le spesse pareti muscolari del cuore.

D

Dalai Lama

Il Dalai Lama è il capo spirituale del **Tibet**, una regione autonoma della Cina sudoccidentale in cui si pratica una particolare forma di buddhismo. I maestri del buddismo, chiamati *lama*, vivono in monasteri e insegnano i principi della loro religione. Il lama più importante è chiamato *Dalai Lama* e, da quando la Cina ha occupato il Tibet, nel 1959, egli è costretto a vivere in esilio, in India. I seguaci del Dalai Lama lo credono la reincarnazione di un antico maestro buddista e quando muore vanno alla ricerca del bambino in cui credono si sia reincarnato.

Dalí, Salvador

Pittore spagnolo (1904-1989). Fu uno degli artisti più creativi del XX secolo.

I dipinti di Dalí possono sembrare inquietanti perché ritraggono oggetti insoliti e strani paesaggi che spesso nascondono qualche illusione ottica. Oltre ai dipinti, Dalí produsse altre opere d'arte, tra cui sculture, mobili e gioielli e collaborò anche alla realizzazione di alcuni film. Dalí faceva parte di un gruppo di artisti e scrittori chiamati *surrealisti*, che sostenevano di produrre le loro opere lasciando libera la mente di compiere qualsiasi associazione di idee.

Dalí spesso affermava di dipingere semplicemente ciò che vedeva nei suoi sogni.

Tra le sue opere più famose ricordiamo: *La persistenza della memoria*, *Venere a cassetti* e *Cannibalismo autunnale*.

△ **Salvador Dalí** spesso realizzava sculture con combinazioni insolite di oggetti. Creò il famoso *Telefono aragosta* nel 1936.

Danimarca

La Danimarca è un piccolo stato dell'Europa settentrionale appartenente alla regione scandinava insieme a Norvegia, Svezia e Finlandia. La Danimarca è formata da una penisola chiamata *Jütland* circondata da circa 600 isole. A ovest è bagnata dal mare del Nord, a est dal mar Baltico, mentre a sud confina con la Germania. La Danimarca è un paese dal territorio pianeggiante il cui terreno è ideale per l'agricoltura.

Anche l'allevamento di maiali e la produzione di latticini hanno un ruolo importante nell'economia.

DANIMARCA
Forma di governo: monarchia costituzionale
Capitale: Copenaghen
Superficie: 43 098 km²
Popolazione: 5 534 738 ab.
Lingua: danese
Moneta: corona danese

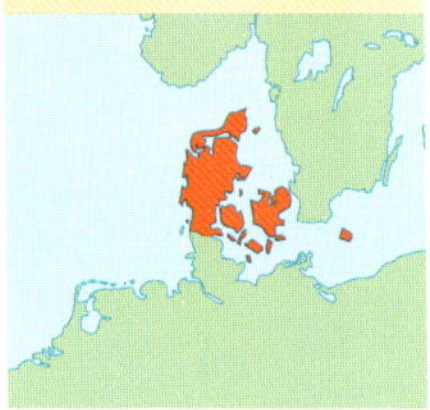

D'Annunzio, Gabriele

Poeta e scrittore italiano (1863-1938). Fu il più importante esponente del decadentismo e ricavò da Nietzsche il mito del *superuomo* (forza fisica, sensualità sfrenata, disprezzo per il popolino, aspirazione alla grandezza nazionale) che influì sul costume del tempo. Condusse una vita sfarzosa nei salotti romani, ebbe una relazione amorosa con Eleonora Duse, partecipò alla vita politica schierandosi nel 1915 con gli interventisti e prese parte alla guerra. Concluse la sua vita al *Vittoriale*, una villa presso il Gardone Riviera, un mausoleo pieno di cimeli della sua vita "inimitabile". Della sua vasta produzione ricordiamo: *Il piacere*, *La figlia di Iorio* e *Francesca da Rimini*.

Dante Alighieri

Poeta italiano (1265-1321). Nacque in una famiglia guelfa di parte bianca e giovanissimo s'innamorò di Beatrice, che elesse musa ispiratrice di tutta la sua opera poetica. Partecipò alla vita politica e fu condannato al rogo in contumacia per ostilità verso il papa.

Non potendo rientrare a Firenze, vagò per le città e le corti settentrionali; trovò infine asilo da Guido Novello da Polenta, signore di Ravenna, e qui morì. Il suo capolavoro è *La Divina Commedia* poema in terzine di endecasillabi, composto durante l'esilio, in tre cantiche (Inferno, Paradiso e Purgatorio). Dante vi racconta un viaggio immaginario nei regni dell'oltretomba, in compagnia prima di Virgilio, poi di Beatrice e infine di S. Bernardo, che altro non è se non il viaggio dell'uomo verso la redenzione dal peccato. È un capolavoro di universale bellezza per la ricchezza di sentimenti umani che vi trovano espressione, per la vigorosa e armonica struttura e per il valore di sintesi della visione medievale dell'universo che apre al Rinascimento. Tra le opere minori, ricordiamo *La vita nova*, il *Convivio* e il *De vulgari eloquentia*.

danza, *vedi* pp. 112-113

Darwin, Charles

Biologo e naturalista inglese (1809-1882). Nel 1859 pubblicò la sua opera principale, *Sull'origine delle specie*, in cui introduceva la teoria che tutte le forme viventi si fossero evolute da forme viventi precedenti e che esistessero ancora perché avevano vinto la battaglia per la sopravvivenza.

Darwin notò che all'interno di ogni specie di animale, pianta o batterio, vi sono differenze tra i singoli individui, per esempio di dimensione, forma o colore oppure di comportamento. Egli si rese conto che alcune di queste variazioni possono aumentare le possibilità di sopravvivenza della forma vivente in questione: le sue idee sono oggi conosciute come *teoria dell'evoluzione*.

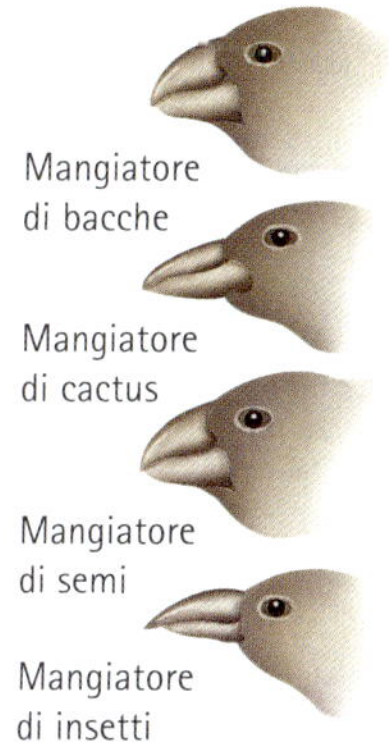

△ Quando **Darwin** visitò le isole Galapagos, nell'oceano Pacifico, notò che i fringuelli che vi vivevano avevano becchi di forma diversa e che ognuno di questi differenti volatili si nutriva di un cibo diverso. Questa osservazione gli fornì l'idea che tutti gli esseri viventi possano cambiare, o evolvere, per adattarsi all'ambiente circostante.

Debussy, Claude

Compositore francese (1862-1918). Si oppose al wagnerismo dominante alla fine del XIX sec. creando l'impressionismo musicale. Fra le altre opere, per il teatro compose *Pelléas et Mélisande* e le musiche di scena per *Il martirio di S. Sebastiano* di D'Annunzio; per orchestra il *Prélude à l'après-midi d'un faune*, *Notturni*, *La Mer*.

Fondamentali anche i lavori per pianoforte, tra i quali *Images* e i 24 *Préludes*.

De Chirico, Giorgio

Pittore (1888-1978). Nato in Grecia da genitori italiani, esordì in Germania, poi fu a Parigi e infine si stabilì a Roma. Iniziatore della pittura metafisica, che teorizzò con C. Carrà, ebbe profonda influenza sul movimento surrealista. Dopo il 1935 abbandonò l'indirizzo metafisico e creò opere di gusto barocco e spettacolari. Ricordiamo: *Le piazze* e *Le torri* di Parigi, *Le muse inquietanti* e *Ettore e Andromaca*.

De Gaulle, Charles

Generale e statista francese (1890-1970). Combatté nella Prima guerra mondiale e fu gravemente ferito nel 1916. Dopo la guerra, continuò la carriera nell'esercito e quando nel 1939 scoppiò la Seconda guerra mondiale fu posto a comando di una divisione corazzata. Quando la Francia venne occupata dai tedeschi nel 1940, De Gaulle fuggì a Londra e fondò il Comitato francese di liberazione nazionale, che organizzò la resistenza contro le forze tedesche.

△ **De Gaulle** guidò il Comitato francese di liberazione nazionale che si oppose alle forze di occupazione tedesche nella Seconda guerra mondiale. Fu presidente della Francia nel 1945 e dal 1959 al 1969.

△ *Prima di una partita, la squadra di rugby degli All Black, in Nuova Zelanda, esegue una danza rituale che contribuisce a rafforzare nei giocatori lo spirito di squadra.*

▽ *Le danze tradizionali indiane hanno stretti legami con la religione induista. Rappresentano tenere storie d'amore e racconti epici di battaglie tra gli dei e i demoni.*

DANZA

La danza è una delle forme d'arte più antiche e consiste in un movimento ritmico del corpo, solitamente a tempo con la musica.

PERCHÉ SI DANZA

Gli esseri umani sembrano avere un desiderio irrefrenabile di danzare: forse perché il movimento ritmico del corpo è un modo naturale di esprimere i propri sentimenti. I bambini, per esempio, spesso saltano impazienti quando sono irrequieti e si dondolano dolcemente quando sono tranquilli e rilassati. La danza può narrare una storia e creare atmosfere diverse oppure essere semplicemente un modo per divertirsi.

UN'ARTE ANTICA

La danza è antica quasi quanto la civiltà. Le pitture preistoriche rinvenute in Africa e in Europa meridionale sulle pareti delle caverne raffigurano già persone che danzano. La danza assunse successivamente un significato religioso e venne usata per propiziare la pioggia, far crescere i raccolti e garantire una buona caccia. Anche i guerrieri, prima di scendere in campo, eseguivano danze di guerra per avere più coraggio nella battaglia. In particolare, però, la gente danzava in occasione di cerimonie e banchetti.

DANZE DEL MONDO

Ogni paese possiede le proprie danze tradizionali, spesso derivate da semplici balli popolari a cui furono gradualmente aggiunti movimenti e passi prestabiliti. Alcune danze divennero molto formali, con rigide regole per i ballerini. I primi balli di società si tennero in Giappone 1 500 anni fa.

◁ *Molti stili di danza affondano le proprie radici nelle danze popolari tradizionali. Queste danzatrici indossano costumi ispirati alle vesti indossate nell'antica Grecia.*

Costumi, trucco ed effetti di luce aiutano chi danza a dare vita ai personaggi che interpreta. Nella danza moderna spesso i ballerini indossano tute aderenti.

△ *I ballerini classici iniziano a studiare da bambini. Imparano i passi fondamentali e a muoversi al suono della musica.*

◁ *Alcuni passi di danza necessitano di molto esercizio per essere eseguiti alla perfezione. Il* grand jeté *è un ampio salto in cui il ballerino distende le gambe, come se eseguisse una* spaccata *a mezz'aria.*

LA BELLEZZA DEL BALLETTO

Il balletto si sviluppò nel Rinascimento (XV secolo) presso le corti dei reali di Italia e Francia. Il balletto è come una lingua, che usa musica e danza al posto delle parole. I ballerini mimano una storia usando il corpo e rappresentano sensazioni e sentimenti con movimenti enfatizzati.

Un balletto è il risultato della collaborazione di molte persone. Il *coreografo* ha l'idea per un nuovo balletto e stabilisce i movimenti e i passi da usare, lavorando a stretto contatto con il *compositore*, che scrive le musiche. Poi gli scenografi, i costumisti e i light designer (i progettisti delle luci) danno il loro contributo all'opera finale.

△ *In alcune parti dell'Africa occidentale, le* voodoo queen *eseguono danze rituali ed entrano in uno stato di trance ondeggiando lentamente. La gente del luogo ritiene che queste donne che danzano possano fare sortilegi.*

VEDI ANCHE

balletto; feste; musica; opera; pantomima; pattinaggio; pop, musica; teatro

STILI CHE CAMBIANO

Quando il modo di vivere di un popolo cambia, spesso cambiano anche le sue danze. Negli ultimi 200 anni sono emerse molte nuove danze. Nel 1800 in Europa e in America settentrionale si diffuse il *valzer*: si trattava di un tipo di ballo di sala in cui i ballerini compivano rapidi e veloci giri su se stessi e inizialmente provocò grande clamore perché l'uomo e la donna, ballando, si abbracciavano. Il *tip tap*, una combinazione di tradizioni africane, irlandesi e inglesi, si sviluppò invece tra gli afroamericani. Il *rock'n roll*, poi, esplose negli anni 40 e 50 del secolo scorso e diede origine, in seguito, alla *disco dance*, oggi ballata in tutto il mondo.

CARNEVALE

Il ballo svolge un ruolo importante nell'ambito di molte feste. In primavera, in America centrale e meridionale, si organizza un carnevale di cinque giorni in cui la gente si riversa in strada indossando costumi spettacolari per ballare il samba. In Cina, invece, il Capodanno viene festeggiato con draghi giganti "animati" da gruppi di ballerini.

◁ *Sull'isola di Giava la gente del luogo esegue una danza tradizionale con sagome di cavalli, e i danzatori immaginano di essere posseduti dallo spirito dell'animale.*

dei e dee

Il termine dio o dea è utilizzato per indicare l'entità che ha creato l'universo e lo controlla. Gli uomini hanno sempre venerato qualche sorta di divinità potentissima. Le civiltà dell'antica Grecia, dell'antica Roma e dell'antico Egitto credevano in numerose divinità, ognuna delle quali aveva creato una parte del mondo. Miti e leggende narrano avvenimenti che riguardano dei e dee. La maggior parte delle principali religioni mondiali (islamismo, ebraismo e cristianesimo) credono che esista un solo Dio che controlla l'universo. I seguaci dell'islamismo, i musulmani, chiamano Dio con il termine arabo "Allah".

Per gli ebrei e i musulmani è vietata la creazione di idoli, ossia di immagini di Dio, mentre gli induisti hanno diverse rappresentazioni e diversi nomi per le loro divinità, come per esempio Vishnu e Kali.

△ Il **dio** indù *Ganesh*, dalla testa di elefante, è il leggendario scrivano di un testo sacro dell'induismo chiamato *Mahabharata*.

△ Gli antichi romani veneravano molti **dei**. *Giove* era il re degli dei, mentre *Diana* era la **dea** della Luna e della caccia.

delfini e focene

I delfini e le focene appartengono allo stesso gruppo di mammiferi delle balene, cioè i *cetacei*. Come tutti i mammiferi, respirano aria, allattano i piccoli e sono animali a sangue caldo.

Possiedono denti affilati e la loro testa termina in un muso allungato simile a un becco. I delfini e le focene sono estremamente intelligenti e comunicano tra loro utilizzando una specie di "lingua" elaborata fatta di fischi e schiocchi. Usano una specie di *sonar* (un sistema radar sottomarino) per navigare e individuare i pesci di cui si cibano.

Nel mondo esistono circa 45 specie di delfini e focene.

delta

Quando un fiume sfocia in mare dopo aver attraversato una zona pianeggiante, scorre molto lentamente e deposita terreno e sabbia nel punto della foce. Con il passare del tempo, questi depositi si trasformano in banchi di fango attraverso i quali il fiume crea numerosi canaletti per raggiungere il mare, spesso orientati in direzioni diverse. Questo labirinto di banchi di fango e canali è chiamato delta, perché la sua forma spesso assomiglia a quella

▽ I **delfini**, come quelli maculati qui raffigurati, vivono in branchi. Cacciano in gruppo, aiutandosi a vicenda per inseguire i pesci.

della lettera greca delta (Δ). Il delta del Mississippi si estende per 320 km nel golfo del Messico. Un altro grande delta è formato dal Nilo in Egitto.

democrazia

La democrazia è un sistema politico in cui il popolo partecipa alla gestione dello stato. In democrazia il popolo può eleggere i propri rappresentanti scegliendoli tra i candidati di diversi partiti politici che si presentano alle elezioni. Solitamente, i candidati e i partiti che ricevono il maggior numero di voti formano poi il governo.

Le elezioni sono indette a scadenze regolari, quindi il popolo ha la possibilità di eleggere nuovi rappresentanti se non è soddisfatto di quelli attuali. In una vera democrazia chiunque può dire, leggere e credere ciò che desidera e nessuno può essere incarcerato senza un giusto processo.

Esistono diversi tipi di democrazia. La forma più comune dispone di un parlamento costituito dai rappresentanti dei diversi partiti politici regolarmente eletti dal popolo. In alcune nazioni, come Regno Unito, Spagna e Olanda, oltre al parlamento esiste una monarchia ereditaria, ma solitamente il re o la regina svolgono un ruolo marginale, se non addirittura nullo, nella politica dello stato. In molti paesi, chiamati *repubbliche*, il capo dello stato è un presidente eletto dal popolo, come negli Stati Uniti d'America. In Italia invece il Presidente della Repubblica è eletto dal Parlamento, composto da due camere, la Camera dei deputati e il Senato.

△ Nel 508 a.C. la **democrazia** regnava ad Atene. La popolazione della città si riuniva sulla collina di Pnyx per discutere di questioni importanti. E fu sempre ad Atene che su questa base il grande filosofo greco Aristotele attuò la prima grande teorizzazione politica, operando una netta distinzione tra la *monarchia*, intesa come il governo di un uomo solo, *l'aristocrazia*, ovvero il governo dei migliori, e la *democrazia*, intesa come governo congiunto di tutti i cittadini.

denaro

Ogni giorno per pagare gli oggetti che compriamo usiamo il denaro, in genere monete e banconote: in questo caso parliamo di denaro *contante*. Esiste però un altro tipo di denaro, come gli assegni bancari e le carte di credito.

Quasi ogni cosa potrebbe in verità essere utilizzata come denaro. In passato l'uomo utilizzava conchiglie, perline, semi di cacao, sale, cereali e persino bestiame.

Le monete di metallo furono usate per la prima volta in Cina nell'800 a.C. e poi nell'antica Grecia e in Medio Oriente. A quel tempo le monete erano preziose perché erano fabbricate con oro o argento. Successivamente, però, si iniziò a usare monete realizzate con metalli più economici. Il metallo in sé non aveva alcun valore, ma le monete valevano l'importo che riportavano indicato. Le banconote, invece, furono inventate in Cina attorno al 600 d.C.

Oggi le riserve di denaro di una nazione sono sostenute dal suo governo e dalle sue banche.

Prevenzione dentale

Dopo ogni pasto bisogna effettuare un'adeguata pulizia dei **denti** con spazzolino e filo interdentale per rimuovere i detriti alimentari e abbassare la carica batterica ma è necessario pulire anche l'ampia superficie linguale con lo strumento specifico, il *puliscilingua*... E non bisogna dimenticare il controllo annuale dal dentista!

denti

I denti tagliano, lacerano e triturano gli alimenti in modo da poterli ingerire. I denti che tagliano il cibo sono chiamati *incisivi*, quelli che lacerano *canini* e quelli che triturano *molari*. Gli animali che si nutrono di carne, i *carnivori*, sono dotati di grandi canini per lacerare i tessuti muscolari degli altri animali. Gli animali che si nutrono di piante, o *erbivori*, hanno invece incisivi affilati e grandi molari per strappare e triturare gli steli più coriacei. Gli esseri umani hanno tutti e tre i tipi di denti perché sono *onnivori*, ossia si nutrono di qualsiasi tipo di cibo.

Un dente è formato da due parti: la *radice*, con una, due o tre protuberanze, è fissata alla mandibola, mentre la *corona* è la parte visibile. Le carie colpiscono i denti quando i batteri presenti nella bocca si mescolano allo zucchero contenuto nei cibi che ingeriamo: questa combinazione scioglie lo smalto dei denti, provocando fori che consentono all'infezione di diffondersi all'interno del dente.

La prima serie di denti che spuntano agli esseri umani è chiamata *denti da latte*: sono dieci sull'arcata superiore e dieci su quella inferiore. Crescendo, questi denti cadono e vengono sostituiti da una serie di *denti permanenti*, 32 in tutto.

◁ I **deserti** sono località in cui la vita è difficile sia per gli uomini che per gli animali. La maggior parte delle persone vive nelle *oasi*, piccole aree di terra fertile in corrispondenza del punto in cui una sorgente sotterranea emerge in superficie.

deserto

Non tutti i deserti sono caldi e sabbiosi: alcuni, infatti, sono freddi e altri rocciosi. Tutti i deserti, però, sono estremamente aridi. Qualsiasi area del pianeta in cui cadano meno di 25 cm di pioggia all'anno è classificata come deserto. I grandi deserti caldi del mondo si trovano per lo più nell'area dei tropici, dove spirano venti caldi e asciutti che impediscono la formazione di nuvole cariche di pioggia. Altri deserti si sono sviluppati in aree situate a grande distanza dai mari e quindi dai venti marini umidi oppure in zone riparate da montagne che bloccano i venti ricchi di pioggia.

Esistono tre tipi principali di deserto: il *deserto roccioso*, dove il terreno è soffiato via dal vento, i *deserti di ciottoli* o *pietraie* e infine i *deserti di dune di sabbia*, caratterizzati da caldo torrido di giorno e freddo pungente di notte.

Per piante e animali è difficile vivere in queste condizioni. Alcune piante, come i cactus, immagazzinano umidità negli steli carnosi. Altre, invece, hanno semi che restano sul terreno, apparentemente senza vita, per lunghi periodi. Quando si verifica un acquazzone, si "rianimano" e possono fiorire e produrre nuovi semi in poche settimane. Molti animali che vivono nel deserto si riparano dal Sole durante il giorno ed escono all'aperto soltanto di notte. Alcuni non bevono mai, e traggono l'acqua di cui hanno bisogno dal cibo di cui si nutrono.

Il più grande deserto del mondo è il *Sahara*, in Africa, e il più arido il deserto *Atacama*, in Cile, a ovest delle Ande. I *deserti freddi* comprendono il continente gelato dell'Antartide, gran parte dell'Artide e il deserto del Gobi nella Mongolia centrale. In totale, i deserti occupano circa un settimo della superficie terrestre.

diamante

I diamanti sono costituiti da carbonio allo stato puro, lo stesso minerale che compone anche il carbone. Sono solitamente incolori, ma ne esistono esemplari azzurri, rosa o gialli.
I diamanti sono cristalli: presentano, cioè, numerose superfici piane e lisce che si intersecano dando luogo a bordi spigolosi. Altri cristalli sono i fiocchi di neve, i cristalli di sale e di zucchero.

I diamanti sono il materiale naturale più duro che si conosca e si formano per effetto del grande calore e della pressione che agiscono nelle profondità della Terra. Per poter catturare la luce e "brillare" devono essere tagliati in un modo speciale e successivamente lucidati.
I diamanti non sono solo utilizzati come gioielli, ma sono anche impiegati in campo industriale per perforare e tagliare materiali come il vetro e il metallo.

Dickens, Charles

Scrittore inglese (1812-1870). I suoi romanzi forniscono una vivida rappresentazione della vita delle classi lavoratrici nell'Inghilterra della metà del XIX secolo. Numerosi romanzi di Dickens narrano vicende di bambini, per lo più poveri e orfani.

Dickens cercò di migliorare la vita degli appartenenti agli strati più poveri della popolazione denunciando al mondo le loro sofferenze nei suoi romanzi.
Dickens ha creato alcuni dei personaggi più famosi della letteratura inglese. Tra i suoi romanzi più importanti vanno ricordati *Le avventure di Oliver Twist*, *David Copperfield*, *Grandi speranze* e *Canto di Natale*.

diesel, motore

I motori diesel sono un tipo di motore a combustione interna, ossia in cui il carburante brucia all'interno del motore stesso. Sono così chiamati dal nome del loro inventore tedesco, *Rudolf Diesel* (1858-1913), che costruì il primo motore ad alto rendimento nel 1897 per sostituire il motore a vapore.
Il carburante usato nei motori *diesel* viene chiamato diesel anch'esso ed è gasolio, un derivato del petrolio, come la benzina.

I motori diesel sono più economici da utilizzare dei motori a benzina, ma sono anche più pesanti e di più difficile accensione. Di conseguenza, fino al 1970 non furono molto usati nelle automobili. Il loro principale impiego è tuttora la propulsione di grandi macchine come treni, trattori, navi, autobus e autocarri.

Un motore diesel che funzioni correttamente è meno inquinante di un motore a benzina.

Un motore diesel è simile a un motore a benzina, ma invece di

▷ I **diamanti** si formano naturalmente all'interno delle rocce. Dopo essere stato rimosso dal frammento di roccia che lo contiene, tagliato e lucidato, un diamante ha perso circa il 50% del suo peso.

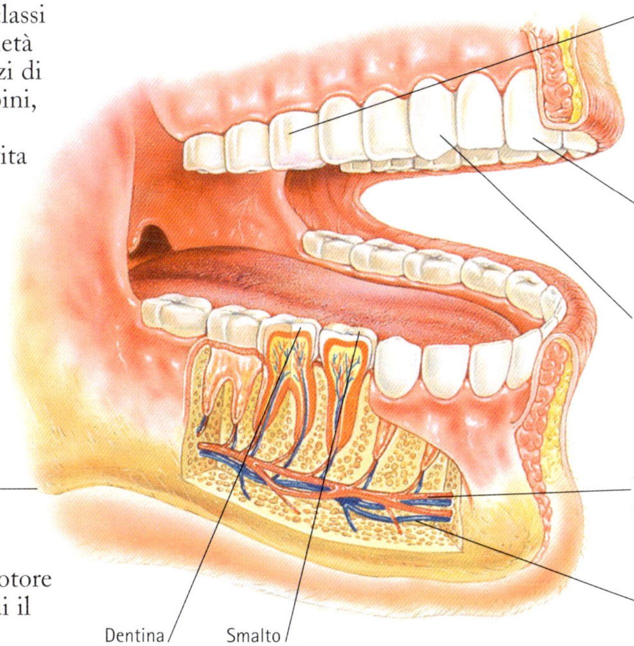

▽ Gli uomini sono dotati di tre tipi di **denti**: molari, canini e incisivi. Un dente è composto da tre strati. Al centro c'è la *polpa*, un'area occupata da nervi e vasi sanguigni, avvolta da una parete ossea di dentina. Esternamente il dente è ricoperto da uno strato di smalto duro e lucente.

incendiare il carburante con una scintilla prodotta da una candela di accensione, utilizza il calore prodotto da un pistone che comprime l'aria all'interno di un cilindro. Se l'aria viene fortemente compressa (ossia costretta a occupare uno spazio molto più piccolo di quello che occupa normalmente), aumenta di temperatura e il suo calore incendia il carburante diesel che brucia istantaneamente, come in una piccola esplosione. Il carburante incendiato produce gas caldi che spingono il pistone verso il basso e il ciclo ricomincia nuovamente.

---

diga

La più grande
La più grande **diga** esistente al mondo è la *diga delle Tre Gole* sul Fiume Azzurro, in Cina. È stata costruita in 13 anni e ha avuto un costo pari a 21 miliardi di euro! È lunga 2300 metri circa e alta 185. Crea un bacino di 1 084 km quadrati di superficie, per la cui realizzazione sono stati evacuati e sommersi 1200 villaggi.

Una diga è una barriera costruita su un fiume per poterne regolare il flusso. Le dighe moderne sono solitamente costruite in cemento armato e alcune rappresentano le opere edilizie più grandi realizzate dall'uomo. Le ragioni per costruire una diga sono numerose.

La principale è la creazione di un serbatoio o *bacino*, ossia un lago artificiale. Un bacino immagazzina l'acqua che sarà convogliata, attraverso tubazioni, in località più lontane e dove potrà essere usata per dissetarsi, lavare e cucinare.

Le dighe sono costruite anche per immagazzinare acqua per l'*irrigazione* (ossia per annaffiare i campi coltivati) durante la stagione asciutta. Nei paesi a clima più caldo le dighe sono utilizzate a questo scopo da centinaia di anni.

Se l'acqua si trova immagazzinata a una certa altezza, può essere usata per compiere un lavoro sfruttando la sua forza di caduta. Spesso le dighe sono costruite anche per imbrigliare questa forza. In passato, piccole dighe venivano costruite per convogliare i ruscelli in stretti canali. Questi scorrevano più impetuosi e facevano ruotare apposite ruote, che a loro volta azionavano altri macchinari. Oggi dighe gigantesche possono creare un'altissima pressione nella massa d'acqua che trattengono, e questa pressione può essere allentata aprendo apposite chiuse.

Quando le chiuse della diga sono aperte, l'acqua fuoriesce ad alta velocità lungo larghe tubazioni, si riversa sulle pale di apposite turbine e le fa ruotare, azionando in tal modo generatori, che a loro volta producono elettricità (*vedi* **idroelettrica, energia**).

---

digestione

La digestione è il processo attraverso il quale il cibo ingerito viene trasformato in sostanze che possono essere utilizzate dal corpo. Avviene all'interno dell'*apparato digerente*, una specie di lungo tubo che collega la bocca all'ano. La digestione ha inizio nella bocca, dove i denti e le sostanze chimiche speciali contenute nella saliva iniziano a frantumare e decomporre il cibo. Gli alimenti passano così in un tubo chiamato *esofago*, lungo

▽ I motori **diesel** sono utilizzati dai treni di tutto il mondo, come in questo treno su una ferrovia di montagna del Messico meridionale. Nei treni diesel un motore diesel genera l'elettricità che aziona il treno.

il quale vengono spinti fino allo stomaco, dove acidi e altre sostanze chimiche li trasformano in un liquido denso.

Il *piloro*, un muscolo situato all'estremità inferiore dello stomaco, si apre di quando in quando per far passare il cibo nell'intestino tenue.

All'interno del primo tratto dell'intestino tenue, la bile prodotta dal fegato e altri succhi prodotti dal pancreas decompongono ulteriormente il cibo, la maggior parte del quale penetra nel circolo sanguigno attraverso le sottili pareti dell'intestino. Il cibo rimanente entra nell'intestino crasso, dove tutti i liquidi e i sali vengono assorbiti finché non rimangono che scorie solide.

I batteri che vivono all'interno dell'intestino crasso digeriscono ciò che rimane del cibo e il prodotto di scarto finale viene eliminato dal corpo con le feci.

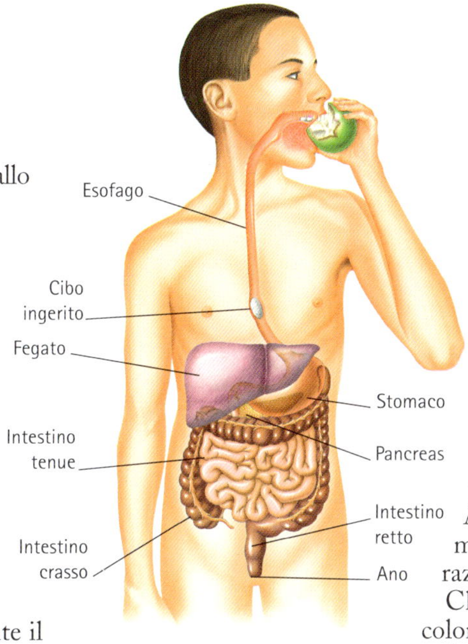

△ Negli esseri umani la **digestione** interessa molti organi diversi. Il cibo passa dalla bocca allo stomaco e all'intestino. Dopo che sono state estratte tutte le sostanze utili, le scorie vengono espulse attraverso l'ano con le feci.

dinosauri, *vedi* pp. 120-121

diritti civili

L'uomo ha sempre combattuto per il diritto di decidere della propria vita.

Questo significa che a volte occorre lottare per la libertà, per i propri diritti civili, i più importanti dei quali sono *la libertà di religione, di parola e di stampa, l'uguaglianza davanti alla legge e il diritto di eleggere o di non fornire più appoggio a un governo.*

Negli anni 50 del secolo scorso, i diritti civili furono un tema importante nella lotta della popolazione nera degli Stati Uniti. *Martin Luther King* fu a capo di un movimento a favore dell'uguaglianza razziale e dei diritti civili negli USA. Chiedeva giustizia per la gente di colore e organizzò numerose marce e raduni di protesta.

diritti delle donne

"Diritti delle donne" è l'espressione usata quando si discute sul diritto delle donne a essere considerate uguali agli uomini sotto ogni aspetto. In passato le donne non godevano di questi diritti e ancora oggi, in alcuni paesi, non sono considerate al pari degli uomini.

All'inizio del XX secolo alle donne non era consentito votare, quindi non avevano alcun potere di modificare la situazione attraverso il parlamento.

Nel 1903 l'inglese *Emmeline Pankhurst* (1858-1928) e la figlia Christabel fondarono l'Unione sociale e politica femminile, che si batté per la concessione del diritto di voto alle donne. Le donne aderenti a questo movimento furono chiamate *suffragette* e si impegnarono nella battaglia indicendo comizi, incatenandosi a

continua a p. 122

▽ Molte **dighe** hanno forma curva, in modo che l'enorme peso dell'acqua che esse trattengono si scarichi sui fianchi della vallata invece che sulle loro pareti.

△ *L'*Apatosaurus, *noto anche come brontosauro, era un enorme erbivoro in grado di raggiungere le foglie sugli alberi più alti. Poteva pesare fino a 30 tonnellate.*

DINOSAURI

I dinosauri sono un gruppo di rettili estinti apparsi per la prima volta sulla Terra circa 230 milioni di anni fa. Alcuni avevano le dimensioni di un pollo, mentre altri rappresentano i più grandi animali terrestri mai esistiti. I dinosauri si estinsero circa 65 milioni di anni fa.

IL MONDO DEI DINOSAURI

La parola dinosauro significa "lucertola terribile", ma è una definizione ingannevole, perché i dinosauri non erano vere lucertole. Appartenevano in realtà a un gruppo di rettili chiamati *arcosauri*, che comprendeva anche i coccodrilli primitivi e gigantesche creature volanti chiamate *pterosauri*.
I dinosauri abitarono il nostro pianeta per oltre 160 milioni di anni, attraversando tre diversi periodi geologici, il Triassico, il Giurassico e il Cretaceo, spesso chiamati, nel loro insieme, *Era dei rettili*.

NUMEROSE SPECIE DIVERSE

Finora gli scienziati hanno identificato più di 500 tipi di dinosauri, ma probabilmente ne restano da scoprire ancora molti. I dinosauri erano di varie dimensioni: dalle specie della grandezza di un pollo, come il *Compsognathus*, a quelle gigantesche come l'*Argentinosaurus*, che poteva raggiungere il peso di 100 tonnellate ed è quindi l'animale terrestre più grande che sia mai esistito.
Esistevano due gruppi principali di dinosauri: i *saurischi*, le cui ossa del bacino erano disposte come nelle lucertole, e gli *ornitischi*, il cui bacino era simile a quello degli uccelli.
Ogni specie di dinosauro aveva un'alimentazione e uno stile di vita diversi.
Alcuni erano erbivori, mentre altri erano cacciatori o *saprofagi*, ossia si nutrivano dei cadaveri di altri animali.

GLI ERBIVORI

I dinosauri erano per la maggior parte *erbivori* (si nutrivano, cioè, di piante). Nei periodi Triassico, Giurassico e Cretaceo il clima del nostro pianeta era molto più caldo di quanto lo sia oggi e le condizioni tropicali offrivano un'abbondante vegetazione di cui cibarsi.
I più grandi erbivori, come il brachiosauro e il diplodoco, erano quadrupedi e il lungo collo consentiva loro di raggiungere le foglie e i frutti degli alberi più alti. Le specie più piccole erano solitamente bipedi e brucavano le piante più basse.

I CARNIVORI

I dinosauri carnivori, o teropodi, avevano zampe dotate di artigli affilati come rasoi per uccidere le prede e robuste mandibole munite di denti per strapparne la carne. Erano bipedi e usavano la lunga e pesante coda per mantenere l'equilibrio.
I teropodi cacciavano una grande varietà di dinosauri e di altri animali e si cibavano sia di *carogne* (resti di animali morti) che di carne fresca.

▽ *Nel Triassico superiore, circa 220 milioni di anni fa, un branco di* Coelophysis *fu travolto da un'inondazione improvvisa. Nel 1947 gli scienziati scoprirono i loro resti fossili a Ghost Ranch, in New Mexico, USA.*

◁ *I rettili che abitavano i mari e quelli volanti come gli* pterosauri *non erano dinosauri. I dinosauri vivevano infatti soltanto sulla terraferma.*

◁ *Il* Deinonychus, *il cui nome significa "terribili artigli", era un veloce cacciatore munito di un artiglio retrattile della lunghezza di 12 cm sulle zampe posteriori.*

STILE DI VITA

Come tutti i rettili, i dinosauri deponevano uova. Dai nidi fossili ritrovati si può ritenere che una femmina di dinosauro deponesse 10-40 uova in un buco poco profondo nel terreno. I piccoli di dinosauro nascevano 3-4 settimane dopo e probabilmente lasciavano rapidamente il nido e provvedevano da soli a se stessi. È possibile che molti dinosauri erbivori vivessero in branchi per rendere più ardua ai carnivori la possibilità di attacco. Alcuni predatori cacciavano in gruppo mentre altri si appostavano e tendevano agguati alle loro prede.

▷ *I dinosauri erbivori disponevano di diversi metodi di difesa: per esempio, oscillavano la pesantissima coda per colpire gli aggressori.*

*La coda dell'*Ankylosaurus *terminava con una protuberanza ossea ed era simile a una clava.*

La coda dello stegosauro era munita di aculei.

La coda del diplodoco era lunga e simile a una frusta.

▽ *I dinosauri si differenziarono in numerose specie diverse. Quelli di dimensioni più grandi erano solitamente erbivori.*

ALTRI RETTILI

I dinosauri non sapevano né nuotare né volare, ma molti altri rettili che vivevano in quello stesso periodo abitavano i mari e i cieli. Gli pterosauri usavano le ali di pelle coriacea per librarsi nell'aria sfruttando le correnti ascensionali. Gli esemplari più grandi avevano un'apertura alare di 12-15 m, superiore a quella di un deltaplano. Molti rettili vivevano in mare, tra cui gli elasmosauri dal lungo collo. Quasi tutti questi rettili si estinsero insieme ai dinosauri.

LA FINE DEI DINOSAURI

Nessuno sa con certezza perché i dinosauri si estinsero. La teoria più diffusa sostiene che la Terra sia stata colpita da un gigantesco meteorite. L'impatto avrebbe sollevato una nuvola di polvere tale da oscurare il Sole per mesi o persino anni, uccidendo così molte piante e animali. Alcuni scienziati ritengono invece che la ragione sia una variazione graduale del clima, forse dovuta alle frequenti eruzioni vulcaniche che ebbero luogo lungo un periodo di 500 000 anni. Qualsiasi cosa abbia provocato l'estinzione dei dinosauri, non impedì a molti altri tipi di animali di continuare a sopravvivere.

▽ *Il* Tirannosaurus rex *visse in America settentrionale da 95 a 65 milioni di anni fa. La testa era massiccia e la bocca munita di denti della lunghezza di 15 cm. Invece di cacciare inseguendo la preda, si lanciava in attacchi a sorpresa.*

I RECORD DEI DINOSAURI

Il più antico: *Eoraptor*, comparso circa 230 milioni di anni fa

Il più pesante: *Argentinosaurus*, del peso di 80-100 tonnellate

Il più alto: *Sauroposeidon*, 18 m di altezza

Il più piccolo: *Microraptor*, lungo soltanto 40 cm

Il carnivoro più grande: *Giganotosaurus*, lungo fino a 13 m e con un peso di 8 tonnellate

Il cranio più grande: triceratopo, lungo 3 m

La coda più lunga: diplodoco, coda lunga fino a 13 m

Il maggior numero di denti: *Edmontosaurus*, fino a 1 200 denti

Le uova più grandi: *Hypselosaurus*, lunghe 30 cm e larghe 25 cm

VEDI ANCHE
anfibi e rettili; fossili; meteora; animali preistorici

△ Il generale Franco divenne un **dittatore** nel 1939 quando assunse il controllo della Spagna al termine della Guerra civile spagnola (1936-1939), dopo aver sconfitto le truppe governative.

continua da p. 119

inferriate, mandando in frantumi finestre e appiccando il fuoco a cassette delle lettere. Pur finendo continuamente in carcere, continuarono la loro protesta, ma fu soltanto nel 1928 che nel Regno Unito fu concesso il diritto di voto alle donne. Il primo paese a concedere il diritto alle donne fu la Nuova Zelanda, dove le donne partecipano alle elezioni nazionali dal 1893. In Italia, invece le donne dovettero attendere fino al 1945 per vedere riconosciuto il loro diritto di voto.

Oggi quasi tutti accettano il fatto che le donne debbano essere considerate, prima di tutto, individui. Le donne lavorano fuori casa più frequentemente che in passato e molte hanno una carriera professionale, tuttavia in alcuni settori la battaglia delle donne per l'uguaglianza non è ancora terminata.

disabili (diversamente abili), diritti dei

I disabili, o *diversamente abili*, sono persone che presentano inabilità o minorazioni fisiche o psichiche, i cui diritti sono stati riconosciuti da due delibere dell'assemblea dell'ONU nel 1971 e nel 1975. In Italia, la legge prevede che l'istruzione dei bambini disabili avvenga nella scuola pubblica (avvalendosi di insegnanti di sostegno) e che sia assicurato il collocamento nel lavoro per gli adulti. Negli USA, il Congresso ha esteso la definizione di disabile anche ai malati di cancro, diabete, sclerosi multipla e altre patologie gravi.

REPUBBLICA DOMINICANA
Forma di governo: repubblica
Capitale: Santo Domingo
Superficie: 48 671 km^2
Popolazione: 9 755 954 ab.
Lingua: spagnolo
Moneta: peso dominicano

disegno

I disegni sono immagini o figure solitamente realizzate con linee e segni a matita, penna, gessetto o qualche altro materiale diverso dai colori per dipingere.

I disegni vengono realizzati per ogni sorta di motivo e svolgono un ruolo importante nel campo dell'architettura, dell'arte, dell'ingegneria e della moda. Alcuni disegni sono molto precisi e accurati, altri ottengono effetti sorprendenti usando soltanto qualche linea e pochi particolari.

Disney, Walt

Disegnatore e regista americano (1901-1966). È conosciuto in tutto il mondo per i suoi cartoni animati, i film per bambini e soprattutto per i personaggi *Topolino* e *Paperino*. Walt Disney iniziò a realizzare cartoni animati, con i suoi disegnatori, a partire dagli anni 20 del secolo scorso. I suoi più famosi lungometraggi sono *Biancaneve e i sette nani*, *Pinocchio* e *Bambi*.

distillazione

Se l'acqua salata del mare viene fatta bollire in un tegame, si trasforma in vapore. Se il vapore urta contro una superficie, come per esempio quella di una finestra, si raffredda e si trasforma nuovamente in un liquido, che non è uguale all'acqua che è stata fatta bollire, ma è pura acqua dolce, perché il sale è rimasto tutto nel tegame. Questo sistema di bollitura e raffreddamento dei liquidi si chiama distillazione.
La distillazione è spesso utilizzata per separare liquidi diversi mescolati insieme: si riscalda la miscela e il liquido che bolle alla temperatura più bassa evapora per primo (si trasforma, cioè, in gas) e si separa dagli altri liquidi, quindi tocca al liquido con il successivo punto di ebollizione più basso a evaporare, e così via. Questo processo è chiamato *distillazione frazionata* ed è utilizzato per separare tutte le sostanze contenute nel petrolio greggio che sgorga dai pozzi.
La distillazione è utilizzata anche per fabbricare bevande alcoliche come il whisky e il gin.

dittatore

Un dittatore è il capo di un paese che governa con autorità e potere assoluto.

Nell'Impero Romano il dittatore era un magistrato a cui veniva affidato potere assoluto nella gestione delle emergenze, cioè quando occorreva prendere rapidamente qualche decisione. Oggi il termine è utilizzato per descrivere un tiranno che usa la forza per privare la popolazione dei diritti civili e della libertà. Spesso coloro che cercano di opporsi a un dittatore vengono incarcerati, uccisi o costretti a lasciare il paese finché il dittatore non viene deposto.

La dittatura è l'opposto della **democrazia**, in cui il popolo sceglie il proprio governo attraverso libere elezioni.

Dittatori del XX secolo furono Adolf Hitler in Germania, Benito Mussolini in Italia, Francisco Franco in Spagna e Antonio Salazar in Portogallo: tutti credevano in una teoria politica nota con il nome di *fascismo*. Oggi sono molti gli studiosi che ritengono che anche Stalin, che fu a capo di un crudele regime nella ex Unione Sovietica, debba essere considerato un dittatore.

dizionario

Un dizionario è un libro che spiega il significato delle parole, disposte in ordine alfabetico dalla A alla Z.

Spesso si trova anche una breve storia della parola e una spiegazione di come essa viene usata e pronunciata.

Uno dei primi grandi dizionari della lingua italiana fu il *Dizionario della lingua italiana* di Tommaseo e Bellini.

dodo

Circa 400 anni fa, una nave olandese approdò a Mauritius, una remota isola nell'oceano Indiano, sulla quale l'equipaggio trovò stormi di uccelli delle dimensioni di tacchini che non erano dotati di vere ali e quindi non erano in grado di volare.

Nel tempo, questo tipo di uccello fu chiamato dodo, dal portoghese "doudo", che significa "stupido".

I naviganti introdussero però sull'isola ratti e maiali, che iniziarono a nutrirsi delle uova e dei piccoli di questo volatile, tanto che, nel 1690 questi uccelli singolari erano ormai estinti.

△ Il **dodo** si estinse perché i ratti e i maiali introdotti nel suo habitat mangiarono tutte le uova e i piccoli.

Dominicana, Repubblica

La Repubblica Dominicana occupa gran parte dell'isola di Hispaniola nel mar delle Antille. Il resto dell'isola è occupato dallo stato di Haiti.

La Repubblica Dominicana ha vaste foreste e la principale coltivazione è la canna da zucchero, importato in tutto il pianeta.

Donizetti, Gaetano

Compositore italiano (1797-1848). Fu avviato giovanissimo allo studio della musica sotto la guida di Simone Mayr che intuì le doti di genialità dell'allievo e lo inviò a Bologna a completare la sua formazione.

Donizetti si affermò definitivamente a Roma con la *Zoraide di Granada* e a Napoli con *La Zingara*. Tra le sue numerose opere citiamo *L'Elisir d'amore*, *Lucrezia Borgia*, *Lucia di Lammermoor* e *Don Pasquale*.

drago, *vedi* miti e leggende

droga, *vedi* farmaci e droghe

DVD, *vedi* registrazione

E

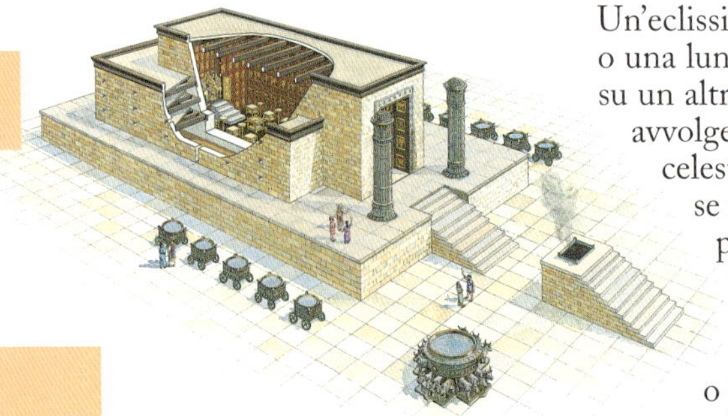

△ Uno dei luoghi più sacri dell'**ebraismo** è il *Muro del pianto*, a Gerusalemme, che è tutto ciò che resta dell'antico Tempio di Re David (sopra).

ebrei, *vedi* ebraismo

ebrei, vedi ebraismo

eclissi

Un'eclissi si verifica quando un pianeta o una luna proiettano la propria ombra su un altro corpo celeste. Se l'ombra avvolge completamente il corpo celeste si tratta di un'eclissi *totale*, se ne nasconde soltanto una parte è un'eclissi *parziale*.

Sul nostro pianeta le uniche eclissi facilmente visibili senza cannocchiale o telescopio si verificano quando il Sole, la Luna e la Terra sono perfettamente allineati. Quando la Terra si trova tra il Sole e la Luna, proietta la propria ombra sulla Luna: in questo caso si ha un'eclissi *lunare*.

Quando invece è la Luna a trovarsi fra la Terra e il Sole, essa proietta la propria ombra su una regione della Terra, dove sarà visibile un'eclissi *solare*. Ogni anno si verificano due o tre eclissi di ognuno dei due tipi.

ebraismo

L'ebraismo è la religione degli ebrei, secondo la quale esiste un solo vero Dio che si rivelò al popolo ebraico e diede alla razza umana regole di vita da rispettare. Il libro sacro degli ebrei è la *Bibbia*, costituita dai primi cinque libri secondo la tradizione scritti da Mosè (la *Torah*), resoconti storici delle tribù di Israele e libri scritti da re e profeti.

Tutto questo materiale è presente anche nella Bibbia cristiana nella parte chiamata *Vecchio Testamento*. Gli ebrei cercano di vivere rispettando i Dieci Comandamenti della Bibbia.

Credono che Dio abbia consegnato le tavole della legge a Mosè in cima al Monte Sinai dopo che egli aveva condotto i loro progenitori fuori dall'Egitto, dove erano vissuti da schiavi. Questa fuga dall'Egitto è chiamata *Esodo*, ed è commemorata in una delle festività ebraiche più importanti, la *Pasqua*.

Oggi gli ebrei vivono in tutto il mondo, ma considerano Israele la loro patria spirituale e storica. Gli ebrei pregano in edifici chiamati *sinagoghe*, e i loro maestri sono i *rabbini*. Il giorno sacro degli ebrei è il *Sabbath*, che dura dal tramonto del venerdì al tramonto del sabato.

eco

L'eco è un fenomeno di ripetizione di un suono che si verifica quando le onde sonore rimbalzano contro un muro o un altro corpo solido. Poiché il suono viaggia sempre alla stessa velocità, possiamo usare l'eco per scoprire la distanza a cui si trovano gli oggetti. Il sonar di una nave, per esempio,

▽ Durante un'**eclissi** di Sole, o eclissi solare, il cielo si oscura in pieno giorno. Quando la Luna si trova posizionata tra la Terra e il Sole, proietta per breve tempo la propria ombra su una zona della Terra.

utilizza proprio questo fenomeno per determinare la profondità del fondale marino. L'eco aiuta i pipistrelli a orientarsi nel buio, e anche il radar è un apparecchio per individuare gli oggetti in movimento che utilizza l'eco di segnali radio.

ecografia

L'ecografia utilizza onde sonore ad alta frequenza (*ultrasuoni*) per produrre immagini di parti interne del corpo umano. Gli ultrasuoni hanno una frequenza così elevata che non possono essere uditi dagli esseri umani.

Vengono prodotti facendo passare una corrente elettrica ad alta frequenza attraverso un cristallo di quarzo, che in tal modo vibra.

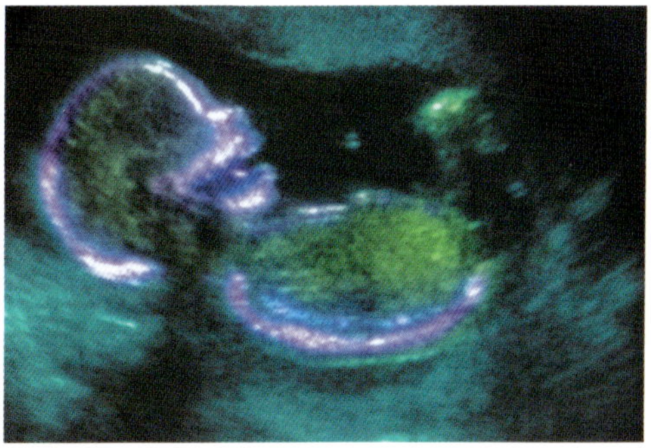

◁ L'**ecografia** è utilizzata anche per controllare lo sviluppo del feto all'interno del grembo materno.

Le immagini ecografiche possono aiutare i medici a individuare tumori e grumi di sangue. Con esse, inoltre, si può controllare che il feto si sviluppi perfettamente all'interno del grembo materno.

Gli ultrasuoni sono usati anche nei sonar per individuare oggetti sommersi, come i sottomarini, e per tracciare mappe dei fondali marini.

ecologia

L'ecologia è un ramo della biologia. È lo studio delle relazioni che esistono tra gli esseri viventi e ciò che li circonda, ossia il loro ambiente. Gli *ecologi* sono scienziati che studiano il modo in cui gli esseri viventi e il loro ambiente si influenzano a vicenda.

L'ecologia ci insegna che la maggior parte delle specie di piante e animali possono vivere soltanto in un particolare tipo di ambiente, come un lago, una foresta, un deserto o una montagna. Questi luoghi sono chiamati *habitat*.

All'interno di ogni habitat vive una grande varietà di piante, tutte adatte al suolo, alla temperatura, alle ore di Sole, alle precipitazioni, ecc. di quell'habitat.

Anche molti animali vivono nello stesso habitat e si nutrono di piante o di altri animali. Le piante e gli animali sono quindi legati le une agli altri in quella che gli ecologi chiamano *catena alimentare*. Se alcune specie si estinguono e scompaiono dalla catena alimentare, chi si nutriva di esse perde una fonte di cibo e potrebbe a sua volta estinguersi.

Gli habitat mutano di continuo. Spesso questi mutamenti sono positivi per alcune piante e animali e negativi per altri. Per esempio, se uno stagno si

△ L'**ecologia** è lo studio degli esseri viventi e dell'ambiente in cui vivono. All'interno di questa enorme serra nel deserto di Sonora, in Arizona, USA, gli ecologi hanno creato copie dei sette principali habitat del pianeta, compresa una foresta pluviale, una prateria e un oceano di 4,5 milioni di litri di acqua salata.

▽ L'**eco** è un suono che viene riflesso da un ostacolo. Se proviamo a urlare davanti a una scogliera, le onde sonore della nostra voce colpiscono la roccia e rimbalzano indietro verso di noi.

prosciuga, i pesci che ci vivevano muoiono, ma i pesci morti potranno fornire cibo a un airone. Anche le attività dell'uomo possono provocare mutamenti negli habitat, come quando un'intera foresta viene abbattuta per fare spazio a nuovi campi da coltivare.

Noi uomini cambiamo il paesaggio naturale coltivando la terra e costruendo città e strade.

L'inquinamento prodotto dalle nostre fabbriche avvelena l'acqua, il suolo e l'aria. Gli ecologi studiano il modo in cui l'uomo modifica l'ambiente naturale e possono aiutarci a limitare i danni da noi prodotti. Le misure adottate per proteggere il mondo naturale sono tra le attività che hanno per scopo la **conservazione dell'ambiente**.

economia

L'economia è il sistema di produzione, distribuzione, scambio e consumo di prodotti e servizi di una nazione. Gli economisti studiano il modo in cui organizzare questo sistema per soddisfare i bisogni della comunità.

Nessuno stato possiede risorse sufficienti per fornire alla popolazione tutto ciò di cui ha bisogno, e quindi deve decidere quale sia il modo migliore di utilizzare le risorse di cui dispone. Molti economisti ritengono che questa sia la decisione più importante che uno stato si trova ad affrontare.

Esistono numerosi sistemi economici diversi, tra i quali il comunismo e il capitalismo. Nel *sistema capitalistico* la maggior parte dei terreni, delle risorse e delle industrie sono di proprietà privata di individui e società invece che dello stato (*comunismo*).

Ecuador

L'Ecuador è uno stato affacciato sulla costa nordoccidentale dell'America meridionale e attraversato dall'equatore. Il suo nome, infatti, significa "equatore" in spagnolo. Gran parte della zona orientale è dominata dalla cordigliera delle Ande. Più della metà della popolazione dell'Ecuador vive nelle vallate ad alta quota di queste montagne, allevando pecore e lama. Il paese produce principalmente caffè, banane, zucchero e petrolio.

Le isole Galapagos si trovano 960 km al largo della costa sudamericana affacciata sul Pacifico: appartengono all'Ecuador e possiedono una fauna e una flora uniche nel loro genere. Uno dei primi scienziati a visitare queste isole fu il biologo inglese **Charles Darwin**.

ECUADOR
Forma di governo: repubblica
Capitale: Quito
Superficie: 256 368 km²
Popolazione: 14 005 449 ab.
Lingua: spagnolo
Moneta: dollaro USA

Edison, Thomas Alva

Inventore statunitense (1847-1931). Di famiglia umile, poté frequentare la scuola soltanto per tre mesi, ma nella sua vita produsse oltre 100 invenzioni. Le più famose sono la lampadina elettrica e il fonografo per la registrazione e la riproduzione dei suoni. Edison terminò il suo fonografo nel 1877: era un apparecchio a funzionamento manuale che riproduceva suoni che venivano registrati su cilindri di lamina metallica.

▽ Le più grandi piramidi dell'**antico Egitto** furono costruite lungo le rive del Nilo a Giza, nei pressi della moderna città de Il Cairo. Questa illustrazione raffigura un'imbarcazione reale che si avvicina al complesso delle piramidi.

Egitto

L'Egitto moderno si fa risalire al 642 d.C., anno in cui il paese fu conquistato da soldati musulmani provenienti dall'Arabia. In Egitto vivono più di 70 milioni di persone, ed è il terzo stato più popoloso dell'Africa dopo Nigeria ed Etiopia. La popolazione è composta per lo più da arabi e l'islamismo è la religione principale. Il Nilo attraversa l'Egitto e sfocia nel Mediterraneo lungo la costa settentrionale del paese. Le acque del fiume creano vaste aree di terreni molto fertili, in cui vengono coltivati cotone e altri raccolti. A est del paese si trova il canale di Suez, che consente alle navi di passare dal Mediterraneo al mar Rosso.

Nel febbraio 2011, in seguito a sommosse popolari, il presidente Hosni Mubarak si è dimesso dopo 30 anni di governo, è stato posto agli arresti e sono state indette nuove elezioni.

EGITTO
Forma di governo: repubblica
Capitale: Il Cairo
Superficie: 1 001 449 km^2
Popolazione: 77 775 247 ab.
Lingua: arabo
Moneta: lira egiziana

Egitto, antico

Circa 5 000 anni fa gli egizi diedero vita a una delle prime grandi civiltà del mondo. Per i successivi 2 500 anni l'antico Egitto fu uno degli stati più forti e ricchi della Terra.

La popolazione dell'antico Egitto non era probabilmente superiore ai sei milioni. Quasi nessuno viveva nei torridi deserti di sabbia e di roccia che occupano gran parte dell'entroterra del paese e tutta la popolazione si era per lo più insediata lungo le rive del maestoso Nilo. Ogni anno il fiume straripava e quando si ritirava lasciava sui terreni circostanti un fango fertilissimo, il *limo*, creando le condizioni ideali per lo sviluppo dell'agricoltura.

I contadini impararono a dissodare e arare i campi e grazie al clima caldo e al terreno fertile riuscivano a produrre due raccolti all'anno. In questo modo disponevano di cereali, frutta e verdura, in quantità superiore al loro bisogno.

Il raccolto in eccedenza veniva così destinato al resto della popolazione egizia: mercanti, artigiani, minatori, sacerdoti e famiglie nobili, nonché i faraoni che governavano su tutto il paese.

La popolazione egizia era molto povera e viveva in semplici capanne di fango con tetti di foglie di palma; gli egizi più abbienti, invece, vivevano in grandi case dotate persino di mobili e potevano permettersi cibi di lusso, come la carne. Indossavano abiti sfarzosi, gioielli e usavano persino cosmetici. Gli egizi erano molto abili in architettura e ingegneria e costruirono splendide città, templi e tombe. Come tombe per i faraoni morti, eressero imponenti piramidi. Costruire una piramide era un'impresa colossale e richiedeva il lavoro di migliaia di operai. Gli operai tagliavano enormi blocchi di pietra, li trasportavano lungo il Nilo su zattere e poi li impilavano l'uno sull'altro.

Ognuno di questi blocchi poteva pesare fino a 2,5 tonnellate. All'interno della piramide veniva sistemata la mummia del faraone, ossia il suo corpo imbalsamato. Gli egizi credevano che i morti continuassero a vivere anche dopo la morte e quindi sistemavano cibo e mobili accanto alla mummia. Nei secoli successivi quasi tutte le tombe furono depredate: soltanto la tomba di Tutankhamon, scoperta nel 1922, fu ritrovata pressoché intatta. Il clima secco dell'Egitto ha consentito la conservazione di molti esempi di geroglifici, un sistema di scrittura pittorica usata anche su fragilissima carta fabbricata con steli di papiro.

▽ Il popolo dell'**antico Egitto** credeva nella vita dopo la morte. Così, i corpi dei morti venivano mummificati prima della sepoltura per evitare che si decomponessero. Per prima cosa venivano rimossi gli organi interni, poi il corpo veniva lasciato essiccare per 40 giorni immerso nel sale. Infine veniva cosparso di spezie e oli e avvolto in bende di lino molto strette.

I geroglifici e le pitture murarie ci raccontano moltissimo della vita degli egizi. Nelle loro opere d'arte ritraevano spesso i loro dei, come *Ra*, il dio del Sole, o *Osiride*, il dio dei morti.

Gli egizi credevano inoltre nella *sfinge*, una creatura mitologica con il corpo di leone e la testa del faraone. La sfinge più famosa fu quella posta di guardia all'enorme piramide di Chefren a Giza. Con il passare del tempo, eserciti stranieri muniti di armi più sofisticate conquistarono l'Egitto, che nel 525 a.C. cadde in mani straniere. Quando la regina egizia Cleopatra morì, nel 31 a.C., l'Egitto divenne parte dell'Impero Romano.

Einstein, Albert

Fisico tedesco (1879-1955). Nato in Germania, si trasferì negli Stati Uniti intorno al 1930. La sua *teoria della relatività* rappresentò un modo nuovo di considerare il tempo, lo spazio, la materia e l'energia. Einstein dimostrò che da una piccolissima quantità di materia si poteva ricavare un'enorme quantità di energia: questo rese possibile l'impiego dell'energia nucleare.

△ Albert **Einstein** contribuì allo sviluppo della prima bomba atomica, ma dopo la Seconda guerra mondiale si batté per la necessità di un maggior controllo delle armi nucleari.

▽ I cacciatori hanno ucciso migliaia di **elefanti** africani per impossessarsi delle loro zanne di avorio, tanto che oggi la specie rischia l'estinzione.

elasticità

Quando un elastico di gomma viene teso si allunga, e quando lo si rilascia torna immediatamente alla dimensione originaria: significa che è dotato di elasticità. Quando si lascia cadere a terra una palla di gomma, la parte della palla che urta contro il terreno si appiattisce, ma subito ritorna nell'originale forma sferica. Mentre questo accade, la palla subisce uno schiacciamento sul terreno e poi salta verso l'alto, ossia rimbalza: anche la palla è dotata di elasticità.

L'elasticità è possibile perché le molecole che costituiscono un materiale elastico tendono a rimanere sempre a una certa distanza le une dalle altre. Se vengono compresse, e quindi ravvicinate, si allontanano immediatamente e, se vengono allontanate, tendono a ritornare vicine come prima. Tutti i solidi e i liquidi sono dotati di una certa elasticità.

elefante

Gli elefanti sono i più grandi animali terrestri viventi.

△ Il salto con l'asta si basa sull'**elasticità** dell'asta. Quando essa tocca terra, si piega, ed essendo altamente elastica, tende a raddrizzarsi, sollevando l'atleta oltre l'asticella.

Un maschio adulto di elefante può raggiungere il doppio dell'altezza di un essere umano e pesare quanto sette automobili. Gli elefanti hanno enormi orecchie, una lunga proboscide, zanne di avorio e pelle molto spessa. Esistono due specie di elefanti, l'africano e l'indiano: quello *africano* ha orecchie e zanne più grandi di quello indiano, o asiatico. La maggior parte degli elefanti africani vive nelle pianure erbose, o savane, dell'Africa orientale, ma alcuni abitano anche le foreste. L'*elefante indiano* vive per lo più nelle fitte foreste pluviali.
Gli elefanti sono mammiferi erbivori: usano la lunga e versatile proboscide per strappare erba e piante e per portare alla bocca cibo e acqua.

elemento

Tutto ciò che ci circonda è composto da sostanze chimiche chiamate elementi.

Ogni elemento contiene atomi tutti dello stesso tipo. Elementi diversi possono essere uniti insieme per dare luogo a sostanze più complicate chiamate *composti*, ma un elemento non può essere suddiviso in una sostanza di tipo più semplice.

I chimici hanno scoperto più di 100 elementi diversi, 92 dei quali sono presenti in natura. Gli altri sono stati prodotti dagli scienziati nei laboratori. Alla normale temperatura ambiente, alcuni elementi sono gas, altri invece sono liquidi o solidi.

Elena

Nelle leggende dell'antica Grecia, Elena era una delle donne più belle del mondo, figlia di Zeus, re degli dei, e di Leda. Elena sposò Menelao, re di Sparta, ma poi fuggì con Paride, principe di Troia. Menelao li attaccò allora con un grande esercito ed ebbe così inizio la guerra di Troia, la cui storia fu narrata dal poeta Omero nell'*Iliade*.

△ Ogni **elemento** si comporta in modo diverso. I metalli, per esempio, bruciano con fiamme di colori differenti. L'illustrazione raffigura (da sinistra a destra) le fiamme di: calcio, rame, sodio, litio, potassio, bario e piombo.

elettricità

L'elettricità è una forma invisibile di energia, usata per far funzionare treni elettrici, lampadine, computer, radio, televisori e molti altri apparecchi.

L'elettricità che usiamo scorre attraverso cavi sotto forma di corrente elettrica.

Una corrente elettrica si verifica quando minuscole particelle chiamate *elettroni* si agitano tra gli atomi del metallo del cavo. La corrente può scorrere soltanto se il cavo forma un anello chiuso chiamato *circuito*. Se vi è un'interruzione nel circuito, il flusso di corrente si interrompe. Gli *interruttori* sono dispositivi che chiudono e aprono queste interruzioni nei circuiti.

L'unità di misura dell'intensità della corrente elettrica è *l'ampère* (A). Una lampadina media per uso domestico non misura più di 1 A, mentre un fulmine può raggiungere i 20000 A e

▽ L'**elettricità** può essere generata da turbine azionate dall'energia del vento. Queste turbine vengono disposte in gruppi, solitamente in località aperte molto ventose, dando origine alle cosiddette *centrali eoliche*. Esistono progetti per costruire, in futuro, molte centrali eoliche in mare aperto come quella qui raffigurata.

una centrale elettrica nucleare può fornire una corrente di 10 milioni di A.

I **volt** sono invece unità di misura che descrivono la tensione a cui una fonte di elettricità, come una pila o un generatore, fornisce una corrente elettrica.
Le pile e le batterie sono una fonte di elettricità molto pratica. La corrente elettrica che producono può essere utilizzata per avviare automobili, illuminare le lampadine di torce elettriche e far funzionare radioline portatili. Gran parte dell'elettricità che utilizziamo, però, è prodotta nelle centrali elettriche. All'interno dei generatori di una centrale elettrica, bobine di cavo metallico vengono fatte ruotare tra potentissimi magneti (*vedi* **magnetismo**): questo produce un flusso di corrente elettrica che attraversa gli avvolgimenti della bobina. L'elettricità è trasportata dalla centrale ovunque essa sia necessaria attraverso una rete di linee elettriche aeree e di cavi sotterranei. Questa rete è chiamata *rete di distribuzione elettrica*. La corrente che scorre attraverso le linee elettriche ha una forza, *tensione*, molto elevata. Prima di raggiungere case e fabbriche, apparecchi chiamati *trasformatori* riducono la tensione della corrente per poterla utilizzare con sicurezza.

In casa, la corrente elettrica è resa disponibile dalle prese nelle pareti, scorre attraverso gli apparecchi che vengono collegati alle prese e quindi ritorna al generatore nella centrale elettrica attraverso un'altra serie di cavi: in questo modo il circuito è completato. L'elettricità è utilizzata nelle abitazioni sotto forma di *corrente alternata*, ossia una corrente che scorre periodicamente in una direzione e in quella opposta. Ogni movimento in un verso e nell'altro si verifica circa 50 volte al secondo: tanto velocemente che non ci accorgiamo neppure, per esempio, che la luce della lampadina in realtà non è fissa ma tremula.

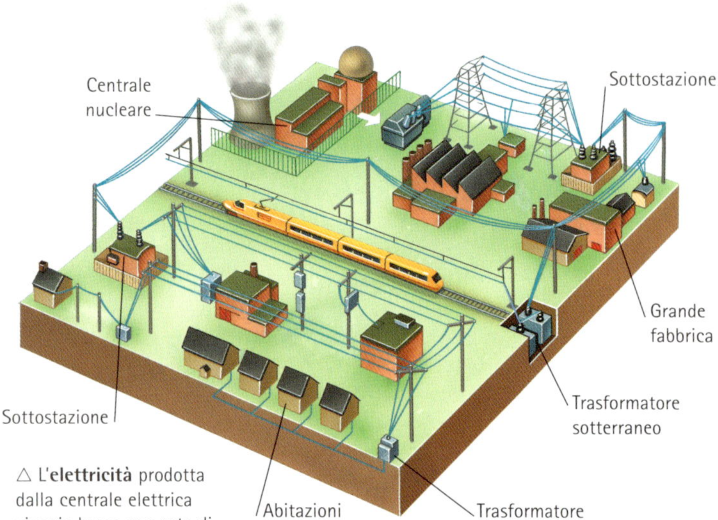

△ L'**elettricità** prodotta dalla centrale elettrica viaggia lungo una rete di linee elettriche ad alta tensione, attraversa una serie di trasformatori e sottostazioni, dove la corrente è trasformata in corrente a tensione più bassa, solitamente utilizzata nelle fabbriche e nelle abitazioni.

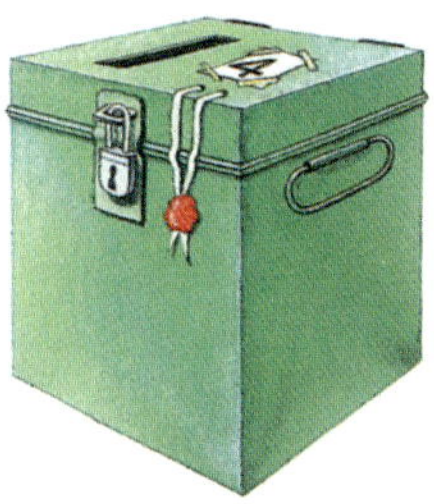

△ In molte **elezioni** la popolazione vota apponendo un segno su una scheda accanto al nome del candidato scelto. Le schede vengono quindi infilate in una scatola sigillata per essere contate successivamente.

elettronica

L'elettronica è un ramo importante dell'ingegneria che comporta lo studio dell'elettricità. Si occupa del modo in cui minuscole particelle chiamate *elettroni* scorrono attraverso alcuni materiali solidi, i gas o il vuoto.

Le apparecchiature elettriche moderne contengono minuscole parti elettroniche come chip e transistor. Queste parti, *componenti*, sono montate su una scheda di materiale plastico e collegate da linee di vernice metallica. Gli ingegneri elettronici studiano quali componenti devono essere utilizzati insieme per realizzare circuiti in grado di compiere funzioni specifiche. Questi circuiti si trovano in tutti i tipi di apparecchiature elettriche, come computer, televisori, radio, calcolatori tascabili, telefoni, orologi digitali e radar. Senza l'elettronica, gli aeroplani non potrebbero volare e le esplorazioni spaziali sarebbero impossibili.

elezioni

Periodicamente, quasi tutti gli stati, le regioni e le amministrazioni locali indicono elezioni. Le elezioni danno alla popolazione la possibilità di eleggere, o scegliere, un nuovo parlamento, un nuovo consiglio locale o un nuovo presidente esprimendo il proprio voto. Votare è un atto fondamentale del sistema politico chiamato *democrazia*.

Nei paesi democratici, gli *elettori*, ossia i cittadini che hanno diritto al voto, nel giorno delle elezioni si recano in edifici designati per tale scopo, dove viene loro consegnato un foglio, o *scheda elettorale*, su cui sono stampati i nomi di tutti i candidati. Ogni elettore, in segreto, appone una croce sul nome della persona che intende votare. A volte, è consentito all'elettore scegliere più candidati.

Il risultato di molte elezioni è deciso secondo un sistema in cui vince il candidato che riporta il maggior numero di voti. In altri casi invece si utilizza un sistema chiamato *proporzionale*: il numero dei candidati eletti di ogni partito viene calcolato in base alla percentuale dei voti totali ricevuti da quel partito.

Nelle elezioni politiche possono votare soltanto gli adulti. In molti paesi si ha il diritto di voto al compimento del 18° anno di età.

EL SALVADOR
Forma di governo: repubblica
Capitale: San Salvador
Superficie: 21 041 km²
Popolazione: 6 163 100 ab.
Lingua: spagnolo
Moneta: colón e dollaro USA

▽ Gli **elicotteri** svolgono un ruolo importante in molte missioni di ricognizione e di salvataggio. Furono usati anche all'inizio del 2 000 per salvare le popolazioni rimaste isolate dalle inondazioni devastanti che colpirono il paese africano del Mozambico.

elfi

Creature leggendarie della tradizione fiabesca europea (soprattutto nordica).

Si tramanda che vivano nelle foreste, sulle montagne, e soltanto saltuariamente vengano in contatto con gli esseri umani. Simili a noi per aspetto, il colore della loro carnagione è diverso e le orecchie sono puntute: tra di loro ci sono maschi e femmine, e pare che abbiano una struttura sociale ben definita.

elicottero

L'elicottero è un velivolo utilissimo inventato attorno al 1930. Può decollare e atterrare verticalmente e quindi è in grado di operare in spazi che sarebbero troppo limitati per gli aerei tradizionali. Inoltre, può volare in quasi tutte le direzioni e restare sospeso a mezz'aria.

Gli elicotteri non possiedono ali fisse, ma sono muniti di un'ala mobile chiamata *rotore* che funziona sia come ala che come elica. Il pilota comanda il velivolo cambiando l'angolo con cui le pale del rotore fendono l'aria. Un rotore più piccolo sulla coda dell'elicottero impedisce al velivolo di ruotare su se stesso. Gli elicotteri sono utilizzati per una grande varietà di scopi, ma sono particolarmente utili nelle missioni di salvataggio, per le osservazioni aeree e per trasportare truppe militari in località remote.

El Salvador

El Salvador è lo stato più piccolo dell'America centrale ma il più densamente popolato. La popolazione è principalmente dedita all'agricoltura e coltiva caffè, granoturco e canna da zucchero. El Salvador ha combattuto numerosi conflitti con lo stato confinante, l'Honduras, e ha sopportato una guerra civile durata 12 anni e terminata nel 1992.

Emilia-Romagna

Regione (4 377 435 ab.) dell'Italia settentrionale, confinante con Piemonte, Liguria, Lombardia, Veneto, Toscana e Marche e bagnata a est dal mar Adriatico. È attraversata dall'Appennino tosco-emiliano (monte Cimone, 2163 m), da una parte di quello ligure e dalla pianura del Po solcata dai suoi affluenti (Trebbia, Taro, Secchia). Le sue province sono: Bologna (capoluogo di regione), Piacenza, Parma, Reggio nell'Emilia, Modena, Ferrara, Forlì-Cesena, Ravenna e Rimini. L'agricoltura, l'allevamento e l'itticoltura sono molto sviluppati. Numerosi i distretti industriali specializzati: agroalimentare (Reggio nell'Emilia), automobili (Ferrari a Maranello). Molto sviluppato è il turismo balneare sulle coste.

Emirati Arabi Uniti

EMIRATI ARABI UNITI
Forma di governo: federazione di emirati
Capitale: Abu Dhabi
Superficie: 83 600 km²
Popolazione: 5 066 000 ab.
Lingua: arabo
Moneta: dirham

Gli Emirati Arabi Uniti sono uno stato federato comprendente sette piccoli stati, o emirati: Abu Dhabi, Ajman, Dubai, Fujayrah, Sharjah, Umm al Qaiwain e Ras al Khaimah. Gran parte del territorio è occupata da un deserto caldo e arido, ma il petrolio di Abu Dhabi e del Dubai fa della zona una delle più ricche del mondo. Ogni emirato è governato da un emiro, che siede nel consiglio di governo della federazione, di cui è eletto presidente uno degli stessi emiri.

emù

Soltanto lo struzzo supera di dimensioni questo grande uccello australiano. L'emù può correre alla velocità di 50 km orari sulle lunghe zampe robuste, ma non può volare perché è troppo pesante e le sue ali sono piccole e deboli.

energia

L'energia è la capacità di un corpo o di un sistema di compiere lavoro. Esiste in diverse forme, ma due sono le principali: l'energia potenziale e l'energia cinetica. L'*energia potenziale* è l'energia "di posizione", o energia accumulata. Per esempio, l'acqua immagazzinata da un'alta diga possiede energia potenziale. L'*energia cinetica*, invece, è l'energia "del movimento".

Quando dalla diga l'acqua scende attraverso le tubazioni e aziona le turbine per produrre elettricità, possiede energia cinetica.

Altre forme di energia sono l'energia elettrica, termica, chimica, acustica e nucleare. L'energia può essere trasformata da una forma all'altra.

L'energia chimica del petrolio, per esempio, si trasforma in energia cinetica quando aziona le parti mobili del motore di un'automobile, in energia elettrica quando aziona i fanali dell'automobile, e in energia acustica quando fa funzionare il clacson, e così via. A ogni stadio, una parte dell'energia si trasforma in energia termica: è per questo che il motore dell'automobile si surriscalda. L'energia, però, non va mai né "perduta" né distrutta.

Il Sole fornisce la maggior parte dell'energia che utilizziamo sulla Terra, chiamata *energia radiante*.

△ **Enrico VIII** abolì l'autorità del papa in Inghilterra e si proclamò capo della chiesa anglicana.

Enrico VIII

Re d'Inghilterra nel 1509 (1491-1547). Appartenente alla dinastia dei Tudor, fu un sovrano popolare ma spietato e viene ricordato per la corte sontuosa e l'efficiente governo.

Si sposò sei volte e si distaccò dalla chiesa cattolica di Roma quando il papa Clemente VII si rifiutò di concedergli il permesso di divorziare dalla prima moglie, Caterina d'Aragona. Dal 1536 al 1540 Enrico VIII chiuse 800 monasteri, cacciando 10 000 monaci e suore e vendendo o regalando le loro terre per porre freno al potere del papato in Inghilterra e accumulare ricchezze. Fondò così la chiesa anglicana, di cui si proclamò capo. Enrico VIII combatté anche numerose guerre contro la Scozia e la Francia.

equatore

L'equatore è una linea immaginaria che scorre attorno alla superficie terrestre esattamente alla stessa distanza dal Polo Nord e dal Polo Sud. Divide la Terra nell'emisfero settentrionale e meridionale.

equitazione

L'equitazione è l'arte di cavalcare. Sin dal 3000 a.C. circa l'uomo cavalca i cavalli, e gli animali rimasero il mezzo di trasporto più veloce fino al 1825 circa, quando furono costruite le prime ferrovie. Oggi, in alcune parti del mondo, i coltivatori e gli allevatori usano ancora i cavalli nel loro lavoro quotidiano, ma molte persone cavalcano semplicemente per passione.

Per cavalcare bene occorre una grande abilità. Una delle cose più importanti per chi pratica l'equitazione è imparare a comunicare al cavallo cosa deve fare. Esistono due tipi di segnali utilizzati a questo scopo. I primi sono i comandi naturali, impartiti con mani, gambe e voce. I secondi comportano invece l'uso delle redini e della frusta. I segnali di comando devono essere impartiti con fermezza e correttamente, altrimenti il cavallo potrebbe confondersi e non capire cosa desidera esattamente chi lo sta cavalcando.

L'equitazione sportiva comprende i concorsi ippici e le gare di corsa al trotto o al galoppo.

Eracle

Eroe della mitologia greca, figlio di Alcmena e di Zeus. Era ancora nella culla quando strangolò i due serpenti che Era, moglie di Zeus gelosa del tradimento con Alcmena, gli aveva mandato perché lo uccidessero.

Dopo le 12 fatiche impostegli da Euristeo, sposò Deianira e uccise Nesso per gelosia; a sua volta fu ucciso involontariamente da Deianira. Era identificato dai romani con Ercole.

erba

L'erba è una pianta con le foglie sottili e lo stelo verde, che non diventa quasi mai legnoso.

Esistono numerose piante di questo tipo, generalmente chiamate *erbacee*, diversissime tra loro. Il bambù, per esempio, è una pianta erbacea che può raggiungere l'altezza di un albero, ma per lo più si tratta di piante molto più basse, come l'erba che si semina nei giardini. Gli erbivori come le pecore e i bovini si nutrono di piante erbacee che crescono spontaneamente. Noi mangiamo invece i semi di cereali come il grano e il riso, piante erbacee chiamate *graminacee* coltivate per scopi alimentari.

△ L'**erba** ospita molti insetti, ai quali fornisce un ottimo nascondiglio da predatori come gli uccelli.

erbe aromatiche e medicinali

Le erbe aromatiche e medicinali sono piante erbacee con steli teneri e morbidi. Alcune di queste erbe vengono

△ **Erbe aromatiche** come la maggiorana (sopra) possono essere usate fresche oppure si possono essiccare e conservare. Alcune erbe, dette *medicinali*, sono usate anche in medicina e possono aiutare nella cura di una grande varietà di disturbi.

aggiunte ai cibi nella cottura, e sono chiamate aromatiche, altre sono invece importanti per le loro proprietà curative e sono trasformate in preparati medicinali. Le erbe usate in cucina comprendono menta, prezzemolo, timo, rosmarino, basilico, finocchietto selvatico, salvia ed erba cipollina.

Sono spesso facili da coltivare, ma hanno bisogno di un clima piuttosto caldo, poiché sono tutte originarie dei paesi dell'area del Mediterraneo.

erbivori

Gli erbivori sono un gruppo di mammiferi che si nutrono principalmente di piante. Esistono molti tipi di erbivori, tra cui bovini, cervidi, elefanti, capre, cavalli e pecore. Alcuni erbivori si nutrono soltanto di erba, mentre altri si cibano anche di foglie, semi e frutti di molte piante. Molti erbivori possiedono complessi sistemi digerenti in grado di estrarre le sostanze nutritive anche dalla più coriacea delle piante.

Ercole, *vedi* Eracle

ereditarietà, *vedi* genetica

eschimesi o inuit

Il popolo eschimese vive nelle gelide regioni artiche della Groenlandia, dell'America settentrionale e dell'Asia nordorientale. Un tempo, gli eschimesi d'estate vivevano in tende e d'inverno costruivano abitazioni con blocchi di ghiaccio, chiamate *igloo*. Si muovevano su slitte trainate da cani, andavano a caccia a bordo di speciali imbarcazioni, i *kayak*, costruite con pelli di animali, e catturavano i pesci con gli arpioni. Oggi gli inuit vivono in piccoli insediamenti, cacciano con slitte a motore, praticano ancora il baratto e comunicano da un villaggio all'altro con radio a onde corte.

△ I cacciatori **eschimesi** del Canada furono probabilmente gli inventori dell'igloo, una specie di abitazione costruita con blocchi di neve ghiacciata tagliati con apposite lame. Le fessure tra i blocchi erano riempite con neve fresca.

esercito

I primi eserciti comparvero nel Medio Oriente più di 3500 anni fa. Nel mondo antico, Egitto, Grecia e Roma possedevano già grandi eserciti. In passato gli eserciti erano composti prevalentemente dalla fanteria (soldati a piedi), oggi invece sono più differenziati e possono svolgere una grande varietà di lavori. Per esercito si intendono normalmente le forze armate terrestri. L'esercito italiano è diviso in sei armi: *fanteria, cavalleria, artiglieria* (che impiega pesanti cannoni), *genio* (i cui soldati si occupano di costruire le strutture tecniche e le fortificazioni o di demolire quelle del nemico), *trasmissioni, trasporti* e *materiali*. Esistono poi tre corpi: il *corpo sanitario*, che comprende il personale medico, il *corpo di amministrazione* e *commissariato* e il *corpo degli ingegneri*, composto da soli ufficiali, che si occupa di studiare e sperimentare armi, mezzi e materiali dell'esercito. Le armi e i corpi si dividono in diverse *specialità*, come alpini, bersaglieri, paracadutisti, a seconda del tipo di addestramento dei militari.

▽ Una delle favole di **Esopo** più famose narra la storia di una gara di corsa fra una tartaruga e una lepre. La lepre, essendo veloce, è così sicura di vincere che durante la gara si ferma a riposarsi, ma si addormenta, e così la vittoria va alla lentissima tartaruga...

esercizio fisico

Per esercizio fisico in genere si intendono attività che rafforzano i muscoli e migliorano la salute. Molti sport rappresentano ottimi modi di praticare esercizio fisico, ma è sempre meglio dedicarsi a un tipo di attività fisica moderata e continua che effettuare grandi sforzi soltanto di quando in quando. Camminare con passo veloce è uno dei migliori esercizi fisici.

Esopo

Favolista greco (VII-VI sec. a.C.). I personaggi delle sue storie sono solitamente animali che si comportano come esseri umani, con gli stessi vizi e le stesse virtù. Ogni favola insegna ai lettori una morale e offre utili consigli. Le favole di Esopo più note sono *La lepre e la tartaruga*, *La volpe e l'uva* e *Il topo di città e il topo di campagna*.

Secondo la leggenda, Esopo visse attorno al 620-560 a.C., ma è probabile che sia soltanto una figura immaginaria e che le sue favole siano state scritte in realtà da altri scrittori.

esploratore

Gli esploratori sono persone che viaggiano alla scoperta di località sconosciute. Gli esploratori esistono da sempre, da quando le popolazioni dell'età della pietra iniziarono a spostarsi da un continente all'altro. Già nel XIII secolo, Marco Polo raggiunse la Cina dall'Europa, ma la grande era delle esplorazioni ebbe inizio soltanto nel XV secolo.

Famosi esploratori occidentali furono Vasco da Gama, Hernán Cortés, Cristoforo Colombo, Ferdinando Magellano e Roald Amundsen.

esplorazioni spaziali,

vedi **pp. 136-137**

esplosione

Le esplosioni si verificano quando alcune sostanze solide o liquide vengono urtate o riscaldate e si trasformano improvvisamente in gas molto caldi. I gas occupano più spazio dei solidi o dei liquidi, quindi tendono a dirigersi violentemente verso l'esterno, provocando l'esplosione. Esplosivi cosiddetti *dirompenti*, come la dinamite, esplodono più velocemente e producono più danni di esplosivi lenti come la polvere da sparo.

▽ Gli **esploratori** hanno dato un grande contributo alla nostra conoscenza del mondo. Nel 1947 il norvegese Thor Heyerdahl attraversò l'oceano Pacifico dal Perù fino alle isole della Polinesia su una zattera di tronchi per dimostrare che un viaggio simile sarebbe stato possibile già migliaia di anni prima.

△ *Dopo un'accanita competizione tra americani e sovietici, nel 1969 l'astronauta statunitense Neil Armstrong fu il primo uomo a sbarcare sulla Luna.*

ESPLORAZIONI SPAZIALI

Le esplorazioni spaziali iniziarono nel 1957 con il lancio del primo satellite artificiale. Gli americani segnarono una tappa importante, con lo sbarco del primo uomo sulla Luna nel 1969. Oggi numerose sonde investigano ancora più approfonditamente l'universo e sono già stati organizzati i primi voli spaziali per turisti.

INIZI "BELLICI"

La tecnologia che favorì le prime esplorazioni spaziali si sviluppò nella Seconda guerra mondiale con la realizzazione di un razzo senza pilota a bordo, il V2 tedesco. Dopo la guerra, molti tra i migliori scienziati tedeschi emigrarono negli Stati Uniti. Con l'inasprirsi della guerra fredda tra gli Stati Uniti e l'Unione Sovietica, entrambe le superpotenze miravano a sviluppare le capacità di sferrare un attacco decisivo dallo spazio.

Gli Stati Uniti e l'Unione Sovietica fecero a gara per essere il primo stato a lanciare un satellite nello spazio, e partirono dalla tecnologia del V2, applicandola su scala molto più grande.

Il 4 ottobre 1957 i sovietici riuscirono a lanciare un satellite in orbita, lo *Sputnik*. I messaggi radio ritrasmessi sulla Terra furono la prova del successo dell'Unione Sovietica.

IL PRIMO UOMO NELLO SPAZIO

Negli Stati Uniti, la *NASA* (l'Ente nazionale aeronautico e spaziale) iniziò a reclutare piloti da addestrare come astronauti. Furono scelti sette uomini, impazienti di essere i primi esseri umani a viaggiare nello spazio.
Il 12 aprile 1961, però, l'Unione Sovietica rafforzò la sua posizione predominante in campo spaziale lanciando in orbita attorno alla Terra il *cosmonauta* (così venivano chiamati gli astronauti sovietici) Yuri Gagarin. Le prime parole pronunciate da un essere umano nello spazio furono: "Vedo la Terra. È così bella".

Gli Stati Uniti non erano poi così lontani dallo stesso obiettivo e il 5 maggio 1961 lanciarono in orbita l'astronauta Alan Shepard sulla navicella spaziale *Mercury*.
Il 25 maggio 1961 il presidente americano John F. Kennedy, preoccupato per i pochi progressi compiuti dagli americani, promise che gli USA sarebbero riusciti a inviare un uomo sulla Luna entro la fine del decennio.

VERSO LA LUNA

L'aver perso la gara nel lanciare il primo uomo nello spazio rese gli americani ancora più determinati a essere i primi a raggiungere la Luna. Sul finire degli anni 60, gli USA erano pronti a tentare uno sbarco sulla Luna.

UN GRANDE PASSO PER L'UMANITÀ

Dopo numerose battute d'arresto, gli scienziati e gli ingegneri statunitensi riuscirono finalmente nel loro intento con l'*Apollo 11*. Il 20 luglio 1969 l'astronauta Neil Armstrong fu il primo uomo a porre il piede sulla superficie della Luna. Le sue parole entrarono nella leggenda: "Un piccolo passo per un uomo, un balzo gigantesco per l'umanità". I suoi passi furono seguiti in TV da milioni di persone in tutto il mondo.

▷ *I razzi spaziali sono composti da tre parti, o* stadi, *ognuna dotata di un proprio serbatoio di carburante. Il primo stadio si distacca quando il razzo abbandona l'atmosfera terrestre e il secondo a una distanza di 190 km dalla Terra.*

VIAGGI DI SCOPERTA

Gli americani lanciarono verso la Luna molte altre navicelle con equipaggio a bordo, ma a partire dal 1970 il programma spaziale iniziò a concentrarsi sull'invio nello spazio di sonde prive di equipaggio. Le sonde *Voyager* iniziarono i loro lunghi viaggi nel sistema solare nel 1977, superarono il pianeta Nettuno nel 1989 e continuano a solcare l'universo ancora oggi, verso il limite estremo del sistema solare. Le immagini inviate da queste sonde sono sbalorditive e forniscono un aiuto inestimabile agli scienziati, che grazie a esse possono scoprire sempre più informazioni sui corpi celesti. Nel 2008 la sonda *Phoenix* è scesa su Marte.

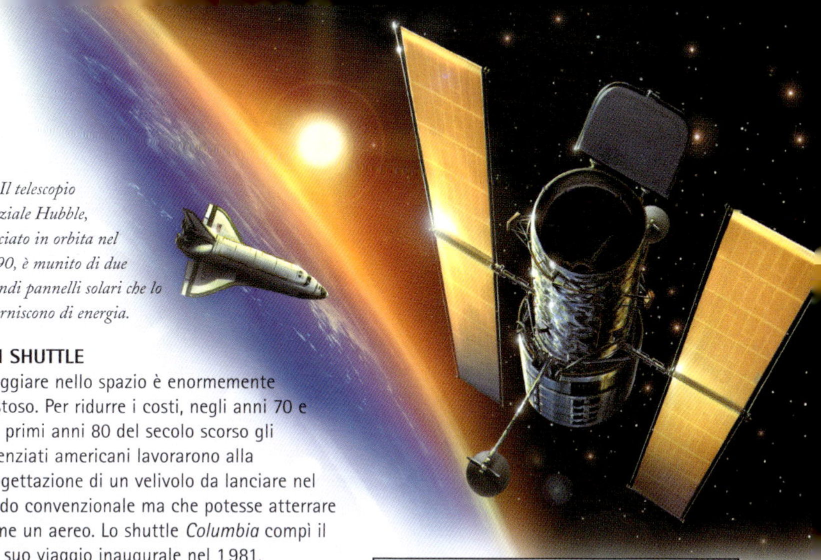

▷ *Il telescopio spaziale Hubble, lanciato in orbita nel 1990, è munito di due grandi pannelli solari che lo riforniscono di energia.*

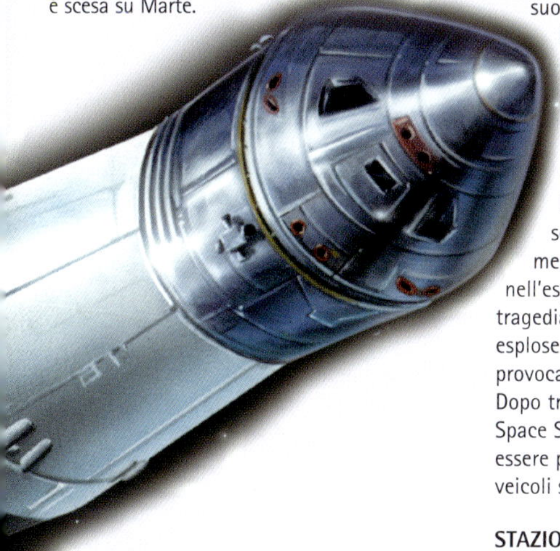

GLI SHUTTLE

Viaggiare nello spazio è enormemente costoso. Per ridurre i costi, negli anni 70 e nei primi anni 80 del secolo scorso gli scienziati americani lavorarono alla progettazione di un velivolo da lanciare nel modo convenzionale ma che potesse atterrare come un aereo. Lo shuttle *Columbia* compì il suo viaggio inaugurale nel 1981.

Le missioni dello shuttle diedero agli astronauti l'opportunità senza precedenti di condurre esperimenti nello spazio. Il programma spaziale degli shuttle fu però colpito dalla tragedia quando, il 28 gennaio 1986, lo shuttle *Challenger* esplose qualche secondo dopo il lancio. Tutti i sette membri dell'equipaggio morirono nell'esplosione. Il 16 gennaio 2003 la tragedia si ripeté quando lo shuttle *Columbia* esplose mentre rientrava dalla missione, provocando la morte di tutto l'equipaggio. Dopo trent'anni di voli spaziali, la flotta degli Space Shuttle sarà gradualmente ritirata, per essere probabilmente sostituita da nuovi veicoli spaziali chiamati *Orion*.

ESPLORAZIONI SPAZIALI
Primo satellite: Sputnik 1, 1957
Primo animale nello spazio: la cagnetta Laika, 1957
Prima sonda spaziale: Luna 2, 1959
Primo uomo in orbita attorno alla Terra: Yuri Gagarin, 1961
Prima donna in orbita attorno alla Terra: Valentina Tereskova, 1963
Prima "passeggiata nello spazio": Alexei Leonov, 1965
Primi uomini sulla Luna: Neil Armstrong e Buzz Aldrin, 1969
Prima stazione spaziale: Salyut 1, 1971
Primo volo dello shuttle: Columbia, 1981
Primo turista nello spazio: Dennis Tito, 2001

STAZIONE SPAZIALE INTERNAZIONALE

Dalla fine della guerra fredda, gli scienziati americani e russi hanno unito i loro sforzi. Da questa nuova collaborazione è nata una stazione spaziale internazionale che potrà fornire una piattaforma permanente per gli esperimenti nello spazio e una base per la prossima fase delle esplorazioni spaziali.

▽ *Il terzo stadio del razzo è progettato per far distaccare i due stadi precedenti prima di consentire la separazione della navicella spaziale Apollo e dei moduli lunari diretti verso la Luna.*

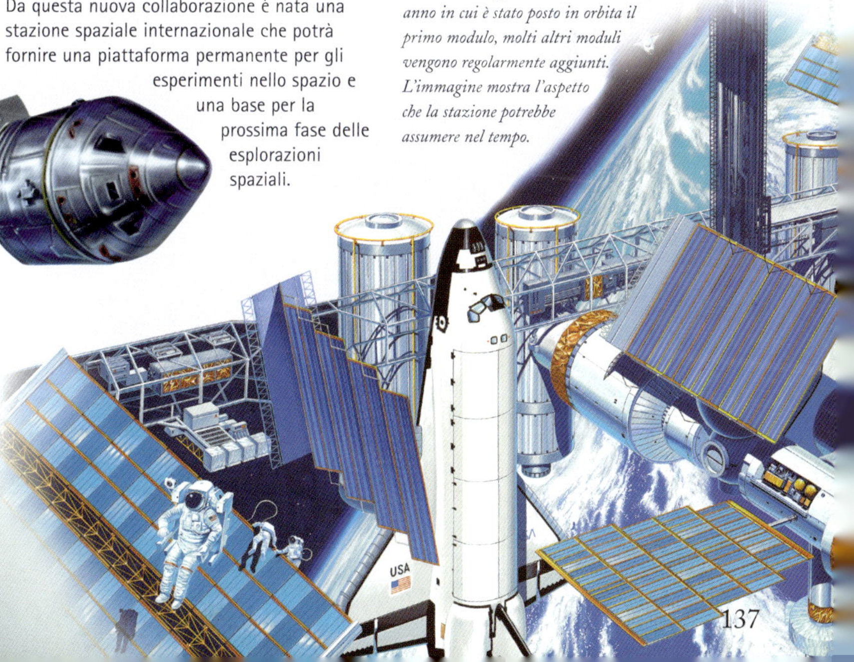

▽ *La stazione spaziale internazionale è stata costruita da 16 nazioni, tra le quali gli USA, la Russia, il Giappone e l'Italia. Dal 1998, anno in cui è stato posto in orbita il primo modulo, molti altri moduli vengono regolarmente aggiunti. L'immagine mostra l'aspetto che la stazione potrebbe assumere nel tempo.*

VEDI ANCHE
astronomia; atmosfera; cannocchiali e telescopi; Gagarin, Yuri; Kennedy, J.F.; Marte; Luna; pianeta; razzo; sistema solare; Unione sovietica

esseri umani

Gli esseri umani sono mammiferi molto simili ai loro parenti più stretti, le scimmie: noi uomini abbiamo infatti sangue, ossa, muscoli e altre parti interne del corpo dello stesso tipo di quelle di questi animali. La principale differenza tra gli esseri umani e qualsiasi altro animale è la dimensione del cervello: il cervello umano è infatti enorme rispetto alle dimensioni del corpo.

Gli esseri umani usano il cervello per pensare e riflettere e quando hanno trovato la soluzione a un problema, ne possono parlare con altri esseri umani. È questo che rende l'uomo l'animale più evoluto oggi vivente. Tutti gli esseri umani appartengono alla stessa specie, classificata come *Homo sapiens* ("uomo sapiente").

Estonia, *vedi* Baltici, stati

△ L'**estrazione mineraria** è un lavoro duro e pericoloso. Le miniere sotterranee sono soggette a cedimenti, inondazioni e gas velenosi. In futuro, il lavoro nelle miniere potrà essere condotto in parte da robot. A tuttora bisogna migliorare le condizioni di sicurezza del lavoro in miniera: non è un caso che, nel 2010, 33 minatori cileni siano rimasti intrappolati in una miniera d'oro a 700 m di profondità, ma tutti sono stati liberati dopo ben 69 giorni!

ETIOPIA
Forma di governo: repubblica federale
Capitale: Addis Abeba
Superficie: 1 127 127 km²
Popolazione: 79 455 634 ab.
Lingua: amharico
Moneta: birr

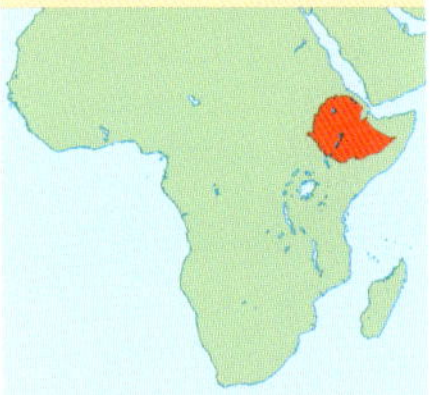

Pittura etrusca

La pittura degli **etruschi** è una specie di affresco, con colori disciolti nell'acqua che vengono assorbiti dallo strato sottile dell'intonaco. I pittori etruschi usavano pochi colori e non usavano il chiaroscuro. Nelle opere funebri circondavano il morto con immagini della vita: musicanti, danzatori, ginnasti, partite di caccia e di pesca, e si ispiravano alla pittura greca per opere di soggetto mitologico. I più antichi e importanti affreschi sono quelli della Tomba dei Tori, della Tomba della caccia e della pesca, della Tomba del Barone e della Tomba dell'Orco.

estrazione mineraria

L'estrazione mineraria è il processo con il quale i minerali vengono estratti dalla Terra e rappresenta per tutti i paesi una delle industrie più importanti. I minerali più comunemente estratti sono oro, argento, stagno, carbone e salgemma, ma si estraggono anche pietre da utilizzare nell'edilizia. Le miniere possono avere la forma di cave (pozzi a cielo aperto) o di gallerie sotterranee. Nelle cave si estraggono i minerali situati nei pressi della superficie del suolo: lo strato superficiale viene rimosso e gigantesche scavatrici tagliano la roccia che contiene i minerali. Le miniere sotterranee odierne possono raggiungere la profondità di 3 km. I problemi di drenaggio e ventilazione sono stati risolti con l'impiego di macchine che estraggono l'acqua con pompe e fanno circolare aria fresca. Un'altra forma di estrazione mineraria è il *dragaggio*, in cui i minerali, ma in genere ghiaia, sono raccolti dai letti di fiumi e laghi.

Etiopia

L'Etiopia è un grande stato dell'Africa orientale, un tempo chiamato *Abissinia*. L'Etiopia è per lo più costituita da montagne rocciose e altipiani su cui gli agricoltori coltivano cereali e caffè. Da anni l'Etiopia attraversa una spaventosa siccità (lungo periodo senza piogge) che provoca carestie ed è lacerata da una guerra civile. Negli anni 80 del secolo scorso una campagna mondiale raccolse denaro per inviare cibo e medicinali al paese. Nel 1994 viene eletta un'Assemblea Costituente e nel 1995 si tennero le prime elezioni democratiche.

etruschi

Popolo d'incerta origine abitante la Toscana e il Lazio settentrionale.

△ Gli **esseri umani** discendono da animali simili ai primati che vissero in Africa circa quattro milioni di anni fa. Queste creature si evolvettero gradualmente nei moderni esseri umani.

Gli etruschi erano organizzati in città-stato (*lucumonie*), riunite in una confederazione di dodici città: Volterra, Arezzo, Perugia, Cortona, Chiusi, Volsini, Populonia, Vetulonia, Vulci, Veio, Cere, Tarquinia. Furono completamente assoggettati a Roma nel 90 a.C.

euro

Unità monetaria prevista dal processo d'integrazione valutaria fra i Paesi membri dell'Unione Europea secondo gli accordi di Maastricht. Questi gli stati facenti parte dell'eurozona dal 1° gennaio 1999: Austria, Belgio, Finlandia, Francia, Germania, Irlanda, Italia, Lussemburgo, Paesi Bassi, Portogallo e Spagna. Inoltre la Grecia, dal 1° gennaio 2001, la Slovenia, dal 1° gennaio 2007, Cipro e Malta dal 2008, Slovacchia dal 2009 ed Estonia dal 2011.

Europa, *vedi* pp. 140-141

Everest

L'Everest è la vetta più alta del mondo, a 8 848 m al di sopra del livello del mare. Si erge nella catena dell'Himalaya, al confine tra il Nepal e il Tibet. Nel 1978 l'italiano Messner raggiunse la vetta senza respiratore.

▽ Molti scalatori cercarono di raggiungere la cima dell'**Everest** prima del successo, nel 1953, del neozelandese Edmund Hillary e dello sherpa nepalese Tenzing Norgay.

evoluzione

La *teoria dell'evoluzione* sostiene che le piante e gli animali oggi viventi discendono da altre forme vissute molto tempo fa. È un lento cambiamento, che si verifica da quando la vita comparve sulla Terra e continua ancora oggi.
Le principali prove dell'evoluzione sono i *fossili*, resti di piante e animali estinti, che ci forniscono un'idea dell'aspetto degli antenati delle specie di oggi.

Secondo la teoria dell'evoluzione, le piante e gli animali devono adeguarsi all'ambiente circostante per poter sopravvivere: le specie che si adattano meglio hanno maggiori probabilità di moltiplicarsi. In passato, per esempio, è probabile che alcune giraffe avessero il collo più lungo di altre e fossero quindi in grado di cibarsi delle foglie troppo alte da raggiungere per le giraffe dal collo corto. Nei periodi di scarsità di cibo, le giraffe più alte ebbero così maggiori possibilità di sopravvivenza di quelle più basse, che con il tempo scomparvero, lasciando il campo libero a quelle con il collo lungo.

Charles Darwin fu il primo a suggerire la teoria dell'evoluzione in un'opera pubblicata nel 1859.

EUROPA

L'Europa è uno dei continenti più piccoli. Grazie al clima mite, alla terra fertile e alle abbondanti risorse, offre condizioni ideali per gli insediamenti umani.

UN FERTILE CONTINENTE

L'Europa è situata sulla stessa *zolla tettonica* (porzione di superficie terrestre) dell'Asia occidentale. Ha una lunga storia di insediamenti umani, principalmente perché possiede terreni adatti all'agricoltura più di qualsiasi altro continente.

◁ *Le Alpi sono situate nel cuore dell'Europa e sono un'importante meta turistica.*

VARIETÀ DI PAESAGGI

Il nord dell'Europa è occupato da montagne e vaste foreste di conifere ed è parzialmente situato oltre il Circolo polare artico. Comprende la Scandinavia (Norvegia, Svezia, Danimarca e Finlandia) e parte della Russia occidentale.

Una zona di bassipiani occupa invece gran parte dell'Europa centrale e si estende dal Regno Unito a est alle montagne degli Urali a ovest. In questa regione si trovano molti grandi fiumi europei, come il Reno, il Danubio e il Volga. Le estati calde, gli inverni freddi e l'abbondanza di precipitazioni sono ideali per la coltivazione di frumento, orzo, avena, patate e ortaggi.

◁ *Rotterdam, sulla costa dei Paesi Bassi, è il primo porto del mondo, usato per esportare e importare una vasta gamma di merci, dai prodotti chimici all'acciaio, dai macchinari ai tessuti e ai cereali.*

IL MEDITERRANEO

L'Europa meridionale è separata dal nord da numerose catene montuose: da ovest a est i Pirenei, le Alpi, i Carpazi e il Caucaso. La regione mediterranea comprende Portogallo, Spagna, Francia meridionale, Italia e Grecia. Qui il clima è molto più caldo che nel resto d'Europa, con inverni miti ed estati calde e secche. Il paesaggio di dolci colline e basse pianure ospita coltivazioni di agrumi e ulivi.

EUROPA
Superficie: 10 366 240 km^2
Monte più alto: monte Elbrus, Russia sudoccidentale, 5 642 m; monte Kazbek, Russia-Georgia, 5033 m; monte Bianco, Italia-Francia, 4 807 m
Lago più grande: Làdoga, Russia nordoccidentale, 18 400 km^2
Fiume più lungo: Volga, 3 531 km
Numero di stati: 47
Stato più grande: Russia (per il 23% in territorio europeo)
Stato più piccolo: Città del Vaticano
Città più grande: Mosca, Russia, 10 470 318 ab.
Stato più popolato: Russia (parte europea), 110 167 670 ab.
Popolazione totale: 717 945040 ab.

VEDI ANCHE
agricoltura e allevamento; Alpi; esploratore; Grecia, antica; Impero Romano; mondiali, guerre; Rinascimento; Unione Europea; vichinghi.

△ *Il caldo clima della regione mediterranea è ideale per la coltivazione della vite, da cui si producono diverse varietà di vino.*

△ *L'Europa possiede una grande industria automobilistica, con molti stabilimenti altamente automatizzati per l'assemblaggio dei veicoli.*

POTENTI IMPERI
Nel corso della storia, l'Europa ha avuto un'enorme influenza sulla politica mondiale. Il *sistema democratico* (in cui il governo è scelto dal popolo) si sviluppò nell'antica Grecia circa 2 500 anni fa ed è oggi il principale sistema politico in tutto il mondo. Le leggi introdotte dall'Impero Romano, che controllò gran parte dell'Europa fino alla sua sconfitta finale nel 476 d.C., influenzano ancora molti sistemi giuridici di oggi.

LA CONQUISTA DEL GLOBO
Nel Medioevo gli esploratori europei iniziarono a esplorare terre sconosciute. Inghilterra, Spagna, Francia e Olanda usarono la loro forza militare per fondare colonie all'estero. Il commercio che si svolgeva tra l'Europa e le colonie rese questi stati estremamente ricchi. Nel XIX secolo, il Belgio e la Germania fondarono diverse colonie e nel XX secolo anche l'Italia ebbe colonie in Africa. La maggior parte di queste colonie divennero stati indipendenti dopo la seconda guerra mondiale.

CULTURA E RELIGIONE
L'Europa è la culla della cultura e del sapere sin dai tempi dell'antica Grecia. Imponenti rovine greche e romane si trovano un po' ovunque nel sud del continente e, nel Rinascimento (XV-XVI secolo), qui nacquero nuove idee nel campo della scienza, dell'arte e della letteratura. L'Europa, però, è anche un importante centro del cristianesimo. Il quartier generale della chiesa cattolica è la Città del Vaticano, a Roma, mentre la chiesa ortodossa è diffusa soprattutto nell'Europa orientale.

LA RIUNIFICAZIONE
Nel corso della storia, la cartina dell'Europa è cambiata molto spesso, in genere in seguito a guerre tra paesi nemici. Entrambe le guerre mondiali ebbero inizio e furono combattute per lo più in Europa, e al termine della seconda il continente si trovò diviso tra gli stati non comunisti dell'ovest e gli stati comunisti appoggiati dalla Russia a est: questo periodo della storia è stato chiamato *guerra fredda*. Sul finire degli anni 80 del secolo scorso, però, i governi comunisti dell'Europa dell'est si sgretolarono. Oggi 27 stati europei danno vita all'Unione Europea, un'organizzazione che cerca di migliorare la cooperazione tra gli stati membri.

Fertili pianure occupano gran parte dell'Europa orientale. In alcune aree gli agricoltori usano ancora coppie di buoi per arare i campi e trainare i carri.

Alcune **falene**, come questa *Arctia caja* sono colorate proprio come le farfalle. La colorazione molto sgargiante è spesso un segnale per informare i possibili predatori che la falena ha un sapore cattivo o è velenosa.

falco

I falchi sono uccelli predatori che possono volare a velocità sorprendenti. Sono diffusi in tutto il mondo e comprendono specie come il falco pellegrino, lo smeriglio e diversi tipi di gheppio. I falchi hanno potenti artigli per uccidere le prede e robusti becchi adunchi per lacerare la carne delle vittime. Si lanciano in picchiata sulla preda dall'alto e l'afferrano con gli artigli.

◁ Il più grande **falco** del mondo è il *girfalco*, che vive nelle regioni artiche di Europa, Russia e America settentrionale. Il girfalco caccia gli altri uccelli e nidifica tra le rocce dei dirupi.

falena

Le falene sono insetti volanti simili alle farfalle, con il corpo più tozzo e in genere colori più spenti. Le loro antenne assomigliano a minuscoli pettini o sono ricoperte di peli simili a piume, mentre le antenne delle farfalle terminano con piccole protuberanze.

Molte falene volano di sera e di notte, diversamente dalle farfalle, che sono attive soltanto durante il giorno.

fantascienza

△ Lo scrittore francese Jules Verne fu autore di alcuni dei primi romanzi di **fantascienza**. Questa illustrazione è tratta da *Ventimila leghe sotto i mari*, pubblicato nel 1870.

Le storie ambientate nel futuro o su altri pianeti rientrano nel genere letterario chiamato fantascienza. Gli autori spesso inseriscono nuove scoperte scientifiche nei loro racconti e immaginano come queste scoperte potrebbero cambiare il mondo nel futuro.

Molti romanzi di fantascienza riguardano i viaggi nello spazio e nel tempo e l'incontro con o tra creature di altri pianeti.

Jules Verne (1828-1905) e H. G. Wells (1866-1946) furono due grandi scrittori di fantascienza. Altri autori sono Isaac Asimov, Ray Bradbury e Arthur C. Clarke.

Faraday, Michael

Fisico inglese (1791-1867). Dimostrò che l'elettricità può essere prodotta in un cavo metallico fatto passare tra i poli di un magnete: questo è il modo in cui oggi gran parte dell'elettricità viene prodotta nei grandi generatori.

Gli egizi credevano che i faraoni fossero discendenti di *Ra*, il dio del Sole. Ufficialmente il faraone badava alle necessità del suo popolo ed era il re dell'Alto e Basso Egitto unificati.

Possedeva tutte le terre dell'Egitto e i nobili, i sacerdoti e i soldati egizi gli dovevano rispetto, ma in realtà erano proprio i sacerdoti e i nobili ad amministrare il paese.

faraone

Con il termine "faraone" sono chiamati i sovrani dell'antico Egitto (gli egizi attribuivano ai loro re anche altri titoli). "Faraone" deriva dall'egizio *per-a'a*, che significa "grande casa", e quindi indicava una persona che viveva in un palazzo, ossia una persona importante. Quando il faraone moriva, veniva mummificato e sepolto in una piramide.

△ Quando il **faraone** sedeva sul trono impugnando i simboli dell'autorità (il bastone pastorale e la frusta) gli egizi credevano che lo spirito del dio Horo entrasse in lui e che quindi il faraone parlasse al popolo come un dio vivente.

◁ Le **farfalle** sono di vari colori, forme e dimensioni. La più grande è l'*Ornithoptera alexandrae* della Nuova Guinea (a fianco), con un'apertura alare di 28 cm. La più piccola è invece una minuscola farfalla della Repubblica Sudafricana che misura soltanto 14 mm da una punta all'altra delle ali.

farfalla

Le farfalle sono insetti volanti e appartengono alla stessa famiglia delle falene. Vivono quasi in tutto il mondo, persino nell'area del circolo polare artico. Tutte le farfalle iniziano la loro vita come bruchi, che nascono da uova.

Al termine della crescita, il bruco si trasforma in una crisalide ricoperta da un involucro di pelle dura, all'interno del quale continua a svilupparsi fino a diventare una farfalla adulta. Terminato lo sviluppo, la farfalla vola via alla ricerca di un compagno o una compagna per accoppiarsi, deporre le uova e continuare il ciclo.

farmaci e droghe

I farmaci sono sostanze che influiscono sul modo in cui funziona il nostro corpo. I medici prescrivono farmaci ai pazienti per aiutarli a combattere le malattie. Gli *antibiotici* sono un tipo di farmaco molto diffuso e attaccano certi tipi di germi, favorendo la guarigione di chi soffre, per esempio, di polmonite e altri disturbi. Farmaci come l'*aspirina* e il *paracetamolo* aiutano ad alleviare il dolore, ma gli antidolorifici più forti sono gli *anestetici*, solitamente utilizzati per addormentare i pazienti durante le operazioni chirurgiche.

Alcune persone hanno bisogno di assumere farmaci contenenti vitamine o altre sostanze essenziali, ma a volte molti fanno uso di farmaci o di sostanze che hanno un effetto sull'attività del cervello semplicemente

△ Molti **farmaci** sono estratti da piante, animali o minerali. Per esempio, un estratto del fiore della digitale viene usato per produrre un farmaco utilizzato nella cura delle malattie cardiache.

perché ne ricavano inizialmente una sensazione piacevole. Questo tipo di sostanze sono chiamate *stupefacenti*, o droghe. Oltre a farmaci come le *anfetamine* e gli *antidepressivi*, comprendono anche l'*eroina*, la *cocaina* e la *canapa indiana*, tutte droghe illegali che creano assuefazione, cioè dipendenza, e possono provocare malattie o persino la morte. L'*alcol*, e la *nicotina*, contenuta nel tabacco, sono sostanze permesse dalla legge, ma possono anch'esse creare una vera e propria dipendenza e sono quindi pericolose.

fascismo

Il fascismo è un movimento politico che prende il nome dai *fasces* dei latini, fasci di rami con una scure nel mezzo, simbolo di potere nell'antica Roma. Il fascismo nacque nel 1919 in Italia come un movimento fondato da Benito Mussolini, che ne fece un vero e proprio partito nel 1921, il *Partito nazionale fascista*. Nel 1922 Mussolini conquistò il potere e divenne dittatore.

Secondo le idee politiche fasciste, il governo di una nazione deve detenere il potere assoluto e i cittadini devono lavorare per lo stato e ubbidire al governo per il bene della nazione. I fascisti credono nella rigida disciplina e nell'addestramento fisico per tutti, bambini inclusi. Chiunque si opponga a un governo fascista è dichiarato fuorilegge. Nell'Italia fascista molte persone furono incarcerate, esiliate o condannate a morte semplicemente perché non condividevano le idee fasciste. Tutti gli altri partiti furono dichiarati illegali.

Il fascismo come regime politico dittatoriale divenne popolare in molte altre nazioni nel periodo compreso tra le due guerre mondiali, e governi fascisti assunsero il potere in Germania, Spagna e Portogallo.

I sostenitori del partito fascista tedesco, il *Partito nazionalsocialista dei lavoratori tedeschi*, vennero chiamati *nazisti*. Nel 1 933 Adolf Hitler, leader dei nazisti, divenne cancelliere tedesco e la sua politica fascista portò allo scoppio della Seconda guerra mondiale.

▽ Il **fascismo** raggiunse l'apice della sua forza in Europa negli anni precedenti alla Seconda guerra mondiale, come è ben visibile in questo raduno nazista del 1936.

fata

Nella tradizione popolare, figura femminile dotata di poteri magici, generalmente utilizzati a scopi benefici, presente specialmente nella letteratura celtica e nella letteratura medievale francese. Personaggio di molte fiabe e film animati per bambini.

Fattori, Giovanni

Pittore italiano (1825-1908). Allievo di Giuseppe Bezzuolia, fu il maggiore esponente del movimento dei *Macchiaioli*. Dipinse molti ritratti (*Diego Martelli*), scene militari e paesaggi. La sua attività fu estremamente intensa fino alla vecchiaia.

fegato

Il fegato è un organo di forma all'incirca triangolare situato al di sotto delle costole sul lato destro del corpo.

Secerne sostanze che bruciano i grassi ingeriti con il cibo e produce le proteine contenute nel sangue. Inoltre, elimina le sostanze tossiche presenti nel circolo sanguigno, come l'alcol, o le modifica in modo da renderle innocue. Un'altra funzione del fegato consiste nell'immagazzinare minerali e vitamine essenziali.

felce

Le felci sono tra le prime piante terrestri comparse sul nostro pianeta.

Oggi le loro foglie delicate e simili a piume hanno praticamente lo stesso aspetto che avevano milioni di anni fa.

Esistono circa 10 000 specie diverse di felce, diffuse in tutto il mondo.

Solitamente crescono nelle aree umide e ombrose del sottobosco.

felini, *vedi* gatti e felini

fenicottero

I fenicotteri sono grandi uccelli acquatici che vivono nei laghi dall'acqua bassa delle regioni più calde del mondo. Il colore vivo delle loro piume va dal rosa pallido al rosa scuro.

I fenicotteri si aggirano tra le acque basse sulle sottili zampe simili a trampoli alla ricerca di minuscoli animali o piante di cui nutrirsi. Immergono il capo sott'acqua e usano i grandi becchi adunchi come setacci per filtrare il cibo dall'acqua e dal fango.

I fenicotteri nidificano insieme in enormi gruppi chiamati *colonie*. Le colonie più grandi contano molte migliaia di esemplari.

fermentazione

Il latte diventa acido, la pasta del pane lievita e il succo d'uva diventa vino: sono tutti esempi di fermentazione.

La fermentazione è provocata da funghi quali *batteri*, *lieviti* e *muffe*, minuscoli esseri viventi che decompongono le sostanze organiche in forme più semplici. L'uomo usa la fermentazione sin dai tempi antichi per

▽ Le **felci** non hanno semi o fiori, ma producono spore, minuscole strutture composte da una sola cellula, dalle quali si sviluppano nuove felci.

▽ Il corpo di un **fenicottero** non è molto più grande di quello di un'oca ma, con le zampe e il collo, lunghissimi, l'animale può raggiungere l'altezza di 1,80 m. Il colore rosa acceso del suo piumaggio è dovuto ai piccoli granchi di cui si nutre.

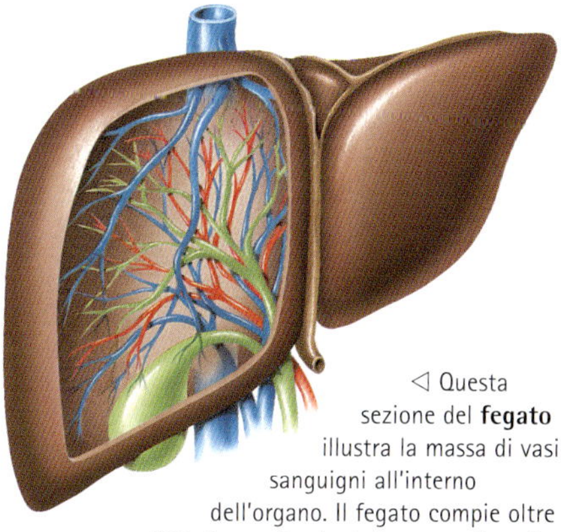

◁ Questa sezione del **fegato** illustra la massa di vasi sanguigni all'interno dell'organo. Il fegato compie oltre 500 diverse funzioni che controllano la composizione chimica del sangue.

produrre il pane, la birra, il vino e il formaggio, ma soltanto nel XIX secolo lo scienziato francese Louis Pasteur scoprì come avviene veramente questo processo.

Fermi, Enrico

Fisico italiano (1 901-1 953). Nel 1 938 i suoi studi sull'atomo gli valsero il premio Nobel e nello stesso anno lasciò l'Italia per trasferirsi a Chicago, negli USA. Qui, nel 1 942, durante la Seconda guerra mondiale, costruì il primo reattore nucleare e provocò la prima reazione nucleare a catena della storia.

ferro e acciaio

Il ferro è il più economico e utile di tutti i metalli. Spesso viene unito al carbonio e ad altri materiali per produrre l'acciaio, un robustissimo materiale da costruzione.

Il ferro è uno dei metalli più abbondanti nella crosta terrestre, presente in molti minerali. Per poterlo estrarre, il minerale che lo contiene deve essere fuso in un altoforno.

Successivamente il ferro così ottenuto viene trasformato in ghisa, ferro affinato o acciaio. La ghisa è robusta, ma non quanto l'acciaio. La ghisa fusa incandescente viene versata in stampi per fabbricare oggetti come i motori monoblocco. Il ferro affinato è più morbido della ghisa ed è usato per fabbricare catene e cancelli. L'acciaio è estremamente duro e robusto. A volte vi si aggiungono altri metalli come il tungsteno e il cromo per produrre leghe di acciaio, utilizzate per fabbricare svariati oggetti, dai chiodi ai ponti, agli edifici e ad altre strutture in grado di sopportare carichi pesanti.

ferrovie, *vedi* pp. 148-149

feste

△ Le **feste** svolgono un ruolo importante nella vita delle comunità. Questo danzatore mascherato su alti trampoli si esibisce in occasione di una festa in un villaggio del Mali, in Africa settentrionale.

Una festa è un periodo di celebrazioni che può durare da un solo giorno a diverse settimane. Le feste sono spesso determinate da ragioni religiose. Nel mondo, importanti feste religiose sono il *Ramadan* (per l'islamismo), *Chanukah* e la *Pasqua ebraica* (per l'ebraismo), *Natale* e *Pasqua* (per il cristianesimo) e *Diwali* (per l'induismo). Nel buddismo le feste celebrano eventi nella vita di Budda e rendono omaggio a monaci buddisti.

fiabe e favole

La differenza tra fiabe e favole è notevole. La fiaba è sostanzialmente un racconto popolare sugli uomini o su creature fantastiche come fate, orchi e folletti. La favola, invece, è normalmente una narrazione brevissima, dove i protagonisti sono animali che rappresentano i vizi e le virtù degli uomini, che finisce con una morale, ovvero un insegnamento preciso.

▽ Il **ferro** è estratto dai minerali di ferro negli altiforni. La maggior parte del ferro viene successivamente lavorata per produrre acciaio o leghe di acciaio.

1 Il minerale di ferro, calcare e *coke* (una forma di carbonio) vengono posti nell'altoforno. Questi materiali grezzi reagiscono tra loro e producono una ghisa di prima fusione di bassa qualità.

2 La ghisa di prima fusione viene versata nel convertitore e viene introdotto ossigeno per trasformarla in acciaio.

3 L'acciaio fuso può essere versato in stampi e modellato mentre è ancora fluido.

fiamma

Quando un materiale viene riscaldato fino a prendere fuoco, produce fiamme, costituite da gas in combustione. Le fiamme molto luminose, come quelle delle candele, del legno o del carbone contengono minuscole particelle di carbonio che producono più luce.

Le fiamme non hanno tutte la stessa temperatura: il fuoco di legna raggiunge circa 1 000 °C, mentre la fiamma del cannello sfiora i 3 000 °C.

fibre ottiche

Una fibra ottica è un filamento flessibile di vetro più sottile di un capello umano. Lungo questa fibra finissima la luce viaggia con molta facilità e può quindi essere usata per trasportare conversazioni telefoniche e immagini televisive, oppure per consentire ai chirurghi di vedere all'interno del nostro corpo.

Le fibre sono realizzate con vetro purissimo appositamente studiato per riflettere la luce verso il centro del filamento.

Usando la luce laser, i segnali possono essere inviati per oltre 50 km senza dover essere amplificati, ossia potenziati. Questo significa che le fibre ottiche sono molto più efficienti dei cavi in rame che venivano utilizzati un tempo, oltre a essere molto più sottili e leggere.

Filippine

Le Filippine sono uno stato del Sudest asiatico costituito da un gruppo di isole, le più grandi delle quali sono Luzon e Mindanao. Manila, porto principale e città più popolosa del paese, è la capitale. Gran parte della popolazione vive di agricoltura in piccoli villaggi coltivando canna da zucchero, frutta, riso, noci di cocco e ortaggi.

Gli esploratori spagnoli chiamarono così le isole in onore del re Filippo II di Spagna (1527-1598). Nel 1898 al termine della Guerra ispano-americana, le isole passarono agli Stati Uniti d'America, ma divennero indipendenti nel 1946, pur mantenendo legami molto stretti con gli USA. Ferdinando Marcos (1917-1989) fu eletto presidente nel 1965 e instaurò un regime dittatoriale finché nel 1986 fu costretto a lasciare il paese. I governi successivi hanno dovuto affrontare seri problemi economici e movimenti armati separatisti.

film, *vedi* cinema

filosofia

La parola "filosofia" deriva dal greco e significa "amore per il sapere". I filosofi sono pensatori che cercano la verità e la conoscenza della realtà del mondo riflettendo, ragionando, discutendo e ponendosi domande del tipo: "Così la domanda τι το ον (che cos'è l'ente) ne implica un'altra più originaria: *che cos'è l'essere, che in quella domanda è già oggetto di una comprensione preliminare?* Così la domanda circa la possibilità del concetto dell'essere deve fare un passo indietro e riportarsi alla domanda circa l'essenza della comprensione dell'essere generale". (Martin Heidegger, *Kant e il problema della metafisica.*)

I primi grandi filosofi furono i greci, e tra questi Socrate, Platone e Aristotele.

Finlandia

La Finlandia è uno stato dell'Europa settentrionale situato tra la Svezia e la Russia e attraversato dal circolo polare artico. Il paesaggio finlandese è punteggiato di migliaia di laghi e fiumi che formano una grande rete interna di idrovie. Circa il 75% del territorio è occupato da foreste di conifere come abeti rossi, pini e larici. Le principali industrie del paese sono rappresentate dal taglio degli alberi e dalla fabbricazione di prodotti derivati dal legno, come la carta.

fiordo

Le coste della Norvegia, della Groenlandia e dell'isola del sud della Nuova Zelanda sono interrotte da una serie di insenature profonde dalle pareti ripidissime chiamate fiordi, che si sono create nei punti in cui il mare ha invaso la terraferma. Sottili strisce d'acqua si snodano così verso l'entroterra lungo suggestive gole montuose.

I fiordi si formarono quando, nella loro discesa verso il mare durante le glaciazioni, i grandi ghiacciai scavarono vallate nelle pendici delle montagne.

Quando il ghiaccio si sciolse, il mare allagò le vallate. I fiordi sono molto profondi e sono quindi un riparo perfetto per le grandi navi.

fiore

Esistono oltre 250000 specie diverse di piante da fiore, da quelle alte pochi centimetri alle spettacolari orchidee, ai cactus ricoperti di spine e agli alberi più grandi e longevi. I fiori che queste piante producono sono di una sfolgorante gamma di colori, forme e dimensioni. Alcuni fiori si sviluppano singolarmente, altri in grappoli. Molti fiori hanno colori vivaci, un intenso profumo e producono un nettare dolce, altri invece sono più scialbi e inodori.

Qualsiasi aspetto essi abbiano, i fiori svolgono tutti lo stesso ruolo nella vita di una pianta, e cioè quello della riproduzione. All'interno di ogni fiore esistono parti maschili chiamate *stami*, costituiti da antera e filamento, e parti femminili chiamate *pistilli*, costituiti da stimma, stilo e ovario. Gli stami

continua a p. 150

FILIPPINE
Forma di governo: repubblica
Capitale: Manila
Superficie: 300076 km²
Popolazione: 91983100 ab.
Lingua: pilipino e inglese
Moneta: peso filippino

FINLANDIA
Forma di governo: repubblica
Capitale: Helsinki
Superficie: 338145 km²
Popolazione: 5351427 ab.
Lingua: finnico e svedese
Moneta: euro

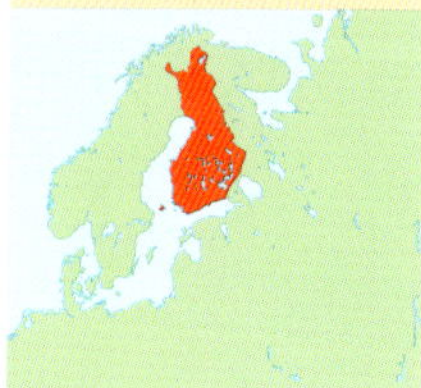

FERROVIE

Le ferrovie sono reti di binari metallici sui quali viaggiano i treni. Questo sistema di trasporto si diffuse rapidamente nel XIX secolo, consentendo a merci e persone di spostarsi velocemente su lunghe distanze. Oggi le ferrovie sono utilizzate per il trasporto di merci e passeggeri in quasi ogni paese del mondo.

△ *I nativi americani chiamavano il treno "cavallo di ferro". I treni attraversarono il continente nordamericano per la prima volta attorno al 1860. Una locomotiva tipo aveva la potenza necessaria a trainare le 40 tonnellate di peso del treno. Dietro alla locomotiva, un carrello trasportava la legna per alimentare il fuoco. Un largo sperone chiamato* cacciapietre *era agganciato davanti al treno: serviva a far spostare i capi di bestiame che eventualmente si trovassero lungo i binari e per rimuovere neve o pietre.*

△ *Nel 1829 George Stephenson e il figlio Robert progettarono e costruirono la locomotiva* Rocket *per la linea Liverpool-Manchester. Raggiungeva la velocità di 40 km orari.*

△ *Sistemi di treni elettrici viaggiano oggi in molte città all'interno di gallerie sotterranee: sono le cosiddette* metropolitane. *Solitamente i percorsi sono sistemati in modo che le persone possano proseguire il loro viaggio in automobile, treno, autobus o taxi.*

LA PRIMA FERROVIA

La prima ferrovia per il trasporto di passeggeri, la *Stockton-Darlington* nell'Inghilterra nordorientale, fu progettata e inaugurata nel 1825 dall'ingegnere britannico George Stephenson (1781-1848). Poco dopo, nel 1829, fu inaugurata la *Liverpool-Manchester.* Nel 1900 la maggior parte dei paesi industrializzati del mondo possedeva già ampie reti ferroviarie e milioni di persone viaggiavano in treno. In Italia la prima ferrovia fu la *Napoli-Portici*, il cui primo tratto fu inaugurato nel 1838.

PROPULSIONE

I primi treni erano azionati da motori a vapore. Già nel 1804, Richard Trevithick (1771-1833), proprietario di miniere, aveva sviluppato un motore a vapore per il trasporto di carichi pesanti e George Stephenson invitò i proprietari delle prime ferrovie a usare proprio questo tipo di motori. Oggi i treni possono viaggiare ad alte velocità e sono alimentati per lo più da elettricità fornita da cavi aerei o da motori diesel. I treni a levitazione magnetica (i cosiddetti *maglev*) sono azionati da magneti che sollevano il treno al di sopra dei binari: questi treni "fluttuanti" possono viaggiare ad alta velocità producendo pochissimo rumore.

SEGNALI E BINARI

I treni viaggiano su rotaie di acciaio, passando da un binario all'altro in corrispondenza degli scambi, dove sono installate rotaie mobili che consentono ai binari di dividersi o di congiungersi per far cambiare direzione al treno. Le linee ferroviarie sono divise in sezioni con un segnale posto all'inizio di ognuna di esse. I segnali e gli scambi sono controllati da scatole di segnalazione attraverso computer, i quali assicurano che su ogni sezione di binario viaggi un solo treno per volta. I segnali funzionano come i normali semafori.

FERROVIE SOTTERRANEE

Molte città del mondo hanno una rete ferroviaria che scorre in gallerie al di sotto della rete stradale, estremamente utili per evitare gli ingorghi del traffico in superficie. La prima ferrovia sotterranea fu la *Metropolitan Line*, inaugurata a Londra nel 1863. Ben presto altre città cominciarono a costruire queste ferrovie sotterranee o *metropolitane*: Boston nel 1895, Budapest nel 1896, Parigi nel 1898 e New York nel 1904. In Italia, Roma nel 1955 e Milano nel 1964 e a seguire Catania, Napoli, Genova e infine, nel 2011, Torino. In tutto il mondo oggi esistono più di 60 ferrovie sotterranee.

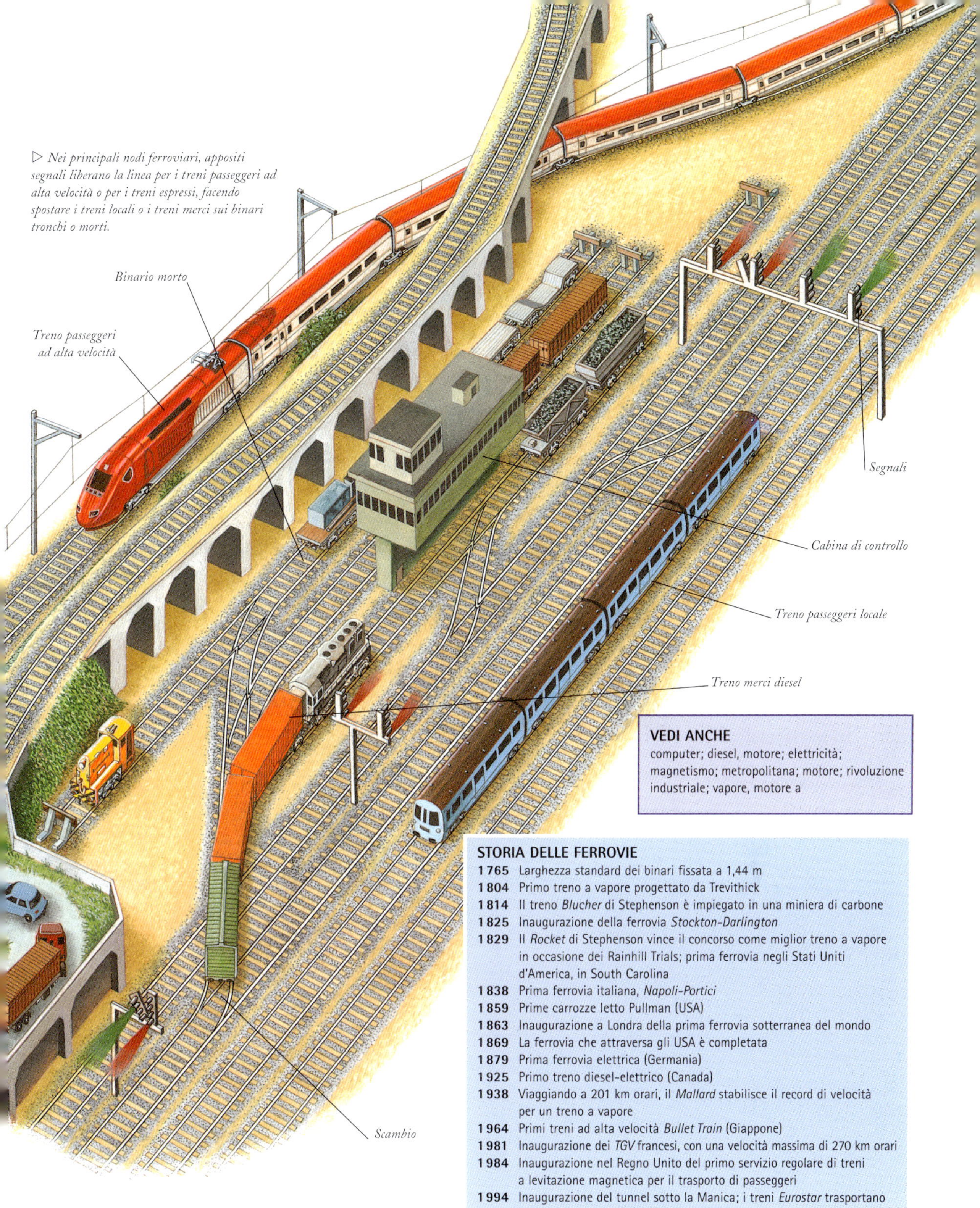

▷ *Nei principali nodi ferroviari, appositi segnali liberano la linea per i treni passeggeri ad alta velocità o per i treni espressi, facendo spostare i treni locali o i treni merci sui binari tronchi o morti.*

VEDI ANCHE

computer; diesel, motore; elettricità; magnetismo; metropolitana; motore; rivoluzione industriale; vapore, motore a

STORIA DELLE FERROVIE

1765 Larghezza standard dei binari fissata a 1,44 m
1804 Primo treno a vapore progettato da Trevithick
1814 Il treno *Blucher* di Stephenson è impiegato in una miniera di carbone
1825 Inaugurazione della ferrovia *Stockton-Darlington*
1829 Il *Rocket* di Stephenson vince il concorso come miglior treno a vapore in occasione dei Rainhill Trials; prima ferrovia negli Stati Uniti d'America, in South Carolina
1838 Prima ferrovia italiana, *Napoli-Portici*
1859 Prime carrozze letto Pullman (USA)
1863 Inaugurazione a Londra della prima ferrovia sotterranea del mondo
1869 La ferrovia che attraversa gli USA è completata
1879 Prima ferrovia elettrica (Germania)
1925 Primo treno diesel-elettrico (Canada)
1938 Viaggiando a 201 km orari, il *Mallard* stabilisce il record di velocità per un treno a vapore
1964 Primi treni ad alta velocità *Bullet Train* (Giappone)
1981 Inaugurazione dei *TGV* francesi, con una velocità massima di 270 km orari
1984 Inaugurazione nel Regno Unito del primo servizio regolare di treni a levitazione magnetica per il trasporto di passeggeri
1994 Inaugurazione del tunnel sotto la Manica; i treni *Eurostar* trasportano passeggeri tra Londra, Parigi e Bruxelles

continua da p. 147

contengono centinaia di granelli di polline simili a polvere che fecondano i pistilli. La fecondazione ha luogo quando i granelli di polline vengono trasferiti dagli stami di una pianta ai pistilli di un'altra pianta della stessa varietà. Quando ciò accade, iniziano a formarsi e a crescere i frutti. I frutti contengono i semi, che alla fine si svilupperanno in una nuova generazione di piante.

I fiori che coltiviamo nei giardini e nelle serre e usiamo per decorare le nostre case, come le rose, i gigli e le orchidee, derivano tutti da fiori selvatici, spesso molto diversi dalla varietà coltivata. Nel corso degli anni, infatti, le varietà coltivate sono state prodotte con tecniche speciali per migliorarne l'aspetto e il profumo e renderle più robuste.

△ I **fiori** sono la parte delle piante da fiore interessata alla riproduzione. Producono semi che daranno vita a una nuova generazione dello stesso tipo di pianta.

fisica

La fisica è una scienza che studia le proprietà della materia (corpi solidi, liquidi e gas) e i minuscoli atomi di cui essa è costituita.

I fisici studiano anche le diverse forme di energia: elettricità, luce, suono, energia meccanica, chimica e nucleare. I principali campi di studio della fisica comprendono la *meccanica* (forze e movimento, corpi solidi, liquidi e gas), l'*ottica* (luce), l'*acustica* (suono), l'*elettricità* e il *magnetismo*, la *fisica atomica*, *molecolare* e *nucleare* e la *criologia* (lo studio di temperature estremamente basse e dei loro effetti, compresa la superconduttività).

I fisici cercano di scoprire nuovi aspetti di questa scienza conducendo esperimenti di cui annotano accuratamente i risultati, in modo che altri possano verificarli. La fisica abbraccia un campo vastissimo e non esistono fisici che siano esperti di tutti i suoi rami. Per esempio, i fisici nucleari che studiano l'atomo nel dettaglio è possibile che non sappiano molto del cosmo e dei movimenti di pianeti, stelle e galassie, perché questi sono oggetto di studio degli astrofisici. L'unico campo che tutti i fisici devono conoscere è la matematica. Fisici famosi furono Galileo Galilei, Isaac Newton e Albert Einstein.

△ Le **foche** sono nuotatrici eccezionali, ma sulla terraferma si muovono lentamente. Vivono per lo più in mare, ma si riproducono sulla terraferma.

Fitzgerald, Ella

Cantante jazz statunitense (1918-1997). Le sue canzoni vengono ascoltate ancora oggi in tutto il mondo. Nel corso della sua lunga carriera cantò con moltissimi musicisti jazz e divenne famosa per lo straordinario timbro della voce e per la capacità di improvvisare, ossia di modificare i brani aggiungendovi parti nuove in ogni esibizione.

fiume

I fiumi sono corsi d'acqua che solcano la superficie della Terra, dai piccoli ruscelli alle imponenti masse d'acqua che si snodano per migliaia di chilometri.

I fiumi più lunghi del mondo sono il Rio delle Amazzoni, il Mississippi e il Nilo, che attraversano regioni di estensione enorme. Il bacino del Rio delle Amazzoni occupa un'area più grande di tutta l'Europa occidentale. Alcuni fiumi servono da canali di collegamento per i trasporti e consentono alle navi d'altura che attraversano gli oceani di raggiungere zone nell'entroterra. Nelle foreste pluviali i fiumi sono spesso l'unico mezzo per spostarsi da una regione all'altra. I fiumi su cui vengono costruite dighe forniscono l'energia per produrre elettricità.

L'acqua dei fiumi è utilizzata anche per irrigare le coltivazioni nelle aree desertiche e dal clima asciutto (*vedi* **irrigazione**).

△ In centinaia di anni, i **fiumi**, scorrendo verso il mare, scavano valli nelle regioni che attraversano. Da minuscoli ruscelli di neve sciolta essi aumentano e si gonfiano raccogliendo lungo il percorso minerali e altri detriti, che si depositano sul fondo. Quando i fiumi, giunti nei pressi del mare, rallentano la loro corsa, danno luogo a grandi foci a delta.

Fleming, Alexander

Medico britannico (1881-1955). Scoprì l'antibiotico chiamato *penicillina*, uno dei farmaci più importanti.
La penicillina combatte le infezioni provocate da molti tipi di batteri, solitamente senza nuocere all'organismo, e ha salvato milioni di vite.

Fleming scoprì la penicillina per caso nel 1928, quando notò un tipo di muffa sconosciuto nel suo laboratorio. Per il suo lavoro, Fleming ricevette nel 1945 il premio Nobel per la medicina.

focena, *vedi* delfini e focene

foche e leoni marini

Le foche e i leoni marini sono grandi mammiferi marini, molti dei quali vivono nelle acque più fredde del mondo in Artide e Antartide. Trascorrono la maggior parte del tempo in mare, ma a volte nuotano fino a riva e si sdraiano al Sole. Sempre sulla terraferma, danno alla luce i loro piccoli. Le foche possono nuotare molto velocemente perché il loro corpo ha forma affusolata ed è dotato di robuste pinne. Sono inoltre munite di uno spesso strato di grasso al di sotto della pelle che le protegge dal freddo.

Le foche e i leoni marini si nutrono di pesci e di altre creature che vivono nei mari. I leoni marini hanno piccole orecchie sul capo e il corpo ricoperto di pelo.
I maschi spesso sono provvisti anche di una criniera arruffata, da cui il nome. Il leone marino della California è il più piccolo della specie.

foglia

La foglia ha un ruolo essenziale nell'accrescimento delle piante e necessita di luce solare, anidride carbonica (contenuta nell'aria) e acqua. L'aria penetra all'interno della foglia attraverso minuscoli fori chiamati *stomi*. L'acqua contenuta nel terreno

▽ La **foglia** è strutturata per catturare più luce solare possibile e perdere la minore quantità d'acqua. Le rigide nervature consentono alla foglia di protendersi verso la luce. Grazie alle cellule trasparenti presenti sulla faccia superiore della foglia, i raggi luminosi possono raggiungere le strutture interne in cui viene prodotto il nutrimento. Lo strato impermeabile esterno impedisce alla foglia di seccarsi.

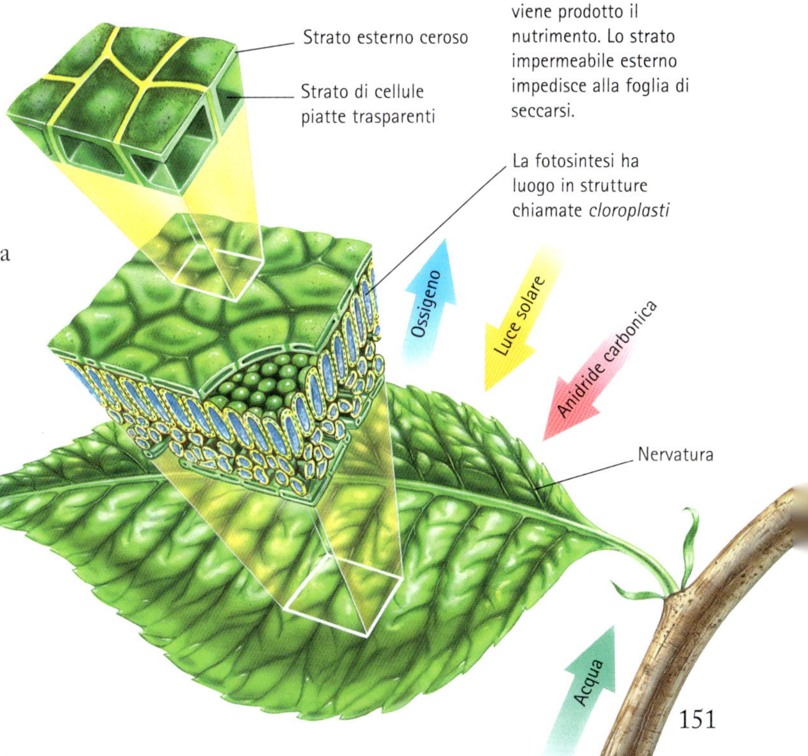

viene assorbita dalle radici della pianta, risale lungo lo stelo e raggiunge la foglia attraverso minuscoli tubicini chiamati *nervature*. All'interno della foglia si trova una sostanza verde, la *clorofilla*, che utilizza la luce, l'anidride carbonica e l'acqua per produrre zucchero. Questo processo è chiamato *fotosintesi*. Attraverso alcuni tubicini lo zucchero è trasportato alle altre parti della pianta. Il sottoprodotto della fotosintesi è l'ossigeno, gran parte del quale viene liberato nell'aria. D'autunno gli alberi a foglia larga, o *decidui*, perdono le foglie.

Il rifornimento di acqua viene sospeso, e così perdono il loro colore verde assumendo caratteristiche sfumature gialle, arancione e rosse. Le conifere invece sono alberi *sempreverdi* con foglie a forma di aghi che d'inverno non cadono.

fonazione

Un tempo, gli unici suoni che l'uomo era in grado di emettere erano grugniti e grida. In decine di migliaia di anni, l'uomo imparò ad articolare le parole e lentamente si svilupparono le lingue.

I suoni sono prodotti dall'aria che proviene dai polmoni e passa attorno a due membrane chiamate *corde vocali*. È possibile cambiare l'altezza del suono, ossia renderlo più basso o più acuto, modificando la tensione delle corde vocali, proprio come l'altezza del suono di una chitarra può essere modificata tendendo o allentando le corde. Modificando la forma dei passaggi dell'aria nella gola, nella bocca e nel naso e usando la lingua e le labbra possiamo modificare i suoni prodotti: questo ci consente di pronunciare le parole che ci servono per comunicare.

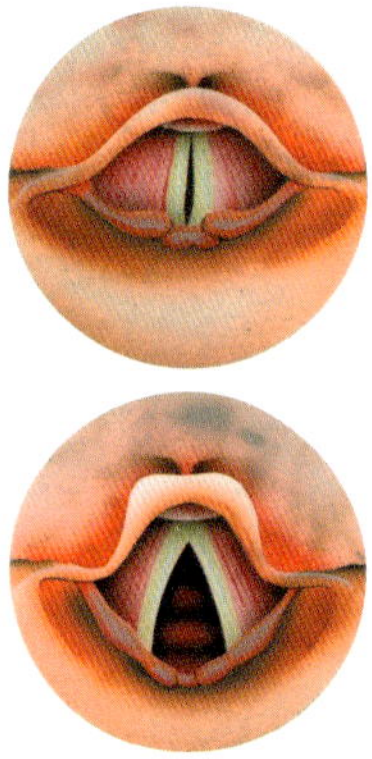

△ Nella **fonazione**, le corde vocali vengono tese e allentate. Quando sono rilassate (sopra), producono note basse, quando sono tese (sotto), producono note acute.

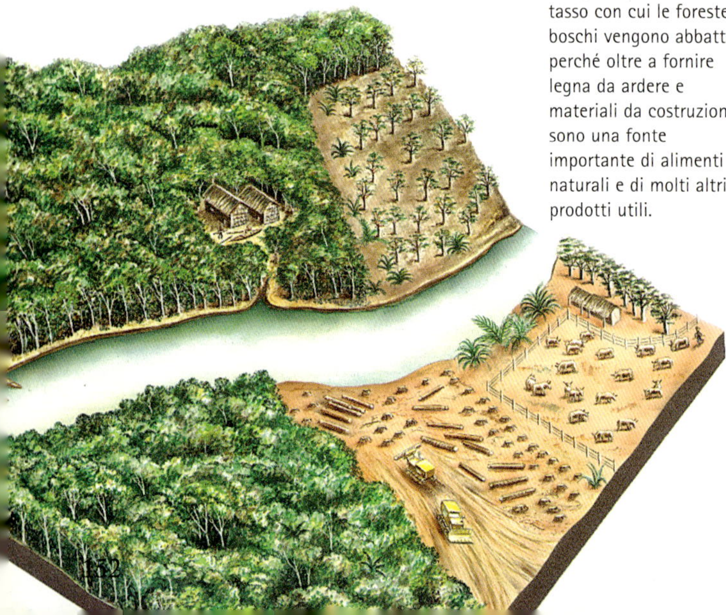

▽ Le **foreste** un tempo ricoprivano il doppio del territorio che occupano oggi. Vaste foreste sono state disboscate per ricavare legname da costruzione o per fare spazio a campi coltivati, strade e città.
È importante controllare il tasso con cui le foreste e i boschi vengono abbattuti perché oltre a fornire legna da ardere e materiali da costruzione, sono una fonte importante di alimenti naturali e di molti altri prodotti utili.

foresta

Una foresta è una vasta area di terreno ricoperta principalmente da alberi e altre piante. È uno degli habitat più importanti del mondo: le foreste occupano infatti quasi il 30% delle terre emerse del nostro pianeta.

Esistono tre tipi fondamentali di foresta. Le *foreste pluviali tropicali* si trovano nei pressi dell'equatore, dove il clima è caldo e umido. In queste condizioni crescono rapidamente molti tipi di alberi e piante. Le *foreste di conifere* si trovano invece principalmente nelle fredde aree settentrionali del Canada, dell'Europa e dell'Asia e sono composte per lo più da conifere quali abeti comuni, abeti rossi, larici o pini, tutti alberi che d'inverno non perdono le foglie.

Il terzo tipo di foresta è chiamato *foresta decidua* o di *latifoglie*, ossia di alberi a foglia larga, che d'inverno perdono le foglie, come querce, faggi e salici. Si trova nelle regioni temperate, con inverni miti, estati calde e pioggia tutto l'anno. Gli Stati Uniti d'America, l'Europa e le regioni più fresche dell'Africa possiedono grandi foreste di latifoglie.

foresta pluviale,

vedi **pp. 154-155**

formaggio

La maggior parte del formaggio è prodotta con il latte delle mucche, ma esistono formaggi anche di latte di capra, pecora, bufala e persino renna.

Per produrre il formaggio, il latte viene fatto inacidire, in modo che si rapprenda. L'insieme delle parti solide, chiamato *cagliata*, viene separato dalla parte liquida, o *siero*, e compresso in una forma che viene poi lasciata essiccare e in seguito stagionare.

△ Il **formichiere** gigante usa il lungo muso affusolato e la lingua vischiosa per catturare formiche e termiti. È in grado di mangiare fino a 30 000 di questi insetti in un solo giorno.

formica

Le formiche sono insetti sociali che vivono insieme in colonie. Alcune colonie si trovano all'interno di cumuli di ramoscelli, altre in cavità ricavate nelle profondità del terreno, altre ancora in collinette di terra o sabbia.

Esistono tre tipi di formiche: i maschi, le regine che depongono le uova e le operaie che non si accoppiano e non depongono uova.

Le *formiche legionarie* marciano in aperta campagna in gruppi enormi che possono contare milioni di esemplari, divorando ogni cosa sul loro cammino, persino i capi di bestiame.

formichiere

Il formichiere sudamericano è un curioso mammifero con il lungo muso affusolato con il quale riesce a estrarre formiche, termiti e larve dai rispettivi nidi catturandole con la lunga lingua vischiosa simile a una frusta.

Esistono quattro diversi tipi di formichiere, il più grande dei quali è il *formichiere gigante*, che può superare i 2 m di lunghezza dalla punta della coda al muso. I formichieri vivono nelle foreste tropicali, nelle savane e negli acquitrini.

Foscolo, Ugo

Poeta italiano (1778-1827).

Di padre veneziano e di madre greca, nel 1792 si trasferì da Zante a Venezia, dove iniziò il proprio tirocinio letterario e aderì alle idee libertarie e repubblicane. Caduto il Regime italico si rifugiò in Inghilterra dove si dedicò prevalentemente alla critica letteraria. È il massimo rappresentante della letteratura italiana alle soglie del Romanticismo. La sua poesia, dopo il romanzo autobiografico *Ultime lettere di Jacopo Ortis*, si volge all'austera meditazione nel carme *Dei sepolcri* e alla serena contemplazione della bellezza nel poema *Le Grazie*.

Grande è anche l'importanza del Foscolo critico.

▽ Le ***formiche*** *tagliafoglie* vivono nelle foreste tropicali delle Americhe. File lunghissime di operaie si arrampicano fino alla cima degli alberi, dove tagliano frammenti di foglie che riportano e impilano nel loro nido. Su questi cumuli di foglie cresce un tipo di fungo di cui le formiche si nutrono.

FORESTA PLUVIALE

Le foreste pluviali tropicali si trovano nell'area compresa tra i tropici, attorno all'equatore, caratterizzata da un clima caldo e piovoso. Queste foreste ospitano più della metà delle dieci milioni di specie di animali e piante esistenti nel mondo e sono tra le località più antiche della Terra. Esistono foreste pluviali tropicali nell'America centrale e meridionale, in Africa e in aree del Sudest asiatico e dell'Australia. Ogni foresta pluviale è diversa dalle altre. Alcuni animali e alcune piante vivono soltanto nelle foreste pluviali di una zona ben definita. I lemuri, per esempio, appartenenti alla famiglia delle scimmie, vivono soltanto nelle foreste pluviali dell'isola del Madagascar.

▷ *Nella* canopea, *o volta arborea, di una foresta pluviale vivono animali di ogni sorta: uccelli, scimmie, serpenti, farfalle e rane arboricole trovano cibo in abbondanza e un riparo sicuro. Piante gigantesche dal fusto legnoso allungato, chiamate* liane, *si avvolgono tra i rami degli alberi e i colibrì si cibano del nettare e del polline delle orchidee.*

GLI STRATI DI UNA FORESTA PLUVIALE

Le foreste pluviali sono composte da milioni di alberi. Piove quasi ogni giorno e molte piante e alberi crescono rapidamente, divenendo molto alti. Gli alberi più alti di una foresta sono chiamati *emergenti.* Al di sotto di questi, la *canopea*, o volta arborea, è costituita dalle cime degli alberi di altezza più modesta. La volta arborea ospita insetti, uccelli, rettili, anfibi e più della metà dei mammiferi che vivono nella foresta pluviale.

L'area tra la volta arborea e il pavimento della foresta è un ambiente più buio e fresco, situato al riparo delle chiome degli alberi. Per via del fitto fogliame, la pioggia può impiegare fino a 10 minuti per raggiungere il pavimento della foresta. Qui vive ogni tipo di animale, tra cui formichieri, lemuri e canguri arboricoli.
Il pavimento della foresta brulica sia di piccole forme di vita, in particolare insetti, che di grandi animali, come gli elefanti delle foreste. Molti animali sono notturni, ossia escono dalle loro tane in cerca di cibo soltanto di notte.

IL CIBO E LE MEDICINE DELLA FORESTA PLUVIALE

La foresta pluviale è come un forziere contenente milioni di piante. Almeno l'80% degli alimenti consumati nel mondo industrializzato è originario della foresta pluviale: caffè, semi di cacao, banane, ananas, vaniglia, arachidi, patate, pepe e zucchero. Nella foresta amazzonica crescono almeno 3000 tipi di frutti. In Occidente, noi coltiviamo e consumiamo soltanto 200 di questi, mentre la popolazione locale ne usa 2000.

Molte piante possiedono proprietà medicinali che non sono ancora state studiate a fondo. Un quarto dei medicinali del mondo deriva da ingredienti originari delle foreste pluviali, ma soltanto l'1% delle specie di alberi e piante è stato testato dagli scienziati. Molte piante delle foreste pluviali sono in via di estinzione. La *vinca rosea*, per esempio, originaria dell'isola del Madagascar, al largo delle coste africane, è solitamente utilizzata per produrre un medicinale contro un tipo di cancro chiamato *leucemia*, ma si è ormai estinta allo stato selvatico.

▷ *Gli alti rami degli alberi sono ricoperti di piante chiamate* epifite. *Alcune hanno radici spugnose che pendono dai rami e assorbono umidità dall'aria. Le bromeliacee raccolgono l'acqua tra le foglie sovrapposte alla loro base. Sugli alberi delle foreste pluviali crescono più di 28000 specie diverse di epifite.*

IN PERICOLO

Le foreste pluviali sono molto importanti. Senza di esse, il clima cambierebbe: ci sarebbero meno precipitazioni, meno piante e in caso di pioggia si verificherebbero più inondazioni perché ci sarebbero meno alberi ad assorbire l'acqua. Le foreste pluviali, inoltre, eliminano l'anidride carbonica dall'atmosfera e contribuiscono a prevenire il riscaldamento del pianeta, il cosiddetto *effetto serra*.

Le foreste pluviali, però, sono in pericolo. Nel 1950 ricoprivamo il 14% delle terre emerse del pianeta, mentre oggi si sono ridotte al 6%. Vengono abbattute per ricavare il legname e per fare spazio a terreni per le coltivazioni e gli allevamenti di animali, soprattutto nei paesi più poveri. Gli scienziati calcolano che ogni giorno si perdono oltre 137 specie di piante, animali e insetti delle foreste pluviali, ossia 50 000 specie ogni anno. Le foreste pluviali si stanno riducendo a un ritmo tale che nel 2040 potrebbero essere totalmente scomparse.

Nelle foreste pluviali tropicali del mondo vivono numerosi gruppi etnici. Alcuni di questi, come la tribù *Yanomamo* della foresta amazzonica del Brasile e del Venezuela meridionale, vivono in villaggi da centinaia, talvolta migliaia, di anni. Anche le popolazioni tribali, però, sono in declino, sia a causa delle malattie contratte da persone non del luogo che per la confisca dei territori da parte dei governi. Se le popolazioni indigene si estingueranno, un intero stile di vita e una vasta conoscenza su piante e animali spariranno con esse.

VEDI ANCHE
alberi; anfibi e rettili; farmaci e droghe; insetti; Madagascar; mammiferi; piante; Rio delle Amazzoni; riscaldamento del pianeta; tempo atmosferico; uccelli

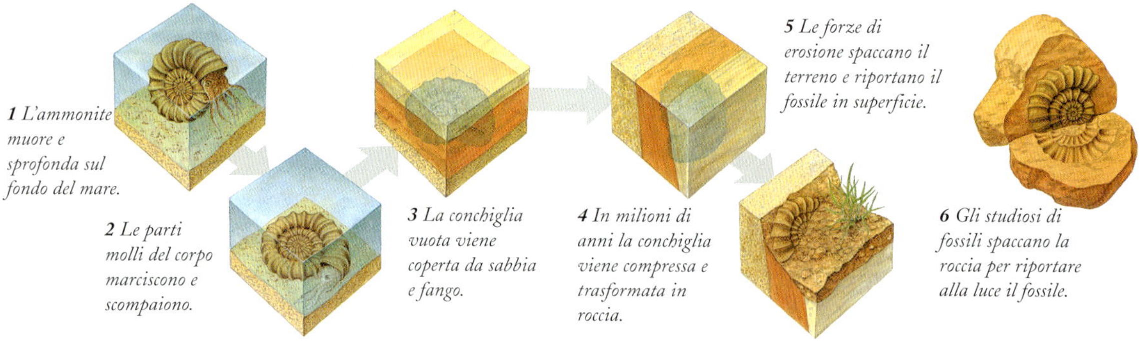

△ Questo schema illustra la formazione di un **fossile** di *ammonite*, un tipo di mollusco vissuto in mare 150 milioni di anni fa.

FRANCIA
Forma di governo: repubblica
Capitale: Parigi
Superficie: 543 965 km²
Popolazione: 64 667 000 ab.
Lingua: francese
Moneta: euro

fossili

I fossili sono impronte o resti solidificati di animali e piante vissuti milioni di anni fa. Un fossile può essere una conchiglia, un osso, un dente, una foglia o uno scheletro, a volte persino un animale intero.

La maggior parte dei fossili è stata ritrovata in aree un tempo occupate dal mare o situate nei suoi pressi. Quando una pianta o un qualsiasi essere vivente muore, il suo corpo sprofonda nel fondale marino. Le parti morbide marciscono, ma lo scheletro resta sepolto nel fango. In milioni di anni, sempre più fango si deposita al di sopra dello scheletro finché questi strati di fango si solidificano in roccia e lo scheletro diventa parte di quella roccia. L'acqua che si infiltra nella roccia scioglie lentamente lo scheletro originale e sostituisce le sostanze di cui sono composte le sue ossa con minerali, che ne assumono esattamente la stessa forma e lo trasformano in un fossile.

I fossili restano sepolti finché i movimenti all'interno della crosta terrestre non spingono verso l'alto il fondale marino, portandolo in superficie. Con il passare del tempo, l'acqua, il ghiaccio e il vento erodono la roccia e il fossile può essere portato alla luce. Il fossile più antico risale a oltre tre miliardi di anni fa.

fotocopiatrice

Una fotocopiatrice è una macchina in grado di produrre una copia della pagina di un libro o di una lettera in pochi secondi. Premendo il pulsante di una fotocopiatrice, una luce molto intensa illumina la pagina da copiare.

Una lente all'interno della macchina proietta l'immagine della pagina su un rullo di metallo liscio attraversato da corrente elettrica. La luce delle parti più luminose dell'immagine distrugge la carica elettrica nella parte corrispondente del rullo, mentre le aree più scure rimangono elettrificate.

A questo punto, sopra il rullo viene cosparsa una polvere nera, che si attacca soltanto alle parti elettrificate della sua superficie. Quando un foglio di carta viene premuto contro il rullo, la polvere si attacca alla carta, producendo una copia della pagina. Questo processo è chiamato *xerografia*.

fotografia

Il termine fotografia deriva dal greco *photos*, "luce", e *graphein*, "scrivere, tracciare segni", e significa quindi "disegnare con la luce". Quando si scatta una fotografia, la luce produce un'immagine sulla pellicola all'interno della macchina fotografica.

Innanzi tutto, si osserva il soggetto che si intende fotografare attraverso un mirino. Poi si preme un pulsante o una leva per aprire un otturatore e lasciare entrare nella macchina la luce proveniente dal soggetto. La luce passa attraverso una lente e produce un'immagine del soggetto su una pellicola all'interno della macchina fotografica. L'immagine, però, è visibile soltanto dopo che la pellicola è stata sviluppata (cioè trattata con sostanze chimiche). La pellicola sviluppata si chiama *negativo* e, nel caso delle fotografie in bianco e nero, mostra gli oggetti neri in bianco e gli oggetti bianchi in nero. Dai negativi è possibile stampare i *positivi*, ossia le fotografie finali, sotto forma di copie su carta o, con pellicole particolari, di diapositive.

◁ Le prime **fotografie** erano diverse dalle odierne istantanee. Si ottenevano esponendo alla luce grandi lastre di metallo ricoperte di sostanze chimiche simili a catrame. Per scattare una fotografia potevano occorrere anche diversi minuti, durante i quali il soggetto doveva rimanere perfettamente immobile. Oggi, con gli enormi progressi tecnologici compiuti, la fotografia digitale permette di ottenere fotografie di livello tecnico molto elevato anche per chi non è un fotografo professionista, oltre a una facile gestione delle fotografie sul computer con i programmi, accessibili a tutti, di fotoritocco e gestione grafica.

fotosintesi, *vedi* pp. 300-301

Francesco d'Assisi, San

Santo italiano (1182-1226). Nacque da una famiglia agiata in una cittadina dell'Umbria. Partecipò a imprese militari e dopo essere guarito da una grave malattia, all'età di 22 anni, decise di dedicarsi al sacerdozio scegliendo la povertà. Raccolse attorno a sé un gruppo di monaci che divennero famosi con il nome di *francescani*.
I monaci trascorrevano la loro esistenza pregando e occupandosi dei poveri e dei malati. Due anni dopo la sua morte, nel 1228, Francesco fu proclamato santo.

Francesco Giuseppe I

Imperatore d'Austria e re d'Ungheria (1830-1916). Salito al trono nel 1848, regnò 68 anni. Repressi i vari moti nazionali (1848-1849), perse poi i domini in Italia e l'influenza in Germania. Nel 1867 assunse il titolo di re d'Ungheria. Nel 1882 aderì alla Triplice Alleanza. Nel 1914, dopo l'attentato al nipote ed erede Francesco Ferdinando a Sarajevo, dichiarò guerra alla Serbia avviando la Prima guerra mondiale.

Francia

La Francia è lo stato più grande dell'Europa occidentale. Nei tempi antichi era abitata dai celti, ma Giulio Cesare la conquistò e per 500 anni fece parte dell'Impero Romano.
I franchi, dai quali la nazione ha preso il nome odierno, la invasero attorno al 400 d.C.

Per gran parte del Medioevo la Francia fu divisa in piccoli territori che spesso avevano propri governanti. I re francesi, però, divennero gradualmente sempre più potenti e riunirono i vari territori in un solo paese. La città di Parigi, sul fiume Senna, nella Francia settentrionale, divenne la capitale dello stato.

Nel 1789 la Francia fu scossa da una violenta rivolta: la **Rivoluzione francese**, durante la quale i francesi

△ **San Francesco d'Assisi** visse in povertà e dedicò la propria vita al servizio di Dio. Amava gli animali e gli uccelli, che chiamava fratelli e sorelle.

△ Il diario di **Anna Frank** descrive le privazioni vissute dagli ebrei negli anni 30 del secolo scorso sotto il regime nazista. I nazisti inflissero spaventose sofferenze agli ebrei e li costrinsero a indossare sui loro abiti una stella gialla che li potesse identificare.

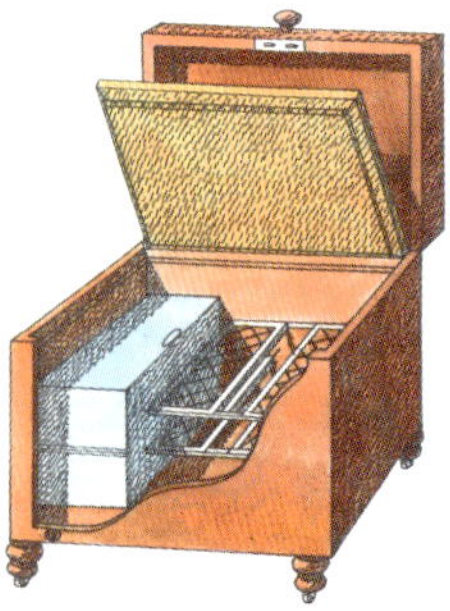

△ Molti pensano che il **frigorifero** sia un'invenzione recente. In realtà, il tipo qui illustrato fu inventato in Francia da Ferdinand Carré nel 1858.

rovesciarono la monarchia e trasformarono il Paese in una repubblica. Dopo la rivoluzione, un generale, Napoleone, salì al potere e si proclamò imperatore. Napoleone condusse diverse guerre e conquistò gran parte dell'Europa, venendo poi definitivamente sconfitto nella battaglia di Waterloo, in Belgio, nel 1815. Successivamente, la Francia divenne nuovamente una repubblica. Durante le due guerre mondiali, fu il campo di battaglia tra gli eserciti alleati e le forze tedesche di occupazione. Fu uno dei primi stati membri dell'Unione Europea e oggi è tra le nazioni più ricche d'Europa.

La Francia ha un clima mite e un paesaggio molto vario. I terreni coltivati occupano circa metà del paese e gran parte della popolazione è dedita all'agricoltura, alla pesca e alla selvicoltura. La Francia produce grandi quantità di cereali, ortaggi e frutta ed è famosa per i suoi vini.

francobollo

Un francobollo è un piccolo rettangolo o quadrato di carta stampata con il retro adesivo.

I francobolli, di diversi valori, vengono incollati su lettere e pacchi perché essi possano essere consegnati dal servizio postale. Ogni nazione emette i propri francobolli.

Frank, Anna

Ragazza ebrea (1929-1945). Tenne un diario segreto degli anni che trascorse nascosta dai nazisti durante la Seconda guerra mondiale. Nel 1933 la famiglia di Anna fuggì dalla Germania, dove i nazisti perseguitavano gli ebrei e altre minoranze. La famiglia Frank trovò rifugio ad Amsterdam, nei Paesi Bassi, che nel 1940 furono però invasi dalla Germania. Nel 1942 i Frank decisero di nascondersi e per 25 mesi vissero in un'angusta soffitta sopra un negozio. Il diario di Anna è un resoconto commovente delle difficoltà affrontate dalla sua famiglia durante il periodo vissuto nel nascondiglio e racconta cosa significava essere ebrei durante la Seconda guerra mondiale. Nel 1944 la soffitta dei Frank fu scoperta. Anna, la sorella e la madre furono deportate dai nazisti e morirono in un campo di concentramento.

Franklin, Benjamin

Statista e scienziato americano (1706-1790). Nato a Boston, negli Stati Uniti d'America, ultimo di 17 figli, Franklin divenne editore e iniziò a pubblicare un almanacco annuale che fece la sua fortuna.

Prese parte alla Guerra d'indipendenza che liberò gli Stati Uniti dal dominio britannico, e fu uno dei politici che firmarono la Dichiarazione di indipendenza americana. Contribuì alla stesura del trattato di pace al termine della guerra.

Franklin fu anche un inventore. Tra le sue invenzioni ricordiamo il *parafulmine*, un'asta che protegge gli edifici dai fulmini. Facendo volare un aquilone durante un temporale, Franklin dimostrò che il fulmine era una forma di elettricità.

frazione

Se si taglia una torta in due parti uguali, ogni parte è una frazione della torta intera. Ogni metà può essere rappresentata da un numero così espresso: $\frac{1}{2}$. Se la torta viene divisa in quattro, ogni quarto sarà rappresentato da $\frac{1}{4}$. Il numero al di sopra della linea di divisione è chiamato *numeratore*, il numero sotto *denominatore*.

Frescobaldi, Girolamo

Compositore italiano (1583-1643). Si dedicò a Roma alla musica strumentale, soprattutto per organo, grazie al quale eccelse anche come esecutore. Tra le sue composizioni ci sono ricercari, toccate, canzoni, capricci e partite. Ricordiamo: *Il primo libro delle fantasie a quattro*, *Ricercari et canzoni franzesi* e *Il primo di capricci fatti sopra diversi soggetti et arie*.

Freud, Sigmund

Medico austriaco (1856-1939). Diede un importante contributo alla comprensione della mente umana.

Freud conseguì una laurea in medicina nel 1881 e iniziò a studiare le malattie mentali. Pensava che nell'*inconscio*, ossia nell'insieme dei pensieri e dei ricordi di cui non siamo consapevoli, ci fosse la chiave dello stato mentale di una persona. Per capire l'inconscio, Freud sviluppò un sistema teorico chiamato *psicoanalisi*, una tecnica di studio dei disturbi psichici e della formazione della personalità.

frigorifero

I frigoriferi sono utilizzati per mantenere freschi i cibi. I frigoriferi più semplici sono normali contenitori dotati di un motore che alimenta un sistema di raffreddamento e sono fabbricati con un materiale isolante che mantiene fresco per un certo periodo di tempo l'interno del contenitore, anche quando il motore non è in funzione. La temperatura media all'interno di un frigorifero è compresa tra i 2 e i 7 °C.

Il sistema di raffreddamento contiene all'interno un gas speciale, che viene inizialmente compresso e trasformato in un liquido. Questo liquido scorre attraverso tubi cavi all'interno del frigorifero fino a un evaporatore, che lo trasforma nuovamente in gas. Il gas viene quindi pompato nel sistema e, scorrendo, sottrae il calore all'interno del frigorifero.

Quando viene pompato fuori dal frigorifero, il gas viene nuovamente compresso: in questo modo ritorna alla forma liquida e libera il calore che ha raccolto all'interno. Il liquido continua a essere pompato in circolo, trasformato in gas e poi nuovamente in liquido. L'aria all'interno del frigorifero diventa più fredda perché il calore viene trasportato all'esterno. Questo processo funziona all'incirca come una specie di spugna termica.

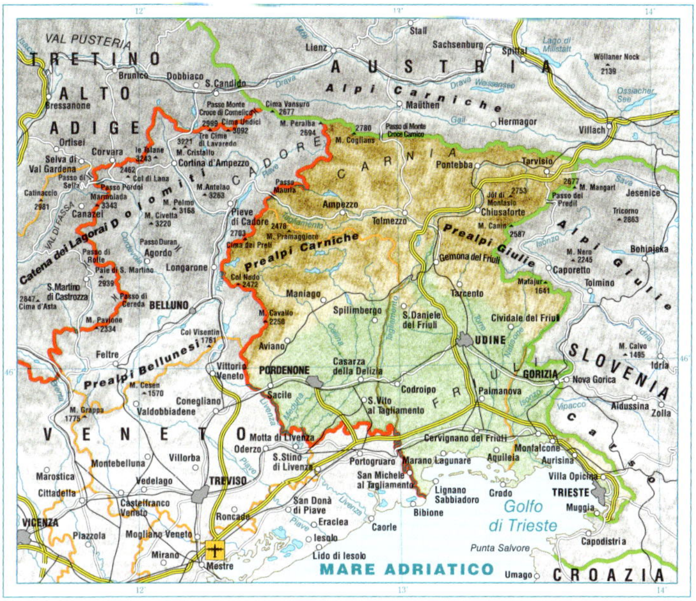

Friuli-Venezia Giulia

Regione autonoma a statuto speciale costituita nel 1947 (1 234 079 ab.) dell'Italia nordorientale, confina con Austria, Slovenia, Veneto ed è bagnata a sud dal mar Adriatico.

Il territorio è prevalentemente montuoso (Alpi Carniche e Carso) ed è attraversato dai fiumi Tagliamento e Isonzo. Le sue province sono Pordenone, Udine, Gorizia e Trieste (capoluogo). L'agricoltura è rappresentata dalla vite, l'allevamento dai suini.

L'industria e il turismo sono in crescita.

Psicoanalisi

La psicoanalisi è per **Freud** una teoria dinamica ed evolutiva la cui tecnica di cura (l'interpretazione) permette ai pazienti di prendere coscienza di desideri, impulsi, fantasie e angosce trasformati e mascherati al fine di evitare gli universali conflitti che possono generare sofferenza nevrotica nel corso dello sviluppo della personalità. Nella sua teoria Freud pone al centro l'uomo, e i suoi sintomi (comportamenti senza senso o nocivi) diventano non un ostacolo alla coscienza ma, tramite la loro elaborazione, la via regia a essa e quindi alla risoluzione della sofferenza.

△ I **fuochi artificiali** furono inventati dai cinesi centinaia di anni fa.

frutto e frutta

Il frutto è l'involucro dei semi di qualsiasi pianta da fiore. I frutti proteggono i semi durante lo sviluppo e contribuiscono alla loro diffusione quando sono maturi. Alcuni frutti spargono i propri semi con l'aiuto del vento, altri frutti sono mangiati da uccelli e animali, che contribuiscono così alla disseminazione.

Per la maggior parte di noi la "frutta" comprende alimenti succosi come mele, pere, arance e banane, tutti frutti importantissimi nella nostra alimentazione perché ci forniscono sali minerali, zucchero e vitamine. L'acqua, la buccia e i semi della frutta aiutano la digestione.

fulmine

Il fulmine è una forma naturale di elettricità. È un'improvvisa e intensa scarica di corrente elettrica che si verifica tra due nuvole o tra una nuvola e il terreno. Il fulmine è provocato dal movimento nell'atmosfera di atomi con cariche positive e negative.

Accumuli di atomi con cariche diverse provocano un bagliore e uno scoppio: il *tuono* (*vedi* **temporale**).

Esistono tre tipi di fulmini: i *fulmini diritti*, che lampeggiano con una sola linea sinuosa tra le nuvole e il suolo; i *fulmini biforcati*, che si verificano quando i fulmini si dividono in ramificazioni per cercare la via più breve per raggiungere il terreno, e i *fulmini diffusi*, scariche elettriche all'interno di una nuvola.

fungo

Un fungo è un organismo semplice simile a un vegetale ma privo di radici, steli o foglie. I funghi sono anche sprovvisti di *clorofilla*, la sostanza chimica che consente alle piante di produrre il proprio nutrimento attraverso il processo della fotosintesi. I funghi devono quindi trovare una fonte di nutrimento, così alcuni si comportano da *parassiti* e si nutrono di piante o animali viventi, altri si nutrono dei resti di questi.

Esistono oltre 50 000 specie di funghi. Alcuni sono microscopici e composti da una sola cellula, altri sono invece costituiti da catene di cellule e producono minuscole escrescenze simili a filamenti che si diffondono nella sostanza di cui si nutrono.

Molti tipi di funghi sviluppano un grosso corpo fruttifero che produce minuscole particelle chiamate *spore*. Le spore vengono sparse nell'ambiente e da esse si sviluppano nuovi funghi.

▷ Un **fungo** è un organismo che non rientra né nella categoria dei vegetali né in quella degli animali, ma appartiene a un regno separato. Esistono oltre 50 000 specie diverse di funghi, tra i quali funghi commestibili e velenosi, muffe e lieviti. Il fungo di questa illustrazione è chiamato *ovulo malefico* o *amanita muscaria* ed è velenoso.

Nei funghi che crescono nelle aree più umide dei boschi e dei prati il corpo fruttifero è formato da uno stelo e da un cappello dalla forma più svariata.

Alcuni hanno un sapore gustosissimo e sono commestibili, altri invece sono velenosi e possono provocare la morte se ingeriti. La famiglia dei funghi comprende anche le muffe.

fuochi artificiali

I fuochi artificiali sono congegni che producono straordinari spettacoli di luci, colori, fumi e botti. Furono inventati in Cina secoli fa, ma si diffusero in Europa soltanto nel XIV secolo.

I fuochi artificiali sono spesso lanciati in cielo da razzi e fatti esplodere da *polvere pirica*, una polvere nera ottenuta da carbone di legna, zolfo e salnitro (nitrato di potassio). I colori sfavillanti dei fuochi d'artificio sono prodotti dalla combustione di diverse combinazioni di sostanze chimiche.

fuoco

La capacità di produrre e utilizzare il fuoco è uno dei grandi vantaggi che l'uomo ha rispetto agli animali.

Nonostante i primi esseri umani fossero terrorizzati dal fuoco, con il tempo gli uomini primitivi scoprirono che due selci sfregate l'una contro l'altra producevano una scintilla.

Successivamente la selce fu sfregata con un frammento di ferro per originare scintille che venivano utilizzate per incendiare un materiale facilmente infiammabile, chiamato *esca*.

Quando l'uomo imparò a produrlo e a controllarlo, il fuoco divenne una componente necessaria della vita umana: forniva l'illuminazione e il riscaldamento durante la notte, consentiva di cucinare il cibo e teneva lontani gli animali. Ancora oggi, però, il fuoco che sfugge al controllo può provocare incendi e di conseguenza terribili disastri e sofferenze.

fusibile

Un fusibile è un dispositivo di sicurezza installato in un circuito elettrico contenente un filamento che fonde a bassa temperatura. Se il circuito viene attraversato da una quantità eccessiva di elettricità, il filamento si surriscalda e fonde, interrompendo il circuito.

Il fusibile impedisce quindi che il cavo del circuito diventi troppo caldo e possa incendiare gli oggetti nelle vicinanze. Un fusibile è sempre installato nel punto in cui la corrente elettrica, dalla linea di alimentazione esterna, entra nell'impianto elettrico di un'abitazione. All'interno dell'abitazione, poi, ogni presa è dotata di un proprio fusibile.

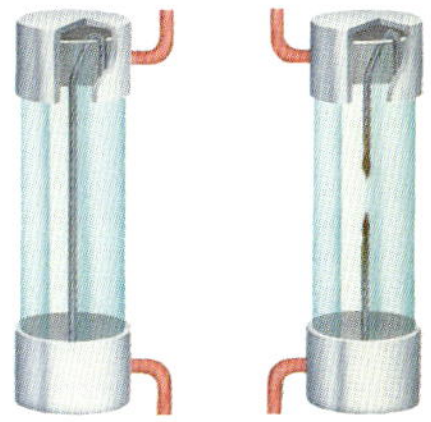

△ All'interno delle normali prese elettriche domestiche è sempre montato un **fusibile** (a sinistra). Una corrente troppo intensa provoca la fusione del filamento all'interno del fusibile, interrompendo il circuito (a destra).

▽ I **frutti** spargono i loro semi nell'ambiente in molti modi diversi. Questo cocomero asinino lancia i propri semi con un getto di liquido, prodotto dalla pressione dell'acqua all'interno del frutto.

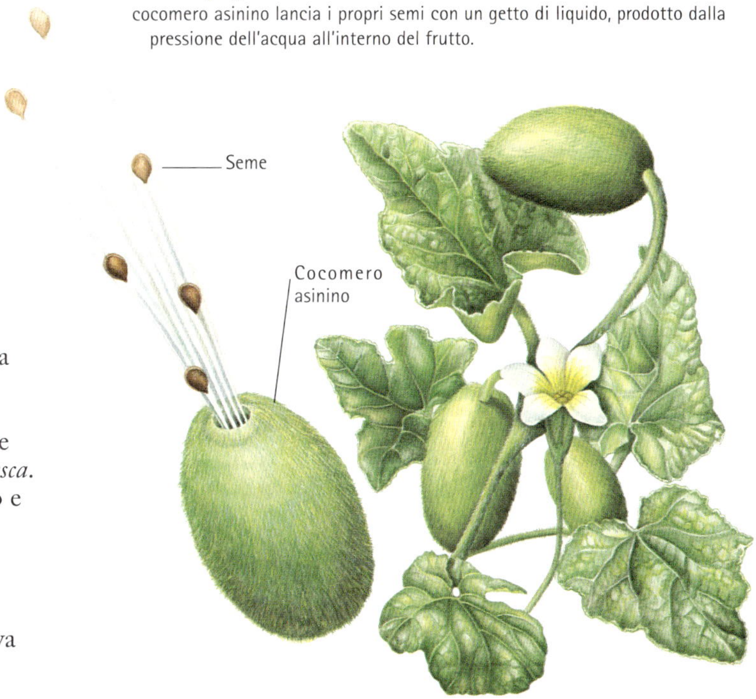

G

Vostok I

Gagarin, Yurij

Cosmonauta sovietico (1934-1968). Fu lanciato nello spazio a bordo della navicella *Vostok I* il 12 aprile 1961.

Compì un'orbita della Terra in 108 minuti e atterrò con un paracadute a meno di 10 km dal punto stabilito.

Dopo questa famosa impresa, Gagarin continuò la carriera di cosmonauta, ma morì in un incidente aereo nel marzo 1968.

gabbiano

Pochi uccelli sono più aggraziati dei gabbiani quando planano e si librano sul mare. I gabbiani hanno zampe palmate e sono abili nuotatori, ma in genere vivono nei pressi della terraferma. Catturano i pesci e si nutrono anche dei resti di cibo che trovano sulle coste.

Nel periodo della riproduzione, i gabbiani si riuniscono in gruppi rumorosi chiamati *colonie*, molte delle quali si stabiliscono su isolotti e scogli per proteggere le uova da predatori come i ratti e le volpi.

galassia

Qualcuno un tempo chiamò le galassie "isole di stelle" nello spazio: esse sono infatti composte da enormi raggruppamenti di corpi celesti.

Il nostro Sole è soltanto una stella dei circa 150 miliardi di stelle che appartengono alla galassia chiamata *Via Lattea*. Un raggio di luce impiegherebbe circa 100000 anni per attraversare la Via Lattea da un'estremità all'altra, nonostante sia soltanto una galassia di medie dimensioni.

Oltre alla Via Lattea probabilmente esistono almeno 10000 milioni di altre galassie. Quella più vicina a noi è chiamata *Andromeda*: da essa la luce impiega oltre due milioni di anni per raggiungerci.

Alcune galassie non hanno una forma particolare, altre hanno invece specie di bracci che si diramano a spirale, costituiti da numerosi milioni di stelle.

▽ La Via Lattea è una **galassia** che appartiene al *Gruppo Locale*, un insieme di circa 30 galassie.

La *Via Lattea* e *Andromeda* hanno questo aspetto. Esistono poi galassie simili a dischi o a sfere. Osservata dal bordo esterno, una galassia a spirale ha l'aspetto di un disco piatto con una parte centrale rigonfia, il *nucleo*, ma vista dall'alto si presenta come un vortice di milioni di stelle.

L'astronomia ha dimostrato che le galassie emettono onde radio. Forti onde radio provengono anche da strani oggetti simili a stelle chiamati *quasar*, potenti fonti di energia. Alcuni ritengono che i quasar siano lo stadio iniziale di nuove galassie. Secondo gli scienziati, le galassie si formano nei punti in cui la forza di gravità attrae enormi nuvole di gas.

galeone

Questa pesante nave a vela in legno era usata per trasportare soldati e merci attraverso gli oceani nel XVI secolo.

Un galeone era lungo quattro volte la sua larghezza e aveva un ponte speciale su cui erano montati i cannoni. I due alberi di prua (anteriori) montavano vele quadrate e l'albero o i due alberi di poppa (posteriori) erano invece dotati di vele latine triangolari che aiutavano il galeone a veleggiare in direzione opposta al vento.

△ I **galeoni** erano più veloci e facili da manovrare di molte altre navi.

Galilei, Galileo

Scienziato italiano (1564-1642). Uno dei primi veri scienziati, in uno dei suoi esperimenti dimostrò che un pendolo impiega esattamente lo stesso tempo a compiere oscillazioni di ampiezza diversa, brevi o più lunghe. Egli scoprì inoltre che gli oggetti leggeri cadono alla stessa velocità di quelli più pesanti.

Costruì un cannocchiale e fu il primo a usare questo strumento per studiare la Luna e i pianeti. Queste osservazioni astronomiche lo convinsero a credere nella teoria di Copernico, secondo la quale non era la Terra il centro dell'universo ma il Sole. Secoli dopo, scienziati come Isaac Newton basarono i loro studi sulle teorie di Galileo.

△ Con il cannocchiale, **Galileo** vide che la superficie della Luna non era liscia, ma cosparsa di crateri.

Gama, Vasco de

Navigatore portoghese (1469 ca.-1524). Scoprì la rotta dall'Europa alle terre ricche di spezie dell'India superando la punta meridionale dell'Africa. Salpò da Lisbona con quattro navi nel luglio 1497 e raggiunse Calicut, nell'India meridionale, nel maggio 1498.

Nel viaggio di ritorno, 30 dei 90 uomini dell'equipaggio morirono di *scorbuto* (una malattia provocata dalla carenza di vitamina C) e soltanto due delle quattro navi iniziali approdarono a Lisbona.

Gandhi, Indira

Donna politica indiana (1917-1984). Fu primo ministro dell'India dal 1966 al 1977 e dal 1980 fino alla morte. Il padre, Jawaharlal Nehru (1889-1964), fu il primo ministro indiano dopo l'indipendenza. Per anni Indira aiutò il padre e poi si diede alla politica ella stessa. Durante il suo governo, Indira Gandhi si batté per il progresso economico, le riforme sociali e l'unità nazionale del paese. Nel 1984 fu uccisa da due estremisti sikh, membri di un gruppo religioso. Le succedette, come primo ministro, il figlio Rajiv, anch'egli assassinato nel 1991.

Gandhi, Mahatma

Sostenitore della non-violenza (1869-1948). Mohandas Karamchand Gandhi detto il Mahatma, è spesso chiamato "il padre dell'India moderna".

Questo avvocato indù dall'aspetto fragile aiutò l'India a liberarsi dal dominio della Gran Bretagna disubbidendo pacificamente alle leggi britanniche.

Nel 1920, per esempio, esortò gli indiani a tessere da soli i tessuti di cui

△ Giuseppe **Garibaldi** combatté contro il dominio straniero in Italia nel XIX secolo.

Anita Garibaldi
Anita Garibaldi, il cui vero nome era Anna Maria Ribeiro da Silva, fu la prima moglie di **Garibaldi**. Combatté con il marito nelle guerre americane e lo seguì in Italia. Morì da eroina durante la tragica ritirata che fece seguito alla caduta della Repubblica romana.

▽ Il **Mahatma Gandhi** condusse l'India all'indipendenza dalla Gran Bretagna nel 1947.

necessitavano, invece di acquistarli dalla Gran Bretagna.

La gente ammirava Gandhi per le sue convinzioni, la sua gentilezza e la semplicità del suo modo di vivere, tanto da chiamarlo "Mahatma", ossia "Grande Anima". Nel 1947 l'India ottenne l'indipendenza, ma poco tempo dopo un fanatico indù uccise Gandhi perché predicava la pace tra gli indù e i musulmani.

Gange

Il Gange è il principale fiume dell'India e origina il delta più esteso del pianeta. Lungo circa 2 700 km, raccoglie affluenti su un'area grande circa tre volte la Spagna. Il fiume nasce nell'Himalaya e scende verso sudest attraverso l'India e il Bangladesh fino al golfo del Bengala. Sulle sue rive si sviluppano ricchi terreni agricoli e grandi città e gli indù lo considerano sacro.

García Lorca, Federico

Poeta e drammaturgo spagnolo (1898-1936). Fondò con R. Alberti l'Associazione degli intellettuali antifascisti; nello stesso anno fu arrestato e fucilato dai franchisti durante la guerra civile.

Nelle sue opere espresse la ricchezza passionale e violenta dell'anima andalusa. Ricordiamo: *Libro di canzoni*, *La casa di Bernarda Alba* e *Lamento per Ignacio Sánchez Mejias*.

Garibaldi, Giuseppe

Patriota italiano (1807-1882). Diede un grande contributo all'unificazione dell'Italia, al tempo divisa in piccoli stati. Dopo due periodi di esilio negli Stati Uniti, Garibaldi condusse i suoi seguaci, le *Camicie rosse*, contro gli austriaci che all'epoca controllavano l'Italia. Nel 1860, con la spedizione dei Mille, conquistò la Sicilia, quindi risalì lungo la penisola, fino a entrare trionfalmente in Napoli.

Questa vittoria rese possibile l'unità d'Italia sotto la guida del re Vittorio Emanuele II (1820-1878).

gas

I gas sono sostanze che assumono forma e dimensioni del contenitore che le contiene perché sono composte da atomi che hanno una grande libertà di

movimento. Quando un gas si raffredda, si trasforma in un liquido, con volume fisso, ma senza una forma predefinita.

Se questo liquido si raffredda ulteriormente, si trasforma in solido, con forma e volume ben definiti.

Il gas che utilizziamo per cucinare e riscaldare le nostre case è chiamato *gas naturale* ed è estratto dal sottosuolo in molte località del mondo.

Il petrolio e il gas naturale si accumulano nelle rocce porose (che possono essere imbevute dai liquidi) e restano intrappolati fra strati di rocce impermeabili (che non consentono il passaggio dei liquidi).

△ Grossi tubi trasportano il petrolio e il **gas naturale** dalle piattaforme petrolifere verso terra. Una *piattaforma petrolifera* è una piattaforma fissata al fondale marino, utilizzata per perforare la roccia sottostante ed estrarne petrolio e gas naturale. Nel 2010 l'esplosione e l'inabissamento della piattaforma petrolifera Deepwater Horizon ha provocato un disastro ambientale di immense proporzioni, con la fuoriuscita dal fondale marino di un'enorme quantità di petrolio.

gas naturale e metano

I gas naturali, di cui il metano è il principale costituente, sono gas che esistono in natura nel sottosuolo e non devono essere prodotti. Solitamente si trovano associati ai giacimenti di petrolio, ma talvolta sono presenti anche da soli. Se in un giacimento petrolifero si rinvengono gas naturali soltanto in piccole quantità, li si elimina bruciandoli, ma se sono presenti in grandi quantità vengono estratti e condotti lungo tubazioni per essere usati per il riscaldamento e per produrre elettricità.

Il gas naturale si trova in grandi quantità in Russia, in Texas e in Louisiana, negli USA, e nei giacimenti petroliferi del Mare del Nord. Anche in Italia, nella pianura padana, si trovano giacimenti di dimensioni discrete.

gatti e felini

I gatti appartengono a un gruppo di mammiferi chiamati felini. Pur variando di dimensioni, dai piccoli gatti domestici ai leoni e alle tigri, hanno tutti molte caratteristiche comuni: testa corta e rotonda, lunghi baffi, *denti aguzzi* che servono come armi per afferrare e uccidere le prede, e robusti artigli. Tutti, tranne i ghepardi, quando non utilizzano gli artigli, li ritraggono in apposite guaine di pelle all'interno dei cuscinetti delle zampe. Le lunghe code di gatti e felini in genere servono per mantenere l'equilibrio durante salti o cadute.

Esistono circa 38 specie di felini. Da una di queste, quella del gatto domestico, sono state ricavate diverse varietà. I gatti selvatici sono solitamente animali solitari, mentre i leoni e i ghepardi vivono in gruppi familiari.

△ I primi **gatti** furono addomesticati in Africa oltre 4000 anni fa, probabilmente dagli egizi.

Gauguin, Paul

Pittore francese (1848-1903). Iniziatosi alla pittura tramite Pissarro, anticipò l'Espressionismo. Nel 1891 raggiunse Thaiti, poi si stabilì nelle isole Marchesi, dove morì. Cercando una nuova impostazione compositiva, rifiutò il Classicismo e si ispirò sia al culto maori che ai valori europei. Tra le sue opere: *Donne thaitiane sulla spiaggia*, *Il cavallo bianco*, *Nave Nave Mahana*.

Geminiani, Francesco

Musicista italiano (1687-1762). Trasferitosi a Londra, fu insegnante e trattatista. Fu anche un eccellente virtuoso del violino e compose sonate e concerti grossi ispirandosi a Corelli. Celebre è il balletto-pantomima *La foresta incantata*.

generatore

I generatori sono macchine che producono corrente elettrica. Nelle centrali elettriche enormi generatori forniscono elettricità ad abitazioni e fabbriche. I generatori più grandi sono in grado di far funzionare 20 milioni di lampadine elettriche da 100 Watt. La dinamo di una bicicletta è invece un generatore così piccolo da poter stare in una mano.

Se un anello di cavo metallico viene fatto ruotare tra le estremità di un magnete a forma di ferro di cavallo (*vedi* **magnetismo**), viene percorso da una corrente elettrica. I generatori funzionano trasformando l'energia del movimento in energia elettrica.

L'energia per far funzionare le parti mobili di un generatore può derivare dal vento, da un corso d'acqua o dal vapore prodotto dal calore sviluppato da combustibili come il petrolio o il carbone. I grandi generatori contengono migliaia di bobine di cavo metallico che vengono fatte ruotare velocemente tra potenti magneti.

genetica

Animali, piante ed esseri umani trasmettono alcune delle loro caratteristiche alle generazioni successive. Spesso, per esempio, si dice che qualcuno ha "gli occhi di suo padre" o "i capelli di sua madre". La scienza della genetica spiega perché gli esseri viventi si comportano in un preciso modo e hanno un determinato aspetto. L'ereditarietà funziona in modo sorprendente. Ogni individuo produce cellule sessuali e quando una cellula maschile e una cellula femminile si uniscono, quella femminile si sviluppa in un nuovo individuo. All'interno di ogni cellula esistono minuscoli cromosomi, per lo più composti da una sostanza chimica chiamata *DNA* (acido desossiribonucleico). Parti diverse di ogni cromosoma, chiamate *geni*, trasportano messaggi in codice che contengono le informazioni necessarie al nuovo individuo per conferire un determinato aspetto. I geni determinano il sesso e le caratteristiche che questo nuovo essere eredita dai genitori. Gli scienziati sono oggi in grado di isolare diversi geni all'interno del DNA. Questo significa che hanno la possibilità di modificare o cambiare il DNA, per esempio eliminando quei geni che possono provocare malattie ereditarie o creando nuovi "organismi geneticamente modificati", gli *OGM*. Molti, però, temono che in futuro gli scienziati possano fare un cattivo uso delle modifiche genetiche creando individui "su misura", che rispondano a un particolare modello.

△ **Gengis Kahn** creò un enorme esercito ben organizzato. Ogni guerriero disponeva di cinque cavalli, che cavalcava a turno, in modo che non si stancassero troppo. Quando i mongoli assediavano una città, la maggior parte degli abitanti veniva uccisa e i terreni circostanti rasi al suolo.

▽ All'interno di ogni cellula vi sono catene di DNA contenenti una sequenza **genetica**, cioè di geni che determinano le caratteristiche di un individuo.

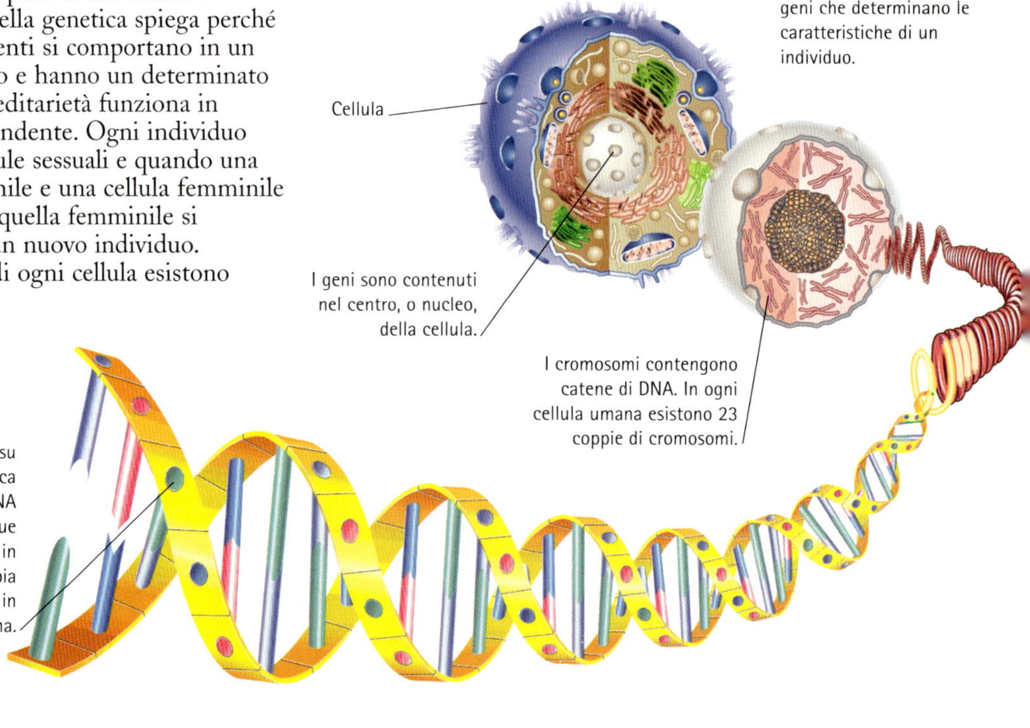

Tabella geocronologica di ere e periodi

era	*periodo*		*scala cron. (milioni di anni)*
neozoico o quaternario	olocene		0,01
	pleistocene		2
cenozoico o terziario	neogene	pliocene	7
		miocene	23
	paleogene	oligocene	34
		eocene	53
		paleocene	65
mesozoico o secondario	cretacico		130
	giurassico	malm	
		dogger	
		lias	204
	triassico		245
paleozoico o primario	permiano		290
	carbonifero		360
	devoniano		400
	siluriano		418
	ordoviciano		495
	cambriano		530
archeozoico o precambriano	algonchiano		1300
	archeano		4600

▽ La **geologia** ci aiuta a capire la struttura della Terra. A questo scopo, i geologi studiano le rocce, che tra l'altro forniscono anche indizi interessanti riguardo alla storia del nostro pianeta.

Gengis Kahn

Capo mongolo (1167-1227). Da molti considerato brutale, conquistò i territori di molte popolazioni asiatiche, creando un potentissimo impero. Il suo vero nome era *Temujin*, che significa "fabbro".

A soli 13 anni prese il posto del padre a capo di una piccola tribù mongola di nomadi e presto assunse il potere anche sulle tribù confinanti.

Nel 1206 ricevette il titolo di Gengis Khan, ossia "sovrano supremo". Nelle grandi pianure dell'Asia centrale, Gengis Kahn creò un enorme esercito di feroci guerrieri ed esperti cavallerizzi e partì alla conquista delle terre che lo circondavano. Le sue truppe si spinsero a sudest verso Beijing in Cina e a sud, penetrando in Tibet e nei territori oggi occupati dal Pakistan e dall'Afghanistan. A sudovest invase la Persia (l'attuale Iran) e la Russia meridionale.

Dopo la morte di Gengis Kahn, altri capi mongoli conquistarono altri paesi e resero ancora più grande l'impero.

geografia

La geografia è lo studio della superficie terrestre. I geografi esaminano i continenti, i mari, l'aria, le piante, gli animali e le popolazioni della Terra e ne spiegano origini, funzioni e relazioni. Esistono diverse aree, o discipline, della geografia. La *geografia fisica*, per esempio, studia montagne, valli, laghi e fiumi; la *climatologia* si occupa delle condizioni atmosferiche; la *geografia economica* esamina l'agricoltura, le estrazioni minerarie, le attività industriali e il commercio delle varie regioni, mentre la *geografia umana* studia e divide le popolazioni del mondo in varie culture.

geologia

La geologia è lo studio della struttura della Terra. I *geologi* sono scienziati che studiano gli elementi di cui è composto il nostro pianeta per descriverne l'origine e la storia.

Studiano inoltre le varie sostanze chimiche contenute nelle rocce e nei minerali e cercano di scoprire come le rocce si siano formate e siano state modificate dai movimenti che avvengono al di sotto della superficie terrestre, sui quali i vulcani e i terremoti forniscono utili informazioni.

I geologi studiano anche la storia della Terra. Hanno scoperto rocce che risalgono a 3800 milioni di anni fa e fossili che dimostrano come l'evoluzione abbia avuto inizio più di 3400 milioni di anni fa. Grazie alla geologia oggi noi sappiamo che la Terra si formò circa 4550 milioni di anni fa.

I geologi aiutano inoltre gli ingegneri a scegliere dove costruire una strada o un tunnel e i minatori a trovare carbone, petrolio o gas naturale nelle profondità del pianeta.

Hanno anche saputo dirci di quali elementi è composta la Luna studiando le rocce prelevate dagli astronauti.

geometria

La geometria è un ramo della matematica che ci aiuta a stabilire la forma, le dimensioni e la posizione di un oggetto oppure la capacità di un contenitore, ossia il suo volume.

Per risolvere problemi geometrici, si disegnano linee e si misurano angoli.

GERMANIA
Forma di governo: repubblica federale
Capitale: Berlino
Superficie: 357 112 km²
Popolazione: 82 166 700 ab.
Lingua: tedesco
Moneta: euro

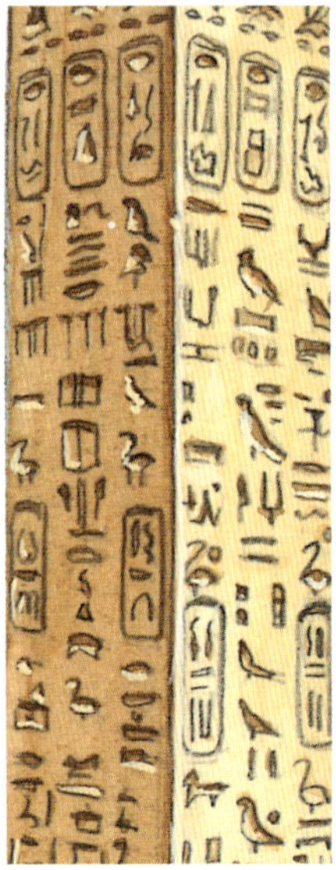

△ Questi segni pittorici sono un esempio di **geroglifici** egizi, una delle forme di scrittura più antiche del mondo. I simboli, o geroglifici, erano incisi sulle pareti di templi, tombe e monumenti, e scritti su una specie di carta chiamata *papiro*, ricavata dalle piante omonime che crescevano lungo il Nilo.

Germania

Fino alla seconda metà del XIX secolo la Germania fu un paese di città e stati separati, ognuno con un proprio governante. Otto von Bismarck (1815-1898), primo ministro di Prussia, uno dei più potenti di questi stati, iniziò il processo di unificazione.

La Germania unificata divenne una grande nazione, ma dopo la Seconda guerra mondiale l'area fu divisa in due stati: Germania Ovest e Germania Est, quest'ultima un paese comunista, alleato dell'Unione Sovietica. Le due Germanie restarono separate fino al 1 990, anno in cui furono finalmente riunificate sotto un governo federale.

La Germania è situata nel centro dell'Europa e ha la popolazione più elevata di qualsiasi altro paese occidentale europeo (senza considerare la Russia). Fattorie e città sono disseminate su una bassa pianura a nord, mentre il sud è una regione di montagne boscose, in cui spiccano, nell'estremità meridionale, le alte vette delle Alpi, migliaia di metri al di sopra del livello del mare. I principali fiumi tedeschi sono il Reno, l'Elba e l'Oder, che scorrono da sud a nord e sfociano nel mare del Nord e nel mar Baltico.

Prima della riunificazione, la Germania Ovest era la più ricca delle nazioni europee. Le sue miniere e fabbriche producevano più carbone, acciaio, automobili e televisori di qualsiasi altro paese dell'Europa occidentale. Anche la Germania Est, di dimensioni inferiori alla metà della Germania Ovest, possedeva miniere e fabbriche, ma molte delle sue industrie erano antiquate e poco produttive.

Dopo la riunificazione del ricco Ovest con l'Est, più povero, si dovettero affrontare molti problemi. Nella Germania Est i prezzi salirono e molti persero il lavoro, perché le aziende improduttive vennero chiuse e, in genere, le tasse crebbero per poter pagare i costi della riunificazione. Ciononostante, la Germania continua a essere una nazione fiorente e i tedeschi si stanno impegnando per superare le difficoltà che ancora rimangono.

germi, *vedi* batteri, virus

geroglifici

I geroglifici rappresentano un antico sistema di scrittura. L'alfabeto occidentale moderno è composto da 26 lettere, ma 5000 anni fa nessuno lo utilizzava ancora. Le popolazioni dell'antico Egitto iniziarono a usare, al posto delle lettere, segni pittorici dai quali derivarono i geroglifici, ossia simboli speciali che rappresentavano oggetti, persone e idee.

I geroglifici erano difficili da produrre e soltanto poche persone sapevano scrivere. Quando l'antica civiltà egizia tramontò, il segreto dei geroglifici andò perduto: nessuno fu più in grado di comprendere cosa era scritto nelle incisioni sulla pietra o sui rotoli di papiro. Nel 1799, però, un esploratore francese ritrovò la *Stele di Rosetta*, oggi esposta al British Museum di Londra. Su questa pietra era inciso un testo in due lingue antiche conosciute e in geroglifici.

Confrontando le lingue conosciute con i geroglifici, gli esperti furono finalmente in grado di tradurre quegli strani segni.

Anche altre culture antiche usavano sistemi di geroglifici, come gli ittiti, un popolo vissuto nella regione oggi occupata dalla Turchia, gli aztechi e i maya dell'America centrale.

Gershwin, George

Compositore statunitense (1898-1937). Estimatore della musica europea, jazz e blues, è unanimemente riconosciuto l'artista che più di altri ha applicato la rigorosità compositiva della musica classica nel mondo delle sette note "leggere". La sua *Summertime* è stata interpretata da un numero elevatissimo di musicisti appartenenti ai più svariati generi musicali, come Frank Sinatra e Janis Joplin. Altre sue opere famose sono *Rapsodia in blu* e *Porgy and Bess*.

gesso

Il gesso è una pietra calcarea bianca, morbida e friabile. Terreni ricchi di gesso si trovano in Inghilterra, in Francia e in alcune zone dell'America settentrionale. In Italia abbondano in Lombardia, Emilia Romagna e Sicilia.

La maggior parte del gesso si è formata tra i 135 e i 65 milioni di anni fa da conchiglie frantumate e compresse di innumerevoli creature marine minuscole. Quando queste creature morirono, le loro conchiglie vuote si accumularono in spessi strati sul fondo dei mari più bassi e caldi.

Con il mutare della forma della superficie della Terra, questi strati di gesso vennero sollevati ed emersero dai mari divenendo terraferma.

In genere si pensa al gesso nella forma utilizzata per scrivere o disegnare, ma questo materiale trova moltissimi altri impieghi: mescolato ad altre sostanze, infatti, è utilizzato per fabbricare inchiostri, cemento, vernici, medicine, gomma, carta e persino dentifrici.

Le famose bianche scogliere di Dover, sulla costa meridionale dell'Inghilterra, sono costituite da strati di gesso formatisi nel periodo Cretaceo, circa 100 milioni di anni fa.

Gesù Cristo

Fondatore della religione cristiana, (ca. 9-ca. 5 avanti l'era volgare). La maggior parte dei cristiani crede che sia il figlio di Dio inviato sulla Terra per salvare l'umanità.

La vita di Gesù è narrata nei Vangeli, nella parte della Bibbia chiamata *Nuovo Testamento*. Gesù nacque a Betlemme (nell'odierna Israele). La sua data di nascita non è certa, ma è da tempo celebrata il 25 dicembre, giorno di Natale. Quando fu adulto, Gesù viaggiò in tutta la Palestina, insegnando e guarendo i malati. I Vangeli narrano i miracoli che egli compiva per dimostrare alla gente l'amore di Dio. Gesù ebbe dodici seguaci, chiamati *apostoli*, che egli scelse per diffondere i suoi insegnamenti in tutto il mondo, ma ebbe anche molti oppositori. Uno degli apostoli, Giuda Iscariota, finì per tradirlo e consegnarlo ai suoi nemici. I romani crocifissero Gesù, ma secondo il Nuovo Testamento egli risorse (ritornò in vita) e salì in cielo. I seguaci di Gesù erano convinti che egli fosse il Messia e dopo la sua morte iniziarono l'opera di conversione dei popoli al cristianesimo.

△ Il **geyser** più alto del mondo è il Waimangu della Nuova Zelanda. Nel 1904 emise in cielo un getto di vapore e acqua di quasi 460 m di altezza.

geyser

I geyser sono sorgenti calde che di quando in quando emettono getti altissimi di vapore e acqua bollente.

L'acqua si raccoglie in una profonda fenditura del terreno, spesso nei pressi di un vulcano: la roccia calda scalda l'acqua che si trova più in profondità, ma il peso dell'acqua soprastante impedisce a quella più profonda di bollire finché non raggiunge temperature elevatissime. A questo punto l'acqua profonda si trasforma in vapore e spinge la massa d'acqua soprastante verso l'alto, svuotando la fenditura. L'eruzione successiva si verifica quando la fenditura è nuovamente colma d'acqua. I geyser sono molto diffusi in Islanda, negli USA e in Nuova Zelanda.

Ghana

Il Ghana è uno stato dell'Africa occidentale dal clima molto caldo e caratterizzato da intense precipitazioni al sud, dove si affaccia sull'oceano

GHANA
Forma di governo: repubblica
Capitale: Accra
Superficie: 238 533 km²
Popolazione: 23 837 300 ab.
Lingua: inglese
Moneta: Ghana cedi

Atlantico. Qui il terreno è pianeggiante, con foreste tropicali e fattorie, mentre il nord è più arido e occupato da vaste praterie. Gli abitanti del Ghana sono per lo più contadini e coltivano principalmente cacao.

Un'altra importante attività è l'estrazione dei diamanti e dell'oro.

Il lago Volta fornisce energia idroelettrica per produrre l'elettricità di cui necessita l'intero paese. Questo enorme lago creato dall'uomo è il più grande bacino artificiale del mondo.

ghiacciaio

I ghiacciai sono come fiumi di ghiaccio che si formano ad alta quota, in montagna, dove la neve cade e non si scioglie mai. Con l'accumularsi della neve, gli strati sottostanti vengono schiacciati e si trasformano in ghiaccio, che per effetto del suo stesso peso comincia a scorrere molto lentamente verso valle. Molti ghiacciai impiegano un anno a compiere un tragitto percorribile a piedi in cinque minuti. Le rocce che i ghiacciai trasportano sfregano contro le pareti e il fondo delle valli, rendendole più larghe e profonde. Durante le **glaciazioni** i ghiacciai occuparono vaste aree in tutto il mondo. Oggi il riscaldamento globale del pianeta sta facendo sciogliere i ghiacciai e aumentare il livello dei mari.

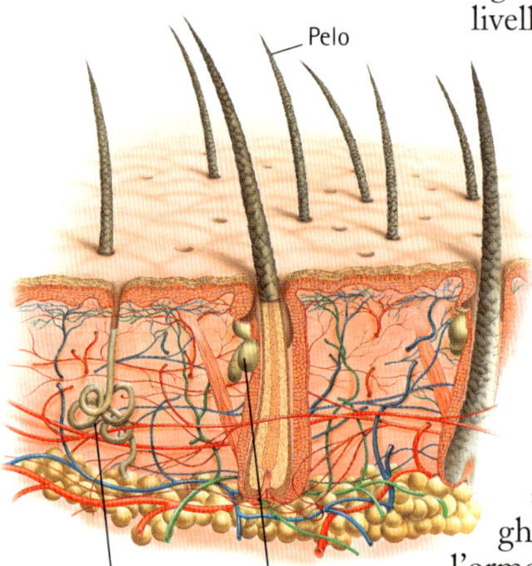

△ Le **ghiandole** *sudoripare*, nelle profondità della pelle, producono il sudore. La pelle contiene anche le ghiandole *sebacee* che producono sostanze oleose che mantengono morbida la pelle.

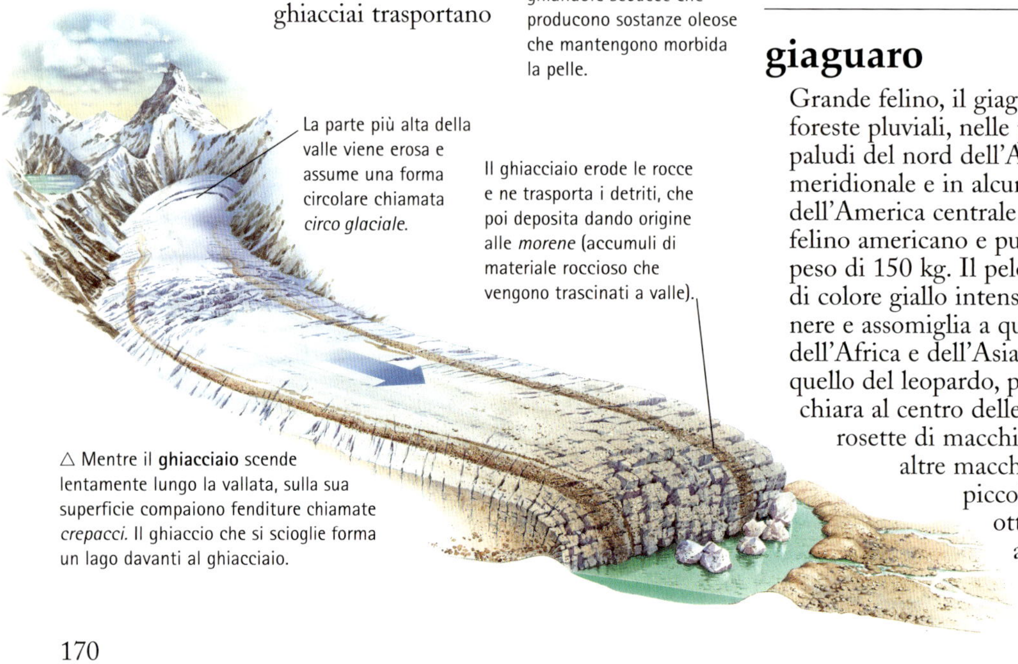

△ Mentre il **ghiacciaio** scende lentamente lungo la vallata, sulla sua superficie compaiono fenditure chiamate *crepacci*. Il ghiaccio che si scioglie forma un lago davanti al ghiacciaio.

ghiandola

Le ghiandole sono organi che producono sostanze di cui necessita l'organismo. Esistono due tipi di ghiandole: endocrine ed esocrine. Le *ghiandole endocrine* inviano le sostanze che producono, chiamate *ormoni*, direttamente nel flusso sanguigno. Una delle principali ghiandole endocrine è la *tiroide*: l'ormone che produce influisce soprattutto sullo sviluppo dell'organismo, sul suo metabolismo e sul sistema immunitario.

Le *ghiandole esocrine*, invece, emettono sostanze verso l'esterno dell'organismo. Il sudore, le lacrime e la saliva sono prodotti da ghiandole esocrine.

giaguaro

Grande felino, il giaguaro vive nelle foreste pluviali, nelle praterie e nelle paludi del nord dell'America meridionale e in alcune zone dell'America centrale. È il più grande felino americano e può raggiungere il peso di 150 kg. Il pelo del giaguaro è di colore giallo intenso con macchie nere e assomiglia a quello del leopardo dell'Africa e dell'Asia. Diversamente da quello del leopardo, però, nell'area chiara al centro delle cosiddette rosette di macchie scure, presenta altre macchie scure più piccole. I giaguari sono ottimi scalatori di alberi e, cosa insolita per un felino, sono anche abili nuotatori. Cacciano principalmente di notte e per lo più roditori, pecari (un tipo di maiale selvatico), cervi e altri mammiferi. Si nutrono anche di tartarughe, rane e pesci.

△ Il **giaguaro** spesso vive nei pressi dell'acqua ed è abile nel catturare i pesci. Attende sulla riva e cattura i pesci facendoli saltare fuori dall'acqua con una zampata.

Giamaica

La Giamaica è un'isola tropicale situata nel mar delle Antille. Il suo nome significa "isola delle sorgenti": sulle pendici delle sue montagne boscose scorrono infatti molti ruscelli che sgorgano da numerose sorgenti.

In Giamaica vivono oltre due milioni e mezzo di abitanti, specialmente di origine africana. La popolazione lavora principalmente in fattorie dove si coltivano banane, arance, noci di cocco, caffè e canna da zucchero. La Giamaica possiede anche grandi miniere di bauxite, il minerale da cui si estrae l'alluminio. La capitale, Kingston, è un porto molto importante.

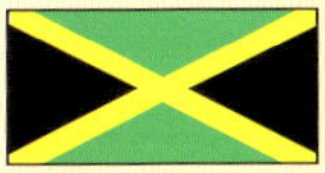

GIAMAICA
Forma di governo: monarchia costituzionale
Capitale: Kingston
Superficie: 10991 km²
Popolazione: 2698810 ab.
Lingua: inglese
Moneta: dollaro giamaicano

Giambellino

Giovanni Bellini detto il Giambellino. Pittore italiano (ca. 1430-1516).

Allievo del padre, si accostò all'arte di Mantegna e di Donatello.

Fondamentali furono gli stimoli tratti dalla pittura di Piero della Francesca e di Antonello da Messina. Egli stesso influenzò pittori come Giorgione e Tiziano. Tra le sue opere più importanti vi sono la *Madonna con il bambino*, la *Trasfigurazione* e l'*Orazione nell'orto*.

Gianduia

Inizialmente burattino, si trasformò nel Settecento nella più importante maschera piemontese. Gianduia ha finezza di cervello e lingua arguta, ama lo scherzo e i piaceri della vita.

I torinesi, che lo amano molto, hanno dato il nome "gianduiotti" a quegli squisiti cioccolatini dalla forma allungata che sono una delle loro più famose specialità dolciarie.

Giappone

Il Giappone è uno stato costituito da una lunga striscia di isole situate nell'oceano Pacifico al largo delle coste dell'Asia orientale. L'isola più grande è Honshū, seguita da Hokkaidō a nord e Kyūshū e Shikoku a sud. Il Giappone è per la maggior parte occupato da montagne, la più alta delle quali è un vulcano dalla cima sempre imbiancata di neve chiamato *Fujiyama*, o monte Fuji, la cui ultima eruzione risale al 1707. Vi sono anche vaste foreste e molti fiumi e cascate. Il Giappone settentrionale ha estati fresche e inverni rigidi, mentre le isole del sud godono di un clima molto più caldo.

Il Giappone è un paese molto popoloso, con oltre 127 milioni di abitanti. Per nutrire questa popolazione, gli agricoltori giapponesi coltivano enormi quantità di riso e il paese possiede una delle più grandi flotte di imbarcazioni da pesca del

◁ I ricchi romani possedevano grandi ville in campagna con **giardini** curatissimi.
Qui coltivavano anche gli ulivi e allevavano pecore e capre di cui utilizzavano la carne e il latte per nutrirsi.

mondo. Ciononostante, il Giappone importa e acquista grandi quantitativi di prodotti alimentari, così come di risorse minerarie da altre nazioni. Tuttavia, grazie alla sua tecnologia avanzata e alle efficientissime fabbriche, è una grande potenza industriale: è infatti uno dei maggiori produttori al mondo di automobili, navi e apparecchiature elettroniche quali apparecchi radio e televisori. Nel XIX secolo, il Giappone divenne una delle nazioni più potenti del mondo. Combatté in seguito contro le forze alleate nella Seconda guerra mondiale, ma nel 1945 gli USA sganciarono due bombe atomiche sulle città di Hiroshima e Nagasaki, costringendo i giapponesi ad arrendersi.

Dopo la guerra il Giappone divenne una nazione democratica e l'imperatore, che un tempo godeva del potere assoluto, divenne il capo dello stato con incarichi semplicemente rappresentativi. Nel 2011 un violento terremoto seguito da un terribile *tsunami* ha devastato il nord del paese, danneggiando la centrale nucleare di Fukushima e provocando la fuoriuscita di sostanze radioattive. Il bilancio provvisorio è di 28 000 vittime, tra morti e dispersi.

GIAPPONE
Forma di governo: monarchia costituzionale
Capitale: Tōkyō
Superficie: 377 944 km^2
Popolazione: 127 513 000 ab.
Lingua: giapponese
Moneta: yen

giardino

I giardini sono aree di terreno destinate alla coltivazione di prati, fiori, bellissimi alberi e cespugli. In Egitto esistevano giardini già 4 500 anni fa e, più tardi, Babilonia divenne famosa per i suoi giardini pensili. In Italia, durante il Rinascimento, vennero realizzati giardini con fontane, laghetti, terrazze panoramiche e scalinate. Nel XVIII secolo, gli architetti europei iniziarono a progettare grandi distese erbose con alberi attorno alle grandi residenze per creare un panorama dall'aspetto naturale, mentre nel XIX secolo iniziarono a essere realizzati parchi e giardini all'interno delle città, nei quali chiunque poteva recarsi a passeggiare. Oggi molte abitazioni dispongono di un giardino.

Gibilterra

Conquistata dagli inglesi nel 1704, Gibilterra è un promontorio roccioso che si protende all'estremità meridionale della Spagna, chiamato *Rocca*. Nonostante le rivendicazioni della Spagna, è ancora oggi un possedimento del Regno Unito.

Gibilterra sorveglia l'estremità occidentale del Mediterraneo, ha un porto importante, una base navale britannica e l'unica colonia di scimmie esistente in Europa.

ginnastica

La ginnastica è un'attività fisica che, con l'esecuzione di particolari esercizi, aiuta a migliorare le condizioni generali del corpo. Le Olimpiadi hanno sezioni

▽ La **ginnastica** artistica agonistica si è diffusa grazie a metodi di esercizi tedeschi e svedesi. Nei corsi di ginnastica normale, bambini e adulti eseguono esercizi molto più semplici.

separate, per uomini e donne, di esercizi di una particolare ginnastica, chiamata *ginnastica artistica*.

Le donne si esibiscono in passi aggraziati, salti e capriole su una sottile trave di legno, oscillano tra due barre (le *parallele*) poste ad altezza diversa, compiono volteggi su un attrezzo chiamato *cavallo* ed eseguono esercizi a terra a corpo libero, accompagnate dalla musica.

Oltre al corpo libero, gli uomini eseguono esercizi sospesi a una sbarra posta a una certa altezza da terra e a due anelli appesi al soffitto. Oscillano, fanno capovolte ed eseguono verticali su due sbarre parallele alla stessa altezza, compiono volteggi al cavallo ed eseguono altri esercizi su un diverso tipo di cavallo munito di maniglie.

gioielli

I gioielli sono ornamenti indossati per decorare il corpo. I più comuni sono orecchini, collane, spille, braccialetti e anelli. I primi gioielli ritrovati risalgono alla più antica storia dell'umanità.

Oltre all'uso come decorazione personale, in passato i gioielli venivano indossati anche come simbolo di ricchezza e posizione sociale e per motivi religiosi. I gioielli più costosi sono spesso in oro o argento, decorati con diamanti e altre pietre preziose.

Giordania

La Giordania è un piccolo stato del Medio Oriente, situato nell'angolo nordoccidentale della penisola arabica.

Gran parte del paese è occupata da un altopiano a 1000 m sul livello del mare, a ovest del quale si trovano il fiume Giordano e il salatissimo mar Morto.

Nel 1967, dopo la cosiddetta "guerra dei sei giorni", Israele conquistò territori giordani a ovest del Giordano, un'area oggi nota come Cisgiordania.

Nel 1988 la Giordania rinunciò ai diritti sulla *Cisgiordania* e conferì la responsabilità della zona all'*OLP* (Organizzazione per la Liberazione della Palestina).

GIORDANIA
Forma di governo: monarchia costituzionale
Capitale: Amman
Superficie: 88 778 km² (esclusa la Cisgiordania)
Popolazione: 6 316 400 ab.
Lingua: arabo
Moneta: dinar giordano

giornale

I giornali sono pubblicazioni che riportano notizie di attualità. I primi giornali comparvero nel XV secolo, poco dopo l'invenzione della stampa: gli stampatori producevano opuscoli che informavano la popolazione su quanto accadeva nel Paese e su cosa ne pensasse la gente.

Il formato degli odierni giornali fu utilizzato per la prima volta nel XVIII secolo. Oggi esistono giornali in quasi ogni Paese del mondo, scritti in lingue diverse. Alcuni vengono stampati ogni giorno, i *quotidiani*, altri ogni due o tre giorni o una volta alla settimana (*i settimanali*). Uno dei quotidiani più antichi del mondo tuttora esistente è *The Times*, stampato a Londra, in Inghilterra.

Iniziò le pubblicazioni nel 1785 con il nome *Universal Daily Register*, che cambiò in *The Times* nel 1788. In Italia i quotidiani più vecchi sono *Il Corriere della sera* (1876) e *La Stampa* (1895). Altri famosi giornali del mondo sono il *New York Times* e il *Washington Post* negli Stati Uniti, la *Pravda* in Russia e *Le Monde* in Francia.

giorno e notte

Mentre ruota attorno al Sole, la Terra ruota anche su se stessa. La parte che si trova rivolta verso il Sole è in luce, mentre la parte opposta è al buio: la parte in luce è il giorno, mentre quella al buio è la notte. Proprio perché la Terra ruota su se stessa, il giorno e la

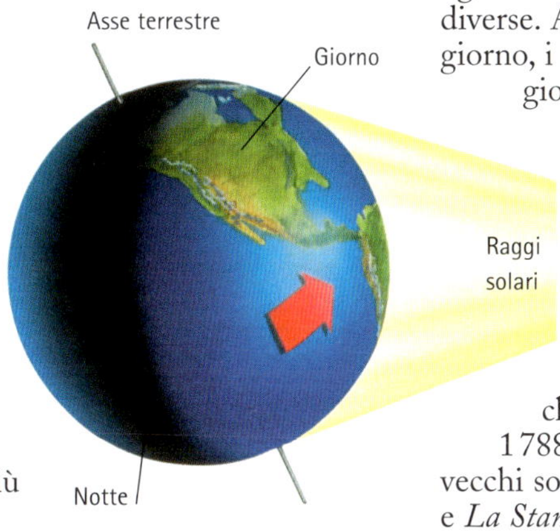

△ Il **giorno** e la **notte** sono dovuti al fatto che la Terra, mentre ruota attorno al Sole, ruota anche su se stessa. In qualsiasi momento, soltanto una parte del globo è rivolta verso il Sole: noi diciamo che in questa regione è giorno. L'area opposta del pianeta è nell'oscurità, ossia è notte. Poiché la Terra ruota su se stessa, nella zona in ombra si trovano aree sempre diverse del pianeta.

notte si susseguono continuamente. Gli scienziati chiamano *giorno* il tempo che la Terra impiega per compiere un giro su se stessa.

Misurando il tempo che intercorre tra un'alba o un tramonto e quello successivo, si scoprirà che trascorrono quasi esattamente 24 ore.

Il giorno inteso come periodo di luce diurna varia di lunghezza nelle diverse località della Terra: questo accade perché, nel suo percorso attorno al Sole, la Terra è inclinata sul suo asse. Pertanto, alcune parti del pianeta ricevono periodi più lunghi di luce diurna rispetto ad altri. Inoltre, molte parti della Terra ricevono diverse quantità di luce anche nei diversi momenti dell'anno: questa differenza è una delle principali caratteristiche delle stagioni.

Giove

Giove è il pianeta più grande del nostro sistema solare: le sue dimensioni sono infatti il doppio di quelle di tutti gli altri pianeti insieme. La forza di **gravità** del pianeta è estremamente forte: su Giove il nostro peso sarebbe il doppio di quello che abbiamo sulla Terra.

Gli astronomi ritengono che Giove sia costituito per la maggior parte da idrogeno liquido ad alta temperatura. Il pianeta sembra circondato da anelli di colore chiaro e scuro e da 63 lune.

Giove ruota su se stesso così velocemente che giorno e notte, insieme, durano meno di dieci ore terrestri. Un anno su Giove, invece, è 12 volte più lungo di un anno terrestre, perché il pianeta si trova più distante dal Sole rispetto alla Terra.

Osservare Giove

Sulla superficie di **Giove** sono ben evidenti nuvole allungate in continua evoluzione disposte a bande parallele intorno all'equatore: le bande scure sono composte da gas caldi, mentre quelle chiare da gas freddi. La formazione a spirale al di sotto dell'equatore, invece, è la *Grande Macchia Rossa*, una tempesta grande tre volte il nostro pianeta.

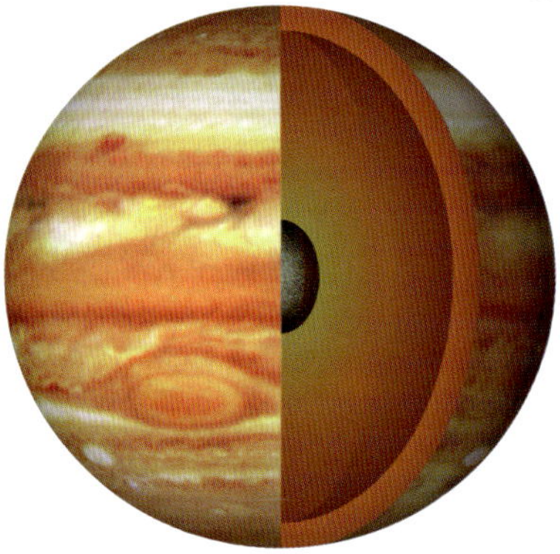

GIOVE
Distanza media dal Sole: 778 milioni di km
Distanza minima dalla Terra: 630 milioni di km
Temperatura media: -150 °C
Diametro equatoriale: 142 984 km
Atmosfera: idrogeno, elio
Numero di lune: 63
Lunghezza del giorno: 9 ore e 50 minuti
Lunghezza dell'anno: 11,9 anni

Giotto

Pittore e architetto italiano (Colle di Vespignano in Mugello 1266?-Firenze 1337). Formatosi alla scuola di Cimabue ad Assisi, fu poi a servizio del papa Bonifacio VII (a Padova, Rimini e Firenze) e della corte angioina (a Napoli). Nel 1334 fu richiamato a Firenze e nominato capomastro dell'Opera del Duomo, di cui disegnò il campanile. Sia per le grandi opere decorative che per quelle su tavola ebbe molti collaboratori, il cui ruolo da quel momento in poi acquistò crescente importanza.

Tra gli affreschi ricordiamo: la *Leggenda di S. Francesco* (Assisi, S. Francesco, Chiesa superiore), *Giudizio Universale* (Padova, Cappella degli Scrovegni); fra le tavole: *Crocifisso* (Firenze, S. Maria Novella), *Madonna* (Firenze, S. Giorgio alla Costa).

giraffa

Con le zampe e il collo straordinariamente lunghi, le giraffe sono gli animali più alti del mondo. Pur essendo così lungo, però, il collo delle giraffe è composto soltanto da sette ossa chiamate *vertebre*, proprio come tutti gli altri mammiferi. Le giraffe vivono nelle torride praterie dell'Africa.

L'eccezionale altezza consente a questi animali di nutrirsi delle foglie dei rami fuori dalla portata degli altri erbivori (*vedi* **evoluzione**).

giroscopio

Un giroscopio è un dispositivo costituito da una massa rotonda che ruota su se stessa sostenuta da uno speciale telaio. Indipendentemente dall'inclinazione del telaio, l'asse di rotazione è rivolto sempre nella stessa direzione. Neppure la forza di gravità o il magnetismo terrestre influiscono sulla disposizione dell'asse. Su navi o aeroplani, una bussola costruita con un giroscopio indica sempre il nord. I giroscopi sono anche in grado di mantenere stabile la rotta di un aereo nei sistemi di pilotaggio automatico.

Giulietta e Romeo

La drammatica storia d'amore dei due giovani appartenenti a famiglie rivali (Montecchi e Capuleti di Verona) trae origine da una leggenda senese a cui si ispirarono William Shakespeare (nella sua omonima tragedia), Masuccio Salernitano (per una novella del suo *Novellino*), quindi Luigi da Porto (che ambienta la vicenda a Verona) e molti musicisti, tra cui Gounod, Berlioz e Bellini.

glaciazioni

Le glaciazioni sono periodi della storia della Terra in cui il nostro pianeta è stato ricoperto da enormi distese di ghiaccio.

∨ Un maschio adulto di **giraffa** può raggiungere l'altezza di 5 m. Le giraffe hanno il pelo maculato con motivi diversi a seconda della zona in cui vivono. La giraffa dorme in piedi, e mai più di venti minuti al giorno. Il "piccolo" di giraffa, quando nasce, è già alto quasi due metri! Un branco di giraffe può contare anche 40 individui. Una curiosità: per molto tempo si è creduto che la giraffa fosse muta: oggi sappiamo invece che comunica attraverso brevi grugniti.

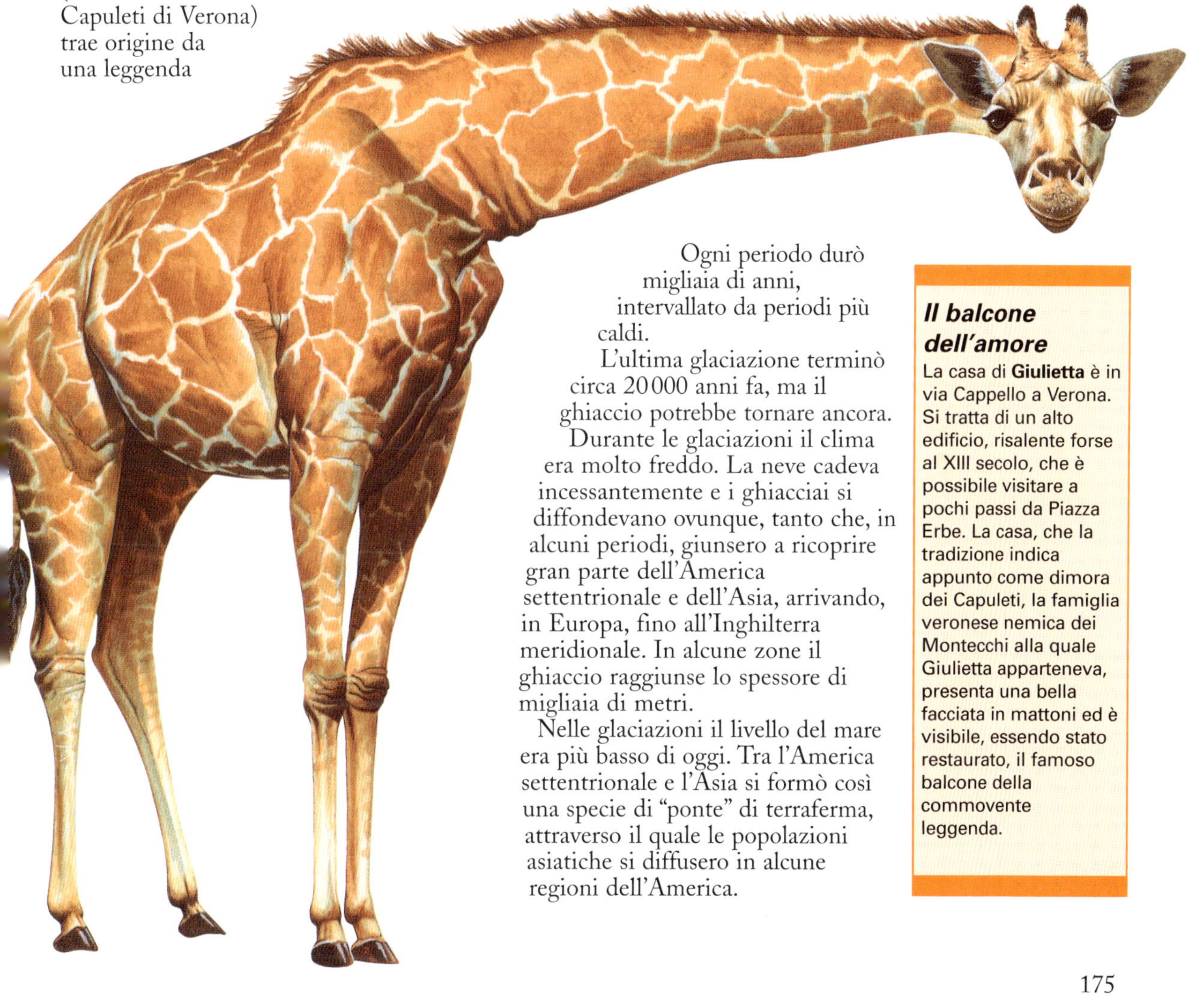

Ogni periodo durò migliaia di anni, intervallato da periodi più caldi.

L'ultima glaciazione terminò circa 20 000 anni fa, ma il ghiaccio potrebbe tornare ancora.

Durante le glaciazioni il clima era molto freddo. La neve cadeva incessantemente e i ghiacciai si diffondevano ovunque, tanto che, in alcuni periodi, giunsero a ricoprire gran parte dell'America settentrionale e dell'Asia, arrivando, in Europa, fino all'Inghilterra meridionale. In alcune zone il ghiaccio raggiunse lo spessore di migliaia di metri.

Nelle glaciazioni il livello del mare era più basso di oggi. Tra l'America settentrionale e l'Asia si formò così una specie di "ponte" di terraferma, attraverso il quale le popolazioni asiatiche si diffusero in alcune regioni dell'America.

Il balcone dell'amore

La casa di **Giulietta** è in via Cappello a Verona. Si tratta di un alto edificio, risalente forse al XIII secolo, che è possibile visitare a pochi passi da Piazza Erbe. La casa, che la tradizione indica appunto come dimora dei Capuleti, la famiglia veronese nemica dei Montecchi alla quale Giulietta apparteneva, presenta una bella facciata in mattoni ed è visibile, essendo stato restaurato, il famoso balcone della commovente leggenda.

gladiatore

I gladiatori erano uomini addestrati a combattere fino alla morte in appositi spettacoli organizzati per intrattenere le folle all'epoca dell'antica Roma (*vedi* **Impero Romano**).

Molti gladiatori erano criminali, prigionieri di guerra o schiavi. Alcuni combattevano con una spada e uno scudo, altri utilizzavano una specie di lancia a tridente e una rete. Gran parte degli incontri terminava con la morte di uno dei gladiatori.

Goethe, Johann Wolfgang

Scrittore tedesco (1749-1832). Ottenne rapida fama con il romanzo epistolare *I dolori del giovane Werther* (1774) che chiuse il periodo più tormentato della sua vita. Si trasferì quindi alla corte di Weimar, dove l'amore per Charlotte Von Stein segnò gli anni successivi.

Dopo il 1775, due viaggi in Italia placarono il suo animo, dando più sereno respiro alla sua ispirazione in cui si era ormai compiuta una felice osmosi fra il mondo tedesco e quello della classicità greca e latina. Ricordiamo: *Le affinità elettive*, *Ifigenia in Tauride* e *Faust*.

Goldoni, Carlo

Commediografo italiano (1707-1793). Laureatosi in legge abbandonò la professione legandosi ad alcune compagnie teatrali. Goldoni rinnovò il teatro: eliminò le maschere e mise in scena personaggi reali prendendo spunto dalla vita quotidiana. Scrisse oltre 150 commedie, in italiano e in dialetto veneziano, tra cui *Arlecchino servitore di due padroni*, *La bottega del caffè* e *La locandiera*.

golf

Il golf è un antico gioco scozzese che risale a prima del XV secolo e oggi è uno degli sport più popolari in tutto il mondo. Lo scopo del giocatore di golf consiste nel colpire con un apposito bastone una pallina posta su un piccolo sostegno chiamato *tee* e nel farla entrare in una buca nel minor numero possibile di colpi. Una gara completa consiste nella realizzazione di 18 buche.

Golfo, corrente del

Questa corrente oceanica è come un fiume gigantesco che scorre all'interno del mare, trasportando l'acqua calda del golfo del Messico verso nord lungo la costa orientale degli Stati Uniti. La corrente del Golfo può raggiungere la larghezza di 60

▽ Durante le **glaciazioni**, animali ed esseri umani dovettero far fronte a condizioni climatiche estremamente rigide. Molti mammiferi svilupparono una fitta e lunga pelliccia per difendersi dal freddo.

▷ I **gladiatori** più abili diventavano molto famosi nell'antica Roma. Venivano ben nutriti, ricevevano cure mediche e potevano anche conquistare la libertà.

La perestrojka
Attuata da **Mikhail Gorbaciov** nel 1986, la perestrojka (in russo "ristrutturazione") aveva l'intento di modernizzare il sistema economico, politico e sociale del paese uscendo dal totalitarismo e dall'economia centralizzata del vecchio regime per promuovere lo sviluppo del paese con un programma di intervento in tutti i campi del sistema: scienza e tecnica, riorganizzazione della struttura economica, politica degli investimenti. L'obiettivo era passare da una direzione economica molto centralizzata a un sistema più decentrato, basato sull'autonomia delle imprese statali, sulla diretta responsabilità degli amministratori, sull'incoraggiamento dell'iniziativa privata.

km e la profondità di 600 m. Una diramazione della corrente del Golfo attraversa l'oceano Atlantico e trasporta acqua calda verso l'Europa nordoccidentale.

Se non fosse per la corrente del Golfo, in Europa settentrionale gli inverni sarebbero molto più rigidi.

gomma

La gomma è un materiale importante che ha molti usi in campo industriale e domestico. Gran parte della gomma naturale deriva dall'albero della gomma: incidendo la corteccia di quest'albero, fuoriesce un liquido bianco chiamato *lattice*, che viene raccolto e trasformato in gomma.

Oggi la maggior parte della gomma naturale proviene dalla Malaysia e dall'Indonesia.

Durante la prima guerra mondiale gli scienziati trovarono il modo di produrre gomma sintetica ricavandola da petrolio e carbone. Circa due terzi della gomma oggi utilizzata è di origine sintetica.

Gorbaciov, Mikhail

Uomo politico sovietico (1931). Divenne segretario generale del Partito Comunista Sovietico e leader dell'Unione Sovietica nel marzo 1985. Cercò di riformare l'economia sovietica e si fece promotore di una società più aperta attraverso la perestroika. Divenne presidente dell'URSS nel 1989, ma dovette subito affrontare la crescente opposizione alla sua politica e diede le dimissioni alla fine del 1991.

gorilla

I gorilla sono le scimmie antropomorfe più grandi: un maschio di grosse dimensioni, in posizione eretta, può superare in altezza un uomo.

I gorilla vivono in gruppi familiari nelle calde foreste dell'Africa centrale, dove si nutrono di frutta, radici, corteccia e foglie di alberi e costruiscono giacigli di ramoscelli tra la lussureggiante vegetazione.

governo

Il governo è la forma in cui uno stato è organizzato politicamente. Un governo può essere totalitario o democratico. Secondo una formula celebre di **Abraham Lincoln**, lo stato democratico è quello in cui "il governo è del popolo, esercitato dal popolo, per il popolo". La *democrazia* cioè è un sistema in cui il popolo vota per eleggere i propri rappresentanti al governo e può rimuoverli dall'incarico quando sbagliano. Il *totalitarismo* è un sistema in cui una persona o un gruppo hanno il controllo totale sul popolo e non possono essere sconfitti con libere votazioni. La *dittatura* è un sistema in cui una sola persona controlla un'intera nazione.

Esistono diversi tipi di democrazie. Il Regno Unito, per esempio, è una monarchia, con un re come capo dello stato, ma la nazione è in realtà governata dal parlamento ed è dotata di una costituzione: questa forma di governo si chiama *monarchia costituzionale*.
Per governo si intende anche l'organo di uno stato che esercita il potere esecutivo, ossia dirige e amministra le attività dello stato. In Italia il governo è costituito dal Presidente del Consiglio, o Primo Ministro, nominato

dal Presidente della Repubblica, e dal Consiglio dei Ministri, un gruppo di persone scelte dal Primo Ministro per governare la nazione.

Il Governo deve avere l'appoggio, ossia la "fiducia" delle due camere del Parlamento, la Camera dei Deputati e il Senato.

Gozzano, Guido

Poeta italiano (1883-1916). L'originalità della sua poesia, di gusto crepuscolare, sta tra un desiderio di vita semplice e il fascino della morte. Tra le sue opere: *La via del rifugio*, *I colloqui* e *Verso la cima del mondo*.

grammatica

La grammatica è l'insieme delle regole che stabiliscono come formare e sistemare le parole per creare le frasi.

Le parole sono classificate come parti del discorso in base alla loro funzione all'interno di una frase. Esistono quattro tipi di parole: i *verbi* (parole che esprimono azioni), *nomi* e *pronomi* (parole che stanno al posto dei nomi), *aggettivi* (parole che descrivono nomi o pronomi) e *avverbi* (parole che descrivono verbi e aggettivi).

Una frase deve possedere un soggetto (nome) e un verbo. L'ordine delle parole in una frase è molto importante: "Il cane morde la ragazza" ha un significato molto diverso da "La ragazza morde il cane", anche se vengono usate esattamente le stesse parole.

granchio

I granchi appartengono a un gruppo di animali chiamati *crostacei*, lo stesso a cui appartengono gli astici. I granchi hanno gusci rigidi e spessi che ricoprono il loro corpo piatto. Sono inoltre dotati di lunghe zampe simili a quelle di un ragno per camminare, nuotare e scavare tane sott'acqua. Le due zampe anteriori sono dotate di chele, utilizzate per attaccare e tenere ferma la preda. I granchi hanno gli occhi posti all'estremità di corti peduncoli che possono essere ritratti all'interno del guscio in caso di pericolo.

La maggior parte dei granchi vive nel mare, ma ne esistono alcuni che vivono in fiumi o laghi e altre specie tropicali che vivono su isole ricche di vegetazione.

Pericolo!

L'allarme delle associazioni ecologiche è perentorio: la **Grande Barriera Corallina** è in pericolo, minacciata da inquinamento, insediamenti umani sulle coste, pesca insostenibile, aggressioni fisiche dovute al turismo. La barriera corallina è una sorta di grande vivaio acquatico e i coralli ospitano innumerevoli specie di alghe, molluschi e pesci. I biologi marini calcolano che il 95% di tutti gli organismi animali del pianeta si trovi tra le barriere coralline. Nel Pacifico meridionale si trovano oltre 4000 specie di pesci che è necessario proteggere!

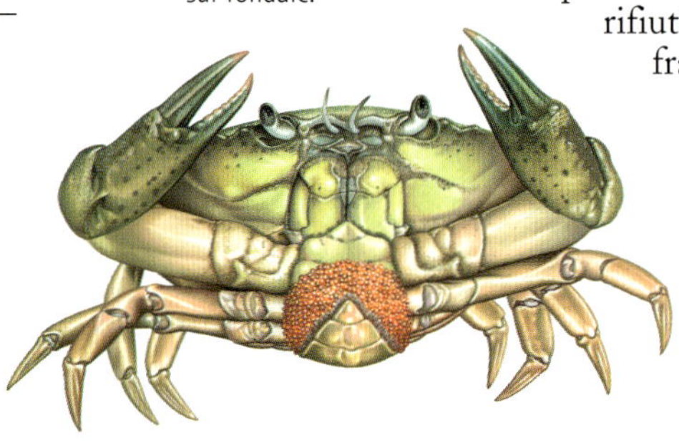

▽ I **granchi** che vivono in mare si nutrono di piccoli animali come vermi e di resti di carne che trovano sul fondale.

Grande Barriera Corallina

Con i suoi 2000 km circa di lunghezza, è la più lunga scogliera di corallo del mondo, situata lungo la costa nordorientale dell'Australia.

Gran parte della scogliera si trova appena al di sotto della superficie marina e rappresenta un pericolo per le navi.

La Grande Barriera Corallina è costituita da numerosi milioni di minuscole creature dal corpo molle chiamate *polipi corallini*, della stessa famiglia delle attinie, che vivono in colonie e costruiscono involucri rigidi per proteggersi.

Negli anni 60 del secolo scorso parte della barriera fu distrutta dalle stelle marine corona di spine (*Acanthaster planci*), che si nutrono dei polipi. Oggi le imbarcazioni, l'inquinamento provocato da perdite di petrolio e rifiuti, e le persone che staccano frammenti di corallo da vendere ai turisti sono tra le principali minacce della *Grande Barriera Corallina.*

granito

Il granito è una roccia dura composta per lo più da quarzo e feldspato. Il quarzo è trasparente come il vetro, mentre il feldspato è rosa, bianco o grigio. Il granito presenta inoltre macchioline di altri minerali di colore scuro ed è utilizzato nella costruzione di edifici e monumenti.

Un tempo il granito era una massa di roccia sotterranea calda e fusa che, raffreddandosi, si indurì e venne spinta in superficie dai movimenti della crosta terrestre.

△ Il **grano** cresce meglio nei climi miti e asciutti. Gli agricoltori seminano i semi in inverno o in primavera e mietono il raccolto quando il chicco è perfettamente formato, secco e duro.

grano

Il grano è un'importante coltivazione destinata all'alimentazione. I chicchi di grano sono i semi di un particolare tipo di pianta erbacea del gruppo dei cereali. I mulini macinano i chicchi trasformandoli in farina, utilizzata per il pane, i dolci e la pasta. I cibi a base di grano sono ottimi per la salute perché ogni chicco è costituito principalmente da amidi che forniscono energia e contiene anche molte proteine, grassi, minerali e crusca.

Il grano è coltivato per lo più in Cina, India, Stati Uniti, Francia e Russia ed è il cereale più largamente prodotto nel mondo.

grasso

Il grasso è una sostanza contenuta nei tessuti di piante e animali, per i quali rappresenta un alimento importante. Il grasso allo stato puro può assumere la forma di un liquido, come un olio vegetale, o di un solido, come il burro. Il grasso è un magazzino di energia: contiene due volte la quantità di energia delle proteine o degli amidi.

I grassi hanno un ruolo importante nella nostra alimentazione. Noi traiamo la maggior parte del grasso vegetale dai semi e dai frutti delle piante, dove esso viene immagazzinato. Negli animali e negli esseri umani il grasso si accumula in minuscole "goccioline" in strati al di sotto della pelle e nelle cellule del corpo. La carne e i latticini come il burro, il latte e il formaggio sono le principali fonti di grassi animali per noi uomini. I grassi animali sono anche importanti nella fabbricazione di saponi e profumi.

grattacielo

È il nome che viene dato agli edifici molto elevati. Il primo fu costruito a Chicago, negli Stati Uniti, su progetto di William Le Baron Jenney, e aveva un'intelaiatura di ferro.

Tutti i primi grattacieli furono costruiti a New York e Chicago, ma oggi si costruiscono in tutto il mondo. Per molti anni il grattacielo più alto del mondo fu l'Empire State Building di New York, con 102 piani.

Oggi l'edificio più alto è il Burj Khalifa di Dubai, negli Emirati Arabi Uniti. Inaugurato nel 2010, raggiunge gli 828 m di altezza.

▽ Quando fu completato, nel 1930, l'Empire State Building di New York (a sinistra) era il **grattacielo** più alto del mondo, con 381 m di altezza. La Sears Tower di Chicago (a destra) fu costruita nel 1970-1973 e raggiunge un'altezza di 443 m.

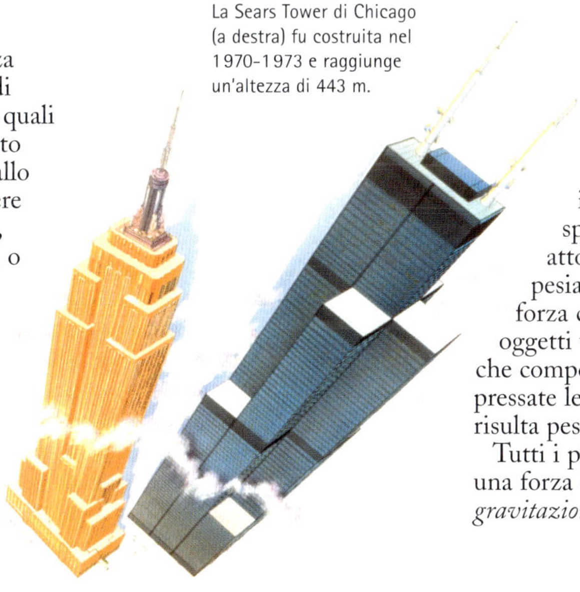

gravità

La gravità è la forza con cui la Terra attira ogni cosa verso il suo centro. È la gravità che fa cadere gli oggetti, ci impedisce di volare nello spazio e fa ruotare la Luna attorno alla Terra. Quando pesiamo qualcosa, misuriamo la forza con cui la gravità attrae gli oggetti verso il basso. Più le sostanze che compongono un oggetto sono pressate le une alle altre, più l'oggetto risulta pesante.

Tutti i pianeti e le stelle esercitano una forza di attrazione chiamata *gravitazione*. Più una stella o un

△ Nell'**antica Grecia** esistevano due tipi principali di architettura: ionico e dorico. A partire dal 400 a.C. divenne invece popolare lo stile corinzio.

△ Il teatro semicircolare di Atene, nell'**antica Grecia**, poteva contenere oltre 10 000 spettatori.

GRECIA
Forma di governo: repubblica
Capitale: Atene
Superficie: 131 957 km²
Popolazione: 11 260 402 ab.
Lingua: greco
Moneta: euro

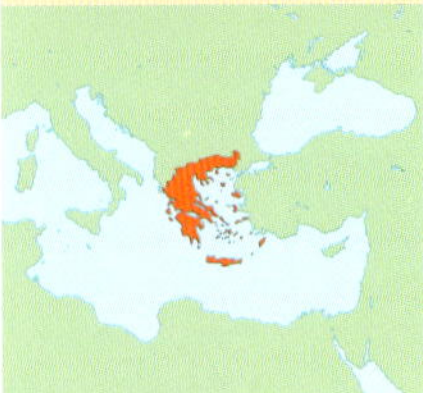

GROENLANDIA
Forma di governo: regione autonoma della Danimarca
Capitale: Nuuk
Superficie: 2 166 086 km²
Popolazione: 56 452 ab.
Lingua: groenlandese
Moneta: corona danese

pianeta sono grandi e densi e più sono vicini ad altri corpi, più attirano questi corpi verso di sé. Il Sole è molto lontano dagli altri pianeti, ma è così grande che la sua gravitazione costringe gli altri pianeti a ruotarvi attorno.

Grecia

La Grecia è uno stato situato nell'Europa sudorientale. Il territorio è per lo più occupato da montagne e numerose penisole si protendono nel mare come dita gigantesche. La Grecia comprende l'isola di Creta e molte altre isole più piccole disseminate nel mar Egeo e nel mar Ionio. Le estati greche sono calde e asciutte e gli inverni miti e umidi. Gran parte della popolazione vive nella capitale, Atene.

Gli agricoltori greci coltivano limoni, uva, grano e olive.

Grecia, antica

Le prime civiltà greche furono la civiltà minoica e quella micenea. La cultura minoica si sviluppò sull'isola di Creta: i suoi abitanti avevano ricche città e fattorie e conducevano una vita pacifica. La cultura micenea sorse invece sulla terraferma ed era rappresentata da guerrieri e marinai, i quali, attorno al 1450 a.C., conquistarono l'isola di Creta, diffondendo la loro civiltà, che prosperò fino al 1200 a.C. circa.

In questo periodo nuovi gruppi di popolazioni iniziarono a muovere verso la Grecia da nord. Invece di fare della Grecia un solo regno, costruirono città separate: queste spesso combattevano le une contro le altre e soltanto in rari casi si univano per lottare contro nemici comuni. Due delle città più forti furono Sparta e Atene. In quest'ultima, nel 400 a.C., regnava già la democrazia. I greci amavano il teatro, l'arte e la poesia ed ebbero molti grandi filosofi, tra cui Socrate, Platone e Aristotele. Le città greche erano ricche di magnifici palazzi, decorati con straordinarie sculture. Nel 338 a.C. la Grecia fu conquistata da Filippo il Macedone, padre di **Alessandro Magno**.

Groenlandia

La Groenlandia è l'isola più grande del mondo, ma non è abitata da più persone di quante ne vivano in una grande città, perché il suo clima è estremamente freddo.

Gran parte del territorio è posto oltre

il circolo polare artico: uno spesso strato di ghiaccio ricopre sette ottavi dell'isola e il resto è occupato da montagne brulle.

I vichinghi scoprirono la Groenlandia circa 1 000 anni fa. Situata a nordest del Canada, dal 1 721 appartiene alla Danimarca, ma dal 1979 è diventata una regione autonoma. Gran parte dei groenlandesi vive in villaggi di case di legno nei pressi della costa. Alcuni sono danesi, altri sono inuit. Molti abitanti sono impiegati nella più fiorente industria dell'isola, quella ittica.

Guatemala

Il Guatemala è uno degli stati più popolosi dell'America centrale. La metà circa della popolazione è costituita da amerindi, discendenti dei maya.
Il Guatemala è una terra di fitte giungle, vulcani, deserti aridi e numerosi laghi. L'occupazione principale degli abitanti è l'agricoltura: caffè, cotone e banane sono le coltivazioni più importanti. Il Guatemala fu conquistato dagli spagnoli nel 1524, dichiarò la propria indipendenza nel 1821 e divenne repubblica nel 1839.

GUATEMALA
Forma di governo: repubblica
Capitale: Guatemala
Superficie: 108 900 km²
Popolazione: 14 361 667 ab.
Lingua: spagnolo
Moneta: quetzal

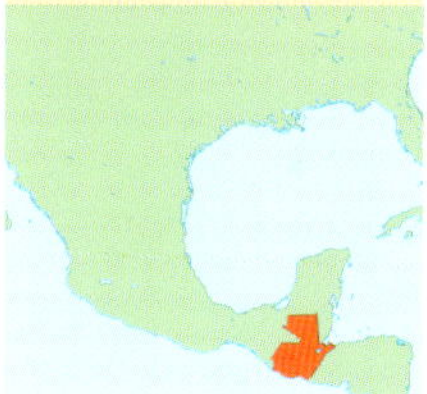

guerra, *vedi* pp. 182-183

guerra civile

La guerra civile ha luogo quando un'intera nazione è divisa in due o più gruppi che lottano l'uno contro l'altro per diverse idee politiche o religiose.

A volte amici e persino familiari sono costretti a schierarsi in fazioni opposte.

Le più grandi guerre civili ebbero luogo in Gran Bretagna (1642-1649), negli Stati Uniti (1861-1865), in Cina (1926-1935) e in Spagna (1936-1939).

guerra del Golfo

Il 2 agosto 1990 l'esercito dell'Iraq, l'antica Babilonia, guidato dal presidente Saddam Hussein (1937-2 006), invase il piccolo stato del Kuwait. Le Nazioni Unite imposero sanzioni economiche all'Iraq e quindi votarono l'uso della forza per ripristinare l'indipendenza del Kuwait.

La guerra del Golfo fu combattuta dal 17 gennaio 1991 fino alla sconfitta dell'Iraq il 27 febbraio dello stesso anno. Le forze alleate contro l'Iraq comprendevano Francia, Stati Uniti e Regno Unito.

In seguito agli attentati terroristici dell'11 settembre 2001 a New York, il presidente George Bush dichiarò guerra al terrorismo internazionale, accusando Saddam Hussein di appoggiarlo e minacciando un intervento armato in Iraq se Saddam non avesse consegnato le armi di distruzione di massa in suo possesso e abbandonato l'Iraq. Senza l'appoggio delle Nazioni Unite, una coalizione formata da Stati Uniti e Regno Unito attaccò l'Iraq il 20 marzo 2003. Questa seconda guerra durò meno di un mese e il 9 aprile i carri armati statunitensi entrarono in Baghdad. Il regime di Saddam Hussein crollò e fu nominato un governo provvisorio dagli americani (vedi anche **Iraq**).

Guevara, "Che"

Uomo politico e guerrigliero argentino (1928-1967). Ernesto Guevara de la Serna detto "Che", fu una figura importante nell'ambito della rivoluzione cubana (1956-1959), al termine della quale, negli anni 60 del secolo scorso, ebbe incarichi di governo a Cuba sotto la guida del presidente Fidel Castro (1926).

Nel 1966, Guevara fu a capo di un gruppo di guerriglieri in Bolivia, ma nel 1967 fu catturato e ucciso dall'esercito boliviano.

▽ Un manifesto di propaganda dei tempi della guerra civile spagnola.

gufo

Questi uccelli predatori cacciano principalmente di notte. Hanno piume

continua a p. 184

GUERRA

△ I parti *(una popolazione nomade vissuta tra il 250 a.C. e il 350 d.C.) ingannavano i nemici fingendo di ritirarsi, ma poi si voltavano all'indietro sulla sella e, cavalcando al contrario, scagliavano frecce sui loro inseguitori.*

La guerra è un conflitto armato tra due paesi o stati oppure tra gruppi diversi all'interno di un paese o di uno stato. Questo tipo di conflitto è frequente in tutta la storia dell'umanità, perché le nazioni, a volte per motivi religiosi, hanno sempre combattuto per la conquista del potere.

△ *La battaglia di Agincourt del 1415 si concluse con una importante vittoria inglese. I francesi disponevano del triplo di truppe armate rispetto agli inglesi, ma erano guidati e organizzati male.*

PERCHÉ SCATENARE UNA GUERRA?
Una guerra può avere inizio per varie ragioni. Spesso accade che un gruppo desideri guadagnare qualcosa attraverso un conflitto, come cibo, terreni o risorse naturali. Le antiche civiltà, come quella dei romani, dichiaravano guerra ad altri popoli per ingrandire i loro imperi. Alcune guerre, invece, come le Crociate, furono combattute per ragioni religiose.

▽ I galeoni *erano importanti navi da guerra del XVII secolo. In questa illustrazione, un galeone inglese ha distrutto gli alberi di una nave olandese con un attacco alle murate durante la guerra anglo-olandese.*

LE ARMI ATTRAVERSO I SECOLI
Solitamente una guerra viene vinta dalla nazione che possiede le armi più potenti. Le prime battaglie erano combattute semplicemente con armi brandite dai guerrieri, come lance e asce di pietra, ma già attorno al 1000 a.C. furono inventate le spade di ferro. Enormi macchine belliche d'assedio, come arieti e catapulte, furono usate dai romani dal 200 a.C. al 400 d.C. per abbattere le difese nemiche. Nel Medioevo erano invece popolari le armi da impugnare, come le mazze. In seguito, con l'invenzione della polvere da sparo, nacquero nuovi tipi di armi distruttive: i cannoni, usati per la prima volta nelle guerre europee nel XIV secolo, mentre le armi da fuoco che potevano essere tenute in mano e utilizzate da una sola persona vennero perfezionate nel XVI secolo. Tuttavia, fu soltanto con lo sviluppo dell'acciaio e delle macchine utensili, sul finire del XIX secolo, che le armi da fuoco divennero veramente potenti e precise. Da allora, la guerra è stata dominata dalle macchine.

GUERRA MECCANIZZATA
Nella guerra di secessione americana (1861-1865) furono utilizzati fucili a ricarica automatica, mentre nella Prima guerra mondiale (1914-1918) mitragliatrici perfezionate erano in grado di sparare proiettili esplosivi a una distanza di oltre 3200 m. La Prima guerra mondiale vide anche l'uso, per la prima volta, di aerei e carri armati. Nella Seconda guerra mondiale, razzi a lunga gittata (le bombe volanti tedesche V1 e i razzi V2) venivano lanciati dagli aerei. Le armi divennero molto più distruttive con l'invenzione della bomba atomica. La Seconda guerra mondiale ebbe termine quando gli USA sganciarono una bomba atomica su Hiroshima e Nagasaki, in Giappone, devastando entrambe le città. Negli anni 60 le armi atomiche continuarono a essere prodotte da USA, URSS, Regno Unito, Cina e Francia.

△ I guerriglieri *sono combattenti che durante una guerra compiono rapide incursioni sulle forze nemiche. Solitamente combattono in piccoli gruppi.*

LA GUERRA CHIMICA E BIOLOGICA

Una delle più temute e letali forme di attacco è rappresentata dalle armi chimiche che rilasciano gas o virus. I gas velenosi furono usati per la prima volta dai tedeschi nella prima guerra mondiale: soffocano le vittime aggredendo i polmoni quando vengono respirati, oppure procurano vesciche sulla pelle, causando orribili ustioni. Le armi chimiche comprendono anche i gas nervini, che agiscono sui muscoli del corpo rendendo impossibile la respirazione, e le armi biologiche, in grado di diffondere malattie mortali contagiose come l'antrace o la peste. Oggi molte nazioni si battono per la distruzione di queste armi.

LA PACE

La pace si raggiunge quando ogni forma di combattimento viene sospesa. La pace viene spesso decisa tra le nazioni con un trattato, ossia un documento che stabilisce le condizioni a cui ci si accorda, firmato da ogni nazione coinvolta. Nel 1945 fu creato l'organismo delle Nazioni Unite per risolvere pacificamente le dispute internazionali.

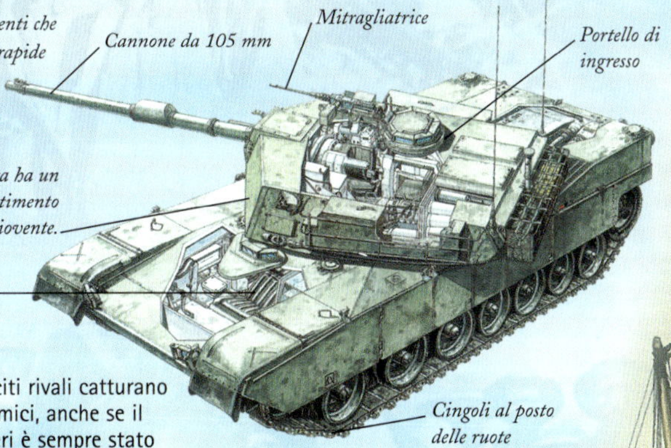

△ L'Abrams M1 *è il principale carro armato da battaglia degli Stati Uniti. Questi carri armati sono muniti di potenti cannoni e di una spessa corazza per proteggere l'equipaggio a bordo. Grazie all'estrema mobilità, possono essere usati su terreni fangosi o molto irregolari.*

PRIGIONIERI DI GUERRA

In tutte le guerre gli eserciti rivali catturano prigionieri tra i soldati nemici, anche se il destino di questi prigionieri è sempre stato diverso da guerra a guerra. Nel 1864 la maggior parte delle nazioni del mondo sottoscrisse la Convenzione di Ginevra, in seguito ampliata da successivi accordi: questi patti definiscono rigide regole riguardanti il trattamento dei prigionieri di guerra per garantire che non subiscano maltrattamenti e che vengano rilasciati al termine del conflitto. Nella Seconda guerra mondiale molte nazioni disponevano di campi di prigionia in cui venivano custoditi i soldati nemici catturati.

VEDI ANCHE

aeroplano; armature; castello; cavaliere; crociate; esercito; guerra civile; guerra del Golfo; missile; mondiali, guerre; ONU; sottomarino

continua da p. 181

molto morbide e non fanno rumore quando volano. I grossi occhi sempre vigili li aiutano a vedere anche con una luce debolissima. I gufi sono dotati anche di un udito finissimo: alcuni riescono a catturare topi nell'oscurità completa semplicemente ascoltando i suoni che essi producono. Inoltre, possono ruotare il capo di 180° per guardare cosa accade dietro di loro.

Quando un gufo mangia un topo o un piccolo uccello, inghiottisce l'animale intero, e soltanto dopo ne rigurgita i resti sotto forma di pallottole di ossa, pelo o penne.

Esistono più di 130 specie di gufi. Alcune delle più grandi e delle più piccole vivono in America settentrionale; l'allocco di Lapponia, diffuso nel nord, è lungo quanto il braccio di un uomo, mentre l'elfo, tipico del sud, è il più piccolo del mondo, persino più piccolo di un passero. Ha la coda corta e zampe piccolissime ed è così minuscolo da nidificare nei fori praticati dai picchi nei tronchi.

GUINEA
Forma di governo: repubblica presidenziale
Capitale: Conakry
Superficie: 245 857 km²
Popolazione: 10 217 591 ab.
Lingua: francese
Moneta: franco della Guinea

Nel deserto, spesso costruisce il proprio nido nei cactus saguaro.

I barbagianni sono una delle specie più diffuse nel mondo, ma sono oggi meno numerosi di un tempo, probabilmente perché trovano meno edifici abbandonati e alberi cavi in cui deporre le uova. Questo tipo di gufo, infatti, non costruisce nidi. Si nutre principalmente di piccoli roditori.

Le "orecchie" a ciuffo del gufo di palude non sono vere orecchie, ma piume, e ci aiutano a riconoscere questo uccello, diffuso in Europa, Asia e America.

Guinea

Situata nell'Africa occidentale, la Guinea possiede i più vasti giacimenti di bauxite del pianeta. Nel 2008, dopo 24 anni di governo dispotico, il presidente Conté è morto e i militari hanno preso il potere con un colpo di stato. Nel 2010 hanno avuto luogo le prime elezioni democratiche in 50 anni.

▽ I **gufi** cacciano di notte, planando silenziosi su conigli, topi e altre prede. Le piume delle loro ali frangiate non fanno rumore quando fendono l'aria.

gusto

Possiamo assaporare il cibo perché la nostra lingua è ricoperta di minuscole protuberanze chiamate *papille* sulle cui pareti laterali si trovano speciali gemme gustative. Esistono 10 000 gemme gustative microscopiche, sparse in raggruppamenti sulla parte posteriore, sulla punta e sui lati della lingua.

Ogni *gemma gustativa* è una minuscola cavità contenente un raggruppamento a forma sferica di 20-30 cellule gustative che inviano segnali lungo i nervi al cervello. Questi segnali ci dicono se il cibo che stiamo mangiando è dolce, acido, amaro o salato. Il gusto è dato dalla combinazione del sapore e dell'odore del cibo.

Se abbiamo un forte raffreddore e il naso chiuso, il cibo sembra non avere alcun gusto perché non riusciamo a sentirne l'odore. Infatti, il modo meno fastidioso di assumere una medicina dal sapore cattivo è deglutirla tappandosi il naso.

Gutenberg, Johann

Tipografo tedesco (1395 ca.-1468). Viene spesso chiamato "il padre della stampa". Ai suoi tempi i libri venivano lentamente copiati a mano o stampati con blocchi di legno su cui ogni lettera veniva intagliata separatamente. Attorno al 1440, Gutenberg ebbe l'idea di costruire lettere di metallo chiamate *tipi*: disponendoli in fila si potevano comporre parole e quindi pagine intere. Ogni pagina era tenuta insieme da un telaio, poi fissato a una pressa che premeva su fogli di carta le superfici inchiostrate dei tipi così composti. I tipi, o caratteri mobili, consentirono a Gutenberg la realizzazione più veloce ed economica di copie di libri.

Guyana

La Guyana è uno stato caldo e piovoso situato nella parte nordorientale dell'America meridionale, affacciato sull'oceano Atlantico. La maggior parte della popolazione vive lungo la costa in una sottile striscia di terra pianeggiante larga circa 20 km dove si coltiva la canna da zucchero e il riso. Minerali preziosi, compresi oro e diamanti, vengono invece estratti nella regione collinosa dell'entroterra. La Guyana produce anche bauxite, da cui si ricava l'alluminio.

Un tempo colonia britannica, la Guyana conquistò l'indipendenza nel 1966 e divenne una repubblica nel 1970.

△ La pressa da stampa di **Gutenberg** fu un'importante invenzione, ma il tipografo tedesco non vi ricavò molto denaro.

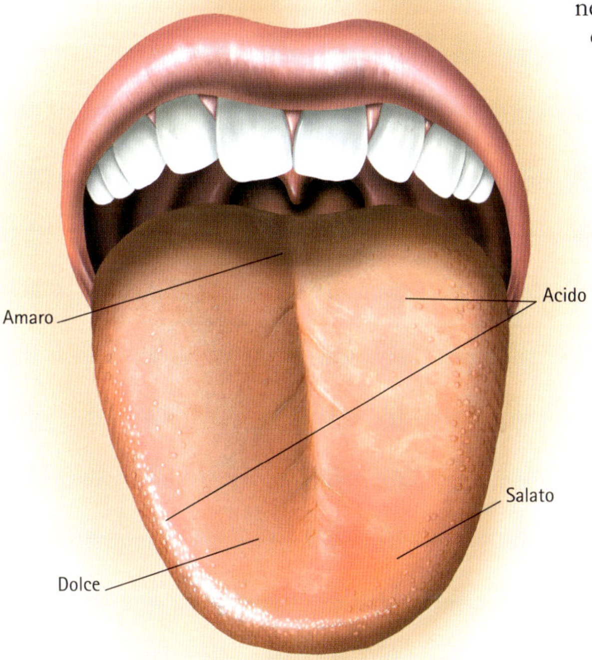

△ Il senso del **gusto** percepisce soltanto quattro tipi principali di sapori: dolce, salato, acido e amaro. Le papille gustative delle varie aree della lingua sono in grado di percepire un solo tipo di sapore: il dolce, per esempio, si avverte per lo più sulla punta della lingua. La parte centrale della lingua è quasi priva di papille gustative.

GUYANA
Forma di governo: repubblica presidenziale
Capitale: Georgetown
Superficie: 214 999 km²
Popolazione: 762 500 ab.
Lingua: inglese
Moneta: dollaro della Guyana

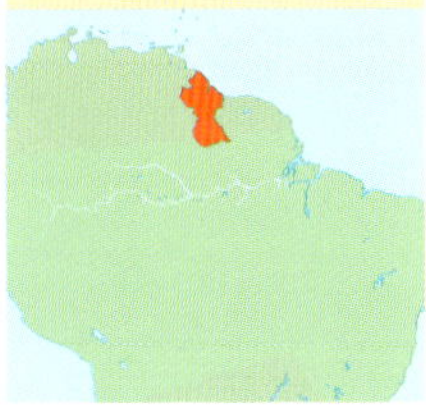

H

△ Nel 1791 l'isola di **Haiti** (allora nota come *Santo Domingo*) fu sconvolta da una violenta rivolta degli schiavi. Circa 100 000 schiavi si ribellarono ai loro padroni, dando fuoco alle piantagioni di zucchero e caffè. La Francia inviò l'esercito sull'isola ma, al termine di una sanguinosa guerra, Haiti conquistò finalmente la propria indipendenza.

habitat

L'habitat è il luogo in cui vive una particolare specie di animali o piante e che fornisce tutto ciò di cui tale specie necessita per sopravvivere, come cibo, acqua e riparo. Esistono migliaia di habitat diversi in tutto il mondo, tra i quali praterie, paludi, foreste, deserti, fiumi, laghi e oceani. I biologi raggruppano habitat simili in categorie generali chiamate *biomi*. Per esempio, la prateria dell'America del nord e la savana dell'Africa orientale sono due habitat che appartengono al bioma delle praterie. All'interno di ogni habitat esistono poi habitat più piccoli e sono chiamati *microhabitat*. I microhabitat di una foresta tipo sono i rami più alti di un grande albero, o la zona dietro la sua corteccia, un gruppo di fiori sul pavimento della foresta o l'area di terreno sotto un ceppo marcescente.

hacker

Con il termine "hacker" si intende un esperto di informatica capace di esplorare i programmi e i sistemi operativi dei computer. In quanto conoscitore profondo, è anche in grado di utilizzarne i codici, di individuarne i punti deboli e di aggirarli. Tali conoscenze possono essere usate per scopi illegali, come per esempio penetrare in sistemi protetti (banche, aziende), per manipolare dati o impossessarsi di informazioni riservate. In tal caso "hacker" è improprio: il termine corretto per identificare chi commette crimini informatici è "cracker".

Haiti

Haiti è un piccolo stato che occupa la parte occidentale dell'isola di Hispaniola nel mar delle Antille. Gran parte del paese è occupata da aspre montagne scoscese, ma vi sono anche fertili valli e pianure lungo la costa dove si coltivano caffè e altri prodotti.

Quasi tutta la popolazione discende da schiavi africani. Nel 1677 Haiti divenne una colonia francese, ma riconquistò la propria indipendenza nel 1804 in seguito a una rivolta. Da allora, il paese ha assistito a numerosi colpi di stato e dittature e vive tuttora nell'instabilità politica. Colpito nel 2010 da un violento terremoto che ha fatto oltre 220 000 vittime, il paese ha vissuto un lungo periodo di emergenza umanitaria, aggravata da un'epidemia di colera.

HAITI
Forma di governo: repubblica
Capitale: Port-au-Prince
Superficie: 27 700 km²
Popolazione: 9 923 243 ab.
Lingua: creolo e francese
Moneta: gourde

Händel, Georg Friedrich

Compositore tedesco (1685-1759). Con Bach è il più importante rappresentante del tardo barocco.

Ancora oggi è famoso soprattutto per gli *Oratori*, composizioni per grandi cori. L'opera più famosa di Händel è l'oratorio *Il Messia*. Scrisse anche composizioni per orchestra, come *Musica sull'acqua* e *Musica per i fuochi reali d'artificio*, in occasione di celebrazioni regali, e un grande numero di opere per il teatro.

handicappati, *vedi* disabili

Haydn, Franz Joseph

Compositore austriaco (1732-1809). Passò dal tardo barocco alla forma-sonata, ponendo le basi della musica strumentale moderna.

Autore di 108 *Sinfonie*, in molte delle quali l'orchestra viene utilizzata in un nuovo modo incisivo, scrisse anche brani per pianoforte e numerosi *Quartetti* (opere per quattro strumenti a corda). Mozart e Beethoven furono fortemente influenzati dalla sua musica.

Hemingway, Ernest

Narratore statunitense (1899-1961). Nel 1954 fu insignito del premio Nobel per la letteratura. Svolse l'attività di giornalista e corrispondente di guerra. Volontario nella Prima guerra mondiale, partecipò alla guerra civile spagnola, esperienza da cui trasse spunti letterari autobiografici.

Ricordiamo: *Fiesta*, *Per chi suona la campana*, *Il vecchio e il mare*.

Himalaya

L'Himalaya è una catena di alte montagne che separano l'India, a sud, dal Tibet e dalla Cina, a nord.

Molti tra i fiumi asiatici più lunghi sorgono sull'Himalaya e sono alimentati dalla neve e dal ghiaccio che si sciolgono.

Prima dell'invenzione dell'aeroplano, pochi stranieri si avventuravano sulle vette dell'Himalaya e tuttora le strade e le ferrovie sulle montagne sono scarse. Spesso l'unico modo per raggiungere le vette è a piedi, lungo impervi sentieri di montagna, e per trasportare i carichi più pesanti vengono usati cavalli, yak, capre e pecore.

La montagna più alta del mondo si trova nella catena dell'Himalaya: è l'*Everest*, alto 8848 m.

△ L'**Himalaya** è la catena montuosa più alta del mondo. Il suo nome significa "casa delle nevi".

Hitler, Adolf

Uomo politico tedesco (1889-1945). Era chiamato *il Führer*, ossia il capo assoluto della Germania durante la Seconda guerra mondiale.

Nato in Austria, dopo aver combattuto come volontario nella Prima guerra mondiale, divenne il capo del partito nazista che assunse il potere in Germania nel 1933.

A quei tempi la Germania era ancora debole dopo la sconfitta della Prima guerra mondiale e, sotto la guida di Hitler, i nazisti promisero di vendicare questa sconfitta e di creare un nuovo impero tedesco.

Dopo aver instaurato un regime dittatoriale, nel 1939 Hitler condusse la Germania alla Seconda guerra mondiale. Il suo esercito conquistò gran parte dell'Europa, invadendo la Polonia, la Cecoslovacchia, l'Austria, i Paesi Bassi e metà della Francia.

Hitler e i nazisti credevano nella superiorità razziale del popolo tedesco e milioni di ebrei, zingari e altre

▽ Di umili origini, Adolf **Hitler** divenne il capo del partito nazionalsocialista tedesco. Nel 1933, in un periodo di disordini politici, fu nominato cancelliere.

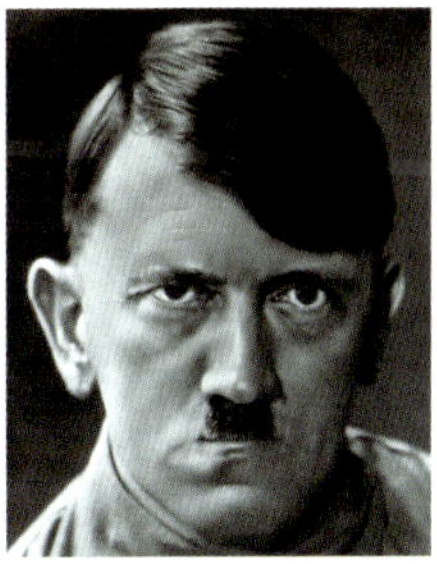

△ Usare lo skateboard è diventato un **hobby** la cui popolarità è cresciuta molto negli ultimi anni. I più abili imparano a eseguire complicate figure acrobatiche.

minoranze etniche furono barbaramente uccisi nei campi di sterminio. Nel 1945 la Germania si arrese e Hitler si suicidò, in una Berlino ridotta in macerie, per evitare la cattura.

HIV, *vedi* AIDS

hobby

Qualsiasi attività si conduca nel tempo libero è chiamata hobby. Può essere la collezione di oggetti come francobolli, monete o minerali; un'attività creativa come il disegno, la pittura, la fotografia o la tessitura, oppure un gioco come gli scacchi o un'attività sportiva come il tennis, il nuoto o la vela. Parte del divertimento di qualsiasi hobby consiste nel praticarlo con altre persone che nutrono lo stesso interesse.

hockey su ghiaccio

L'hockey su ghiaccio è uno sport di squadra giocato su una pista di ghiaccio lunga 60 m e larga 26 m, con una porta alle due estremità. I giocatori, sei per ogni squadra, calzano pattini da ghiaccio e usano un lungo bastone con una specie di lama ricurva in fondo per colpire e lanciare un dischetto di gomma oltre la difesa della squadra avversaria e nella rete. Ogni gara è divisa in tre tempi da 20 minuti ciascuno. L'hockey su ghiaccio è uno sport veloce e i giocatori indossano apposite imbottiture per proteggersi in caso di cadute o di scontri con gli avversari.

home page

La videata che compare sul computer quando ci si collega a un sito web di Internet e che ne presenta i contenuti.

Honduras

HONDURAS
Forma di governo: repubblica
Capitale: Tegucigalpa
Superficie: 112 492 km²
Popolazione: 7 466 000 ab.
Lingua: spagnolo
Moneta: lempira

L'Honduras è uno stato montuoso dell'America centrale. È bagnato a nord dal mar delle Antille e a sud, per un breve tratto di costa, dall'oceano Pacifico. Circa un terzo del paese è occupato dalla foresta pluviale tropicale.

La popolazione è per lo più composta da contadini che vivono in piccoli villaggi nell'ovest del paese e nei pressi delle grandi piantagioni di banane lungo la costa settentrionale. Nel 1502 Cristoforo Colombo scoperse l'Honduras e il paese divenne una colonia della Spagna. L'Honduras dichiarò la propria indipendenza nel 1821 e divenne una repubblica nel 1838.

Hong Kong

Hong Kong occupa un'area di 1001 km² nella Cina sudorientale.
Il territorio è costituito da una piccola isola, da una penisola e dai New Territories sulla terraferma. Il Regno Unito governò su Hong Kong dal 1842 al 1997, anno in cui fu restituita alla Cina. Da allora è una regione amministrativa speciale della Cina.

Hong Kong ha un porto naturale molto ampio circondato da montagne: il suo nome significa infatti "porto odoroso". Il capoluogo è Victoria e un'altra città molto attiva è Kowloon.

Molti abitanti lavorano nel campo del commercio, della pesca e dell'industria.

Alti palazzi sono stati costruiti per fornire abitazioni ma lo spazio è comunque scarso per i milioni di abitanti che affollano questa piccola area.

hovercraft

Un hovercraft è uno speciale tipo di veicolo che si muove su un cuscino d'aria. L'aria è spinta verso il basso da ventole e trattenuta da uno speciale grembiule o parete flessibile disposta attorno al veicolo. Gli hovercraft funzionano al meglio sull'acqua, ma possono essere usati anche su spiagge e terreni pianeggianti. Sono più veloci delle normali navi poiché scivolano

△ **Hong Kong** è uno dei maggiori centri asiatici per i trasporti, il commercio e l'industria manifatturiera.

dolcemente sulla superficie del mare senza alcun attrito, e possono facilmente raggiungere la velocità di 120 km/h. Il vantaggio rispetto a un aeroplano è la dimensione del carico

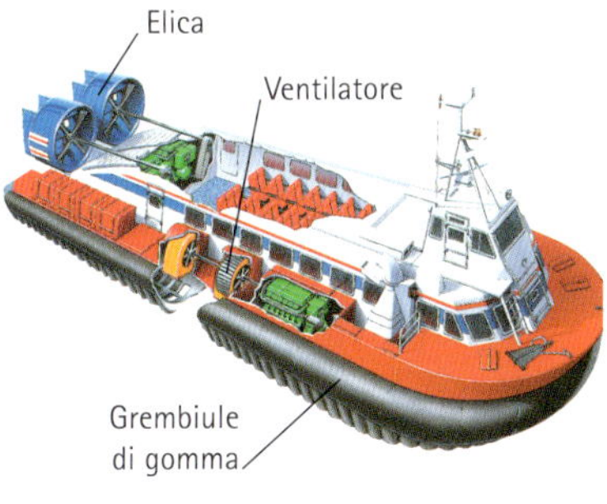

▷ Un **hovercraft** è munito di ventole laterali che aspirano l'aria e la comprimono al di sotto del veicolo per sollevarlo. Altre ventole sul retro spingono in avanti il veicolo.

che sono in grado di trasportare. Un grande hovercraft, infatti, può imbarcare decine di automobili e fino a 400 passeggeri.

Hugo, Victor Marie

Scrittore francese (1802-1885). La sua prefazione alla tragedia *Cromwell* è considerata il manifesto del Romanticismo in Francia, del quale fece propri gli ideali umanitari, civili e politici che compaiono nelle sue opere.

Della sua vastissima opera letteraria, segnaliamo: *Notre-Dame de Paris*, *L'uomo che ride*, *Ernani*.

△ La **iena** vive in Africa meridionale. Emette un potente urlo che assomiglia a una risata.

Iacopone da Todi

Iacopo dei Benedetti detto Iacopone. Poeta (1236-1306). Entrato come frate laico nell'ordine francescano, la sua opera è pervasa da una sorta di violento amore per Dio e di odio per gli uomini, che egli vede come malvagi peccatori. Tra le sue opere: il *Pianto della Madonna*, le *Laudi* e lo *Stabat mater*.

Icaro

Nella mitologia greca, figlio di Dedalo e di Naucrate, schiava di Minosse. Secondo una versione del mito, fuggì dal labirinto di Cnosso volando con ali di penne applicate al proprio corpo con la cera ma, avendo voluto avvicinarsi troppo al Sole, la cera si sciolse e Icaro precipitò nel mare che da lui si chiamò Icario.

iceberg

Un iceberg è un blocco di ghiaccio che si è staccato dai ghiacciai polari o dalla banchisa e galleggia liberamente nell'oceano. L'iceberg galleggia perché l'acqua, gelando, si espande: il ghiaccio, quindi, è meno denso dell'acqua.

Gli iceberg emergono soltanto per una piccolissima parte e per lo più sono nascosti sotto la superficie del mare.

Possono essere molto grandi: alcuni pesano milioni di tonnellate e hanno una lunghezza di 150 km.

Gli iceberg offrono a pinguini e foche una comoda opportunità per riposarsi, ma rappresentano un serio pericolo per le navi, perché a volte, galleggiando, dalle acque gelide dell'Artide e dell'Antartide in cui normalmente si trovano, si spingono fino a raggiungere l'oceano Atlantico.

Nella notte tra il 14 e il 15 aprile 1912, un transatlantico di linea chiamato *Titanic* urtò, nel corso del suo viaggio inaugurale, contro un iceberg nell'Atlantico settentrionale: la nave affondò e morirono circa 1500 persone tra passeggeri e membri dell'equipaggio.

Il grande Titanic

Il Titanic, che affondò urtando contro un **iceberg**, fu varato il 31 Maggio 1911 e inaugurato il 10 Aprile 1912. Era lungo 269,07 m per una stazza di 46328 tonnellate. Poteva portare 3547 persone tra passeggeri ed equipaggio!

I ponti della nave erano 9 e l'altezza era di 18,392 m dalla linea di galleggiamento al ponte scialuppe, 53,2 m dalla chiglia alla cima dei fumaioli.

Il carburante necessario per navigare era di 825 tonnellate di carbone al giorno per una velocità di 23 nodi.

idroelettrica, energia

Più di un quinto dell'elettricità utilizzata nel mondo è prodotta usando l'energia dell'acqua che scorre velocemente, ossia l'energia idroelettrica. La maggior parte degli impianti idroelettrici si trova a valle di dighe artificiali, ma alcuni sono alimentati da cascate naturali.

L'acqua è pesante e quando viene fatta cadere da un'alta diga lungo larghe tubazioni è in grado di far ruotare le pale di una turbina. Alberi meccanici collegati alle pale fanno funzionare generatori elettrici, proprio come nelle centrali elettriche a carbone o petrolio.

idrogeno

L'idrogeno è un gas. È ritenuto l'elemento più abbondante nell'intero universo ed è il materiale più importante di cui sono composte le stelle, compreso il Sole.

L'idrogeno è il più leggero di tutti gli elementi, 14,44 volte più leggero dell'aria. È incolore, non ha né odore né sapore e brucia facilmente: enormi quantità di idrogeno ardono costantemente sul Sole ed è infatti questa intensa combustione che fornisce luce e calore a noi sulla Terra.

L'idrogeno è un componente importante dell'organismo di tutti gli animali e delle piante. È anche contenuto nei combustibili fossili: carbone, petrolio e gas naturale. Un tempo l'idrogeno era utilizzato per gonfiare i dirigibili (*vedi* **mongolfiere e dirigibili**), ma a causa della facilità con cui prende fuoco, si rivelò troppo pericoloso per questo scopo.

iena

Le iene sono mammiferi carnivori ma, nonostante abbiano forma simile a un cane, sono più vicine alla famiglia dei felini. Le iene si nutrono generalmente dei resti di animali uccisi da predatori come leoni, leopardi e giaguari, e soltanto raramente uccidono le loro prede. Hanno denti e mandibole robuste per frantumare le ossa e trarre il massimo nutrimento dagli avanzi del pasto di altri animali.

Le iene vivono in branchi in alcune zone dell'Africa e dell'Asia. Si nutrono di notte e di giorno si riposano all'interno di buche o caverne.

immigrazione

Si parla di immigrazione quando le persone entrano in uno stato diverso da quello in cui sono nate e si stabiliscono a vivere. Nel corso della storia, milioni di persone hanno affrontato lunghi viaggi per vivere in altre nazioni: quando si lascia il proprio paese in questo modo, si parla invece di *emigrazione*. Le persone abbandonano il loro paese natale, o emigrano, per diverse ragioni. A volte fuggono dalle persecuzioni, dalla guerra o da disastri naturali come la carestia o la diffusione di malattie: in questo caso si parla di *profughi*. Altre volte, invece, le persone emigrano perché sperano di migliorare le proprie condizioni di vita. Il periodo compreso tra l'inizio del XIX secolo e il 1939 circa vide alcuni dei più intensi fenomeni di emigrazione della storia.

Circa 60 milioni di persone si misero in viaggio alla volta di nuovi paesi. La maggior parte abbandonò l'Europa per emigrare negli Stati Uniti d'America, il cui centro principale di accoglienza era Ellis Island, nei pressi di New York. Altri paesi verso i quali si indirizzò l'emigrazione in questo periodo furono l'Australia e l'America meridionale. Dalla fine degli anni 80 del secolo scorso si verifica un flusso di immigrati dai paesi in via di sviluppo e dall'est europeo verso i paesi della UE, specialmente verso l'Italia.

△ Gli **iceberg** rappresentano una grave minaccia per le navi perché si estendono notevolmente al di sotto della superficie del mare. Alcuni iceberg possono raggiungere i 950 m di profondità.

immunità

L'immunità è la protezione contro determinate **malattie** che gli animali e gli esseri umani sono in grado di acquisire. Gli uomini sviluppano l'immunità attraverso il *sistema immunitario*, che ripulisce costantemente il sangue e i tessuti dell'organismo e attacca i germi, o microorganismi, che lo invadono.

Quando l'organismo individua la presenza di germi, inizia immediatamente a combatterli producendo anticorpi, sostanze che attaccano i microorganismi che provocano malattie. Questi anticorpi restano nell'organismo per impedire che altri germi dello stesso tipo lo invadano nuovamente. Se si è avuto il morbillo, per esempio, è improbabile che lo si contragga una seconda volta.

La vaccinazione è un processo che consente di acquisire immunità alle malattie senza averle mai contratte. Il medico introduce nel nostro corpo una sostanza che contiene un minuscolo quantitativo di un particolare tipo di microorganismo, spesso per mezzo di un'iniezione.

La quantità di microorganismi somministrata è troppo piccola perché noi ci ammaliamo, ma è sufficiente a far produrre al nostro corpo gli anticorpi per combattere quel tipo di germi, contro il quale il nostro organismo sarà protetto da quel momento in poi.

Impero Romano,

vedi **pp. 194-195**

Impressionismo

△ **L'Impressionismo** fu uno stile basato su una tecnica rapida in cui gli artisti, con pennellate libere e vibranti, intendevano rendere l'atmosfera, o impressione, di una scena. Questo dipinto raffigurante un campo di papaveri fu realizzato nel 1873 da *Claude Monet*, uno dei più famosi pittori impressionisti.

In Francia, attorno al 1867, alcuni artisti iniziarono a dipingere in un modo nuovo, lavorando all'aria aperta e ritraendo scene della natura e della vita quotidiana invece di grandiose scene storiche, sempre cercando di rendere gli effetti della luce naturale.

Nel 1874 questo gruppo di artisti organizzò una mostra a Parigi. Le loro opere furono derise e un giornale, ispirandosi a un quadro intitolato *Impressione, levar del sole* (1872) di Claude Monet (1840-1926), chiamò ironicamente il gruppo "Impressionisti" e il nome continuò a essere usato. Ciononostante, il pubblico cominciò ben presto ad apprezzare lo stile vivace degli Impressionisti. Oltre a Monet, i maggiori pittori impressionisti furono Edouard Manet (1832-1883), Camille Pissarro (1830-1903), Edgar Degas (1834-1917), Alfred Sisley (1839-1899) e Pierre Auguste Renoir (1841-1919).

impronte digitali

Le impronte digitali sono le tracce che lasciamo ogni volta che tocchiamo un oggetto. Sono visibili premendo la punta delle dita su un tampone di inchiostro e subito dopo su un foglio di carta bianca. Ognuno di noi ha un motivo di sottilissime linee e spirali sui polpastrelli delle dita, diverso da quello di chiunque altro. Proprio per questo, la polizia può usare le impronte digitali per identificare i criminali.

△ **Le impronte digitali** non cambiano mai e sono diverse in ogni persona. Gli investigatori spesso cercano impronte digitali sulla scena di un delitto per cercare di identificare il colpevole.

inca

Gli inca furono un popolo che governò un'ampia area dell'America meridionale dal XIII al XVI secolo. Nel XV secolo il piccolo stato degli inca divenne un impero, che crebbe fino a estendersi per quasi 3 200 km lungo la costa occidentale dell'America meridionale, dall'attuale Ecuador fino al Cile. Il centro dell'impero era il Perù.

Il re inca e i suoi nobili governavano

la popolazione appartenente all'impero, stabilendo rigide regole e ordinando ai contadini e agli artigiani cosa coltivare e produrre. Gli inca costruirono anche molte strade nel paese. Nel XVI secolo i soldati spagnoli condotti da Francisco Pizarro (1478 ca.-1541) raggiunsero l'America.

Catturarono il sovrano inca Atahualpa (1500 ca.-1533) e dissero che lo avrebbero liberato in cambio di oro.

Gli inca consegnarono i loro tesori per liberare il sovrano, ma ciononostante gli spagnoli lo uccisero.

Nel 1572 la Spagna aveva ormai conquistato l'intero Impero Inca.

India

L'India è un grande stato dell'Asia meridionale che conta più di un miliardo di abitanti ed è secondo soltanto alla Cina per popolazione. Nel nord dell'India si ergono le vette innevate dell'Himalaya, ai piedi delle quali si trovano fertili pianure attraversate da due grandi fiumi, il Gange e il Brahmaputra. Il sud è occupato da un altopiano, lungo i cui margini ci sono i monti Ghati.

D'estate l'India ha un clima molto caldo e secco e alcune regioni del paese sono quasi desertiche, ma venti chiamati *monsoni* portano forti piogge nel nordest ogni anno. L'altopiano del Shillong nell'India orientale è una delle località più umide del mondo, con una media di 1087 cm di pioggia ogni anno.

Gli indiani sono per lo più contadini e vivono in villaggi coltivando riso, grano, tè, cotone e juta, una fibra naturale usata per fabbricare sacchi e funi. Le numerose città frenetiche, come Kolkata (Calcutta) e Mumbai (Bombay), sono tra le più grandi al mondo. Le lingue principali sono l'hindi e l'inglese, ma esistono centinaia di altre lingue locali.

La maggior parte degli indiani pratica l'induismo, ma molti seguono la religione islamica. In India esistono molte altre religioni, tra cui il buddismo e il cristianesimo.

Le compagnie commerciali britanniche iniziarono a recarsi in India nel XVII secolo, e il paese divenne una colonia britannica nel XIX secolo. Nel 1920, Mohandas Gandhi iniziò una lunga campagna contro il governo britannico e nel 1947 l'India conquistò l'indipendenza dal Regno Unito e si separò dal Pakistan.

INDIA
Forma di governo: repubblica federale
Capitale: New Delhi
Superficie: 3 287 263 km²
Popolazione: 1 160 813 000 ab.
Lingua: hindi e inglese
Moneta: rupia indiana

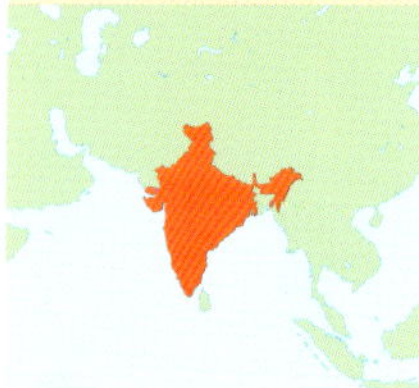

Indiano, oceano

L'oceano Indiano è il terzo oceano più grande del mondo, con una superficie di 74 900 000 km², e si estende dall'Africa, a ovest, all'Indonesia e all'Australia a est. Due isole molto grandi sono situate in questo oceano: il Madagascar, al largo delle coste sudorientali dell'Africa, e lo Sri Lanka, al largo della punta meridionale dell'India. Forti venti provenienti dall'oceano, chiamati *monsoni*, portano intense precipitazioni nel Sudest asiatico ogni estate.

Le tiepide acque dell'oceano consentono la proliferazione di grandi barriere coralline.

Indonesia

L'Indonesia è uno stato del Sudest asiatico.

continua a p. 196

▽ Gli **inca** erano abili ingegneri e costruirono una rete di strade che si estendeva su tutto l'impero, persino sulla catena montuosa delle Ande.

◁ *Questa cartina illustra l'estensione dell'Impero Romano nel 100 d.C. ca. I romani erano diventati così potenti che iniziarono a conquistare i paesi che li circondavano. Nel 100 d.C. dominavano un vasto impero ed erano una delle popolazioni più potenti del mondo antico.*

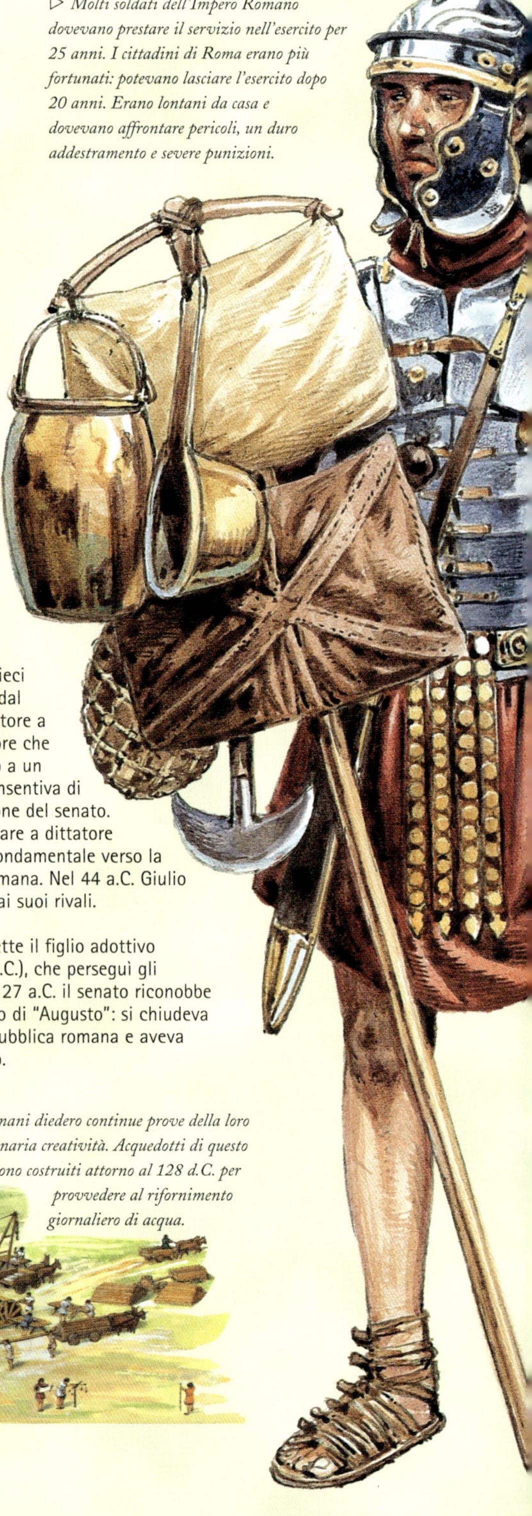

▷ *Molti soldati dell'Impero Romano dovevano prestare il servizio nell'esercito per 25 anni. I cittadini di Roma erano più fortunati: potevano lasciare l'esercito dopo 20 anni. Erano lontani da casa e dovevano affrontare pericoli, un duro addestramento e severe punizioni.*

IMPERO ROMANO

L'Impero Romano (27 a.C.-476 d.C.) fu una delle più potenti civiltà antiche. All'apice del potere controllava tutto il territorio compreso tra il Mediterraneo a sud e la Germania a nord, e tra la Spagna a ovest e l'Asia centrale a est. Al suo centro vi era la capitale, Roma, la più grande città del mondo del tempo, con circa un milione di abitanti.

UNA REPUBBLICA GOVERNATA DAL SENATO

Roma era governata da un senato, ossia da un'assemblea composta principalmente da membri della ricca aristocrazia romana. La carica più elevata nel senato era quella di console. Due consoli governavano insieme per un anno, assicurando in tal modo che non vi fosse un solo uomo che deteneva il potere assoluto dello stato.

I diritti dei meno abbienti erano protetti da altre due cariche all'interno del Senato: i tribuni.

LA NASCITA DELL'IMPERO

Nel 45 a.C. Giulio Cesare (ca. 100-44 a.C.) ricevette il titolo di "Padre della Patria". Fu poi nominato console per dieci anni e gli fu assegnata dal senato la carica di dittatore a vita: era il massimo onore che potesse essere conferito a un individuo, perché gli consentiva di agire senza l'approvazione del senato. La nomina di Giulio Cesare a dittatore significava una tappa fondamentale verso la fine della repubblica romana. Nel 44 a.C. Giulio Cesare fu assassinato dai suoi rivali.

A Giulio Cesare succedette il figlio adottivo Ottaviano (63 a.C.-14 d.C.), che perseguì gli assassini del padre. Nel 27 a.C. il senato riconobbe a Ottaviano l'appellativo di "Augusto": si chiudeva così il periodo della repubblica romana e aveva inizio quello dell'impero.

◁ *I romani diedero continue prove della loro straordinaria creatività. Acquedotti di questo tipo furono costruiti attorno al 128 d.C. per provvedere al rifornimento giornaliero di acqua.*

TEMPO DI CAMBIAMENTI

Durante il regno di Augusto venne avviato un grande progetto per migliorare la città di Roma. Augusto credeva che la capitale dovesse essere un esempio del potere e della forza dei romani per tutto l'impero: famosa è la sua frase nella quale affermava di aver trovato Roma una città di legno e di averne fatto una città di marmo.

I Cesari continuarono a governare Roma in una dinastia che durò molte generazioni. In questo periodo le condizioni di vita dell'impero mutarono considerevolmente. Molti territori conquistati dai romani (le province) erano, per usare un'espressione romana, estremamente "barbari".
I romani introdussero molte innovazioni che cambiarono per sempre la vita nelle province. Sistemi di riscaldamento centrale per le abitazioni, i bagni, le pavimentazioni stradali e il vino furono tutte invenzioni dei romani.

GLADIATORI E ANFITEATRI

Un'altra famosa invenzione romana furono i Giochi. I romani organizzavano gare di gladiatori negli anfiteatri, il più famoso dei quali è il Colosseo di Roma, in onore dei cittadini più illustri.
In questi incontri, schiavi gladiatori combattevano fino alla morte per il divertimento del popolo romano. Negli anfiteatri si svolgevano anche esecuzioni pubbliche dei prigionieri e lotte tra uomini e animali feroci provenienti da paesi lontani, come tigri e ippopotami. Un'altra forma popolare di intrattenimento era la rappresentazione di battaglie storiche in scala reale, con veri soldati, nonché la rappresentazione di battaglie navali su enormi pianure o anfiteatri inondati d'acqua.

UNA NAZIONE DI SCHIAVI

Per molti versi, l'Impero Romano sopravvisse soltanto grazie alla sua numerosa popolazione di schiavi. I romani, infatti, riducevano in schiavitù molti tra i nemici vinti, e questi schiavi eseguivano, in tutto l'impero, gran parte del lavoro manuale, lavorando nelle fattorie e nelle miniere più pericolose, nonché nelle case dei ricchi romani.

LA CADUTA DELL'IMPERO ROMANO

Con il passare del tempo, l'Impero Romano mutò profondamente. L'imperatore Costantino (in carica dal 306 al 337 d.C.) fu il primo imperatore a tollerare il cristianesimo e gradualmente l'intero impero divenne cristiano. La capitale fu spostata da Roma a Bisanzio, in seguito chiamata *Costantinopoli* (la moderna Istanbul), e nel 395 l'impero venne diviso in Impero Romano d'occidente e Impero Romano d'oriente.

Difendere i confini dell'impero dalle invasioni barbariche divenne sempre più difficile, finché nel 455 d.C. i vandali provenienti dalla Germania riuscirono a saccheggiare la città di Roma. L'ultimo imperatore romano, Romolo Augustolo, fu deposto nel 476 d.C. e il suo trono fu occupato da un capo germanico, Odoacre (434 ca.-493 d.C.). Questo evento segnò la fine dell'Impero Romano d'occidente e l'inizio del Medioevo. Alcune delle colonie ritornarono allo stato precedente alla dominazione romana, perdendo i vantaggi tecnologici che avevano conquistato grazie ai romani. L'Impero Romano d'oriente continuò invece, con il nome di impero bizantino, fino al 1 453, anno in cui Costantinopoli fu invasa dai turchi.

△ *In occasione di date speciali del calendario romano, la gente accorreva ad assistere a intrattenimenti spettacolari negli anfiteatri. Qui, cristiani, criminali e schiavi venivano gettati in un'arena insieme a leoni e ad altri animali feroci che li inseguivano e li uccidevano.*

▽ *Il cuore di Roma era il* foro, *o piazza principale, in cui i romani si incontravano per trattare affari.*

VEDI ANCHE
Cesare, Gaio Giulio; Colosseo; cristianesimo; dittatore; gladiatore; Italia; Medioevo; Repubblica; Roma; strada

continua da p.193

È composto da un arcipelago di 3000 isole che si estendono attorno all'equatore per oltre 4800 km da ovest a est.
Più della metà della popolazione indonesiana vive a Giava, dove si trova anche la capitale dello stato, Giacarta. La popolazione è per lo più composta da contadini e le coltivazioni principali sono riso, tè, albero della gomma e tabacco.

L'Indonesia produce anche petrolio e altri minerali, nonché legname da costruzione, grazie alle fitte foreste.

Parte dell'Indonesia divenne una colonia olandese verso la fine del XVIII secolo, ma la nazione conquistò l'indipendenza nel 1949. L'Indonesia un tempo comprendeva anche Timor Est, che però ha proclamato la propria indipendenza nel 2002, dopo 24 anni di lotta.

induismo

L'induismo è una delle principali religioni del mondo e si ritiene che risalga a 4000 anni fa. La maggior parte degli induisti vive in Asia, in particolare in India. Gli induisti credono che Dio sia presente in tutte le cose. Soltanto i sacerdoti, chiamati *bramini*, possono adorare il Dio supremo. La gente comune può adorare altri dei, come Vishnu, il dio della vita. Le divinità induiste hanno caratteristiche diverse. *Shiva* ha quattro braccia ed è spesso rappresentata nell'atto di danzare. Kali è la moglie di Shiva, mentre Ganesh, figlio di Shiva, ha la testa di elefante e gli induisti credono che doni il successo a chi si rivolge a lui nella preghiera.

I più importanti libri sacri degli induisti sono chiamati *Veda*, ossia Libri della Conoscenza. Tra questi, il manoscritto principale è il *Rig Veda*, una raccolta di oltre 1000 inni composti nell'antica lingua sanscrita.

Gli induisti credono inoltre che alcuni animali, come il cobra e la mucca, siano sacri e non debbano mai essere uccisi.

Diversamente da molte altre religioni, l'induismo non è stato fondato da un maestro: i suoi principi si sono evoluti gradualmente nel corso di molti secoli.

inflazione

L'inflazione è un aumento rapido e continuo dei prezzi. Ogni volta che i prezzi aumentano, il denaro vale meno perché ne occorre di più di prima per acquistare uno stesso prodotto.

Di conseguenza, i lavoratori chiedono salari più alti, ma se i salari aumentano, aumenta anche il costo di produzione delle merci che a sua volta spesso provoca un ulteriore aumento dei prezzi. Poiché i prezzi e i salari influiscono gli uni sugli altri in questo modo, l'inflazione è difficile da arrestare.

L'inflazione può

△ Uno dei maggiori dei dell'**induismo** è *Shiva*, che gli induisti considerano sia un creatore che un distruttore. In questa scultura, Shiva è raffigurato mentre danza circondato dalle fiamme.

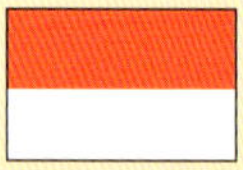

INDONESIA
Forma di governo: repubblica
Capitale: Giacarta
Superficie: 1 910 931 km²
Popolazione: 231 369 600 ab.
Lingua: bahasa Indonesia
Moneta: rupia indonesiana

◁ L'**inquinamento**, come nel caso di questa fuoriuscita di petrolio in mare, può nuocere alla natura e danneggiare per sempre l'equilibrio ecologico di un'area. Questi uccelli marini hanno poche possibilità di sopravvivenza.

essere provocata da numerose cause e se diventa troppo elevata, il denaro può non avere più alcun valore.

Alcune nazioni hanno attraversato periodi di iperinflazione, con aumenti dei prezzi superiori al 50% ogni mese, e ciò significa un tasso annuo di inflazione superiore al 13 000 per cento.

△ Al termine della Prima guerra mondiale l'**inflazione** in Germania era così elevata che fu chiamata *iperinflazione*. Il valore della valuta tedesca, il marco, divenne praticamente nullo. Sul finire del 1923 una forma di pane costava 200 miliardi di marchi. Gli operai portavano a casa i salari su carriole e i bambini giocavano con pile di banconote ormai prive di valore.

infrarossi, raggi

Quando avvertiamo il calore del fuoco o del Sole, avvertiamo la presenza di raggi infrarossi, così chiamati perché si trovano al di sotto dell'estremità rossa dello **spettro** luminoso visibile. Questo significa che non possiamo vederli, nonostante essi si comportino allo stesso modo dei raggi visibili e possano, per esempio, essere riflessi.

I fotografi usano un tipo speciale di pellicola sensibile ai raggi infrarossi per scattare fotografie nell'oscurità totale.

La pellicola sensibile ai raggi infrarossi può essere usata anche per scattare fotografie in cui le aree calde e quelle fredde appaiono di diverso colore: le aree bianche sono le più calde, quelle blu le più fredde.

ingegneria

L'ingegneria è l'attività di progettazione sulla base di tecniche speciali. Gli ingegneri svolgono diversi tipi di lavori.

Gli ingegneri metallurgici separano i metalli dalle altre sostanze per renderli utilizzabili.

Gli ingegneri chimici usano prodotti chimici per fabbricare, per esempio, saponi e plastica.

Gli ingegneri civili progettano e disegnano strutture come ponti, strade, ferrovie, tunnel e aeroporti, e gli ingegneri elettrotecnici lavorano con apparecchiature che consumano o producono elettricità. Il ramo più recente dell'ingegneria elettrica è l'elettronica, che comprende lo studio e la progettazione dei computer.

▽ Nelle automobili il cambio di velocità si ottiene con uno speciale **ingranaggio** che determina le cosiddette marce, solitamente cinque avanti più una retromarcia. La scatola degli ingranaggi è il collegamento tra il motore e le ruote del veicolo.

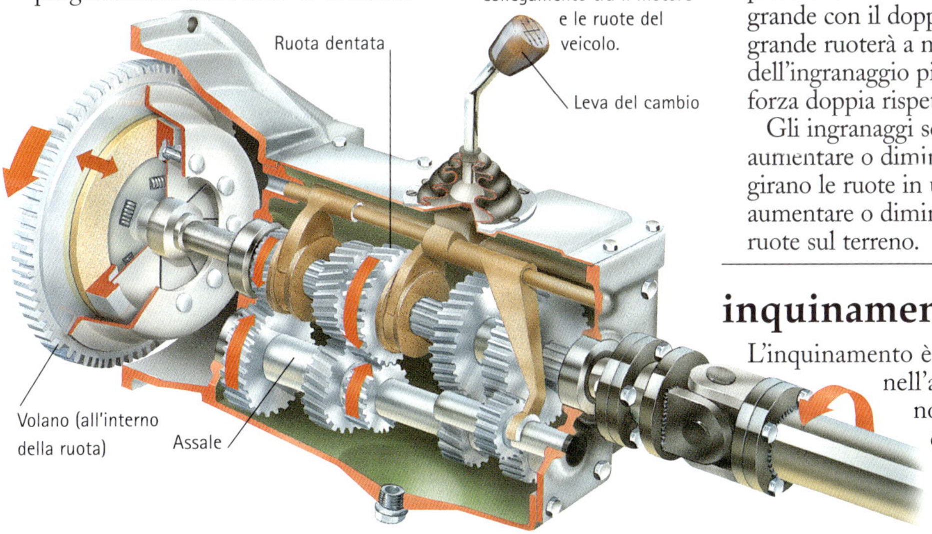

ingranaggio

Un ingranaggio è una ruota che lungo il bordo esterno presenta protuberanze, o denti, che possono incastrarsi perfettamente sui denti di altri ingranaggi. Al centro di un ingranaggio possono essere montate aste metalliche, o alberi. Se un albero ruota, ruota anche l'ingranaggio a esso collegato, che a sua volta fa ruotare un secondo ingranaggio e il rispettivo albero.

Gli ingranaggi ruotano a velocità diverse in proporzione al numero di denti di cui sono dotati. Se un ingranaggio piccolo fa ruotare un ingranaggio più grande con il doppio dei denti, quello grande ruoterà a metà della velocità dell'ingranaggio più piccolo, ma avrà una forza doppia rispetto a questo.

Gli ingranaggi sono utilizzati anche per aumentare o diminuire la velocità a cui girano le ruote in un'automobile e per aumentare o diminuire la forza delle ruote sul terreno.

inquinamento

L'inquinamento è l'emissione nell'ambiente di sostanze nocive in quantità tali da provocare danni alle persone, agli animali e alle piante o

△ Gli **ippocampi** nuotano in posizione verticale. Per nutrirsi si ancorano con la coda alle alghe e aspirano dall'acqua il plancton di cui si nutrono.

Uno strano cavalluccio...
L'**ippocampo**, detto anche cavalluccio marino, non è in grado di mordere e deve dunque aspirare i piccoli crostacei e i minuscoli pesci di cui si nutre. I suoi occhi possono muoversi indipendentemente l'uno dall'altro e gli consentono di individuare le sue prede in diverse direzioni senza dover muovere il corpo.
È l'unico pesce che nuota in posizione verticale.

agli habitat. In Europa, prima della rivoluzione industriale la maggior parte dei rifiuti prodotti dagli esseri viventi veniva usata da altri esseri viventi. Oggi l'uomo produce più rifiuti di quanti la natura possa tollerarne e pressioni sempre maggiori vengono esercitate affinché i governi controllino le industrie e combattano l'inquinamento.

Automobili e fabbriche emettono fumi e vapori nell'aria, concimi chimici e pesticidi uccidono piante e animali selvatici, scarichi fognari insufficienti e perdite di petrolio devastano mari e fiumi. Accordi internazionali sono stati formulati per ridurre l'inquinamento e impedire che la nazioni smaltiscano i propri rifiuti nei mari.

inquisizione

L'inquisizione fu una procedura seguita da un tribunale ecclesiastico per giudicare gli eretici, ma spesso si volle intendere il tribunale stesso.

L'inquisizione come tribunale ecclesiastico fu creata nel XII sec., nella lotta contro catari e valdesi. Più tardi, con il IV Concilio Lateranense (1215), la Chiesa stabilì il dovere dei vescovi di reprimere l'eresia religiosa. Gli eretici che si rifiutavano di ritrattare o la cui colpevolezza era accertata erano condannati a pene corporali o alla morte per rogo.

insetti, *vedi* p. 199

intelligenza

Quando una persona usa la propria esperienza e conoscenza per risolvere un problema, dimostra intelligenza.

L'intelligenza è anche la capacità di apprendere. Le creature che agiscono soltanto in base all'istinto mancano di intelligenza.

Gli esseri umani, le scimmie, i delfini e le balene sono tra gli animali più intelligenti.

Internet, *vedi* pp. 200-201

inuit, *vedi* eschimesi

invenzione

Un'invenzione è la creazione di qualcosa di totalmente nuovo. Molte invenzioni importanti sono derivate dall'opera di una sola persona, altre sono state invece realizzate da più persone con un lavoro di squadra. Non si sa a chi si devono molte invenzioni antiche, come la ruota, l'aratro, la ceramica, la tessitura e gli utensili in metallo.

Nel corso della storia, la civiltà è progredita grazie alle invenzioni. Ogni invenzione si basa su altre invenzioni precedenti e rende possibile il progresso. Alcune delle invenzioni importanti degli ultimi 600 anni sono la pressa da stampa (ca. 1440), il cannocchiale (1608), il motore a vapore (1765), la macchina fotografica (1816), il telefono (1871), la radio (1895), l'aeroplano (1903), la televisione (1926), il laser (1960) e il chip di silicio (1961).

invertebrati

Gli invertebrati sono animali privi di colonna vertebrale e quindi di uno scheletro interno. Esistono oltre un milione di specie diverse di invertebrati, e molte altre attendono di essere scoperte.

Sono invertebrati gli insetti, i ragni, gli scorpioni, i vermi, i molluschi, i crostacei, le stelle marine, le meduse e molti altri animali.

ippocampo

Gli ippocampi sono pesci ossei dalla forma insolita e aggraziata. Sono chiamati anche cavallucci marini per via della forma della testa, simile a quella di un cavallo. La maggior parte

continua a p. 202

INSETTI

Gli insetti sono diffusi in tutto il mondo, tranne che nel mare. Hanno il corpo diviso in tre parti e sei zampe munite di articolazioni.

△ *I maschi di* cervo volante *hanno grandi mandibole che usano per lottare con altri maschi per la conquista di una femmina.*

△ I grilli *hanno zampe posteriori molto lunghe per saltare e strofinano le ali le une sulle altre per produrre un suono molto forte che attira i membri del sesso opposto.*

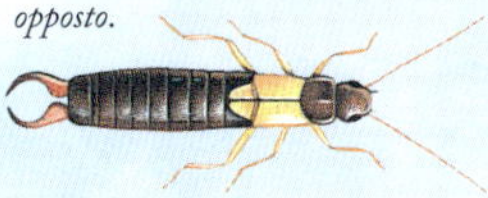

△ *Le* forbicine *hanno il corpo piatto, pinze all'estremità posteriore dell'addome e ali che si ripiegano e scompaiono sotto la corazza esterna.*

△ *Gli* afidi *hanno il corpo morbido, verde o marrone, e sono lunghi meno di 3 mm.*

▽ *La* mantide religiosa *(in basso a destra) è un feroce predatore. Usa le grandi zampe anteriori per afferrare le prede, come per esempio i coleotteri.*

▷ *I* bombi *sono insetti sociali che raccolgono il polline dai fiori e lo immagazzinano in apposite sacche sulle zampe posteriori. Il polline è usato come cibo per l'intera colonia.*

▽ *Le* formiche *vivono in nidi comuni, come questo di formiche tagliafoglie dell'America meridionale.*

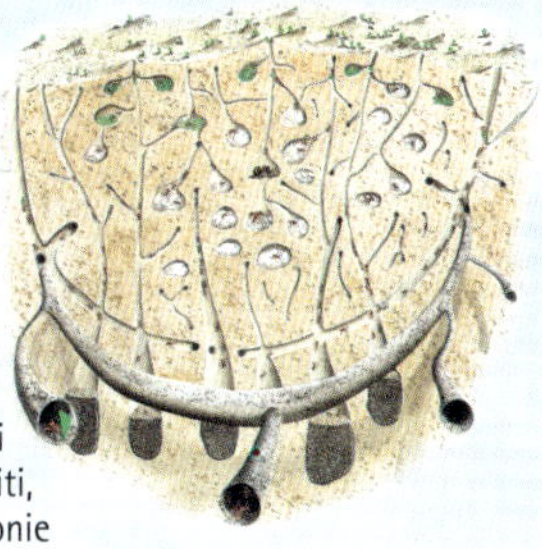

UN MONDO DI INSETTI

Esistono più di tre milioni di tipi diversi di insetti, dalle minuscole pulci agli scarabei Golia lunghi 13 cm. Gli insetti sono suddivisi in 29 gruppi, o ordini, che comprendono, tra gli altri, api, mosche, formiche, cavallette, coleotteri e farfalle.

Tutti gli insetti hanno il corpo diviso in tre parti (capo, torace e addome) e sono muniti di tre paia di zampe unite al torace. La maggior parte di essi possiede anche un paio di ali. Il corpo degli insetti è ricoperto da una specie di corazza rigida chiamata *esoscheletro.*

▷ *Un insetto, come la* mosca domestica*, ha un ciclo vitale diviso in quattro stadi. Inizia con un uovo che si trasforma in una larva. Poi la larva cresce e perde diverse volte la propria pelle, trasformandosi in una crisalide, o pupa, dalla quale alla fine emerge l'insetto adulto.*

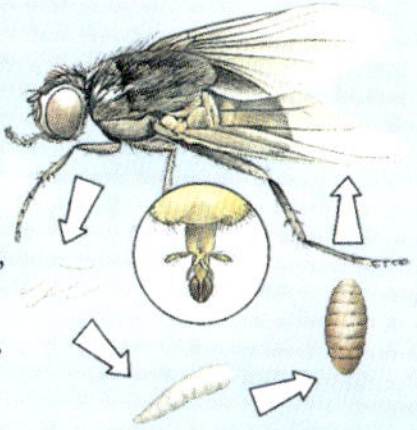

VITA SOCIALE

Alcuni insetti, tra cui formiche, api e termiti, vivono in grandi colonie altamente organizzate. Ogni insetto della comunità ha un compito da svolgere, come cacciare per procurare il cibo, accudire le larve o fare la guardia al nido. In ogni gruppo esiste una regina, che è la sola a poter deporre le uova.

AIUTANTI E INFESTANTI

Senza le api e altri insetti volanti, le piante da fiore non verrebbero impollinate e gli alberi da frutto non darebbero frutti. Con il polline, poi, le api producono il miele. Gli *insetti spazzini,* come lo scarabeo stercorario, sono molto utili perché si nutrono degli escrementi degli animali e contribuiscono a mantenere fertile il terreno. Alcuni insetti, invece, sono *infestanti* e possono provocare danni alle coltivazioni, e altri ancora diffondono malattie.

VEDI ANCHE
ape; bruco; cavalletta; coleotteri; falena; farfalla; formica; invertebrati; locusta; mosca; parassiti; termiti; zanzara

INTERNET

Internet è una rete di computer che si estende su tutto il globo e fornisce un rapido accesso a informazioni e opinioni provenienti da tutto il mondo.

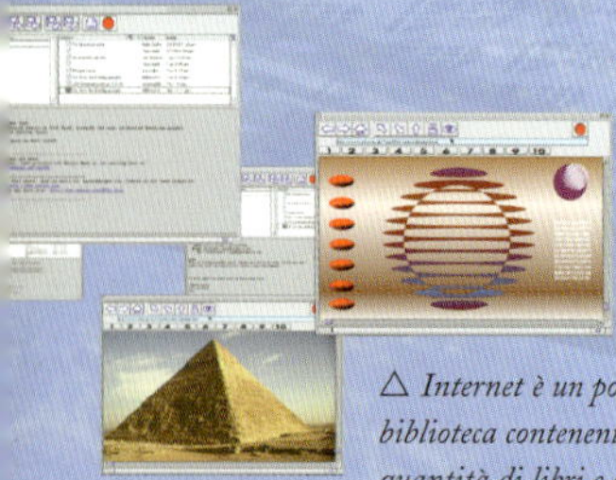

△ *Internet è un po' come una biblioteca contenente un'enorme quantità di libri e a volte trovare la pagina Web desiderata può essere un'impresa ardua, ma i motori di ricerca velocizzano enormemente il processo.*

COMPUTER COLLEGATI INSIEME

Una rete di computer è composta da due o più computer collegati in modo da scambiarsi reciprocamente dati (informazioni). La rete di computer più grande del mondo è Internet o, semplicemente, "la rete". Milioni di computer possono collegarsi a Internet usando un software standard. Gli utenti di Internet sono così in grado di condividere e scambiarsi una grande varietà di informazioni, comprese immagini, suoni e messaggi di testo.

GLI ALBORI

Internet comparve negli USA sul finire degli anni 60 del secolo scorso come sistema di comunicazione militare chiamato *ARPANet*. Si trattava di una rete di computer per la difesa progettata in modo da poter sopravvivere e continuare a funzionare anche nel caso in cui parti del sistema fossero andate distrutte durante una guerra. ARPANet si sviluppò gradualmente in Internet, inizialmente come strumento di scambio di informazioni soltanto per scienziati e studiosi e successivamente, verso il 1990, anche per il grande pubblico.

COLLEGARSI ALLA RETE

Alcuni computer hanno una connessione fissa che li mantiene sempre collegati a Internet. La maggior parte dei personal computer, o PC, invece, non è collegata permanentemente e necessita di un apparecchio chiamato *modem* e dei servizi di una società chiamata *Internet Service Provider* (ISP) per avere accesso a Internet attraverso una linea telefonica. Il modem trasforma i dati del computer in segnali che possono essere inviati lungo la linea telefonica. Quando invece riceve informazioni da Internet, il modem esegue l'operazione inversa, ossia converte i segnali telefonici in dati che possono essere compresi dal computer.

L'ESPLOSIONE DI INTERNET

Quando si è collegati a Internet si dice che si è *on line* e un computer collegato in rete che fornisce un servizio attraverso la connessione a un indirizzo permanente è chiamato *host*. Il numero di host di Internet, che indica le dimensioni delle attività che si svolgono on line, è considerevolmente aumentato nel corso degli anni. Nel 1981 c'erano soltanto 213 host, ma nel 1990 questa cifra era già salita a 376000. Oggi si sono superati gli 800 000 000 di host! Chi non possiede un collegamento a Internet può collegarsi recandosi in un *cyber café* o in un *internet point* pagando una piccola somma di denaro.

▽ *Molte merci e servizi possono essere scelti, ordinati e pagati attraverso Internet.*

▽ *Oggi esistono siti Web in molte lingue diverse, creati da persone e organizzazioni di tutto il mondo.*

▽ *È possibile usare Internet per vedere immagini video dal vivo, come queste immagini di una recente missione spaziale della NASA.*

△ *Con la posta elettronica (e-mail), è possibile inviare messaggi in pochi minuti. Ogni giorno vengono inviati circa 190 miliardi di e-mail...*

△ *Internet fornisce informazioni su spettacoli teatrali, film, concerti, mostre e molte altre forme di intrattenimento.*

Il World Wide Web

Consente di "navigare in Internet" velocemente ed efficacemente. Si tratta di un'imponente raccolta di siti Web collegati in rete, composti da singole pagine Web. Ogni *pagina Web* è un documento dotato di un proprio indirizzo chiamato *URL*. Facendo clic con il mouse su appositi punti dello schermo, gli utenti possono passare da una pagina Web all'altra.

VEDI ANCHE
comunicazione; computer; mass media; telecomunicazioni; telefono; World Wide Web

UTENTI DELLA RETE

In Internet è possibile svolgere un'enorme varietà di attività, dal campo dell'istruzione ai giochi on-line. Grazie all'*e-commerce*, migliaia di società hanno un sito Web per consentire ai clienti di visualizzare e comprare prodotti on-line usando la carta di credito.

La capacità del World Wide Web di gestire file di immagini e di suoni non ha soltanto reso i siti Web più interessanti da visitare: ora i musei possono esporre le loro collezioni su Internet e molte stazioni radiofoniche diffondono programmi sotto forma di file audio. Gli utenti possono scambiarsi messaggi di posta elettronica o comunicare in apposite *chat-room* o siti detti *social network*, come *Facebook*, che al 2011 conta quasi 600 milioni di utenti attivi in tutto il mondo.

STORIA DI INTERNET

- 1965 Negli USA tre computer vengono collegati attraverso una linea telefonica, dando vita a una prima rete di computer
- 1969 L'esercito USA crea ARPANet
- 1971 Viene inviata la prima e-mail
- 1974 Telenet, la prima versione commerciale di ARPANet, inizia l'attività
- 1977 Invenzione del primo modem per personal computer
- 1984 Viene introdotto il sistema dei nomi di dominio, che fornisce ai computer un indirizzo esclusivo che termina con .com, .org, ecc.
- 1991 Invenzione del World Wide Web
- 1994 Primi negozi e banche operanti su Internet
- 1998 Prima asta elettronica su Internet
- 2003 Il World Wide Web contiene oltre un miliardo di pagine Web
- 2009 Efficacia e affermazione di Internet come canale pubblicitario: nel 2008 la produzione pubblicitaria in internet ha superato quella radiofonica.

△ *Internet è spesso chiamata "autostrada delle informazioni" perché trasporta enormi quantità di dati informatici. È anche chiamata* cyberspazio, *un termine usato per la prima volta da William Gibson nel 1984 nel suo romanzo di fantascienza* Neuromante.

continua da p. 198

delle specie ha una lunghezza compresa tra 15 e 25 cm. Gli ippocampi nuotano oscillando la pinna che hanno sul dorso e spingendosi con la coda, che usano anche per ancorarsi alle alghe.
Le femmine depongono le uova in una tasca sul ventre del maschio, e questi le custodisce finché non si sono completamente sviluppate e si schiudono. Gli ippocampi sono diffusi in tutto il mondo nei mari caldi e tropicali.

ippopotamo

Il termine ippopotamo significa "cavallo di fiume", ma in passato questo animale era chiamato dagli egizi "maiale di fiume". È un grosso e pesante mammifero che vive in Africa: fra tutti gli animali terrestri, soltanto l'elefante è più grande dell'ippopotamo.

Gli ippopotami vivono nei pressi di fiumi o laghi. Trascorrono gran parte del tempo in acqua e sono buoni nuotatori. Hanno gli occhi posti sulla parte superiore del capo, così possono rimanere completamente immersi nell'acqua e guardare cosa accade fuori senza essere visti.

Gli ippopotami possono rimanere in immersione per quasi dieci minuti senza aver bisogno di riemergere per respirare.

Nonostante le spaventose fauci, gli ippopotami si nutrono esclusivamente di piante e vegetali in genere, solitamente acquatici, ma di notte spesso salgono sulla terraferma in cerca di altri vegetali terrestri.

Mansueti ippopotami?

L'**ippopotamo** ha enormi canini inferiori d'avorio, armi veramente terribili che i maschi utilizzano per lottare tra loro nella stagione degli amori. Nonostante abbia un aspetto pacifico (quando tiene la bocca chiusa!) e si nutra di piante e vegetali, gli indigeni africani sanno che si tratta di un animale tutt'altro che mansueto: è permaloso, e quando viene disturbato o provocato diventa molto aggressivo!

Iran

L'Iran è uno stato del Medio Oriente situato tra il mar Caspio a nord e il Golfo Persico a sud. Deserti e montagne innevate occupano gran parte del paese e il clima è caratterizzato da estati calde e asciutte e inverni freddi. Anticamente l'Iran era chiamato *Persia* e la lingua iraniana è il persiano.

▽ Gli **ippopotami** riposano in acqua nelle ore più calde del giorno e riprendono le attività dopo il tramonto.

▷ L'**Iran** custodisce molti esempi di architettura islamica tradizionale. La *Madrasa-i Chahar Bagh* fu costruita nella città di Isfahan nel XVIII secolo come una scuola di studi religiosi. È un edificio caratterizzato da alte torrette chiamate *minareti*, tipici di ogni moschea musulmana.

IRAN
Forma di governo: repubblica islamica
Capitale: Teheran
Superficie: 1 648 200 km²
Popolazione: 74 195 700 ab.
Lingua: farsi (persiano)
Moneta: rial

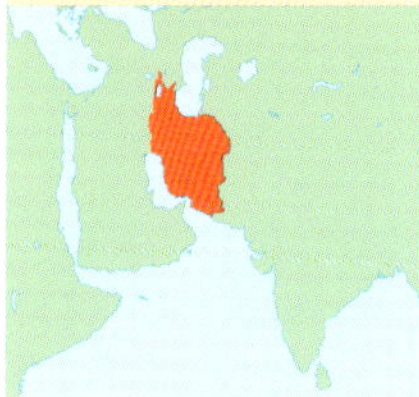

La principale religione è l'islamismo.
Molti iraniani sono nomadi e si spostano con greggi di pecore o capre.
Le donne tessono stupendi tappeti di lana o seta, famosi per i loro disegni elaborati e i ricchi colori. Il prodotto più importante dell'Iran è il petrolio. L'Iran ha una storia importante.
Attorno al 550 a.C. il re persiano Ciro e il suo esercito crearono un impero che si estendeva dalla Grecia e dall'Egitto fino all'India, il più grande del mondo a quei tempi, che però, verso il 330 a.C., fu conquistato da Alessandro Magno. Poi il paese vide succedersi dominazioni arabe e mongole. Nel XX secolo l'Iran fu governato da imperatori, o scià, l'ultimo dei quali fu costretto nel 1979 a lasciare il paese. Da allora l'Iran è governato da capi religiosi ed è diventato una repubblica islamica. Dal 2006, le Nazioni Unite chiedono all'Iran di interrompere il suo programma di arricchimento dell'uranio, senza successo.

Iraq

L'Iraq è uno stato del Medio Oriente, per lo più una grande pianura arida attraversata dal Tigri e dall'Eufrate, due fiumi che consentono di coltivare riso, cotone, grano e datteri. L'Iraq è anche uno dei maggiori produttori di petrolio, ma molti iracheni sono nomadi e vivono nelle aree steppose accudendo greggi di pecore e capre. Nel 1979 il generale Saddam Hussein divenne presidente e instaurò un regime dittatoriale e, dal 1980 al 1988, l'Iraq fu in guerra contro l'Iran.
Nel 1990 l'esercito iracheno invase il Kuwait, ma fu costretto ad abbandonare il paese nel 1991 al termine della **guerra del Golfo**. Dopo l'11 Settembre 2001,

IRAQ
Forma di governo: repubblica parlamentare
Capitale: Baghdad
Superficie: 434 128 km²
Popolazione: 30 747 300 ab.
Lingua: arabo e curdo
Moneta: dinar iracheno

George Bush accusò il dittatore di collusione con il terrorismo internazionale e attaccò nuovamente l'Iraq il 19 marzo 2003. Il regime di Hussein crollò nell'aprile dello stesso anno e gli americani nominarono un governo di transizione. Per le elezioni di un nuovo governo iracheno si dovette attendere un referendum sulla costituzione (15 ottobre 2005). Il 15 dicembre 2005 si tennero le elezioni per il nuovo parlamento e finalmente il 20 maggio 2006 entrò in carica il nuovo governo. Sottoposto a processo da un tribunale iracheno, Saddam Hussein fu condannato a morte per crimini contro l'umanità e la sentenza venne eseguita il 30 dicembre 2006.

IRLANDA
Forma di governo: repubblica
Capitale: Dublino
Superficie: 70 273 km²
Popolazione: 4 515 500 ab.
Lingua: irlandese e inglese
Moneta: euro

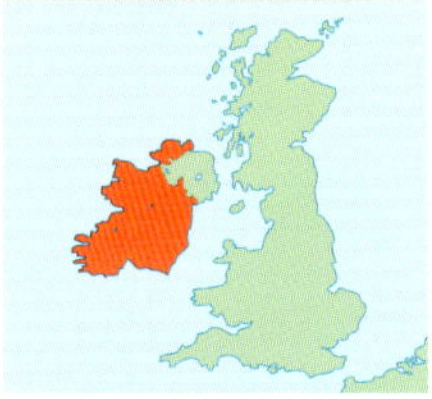

Irlanda (Eire)

L'Irlanda è una grande isola di prati verdi, dolci colline, laghi e fiumi tortuosi. Lungo la costa si snodano basse catene montuose e la pianura centrale dell'isola è attraversata dallo Shannon, il fiume più lungo delle isole Britanniche. Il clima è mite e umido. L'economia del paese si basa sull'agricoltura e sulla pesca. L'Inghilterra assoggettò l'Irlanda nel XVI secolo e da allora sull'isola iniziarono a stabilirsi protestanti inglesi e scozzesi. Quando conquistò l'indipendenza nel 1921, le sei contee settentrionali a maggioranza protestante rimasero al Regno Unito e presero il nome di Irlanda del Nord, o Ulster. Nella Repubblica d'Irlanda, o Eire, la maggior parte della popolazione è cattolica, divisione che continua a essere fonte di tensioni.

△ Sulla costa settentrionale dell'**Irlanda del Nord** si trova la *Giant's Causeway*: questa specie di scala naturale che conduce al mare si formò in seguito al raffreddamento e alla contrazione di rocce vulcaniche che diedero luogo a migliaia di colonnine a pianta esagonale.

Irlanda del Nord

L'Irlanda del Nord, detta anche Ulster, è costituita da sei contee della parte nordorientale dell'isola di Irlanda e fa parte del Regno Unito di Gran Bretagna e Irlanda del Nord. L'Irlanda del Nord fu separata dal resto dell'Irlanda nel 1921, quando la Repubblica d'Irlanda (Eire) conquistò l'indipendenza dal Regno Unito.

I problemi politici in Irlanda del Nord risalgono al XVII secolo, quando molti protestanti inglesi e scozzesi si trasferirono in queste contee.

Dagli anni 60 del secolo scorso le proteste della minoranza cattolica contro i trattamenti iniqui a cui era sottoposta condussero all'esplosione di disordini. Attentati dinamitardi e altri atti terroristici hanno causato il sacrificio di molte vite, ma entrambi i governi, britannico e irlandese, stanno cercando di definire in modo pacifico il futuro dell'Irlanda del Nord.

irrigazione

Quando gli agricoltori e i giardinieri annaffiano le piante, le irrigano. L'irrigazione rende possibile la coltivazione di piante agricole e fiori su terreni aridi, persino nel deserto. In Cina, Egitto e Iraq gli agricoltori irrigano vaste aree di terra da migliaia di anni.

Molti stati immagazzinano l'acqua in laghi costruendo dighe sui fiumi; appositi canali estraggono l'acqua da questi laghi e la convogliano alle fattorie. In Russia esiste un canale per irrigazione lungo ben 850 km! Fossati o tubazioni trasportano poi l'acqua da ogni canale verso i campi coltivati, dove scorre tra le file di piante e a volte zampilla da fori nelle tubazioni e irrora le coltivazioni come un acquazzone.

islamismo

L'islamismo è la seconda religione più seguita nel mondo dopo il cristianesimo, con oltre un miliardo di seguaci, chiamati *musulmani*. Molti musulmani vivono in Medio Oriente, in Asia meridionale e in Africa. L'islamismo deve le sue origini al profeta **Maometto**, un arabo nato attorno al 570 d.C. nella città della Mecca (nell'attuale Arabia Saudita).
I musulmani credono in un solo dio onnipotente chiamato *Allah*. La parola "islam" in arabo significa "sottomissione" e i musulmani si assoggettano completamente alla volontà di Allah, vivendo secondo la sua parola. Pregano cinque volte al giorno, offrono doni ai poveri ogni anno e digiunano dall'alba al tramonto durante il mese sacro del Ramadan.

I musulmani ubbidiscono inoltre alle regole di vita stabilite nel **Corano**, il libro sacro dell'Islam e, se possibile, devono compiere un pellegrinaggio alla Mecca almeno una volta nella vita.

Nell'islamismo non esistono veri sacerdoti, ma soltanto guide spirituali e insegnanti. Il luogo di pratica del culto musulmano è chiamato *moschea* e il giorno sacro della settimana è il venerdì.

Islanda

L'Islanda è un'isola montuosa situata immediatamente a sud del Circolo polare artico, nell'oceano Atlantico settentrionale, tra la Norvegia e la Groenlandia.

▷ Il simbolo dell'**islamismo** è la falce di Luna e la stella.

Grazie alle acque tiepide della corrente del Golfo molti porti dell'isola non gelano durante l'inverno.

L'isola è vulcanica e presenta numerosi vulcani e sorgenti calde, l'acqua di alcune delle quali è utilizzata per riscaldare le abitazioni. La parte settentrionale dell'isola è ricoperta da ghiacciai e da un deserto di pietra e lava solidificata. L'Islanda fu colonizzata da navigatori vichinghi nell'874. Oggi la maggior parte della popolazione vive nella parte meridionale e in quella orientale, dove i terreni sono più pianeggianti, dedicandosi all'agricoltura e alla pesca. L'Islanda divenne indipendente nel 1918, ma rimase legata alla Danimarca fino al 1944. Nel 2009, per la prima volta è diventata primo ministro una donna.

ISLANDA
Forma di governo: repubblica
Capitale: Reykjavík
Superficie: 102 751 km²
Popolazione: 317 630 ab.
Lingua: islandese
Moneta: corona islandese

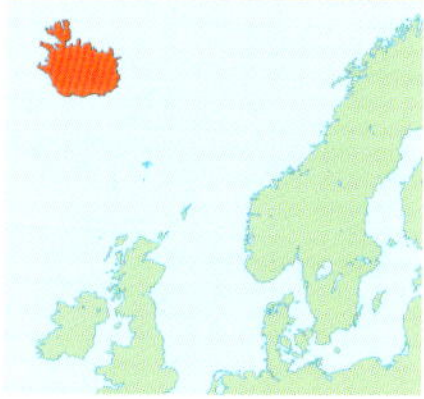

isola

Un'isola è un'area di terra emersa interamente circondata da acqua.

Alcune isole sono frammenti di terraferma che si sono separati dai continenti, altre sono invece vulcani sottomarini emersi al di sopra del livello del mare.

Israele

Israele è un piccolo stato asiatico situato sulla costa orientale del Mediterraneo, creato nel 1948 per dare una patria agli ebrei di tutto il mondo. Più della metà del paese è occupata da un deserto di aride montagne rocciose, ma vi sono anche fertili pianure in cui gli agricoltori coltivano arance, cotone, cereali e ortaggi. La capitale di Israele è Gerusalemme, considerata un luogo sacro da ebrei, cristiani e musulmani.

Gli israeliani hanno combattuto numerose guerre contro i paesi arabi vicini. Nel 1994 fu firmato un trattato tra Israele e l'Organizzazione di Liberazione della Palestina (OLP) che concedeva un limitato autogoverno alle due principali regioni arabe all'interno

ISRAELE
Forma di governo: repubblica
Capitale: Gerusalemme
Superficie: 20 918 km²
Popolazione: 7 430 400 ab.
Lingua: ebraico e arabo
Moneta: nuovo sciclo israeliano (sheqel)

di Israele: la Cisgiordania e la striscia di Gaza. Il trattato però non è stato rispettato e l'aspro conflitto tra israeliani e palestinesi continua.

istinto

Gli esseri umani devono imparare a leggere e a scrivere, ma da neonati sono in grado, per esempio, di afferrare con forza qualcosa con le mani per reggersi in piedi: questo tipo di comportamento è chiamato istinto.

I genitori trasmettono gli istinti alla prole attraverso il meccanismo dell'ereditarietà. Gli animali fanno molte cose seguendo l'istinto: gli uccelli, per esempio, costruiscono nidi elaborati.

Gli insetti fanno quasi tutto per istinto e hanno un modo prestabilito di andare alla ricerca di cibo, di difendersi dai predatori o di scappare. Le api e le vespe, per esempio, pungono per una reazione istintiva al pericolo. Le specie che agiscono esclusivamente per istinto sono considerate prive di intelligenza e non sono in grado di modificare il proprio comportamento con facilità.

istrice

L'istrice è un roditore con il corpo ricoperto di peli trasformati in lunghi aculei aguzzi. Quando viene attaccato, procede verso i nemici camminando all'indietro e agitando la coda. In questo modo alcuni aculei trafiggono l'aggressore provocando ferite dolorosissime o persino la morte.

Istrici *terricoli,* ossia che vivono a terra, sono diffusi in Asia meridionale, Africa ed Europa meridionale. Specie *arboricole* (che vivono sugli alberi) sono invece diffuse sia in America settentrionale che in America meridionale.

▽ **L'istrice** nordamericano può perdere tranquillamente alcuni dei suoi aculei: fanno parte del suo sistema di difesa e ricrescono rapidamente.

ITALIA
Forma di governo: repubblica parlamentare
Capitale: Roma
Superficie: 301 336 km²
Popolazione: 60 340 328 ab.
Lingua: italiano, francese (Val d'Aosta), tedesco (Alto Adige)
Moneta: euro

Italia

L'Italia si protende nel Mediterraneo come una penisola a forma di stivale e comprende anche le isole di Sicilia e Sardegna.

Il territorio è per lo più occupato da colline e montagne. Le vette innevate delle Alpi attraversano l'Italia settentrionale, mentre gli Appennini si snodano come una spina dorsale al centro della penisola.

A nord si estende la pianura padana, attraversata dal Po, il fiume più lungo del Paese. Le principali coltivazioni sono viti, limoni, peri, ulivi, aranci e grano. Lo stato è diviso in 20 regioni.

L'Italia settentrionale ha un'economia principalmente industriale e produce automobili e macchinari, mentre l'Italia meridionale è prevalentemente agricola.

L'Italia fu la culla dell'impero romano e ospita ancora oggi la sede della chiesa cattolica nella Città del Vaticano, a Roma. Dal XIV secolo all'inizio del XVI secolo, l'Italia fu il centro del Rinascimento.

Ivan IV, il Terribile

Primo zar, o imperatore, di Russia (1530-1584). È noto come "Ivan il Terribile" perché fu un governante crudele che represse il popolo per consolidare il proprio potere.

Conquistò le popolazioni confinanti per fare della Russia una nazione sempre più forte. Fu durante il suo regno che Mosca divenne la capitale della Russia.

J

◁ I musicisti **jazz** solitamente iniziano a suonare un brano e lo sviluppano seguendo le sensazioni del momento.

Jacovitti, Benito

Disegnatore di fumetti italiano (1923-1997). Creò i 3P (Pippo, Pertica, Palla) e Cocco Bill, personaggi per cui disegnerà avventure per anni.

Caratterizzato da un umorismo surreale e dal disegno grottesco, Jacovitti è noto in tutto il mondo per le sue tavole in cui ogni spazio vuoto viene riempito da matite, salami, lische di pesce, dita, vermi, sigarette, fiaschi...

jazz

Il jazz è uno stile musicale nato negli Stati Uniti d'America sul finire del XIX secolo.

I musicisti usano ritmi insoliti e spesso improvvisano: seguendo l'impulso del momento, inventano melodie che si fondono perfettamente con la musica suonata dal resto del gruppo. In poche parole, il musicista compone mentre suona. Gli strumenti principali usati nel jazz sono il sassofono, la tromba, il pianoforte, la chitarra e la batteria.

L'evoluzione del jazz è stata influenzata anche da altri stili musicali, soprattutto dal blues.

Joyce, James

Scrittore irlandese (1882-1941). Dopo una giovinezza molto inquieta, nel 1904 lasciò Dublino e visse a Trieste, dove conobbe Svevo. Tutta la sua opera, fortemente autobiografica, si rifà però al periodo di Dublino.
Ricordiamo: *Ulisse*, *Gente di Dublino* e il *Ritratto dell'artista da giovane*.

joystick

Unità di comando di un computer munita di cloche con cui si controlla il movimento delle immagini sul video, usata specialmente nei videogiochi.

Improvvisazione

L'improvvisazione musicale è la creazione di un brano musicale per immediata ispirazione, senza preparazione o per imitazione di un tema dato.
Riguardò per secoli soprattutto l'*ornamentazione* (ossia la realizzazione degli abbellimenti), specialmente dal rinascimento al neoclassicismo nella musica per strumenti a tastiera e nel canto.
In epoca moderna, l'improvvisazione è soprattutto presente nell'ambito del **jazz**.

K

▷ I **kiwi** sono uccelli notturni non adatti al volo che vivono unicamente nelle foreste della Nuova Zelanda.

karate

Il karate è un tipo di lotta giapponese, ovvero un'arte marziale, utilizzata a scopo di difesa e di attacco.

È sostanzialmente basata su colpi violenti inferti con il taglio della mano (in giapponese karate significa "mano nuda"), ma anche con gomiti, ginocchia e piedi su punti vitali del corpo dell'avversario. Di probabile origine cinese, fu praticata dai samurai.

Kazakistan

Il Kazakistan è stato una repubblica della ex Unione Sovietica fino al 1991.

È un grande stato che si estende dal mar Caspio, a ovest, alla Cina, a est.

Il paese è per lo più occupato da vaste *steppe* (un tipo di prateria) e deserti.

Vi sono abbondanti giacimenti di metalli e minerali, come rame, ferro, carbone e petrolio.

Per secoli la popolazione del Kazakistan ha condotto vita nomade, spostandosi di regione in regione con le mandrie e le greggi che accudiva.

Questo stile di vita cambiò dopo la conquista del paese, nel XIX secolo, da parte della Russia, che promosse lo sviluppo dell'agricoltura e dell'industria.

KAZAKISTAN
Forma di governo: repubblica
Capitale: Astana
Superficie: 2 724 900 km²
Popolazione: 15 776 492 ab.
Lingua: kazaco
Moneta: tenge

Kennedy, John Fitzgerald

Presidente degli USA (1917-1963). Dopo aver prestato il servizio militare nella marina statunitense durante la Seconda guerra mondiale, Kennedy si diede alla politica e fu eletto alla camera dei deputati.

Divenne presidente nel 1960 all'età di 43 anni e fu il politico più giovane ad aver ricoperto tale carica. L'*era Kennedy* fu un periodo di grande ottimismo e prosperità, negli Stati Uniti.

Per molti, Kennedy fu il simbolo della forza del paese.

L'Unione Sovietica era il principale rivale degli USA in questo periodo, chiamato *guerra fredda*. Kennedy costrinse i sovietici ad abbandonare l'intenzione di collocare missili nucleari a Cuba e i rapporti tra i due stati migliorarono.

Nel 1963 fu assassinato a Dallas, in Texas, da Lee Harvey Oswald (1939-1963).

Kenya

Il Kenya è uno stato dell'Africa orientale. Il suo confine sudoccidentale tocca le sponde del lago Victoria, mentre a sudest lo stato è delimitato dall'oceano Indiano. Il centro del paese è attraversato dall'equatore.

Il territorio è per lo più occupato da montagne e altipiani, il resto è principalmente *savana*, un tipo di prateria molto vasta e brulla con qualche albero di acacia.

La savana ospita branchi di erbivori, come antilopi, zebre ed elefanti, e carnivori, come leoni, leopardi e iene.

Il Kenya possiede numerosi parchi nazionali di grande estensione che attirano turisti da ogni parte del mondo e in cui gli animali vivono protetti. Il turismo è uno dei settori principali dell'economia del Kenya.

Il Kenya fu una colonia britannica dal 1895 fino al 1963, anno in cui divenne uno stato indipendente, pur rimanendo membro del Commonwealth. Alcune popolazioni keniote, come i *masai*, allevano il bestiame, altre si dedicano invece alla coltivazione di mais, tè e caffè, gran parte dei quali vengono venduti all'estero.

Kilimangiaro

Massiccio montuoso dell'Africa. Si eleva al confine tra Kenya e Tanzania con le cime Mawenzi (5 355 m) e Kibo (5 895 m, la più elevata del continente). Il Kilimangiaro è un vulcano spento. Fu scalato per la prima volta nel 1889.

King, Martin Luther

Uomo politico americano (1929-1968). Si batté per il riconoscimento dei diritti civili della gente di colore e il raggiungimento della giustizia razziale con mezzi non violenti. Nato ad Atlanta, in Georgia, divenne un pastore battista come il padre e da Montgomery, in Alabama, dove esercitava, lanciò la sua crociata per i diritti civili.

Nel 1956 organizzò un boicottaggio degli autobus di Montgomery in segno di protesta contro il trattamento di discriminazione nei confronti dei passeggeri neri.

Nei dieci anni successivi organizzò numerose dimostrazioni e manifestazioni pacifiche in tutti gli USA. Il successo giunse nel 1964 e nel 1965 con l'approvazione da parte del Congresso USA di leggi sui diritti civili.

King fu insignito di un premio Nobel per la pace nel 1964 per le sue campagne a favore della non-violenza, ma nel 1968, all'età di 39 anni, fu assassinato a Memphis, nel Tennessee.

I discorsi di Martin Luther King furono di ispirazione a molti e ancora oggi hanno una grande influenza. Uno dei suoi più famosi discorsi fu quello che tenne nel 1963 di fronte a una folla di 200 000 persone accorse a Washington per marciare in favore dei diritti civili per tutti.

Le sue parole furono: "Ho davanti a me un sogno, che un giorno questa nazione si leverà in piedi e vivrà fino in fondo il senso delle sue convinzioni: noi riteniamo ovvia questa verità, che tutti gli uomini sono stati creati uguali".

I libri della giungla

Nei due romanzi sulla giungla (1894 e 1895), tra le opere più note di **Kipling**, la natura selvaggia viene addomesticata con le leggi e le regole sociali della cultura vittoriana, ed ecco che gli animali diventano campioni di umanità. I due libri sulla giungla sono considerati libri educativi per gli elementari e parafrasati concetti di socialità e di convivenza tra gli individui.

KENYA
Forma di governo: repubblica
Capitale: Nairobi
Superficie: 582 646 km²
Popolazione: 35 698 640 ab.
Lingua: swahili
Moneta: scellino del Kenya

Kipling, Rudyard

Scrittore inglese (1865-1936). Nacque e visse a lungo in India, ma fu considerato il poeta dell'imperialismo britannico dell'età vittoriana.
Fu insignito nel 1907 del Nobel per la letteratura. Raggiunse la fama con i romanzi *Il libro della giungla, Il secondo libro della giungla, Capitani coraggiosi* e *Kim*.

kiwi

Questo strano uccello della Nuova Zelanda prende il nome dal verso stridulo emesso dai maschi.

Il kiwi è un uccello marrone tozzo, delle dimensioni di un pollo.
Ha minuscole ali ma non è in grado di

▷ I piccoli di **koala** si aggrappano con tutte le loro forze alla schiena della madre mentre si muove tra gli alberi di eucalipto che rappresentano l'habitat naturale di questo animale.

volare e corre sulle zampe corte e robuste. Le piume sono arruffate e assomigliano al pelo dei mammiferi. I kiwi sono uccelli schivi che vivono nelle foreste.

Di giorno dormono nella loro tana, da cui escono di notte per andare a caccia di vermi e larve. I kiwi hanno la vista molto debole e usano lo straordinario olfatto per individuare il cibo. Diversamente dagli altri uccelli, hanno le narici situate all'estremità del lungo becco sottile. Le femmine depongono uova molto grandi che, curiosamente, vengono covate dai maschi.

Klimt, Gustav

Pittore austriaco (1862-1918). È considerato l'artista più rappresentativo della Secessione viennese. La sua pittura è ricca di contenuti simbolici e animata dall'armonia decorativa, che applicò anche all'architettura. Tra le sue opere ricordiamo *Salomé*, *La Vergine* e i fregi del Palazzo della Secessione a Vienna.

koala

Il koala è un simpatico marsupiale, come il canguro, simile a un piccolo orso grassoccio che abita le foreste dell'Australia orientale e spesso fa visita a parchi e giardini. Il koala vive tra i rami degli alberi e raramente scende a terra. Il suo unico cibo sono le foglie di eucalipto, di cui assume il profumo.

Purtroppo, gli incendi nelle foreste e la caccia hanno quasi provocato l'estinzione dei koala, che oggi vivono principalmente in riserve protette.

Kosovo

KOSOVO
Forma di governo: repubblica parlamentare
Capitale: Priština
Superficie: 10887 km²
Popolazione: 1804838 ab.
Lingua: albanese e serbo
Moneta: euro (nelle aree a maggioranza serba continua ad essere usato il dinaro serbo)

Provincia autonoma della **Serbia** popolata in maggioranza da cittadini di etnia albanese, il Kosovo entrò in conflitto con la Serbia alla fine della guerra tra serbi e bosniaci, verso la metà degli anni '90 del secolo scorso. Le forze NATO allora intervennero in difesa del Kosovo, che fu posto sotto amministrazione dell'ONU. Nel 2008 il Kosovo proclamò unilateralmente la sua indipendenza dalla Serbia e nel luglio 2010 la Corte internazionale di giustizia de L'Aia dichiarò legittimo questo atto, ma la Serbia rifiuta tuttora di riconoscere il nuovo stato. La sua capitale è Priština e la moneta in uso è l'euro. Vi si parla l'albanese e il serbo.

kung-fu

Arte marziale, affine al karate, nota al pubblico occidentale grazie a un genere cinematografico di grande successo costituito da film girati a Hong Kong e brillantemente interpretati dal leggendario Bruce Lee (1940-1973), purtroppo lontani dalla realtà di questa elegante arte marziale per l'inaudita violenza a fini spettacolari e commerciali.

△ I **lama** sono animali robusti che si sono adattati perfettamente alle rigide condizioni climatiche delle Ande.

lago

Un lago è una massa d'acqua che si è raccolta in una cavità della superficie terrestre. Il lago più grande del mondo è il *mar Caspio*, un lago salato situato tra l'Europa e l'Asia, a est delle montagne del Caucaso. Il lago di acqua dolce più grande è il *lago Superiore*, uno dei Grandi Laghi americani.

Molti laghi si formarono all'epoca delle glaciazioni, nelle valli scavate dai ghiacciai. Quando i ghiacciai si sciolsero lasciarono dietro di sé fango e pietre che formarono dighe naturali. L'acqua di fusione dei ghiacciai si accumulò dietro queste specie di dighe, creando i laghi.

I laghi rappresentano un habitat importante per molte specie di piante e animali e sono usati dall'uomo come sorgente d'acqua, per la pesca e il trasporto.

lama

Il lama appartiene alla famiglia dei cammelli, ma è privo di gobba. È alto circa 1,5 m al garrese e ha il pelo lungo e fitto che lo mantiene caldo sulle pendici fredde delle Ande, in America meridionale, dove vive. Tutti i lama discendono da animali selvatici che furono addomesticati dagli inca almeno 4500 anni fa.

Oggi le popolazioni dell'America meridionale usano ancora i lama per trasportare carichi pesanti e realizzano abiti e funi con la loro lana. I lama sono allevati per la lana anche in altre parti del mondo.

lana

La lana è ricavata dal mantello delle pecore e di altri animali. Il fitto pelo

▽ Molti **laghi** sono alimentati da fiumi e ruscelli che spesso formano un delta paludoso nel punto in cui si gettano nel lago. Altri fiumi, invece, scaricano acqua dal lago e con il passare del tempo possono scavare valli o gole nella roccia.

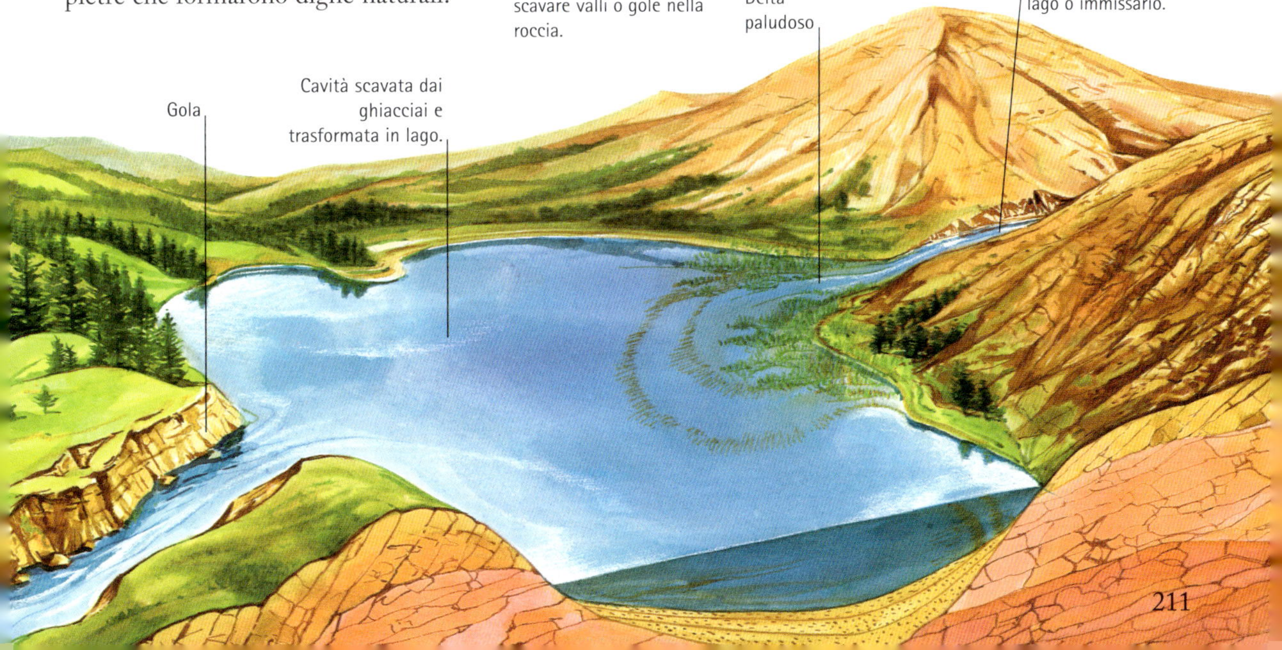

LAOS
Forma di governo: repubblica
Capitale: Vientiane
Superficie: 236 800 km²
Popolazione: 6 320 400 ab.
Lingua: lao
Moneta: kip

△ La **lana** dei nostri indumenti proviene dal mantello delle pecore. Un tempo le pecore venivano tosate manualmente, ma l'invenzione delle tosatrici elettriche consente oggi agli allevatori di tosare più di 200 pecore al giorno.

può essere facilmente trasformato in un filato e quest'ultimo intessuto per fabbricare coperte, tappeti e abiti oppure lavorato a maglia. Gli abiti di lana sono caldi e pesanti. La lana viene filata fin dall'Età della Pietra. Quella moderna, però, proviene da pecore allevate a questo scopo e caratterizzate da una lana finissima.

La lana migliore è quella delle pecore della razza merino, pecore bianche originarie della Spagna. La maggior parte della lana è prodotta in Australia, Nuova Zelanda, Argentina e Russia.

Laos

Il Laos è uno stato del Sudest asiatico. La città più grande, nonché capitale del paese, è Vientiane, sul fiume Mekong.

Il suo clima è tropicale e gran parte del territorio è occupata da foreste e montagne. La popolazione vive quasi esclusivamente di agricoltura e per lo più coltiva riso.

Il Laos divenne un protettorato della Francia nel 1893, ma conquistò l'indipendenza nel 1949.

Lapponia

La Lapponia è una regione dell'Artide che abbraccia l'estremo nord di Svezia, Norvegia, Finlandia e Russia.
Il territorio è per lo più occupato da tundra o da foreste di conifere e betulle. In Lapponia vivono i lapponi, un popolo costituito principalmente da nomadi che si spostano all'interno di questo territorio con grandi mandrie di renne, dormono in tende e si nutrono di carne di renna.

Altri lapponi sono invece pescatori o agricoltori e vivono in villaggi. Gli abiti tradizionali dei lapponi sono realizzati con pelle di renna e lana.
I lapponi parlano una lingua che ha le stesse radici del finlandese.

laser

Il laser è un'apparecchiatura che concentra la luce in un raggio sottile molto potente. Molti laser contengono all'interno un cristallo di rubino artificiale o un gas. Se luce, onde radio o elettricità vengono immesse nell'apparecchiatura laser, gli atomi del cristallo o del gas cominciano a saltare velocemente all'interno del dispositivo, producendo una luce intensa.

La luce del laser può essere usata per molti scopi. I medici usano raggi laser per bruciare tumori e piccole aree ammalate del corpo. I raggi laser sono usati anche per effettuare tagli di precisione in chirurgia, curare danni agli occhi, correggere la miopia o la presbiopia e trapanare i denti. I laser sono utilizzati anche nelle fabbriche per tagliare i metalli e unire insieme minuscole parti metalliche. Alcuni laser sono così potenti da riuscire a tagliare materiali durissimi come i diamanti.

I laser possono essere usati anche per misurare le distanze. Un raggio laser viene indirizzato su determinati oggetti, la cui distanza viene misurata contando il tempo impiegato dalla luce

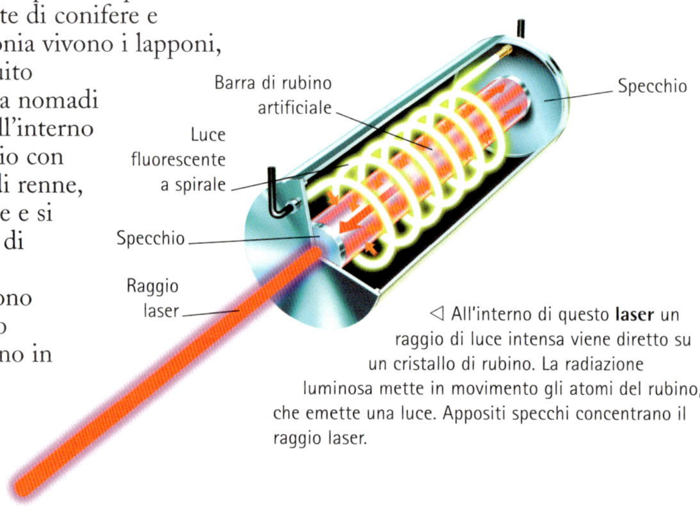

◁ All'interno di questo **laser** un raggio di luce intensa viene diretto su un cristallo di rubino. La radiazione luminosa mette in movimento gli atomi del rubino, che emette una luce. Appositi specchi concentrano il raggio laser.

per raggiungere l'oggetto e tornare alla fonte. I raggi laser possono inoltre trasportare segnali radio e televisivi.

Un singolo raggio laser può persino trasportare molte chiamate telefoniche e programmi televisivi senza mescolarli.

latitudine e longitudine

Le linee che indicano la latitudine e la longitudine sono linee immaginarie disegnate sulle carte geografiche, sugli atlanti e sui mappamondi e formano una specie di griglia che consente di individuare ogni località del globo con grande precisione. Qualsiasi punto della Terra ha una longitudine e una latitudine diverse da tutte le altre.

I *paralleli*, che indicano la latitudine, ci dicono quanto a nord o a sud dell'equatore è situata una località e si misurano in gradi (scritti con il simbolo°). L'equatore è situato a latitudine 0°. Il Polo Nord ha latitudine 90° N ("N" per "nord"), mentre il Polo Sud ha latitudine 90° S ("S" per "sud").

I *meridiani*, che indicano la longitudine, ci dicono quanto una località è situata a est o a ovest rispetto a un meridiano iniziale con longitudine 0° che attraversa Greenwich, a Londra.

Una località situata nel punto del mondo diametralmente opposto a Londra ha longitudine 180°.

▽ Le linee che indicano la **latitudine** e la **longitudine** sono disegnate come una griglia sulla superficie terrestre e ci consentono di individuare con precisione qualsiasi località.

latte

Il latte è l'alimento di cui si nutrono i piccoli di tutti i mammiferi, uomo compreso, ed è prodotto dalle ghiandole mammarie delle femmine dopo il parto. Il piccolo succhia il latte dai capezzoli della madre.

Il latte contiene tutto ciò che serve a un bambino o a un animale appena nato. Inizialmente è pallido e acquoso, ma successivamente diventa più ricco e cremoso e contiene grassi, zuccheri, amidi, proteine, vitamine e minerali essenziali. Inoltre, protegge da malattie e infezioni. L'uomo usa anche il latte di animali come mucche, pecore, capre e persino cammelli e caribù, o renne.
Il latte viene consumato come bevanda ed è utilizzato per produrre la panna, il burro, lo yogurt, il formaggio e i gelati.

Lazio

Regione (5 681 868 ab.) dell'Italia centropeninsulare confinante con Toscana, Umbria, Marche, Abruzzo Molise e Campania, bagnata a est dal mar Tirreno. È attraversata dal fiume Tevere e dal suo affluente Aniene.

L'agricoltura (cereali, patate, ortaggi, olivo, agrumi) è praticata nelle pianure e sui versanti dell'Antiappennino; l'allevamento è ovino tra le montagne e bovino nelle piane costiere.

La pesca fornisce i mercati locali.

Scarsa è l'attività industriale. Fiorente è il turismo, molto sviluppato a Roma e sulle spiagge del litorale. Le sue province sono: Roma (capoluogo), Frosinone, Latina, Rieti, Viterbo.

Lega, Silvestro

Pittore italiano (1826-1895). Fu il massimo rappresentante dei macchiaioli toscani. Tra le sue opere ricordiamo: *Pagliai al sole*, *La visita*.

legge

Le leggi sono le regole di condotta stabilite da uno stato per tutti i cittadini. Controllano molte attività degli individui e li aiutano a vivere insieme in pace. In una democrazia le leggi sono proposte dal governo o dai membri dell'assemblea eletta dai cittadini, il *parlamento*, approvate dallo stesso parlamento e fatte rispettare dalla polizia e dai tribunali.

Le prime leggi scritte furono emanate a Babilonia 4000 anni fa, mentre gli ebrei antichi basavano le loro leggi sui dieci comandamenti donati da Dio a Mosè, come narrato nella Bibbia. I romani elaborarono molte leggi innovative per quel tempo, come il diritto di famiglia e il diritto penale, alcune delle quali sono ancora usate nel mondo.

Chi è accusato di avere infranto la legge può essere chiamato in giudizio davanti a un tribunale ed è chiamato *imputato*. In tribunale il *pubblico ministero*, ossia l'accusa, cerca di provare che l'imputato è colpevole, mentre gli avvocati della difesa devono dimostrare che l'imputato è innocente. La decisione spetta al giudice, che emette una sentenza ed eventualmente stabilisce la pena.

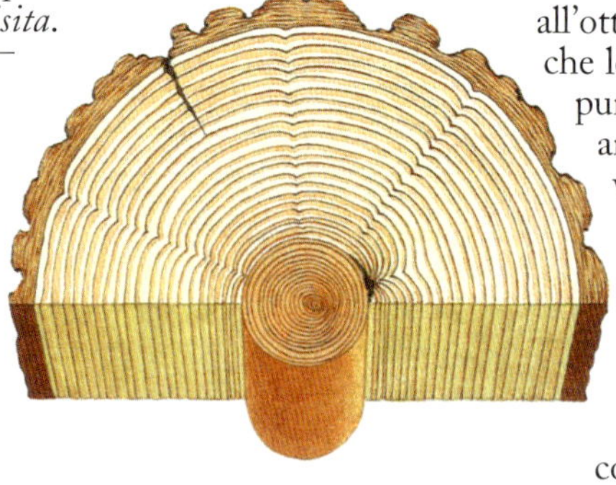

△ La dendrocronologia è lo studio degli anelli di crescita degli alberi utilizzato come metodo di datazione. Contando gli anelli nel **legno** di un tronco è possibile stabilire l'età dell'albero. Eventuali irregolarità in questi anelli ci forniscono informazioni su variazioni delle condizioni ambientali durante la crescita dell'albero.

△ Le persone accusate di aver infranto la **legge** vengono convocate davanti a un tribunale, in cui gli avvocati discutono il caso, presentando prove e interrogando testimoni. Il giudice decide se l'accusato è colpevole o innocente.

leggenda, *vedi* miti e leggende

leghe

Una lega è una combinazione di due o più metalli, spesso più utile di ciascun metallo considerato da solo. Per esempio, un metallo morbido come il rame può essere reso più resistente con l'aggiunta di zinco, dando luogo all'ottone, o con l'aggiunta di stagno, che lo trasforma in bronzo. Il ferro puro non è molto robusto e arrugginisce facilmente. Per questo viene mescolato a cromo, nichel e carbonio per produrre l'acciaio inossidabile.

legno

Il legno è il materiale duro contenuto all'interno di alberi e arbusti, protetto da un sottile strato di corteccia. È molto resistente e può sostenere carichi di molto superiori al proprio peso. Il legno di un **albero** è costituito da spesse fibre che lo rendono resistente. È uno dei materiali più utili adoperati dall'uomo e può essere segato, intagliato e lavorato quasi in qualsiasi forma. Il legno da costruzione è usato per edifici e barche, mentre i ceppi e i rami tagliati grossolanamente sono usati come combustibile per alimentare il fuoco. Le assi di legno vengono trasformate in mobili, barili e casse, mentre il legno più stagionato può essere utilizzato per strumenti musicali e delicati soprammobili.

Il legno dolce, soprattutto di pini e abeti, è usato principalmente per ricavare pasta di legno per la fabbricazione della carta, e soltanto una piccola parte è utilizzata nell'edilizia. Il legno duro, come la quercia e il mogano, è usato per fabbricare mobili.

Il legno e i prodotti derivati dalla sua lavorazione possono essere trasformati in lamine o pannelli. Il compensato, per esempio, è composto da sottili strati di legno incollati insieme ed è usato nella fabbricazione di gran parte dei mobili moderni. Il *compensato listellare* è utilizzato per fabbricare porte. Sebbene di aspetto simile al normale compensato, contiene all'interno listelli di legno dolce. I *pannelli truciolari*, utilizzati in edilizia

△ **Leonardo da Vinci** fu uno straordinario genio creativo. Questa illustrazione rende l'idea di quale aspetto avrebbe potuto avere la macchina volante che egli progettò.

e nell'industria mobiliera, sono invece costituiti da frammenti di legno riscaldati e compressi in fogli.

Lenin, Vladimir Il'ič

Uomo politico sovietico (1870-1924). Contribuì a fare della Russia il primo paese comunista del mondo. Come il tedesco Karl Marx, Lenin credeva in un sistema politico chiamato **comunismo** e il suo desiderio era che ogni nazione fosse governata dai lavoratori e non più divisa tra ricchi e poveri. Per molti anni Lenin visse fuori dalla Russia e scrisse libri e articoli per giornali comunisti. Nel 1917 rientrò in Russia e divenne il capo dei bolscevichi, un gruppo comunista che rovesciò il governo degli zar in quella che è nota come la Rivoluzione Russa.

Lenin svolse un ruolo importante nel nuovo governo comunista russo fino alla sua morte, avvenuta nel 1924.

△ Le idee rivoluzionarie di **Lenin** condussero, in Russia, alla sconfitta dell'antico regime degli imperatori, o zar, e alla nascita del governo comunista.

lente

Le lenti fanno sembrare gli oggetti più grandi o più piccoli di quanto lo siano in realtà. Le lenti artificiali sono solitamente in vetro o plastica, mentre la lente naturale all'interno dei nostri occhi è costituita da proteine.

Una lente ha superfici lisce, solitamente curve. Esistono due tipi di lente semplice. La lente il cui centro è più spesso rispetto ai bordi è chiamata *convessa* e ingrandisce gli oggetti. La lente i cui bordi sono più spessi della parte centrale è chiamata *concava* e rimpicciolisce gli oggetti. Molti apparecchi usano lenti convesse, come microscopi, binocoli, cannocchiali, periscopi e macchine fotografiche.

L'occhio umano funziona come una grande lente convessa e focalizza i raggi di luce sul retro dell'occhio. Alcune persone, però, non sono in grado di mettere a fuoco in maniera corretta e non riescono a vedere bene.

Il loro difetto può essere corretto con occhiali e, in alcuni casi, con la chirurgia. Le persone *miopi* hanno difficoltà a vedere gli oggetti lontani e usano occhiali con lenti concave. Le persone *presbiti* non riescono a mettere a fuoco gli oggetti vicini e usano occhiali con lenti convesse.

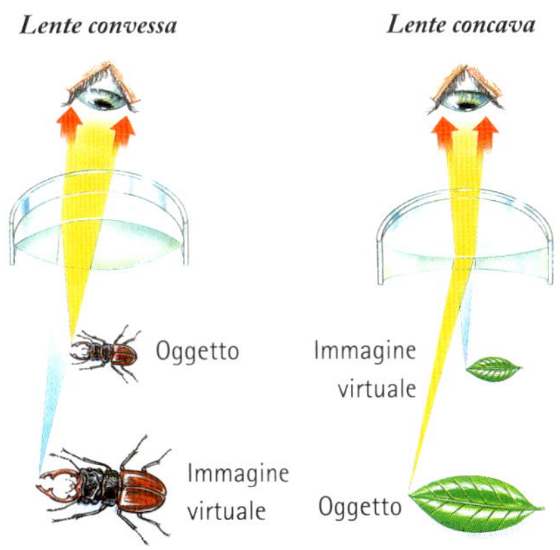

▷ Esistono due tipi principali di **lenti**: convesse e concave. I raggi luminosi che attraversano una lente convessa si curvano verso l'esterno, facendo apparire l'immagine virtuale, ossia quella che noi vediamo, più grande di quella reale. La lente concava, invece, curva i raggi verso l'interno e l'immagine appare più piccola.

Leonardo da Vinci

Artista e inventore italiano (1452-1519). Uno dei suoi dipinti più famosi è la *Gioconda* (dipinto nel 1503 ca.), custodito al museo del Louvre, a Parigi, il ritratto di una donna che sorride misteriosamente.

Oltre ai dipinti, Leonardo realizzò migliaia di disegni dettagliati di corpi umani, piante, animali, rocce e acqua.

I suoi interessi spaziavano dall'architettura alla musica e all'ingegneria e lavorò come ingegnere

△ Le femmine di **leone**, o leonesse, sono meno pesanti e più veloci dei maschi e procurano il cibo per tutti gli appartenenti al branco. Solitamente cacciano in gruppo e in tal modo possono affrontare prede di dimensioni più grandi rispetto a quando cacciano da sole. I leoni si cibano principalmente di zebre, gazzelle e antilopi.

△ La **lepre** californiana vive nei deserti caldi dell'America settentrionale. Le enormi orecchie sottraggono calore al corpo e consentono all'animale di rimanere fresco.

per diversi nobili italiani e per il re di Francia. Tra i molti progetti di Leonardo vi sono gru, fortificazioni, ponti e canali, questi ultimi dotati di chiuse in modo che le barche potessero risalire anche terreni in pendenza.

Leonardo disegnò alcune macchine molto tempo prima che esse venissero inventate ed effettivamente costruite, per esempio una specie di antenato dell'elicottero e una sorta di mitragliatrice.

leone

I leoni sono grandi felini dal mantello color sabbia. Vivono nelle regioni meridionali e orientali dell'Africa e in una piccola zona dell'India occidentale. Un leone maschio adulto pesa circa 180 kg e ha una grande criniera di pelo più lungo sul capo. La femmina è più piccola e priva di criniera. I leoni vivono solitamente in branchi. Un branco tipico è composto da un maschio adulto, diverse femmine adulte e i rispettivi cuccioli. Ogni branco difende il proprio territorio di caccia.

Leopardi, Giacomo

Poeta italiano (1798-1837). È il massimo poeta dell'800 in Europa. Giovanissimo, compì studi filosofici, tradusse i classici, scrisse opere erudite e infine si dedicò alla poesia. Condusse una vita infelice (amò, non ricambiato, Fanny Targioni Tozzetti) e le sue opere rivelano un pessimismo che dipende dalla Natura, inesorabile e "matrigna". Della

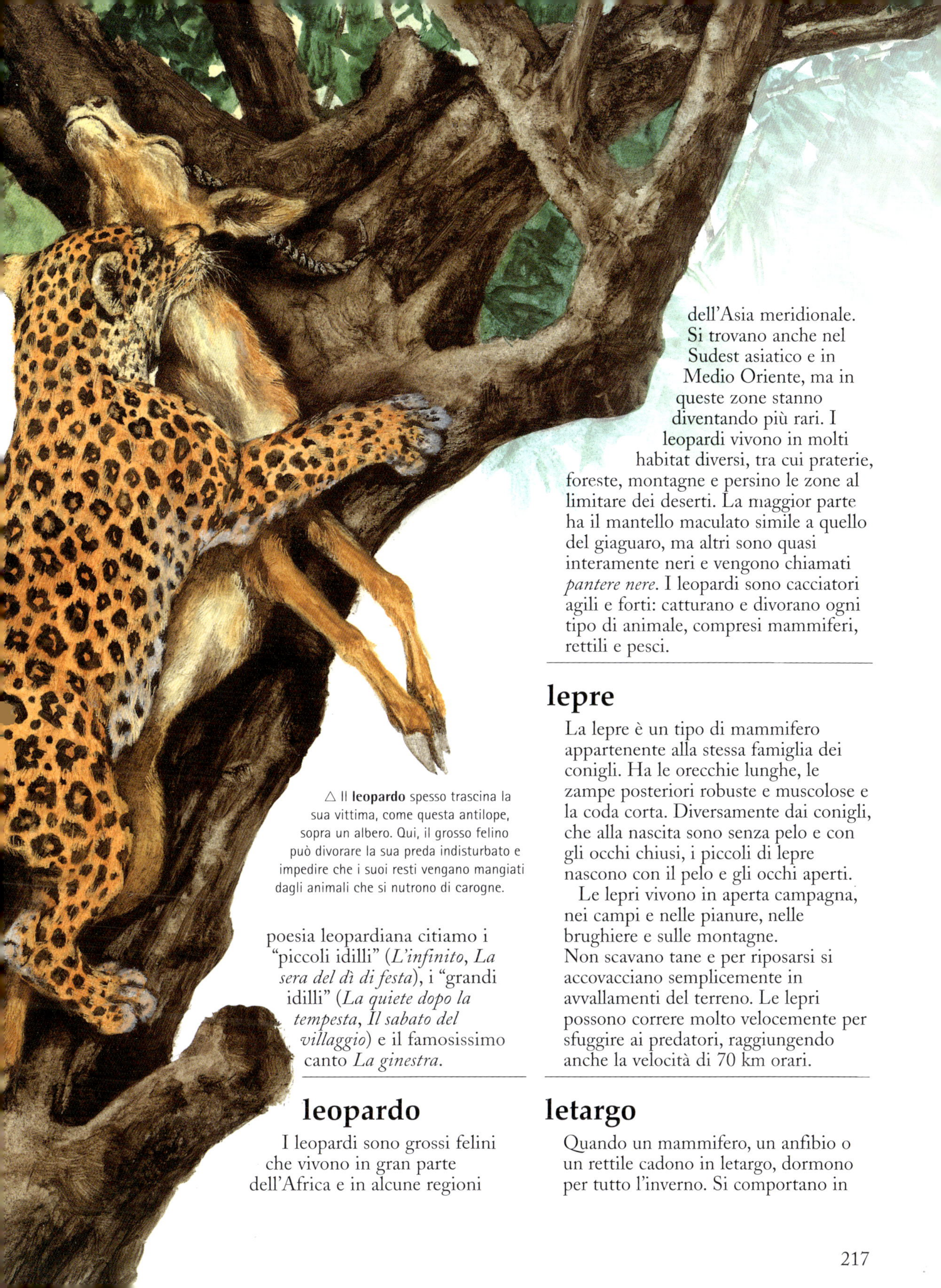

△ Il **leopardo** spesso trascina la sua vittima, come questa antilope, sopra un albero. Qui, il grosso felino può divorare la sua preda indisturbato e impedire che i suoi resti vengano mangiati dagli animali che si nutrono di carogne.

poesia leopardiana citiamo i "piccoli idilli" (*L'infinito*, *La sera del dì di festa*), i "grandi idilli" (*La quiete dopo la tempesta*, *Il sabato del villaggio*) e il famosissimo canto *La ginestra*.

leopardo

I leopardi sono grossi felini che vivono in gran parte dell'Africa e in alcune regioni dell'Asia meridionale. Si trovano anche nel Sudest asiatico e in Medio Oriente, ma in queste zone stanno diventando più rari. I leopardi vivono in molti habitat diversi, tra cui praterie, foreste, montagne e persino le zone al limitare dei deserti. La maggior parte ha il mantello maculato simile a quello del giaguaro, ma altri sono quasi interamente neri e vengono chiamati *pantere nere*. I leopardi sono cacciatori agili e forti: catturano e divorano ogni tipo di animale, compresi mammiferi, rettili e pesci.

lepre

La lepre è un tipo di mammifero appartenente alla stessa famiglia dei conigli. Ha le orecchie lunghe, le zampe posteriori robuste e muscolose e la coda corta. Diversamente dai conigli, che alla nascita sono senza pelo e con gli occhi chiusi, i piccoli di lepre nascono con il pelo e gli occhi aperti.

Le lepri vivono in aperta campagna, nei campi e nelle pianure, nelle brughiere e sulle montagne. Non scavano tane e per riposarsi si accovacciano semplicemente in avvallamenti del terreno. Le lepri possono correre molto velocemente per sfuggire ai predatori, raggiungendo anche la velocità di 70 km orari.

letargo

Quando un mammifero, un anfibio o un rettile cadono in letargo, dormono per tutto l'inverno. Si comportano in

questo modo perché durante l'inverno il cibo scarseggia e dormire quando il clima è più freddo evita loro di morire di fame.
Prima del letargo, gli animali ingeriscono grandi quantità di cibo per accumulare grasso: il ghiro, per esempio, mangia più che può, fino a diventare tondo e paffuto. Con l'avvicinarsi dell'autunno, il ghiro costruisce un nido confortevole, poi vi si accuccia e cade in un sonno profondo. Il suo cuore batte così lentamente che sembra morto. Il suo corpo quasi non consuma energia durante il letargo, in modo che la riserva di grasso duri il più a lungo possibile. In primavera, magro e affamato, il ghiro si risveglia ed esce dal nido in cerca di cibo.

Nei climi freddi, molti animali cadono in letargo, ma non tutti dormono in continuazione per tutto l'inverno. Gli scoiattoli, per esempio, si risvegliano nei giorni più tiepidi e mangiano il cibo che hanno accumulato durante l'estate.

letteratura, *vedi* narrativa e poesia

Lettonia, *vedi* Baltici, stati

Libano

Il Libano è uno stato del Medio Oriente situato tra Siria e Israele e affacciato sul mar Mediterraneo.
La costa libanese è piatta, ma l'entroterra è occupato da montagne aride e rocciose. Il Libano fu per secoli un importante centro commerciale.
Nell'antichità apparteneva all'impero dei fenici, un popolo di grandi mercanti che scambiavano merci con tutti i paesi affacciati sul Mediterraneo.

Successivamente, il Libano divenne parte dell'Impero Bizantino, governato da Costantinopoli. Era famoso per il pregiato legno di cedro proveniente dalle sue vaste foreste.

LIBANO
Forma di governo: repubblica
Capitale: Beirut
Superficie: 10 452 km^2
Popolazione: 4 223 600 ab.
Lingua: arabo
Moneta: lira libanese

Dal 1975 il Libano vive in un clima di instabilità politica dovuto alla presenza di gruppi religiosi e politici rivali. La nazione fu lacerata da una guerra civile nel 1975-1976 e vi furono combattimenti per tutto il decennio successivo. Il Libano risente inoltre dei continui scontri tra Israele e i palestinesi che vivono nel sud del paese.

liberty

Stile fiorito in Europa e negli Stati Uniti nei primi anni del XX sec., particolarmente nel campo dell'architettura e delle arti applicate.

Così chiamato dal nome del proprietario di una ditta di arredamento di Londra (A. Liberty), in Italia fu anche detto *stile floreale*, perché caratterizzato dal ricorrere di elementi decorativi d'ispirazione vegetale, raffinatamente stilizzati e simbolici.

Libia

La Libia è un grande stato dell'Africa settentrionale scarsamente popolato rispetto all'estensione del suo territorio, perché per gran parte occupato dal deserto del Sahara.
I libici sono per lo più di origine araba e l'agricoltura è la loro occupazione principale. La Libia possiede anche ricchi giacimenti di petrolio.
La nazione entrò a far parte dell'Impero Ottomano nel XVI secolo e fu una colonia italiana dal 1911 fino alla fine della Seconda guerra mondiale. Nel 1951 la Libia divenne una monarchia indipendente con il nome di Regno Unito di Libia. Nel 1 969 alcuni ufficiali dell'esercito rovesciarono il re assumendo il controllo del paese e il colonnello Muammar al-Gheddafi (1942) divenne il capo del governo.
Da allora Gheddafi ha operato una rivoluzione nella vita libica, affermando spesso che tutte le nazioni arabe

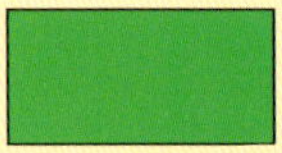

LIBIA
Forma di governo: repubblica socialista
Capitale: Tripoli
Superficie: 1 775 000 km^2
Popolazione: 6 419 900 ab.
Lingua: arabo
Moneta: dinaro libico

dovrebbero unirsi e promuovere la religione islamica. Sotto la guida di Gheddafi, la Libia ha finanziato gruppi terroristici e rivoluzionari in altri paesi del mondo. Dopo un breve periodo di riavvicinamento del paese alla comunità internazionale, nel febbraio 2011 scoppiarono manifestazioni popolari di protesta contro il regime, cui Gheddafi rispose con violente repressioni. Una risoluzione dell'ONU segnò l'avvio delle operazioni militari da parte di una coalizione internazionale per tutelare la popolazione civile.

△ Durante il **letargo**, la temperatura corporea del moscardino scende e il suo cuore batte lentamente. L'animale non si sveglia nemmeno se qualcuno lo tocca.

libro

I primi libri furono realizzati dagli egizi: erano scritti a mano su rotoli di carta ricavata da steli della pianta del papiro. All'epoca dell'Impero Romano molti libri erano scritti a mano su pergamena o *cartapecora*, un materiale ricavato dalla pelle di alcuni animali. Da questo materiale si ricavavano fogli che poi venivano uniti insieme, più o meno allo stesso modo dei moderni libri. Nel Medioevo i monaci realizzarono libri bellissimi, decorati a mano con estrema cura, o miniati, usando colori vivaci a cui a volte venivano aggiunti oro e argento.

Nel XV secolo fu introdotta in Europa la stampa su carta. All'inizio si trattava di un processo molto lento, perché gran parte del lavoro doveva ancora essere effettuata a mano. Ben presto, però, (forse nel 1439), Johann Gutenberg inventò la macchina da stampa a caratteri mobili che consentì di velocizzare enormemente la stampa.

Oggi milioni di libri sono prodotti ogni anno in tutte le lingue del mondo.

lichene

I licheni sono esseri viventi semplici composti da un fungo e da un'alga che vivono insieme in simbiosi e sono privi di radici, foglie e fiori. Alcuni licheni hanno l'aspetto di incrostazioni su rocce, alberi e muri e la loro crescita è molto lenta: un'area non più grande di una mano può avere cent'anni. Altri licheni crescono invece sotto forma di ciuffi cespugliosi non molto alti da terra. I licheni possono vivere in località che sarebbero troppo secche, fredde o calde per le piante verdi.

LIECHTENSTEIN
Forma di governo: principato
Capitale: Vaduz
Superficie: 160,5 km²
Popolazione: 35 589 ab.
Lingua: tedesco
Moneta: franco svizzero

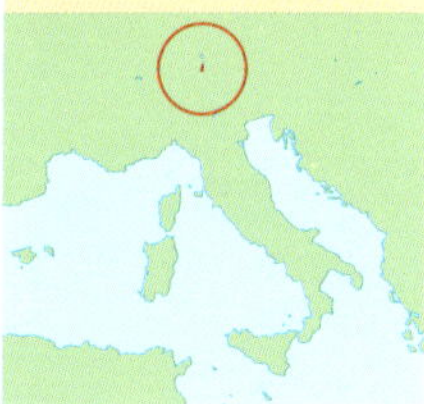

Liechtenstein

Il Liechtenstein è uno degli stati più piccoli del mondo, situato sulle Alpi tra Svizzera e Austria. Molte società internazionali, o multinazionali, hanno la loro sede in Liechtenstein perché qui le aziende pagano meno tasse che in altri paesi del mondo. Il turismo è un'altra importante fonte di reddito per il paese.

lievito

Il lievito è una specie di fungo costituito da una sola cellula, così piccola da essere visibile soltanto al microscopio.

Il lievito è utile perché si nutre di zucchero trasformandolo in alcol e anidride carbonica, in un processo chiamato *fermentazione*. I lieviti sono coltivati in enormi vasche e poi compressi in panetti o pastiglie, pronti per essere venduti.

Nella produzione del vino e della birra, il lievito trasforma lo zucchero dell'uva o del malto d'orzo in alcol, mentre gran parte del gas prodotto va perduto sotto forma di bollicine. Nella produzione del pane, invece, l'anidride carbonica che si forma sviluppa bollicine che fanno lievitare, ossia crescere, l'impasto del pane.

Liguria

Regione (1 615 986 ab.) dell'Italia settentrionale confinante con la Francia, il Piemonte, l'Emilia Romagna e la Toscana, è bagnata dal mar Ligure. Distesa ad arco intorno al

Lindbergh, Charles Augustus

Aviatore americano (1902-1974). Compì la prima trasvolata dell'oceano Atlantico da solo e senza scali. Decollò da New York il 20 maggio 1927 e atterrò il giorno successivo a Parigi, in Francia. Il volo di 5 860 km, durato 33 ore e 30 minuti, fece di lui un eroe internazionale. Successivamente contribuì all'organizzazione di viaggi aerei verso l'America meridionale e al di là dell'Atlantico.

golfo di Genova, è costituita da una ristretta fascia di territorio montuoso (Alpi liguri e Appennino ligure), attraversato da corsi d'acqua a carattere torrentizio.

Le sue province sono: Genova (capoluogo), Imperia, Savona e La Spezia. Sono presenti brevi pianure costiere in cui si coltivano fiori e primizie. È sviluppata la pesca, l'ostricoltura e la mitilicoltura.

L'industria cantieristica è legata alle attività portuali e marittime. Il turismo è molto sviluppato.

Lincoln, Abraham

Uomo politico americano (1809-1865). Fu presidente degli Stati Uniti dal 1861 al 1865. Di famiglia umile, si dedicò da autodidatta agli studi di giurisprudenza.

Nel 1856 Lincoln si unì al partito repubblicano, contrario alla schiavitù, e fu eletto presidente nel 1860. Nel 1865 fu riconfermato nell'incarico, ma il 14 aprile 1865, nel corso di una visita al Ford's Theatre di Washington, fu ucciso da un colpo di pistola esploso da John Wilkes Booth (1838-1865).

lingua (1)

La lingua è un organo muscolare flessibile fissato all'interno della bocca, di cui sono dotati soltanto i vertebrati.

La lingua ci aiuta a gustare e mangiare il cibo e a parlare. Le lettere T e D, per esempio, non potrebbero essere pronunciate senza usare la lingua in un certo modo. La lingua dei rospi è fissata alla parte frontale della bocca,

▷ Lo storico volo di **Lindbergh** attraverso l'Atlantico, nel 1927, ispirò molti pionieri dell'aviazione. Lindbergh effettuò la trasvolata su un aereo monomotore chiamato *Spirit of St. Louis* in segno di ringraziamento per il finanziamento all'impresa fornito da nove uomini d'affari di St. Louis.

mentre quella dei gatti è ricoperta di minuscoli uncini chiamati *papille* che aiutano l'animale a bere e a tenere pulito il pelo.

Molti rettili, come i serpenti, hanno una lingua divisa in due, o *biforcuta*, che saettano fuori dalla bocca per "annusare" l'aria. Alcuni anfibi e le lucertole hanno la lingua lunga e appiccicosa che lanciano velocemente fuori dalla bocca per catturare gli insetti.

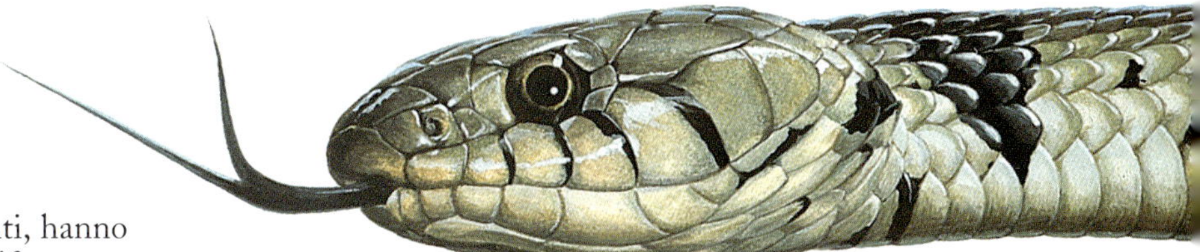

△ Questa biscia ha la **lingua** *biforcuta*, ossia divisa in due, con cui "annusa" l'aria. Ciò è possibile in quanto la lingua deposita le particelle raccolte nell'aria sull'organo di Jacobson, che seleziona, mediante l'olfatto, la presenza di predatori o di prede.

lingua (2)

La lingua è il mezzo con cui gli uomini comunicano fra loro e si differenzia in lingua parlata, scritta e dei segni. Molti animali hanno metodi di comunicazione che comprendono anche speciali movimenti del corpo e suoni.

Parlare, però, è una facoltà che soltanto gli uomini possiedono. La lingua parlata fu la prima a svilupparsi e soltanto successivamente l'uomo inventò vari metodi per scriverla. Nel mondo esistono oggi 4 000-5 000 lingue. Le più parlate sono il cinese mandarino, l'inglese, l'hindi, l'arabo, lo spagnolo e il francese.

liquido

Un liquido è una sostanza in grado di scorrere e di modificare la sua forma.

Se un liquido viene versato in un contenitore, assume la forma del contenitore, ma il suo volume resta uguale. Se si riscalda, i suoi atomi si muovono più velocemente e tendono ad abbandonare la massa del liquido, formando un gas. Quando un liquido raggiunge una certa temperatura, chiamata *punto di ebollizione*, si trasforma completamente in gas.

Quando un liquido si raffredda, i suoi atomi rallentano. In corrispondenza del punto di congelamento si fermano in posizioni fisse e il liquido si trasforma in solido.

Liquidi diversi hanno punti di congelamento e di ebollizione diversi. A temperatura ambiente, acqua, latte, mercurio e petrolio sono tutti liquidi.

Lituania, *vedi* Baltici, stati

locusta

La locusta è un tipo di cavalletta che vive in Africa, Asia meridionale e Australia, spesso in gruppi molto numerosi: un grande sciame di locuste può contenere centinaia di migliaia di individui.

Le locuste sono in grado di volare in sciami per grandi distanze alla ricerca di nuove fonti di cibo e quando trovano un luogo adatto, divorano tutte le piante che vi trovano.

Sciami di locuste possono distruggere completamente i raccolti, anche di enormi aree coltivate.

◁ La **lingua** scritta degli antichi greci utilizzava un alfabeto di 24 lettere. Si evolvette da un alfabeto più antico originario della Siria che utilizzava un grande numero di simboli e segni.

Lombardia

Regione dell'Italia settentrionale (9 826 141 ab.) confinante con Svizzera, Trentino Alto Adige, Veneto, Emilia Romagna e Piemonte. È attraversata dalle Alpi (Ortles-Cevedale, 3 899 m), ha ampie valli e numerosi laghi.
La pianura è solcata dal fiume Po e dai suoi affluenti. Le sue province sono: Bergamo, Brescia, Como, Lodi, Cremona, Lecco, Mantova, Pavia, Sondrio, Varese, Monza e Brianza e Milano (capoluogo). Nel quadro economico del nostro Paese occupa un posto di assoluta preminenza: per produzione agricola e allevamento, e per secolare tradizione industriale a cui si affianca un terziario molto sviluppato. Anche il turismo è fiorente.

lombrico, *vedi* vermi

Londra

Londra è la capitale del Regno Unito. È una delle più grandi città d'Europa, con una popolazione di 7,5 milioni di abitanti. È situata lungo il Tamigi, che scorre verso est fino a sfociare nel mare del Nord.

Londra si è sviluppata da un insediamento romano chiamato *Londinium*. Nel Medioevo divenne la residenza principale dei re inglesi e del parlamento del Paese, nonché un porto e un centro commerciale importante.

Nel XVII secolo gli edifici affollati consentirono alla peste di diffondersi rapidamente e il grande incendio del 1 666 distrusse gran parte del centro della città. Alcune zone di Londra furono pesantemente bombardate durante la Seconda guerra mondiale.

Oggi Londra è uno dei principali centri finanziari del mondo e migliaia di turisti la visitano per ammirare edifici come Buckingham Palace, la Torre di Londra e il Parlamento.

longitudine, *vedi* latitudine e longitudine

lontra

Le lontre appartengono alla stessa famiglia delle donnole. Hanno il corpo lungo e snello e le zampe corte.

Cacciano pesci e rane nell'acqua e grazie alla fitta pelliccia il loro corpo

▽ Alcune **lucertole**, come questo moloch, hanno sviluppato aculei e spine per proteggersi dai predatori. Il moloch vive nei deserti australiani e si nutre principalmente di formiche.

resta asciutto. Le lontre nuotano velocemente agitando la coda e il corpo come le anguille e usando le zampe palmate come fossero pagaie.

Di notte le lontre cacciano nei fiumi oppure vagano sulla terraferma per trovare nuove aree di pesca. Amano giocare lasciandosi scivolare lungo cumuli di neve o di fango. Il numero di lontre selvatiche sta diminuendo costantemente e oggi sono molto rare, probabilmente per via dell'inquinamento, anche se la causa esatta non è ancora chiara.

△ Le **lontre** si muovono lentamente sulla terraferma con le loro zampe palmate, ma sono abbastanza veloci da catturare animali come i conigli. In acqua sono straordinarie cacciatrici e catturano principalmente pesci e rane.

luce

La luce è una forma di energia visibile. Alcuni oggetti, come stelle, lampadine elettriche (*vedi* **elettricità**) e certi tipi di sostanze chimiche, producono luce.

Per la maggior parte, però, gli oggetti non emettono luce e sono visibili soltanto perché la riflettono.
Per esempio, possiamo vedere la Luna e i pianeti nel cielo soltanto perché riflettono la luce del Sole.

La luce solare è normalmente la luce più intensa visibile all'uomo. La luce del Sole sembra bianca, ma in realtà è composta dai colori dell'arcobaleno (*vedi* **spettro**). Lo scienziato inglese Isaac Newton fu il primo a dimostrare questo fatto facendo attraversare un *prisma*, ossia una piramide di vetro, da un raggio di Sole: dal prisma fuoriuscì la luce scomposta in sette colori, ovvero rosso, arancione, giallo, verde, blu, indaco e violetto.

Un prisma scompone la luce in raggi separati, ognuno con una propria lunghezza d'onda. Questo concetto è facile da comprendere se si pensa che la luce viaggia sotto forma di onde. La distanza tra i picchi delle onde è chiamata *lunghezza d'onda* e il nostro occhio può percepire ogni lunghezza d'onda come un colore diverso.

Le onde più lunghe sono rosse, quelle più corte violette, e quelle comprese tra le due si manifestano con gli altri colori dell'arcobaleno.

La luce si propaga a una velocità superiore a 300 000 km al secondo. Ciononostante, occorrono otto minuti perché la luce del Sole raggiunga la Terra, coprendo una distanza di circa 150 milioni di km. Un *anno luce* è la distanza totale compiuta da un raggio di luce in un anno.
Gli astronomi usano gli anni luce per misurare la distanza delle stelle. Alcune stelle si trovano a milioni di anni luce di distanza dalla Terra.

lucertola

Le lucertole sono rettili dell'ordine dei sauri con la pelle asciutta e squamosa. La maggior parte delle specie possiede quattro zampe, ma alcune ne sono prive e assomigliano a serpenti. Alcune lucertole nascono vive come i mammiferi,

▷ **Londra** è attraversata dal Tamigi e il suo ponte più famoso è il Tower Bridge, completato nel 1894. La parte centrale del ponte si solleva per lasciar passare le imbarcazioni più grandi.

ma per lo più si sviluppano da uova.
Esistono circa 3500 specie di lucertole, gran parte delle quali vivono in paesi molto caldi. Le lucertole che abitano le regioni più fredde spesso trascorrono l'inverno in una specie di letargo. Le prede principali delle lucertole sono gli insetti, ma il sauro più grande del mondo, il *varano di Komodo*, lungo 2,5 m, può attaccare e uccidere mammiferi delle dimensioni di maiali e cervi selvatici.

△ **Luigi XIV** di Francia fu chiamato il *Re Sole* per lo splendore della sua corte e del suo palazzo reale di Versailles.

Luigi XIV

Re di Francia (1638-1715). Governò per 72 anni. Salì al trono all'età di quattro anni, ma il primo ministro, il cardinale Mazzarino (1602-1661), governò in sua vece fino al 1661. Luigi XIV era determinato a rafforzare il potere della monarchia e assunse su di sé il potere assoluto. Una volta si vantò affermando: "Lo stato sono io".
Fece costruire un enorme palazzo a Versailles, simile a una piccola città, e costrinse i nobili a vivere con lui a palazzo e a servirlo personalmente per evitare ribellioni.

lumache e chiocciole

Le chiocciole sono molluschi dotati di una conchiglia a spirale sulla schiena. Ne esistono oltre 80000 specie nel mondo: alcune vivono sulla terraferma, altre nell'acqua dolce e altre ancora nel mare. La maggior parte delle chiocciole misura meno di 3 cm, ma una delle più grandi, un tipo di chiocciola terrestre gigante, raggiunge la lunghezza di circa 20 cm.
Diversamente dalle chiocciole, le lumache non hanno la conchiglia sul dorso. Sia lumache che chiocciole avanzano strisciando su una parte muscolare del loro corpo chiamata *piede* e hanno un paio o due paia di tentacoli.

▽ La maggior parte degli organi di una **chiocciola** è sistemata in una specie di gobba all'interno della conchiglia. Quando la chiocciola avverte il *pericolo* ritira all'interno del guscio anche la testa e il piede.

Luna

Una luna è un satellite naturale che ruota, o orbita, attorno a un pianeta. La Terra ha una sola luna, ma gli altri pianeti del nostro sistema solare possono avere più lune: Giove, per esempio, ne ha 60.
La nostra Luna è il corpo celeste più vicino alla Terra. Ruota attorno al nostro pianeta senza mai avvicinarsi a meno di 356470 km. Viaggia a 3660 km orari circa e impiega 27 giorni e 8 ore per completare la sua orbita. La Luna si formò probabilmente nello stesso periodo in cui ebbe origine la Terra, ma le rocce sulla sua superficie sono più vecchie di quelle della Terra perché in 4000 anni la Luna non ha mai subito cambiamenti. La Luna è un mondo arido e senza vita, privo di aria e, si pensava, di acqua, ma nel 2009 la NASA ha annunciato di avere scoperto importanti quantità d'acqua allo stato ghiacciato in cratere del corpo celeste. La gravità lunare è un sesto di quella terrestre, ma ciononostante la sua attrazione gravitazionale ci interessa ogni giorno: è infatti l'attrazione della Luna a provocare le maree.

lupo

Il lupo comune è un carnivoro che vive in Europa occidentale e in alcune parti dell'America settentrionale. Un tempo i lupi erano diffusi in quasi tutto

△ La superficie della **Luna** è disseminata di crateri, quasi tutti provocati dall'impatto con meteoriti.

l'emisfero settentrionale, ma oggi sono presenti in numero sempre minore soltanto nelle regioni più inaccessibili e nelle fitte foreste, perché sono stati cacciati dall'uomo quasi fino all'estinzione. I lupi hanno una fitta pelliccia, zampe lunghe e potenti mandibole. Possono raggiungere la lunghezza di 1,8 m. In branco, i lupi possono uccidere un cervo malato o ferito molto più grande di loro. Poi dividono la preda, ma all'interno di ogni branco vige un ordine gerarchico basato sull'età: i giovani lupi, infatti, devono cedere il passo agli animali più grandi e più vecchi.

Quando cacciano, i lupi ululano per segnalare agli altri membri del branco dove si trovano. Un *branco* è composto da una coppia di adulti e da molte generazioni dei loro piccoli. Ogni primavera una lupa dà alla luce da quattro a sei cuccioli.

Da sempre, nel corso della storia, si narrano racconti di esseri umani allevati dai lupi fin da neonati.

◁ Come molti altri mammiferi, i **lupi** vivono in gruppi familiari. Cacciano in branchi guidati da un maschio dominante.

Lussemburgo

Il Lussemburgo è uno degli stati più piccoli d'Europa. Uffici dell'Unione Europea si trovano nella capitale, chiamata anch'essa Lussemburgo.

LUSSEMBURGO
Forma di governo: monarchia costituzionale
Capitale: Lussemburgo
Superficie: 2 586 km²
Popolazione: 493 500 ab.
Lingua: lussemburghese, francese e tedesco
Moneta: euro

Lutero, Martin

Uomo religioso tedesco (1483-1546). I suoi contrasti con la chiesa cattolica di Roma diedero il via alla riforma protestante. Egli criticava il metodo in base al quale i sacerdoti perdonavano i peccati alle persone in cambio di denaro. Credeva inoltre che gli insegnamenti di Dio fossero da ricercare nella Bibbia e che fossero molto più importanti di ciò che sostenevano i papi e i vescovi.

macchina

△ La *carrucola*, o puleggia, è una **macchina** *semplice* che serve per sollevare oggetti pesanti. Cambia la direzione della forza: così, tirando la fune verso il basso, si solleva verso l'alto un carico. Unendo più carrucole insieme si aumenta il peso del carico che è possibile sollevare con lo stesso sforzo.

Una macchina è un dispositivo che rende più facile il lavoro perché consente di utilizzare forza per compiere un'azione. La macchina è più forte di un uomo che cerchi di portare a termine quell'azione da solo, perché esercita una forza maggiore. Quando viene usata una forza per muovere un oggetto, si dice che si compie un lavoro.

Tutte le macchine che vediamo al lavoro attorno a noi si basano su una delle sei macchine semplici: leva, vite, carrucola, piano inclinato, cuneo e asse della ruota.

Esistono diversi tipi di *leva*. La più semplice, per esempio, è una lunga asta posta in equilibrio su un fulcro e utilizzata per sollevare un masso pesante. La *vite* può muovere l'uno verso l'altro e unire due oggetti oppure separarli: con un cric, o martinetto a vite, possiamo sollevare un'automobile molto più pesante di noi.

Una semplice *carrucola* è utilizzata nel meccanismo ad avvolgimento che consente di recuperare acqua da un pozzo. Il *piano inclinato* facilita invece il sollevamento di carichi pesanti: se si trascina un peso lungo una pendenza si compie meno lavoro che non sollevandolo verticalmente. Il *cuneo* serve per fendere in due parti gli oggetti: scalpelli, coltelli, chiodi e scuri sono tutti tipi di cunei.

La più importante tra le macchine semplici è probabilmente l'*asse della ruota*, utilizzato non solo per spostare carichi, ma anche come componente di ogni altro tipo di macchinario, per esempio degli orologi.

macchina fotografica

Le macchine fotografiche tradizionali funzionano più o meno come quelle di 100 anni fa. Un otturatore si apre e si chiude rapidamente (per un tempo ben preciso, chiamato *tempo di esposizione*) e lascia passare attraverso una lente di vetro la luce proveniente dal soggetto che si intende fotografare, proiettandola sulla pellicola. La quantità di luce che passa può essere variata modificando la dimensione del foro attraverso il quale la luce filtra, ossia l'"apertura". La luce forma sulla pellicola un'immagine capovolta del soggetto. La pellicola viene successivamente sviluppata con sostanze chimiche e l'immagine riportata su di essa viene stampata su un tipo di carta speciale: il risultato è la fotografia finale.

Oggi la maggior parte delle macchine fotografiche è dotata di

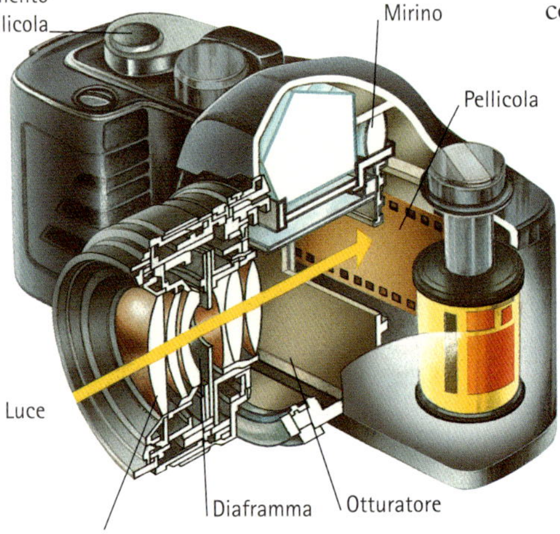

◁ Quando si scatta una fotografia, l'otturatore della **macchina fotografica** si apre e si chiude rapidamente per consentire alla luce di raggiungere la pellicola. La quantità di luce proiettata sulla pellicola è regolata dall'apertura del diaframma.

molti altri accessori che ci consentono di scattare fotografie in qualsiasi genere di situazione. I flash producono un intenso lampo di luce per illuminare il soggetto nell'oscurità o di notte. Lunghi teleobiettivi ci consentono di vedere molto vicine cose lontanissime da noi. Esistono anche macchine fotografiche che funzionano sott'acqua. Le macchine fotografiche moderne, invece, sono digitali e non usano pellicola: l'immagine è trasformata in formato digitale e memorizzata su un dischetto. Il numero di fotografie che possono essere scattate e memorizzate dipende dalle loro schede di memoria.

Scattare fotografie con le prime macchine fotografiche era un'operazione molto lenta. La prima vera macchina fotografica, inventata da Louis Daguerre (1787-1851) attorno al 1830, necessitava di tempi di esposizione molto lunghi. Il soggetto doveva sedere immobile anche per dieci minuti, solitamente con la testa sorretta da una staffa per evitare che si muovesse. Le macchine moderne consentono invece tempi di esposizione rapidissimi, inferiori a 1 millesimo di secondo, per riprendere oggetti che si muovono molto velocemente.

Machiavelli, Niccolò

Scrittore e uomo politico italiano (1469-1527). È considerato il fondatore della scienza politica. Fu segretario della seconda cancelleria della Repubblica di Firenze dal 1498 al 1512. Tornati i Medici in Firenze (1512), Machiavelli scrisse il *De principatibus* (poi *Il principe*).

Oltre agli scritti politici, nel 1518 componeva la *Commedia di Callimaco et di Lucrezia*, divenuta poi la famosissima *Mandragola*, considerata la più grande opera teatrale del 500.

△ Il **Madagascar** ospita una grande varietà di piante e animali introvabili altrove sulla Terra, come questi lemuri catta (sopra). Si tratta di mammiferi notturni simili alle scimmie che si nutrono di frutti e foglie e vivono in branchi composti da una ventina di individui.

Madagascar

Il Madagascar è la quarta isola più grande del mondo, situata nell'oceano Indiano, circa 400 km al largo della costa orientale dell'Africa.
L'isola è caratterizzata da fertili pianure costiere, fitte foreste, un brullo altopiano centrale e un clima caldo e tropicale. Grandi aree sono state spogliate della vegetazione naturale per ricavare legname da esportare e creare nuovi terreni coltivabili.

I raccolti principali sono caffè, riso, canna da zucchero e vaniglia.
Il Madagascar è abitato da una fauna singolare, che comprende, tra gli altri animali, pappagalli e lemuri.

Tra il IX e il XIV secolo gli arabi fondarono diverse colonie in Madagascar. Nel XIX secolo l'isola passò sotto il controllo della Francia, ma conquistò l'indipendenza nel 1960.

MADAGASCAR
Forma di governo: repubblica
Capitale: Antananarivo
Superficie: 587 295 km²
Popolazione: 19 625 000 ab.
Lingua: malagasy, francese e inglese
Moneta: ariary

Madrid

Madrid è la capitale della Spagna. Fu scelta come capitale dal re Filippo II (1527-1598) perché si trovava nel centro del paese. Madrid è la sede del parlamento dello stato e possiede molti edifici eleganti, tra cui il museo del Prado, che custodisce una delle più belle collezioni di dipinti del mondo.

Magellano, Ferdinando

Navigatore ed esploratore portoghese (1480-1521). Cercò di trovare una nuova rotta per l'Asia navigando verso occidente, superando l'estrema punta sud dell'America meridionale.

Nel settembre 1519 Magellano salpò da Siviglia, in Spagna, diretto verso ovest, superò Capo Horn (nel sud dell'attuale Argentina) ed entrò nell'oceano Pacifico. La sua spedizione era composta da cinque navi e 270 marinai di diverse nazionalità.

Magellano rimase ucciso nel 1521 durante uno scontro con gli abitanti di Cebu, un'isola delle Filippine. Una delle sue navi, però, riuscì a fare ritorno in Spagna nel settembre del 1522, dopo aver completato il primo giro del mondo. Questo viaggio epico fornì agli uomini del tempo la prima vera prova che la Terra era rotonda. Sebbene Magellano non sia vissuto per completare il viaggio, la spedizione non avrebbe mai avuto successo senza la sua coraggiosa guida.

△ Molti trucchi di **magia** sembrano impossibili, ma funzionano perché il pubblico è ingannato dai gesti e dalle parole accuratamente scelti dal prestigiatore. Alcuni prestigiatori utilizzano congegni preparati prima dell'esecuzione del numero.

magia

Molti popoli dell'antichità usavano rituali magici, perché pensavano in questo modo di riuscire a controllare ciò che accadeva attorno a loro: recitavano formule magiche, eseguivano danze speciali e realizzavano dipinti che pensavano avessero poteri magici.

Nel corso della storia, l'uomo ha sempre creduto che alcuni oggetti (come talismani o amuleti) o persone (come maghe e stregoni) avessero poteri magici. La magia è spesso strettamente legata alla religione. Oggi, però, quando si pensa alla magia si pensa ai numeri eseguiti dai prestigiatori, comunemente chiamati *maghi*.

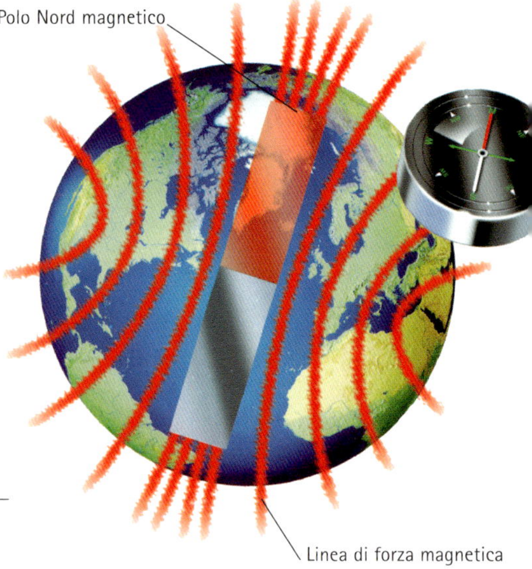

△ La Terra è un enorme **magnete**, con poli magnetici alle estremità nord e sud. Questi due poli agiscono come le estremità di un magnete e fanno sì che gli aghi delle bussole si orientino sempre sull'asse nord-sud. Le linee di forza magnetica avvolgono tutto il pianeta, creando il *campo magnetico terrestre*.

magnetismo

Il magnetismo è un tipo di forza posseduta da materiali chiamati *magneti* e si manifesta nella capacità di attrarre i metalli, soprattutto il ferro e l'acciaio. La Terra è un enorme magnete naturale. Linee invisibili di forza magnetica si diffondono attorno al nostro pianeta, congiungendo i poli nord e sud magnetici: si tratta del *campo magnetico terrestre*. L'ago della bussola è un magnete che punta sempre verso il Nord magnetico.

▽ **Magellano** fu ucciso nel corso di uno scontro con gli indigeni di un'isola delle Filippine.

Nei tempi antichi l'uomo si accorse che un tipo di minerale ferroso chiamato *magnetite*, sospeso a una corda, oscillava puntando sempre nella stessa direzione: la magnetite, infatti, è un magnete naturale.

Un *elettromagnete* è invece un magnete artificiale costituito da una bobina di filo metallico avvolto attorno a un nucleo di metallo. Quando viene percorsa da elettricità, la bobina crea un campo magnetico, ma non appena si interrompe la corrente elettrica, il campo magnetico cessa di esistere.

Gli elettromagneti possono essere di diversa intensità, anche molto più potenti dei normali magneti: possono infatti produrre campi magnetici in grado di azionare generatori e motori elettrici.

△ Esistono molte razze diverse di **maiali**.
I maiali qui illustrati sono di razze inglesi, e per la precisione:
1) *Gloucester Old Spot;*
2) *Poland;*
3) *China;*
4) *Tamworth.*

maiale

Questi animali da cortile hanno il corpo lungo e massiccio, zampe corte dotate di zoccoli alle estremità, il muso allungato e una corta coda a ricciolo. Il maschio del maiale è chiamato *verro*, la femmina *scrofa*. I maschi più grandi possono pesare oltre una tonnellata.

I maiali domestici discendono dai cinghiali delle foreste asiatiche ed europee. Il maiale fornisce la carne da cui ricaviamo la pancetta, il prosciutto e il lardo, e diverse altre parti del suo corpo sono usate per produrre spazzole, colla, cuoio e sapone. Il cinghiale è invece un animale aggressivo e pericoloso, diversamente dalla maggior parte dei suoi "cugini" domestici.

malaria

La malaria è una malattia tropicale provocata da un minuscolo parassita trasportato dalla femmina di un tipo di zanzara chiamata *anofele*. Quando la zanzara infetta punge, i parassiti vengono immessi nella circolazione sanguigna della vittima. Nel sangue i parassiti si moltiplicano, provocando una malattia molto grave, spesso mortale.

Per curare la malaria si usano farmaci specifici, ma purtroppo non sempre sono efficaci perché con il tempo si sviluppano nuovi ceppi di parassiti malarici che sono immuni a quei tipi di farmaci. Gli scienziati cercano di distruggere le zanzare e le paludi nelle quali esse si moltiplicano, ma finora sterminare completamente questi insetti si è rivelato impossibile.

malattia

La malattia è uno stato in cui l'organismo, o parti di esso, non funzionano normalmente. Alcune malattie sono provocate da batteri che invadono il nostro corpo, altre sono causate da virus o parassiti. Altre ancora si trasmettono dai genitori ai figli attraverso i geni.

Il corpo umano è in grado di opporre resistenza alle malattie attraverso il sistema immunitario. Cellule speciali, come i globuli bianchi del sangue, combattono contro gli invasori (*antigeni*). Il corpo produce anche *anticorpi:* quelli prodotti per lottare contro malattie come il morbillo o la varicella rimangono nel sistema immunitario e

▽ La **malattia** del sonno è molto comune in alcune regioni dell'Africa.
È causata da un minuscolo parassita trasmesso dalla *mosca tse-tse*. Quando punge, la mosca trasmette nel sangue della vittima i parassiti, che si moltiplicano rapidamente, provocando febbre, emicrania e sonnolenza.

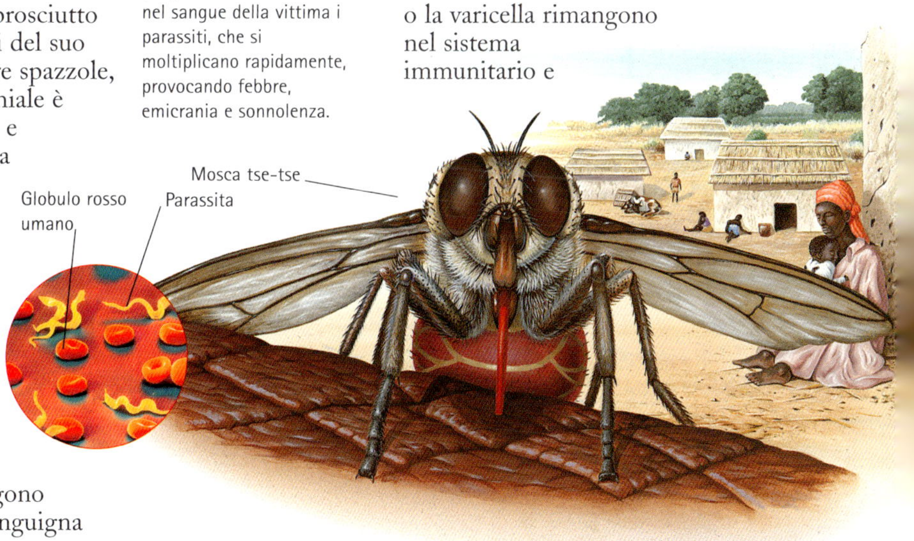

solitamente evitano che si contragga nuovamente la stessa malattia, alla quale, in questo modo, si diventa immuni. Molti farmaci e vaccini sono stati sviluppati per aiutare l'uomo a combattere le malattie, anche se per alcune di esse non è ancora stata trovata una cura.

Malaysia

La Malaysia è uno stato del Sudest asiatico, formato da due parti separate, la Malaysia peninsulare, o occidentale, e la Malaysia orientale, comprendente i territori di Sarawak e Sabah, sull'isola del Borneo. Queste due regioni sono distanti 650 km e sono separate dal mar Cinese meridionale.

Il clima della Malaysia è caldo, umido e piovoso: il paese, infatti, possiede grandi aree occupate dalla foresta pluviale.

La Malaysia è una nazione in rapida espansione. La sua capitale, Kuala Lumpur, è una grande città moderna con molti grattacieli. Il paese esporta gomma, stagno e legname, e molti temono che proprio l'industria del legno stia provocando l'abbattimento di troppe foreste. La Malaysia ha sviluppato industrie moderne sul finire degli anni 90 del secolo scorso e i prodotti industriali costituiscono oggi l'esportazione più redditizia.

La Malaysia è uno stato membro del Commonwealth ed è una federazione di monarchie costituzionali, il cui capo supremo è eletto tra i sovrani dei vari territori. Il capo del governo è invece il primo ministro.

MALAYSIA
Forma di governo: federazione di monarchie costituzionali
Capitale: Kuala Lumpur
Superficie: 330 803 km²
Popolazione: 28 306 700 ab.
Lingua: malese
Moneta: ringgit

Maldive

La repubblica delle Maldive è uno stato composto da un lungo arcipelago di isole situate a sudovest dell'India, nell'oceano Indiano. Sebbene siano circa 2000 tra isole, atolli e isolotti, la superficie totale del paese è molto ridotta. La maggior parte della popolazione delle Maldive vive di pesca. Gli scienziati pensano che alcune isole delle Maldive in futuro possano scomparire a causa dell'innalzamento del livello dei mari provocato dal riscaldamento globale.

MALDIVE
Forma di governo: repubblica presidenziale
Capitale: Male
Superficie: 298 km²
Popolazione: 309 400 ab.
Lingua: dhivehi
Moneta: rufiyaa

Malta

Malta è un'isola del Mediterraneo. Sin dai tempi antichi è un'importante base navale, che sorveglia le rotte commerciali. Per secoli fu governata dai Cavalieri di S. Giovanni, ma nel 1814 divenne una colonia britannica.

Durante la Seconda guerra mondiale Malta sopravvisse a pesanti incursioni aeree. Dal 1964 è indipendente e dal 1974 è una repubblica. La capitale, Valletta, ha un antico porto circondato da bellissimi edifici. Dal 2004 è membro della UE.

mammiferi, *vedi* **pp. 232-233**

mammut

Durante le glaciazioni, le pianure dell'America settentrionale e dell'Europa erano abitate da mammut, animali simili a elefanti con una lunga e folta pelliccia e zanne ricurve allungate, che vivevano però in un clima molto più freddo di quello degli elefanti di oggi.

I mammut vivevano in branchi, si nutrivano di erba e altre piante.

Tra i loro nemici c'erano i lupi e i feroci felini dai denti a sciabola, ma anche i cavernicoli, che davano la caccia ai mammut per sfamarsi. A volte i cacciatori riuscivano a far cadere un mammut in una fossa scavata nel terreno e lo uccidevano a colpi di lancia.

Corpi congelati di mammut sono stati estratti dagli scienziati dai terreni gelati della tundra siberiana. Resti di mammut sono stati ritrovati anche in pozzi bituminosi della California.

Gli ultimi mammut si estinsero circa 30 000 anni fa.

Mandela, Nelson

Uomo politico africano (1918). Tra i più importanti leader politici africani del XX secolo, figlio di un capotribù, nacque nel territorio Transeki della Repubblica Sudafricana e divenne avvocato. Dopo la Seconda guerra mondiale, il governo bianco sudafricano introdusse la politica dell'*apartheid*, ossia di segregazione della popolazione nera da quella bianca. Nel 1944 Mandela partecipò alla fondazione dell'African National Congress (ANC), che avviò una campagna di opposizione non-violenta al governo. Nel 1962 fu arrestato e incarcerato. La gente di tutto il mondo invocò la sua liberazione e fu infine rilasciato nel 1990. Nel 1991 il presidente De Klerk (1936) adottò speciali provvedimenti per porre fine all'*apartheid*. Nel 1994 si tennero elezioni democratiche e Mandela fu eletto presidente: il primo capo di stato sudafricano di colore. Mandela si ritirò dalla politica nel 1999.

mangusta

La mangusta è un piccolo mammifero che vive in Africa e in Asia meridionale.

Ha il corpo allungato, la coda folta e le zampe corte. La mangusta vive all'interno di tane e si nutre di piccoli uccelli, di roditori come i ratti e di serpenti.

Mantegna, Andrea

Pittore e incisore italiano (1431-1506). Allievo a Padova di F. Squarcione, trasse lo spunto dai pittori toscani presenti nel Veneto (Paolo Uccello, Donatello, Andrea Del Castagno) per creare eroi solenni del mondo classico che ebbe fondamentale importanza per la diffusione della pittura del Rinascimento in tutta l'Italia settentrionale. Della sua produzione ricordiamo: la *Pala di San Zeno*, *Trittico degli uffizi* e *Cristo morto*.

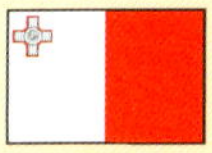

MALTA
Forma di governo: repubblica
Capitale: Valletta
Superficie: 315,6 km²
Popolazione: 413 609 ab.
Lingua: maltese e inglese
Moneta: euro

△ Dopo 28 anni trascorsi in carcere come prigioniero politico, **Nelson Mandela** divenne l'emblema della lotta della popolazione nera della Repubblica Sudafricana per l'uguaglianza dei diritti.

▽ La **mangusta** striata è famosa per la sua abilità nell'attaccare e uccidere i serpenti velenosi come il cobra. È velocissima e riesce ad afferrare il serpente prima che la morda.

Manzoni, Alessandro

Scrittore italiano (1785-1873). Di formazione illuministica, si convertì al Cattolicesimo nel 1810, a opera della prima moglie Enrichetta Blondel, e aderì al Romanticismo su cui fondò i concetti ideologici e letterari.

Ricordiamo: le odi *Marzo 1821* e *Cinque Maggio*, le tragedie *Il Conte di Carmagnola* e *Adelchi* e infine il famosissimo romanzo *I promessi sposi*.

Maometto

Fondatore della religione islamica (570-632). È considerato dai musulmani l'ultimo dei profeti. Nacque a La Mecca, nell'attuale Arabia Saudita, e all'età di 40 anni disse di aver ricevuto da Dio l'invito a predicare al suo popolo. Trascorse così il resto della sua vita a insegnare l'esistenza di un solo dio, chiamato *Allah*. Nel 622 fu costretto a lasciare La Mecca ed è da questa data che i musulmani fanno iniziare il loro calendario.

maori

I maori sono una popolazione indigena della Nuova Zelanda, dove si pensa siano giunti nel XIV secolo a bordo di canoe, provenienti da qualche isola dell'oceano Pacifico.

Feroci guerrieri, i maori combattevano con mazze di osso o *nefrite* (una specie di giada). Condussero una lunga e dura guerra contro gli europei che iniziarono a colonizzare la Nuova Zelanda verso la metà del XIX secolo. Il conflitto terminò soltanto nel 1865, ma le ostilità si protrassero ancora per anni.

Oggi i maori continuano a svolgere un ruolo importante nella vita della Nuova Zelanda e la loro popolazione sta crescendo a un tasso superiore a quello della popolazione non-maori.

I maori sono abili nella tessitura, nella danza e nell'intaglio del legno.

continua a p. 234

MAMMIFERI

I mammiferi sono una classe di animali che comprende più specie di qualsiasi altra classe. I mammiferi sono diffusi in tutto il mondo e vivono sulla terraferma, nell'acqua e nel sottosuolo.

△ *Il* lori grande *è un animale notturno. Grazie agli enormi occhi rotondi è in grado di trovare insetti e piccole prede nell'oscurità.*

IL MONDO DEI MAMMIFERI

I mammiferi sono *animali a sangue caldo*, e ciò significa che hanno bisogno di essere attivi per mantenere caldo il proprio corpo quando il clima è rigido. Per questo la maggior parte di essi è ricoperta di pelo: persino mammiferi marini come i delfini e le balene sono dotati di un sottile strato di pelo sul corpo. Diversamente dai piccoli degli altri animali, i cuccioli di mammifero si nutrono del latte prodotto dalla madre. I mammiferi sono infatti così chiamati dalle ghiandole mammarie, o mammelle, che producono il latte.

TIPI DI MAMMIFERI

I primi mammiferi ebbero origine dai rettili circa 230 milioni di anni fa, erano molto piccoli e si nutrivano di insetti. Quando i dinosauri si estinsero, molti altri tipi di mammiferi iniziarono a evolversi. Oggi esistono 4200 specie di mammiferi divisi in tre gruppi: i *placentati* (che danno alla luce piccoli completamente sviluppati), i *marsupiali* (i cui piccoli terminano lo sviluppo all'interno di una specie di tasca esterna, chiamata *marsupio*) e i *monotremi* (mammiferi che depongono uova).

▷ *I mammiferi, come questo* cammello, *allattano i piccoli. Il latte contiene tutto ciò di cui i piccoli hanno bisogno per crescere.*

△ *Le* linci *sono grandi felini con ciuffi di pelo sulle orecchie. Il mantello della lince nordamericana è maculato, mentre la lince siberiana, più grande, ha il mantello in tinta unita.*

△ *Le* echidne *sono mammiferi insoliti che depongono uova. Si nutrono di insetti e sono dotate di aculei che le proteggono.*

MAMMIFERI PLACENTATI

I mammiferi placentati rappresentano il gruppo più numeroso. Comprendono un'enorme varietà di specie, come roditori, elefanti, foche e l'uomo. Si sviluppano all'interno del corpo della madre e traggono nutrimento e ossigeno dalla placenta. Alcune specie sono in grado di camminare pochi minuti dopo la nascita, altre devono invece dipendere dai genitori per mesi.

MARSUPIALI

I marsupiali sono mammiferi che accudiscono e allattano i piccoli all'interno di una tasca di cui è provvisto il corpo della madre finché non sono abbastanza grandi per badare a se stessi. La maggior parte dei marsupiali, come il canguro, il peramele e il koala, vivono in Australia e in Nuova Guinea. Altre specie, come l'opossum, vivono in America.

I DENTI GIUSTI

I mammiferi si nutrono di una grande varietà di cibo e hanno dentature adatte al tipo di alimentazione. I carnivori (cani e felini) sono muniti di denti aguzzi per afferrare la preda e lacerarne la carne. Gli erbivori (cavalli e bovini) hanno invece larghi molari per triturare i vegetali.

◁ *Il* gerbillo della Mongolia *vive nei deserti dell'Asia centrale e si nutre di germogli di piante e semi.*

MONOTREMI

L'ornitorinco e l'echidna sono mammiferi australiani che depongono uova. Sono i mammiferi più primitivi ancora esistenti, dotati di bocca a forma di becco e priva di denti. Il latte prodotto dalle femmine non fuoriesce dai capezzoli ma sgorga da una fessura della pelle del ventre.

RODITORI

Quasi la metà dei mammiferi è rappresentata dai roditori, come topi, ratti, arvicole, scoiattoli, castori e istrici. I roditori sono dotati di *incisivi* (i denti frontali) taglienti per rosicchiare e scavare. Molte specie scavano tunnel sotterranei che usano come tane. I roditori vivono per lo più soltanto 1-2 anni, ma si riproducono rapidamente.

VEDI ANCHE

animali preistorici; carnivori; erbivori; evoluzione; letargo; marsupiali; ossa; peli; riproduzione; roditori; sangue

▷ *Alcune scimmie dell'America meridionale, come questa femmina di scimmia ragno e il suo piccolo, possono rimanere appese agli alberi per la coda.*

STILE DI VITA

I mammiferi si sono adattati a vivere in tutti i tipi di habitat. I cammelli, per esempio, riescono a sopravvivere in deserti caldissimi dove cibo e acqua sono scarsi. Nelle loro gobbe, infatti, immagazzinano grasso, che trasformano in energia quando ne hanno necessità. Gli orsi polari hanno un pelo fittissimo che li tiene caldi nel gelo dell'Artide. Come gli altri orsi e molti roditori, vanno in *letargo* (un profondo sonno) durante l'inverno. Le antilopi e altri mammiferi da pascolo vivono in grandi branchi nelle praterie africane. Hanno un sistema digerente molto efficiente che consente loro di estrarre le sostanze nutritive dai vegetali di cui si nutrono. Un gruppo di mammiferi è in grado di volare: si tratta dei *pipistrelli*, le cui "ali" sono in realtà arti anteriori modificati.

MAMMIFERI MARINI

Le balene, i delfini e le focene vivono nel mare. Diversamente dai pesci, però, respirano l'aria e devono risalire in superficie per riempire i polmoni. Il loro corpo è affusolato, dotato di pinne e potenti code. Molte balene filtrano il plancton, composto da microscopici animali che vivono sospesi nell'acqua. I delfini sono invece predatori veloci che cacciano pesci e molluschi.

▽ *Le orche (a sinistra) cacciano mammiferi marini come la foca artica. I piccoli di foca sono più facili da catturare degli adulti.*

continua da p. 231

I lavori di intaglio maori sono molto ricchi: la loro superficie è fittamente decorata con linee curve, volute e spirali. Anche il tatuaggio è una forma di arte maori molto importante.

Mao Zedong (Mao Tse-tung)

Uomo politico cinese (1893-1976). Figlio di contadini, studiò per diventare insegnante. Nel 1921 Mao partecipò alla fondazione del Partito comunista cinese e combatté contro i nazionalisti guidati da Chiang Kai-shek (1887-1975). Nel 1934 guidò 90000 comunisti in una marcia di 368 giorni attraverso la Cina per sfuggire all'esercito dei nazionalisti, in un'impresa che passò alla storia come la "lunga marcia". Nel 1949, dopo aver finalmente sconfitto i nazionalisti con l'esercito comunista, Mao proclamò la nascita della Repubblica popolare cinese e ne divenne presidente.

Mao desiderava che la Cina divenisse forte e ricca come gli USA e introdusse cambiamenti radicali nella cultura e nell'economia. La sua politica implicava che tutti gli aspetti della vita passassero sotto il controllo dello stato. Molti piani di Mao, però, non funzionarono. Diede le dimissioni da presidente della Cina nel 1959, ma rimase presidente del Partito comunista cinese fino alla morte, nonostante i contrasti con i comunisti dell'Unione Sovietica.
Dopo la morte di Mao nel 1976, i nuovi leader cinesi furono critici nei confronti del suo pensiero e intensificarono i contatti con l'Occidente.

maratona

La maratona è una gara di corsa su una distanza di 42,19 km che si disputa alle Olimpiadi dal 1896. Il suo nome ricorda una famosa corsa compiuta nel 490 a.C. dal soldato greco Filippide dalla città di Maratona ad Atene per portare la notizia di una vittoria greca sui persiani.

△ La **maratona** delle sabbie è un'estenuante gara che si svolge nel deserto del Sahara e nel corso della quale si compiono 230 km in sei giorni: più di cinque normali maratone.

△ **Mao Zedong** fu presidente del Partito comunista cinese per 27 anni e fu un simbolo per il popolo cinese.

△ **Guglielmo Marconi** e il suo telegrafo senza fili, in grado di inviare segnali radio in tutto il mondo.

Marche

Regione (1 577 676 ab.) dell'Italia centrale confinante con Emilia-Romagna, Toscana, Umbria, Abruzzo, si affaccia a est sul mare Adriatico. È attraversata dall'Appennino umbro-marchigiano, che racchiude altipiani fertili, mentre le colline digradano verso il mare. I suoi fiumi sono il Tronto, il Metauro, l'Esino e altri.

In pieno sviluppo è l'agricoltura e fiorente è la pesca. Le industrie sono cantieristiche, cartarie, tessili, chimiche e meccaniche. Il turismo è molto sviluppato nei centri balneari rivieraschi e nelle città, che presentano notevole interesse artistico. Le province sono: Ancona (capoluogo), Ascoli Piceno, Fermo, Macerata, Pesaro e Urbino.

Marconi, Guglielmo

Scienziato italiano (1874-1937). Di padre italiano e madre irlandese, fu un famoso fisico che scoprì il modo di trasmettere le onde radio. Marconi costruì una macchina, il *telegrafo*, per inviare segnali radio e nel 1901 trasmise il primo messaggio attraverso l'Atlantico.

marea

Le maree sono movimenti regolari degli oceani, principalmente causati dalla Luna.

La Luna esercita un'attrazione gravitazionale e agisce quindi come un gigantesco magnete che, mentre ruota attorno alla Terra, attira verso di sé l'acqua degli oceani. Poiché la Terra ruota su se stessa, nella maggior parte delle località si osservano due alte maree e due basse maree ogni 24 ore.

L'*alta marea* si verifica quando l'acqua sale verso la terraferma, la *bassa marea* quando si ritrae dalle coste.

Quando la forza gravitazionale del Sole e quella della Luna agiscono nella stessa direzione, le loro forze combinate possono provocare una marea particolarmente alta, o *sizigiale*.

▽ Le **maree** sizigiali sono causate dall'attrazione combinata del Sole e della Luna. Le piccole maree si verificano quando il Sole e la Luna sono disposti perpendicolarmente l'uno all'altra. Le frecce rosse indicano la direzione dell'attrazione gravitazionale.

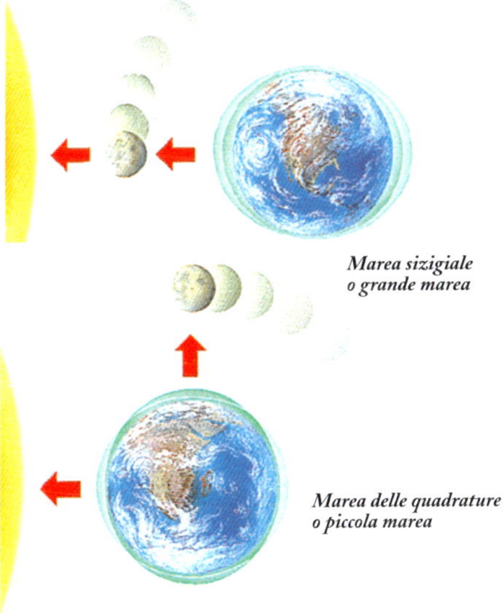

Queste maree si verificano quando la Luna è piena o nuova. Due volte al mese, quando il Sole e la Luna esercitano la loro forza in direzioni opposte, si verifica una marea molto bassa, o *piccola marea*.

Maria Antonietta

Regina francese (1755-1793). Di origine austriaca, fu la moglie di Luigi XVI di Francia. Giovane ed esuberante, spendeva denaro copiosamente. Trascorreva gran parte del tempo nel palazzo reale di Versailles, nei pressi di Parigi, e per il popolo francese divenne il simbolo di tutto ciò che essi odiavano della corte reale. Quando nel 1789 scoppiò la rivoluzione francese, il re e la regina furono condotti a Parigi con la forza. Scapparono, ma furono presto ricatturati e ghigliottinati nel 1793.

marmo

Il marmo è una roccia che si forma quando il calcare viene compresso e raggiunge altissime temperature all'interno della Terra.

Il marmo puro è bianco, ma normalmente contiene altre sostanze che lo colorano in vario modo. Il marmo è da sempre usato nell'architettura e nella scultura.

È facile da plasmare e può essere levigato fino a diventare perfettamente liscio.

Marocco

Il Marocco è uno stato dell'Africa nordoccidentale bagnato a ovest dall'oceano Atlantico, a nord dal mar

MAROCCO
Forma di governo: monarchia costituzionale
Capitale: Rabat
Superficie: 458 730 km²
Popolazione: 31 992 600 ab.
Lingua: arabo
Moneta: dirham

▽ La regina francese **Maria Antonietta** dimostrò grande coraggio durante il processo, ma fu condannata a morte e ghigliottinata nell'ottobre 1793.

Mediterraneo.
I suoi 29 milioni di abitanti sono per lo più contadini: coltivano grano, mais, frutta e olive e allevano pecore, capre e bovini. La religione praticata è quella musulmana. La città più popolosa è Casablanca.

△ Il *vombato comune* è un **marsupiale** massiccio dotato di robuste zampe anteriori per scavare grandi tane. Un piccolo di vombato resta con la madre per almeno un anno dopo la nascita.

marsupiali

I marsupiali sono un gruppo di mammiferi i cui piccoli, dopo la nascita, terminano lo sviluppo all'interno di una specie di tasca situata sul ventre chiamata *marsupio*. Comprendono canguri, canguri minori, perameli, opossum e koala. La maggior parte dei marsupiali vive in Australia o in Nuova Guinea, ma esiste qualche specie anche in America settentrionale e in America meridionale.

Un marsupiale appena nato è estremamente piccolo e ha gli occhi chiusi, è sordo e completamente privo di pelo. Striscia fino al marsupio della madre e vi rimane, nutrendosi del suo latte, finché non è in grado di badare a se stesso. Esistono circa 250 specie di marsupiali, gran parte dei quali vive nelle foreste o nelle praterie. Molti marsupiali sono animali notturni.

Marte

Marte è un pianeta le cui dimensioni sono pressappoco la metà di quelle della Terra. Impiega due anni a compiere un'orbita attorno al Sole ed è caratterizzato da enormi vulcani e profondi burroni, molto più grandi di quelli della Terra. Marte è per lo più ricoperto di rocce, sparse su una superficie polverosa di colore rosso ed è per questo che è chiamato il *pianeta rosso*. Ha un polo nord e un polo sud, entrambi ricoperti da uno spesso strato di neve o ghiaccio. L'atmosfera rarefatta del pianeta è composta quasi interamente da anidride carbonica e forti venti provocano tempeste di sabbia.

Vista al telescopio, la superficie rossa di Marte appare solcata da un reticolato di sottili linee grigie.

I primi astronomi pensavano che si trattasse di canali costruiti da esseri intelligenti per irrigare il terreno, ma le sonde spaziali inviate su Marte nel 1965, 1969 e 1976 non trovarono traccia dei canali. Il modulo spaziale americano *Viking* atterrò sul pianeta e prelevò campioni del suolo, ma fu impossibile trovare una qualsiasi prova di vita sul pianeta. Nel 2008 è scesa su Marte la sonda *Phoenix*. Marte ha due piccole lune, Fobos e Deimos. Fobos, la

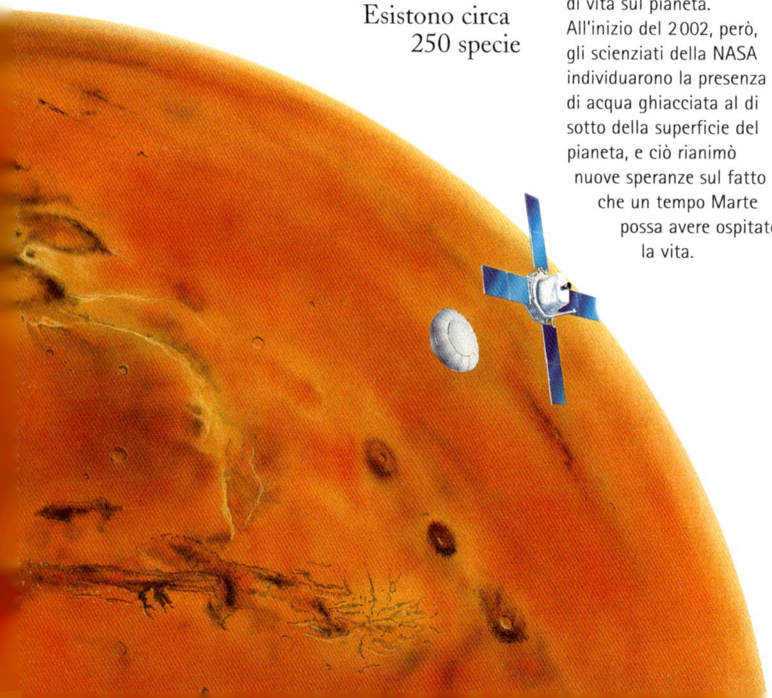

▽ Diverse sonde inviate su **Marte**, come il *Viking I*, il *Viking II* e il *Pathfinder* non trovarono prove di forme di vita sul pianeta. All'inizio del 2002, però, gli scienziati della NASA individuarono la presenza di acqua ghiacciata al di sotto della superficie del pianeta, e ciò rianimò nuove speranze sul fatto che un tempo Marte possa avere ospitato la vita.

MARTE

Distanza media dal Sole: 228 milioni di km
Distanza minima dalla Terra: 78 milioni di km
Temperatura media: -30 °C
Diametro equatoriale: 6792,4 km
Atmosfera: anidride carbonica
Numero di lune: 2
Lunghezza del giorno: 24 ore e 37 minuti
Lunghezza dell'anno: 687 giorni terrestri

più grande, ha un diametro di soli 24 chilometri.

Entrambe le lune sono probabilmente asteroidi, che iniziarono a ruotare attorno al pianeta attratti dalla sua gravità. Nel 2003 Marte si è trovato a passare a soli 56 milioni di km dalla Terra: in 60000 anni i due pianeti non erano mai stati così vicini.

Marx, Karl

Filosofo e scrittore tedesco (1818-1883). Il suo pensiero favorì enormi mutamenti sociali e politici e fu il punto di partenza del comunismo.

Marx sosteneva che le persone che possiedono proprietà, ossia la classe capitalista, sfruttino le persone che lavorano per loro, allo scopo di diventare sempre più ricche. Marx pensava inoltre che un giorno i lavoratori si sarebbero ribellati contro i capitalisti e avrebbero assunto il controllo della situazione. Marx scrisse numerosi libri, il più famoso dei quali è *Il Capitale*, scritto nel corso di 30 anni e rimasto incompiuto alla sua morte, avvenuta nel 1883.

Marx spesso collaborò con un altro filosofo tedesco, Friedrich Engels (1820-1895). Gli scritti dei due ispirarono successivamente numerose rivoluzioni comuniste, in particolare la Rivoluzione Russa del 1917.

mass media

I mass media sono i canali attraverso i quali vengono divulgate notizie e opinioni, come giornali, riviste, televisione, radio e Internet.

I mass media, ossia i mezzi di **comunicazione** di massa, offrono una finestra sul mondo e ci fanno sembrare più vicini eventi che accadono in altri Paesi. Possono avere lo scopo di fornire informazioni o intrattenimento, oppure di fare pubblicità a servizi o prodotti. Le notizie diffuse attraverso i mass media possono influenzare l'opinione pubblica: questo significa che le aziende che operano in questo campo sono oggi estremamente influenti e potenti. Talvolta i governi cercano di censurare, o controllare, il lavoro dei mass media, ma la libertà di questi ultimi di stampare o trasmettere ciò che desiderano (purché corrisponda a verità) è un importante diritto civile. In molti Paesi esistono leggi che proteggono l'indipendenza dei mass media.

△ Oggi i **mass media** ci tengono informati sugli eventi non appena si verificano. Furgoni con equipaggiamento satellitare consentono alle troupe televisive nelle zone di guerra o sulla scena di un disastro di trasmettere i loro reportage quasi istantaneamente. I reporter usano telefoni cellulari e computer portatili per inviare articoli alle redazioni attraverso la posta elettronica.

matematica

La matematica è la scienza che studia numeri, forme e grandezze e le loro applicazioni nella pratica. Tutti i giorni usiamo la matematica, per esempio quando contiamo le monete che abbiamo in tasca per capire di quanto denaro disponiamo, o quando guardiamo l'orologio per calcolare quanto tempo ci resta per fare qualcosa. Negli affari tutti usano qualche tipo di matematica, oggi spesso con l'aiuto di calcolatori e computer. Il campo della matematica che si occupa dei numeri è chiamato *aritmetica*, mentre l'*algebra* si occupa di risolvere operazioni con simboli come x e y al posto dei numeri. La *geometria* si occupa invece di linee, angoli e forme, come triangoli e quadrati.

materia

Tutto ciò che si può vedere e toccare è materia, e anche alcune cose invisibili e che non si possono toccare.
La materia è qualsiasi cosa possieda un volume, ossia occupi uno spazio. Gli scienziati affermano che la materia ha una *massa*, che può essere definita come la quantità di materia contenuta da una sostanza. La massa di un oggetto non cambia mai.

La forza di attrazione della gravità ci dà un peso, ma il nostro peso può cambiare: se andassimo sulla Luna, per esempio, peseremmo soltanto un sesto del nostro peso sulla Terra, ma la nostra massa rimarrebbe immutata.

La materia può essere suddivisa in tre forme principali: *solida, liquida* e *gassosa*. Queste tre forme sono chiamate i *tre stati della materia*.

Quasi tutta la materia può esistere in tutte e tre le forme. Se l'aria viene sufficientemente raffreddata diventa un liquido. Un gas, raffreddato, può essere trasformato in un solido, e solidi come il ferro, riscaldati, possono essere trasformati in liquidi. Sul Sole, per esempio, a causa della temperatura elevatissima, la materia esiste soltanto allo stato gassoso.

Mauritius

MAURITIUS
Forma di governo: repubblica
Capitale: Port Louis
Superficie: 2 040 km²
Popolazione: 1 288 200 ab.
Lingua: inglese
Moneta: rupia di Mauritius

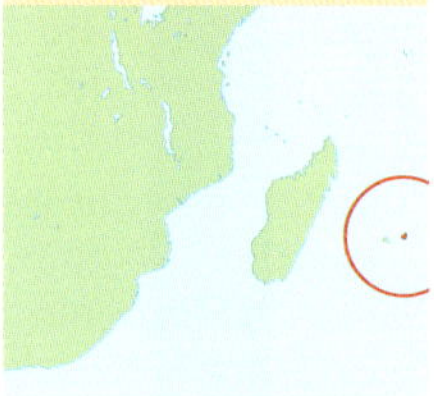

Mauritius, o Maurizio, è un piccolo stato insulare situato nell'oceano Indiano, per gran parte circondato da una barriera corallina. Presenta numerose colline vulcaniche e forse è la sommità di un antico vulcano. Mauritius è l'isola più densamente popolata del mondo, con quasi 600 abitanti per km².
Le principali coltivazioni sono canna da zucchero e tè, mentre la pesca è importante nelle regioni costiere.
Il turismo è un'industria in costante espansione. Ex colonia britannica, è indipendente dal 1968.

maya

Gli antichi maya abitavano l'area della Mesoamerica, geograficamente situata fra i Tropici, già nel 2500 a.C. Diedero vita a una società culturalmente molto interessante e si arricchirono con il commercio con le popolazioni vicine.

Costruirono città di pietra con palazzi fastosi, templi e piramidi, molti dei quali si sono conservati fino a oggi.
I maya erano anche esperti in astronomia e matematica e svilupparono un sistema avanzato di scrittura ancora oggi non del tutto decifrato. Questa civiltà toccò l'apogeo intorno al 900 d.C. e vide la sua fine con la caduta dell'ultima capitale, Taysal (Petèn), nel 1697 sotto la dominazione spagnola.

Gli odierni discendenti vivono uno stato di emarginazione sociale e politica dovuto alla strenua difesa della propria identità culturale.

▽ I **maya** costruirono enormi piramidi e palazzi usando soltanto utensili manuali di pietra. La piramide di Castillo a Chichén Itzá era alta 30 m e misurava 55 m² alla base. Quattro scalinate conducevano al tempio sulla sommità della piramide.

Mazzini, Giuseppe

Uomo politico italiano (1805-1872). Laureato in legge, si avvicinò all'attività politica affiliandosi alla Carboneria e collaborando a giornali di ispirazione liberale.

Arrestato, fu costretto all'esilio in Francia, dove fondò (1831) la *Giovine Italia*, società segreta che si

△ Ogni anno, due milioni di musulmani compiono il pellegrinaggio a **La Mecca**, dove eseguono una serie di rituali, come camminare in cerchio attorno al reliquiario sacro, o *Kaaba*, una struttura nera contenente una pietra antichissima.

proponeva di educare i giovani e le masse popolari agli ideali di unità e libertà. Contrario all'unificazione italiana sotto la corona sabauda, propose una costituente eletta a suffragio universale che garantisse uno stato democratico aperto alla partecipazione operaia nell'opera di governo. Visse sempre in esilio, anche dopo la proclamazione del Regno d'Italia.

Mecca, La

La città de La Mecca, in Arabia Saudita occidentale, è il luogo di nascita del profeta Maometto, fondatore della religione islamica. Per i musulmani è l'unico luogo sacro nel mondo.
Al centro de La Mecca si trova la Grande Moschea, nel cui cortile si erge la Kaaba, che custodisce la sacra Pietra Nera.

I musulmani credono che la pietra sia stata donata ad Abramo dall'arcangelo Gabriele. I pellegrini si recano a La Mecca anche per baciare questa pietra.

medicina

La medicina è la scienza che studia le condizioni del corpo umano e come prevenire, diagnosticare e curare tutti i tipi di malattie e disturbi. Le cure dei primi medici dell'antichità erano sostanzialmente rituali magici che venivano eseguiti recitando preghiere e praticando incantesimi. Una delle più antiche forme di cura medica è l'*agopuntura*, sviluppatasi in Cina 5000 anni fa. Nell'antica Grecia, i medici esaminavano i pazienti e prescrivevano rimedi a base di erbe, ma la medicina non poté progredire in modo scientifico fino al XVIII secolo, quando i medici iniziarono a capire realmente come funziona il corpo umano.

Negli ultimi 200 anni la medicina ha compiuto più progressi che in tutta la storia umana precedente. Nel XIX secolo, per esempio, lo sviluppo degli *anestetici* (farmaci che eliminano il dolore) consentì un enorme progresso nel campo della chirurgia.

Gli scienziati hanno scoperto ogni genere di farmaco, come gli antibiotici e i vaccini, e malattie come la tubercolosi e il vaiolo sono state rapidamente debellate. I medici sono oggi in grado di trapiantare organi come il cuore e i reni e i moderni ospedali possiedono attrezzature sofisticate: macchine per esami radiologici, strumenti per l'ecografia e dispositivi che aiutano a mantenere in vita i pazienti più gravi.

Medioevo, *vedi* pp. 240-241

Medio Oriente

Per Medio Oriente si intende un gruppo di stati dell'Asia sudoccidentale situati tra Africa ed Europa. Gran parte della regione è occupata dal deserto, con aspre catene di montagne in Turchia orientale, Afghanistan e Iran. La popolazione vive per lo più lungo le coste, nelle vallate dell'entroterra o attorno a oasi. I fiumi principali, il Tigri e l'Eufrate, nascono in Turchia, attraversano la Siria e l'Iraq verso il golfo Persico e sono usati per irrigare i terreni coltivati che si trovano lungo il loro corso.

In alcune parti del Medio Oriente, le tribù nomadi allevano capre e pecore. La principale risorsa della regione è il petrolio. L'Arabia Saudita possiede circa un quarto delle risorse petrolifere del mondo e altri grandi produttori di petrolio sono Iran, Iraq, Kuwait, Qatar, Oman ed Emirati Arabi Uniti.

Le popolazioni del Medio Oriente sono per lo più arabe e praticano la religione islamica. Nella seconda metà del XX secolo vi furono molte guerre tra le nazioni arabe e lo stato di Israele, a maggioranza ebraica, e la situazione è tuttora piuttosto tesa.

▽ Il **Medio Oriente** produce gran parte del petrolio mondiale, estratto dagli strati rocciosi al di sotto del deserto.

△ *Le vetrate colorate erano un tipo di tecnica artistica che raggiunse l'apice nelle chiese francesi del XII secolo. Le vetrate narravano storie di argomento vario, da eventi biblici alle imprese di re e regine dell'epoca.*

MEDIOEVO

Nella storia europea, il Medioevo è il periodo compreso tra la caduta dell'Impero Romano, nel 476 d.C., e l'alba del Rinascimento, all'inizio del XV secolo. Fu un millennio tumultuoso e agitato da conflitti.

In seguito alla caduta dell'Impero Romano, gran parte dell'Europa occidentale fu invasa dai barbari, la cui influenza si diffuse rapidamente verso sud fino quasi al Mediterraneo.

LA MINACCIA AL CRISTIANESIMO

Dalla sua base in Medio Oriente, l'Islam aveva iniziato a diffondersi in molti altri Paesi dell'Europa sudorientale. Nel 750 d.C. ca., gli arabi controllavano gran parte dell'Africa settentrionale e dell'Asia orientale ed erano divenuti potenti rivali dell'Impero Bizantino. Nel 674-678 avevano cercato di saccheggiare la capitale bizantina, Costantinopoli, ma senza riuscirvi. Se l'Impero Bizantino e il cristianesimo desideravano sopravvivere all'aggressione dei barbari a nord e degli arabi a sud, occorreva un nuovo ordine.

△ *In Europa molti lavoravano la terra per vivere, pagando un tributo al proprietario del terreno o alla Chiesa. Si seminava manualmente e si usavano i cavalli per trainare gli aratri.*

L'IMPERATORE CARLO MAGNO

Nel tentativo di consolidare il potere e portare la pace in Europa, nell'anno 800 il papa incoronò imperatore cristiano il re dei franchi, Carlo Magno (747-814). Il potente regno di Carlo Magno, durato 14 anni, fu un breve periodo stabile e illuminato, ma terminò con la morte dell'imperatore. La struttura di questa relazione di potere fra imperatori e papi divenne una caratteristica dominante del Medioevo.

▽ *Nella maggior parte delle grandi città europee si teneva un mercato una o due volte alla settimana, in occasione del quale la piazza principale si riempiva di commercianti che offrivano ad alta voce le loro merci.*

△ *Nel Medioevo le donne erano considerate inferiori agli uomini. Una donna ricca aveva il permesso di ricevere un'istruzione perché doveva occuparsi della gestione della casa.*

L'EUROPA IN GUERRA

Dopo la morte di Carlo Magno i vichinghi iniziarono una serie di incursioni e occupazioni che durarono quasi 200 anni. La loro influenza fu avvertita dall'attuale Russia, a est, fino all'Irlanda, a ovest. Le scorrerie dei vichinghi nel nord dell'Europa terminarono con la sconfitta del loro capo da parte del re Aroldo di Inghilterra nell'XI secolo.

Ormai l'Islam sembrava inarrestabile nella sua marcia ed era diventato una minaccia per il cristianesimo europeo. Grandi regioni della Spagna e dell'Italia meridionale erano state conquistate dagli arabi nordafricani, o *mori*. Nel 1095 il papa incitò tutti i cristiani a ricacciare gli arabi e a riconquistare i luoghi cristiani in Palestina. Questo appello ebbe come risultato le crociate, che costarono la vita a migliaia di arabi ed europei e durarono circa 200 anni.

Neutralizzate le minacce dei vichinghi e dell'islamismo, le nazioni europee iniziarono a lottare le une contro le altre per riuscire a conquistare potere e ricchezza. Tra i re di Francia e di Inghilterra per esempio, fu combattuta la Guerra dei cent'anni (1337-1453) per il dominio sulla Francia.

Una battaglia decisiva fu vinta dal re inglese Enrico V ad Agincourt, in Francia, nel 1415, ma un secolo dopo l'Inghilterra aveva ormai perso tutti i suoi possedimenti in Francia. Anche la famiglia reale degli Asburgo, in Austria, e gli Hohenzollern in Germania combatterono lunghe guerre per la conquista di nuovi territori da annettere ai rispettivi stati.

UNA SOCIETÀ FEUDALE

La vita nell'Europa del Medioevo era molto dura per i contadini più poveri. Per gran parte del periodo l'Europa fu divisa in regni, ducati e altri piccoli staterelli. L'agricoltura era la principale fonte di ricchezza per la maggioranza della popolazione e i più ricchi proprietari terrieri erano principalmente i sovrani e la Chiesa, che concedevano parte delle loro terre (*feudi*) a nobili potenti in cambio della fedeltà di questi in caso di guerra. In questa società feudale i contadini potevano vivere sul feudo e coltivarlo purché consegnassero gran parte del raccolto ai loro feudatari, che a loro volta pagavano il re. I contadini dovevano inoltre pagare pesanti tasse alla Chiesa sotto forma di *decime*, ossia la decima parte dei proventi di ogni raccolto. Molti lavoravano anche nelle case dei più ricchi come servi.

In contrasto con la precaria esistenza dei poveri, i nobili conducevano una vita agiata e persino lussuosa. I ricchi feudatari e le loro famiglie spesso organizzavano sontuose feste e banchetti per celebrare occasioni speciali: si trattava di pasti formali che duravano ore e prevedevano molti piatti di carni speziate accompagnati da *idromele* (una bevanda alcolica fatta con acqua e miele) e vino.

DISASTRI NATURALI

Peste ed epidemie erano comuni in Europa in questo periodo e non risparmiavano nessuno, povero o ricco che fosse. La peste bubbonica si diffuse in Europa dall'Asia nel 1347 e uccise 25 milioni di persone, quasi un terzo della popolazione europea.

▷ *Gli assedi ai castelli erano comuni nelle guerre del periodo. I soldati a piedi avevano poche possibilità contro le spade dei cavalieri armati di tutto punto.*

VEDI ANCHE
armatura; Carlo Magno; castello; cavaliere; commercio; cristianesimo; crociate; islamismo; peste; Rinascimento; storia

COMMERCIO E PROSPERITÀ

Nella seconda metà del Medioevo lo sviluppo della tecnologia e dell'industria consentì ai mercanti e agli artigiani di unirsi in organizzazioni. Si trattava di potenti *corporazioni* che imponevano regolamenti e norme e cercavano di controllare i prezzi in tutta Europa. Le corporazioni favorirono la diffusione delle arti e dei mestieri in tutta la regione, promuovendo anche il commercio tra i vari stati. Le corporazioni contribuirono anche a migliorare le condizioni lavorative e di vita delle classi sociali più basse.

Quando nel XV secolo il Medioevo volse al termine con l'inizio del Rinascimento, per la società cristiana europea ebbe inizio un periodo di stabilità ed espansione attraverso l'arte, l'istruzione, il commercio e le esplorazioni.

Mediterraneo, mare

Il mar Mediterraneo è compreso fra tre continenti: Europa, Africa e Asia. È unito al mar Nero dal sistema degli stretti dei Dardanelli e del Bosforo e comunica con l'Atlantico attraverso lo stretto di Gibilterra. Il canale di Suez, inaugurato nel 1869, attraversa l'Egitto e consente alle grandi navi di passare direttamente dal Mediterraneo al mar Rosso.

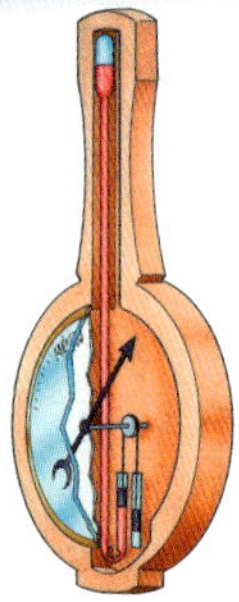

△ Il barometro a **mercurio** prevede le condizioni atmosferiche misurando la pressione dell'aria. È costituito da un tubicino di vetro contenente mercurio che, quando la pressione atmosferica cambia, sale o scende e fa spostare un indicatore su un quadrante.

medusa

La medusa è un *invertebrato* (animale privo di colonna vertebrale) che vive nell'oceano. Il suo corpo è molle e munito di tentacoli dotati di cellule urticanti che usa per catturare e uccidere le prede. Si nutre principalmente di piccoli pesci, gamberi, plancton e altre meduse.

Mendel, Gregor

Biologo austriaco (1822-1884). Era un monaco che divenne famoso per aver formulato le leggi sull'ereditarietà dei caratteri. L'*ereditarietà* è la trasmissione dai genitori alla prole di caratteristiche come il colore degli occhi e della pelle (*vedi* **genetica**). Mendel crebbe in una fattoria, dove si appassionò alla *botanica*, il ramo della biologia che si occupa delle piante. Quando entrò in monastero, iniziò a coltivare piselli e notò che quando piantava i semi ricavati da piante di pisello alte, crescevano soltanto piante di pisello alte. Allora provò a incrociare le piante alte con quelle basse, prelevando il polline dalle prime e immettendolo nelle seconde. Scoprì che, nuovamente, crescevano soltanto piante alte. Quando però incrociò tra loro queste piante già incrociate, tre quarti delle nuove piante risultarono alte e un quarto basse. Mendel scoprì così che caratteristiche come l'altezza sono controllate da geni che vengono trasmessi da ognuno dei genitori e dimostrò anche che alcuni geni (per esempio il gene responsabile dell'altezza nelle piante di pisello) sono più forti degli altri e risultano *dominanti*.

△ **Mercurio** è quasi privo di atmosfera e presenta una superficie arida, disseminata di crateri e di qualche resto di antiche colate laviche. Durante il giorno, il pianeta è riarso dal calore e dalle radiazioni del Sole, vicinissimo. Il suo nucleo molto denso è costituito da ferro e nichel.

mercurio (1)

Il mercurio è l'unico metallo che a temperatura ambiente si trova allo stato liquido. Quando il mercurio viene versato su una superficie, forma piccole gocce simili a perline a causa dell'attrazione tra le molecole di cui è costituito. Un tempo il mercurio veniva usato nei termometri e nei barometri.

Mercurio (2)

Mercurio è uno dei pianeti più piccoli del

MERCURIO
Distanza media dal Sole: 58 milioni di km
Distanza minima dalla Terra: 45 milioni di km
Temperatura media: 140 °C
Diametro equatoriale: 4879,4 km
Atmosfera: quasi assente
Numero di lune: 0
Lunghezza del giorno: 58,6 giorni terrestri
Lunghezza dell'anno: 88 giorni terrestri

nostro sistema solare e anche il più vicino al Sole. Un giorno su Mercurio dura quasi 59 dei nostri. Nelle lunghe ore di luce diurna fa così caldo che persino il piombo si scioglierebbe. Durante la notte, altrettanto lunga, la temperatura scende fino a −170 °C.
Non si sapeva molto della superficie di Mercurio finché la sonda *Mariner 10* non passò nelle vicinanze del pianeta nel 1973, 1974 e 1975 e scoprì che è circondato da un'atmosfera molto rarefatta ed è cosparso di crateri simili a quelli della nostra Luna.

Messico

Il Messico è uno stato dell'America settentrionale situato tra gli Stati Uniti a nord e l'America centrale a sud, per lo più collinoso e con fertili altipiani.
Le montagne più alte superano i 5 700 m. A sudest, la penisola dello Yucatan si protende nel Golfo del Messico, la parte occidentale del mar delle Antille.
Le precipitazioni sono scarsissime in quasi tutto il Messico, tranne nelle regioni a sud, dove crescono foreste pluviali lussureggianti. Tra le prime popolazioni vi furono gli **aztechi**.
I coloni spagnoli giunsero in Messico nel 1519 e il paese rimase sotto il controllo della Spagna fino al 1821, anno in cui conquistò l'indipendenza. Oggi molti messicani sono *meticci*, ossia di origine mista indigena ed europea o nordamericana. La maggior parte dei bianchi discende invece dai coloni spagnoli. Molti messicani sono contadini o impiegati nelle grandi industrie petrolifere, siderurgiche e chimiche del paese. La diffusa povertà, però, determina un flusso costante di persone che tentano di entrare illegalmente negli USA in cerca di lavoro.

△ Quando una **meteora** entra nell'atmosfera terrestre, l'attrito la riscalda e la incendia. Le meteore possono essere frammenti di comete, della Luna o di Marte, ma in genere sono resti di asteroidi.

MESSICO
Forma di governo: repubblica federale
Capitale: Città del Messico
Superficie: 1 964 375 km²
Popolazione: 109 610 000 ab.
Lingua: spagnolo
Moneta: peso messicano

metallo

Circa due terzi degli elementi presenti sulla Terra sono metalli, i più importanti dei quali sono il ferro (usato per produrre l'acciaio), il rame e l'alluminio. L'uomo usa i metalli fin dai tempi più antichi. Il ferro, il rame e lo stagno furono i primi a essere utilizzati per fabbricare utensili e armi. L'oro e l'argento furono anch'essi scoperti molto presto e usati per creare gioielli. I metalli sono per la maggior parte solidi, a meno che non vengano riscaldati, e molti hanno la superficie lucida. Tutti sono buoni conduttori di calore ed elettricità, ma in particolare il rame e l'argento. Alcuni metalli sono morbidi e facili da modellare in forme diverse o in fili sottili. Altri sono fragili e si rompono facilmente, altri ancora sono così duri che è molto difficile lavorarli. I metalli mescolati, detti *leghe*, hanno proprietà diverse rispetto ai metalli che le compongono: il bronzo è più resistente sia dello stagno che del rame. La Terra possiede enormi risorse di alcuni metalli, come il ferro e l'alluminio, mentre altri, come l'oro e il platino, sono rari. In natura i metalli si trovano puri o mescolati ad altri elementi nei **minerali**. Molti metalli si trovano in grandi giacimenti di minerali metalliferi.

meteora

Una meteora è un blocco di metallo o

▷ Gran parte della frutta e degli ortaggi che il **Messico** produce è venduta nei tipici mercati di strada, ma il paese esporta anche grandi quantità di prodotti alimentari. Coltivazioni importanti per l'esportazione sono caffè, cotone, mais e banane.

◁ Le stazioni della **metropolitana** sono caratterizzate da una rete di gallerie, scalinate e scale mobili per consentire ai passeggeri di risalire in superficie e di spostarsi da una linea all'altra.

di pietra che attraversa lo spazio a grande velocità. Milioni di piccole meteore cadono verso la Terra ogni giorno, ma la maggior parte di esse brucia e si distrugge a contatto con l'atmosfera lasciando una scia luminosa: sono le "stelle cadenti", visibili soltanto nelle notti limpide.

Le grandi meteore che cadono sulla superficie della Terra sono invece chiamate *meteoriti*: il violento impatto può provocare un grande avvallamento o un cratere.

metropolitana

Ogni giorno milioni di persone usano la metropolitana. Treni elettrici sotterranei trasportano passeggeri attraverso le città più velocemente delle automobili e degli autobus che viaggiano in superficie lungo le strade trafficate.

La maggior parte dei treni sotterranei percorre gallerie scavate nel terreno al di sotto delle città.

Le metropolitane più famose sono quelle di Londra, New York, Mosca e Parigi, le prime città ad adottare questo sistema ferroviario. La prima metropolitana del mondo fu inaugurata a Londra nel 1863. Oggi esistono oltre 60 sistemi di metropolitane nel mondo.

Quelle di Londra e New York hanno le reti più lunghe, ognuna estesa all'incirca su 400 km di binari. La metropolitana di New York è la più frequentata: ogni anno viaggiano sui suoi vagoni oltre un miliardo di persone.

Le stazioni più grandi e più straordinariamente decorate sono quelle della metropolitana di Mosca. In Italia la metropolitana c'è a Roma, Milano, Catania, Napoli, Genova e Torino.

Michelangelo

Scultore, pittore e architetto italiano (1475-1564). Sintetizzò nella sua arte tutti i valori del Rinascimento, preparando la nascita del barocco.

Si formò nella bottega del Ghirlandaio e sul lavoro dei maestri fiorentini; visse presso la corte medicea e nel 1505 fu chiamato a Roma da papa Giulio II.

È famoso per i grandi dipinti di

△ **Michelangelo** lavorò alla statua di Mosè dal 1513 al 1516. Le sue statue erano spesso in scala più grande del naturale e sono famose per l'accuratezza dei particolari.

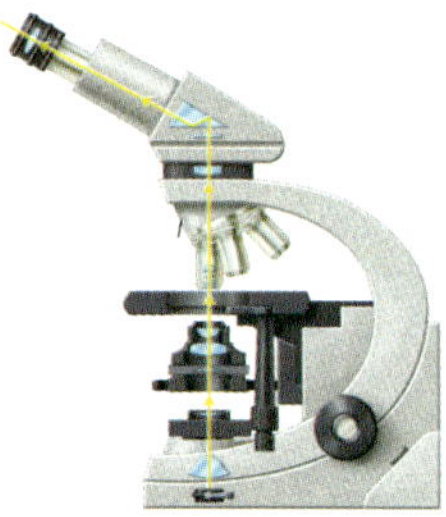

△ Nel **microscopio** ottico l'immagine è visibile attraverso l'oculare, contenente una serie di lenti d'ingrandimento.

soggetto religioso e storico, ma soprattutto per le straordinarie statue in marmo.

Impiegò quattro anni e mezzo per realizzare gli enormi affreschi della Cappella Sistina (fra cui il *Giudizio universale*) nella Città del Vaticano.

Una delle statue più famose di Michelangelo è il *David* (1504), alta 4 metri; ricordiamo anche la *Pietà* e il *Mosè*.

microfono

Il microfono capta le onde sonore e le trasforma in segnali elettrici che possono essere usati per realizzare una registrazione o essere trasmessi sotto forma di onde radio.

È possibile far passare i segnali attraverso un amplificatore e altoparlanti in modo che il suono aumenti di intensità.

La cornetta del telefono contiene un microfono che trasforma la voce in segnali elettrici.

microscopio

Il microscopio è uno strumento utilizzato per osservare oggetti minuscoli perché è in grado di ingrandirli, ossia di farli sembrare più grandi.

Oggetti invisibili a occhio nudo sono detti *microscopici*: molti vegetali e animali invisibili, compresi i batteri, risultano visibili se osservati con un microscopio.

I microscopi utilizzano lenti che hanno la capacità di deviare i raggi luminosi.

Possono essere formati da una semplice lente d'ingrandimento (*microscopio semplice*) o da un sistema di lenti (*microscopio ottico*).

Piccoli microscopi possono ingrandire fino a 100 volte circa, ma quelli più grandi utilizzati dagli scienziati possono arrivare a ingrandimenti di 2000 volte.

Il microscopio elettronico è molto più potente e consente ingrandimenti fino a 2 milioni di volte: invece di deviare i raggi luminosi, devia fasci di elettroni.

migrazione

La migrazione è lo spostamento periodico di animali da una località all'altra. Alcuni animali migrano ogni anno, altri soltanto due volte nella vita. Questi viaggi sono compiuti per raggiungere nuove aree e procurarsi cibo o riprodursi e sono solitamente collegati alle stagioni.

Gli animali migrano seguendo l'istinto. Non devono pianificare il loro viaggio e si pensa che utilizzino diversi metodi per orientarsi. Alcuni seguono le caratteristiche naturali del terreno, come montagne, fiumi e linee costiere, mentre altri usano l'olfatto.

Gli uccelli possono essere guidati dal Sole, dalle stelle o dal potente campo magnetico terrestre che sono in grado di avvertire.

Gli uccelli sono i maggiori animali migratori. Ogni autunno, le rondini lasciano l'Europa e volano verso sud per trascorrere l'inverno in Africa, mentre le rondini dell'America settentrionale si dirigono verso l'America meridionale, in viaggi che possono essere persino di 10000 km. In primavera, poi, gli uccelli volano nuovamente verso nord per riprodursi.

Gli uccelli non sono i soli animali a compiere lunghe migrazioni. Anche farfalle, tartarughe, pesci, balene e molti mammiferi da pascolo migrano.

Le balene e i pesci compiono lunghi viaggi attraverso gli oceani per cercare cibo e riprodursi.

Le anguille dei fiumi e delle paludi europee nuotano per migliaia di chilometri fino all'oceano Atlantico per riprodursi e dopo l'accoppiamento muoiono.

Le giovani anguille che nascono impiegano anni per ritornare in Europa.

Grandi branchi di caribù, o renne, migrano dalla tundra delle regioni

△ Nella sua **migrazione** dall'America settentrionale al Messico, la farfalla monarca percorre oltre 3000 km. Le farfalle si radunano in enormi sciami nella loro dimora invernale e la primavera successiva compiono il viaggio di ritorno.

▽ Molti **minerali** che si trovano sulla Terra formano strutture tridimensionali chiamate *cristalli*. Ogni minerale è composto da cristalli di forma diversa.

Azzurrite

Malachite

Realgar (solfuro di arsenico)

Galena

artiche per trascorrere l'inverno nelle foreste più a sud.

mimo, *vedi* pantomima

minerale

Le rocce, la sabbia e il suolo della superficie terrestre sono costituiti da materiali chiamati minerali. Esistono oltre 3000 tipi di minerali, ma soltanto 30 di essi costituiscono la maggior parte delle rocce del pianeta.

Alcuni minerali, come l'oro e il platino, sono composti da un solo elemento. Altri, come il quarzo e il salgemma, sono costituiti da due o più elementi. Alcuni minerali sono metalli, come il rame e l'argento, altri, come lo zolfo, sono minerali non metallici.

I minerali puri sono costituiti da atomi disposti secondo modelli regolari chiamati *cristalli*. I cristalli di minerali si formano durante il processo di raffreddamento dei gas e dei liquidi ad alta temperatura nelle profondità della Terra. Se si raffreddano lentamente, i cristalli possono diventare molto grandi. Grandi o piccoli, i cristalli di un minerale sono quasi sempre tutti uguali. I minerali che possono essere tagliati in forme regolari e lucidati sono chiamati *pietre preziose* e comprendono diamanti, zaffiri e smeraldi.

minerale metallifero, *vedi* metallo

missile

Un missile è un'arma dotata di propulsione fornita da un motore a razzo e munita di una testata esplosiva.

Un missile guidato è condotto verso il bersaglio da comandi radio o radar oppure da un altro dispositivo interno del missile.

Un tipo di missile guidato è il *missile balistico*. Un missile balistico segue un percorso situato parzialmente al di fuori dell'atmosfera terrestre.

Mentre sale in quota è guidato, ma quando il motore a razzo si esaurisce, il missile ritorna a terra lungo un percorso non guidato.

L'unica difesa contro un missile balistico consiste nel farlo esplodere con un altro missile prima che colpisca il bersaglio: questi missili difensivi sono chiamati *missili antibalistici*. Alcuni missili, però, sono dotati di testate che si dividono in numerose testate separate più piccole mentre scendono verso terra: in questo caso la difesa è molto più difficile.

△ Alcune **mode** sono estremamente elaborate. Questo è il costume indossato dagli attori del teatro giapponese *kabuki*, che combina la narrazione teatrale con danze e canzoni.

△ Nell'antica Grecia erano di **moda** leggeri abiti di lana o lino che cadevano con morbidezza.

misura, *vedi* pesi e misure

miti e leggende, *vedi* pp. 248-249

moda

Quasi tutte le popolazioni del mondo indossano un qualche tipo di indumento, diverso a seconda del clima e del tipo di vita che conducono. Gli stili degli indumenti cambiano anche in base alle mode. I primi indumenti dell'uomo furono pelli di animali. Successivamente, nel mondo antico, iniziarono a essere indossate tuniche morbide e drappeggiate. Nel Medioevo l'abbigliamento della gente più povera era ancora semplice, ma i ricchi indossavano abiti di seta e prezioso *damasco* (un tessuto lucente riccamente decorato) provenienti dall'Asia orientale. Nel Rinascimento (XIV-XVI secolo) la nuova ricchezza e l'interesse per l'arte resero popolari tessuti molto ricchi e colorati. Nel XVIII

◁ Rigide gorgiere di lino inamidato indossate attorno al collo erano di **moda** nel XVI secolo.

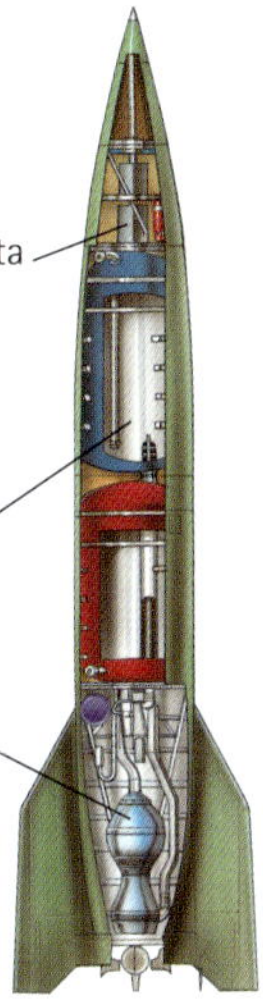

△ I **missili** sono armi molto efficaci e hanno totalmente cambiato il modo in cui le guerre vengono combattute. Gran parte del missile è occupata da serbatoi di carburante per alimentare il motore a razzo.

▽ Le **moffette** sono innocue di per sé, ma se si sentono in pericolo, il liquido puzzolente che emettono allontana subito l'eventuale aggressore. Prima che una puzzola spruzzi il liquido, dà un avvertimento pestando le zampe anteriori e soffiando.

secolo, in Europa, gli abiti divennero molto elaborati per uguagliare la sontuosità dei palazzi dell'epoca. Erano di moda enormi parrucche e ampie gonne rigide spesso splendidamente ricamate. Nel XX secolo la moda divenne invece più pratica, soprattutto per le donne. Oggi persone di tutto il mondo si vestono in modo molto simile con capi di abbigliamento come blue-jeans, T-shirt e giubbotti. Gli abiti sono spesso realizzati in tessuti moderni che contengono fibre artificiali come il nylon e il poliestere.

Il cambiamento di moda da un anno all'altro è deciso dagli stilisti. La moda è un grande settore commerciale e ogni stagione si tengono sfilate spettacolari nel corso delle quali modelle e modelli indossano le ultime creazioni degli stilisti per mostrarle al pubblico.

modem, *vedi* pp. 200-201

moffetta

Le moffette, o skunk, sono mammiferi appartenenti alla stessa famiglia delle donnole e dei tassi. Esistono tre tipi di moffetta: la moffetta dal naso di maiale, la moffetta macchiata e la moffetta comune. Vivono in America settentrionale e sono anche chiamate *puzzole americane*. La più nota è la *moffetta striata*, nera con una striscia bianca sul dorso. Tutte le moffette riescono ad allontanare i nemici spruzzando un liquido maleodorante da una ghiandola situata sotto la coda. Se un altro animale è colpito dal liquido, l'odore rimarrà sul suo pelo per diversi giorni.

Le moffette mangiano ogni tipo di cibo, compresi insetti, ratti, topi, uccelli, uova e piante. Si nutrono di notte e di giorno dormono in tane sotterranee.

Molise

Regione (320 229 ab.) dell'Italia centromeridionale, confinante con Abruzzo, Lazio, Campania e Puglia, si affaccia a est sul mar Adriatico.

I sistemi appenninici digradano verso il mare (monte Miletto, 2 050 m).

Il fiume principale è il Biferno.

Comprende le due province di Campobasso (capoluogo) e di Isernia.

L'agricoltura è la principale risorsa economica, con produzione di cereali, tabacco, olio, vini. Le industrie sono limitate alla trasformazione dei prodotti agricoli.

molluschi

I molluschi sono uno dei più grandi gruppi di *invertebrati* (animali privi di colonna vertebrale). Esistono circa 70 000 specie diverse di molluschi, tra cui lumache e chiocciole, polpi, seppie, calamari, mitili, buccini, cuori di mare,

continua a p. 250

△ *Secondo la mitologia greca, l'eroe Perseo uccise la Medusa, una creatura mostruosa, tagliandole la testa. La vista di questa testa, che aveva serpenti per capelli, trasformava le persone in pietra. In questa immagine, in un impeto di rabbia, Perseo protende la testa della Medusa verso il re Polidette e i suoi cortigiani.*

MITI e LEGGENDE

I miti e le leggende sono racconti di eroi, di dei e credenze religiose. La maggior parte di queste storie risale ai tempi antichi e molte sono narrate ancora oggi.

△ *Nella mitologia greca, Pegaso, il magico cavallo alato, fu ammaestrato dall'eroe Bellerofonte, che cavalcò lo stallone in molte avventure.*

MITO O LEGGENDA?

Nei tempi antichi l'uomo sapeva poco sulla natura o sulla scienza e per darsi una spiegazione del mondo e del proprio scopo in esso iniziò a creare miti. I miti crebbero così attorno a eventi come il sorgere e il tramontare del Sole, le inondazioni stagionali di un fiume o un temporale improvviso. La raccolta dei miti di una civiltà è chiamata *mitologia*. Studiando la mitologia possiamo imparare molto sullo stile di vita delle popolazioni antiche.

Diversamente dai miti, che le popolazioni antiche consideravano veri o sacri, le leggende sono racconti popolari che possono essere basati su fatti reali. Le leggende spesso narrano le gesta di eroi, dei e creature fantastiche come giganti, draghi, sirene e streghe. Sebbene i racconti riguardanti figure leggendarie come Robin Hood e Re Artù siano probabilmente inventati, è possibile che siano comunque stati ispirati da figure storiche.

ANTICHE ORIGINI

Ogni società ha i suoi miti e le sue leggende, alcuni dei quali risalgono a centinaia o persino migliaia di anni fa. I miti e le leggende si svilupparono prima ancora che evolvesse la scrittura e si tramandarono di generazione in generazione attraverso racconti orali. In seguito le popolazioni iniziarono a scrivere le storie e gli artisti a illustrarle.

△ *Gli egizi credevano in numerosi dei e dee. Alcuni erano rappresentati con la testa di animali considerati sacri.*

△ *Gli zuni, una tribù di nativi americani, credono che le prime creature apparse nel mondo provenissero dalle profondità della Terra e fossero state istruite dallo stregone Yanauluha a coltivare la terra.*

DEI, DEE E SPIRITI

Nei tempi antichi, la natura era fondamentale per la sopravvivenza dell'uomo. Se il raccolto mancava o la caccia era infruttuosa non c'era nulla da mangiare. Questi fattori erano così importanti che le popolazioni antiche giunsero a pensare che fossero opera di esseri potenti e iniziarono ad adorare dei e spiriti da cui speravano di essere aiutate. Per esempio, se il dio del Sole era felice, il Sole sarebbe comparso nei momenti giusti. Se però era infuriato, il Sole avrebbe potuto bruciare la Terra o scomparire per sempre, lasciando il mondo al freddo e nell'oscurità.

Gli antichi greci pensavano che il Sole fosse il dio Apollo che attraversava il cielo a bordo di un carro infuocato. Per gli egizi il Sole era il dio Ra che navigava nel cielo. Anche i giapponesi, gli aztechi e i nativi americani adoravano divinità del Sole.

MITOLOGIA GRECA E ROMANA

Le popolazioni dell'antica Grecia svilupparono un complesso sistema di credenze in dei e spiriti che successivamente fu adottato anche dai romani. Come forma di intrattenimento, i greci e i romani narravano lunghe storie e poemi epici riguardanti questi esseri soprannaturali. Nel 700 a.C., per esempio, il poeta greco Omero scrisse poemi come l'*Iliade* e l'*Odissea*.

Zeus (chiamato *Giove* dai romani) era il dio greco più importante. Re degli dei, governava su di essi e scagliava fulmini quando era adirato. Altre divinità erano *Ade* (*Plutone*), dio dell'oltretomba, e *Atena* (*Minerva*), dea della sapienza.

△ *Le leggende erano al centro della cultura scandinava antica. Sigurd è un leggendario guerriero nordico che uccise il drago Fafnir e catturò il suo tesoro, ma l'oro era maledetto e alla fine Sigurd stesso rimase ucciso.*

△ Garuda *è una creatura metà uomo e metà aquila che compare nella mitologia induista. È considerato il Sole sotto forma di uccello. In questa illustrazione, Garuda trasporta il dio Vishnù e la moglie, Lakshmi.*

LEGGENDE SCANDINAVE

Gli antichi scandinavi (chiamati *vichinghi* dal IX al XII secolo) e altre popolazioni del nord dell'Europa credevano in molti dei ed eroi guerrieri. Il più potente dio nordico era *Odino*, dio del cielo, della guerra, della legge e della poesia, che cavalcava un cavallo a otto zampe chiamato *Sleipnir*. Odino governava sugli altri dei ed era sposato alla dea Frigg. Altre divinità nordiche erano il figlio di Odino, *Thor*, dio del tuono, e *Loki*, dio della menzogna e dell'inganno. In molte leggende nordiche compaiono anche giganti, nani e draghi.

▽ *Gli antichi nordici credevano che i giganti fossero una minaccia costante sia per gli dei che per gli esseri umani. In questa immagine, Surt conduce i giganti del fuoco di Muspell contro gli dei in quella che sarebbe stata l'ultima battaglia e la fine del mondo.*

MITI DEGLI ABORIGENI

I *sogni* sono storie narrate dalle popolazioni aborigene dell'Australia per spiegare il modo in cui il mondo fu creato e raccontano di un periodo chiamato *Tempo dei sogni*, in cui gli spiriti vennero sulla Terra per creare gli esseri viventi, uomo compreso. Gli spiriti insegnarono agli uomini come sopravvivere e poi ritornarono a dormire nella Terra. Mentre vagavano nel nostro mondo e creavano la natura, gli dei lasciavano dietro di sé scie di parole e di note musicali.

VEDI ANCHE

aborigeni; Artù, re; dei e dee; Egitto, antico; Grecia antica; Impero Romano; nativi americani; Omero; religione; strega; vichinghi

continua da p. 247

capesante e patelle. Dopo gli insetti, i molluschi sono gli animali più numerosi. Vivono in molti habitat diversi, ma soprattutto nel mare.

Tutti i molluschi hanno il corpo molle e sono privi di ossa: per questo molti devono produrre una conchiglia che li protegga. La conchiglia è composta da un minerale, il *carbonato di calcio*, prodotto dal cibo di cui si nutre il mollusco e diventa più grande man mano che il mollusco cresce.

MONACO
Forma di governo: monarchia costituzionale
Capitale: Monaco
Superficie: 2,02 km²
Popolazione: 33 000 ab.
Lingua: francese
Moneta: euro

Monaco, Principato di

Il minuscolo stato di Monaco è situato sulla costa francese del Mediterraneo ed è chiamato *principato* perché è governato da un principe. Sin dal XIII secolo i governanti di Monaco sono membri della famiglia Grimaldi.

La principale industria di Monaco è rappresentata dal turismo. Con una popolazione di 32 700 abitanti su un'area di 2,02 km², Monaco ha una delle più alte densità di popolazione al mondo: 16 139 abitanti per km². Più della metà degli abitanti di Monaco è francese.

monastero

Un monastero è un luogo in cui monaci e frati vivono in una comunità separata dalla società.

▽ Nel Medioevo, in Europa, un **monastero** era come una piccola città. L'edificio più importante era la chiesa, ma c'erano anche i dormitori dei monaci, un ospedale per la cura dei malati e ampi giardini. I *chiostri* erano cortili parzialmente coperti in cui i monaci si recavano per pregare in tranquillità.

I monaci e i frati conducono una vita religiosa e ubbidiscono a rigide regole.

Anche le suore vivono all'interno di conventi in comunità religiose.

I monasteri sono importanti soprattutto per il buddismo e il cristianesimo. I primi monasteri cristiani furono costruiti in Egitto attorno al 300 d.C.

I monaci lavoravano come contadini, braccianti e insegnanti e aiutavano i poveri. Uno dei monaci cristiani più famosi fu *San Benedetto* (480 ca.-547), che fondò l'ordine dei benedettini.

Suddivise il giorno in momenti di preghiera, studio religioso e lavoro. Un altro frate importante per il cristianesimo fu *San Francesco d'Assisi* (1182-1226), fondatore dell'ordine dei francescani.

La vita in un monastero buddista ruota attorno alla meditazione, allo studio dei testi religiosi e alla partecipazione a cerimonie. In alcune parti dell'Asia, come in Thailandia e Birmania, già a otto anni i bambini vengono mandati in monastero per diventare monaci buddhisti. Uno dei più famosi monasteri buddisti è *Potala*, arroccato su un dirupo nei pressi di Lhasa, la capitale del Tibet, un tempo residenza del Dalai Lama.

mondiali, guerre

vedi **pp. 252-253**

moneta

La prime monete in metallo furono coniate (fabbricate) attorno all'800 a.C. Prima di allora, tutti i commerci erano stati effettuati sulla base del *baratto*, ossia dello scambio di merci.

Per molto tempo le monete furono fabbricate con metalli preziosi come l'oro e l'argento, finché non ci si rese conto che qualsiasi altro metallo sarebbe andato bene, purché tutti fossero d'accordo nel ritenere che la moneta fosse il simbolo di un determinato valore.

mongolfiere e dirigibili

Mongolfiere e dirigibili usano gas più leggeri dell'aria per volare. Le mongolfiere possono soltanto essere trasportate dal vento, mentre i dirigibili possono essere guidati.

La prima mongolfiera con pilota a bordo si levò in volo nel 1783, costruita dai fratelli francesi Montgolfier. Un fuoco venne acceso al di sotto del pallone in modo che si riempisse d'aria calda: questa, salendo verso l'alto sollevò con sé anche il pallone. Quello stesso anno si levò nei cieli anche il primo pallone aerostatico a gas. Il pallone era pieno di idrogeno e per scendere di quota il pilota doveva aprire una valvola e lasciare uscire parte del gas.

Oggi le mongolfiere sono utilizzate per lo studio della meteorologia e sono anche diventate uno sport popolare.

I dirigibili sono in genere più grandi delle mongolfiere e il tipo più semplice ha una forma allungata a sigaro al di sotto della quale sono appesi la cabina e il motore. Il primo dirigibile volò con successo nel 1852. All'inizio del XX secolo esisteva già un certo numero di servizi passeggeri su questo tipo di aeromobile.

Una serie di disastri, però, pose fine all'era dei dirigibili. Essi infatti non erano abbastanza sicuri per trasportare passeggeri perché erano pieni di un gas pericoloso come l'*idrogeno*. I dirigibili moderni utilizzano l'*elio*, un gas più sicuro, non infiammabile, e sono usati, per esempio, nella realizzazione di film o per pubblicizzare prodotti.

△ Le moderne **mongolfiere** usano un bruciatore a gas per scaldare l'aria all'interno di una specie di sacco leggerissimo: in questo modo la mongolfiera si solleva da terra, perché l'aria calda tende a salire verso l'alto.

Il **dirigibile** tedesco *Zeppelin*

mongoli

I mongoli erano una popolazione di nomadi che vivevano sulle sconfinate pianure dell'Asia centrale. Allevavano enormi mandrie di pecore, capre, bovini e cavalli che pascolavano sulle sterminate praterie della regione. Vivevano in tende chiamate *iurte*, costruite con legno leggero e pelli di animali.

continua a p. 254

▷ Le prime **monete** furono realizzate in Cina. Oggi praticamente ogni stato fabbrica le proprie e il collezionismo di monete è un hobby molto diffuso.

PRIMA GUERRA MONDIALE

La Prima guerra mondiale fu combattuta dal 1914 al 1918 e coinvolse 22 stati. Oltre 17 milioni di persone rimasero uccise.

△ *Un manifesto britannico per il reclutamento risalente all'inizio della Prima guerra mondiale e raffigurante il ministro della guerra, Lord Kitchener.*

△ *Il* Vickers FB 5 Gunbus *britannico fu creato per fermare i* Fokker E. III *tedeschi.*

△ *Il* Fokker E. III *tedesco era dotato di una mitragliatrice sul muso.*

ALLEANZE

All'inizio del XX secolo le relazioni tra gli stati europei erano molto tese. La Germania stava diventando sempre più potente e Francia e Gran Bretagna si sentivano minacciate. Austria-Ungheria e Russia erano rivali nella penisola balcanica, i cui stati mal sopportavano le interferenze esterne. Sulla base di queste inimicizie si delinearono le alleanze, con Austria-Ungheria e Germania, chiamate *Imperi Centrali*, da una parte, e Francia, Russia e Gran Bretagna, gli *Alleati* o l'Intesa, dall'altra.

LO SCOPPIO DELLA GUERRA

La guerra scoppiò nel 1914 in seguito all'assassinio a Sarajevo, in Serbia (uno stato balcanico), dell'arciduca Francesco Ferdinando, l'erede al trono austroungarico, da parte di un serbo. L'Austria minacciò di dichiarare guerra alla Serbia se questa non si fosse sottoposta al dominio austriaco. La Serbia rifiutò e nel luglio 1914 l'Austria dichiarò guerra alla Serbia. Altre nazioni furono coinvolte nel conflitto: la Russia diede il proprio supporto alla Serbia e in agosto la Germania, alleata dell'Austria, dichiarò guerra alla Russia e alla Francia, alleata dei russi. Con l'intenzione di invadere la Francia, la Germania attraversò il Belgio, uno stato che era neutrale dal 1839. Il 4 agosto la Gran Bretagna entrò nel conflitto in difesa del Belgio. La Turchia si unì agli Imperi centrali nel 1914, seguita dalla Bulgaria nel 1915. L'Italia si schierò dalla parte degli Alleati nel 1915, seguita dalla Romania e dal Portogallo nel 1916 e dagli Stati Uniti nel 1917.

IL TRATTATO DI VERSAILLES

La Russia si ritirò dal conflitto nel 1917 e la Germania si concentrò quindi pienamente sul fronte occidentale. Gli USA si unirono agli Alleati quando la Russia si arrese. Nella primavera del 1918 i tedeschi marciarono su Parigi, ma furono fermati dagli Alleati e gradualmente respinti. Nel novembre 1918 l'esercito tedesco fu sconfitto. Nel 1919 la Germania firmò il Trattato di Versailles con il quale ammetteva la propria responsabilità nello scoppio della guerra e prometteva di rimborsare gli Alleati per le perdite subite.

◁ *Sul fronte occidentale la guerra fu combattuta da un sistema di fossati chiamati* trincee *protetti da filo spinato e mitragliatrici. Tuttavia, finché i carri armati non furono introdotti dagli Alleati nel 1918, fu molto difficile per entrambe le parti attaccare con successo senza ingenti perdite di vite.*

▷ *Molti trasporti venivano ancora effettuati su carri trainati da cavalli, come nel caso di questa specie di ambulanza.*

SECONDA GUERRA MONDIALE

Ventun anni dopo la resa della Germania agli Alleati nel novembre 1918, una nuova guerra mondiale esplose in Europa. Questa volta la tecnologia era più avanzata e tutti, civili e militari allo stesso modo, in tutti gli stati, furono direttamente coinvolti nella distruzione di massa.

△ *Tra il luglio e l'ottobre 1940, l'aviazione tedesca (*Luftwaffe*) bombardò le città britanniche e attaccò l'aviazione britannica (*RAF*). La tecnologia aveva fatto progressi dai tempi della Prima guerra mondiale e la velocità massima dei caccia era aumentata da 580 a 879 km/h. Quasi tutti i nuovi aerei da guerra erano monoplani, come l'* Hawker Hurricane *(sopra).*

ADOLF HITLER

Dopo la Prima guerra mondiale la Germania subì una grande umiliazione ed ebbe enormi problemi economici, così molti tedeschi furono entusiasti quando a difesa della forza militare e dell'orgoglio nazionale si erse un partito chiamato *Nazionalsocialista*, guidato da Adolf Hitler.

LA GERMANIA COMPIE LA PRIMA MOSSA

Nel 1938 Hitler invase alcune zone della Repubblica Ceca. Nel corso di un incontro a Monaco, la Gran Bretagna e la Francia (gli Alleati), volendo evitare un'altra guerra, consentirono a Hitler di conservare l'area che aveva annesso alla Germania. Hitler però annesse anche il resto del paese e minacciò la Polonia. Gran Bretagna e Francia, allora, decisero di dichiarare guerra alla Germania se la Polonia fosse stata invasa. Il 1° settembre 1939 Hitler invase la Polonia e due giorni dopo gli Alleati dichiararono guerra ai tedeschi. La Germania si alleò con l'Italia e il Giappone rispettivamente nel 1940 e nel 1941, e l'alleanza fu chiamata *Asse*. La ex Unione Sovietica e gli USA si unirono agli Alleati nel 1941.

L'ARMISTIZIO

Il 6 giugno 1944, una data passata alla storia come *D-Day*, gli Alleati sbarcarono in Normandia, nella Francia settentrionale, e costrinsero i tedeschi a ritirarsi.
Il 24 marzo 1945 gli Alleati attraversarono il Reno e incontrarono i russi provenienti da est. Hitler si suicidò il 30 aprile 1945 e la guerra in Europa terminò l'8 maggio dello stesso anno. Nel Pacifico, però, continuò fino ad agosto, quando i giapponesi furono annientati dalle bombe atomiche lanciate dagli americani sulle città giapponesi di Hiroshima e Nagasaki. L'armistizio che segnò la fine della guerra fu firmato il 2 settembre 1945.

L'OLOCAUSTO

La parola "olocausto" significa "sacrificio totale o distruzione della vita" e in termini storici è riferita all'assassinio di massa da parte del partito nazista di un numero di ebrei compreso tra 5,2 e 5,8 milioni, e di 5 milioni di altri individui tra malati psichici, zingari e avversari politici.

▽ *Questa fotografia scattata nel 1938 ritrae Hitler nel suo ingresso trionfale nella città di Wildenan nei Sudeti, una regione occidentale della ex Cecoslovacchia. L'esercito di Hitler proseguì fino a conquistare il resto del paese.*

▷ *I piloti* kamikaze *giapponesi ("kamikaze" significa "vento divino") morivano per l'imperatore guidando il proprio aereo, carico di bombe, contro le navi degli Alleati.*

VEDI ANCHE
aeroplano; Bosnia ed Erzegovina; energia nucleare; Europa; fascismo; Germania; guerra; Hitler, Adolf; Mussolini, Benito

continua da p. 251

I mongoli erano cavallerizzi molto esperti e abili guerrieri. Nel XIII secolo formarono un esercito molto potente comandato da Gengis Kahn.

Orde di mongoli a cavallo si spinsero in Cina, India, Persia (l'attuale Iran), e verso ovest fino all'Ungheria.

Sotto la guida di Gengis Kahn e del nipote di questi, Kubilay Kahn, i mongoli conquistarono metà del mondo conosciuto, ma non furono in grado di tenere unito questo impero. In soli 100 anni l'impero mongolo venne conquistato dai cinesi.

MONGOLIA
Forma di governo: repubblica
Capitale: Ulan-Bator
Superficie: 1 564 160 km²
Popolazione: 2 736 764 ab.
Lingua: mongolo
Moneta: tughrik

Mongolia

La Mongolia è uno stato situato nel cuore dell'Asia, tra la Russia e la Cina, costituita da un'ampia pianura elevata.

Gran parte del paese è occupata da deserto o da altipiani erbosi, con alte catene di montagne a ovest. Il deserto del Gobi copre una vasta area a sud.

La Mongolia è uno stato scarsamente popolato e i suoi abitanti derivano dagli antichi mongoli. Stato comunista dal 1924, dopo il 1990 la Mongolia ha oggi adottato un sistema democratico a più partiti.

montagna

Gran parte della superficie della Terra è occupata da montagne. Le catene montuose più importanti sono le Alpi in Europa, le Montagne Rocciose in America settentrionale, le Ande in America meridionale e l'Himalaya in Asia. Esistono montagne anche sotto gli oceani, le cui vette possono fuoriuscire dall'acqua dando origine a isole.

Le montagne si sono formate in seguito a movimenti della crosta terrestre. Alcune sono nate quando due grandi masse di terraferma si sono spostate l'una verso l'altra, spingendo verso l'alto enormi blocchi di roccia compresi tra esse, come nel caso delle Alpi. Altre montagne sono invece cumuli di cenere e lava fuoriusciti durante l'eruzione di un vulcano.

Le montagne sono costantemente consumate dagli agenti atmosferici in un processo chiamato *erosione*. Anche le rocce più dure sono erose dalla pioggia, dal vento, dal Sole e dal gelo.

Fiumi e ghiacciai scavano invece profonde vallate sulle pendici delle montagne.

MONTENEGRO
Forma di governo: repubblica parlamentare
Capitale: Podgorica
Superficie: 13 812 km²
Popolazione: 624 200 ab.
Lingua: montenegrino
Moneta: euro

Montenegro

Parte della Repubblica federale Iugoslava prima (1992) e della confederazione di Serbia e Montenegro poi (2003), oggi il Montenegro è uno stato indipendente, grazie al referendum del 21 maggio 2006 che ha stabilito la separazione dalla Serbia. Il Montenegro confina a ovest e nordovest con la Bosnia-Erzegovina e la Croazia, a est e nordest con l'Albania e la Serbia, mentre a sud e a sudovest è bagnato dal mar Adriatico. Il suo territorio è prevalentemente montuoso, ma fa eccezione una breve e stretta fascia costiera pianeggiante. Il clima è mediterraneo sulla costa e continentale nelle regioni montuose. I terreni coltivati producono cereali, patate, agrumi, uva e olive. L'industria è siderurgica e metallurgica.

Monteverdi, Claudio

Compositore italiano (1567-1643). Allievo di Ingegneri, soggiornò alla corte dei Gonzaga a Mantova, dove fu cantore e suonatore di viola, fino al 1612, quando si trasferì a Venezia dove fu maestro di Cappella in S. Marco fino alla morte. La sua genialità appare in tutti i generi compositivi che trattò: dall'arte madrigalistica a quella operistica.
Fra le sue opere, molte delle quali sono andate smarrite, ricordiamo l'*Orfeo* e *L'incoronazione di Poppea*. Molto importante è anche la produzione sacra (*Vespro della Beata Vergine, Magnificat*).

▷ Nelle zone di **montagna** crescono piante diverse ad altitudini diverse perché le condizioni climatiche cambiano più si sale di quota.

Morse, alfabeto

L'alfabeto Morse è un codice in cui a ogni lettera corrisponde una particolare combinazione di punti e linee.
Fu creato da *Samuel Morse* (1791-1872), un inventore americano, per inviare messaggi lungo una linea telegrafica. L'operatore del telegrafo preme un tasto a un'estremità della linea per inviare un segnale lungo il filo elettrico fino a un ricevitore all'altra estremità.

Un segnale breve è un punto e uno lungo è una linea. Il primo messaggio telegrafico ufficiale fu inviato nel 1844.

Oggi l'alfabeto Morse è usato regolarmente soltanto dalle navi e dai radioamatori e talvolta in caso di emergenza.

△ I primi messaggi in **alfabeto Morse** furono inviati a metà del XIX secolo con un telegrafo.

mosaico

Un mosaico è un'immagine realizzata accostando piccoli frammenti di pietre o di vetro colorato su una base di gesso o cemento. I frammenti sono disposti in modo da creare un disegno, un ritratto o una scena. L'arte dei mosaici è molto antica: i sumeri della Mesopotamia (l'attuale Iran) li realizzavano quasi 5000 anni fa. I mosaici erano un modo molto pratico di decorare pavimenti e pareti, perché è possibile lavarli senza rovinarli. All'epoca dell'Impero Romano, ville e palazzi avevano sfolgoranti mosaici che raffiguravano scene di vita quotidiana. I mosaici erano anche usati per i ritratti di santi, di angeli e di Gesù nelle chiese di tutta la Grecia, l'Italia e la Turchia.

△ Questo **mosaico** ritrae l'imperatore Giustiniano, a capo dell'impero bizantino nel VI secolo d.C.

mosca (1)

Le mosche sono uno dei maggiori gruppi di insetti del mondo. Sono dotate di due paia di ali: uno per volare e uno più piccolo disposto dietro il paio principale per consentire all'insetto di mantenere l'equilibrio quando vola. La maggior parte delle mosche non vive a lungo. Con il clima caldo, il ciclo vitale di una mosca domestica (dall'uovo alla larva fino all'insetto adulto) può durare una sola settimana.

Alcune mosche si cibano di materia in decomposizione, mentre altre pungono gli animali per nutrirsi del loro sangue. I tafani spesso attaccano i cavalli e i bovini in grandi sciami. I mosconi della carne depongono le uova nelle ferite aperte sulla pelle degli animali. Le larve che escono dalle uova si nutrono della carne di questi e provocano gravi lesioni. Le mosche domestiche depongono invece le uova su mucchi di materia in putrefazione. Alcuni tipi di mosche diffondono malattie come il colera e la dissenteria: le *mosche tse-tse*, che vivono ai tropici, diffondono la malattia del sonno, un grave disturbo che provoca sonnolenza e febbre alta. Anche le mosche domestiche comuni rappresentano un rischio per la salute di noi uomini perché trasportano i batteri nocivi del letame e del cibo in putrefazione nelle nostre case, deponendo germi sul nostro cibo fresco.

Mosca (2)

Mosca è la capitale della Russia ed è anche la città più grande del Paese, con una popolazione di oltre dieci milioni di abitanti. È situata in una pianura ed è attraversata dal fiume Moscova. Mosca è il centro politico e culturale della Russia e anche il cuore industriale e commerciale del paese: tutto viene prodotto qui, dalle automobili all'abbigliamento.

Mosca divenne capitale della Moscovia nel 1547 durante il regno di Ivan il Terribile, il primo zar (imperatore) di Russia. La città si sviluppò attorno al Cremlino, un'antica fortezza dalla quale i principi di Moscovia difendevano il paese, e rimase la capitale degli zar fino al 1712, quando Pietro il Grande (1672-1725) trasferì la capitale a San Pietroburgo. Mosca restò una città molto importante, anche dopo essere stata quasi completamente incendiata durante l'occupazione di Napoleone nel 1812.

Dopo la Rivoluzione Russa del 1917, Mosca divenne la sede del governo dell'Unione Sovietica e nel 1992 divenne nuovamente la capitale della Russia.

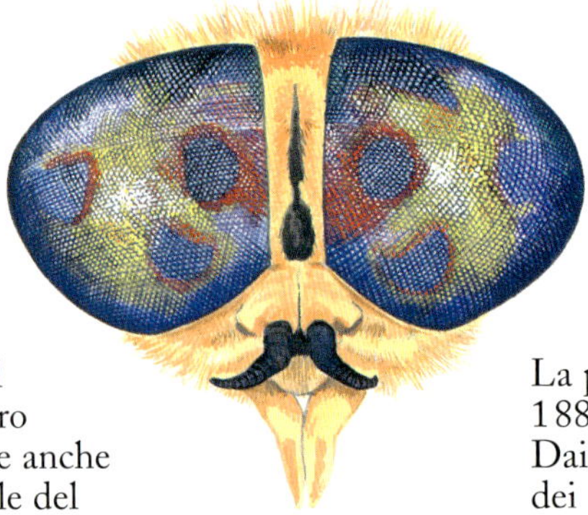

△ La **mosca** è dotata di due grandi occhi composti, ognuno dei quali è costituito da molte migliaia di microscopiche lenti esagonali.

moschea

Una moschea è un edificio destinato al culto islamico. Può anche servire come tomba o come luogo di istruzione religiosa per i musulmani. La maggior parte delle moschee può avere fino a sei torri chiamate *minareti* dall'alto delle quali i *muezzin* (gli addetti alla moschea) invitano i fedeli alla preghiera. In genere la moschea possiede un cortile con una fontana o un pozzo: qui i musulmani si lavano prima di pregare, come è previsto dal libro sacro dell'Islam, il Corano. All'interno della moschea si trova una nicchia chiamata *mihrab* che indica la direzione della città santa della Mecca: i musulmani pregano sempre rivolti verso di essa (vedi **Turchia**).

△ Situata in riva al mare, la **moschea** di Casablanca, in Marocco, è tra le più grandi del mondo. Compreso il cortile, può contenere 100 000 fedeli. Un raggio laser sulla cima del suo minareto svetta a 210 m di altezza e può essere visto anche a 50 km di distanza.

motocicletta

La prima motocicletta fu costruita nel 1885 dall'ingegnere tedesco Gottlieb Daimler (1834-1900), che montò uno dei suoi motori a benzina sul telaio di legno di una bicicletta. Le motociclette di oggi sono ovviamente molto più complesse.

Il motore di una motocicletta è simile a quello di un'automobile, ma più piccolo. Può essere a due o a quattro tempi e avere da uno a quattro cilindri.

Il motore può essere raffreddato ad aria o ad acqua e viene avviato da un pulsante di avviamento montato sul manubrio della motocicletta.

motore

I motori sono macchine che trasformano l'energia potenziale accumulata in energia utile a compiere un lavoro. L'uomo usa motori semplici come i mulini a vento e ad acqua da centinaia di anni.

I primi motori a vapore furono prodotti all'inizio del XVIII secolo: fornivano potenza ai macchinari delle

▽ La Piazza Rossa di **Mosca** è dominata dalle cupole a forma di cipolla della cattedrale di San Basilio e dalle mura fortificate del Cremlino.

fabbriche e furono in seguito utilizzati per la propulsione di navi, treni e automobili. Oggi il vapore è ancora usato per azionare alcune macchine, come le turbine delle centrali elettriche nucleari. I motori sono stati però largamente sostituiti dai motori a combustione interna, che comprendono i motori a benzina e i motori diesel, normalmente usati sulle autovetture. Nei motori a combustione interna un carburante brucia all'interno del motore.

In un motore a benzina, la benzina si mescola all'aria all'interno di un cilindro. Una scintilla accende la miscela, che esplode, in un processo che avviene in continuazione. I gas caldi prodotti dalle esplosioni spingono un pistone avanti e indietro all'interno del cilindro. Muovendosi, il pistone fa ruotare l'albero a gomiti, che a sua volta aziona le ruote del veicolo.

I motori a benzina hanno in genere otto cilindri. Il primo motore a reazione fu progettato nel 1930 e subito dopo furono creati i motori a razzo. I motori a reazione sono usati in molti aeroplani, mentre quelli a razzo sono impiegati nei missili e in genere nelle esplorazioni spaziali.

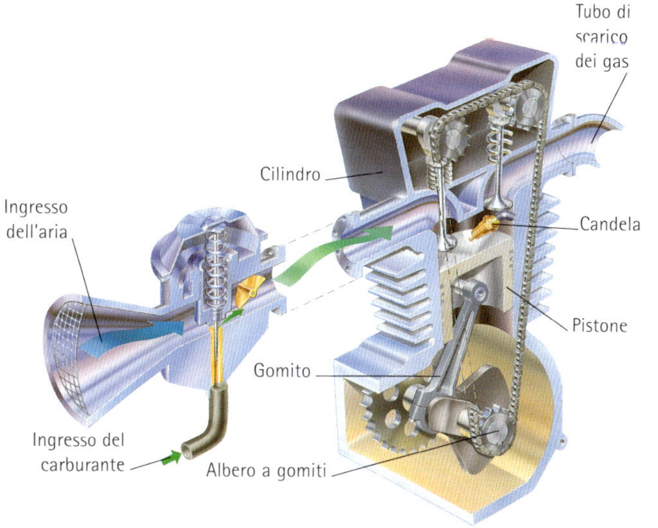

△ In un **motore** a benzina, l'aria e la benzina vengono miscelate insieme e producono esplosioni. La forza esplosiva aziona i pistoni, che a loro volta fanno ruotare l'albero a gomiti, il quale, ruotando, fa girare le ruote del veicolo.

motore elettrico

Un motore elettrico è una macchina che trasforma l'energia elettrica in energia meccanica. I motori elettrici sono ovunque: azionano congegni come frigoriferi, aspirapolvere, orologi elettrici, asciugacapelli, lavatrici e treni.

Un motore elettrico semplice è costituito da una bobina di filo elettrico posizionata tra i poli di un magnete.

Quando una corrente elettrica scorre negli avvolgimenti della bobina, questa si trasforma a sua volta in un magnete, con un polo nord e un polo sud. Poiché poli uguali si respingono e poli diversi si attraggono, la bobina ruota tra i poli del magnete finché il suo polo nord non si trova rivolto verso il polo sud del magnete e il suo polo sud verso il polo nord del magnete. La direzione della corrente che attraversa la bobina viene a questo punto invertita, in modo che anche i suoi poli risultino invertiti. La bobina deve quindi ruotare nuovamente per allineare i suoi poli a quelli

△ Le **motociclette** usate nelle gare di Gran Premio sono costruite appositamente per le piste e sono molto più potenti delle normali motociclette da strada.

del magnete. Il motore elettrico continua a girare perché continua a ricevere una serie di impulsi magnetici alternati.

Mozambico

Il Mozambico è uno stato dell'Africa sudorientale. Colonia portoghese, divenne indipendente nel 1975.
La principale attività di questo paese caldo e tropicale è l'agricoltura. I porti di Maputo e Beira sono utilizzati per il commercio. Negli anni 80 del secolo scorso la carestia e la guerra civile afflissero il paese e le inondazioni del 2000 e 2008 hanno costretto migliaia di persone a lasciare la propria casa e danneggiato l'agricoltura.

MOZAMBICO
Forma di governo: repubblica
Capitale: Maputo
Superficie: 799 380 km²
Popolazione: 22 894 300 ab.
Lingua: portoghese
Moneta: nuovo metical (al plurale, meticais)

Mozart, Wolfgang Amadeus

Compositore austriaco (1756-1791). È uno dei maggiori compositori di tutti i tempi. Iniziò a comporre musica all'età di cinque anni e a soli sette anni si esibiva in concerti in tutta Europa. Mozart scrisse oltre 600 composizioni, tra cui straordinarie opere, sinfonie e musica da camera, ma non conobbe mai il successo. Morì a soli 35 anni lasciando incompiuto il famoso *Requiem K 626*. Ricordiamo: *Il flauto magico*, *Le nozze di Figaro* e la sinfonia *Jupiter*.

▽ La **Muraglia Cinese** è realizzata in terra e pietra, intervallata da torri di guardia ogni 200 m. Nel caso in cui qualcuno avesse attaccato il muro, le sentinelle di guardia avrebbero inviato un segnale di avvertimento, che consisteva in fumo durante il giorno e fuoco di notte.

mulino a vento

I mulini a vento sono macchine che usano l'energia del vento per generare energia meccanica. Venivano usati in Asia già nel VII secolo d.C. e giunsero in Europa nel XII secolo.

Nei primi mulini a vento, una ruota con lunghe pale veniva fissata a una torre, che a volte poteva ruotare su se stessa per disporsi a favore del vento.

Quando il vento faceva ruotare le pale, la ruota azionava all'interno del mulino un macchinario utilizzato per compiere lavori utili come far ruotare pesanti macine di pietra per macinare il granoturco o pompare acqua dai pozzi.

Oggi i mulini a vento sono utilizzati per generare elettricità, si chiamano *turbine eoliche* e sono solitamente montati su una torre con un'intelaiatura d'acciaio. Alcuni hanno pale simili alle eliche di un aereo che ruotano ad alta velocità quando soffia il vento.
Le eliche, ruotando, azionano un generatore che produce elettricità.

Muraglia Cinese

Più di 2000 anni fa, il primo imperatore della Cina, Shih Huang Ti, fece costruire questo muro per difendere il paese dai nemici provenienti da nord. La Muraglia Cinese è la costruzione più imponente del mondo e si estende per oltre 6500 km, dalla Cina occidentale fino al Mar Giallo.

muschio

Il muschio è un tipo di pianta

che cresce in ciuffi bassi e molto fitti, con steli sottilissimi coperti di foglie minuscole. Invece di vere radici affondate nel terreno, il muschio possiede sottili filamenti che assorbono umidità e nutrimento.

muscolo

I muscoli sono organi che ci consentono di muovere le varie parti del corpo. Ne esistono di due tipi.

Alcuni funzionano quando il cervello comunica loro di farlo: se solleviamo una sedia, il nostro cervello invia segnali ai muscoli delle braccia, del tronco e delle gambe. Tutti questi muscoli azionati insieme ci consentono di sollevare la sedia. Il secondo tipo di muscoli funziona invece automaticamente, anche durante il sonno: i muscoli dello stomaco, per esempio, continuano a rimescolare il cibo per digerirlo e i muscoli del cuore continuano a pompare il sangue.

Spesso i muscoli funzionano in coppie che compiono azioni contrarie: quando uno si contrae (si accorcia), l'altro si rilassa (si allunga).

musica, *vedi* p. 260

Mussolini, Benito

Uomo politico italiano (1883-1945). Fu il fondatore del partito fascista italiano (*vedi* **fascismo**). Nel 1922 convinse il re Vittorio Emanuele III a nominarlo primo ministro e subito iniziò ad abolire tutte le libertà civili, divenendo un dittatore. Desiderava la gloria militare e si schierò a fianco di Hitler nella Seconda guerra mondiale.

Nel 1943, però, perse l'appoggio del suo stesso partito e fu fatto arrestare dal re, ma fu liberato dai tedeschi e fondò la Repubblica Sociale Italiana a Salò. Catturato mentre cercava di fuggire, fu giustiziato dai partigiani il 28 aprile 1945.

MYANMAR
Forma di governo: repubblica
Capitale: Yangon
Superficie: 676 577 km^2
Popolazione: 50 019 800 ab.
Lingua: birmano
Moneta: kyat

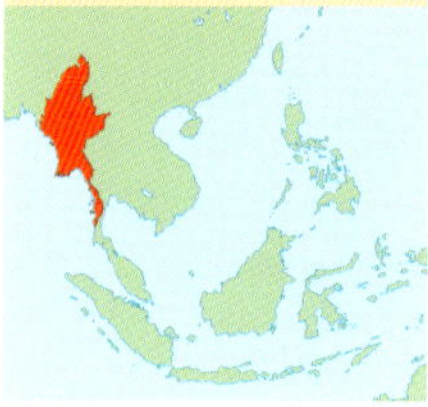

musulmani, *vedi* islamismo

Myanmar

Myanmar è uno stato del Sudest asiatico, fino al 1989 noto con il nome di *Birmania*. La popolazione è per la maggior parte composta da contadini ed è di religione buddista. Dopo una lunga dittatura (dal 1962), nel 1990 si sono svolte libere elezioni vinte dalla *NLD*, la Lega Nazionale Democratica. Questo ha provocato un nuovo colpo di stato, la reintroduzione del regime militare e la cattura della leader della Lega, Aung San Suu Kyi. Dopo essere stata rimessa in libertà e arrestata più volte, Aung San Suu Kyi è stata definitivamente liberata nel 2010.

▽ Questo **mulino a vento** era usato per macinare il granoturco. Quando il vento soffiava, l'albero collegato alle pale faceva ruotare le macine che trasformavano i chicchi in farina.

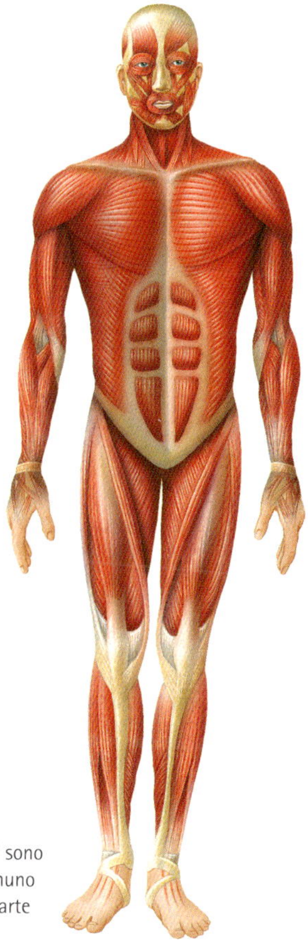

▷ Nel corpo umano ci sono circa 640 **muscoli**, ognuno dei quali muove una parte specifica del corpo.

MUSICA

La musica è una forma d'arte che consiste in una successione di suoni disposti secondo uno schema ed eseguiti a tempo. Può essere suonata in occasioni speciali o semplicemente per divertimento.

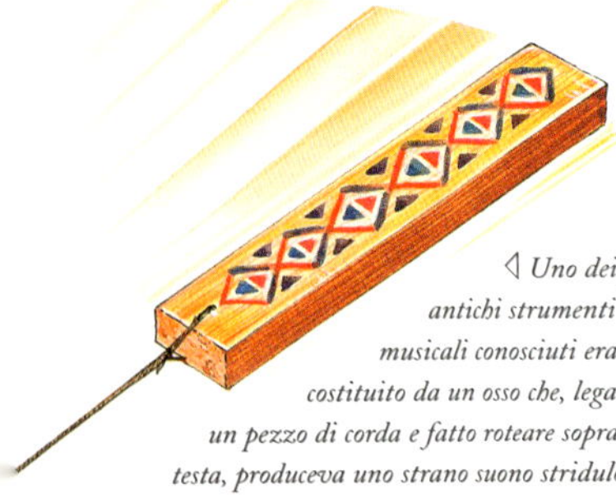

◁ *Uno dei più antichi strumenti musicali conosciuti era costituito da un osso che, legato a un pezzo di corda e fatto roteare sopra alla testa, produceva uno strano suono stridulo.*

MUSICA PER TUTTI

La parola "musica" deriva da "muse", le dee dell'antica Grecia che si credeva ispirassero canzoni e danze. La musica è spesso definita "lingua universale" perché è una forma d'arte che tutti nel mondo sono in grado di comprendere. Anche senza educazione musicale, chiunque può capire i sentimenti e le emozioni che la musica e le canzoni trasmettono.

△ *La* gamelan *è una specie di orchestra indonesiana. Può comprendere fino a 40 tamburi, gong, xilofoni e campane che producono una musica tintinnante.*

MUSICA CON UNO SCOPO

Sebbene le sue origini precise siano sconosciute, è probabile che la musica dei primordi fosse collegata alla religione, a pratiche magiche e alla danza. Semplici strumenti musicali di migliaia di anni fa sono stati ritrovati in alcuni siti archeologici dell'Età della Pietra. La musica tribale africana è una delle più antiche forme musicali sopravvissute fino ai giorni nostri ed è sempre accompagnata dal ritmo di tamburi.

LA MUSICA COME ARTE

Con l'evolversi della civiltà, l'uomo trasformò la musica in arte. Gli antichi *raga* dell'India, per esempio, erano canzoni con versi bellissimi. Nei dipinti funerari degli antichi faraoni egizi, alcuni musicisti suonano antiche versioni della lira, l'arpa e varie forme di pifferi.

L'ERA CLASSICA

La *notazione musicale*, ossia il modo in cui la musica viene scritta, fu probabilmente inventata dai monaci italiani nel IX secolo d.C. Essendo scritto, un brano musicale poteva essere facilmente ricordato e suonato in località diverse e da molti musicisti.
Nel Medioevo gran parte della musica occidentale ruotava intorno alla Chiesa, ma durante il Rinascimento ci fu un consistente sviluppo della musica non religiosa. Le prime orchestre comparvero nel XVII secolo e comprendevano nuovi strumenti come violini, viole e violoncelli. Gradualmente, furono inventati altri strumenti e le orchestre crebbero di dimensioni.

LA MUSICA MODERNA

Dal finire del XIX secolo in poi, si sono evoluti molti tipi diversi di musica, tra cui il blues, il jazz, la musica pop, il reggae, il rhythm "n" blues e il rock. L'invenzione degli apparecchi radiofonici e dei giradischi consentì ai nuovi stili musicali di diffondersi e alla gente di ascoltare la musica nella comodità della propria casa, acquistando e ascoltando i propri brani preferiti quando e quanto lo desiderava. Dopo i dischi in vinile, i nastri o cassette, oggi esistono molti metodi per registrare la musica su diversi supporti, come CD, DVD e file digitali come gli mp3, per esempio.

△ *Gli etruschi componevano musiche vivaci e varie con strumenti come la lira e il doppio flauto.*

△ *In Europa, i secoli XVIII e XIX furono un'età dell'oro per la musica. Questa illustrazione raffigura Wolfgang Amadeus Mozart, bambino prodigio, che si esibisce al pianoforte nel corso di una serie di concerti che egli tenne in tutta Europa.*

TEORIA MUSICALE

Così come i pittori e gli scultori usano linee, colori e forme, i musicisti usano le proprietà del suono. Utilizzano note di altezza diversa (acute o gravi) e le combinano a un determinato ritmo per creare una melodia. A volte aggiungono *armonie*, ossia suonano insieme due o più note di altezza diversa. Un altro aspetto della musica è il tono o *timbro*, ossia la qualità del suono prodotto dai diversi strumenti o dalle varie voci.

Negli ultimi anni i computer hanno rivoluzionato la produzione musicale: essi consentono infatti ai musicisti di creare musica senza le imperfezioni umane di ritmo o di tempo. Molti generi sono scaturiti dalla cosiddetta *computer music*, come la *dance music*, in cui ritmi ripetitivi sono combinati a melodie ispirate a qualsiasi altra forma di musica immaginabile.

◁ *Il "classico" gruppo rock o pop è composto da tastiere, chitarra elettrica (a sinistra), basso e batteria (sotto).*

VEDI ANCHE
arpa; balletto; blues; chitarra; computer; danza; jazz; Mozart; opera; orchestra; pianoforte; pop, musica; registrazione; suono; tamburo; violino

N

Namibia

La Namibia è uno stato dell'Africa sudoccidentale, costituito da un altopiano a oltre 1000 m sul livello del mare. L'est del paese è occupato da una porzione del deserto del Kalahari e quindi non ci sono molti terreni coltivabili. La principale attività economica è rappresentata pertanto dalle estrazioni minerarie.

Le terre della popolazione indigena *san* (boscimani), che vive nei deserti della Namibia e del Botswana da oltre 30 000 anni, sono state in gran parte usurpate da multinazionali operanti nel settore minerario. Alla fine della Prima guerra mondiale, la Repubblica Sudafricana ricevette dalla Società delle Nazioni un mandato per l'amministrazione della Namibia, ma ben presto procedette alla sua annessione. Nel 1946 le Nazioni Unite dichiararono che il Sudafrica non aveva alcun diritto sulla Namibia, ma la Repubblica Sudafricana si oppose. Soltanto nel 1989 le parti concordarono che la Repubblica Sudafricana avrebbe ceduto il potere alla maggioranza nera e finalmente, dopo una lunga lotta armata contro il controllo sudafricano, nel 1990 il paese conquistò l'indipendenza.

NAMIBIA
Forma di governo: repubblica
Capitale: Windhoek
Superficie: 824 115 km²
Popolazione: 2 171 100 ab.
Lingua: afrikaans, inglese e tedesco
Moneta: dollaro namibiano

Napoleone Bonaparte

Imperatore francese (1769-1821). Frequentò la migliore scuola militare di Parigi. Nel 1792 era già capitano dell'artiglieria e tre anni dopo salvò la Francia reprimendo un'insurrezione a Parigi. Gli venne così affidato il comando dell'esercito francese e riportò importanti vittorie in Italia, assicurandosi il controllo delle regioni settentrionali, in Belgio e Austria. Nel 1799, con l'aiuto dell'esercito, si impadronì del potere e nel 1804 si incoronò imperatore di Francia alla presenza del papa.

I soldati del suo esercito lo ammiravano e, poiché era basso di statura, lo chiamavano "il Piccolo Caporale". Con abilità politica pari alla sua abilità di generale, Napoleone riorganizzò il governo francese e stilò un nuovo codice legale: molte leggi che egli promulgò sono in vigore ancora oggi.

Napoleone aveva l'ambizione di conquistare l'Europa intera, ma non riuscì a sconfiggere l'Inghilterra sul mare. Frustrato per via di questo fallimento, cercò di convincere tutte le nazioni a interrompere i loro commerci

▽ **Napoleone Bonaparte** conquistò la fama nella battaglia di Marengo, nel 1800, guidando un abile contrattacco che annientò l'esercito austriaco. Fu definitivamente sconfitto a Waterloo nel 1815.

con gli inglesi, ma la Russia non volle collaborare. In segno di ritorsione, Napoleone invase la Russia con un grande esercito nell'inverno 1812, ma la campagna terminò in un disastro perché le sue truppe furono sconfitte dalle difficili condizioni atmosferiche.

Napoleone riportò la sconfitta finale nella battaglia di Waterloo nel 1815, dove fu battuto dagli inglesi guidati dal duca di Wellington (1769 -1852) e dai prussiani comandati da Gebbard von Blücher (1742-1819). Venne così esiliato nella sperduta isola di Sant'Elena nell'oceano Atlantico, dove morì nel 1821.

narrativa

La narrativa è un tipo di letteratura che descrive persone ed eventi immaginari. La forma principale di narrativa è il *romanzo*, ossia una storia scritta.

L'opposto della narrativa è la *saggistica*, ossia opere scritte al fine di fornire informazioni o descrivere fatti. La saggistica comprende anche i libri di testo e le enciclopedie.

Il romanzo fiorì nel Medioevo con i racconti popolari di avventure, eroi e amori cavallereschi.

Uno dei primi romanzi moderni fu *Don Chisciotte* (1615), dello scrittore spagnolo Miguel de Cervantes (1547-1616). In Inghilterra il romanzo inglese nacque con Daniel Defoe (1660-1731), la cui opera più nota è *Robinson Crusoe* (1719), dove sono narrate le avventure di un marinaio che fa naufragio. Esistono molti tipi di romanzo. Alcuni, per esempio, sono storie di avventure, come *L'isola del tesoro* (1883) di Robert Louis Stevenson, altri narrano storie dell'orrore, come *Frankenstein* (1818) della scrittrice inglese Mary Shelley (1797-1851), storie umoristiche, come *Le avventure di Tom Sawyer* (1876) di Mark Twain, oppure storie satiriche, come *I viaggi di Gulliver* (1726) di Jonathan Swift, in cui l'autore si prende gioco della società del tempo. Tutti i romanzi hanno lo scopo di intrattenerci, ma molti suggeriscono anche nuovi modi di considerare la vita. Charles Dickens, per esempio, rese i suoi lettori consapevoli delle dure condizioni in cui versavano le classi più povere della società inglese della metà del XIX secolo.

Esiste Babbo Natale?

Babbo **Natale** vive nella fantasia di tutti i bambini, ma è tutt'altro che fantastico! Babbo Natale pare fosse San Nicola. Nato a Patara, in Turchia, da una ricca famiglia, fu vescovo di Myra, in Lycia, nel IV secolo. Quando morì, le sue spoglie vennero trafugate da un gruppo di cavalieri italiani e portate a Bari dove sono tutt'ora. Su di lui si diffusero molte leggende, tra cui quella che regalasse cibo alle famiglie meno abbienti calandolo anonimamente attraverso i camini o le finestre. Divenne così nella fantasia popolare "portatore di doni", compito eseguito grazie a un asinello nella notte del 6 dicembre (S. Nicola, appunto) o addirittura nella notte di Natale.

nascite, controllo delle

Il controllo delle nascite è un metodo con cui le persone possono controllare il numero di figli che decidono di avere ed è talvolta chiamato *pianificazione familiare*. Il controllo delle nascite è usato sin dai tempi antichi, ma i metodi moderni si sono diffusi soltanto nel XIX e XX secolo.

Esistono diversi metodi per controllare le nascite. Alcuni agiscono impedendo allo sperma maschile di fecondare l'ovulo femminile, e in tal caso si parla di *contraccezione*.

Alcune religioni, tra cui la religione cattolica, impediscono di praticare certi tipi di controllo delle nascite, che comunque è oggi incoraggiato in molti stati dalla popolazione troppo elevata.

Natale

Questa festa, celebrata dai cristiani il 25 dicembre, ricorda la nascita di Gesù. Non si sa se Gesù nacque effettivamente

in questa data: il primo accenno alla festa del Natale è stato infatti trovato in un calendario romano che risale a più di 300 anni dopo la sua morte.
Le tradizioni natalizie variano da paese a paese, ma in genere ci si scambiano doni, si inviano biglietti di auguri e si decorano le case con abeti e presepi.

nativi americani

Gli abitanti originari dell'America settentrionale, chiamati nativi americani, vivevano in gruppi, o tribù, come i *cherokee* dei monti Appalachi e i *sioux* delle Grandi Pianure.

All'inizio del XVII secolo, gli europei cominciarono a colonizzare le loro terre e, con la diffusione dei coloni in tutto il continente nei successivi 250 anni, molti nativi americani morirono in seguito a guerre o all'esposizione di nuove malattie introdotte dagli europei.

I nativi americani rimasti furono costretti a vivere in *riserve* (aree limitate di territorio) create appositamente per loro dagli europei.

△ Gli *irochesi* erano una tribù di **nativi americani** che viveva principalmente di caccia. Abitavano in villaggi nelle aree boscose dell'attuale stato di New York.

NATO

La NATO (Organizzazione del Trattato del Nord Atlantico) è un'alleanza difensiva stipulata dopo la **Seconda guerra mondiale**. Nel 1949, 12 stati firmarono un trattato in cui stabilirono che un attacco a uno dei membri sarebbe stato considerato un attacco a tutta l'organizzazione. Oggi la NATO conta 28 stati membri: Albania (2009), Belgio (1949), Bulgaria (2004), Canada (1949), Croazia (2009), Danimarca (1949), Estonia (2004), Francia (1949), Germania (1955), Grecia (1952), Islanda (1949), Italia (1949), Lettonia (2004), Lituania (2004), Lussemburgo (1949), Norvegia (1949), Paesi Bassi (1949), Polonia (1999), Portogallo (1949), Regno Unito (1949), Repubblica Ceca (1999), Romania (2004), Slovacchia (2004), Slovenia (2004), Spagna (1982), Stati Uniti (1949), Turchia (1952), Ungheria (1999). Scopo della NATO è il rafforzamento delle difese militari dell'Europa occidentale e la collaborazione nelle questioni politiche ed economiche. Un suo ruolo è il mantenimento della pace nelle località politicamente instabili del mondo. Con l'Operazione *Allied Force* (*Operazione Forza Alleata)*, compie il suo primo impiego militare nella Guerra del Kosovo (1996-1999), dove per più di due mesi bombarda la Serbia e Montenegro.
Soltanto dopo gli attentati terroristici alle Torri Gemelle (2001) la NATO invoca, per la prima volta nella storia, l'articolo dello statuto che stabilisce che l'attacco a uno dei membri è da considerarsi un attacco a tutta l'organizzazione.
Nel 2003 ha assunto il comando della Forza internazionale di assistenza alla sicurezza (*ISAF, International Security Assistance Force*) in Afghanistan, che opera sulla base di una risoluzione dell'ONU. È la prima missione della NATO al di fuori dell'area nordatlantica.

nave

Oggi le navi sono per lo più imbarcazioni da carico, solitamente costruite

▽ La **nave** passeggeri più grande del mondo, una nave da crociera chiamata *Grand Princess*, può trasportare 2600 passeggeri distribuiti su 12 ponti. I servizi a bordo comprendono una biblioteca dotata di CD-ROM e accesso a Internet, un'area dedicata ai giochi di realtà virtuale, una piscina che può essere protetta da una copertura mobile e un casinò con decorazioni realizzate con ologrammi.

per trasportare un certo tipo di merce.

Le navi cisterna trasportano liquidi come petrolio (e in tal caso si chiamano *petroliere*) o vino. Alcune petroliere sono così lunghe che l'equipaggio può spostarsi in bicicletta sul ponte. Le navi *portarinfuse* trasportano merci secche, come carbone e grano, che possono essere caricate sciolte. Le navi *portacontainer* trasportano qualsiasi genere di merce confezionata in grandi casse chiamate *container*, o contenitori.

Le navi *frigorifere* servono invece al trasporto di alimenti freschi come frutta e carne. Gli aeroplani hanno sostituito gran parte delle navi passeggeri nei lunghi viaggi, ma i traghetti continuano a trasportare persone, automobili e autocarri lungo brevi tratti d'acqua.

Esistono poi navi da crociera di lusso e vari tipi di navi da guerra utilizzate dalla marina militare.

navigazione

La navigazione consiste nello stabilire e mantenere una rotta a bordo di una nave o di un aeroplano. Per centinaia di anni i naviganti per mare si sono basati sulle diverse posizioni del Sole e delle stelle per calcolare la latitudine a cui si trovavano. Conoscendo la differenza tra l'ora sulla nave e l'ora a longitudine 0°, a Greenwich, erano in grado di stabilire più precisamente la loro posizione. Oggi molti strumenti di navigazione sono elettronici e precisissimi. I radiofari e i satelliti inviano segnali in base ai quali una nave può stabilire la sua posizione e l'ufficiale di rotta, con la bussola, mantiene la nave sulla rotta corretta. I computer aiutano le navi, gli aerei e le navicelle spaziali a navigare seguendo esattamente la rotta stabilita e consentono ai loro equipaggi di conoscere in qualsiasi momento la posizione precisa in cui si trovano.

Il *sestante* è uno strumento ottico che serve per stabilire la posizione della nave misurando l'angolo tra una stella (o il Sole) e l'orizzonte. Una volta misurato l'angolo, si verifica la posizione della stella in quel determinato periodo dell'anno e ciò consente di calcolare la posizione della nave. Effettuando una serie di misurazioni con il sestante è poi possibile mantenere la nave sulla rotta corretta.

Navigare...

Omero narra della **navigazione** di Ulisse tra mille avventure nell'allora sconosciuto mar Mediterraneo tra ciclopi e sirene. Sindbad naviga per i Sette Mari; Colombo naviga e scopre le Americhe; le sonde spaziali navigano per la Via Lattea... Ma oggi si naviga anche in Internet, nella rete o web, dove le distanze si accorciano e miliardi di informazioni ed eventi, lontanissimi e vicinissimi, sono a portata di mouse in trenta secondi! E navigare, in un modo o nell'altro, in un tempo o nell'altro, è pur sempre esplorare e scoprire...

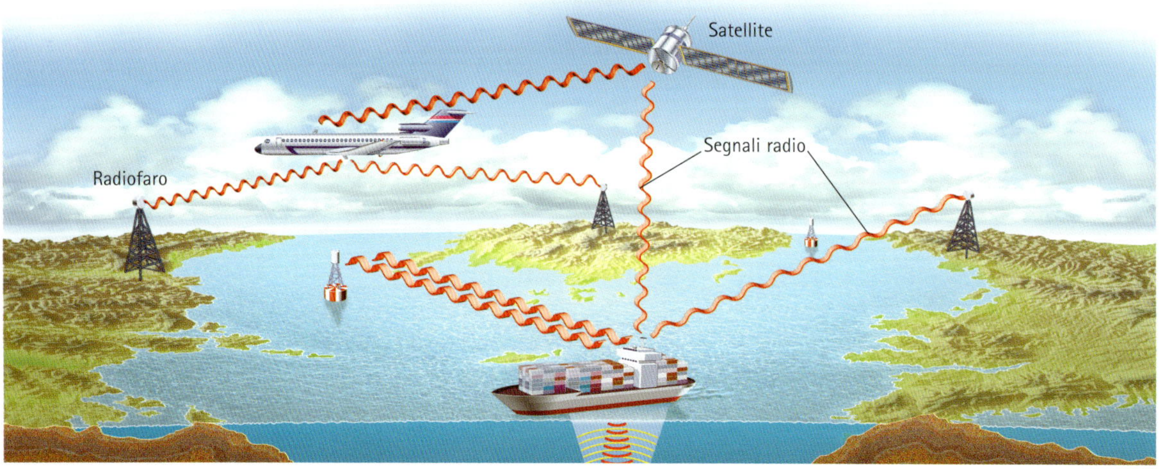

▽ La **navigazione** moderna utilizza la tecnologia dei satelliti per trasmettere segnali radio da una località all'altra. Gli strumenti sono molto precisi e consentono alle navi, agli aerei e alle navicelle spaziali di conoscere la posizione esatta in cui si trovano.

Nazioni Unite, *vedi* ONU

vedi ONU

Neandertal, *vedi* popolazioni preistoriche

Nepal

Il Nepal è situato tra l'India e il Tibet e attraversato dalla catena dell'Himalaya.

La maggior parte della popolazione vive nella fertile vallata centrale e alleva pecore, capre e yak. La capitale, Katmandu, è a 1 340 m di altitudine ed è la sola grande città del paese.

Il turismo è la principale fonte di reddito per il Nepal, visitato dai turisti di tutto il mondo per scalare "il tetto del mondo", l'Everest (8 848 m).

Nel 2 008, il 10 aprile, si sono tenute le elezioni per l'assemblea costituente, il 28 maggio è stata abolita la monarchia e proclamata la repubblica e il 23 luglio è stato eletto il primo presidente, Ram Baran Yadav.

NEPAL
Forma di governo: repubblica federale
Capitale: Katmandu
Superficie: 147 181 km²
Popolazione: 29 330 500 ab.
Lingua: nepalese
Moneta: rupia nepalese

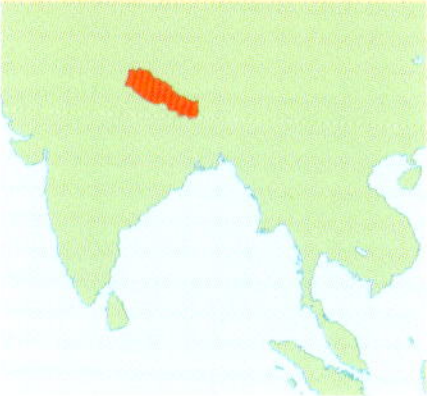

Neruda, Pablo

Pseudonimo di Neftalí Ricardo Reyes Basoalto, poeta cileno (1904-1973).

In *Venti poesie d'amore e una canzone disperata* (1924) la sua poesia ha un'indubbia sensualità, velata di malinconia, che si esprime in un canto irruento e appassionato.

Questa fase giunge a maturità con l'ermetica *Residenza sulla terra* (1933), forse il suo capolavoro. Nel 1971 ricevette il premio Nobel per la letteratura.

nervi

I nervi sono minuscole fibre composte da cellule chiamate *neuroni* e formano una rete complessa estesa in tutto il corpo chiamata *sistema nervoso*. Quando una parte del corpo entra in contatto con qualcosa, i nervi inviano al cervello un messaggio, o impulso, lungo la spina dorsale. Se avvertiamo dolore, viene inviato ai muscoli un messaggio che comunica a essi di allontanarsi da qualsiasi cosa stia provocando il dolore.

I nervi inviano anche i messaggi relativi ai sensi della vista, dell'udito e del gusto. Gli organi sensoriali sono dotati di speciali terminazioni nervose che rispondono al calore, alla luce, al freddo e ad altri stimoli. L'occhio, per esempio, contiene un grande nervo ottico che risponde a stimoli luminosi e trasmette messaggi dall'occhio al cervello, che li interpreta.

Le cellule nervose sono ricoperte da uno strato di grasso chiamato *guaina mielinica*. Senza questo strato le cellule nervose non potrebbero trasmettere correttamente i messaggi. Le persone affette da una malattia chiamata *sclerosi multipla* perdono l'uso dei muscoli perché la malattia distrugge questi strati di grasso.

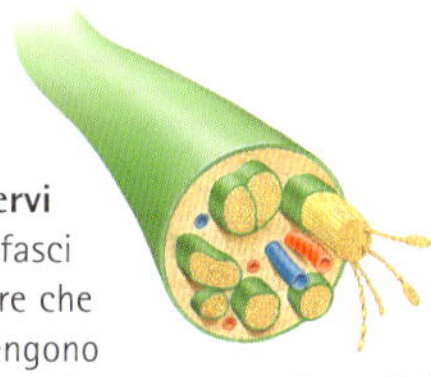

▷ I **nervi** sono fasci di fibre che contengono cellule chiamate *neuroni*. Trasportano impulsi da varie parti del corpo al cervello.

Nettuno

Il pianeta Nettuno deve il suo nome al dio romano dell'acqua e del mare.

È un grande pianeta del sistema solare, a circa 4,5 miliardi di km dal Sole. Soltanto Plutone è più lontano. Nettuno impiega 164,8 anni per compiere un'orbita intorno al Sole, mentre la Terra impiega soltanto 365

NETTUNO
Distanza media dal Sole: 4 499 milioni di km
Distanza minima dalla Terra: 4 497 milioni di km
Temperatura media: -210 °C
Diametro equatoriale: 49 528 km
Atmosfera: 85% idrogeno, 13% elio e 2% metano
Numero di lune: 13
Lunghezza del giorno: 19 ore e 12 minuti
Lunghezza dell'anno: 165 anni terrestri

▽ Se potessimo osservare **Nettuno** dalla più grande delle sue lune, Tritone, avrebbe questo aspetto. La luce emessa dal Sole non sarebbe più intensa di quella di una stella.

△ **New York** è spesso chiamata "la città che non dorme mai". A Manhattan le strade sono disposte come in una specie di reticolato e scorrono da nord verso sud e da ovest verso est.

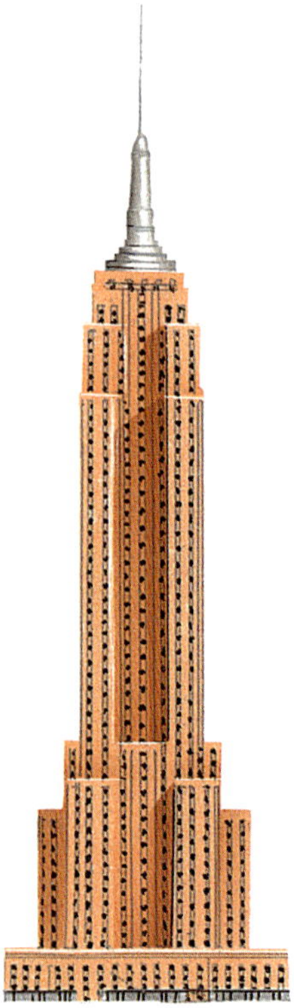

△ **New York** ospita alcuni tra gli edifici più alti del mondo, tra cui l'Empire State Building, alto 381 m.

giorni. Essendo così lontano dal Sole, Nettuno è molto freddo. Gli scienziati ritengono che la sua atmosfera sia simile a quella di Giove, principalmente composta da idrogeno. Nettuno ha tredici lune, e gli scienziati hanno di recente scoperto un sistema di sottili anelli attorno al pianeta.

I primi astronomi non erano in grado di vedere Nettuno ma ne conoscevano l'esistenza, perché sapevano che doveva esserci un altro corpo che influiva sull'orbita del pianeta vicino, Urano.

Nel 1845 due astronomi, l'inglese John Adams (1819-1892) e il francese Urbain Leverrier (1811-1877), stabilirono con calcoli matematici il punto in cui doveva trovarsi Nettuno.

L'anno successivo gli scienziati utilizzarono queste informazioni e individuarono il pianeta.

Newton, Isaac

Matematico e scienziato inglese (1642-1727). Fece alcune scoperte scientifiche tra le più importanti del mondo.

Lasciò l'università di Cambridge nel 1665, quando la peste ne provocò la chiusura, e nei 18 mesi trascorsi nell'attesa che riaprisse svolse i suoi lavori più importanti.

Gli esperimenti di Newton dimostrarono che la luce solare bianca è in realtà una combinazione di tutti i colori dell'arcobaleno (*vedi* **spettro**).

Studiando lo spettro di luce emessa da una stella o da un altro corpo luminoso, gli scienziati possono oggi scoprire di cosa è composto quel corpo.

Gli studi sulla luce condussero Newton a costruire il primo cannocchiale riflettore. Newton scoprì anche la *forza di gravità*. Si rese conto che lo stesso tipo di forza che fa cadere le mele dagli alberi conferisce peso agli oggetti e trattiene i pianeti in orbita attorno al Sole.

Newton definì le leggi del moto tuttora impiegate nella fisica e le sue scoperte resero possibili molte invenzioni degli anni successivi.

New York City

New York City è la città più grande degli Stati Uniti, con oltre 8 milioni di abitanti.

La città sorge su tre isole alla foce del fiume Hudson. L'isola di Manhattan è il cuore di New York, dove si possono ammirare molte vedute tra le più famose della città, come la *Quinta Strada*, la principale zona commerciale.

Navi provenienti da ogni continente ormeggiano al porto di New York, il più grande del mondo. New York è anche un grande centro affaristico e commerciale mondiale ed è famosa per i suoi bellissimi grattacieli.

New York ha probabilmente la popolazione più multietnica di qualsiasi altra città del mondo. La sua comunità nera è la più grande degli Stati Uniti e la comunità ebraica più numerosa del mondo vive proprio nell'area di New York. La città ha anche un quartiere italiano, *Little Italy*, e uno cinese, *Chinatown*.

Niagara, cascate

Le cascate del Niagara interrompono il corso del fiume Niagara, in America settentrionale, che collega il lago Eire al lago Ontario. Ogni minuto, 450 000 tonnellate di acqua compiono un salto di 50 m circa.

Le cascate si trovano sul confine tra il Canada e gli Stati Uniti: gran parte dell'acqua si riversa dalle Horseshoe Falls in Canada, il resto dalle cascate sul lato degli Stati Uniti.

È possibile ammirare le cascate dall'alto di torrette di osservazione oppure avvicinarsi dal basso a bordo di un'imbarcazione. Le imponenti dimensioni delle cascate del Niagara hanno stimolato il coraggio e l'ingegno dell'uomo per molti anni. Charles Blondin (1824-1897), per esempio, il 30 giugno 1859 attraversò le cascate camminando su una fune metallica tesa sopra di esse. Nel compiere questo grande salto, l'acqua erode lentamente la roccia sottostante. In questo modo la posizione delle cascate cambia di continuo: oggi si trovano infatti 11 km più a nord del punto in cui si trovavano quando per la prima volta l'acqua si riversò oltre di esse, migliaia di anni fa. Tra qualche altro migliaio di anni le cascate del Niagara così come le conosciamo potrebbero essere scomparse.

△ L'uccello tessitore maschio si appende al ramo di un albero e costruisce il **nido** intessendo lunghi fili d'erba. In questo modo attira una compagna: se il nido è di suo gradimento, la femmina lo riveste di piume.

Nicaragua

Il Nicaragua è uno stato dell'America centrale che si estende dall'oceano Pacifico, a ovest, al mar delle Antille, a est. La maggior parte della popolazione vive sulla costa occidentale, dove i terreni sono pianeggianti e ottimi per l'agricoltura. Il centro del paese, invece, è attraversato da una catena di alte montagne. L'agricoltura è la principale risorsa del paese, con prodotti come cotone, caffè, frutta e canna da zucchero. Il paese, però, è travagliato da gravi problemi economici, in parte dovuti al verificarsi di catastrofi naturali. Nel 1998 l'uragano Mitch devastò gran parte del Nicaragua, dell'Honduras e del Guatemala, uccidendo circa 10000 persone. Le montagne sono spesso scosse da terremoti. Regimi corrotti che proteggevano i privilegi dei pochi ricchi hanno dovuto fronteggiare la rivolta armata di gruppi comunisti sandinisti, che nel 2006 hanno riconquistato il potere con Ortega.

NICARAGUA
Forma di governo: repubblica
Capitale: Managua
Superficie: 130 373 km²
Popolazione: 5742800 ab.
Lingua: spagnolo
Moneta: cordoba

◁ Le **cascate del Niagara** sono uno dei fenomeni più spettacolari dell'America settentrionale. Sono in realtà composte da due enormi cascate, le *Horseshoe Falls* in Canada e le *American Falls* negli Stati Uniti.

nido

Un nido è un rifugio costruito da un animale in cui nascono e vengono allevati i piccoli. Gli uccelli costruiscono nidi quando sono pronti a deporre le uova: in alcune specie è la femmina a costruire il nido, mentre in altre collaborano anche i maschi. Alcuni nidi sono molto complicati e possono essere rivestiti internamente di lana, pelo o penne. Altri hanno strutture più semplici o sono decisamente poco curati.

Le folaghe vivono su ampie distese d'acqua, ma costruiscono il loro nido su pile di sassi o ramoscelli che emergono dalla superficie.

L'uccello fornaio sudamericano realizza nidi la cui forma ricorda i forni di un tempo, utilizzando fango e fili d'erba.

Anche alcuni mammiferi, come i topi e gli scoiattoli, costruiscono nidi per i loro piccoli, ma non sono elaborati come quelli degli uccelli.

Molti insetti creano invece i nidi più complessi che si osservano in natura, anche se non sono affatto simili a quelli degli uccelli. Spesso questi nidi sono costruiti per un intero gruppo di insetti, o colonia: all'interno solitamente c'è una regina, che depone le uova, e centinaia o migliaia di insetti operai che si prendono cura di esse.

La maggior parte delle api e delle vespe costruisce nidi di questo tipo, le vespe producendo una sostanza simile alla carta. La complessa struttura delle celle del nido di "carta" del calabrone fornisce un riparo sicuro ai piccoli. Le termiti, invece, costruiscono enormi nidi di fango.

△ I tuareg del deserto del Sahara, in Africa, sono **nomadi**. Vivono commerciando in cammelli e capre e dormono in tende fabbricate con la pelle degli animali.

Niger

Questa nazione dell'Africa occidentale è attraversata per un breve tratto dal fiume omonimo. A nordest si estende il vasto deserto del Teneré e il clima della regione è in genere arido. Tribù nomadi di tuareg vivono nel deserto spostandosi continuamente a dorso di cammelli, mentre altre vivono attorno alle oasi, in cui coltivano datteri e qualche cereale.

La maggior parte della popolazione si concentra invece lungo la valle del Niger. Il Niger ha conquistato l'indipendenza dalla Francia nel 1960, ma è costantemente travagliato da lotte con il movimento dei ribelli tuareg che chiedono l'indipendenza. Nel 2010 un colpo di stato militare ha deposto il presidente.

NIGER
Forma di governo: repubblica
Capitale: Niamey
Superficie: 1 267 000 km²
Popolazione: 14 693 000 ab.
Lingua: francese
Moneta: franco CFA

Nilo

Considerando come tratto iniziale il Kagera, che si getta nel lago Vittoria, il Nilo è il fiume più lungo della Terra, con 6 671 km di lunghezza, anche se alcuni ritengono che il Rio delle Amazzoni sia più lungo.

Il Nilo nasce in Burundi, nell'Africa centrale, e scorre verso nord attraverso l'Egitto fino a sfociare nel mar Mediterraneo. Il Nilo è importantissimo per gli agricoltori, che dipendono dalle sue acque per irrigare le loro coltivazioni. Enormi tubazioni che scorrono sotto il deserto trasportano l'acqua dal fiume alle città.

Nobel, premio

È un premio in denaro assegnato ogni anno a persone che hanno recato benefici all'umanità in diversi modi.

Tre premi riguardano le invenzioni o le scoperte nel campo della fisica, della chimica, della fisiologia e della medicina. Un quarto è per la letteratura e un quinto per l'impegno nel costruire o mantenere la pace tra i popoli. Il sesto è assegnato per l'economia.

Il denaro per i premi fu lasciato dal chimico svedese Alfred Nobel (1833-1896), inventore della dinamite, un esplosivo. Quando Alfred Nobel morì lasciò 9 milioni di dollari per l'istituzione dei premi che ora portano il suo nome.

Gli interessi che questo denaro frutta ogni anno sono utilizzati per i premi.

nodi

Il nodo è un sistema per fissare una fune, una corda o un filo. I nodi sono particolarmente importanti per i marinai e gli alpinisti, ma quasi tutti prima o poi si trovano nella necessità di dover usare un nodo.

I nodi sono usati per realizzare un cappio, legare un fascio o unire le estremità di due funi, oppure per legare una fune a un anello o a un palo. Nodi comuni sono il *nodo piano*, il *nodo scorsoio*, il *nodo parlato*, il *mezzo collo* e il *nodo di scotta*. Le estremità di due funi possono essere unite anche intrecciandone le fibre: in questo caso si parla di *impiombatura*.

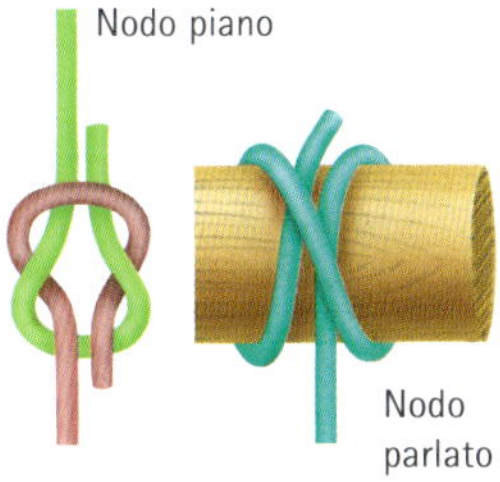

◁ Esistono moltissimi tipi diversi di **nodi** per vari scopi. La scelta del nodo giusto è fondamentale per la sua tenuta.

nomade

Chi non ha una dimora fissa è chiamato nomade. Molti nomadi vivono in territori dal clima troppo arido per consentire le coltivazioni: queste popolazioni possiedono mandrie di animali e si spostano da un luogo all'altro alla ricerca di pascoli per le bestie, dormendo in tende che portano con sé. Molti nomadi vivono tuttora nei grandi deserti dell'Africa e dell'Asia o nei loro dintorni.

nome

Un nome è una parola usata per definire qualcosa: una persona (Maria), un animale (leone), un oggetto (libro), una località (America) o una qualità (gentilezza).

Il soggetto di una frase è sempre un nome o un pronome. Un *pronome* è una parola che viene usata al posto di un nome. I pronomi più comuni sono i pronomi personali: io, tu, egli, ella, noi, voi, essi.

Norvegia

La Norvegia è uno stato dell'Europa settentrionale, con un territorio molto ampio a sud e stretto al centro e a nord, per lo più ricoperto da montagne boscose, rocce nude e distese di neve. Ripide insenature chiamate *fiordi* si aprono lungo le sue coste rocciose.

Le estati sono fresche e gli inverni molto lunghi. Nelle regioni artiche fa molto freddo, ma sulla costa il clima è più mite grazie alla corrente del Golfo. Con un referendum del 1994, il paese ha scelto di non aderire all'Unione Europea.

NORVEGIA
Forma di governo: monarchia costituzionale
Capitale: Oslo
Superficie: 323 782 km²
Popolazione: 4 858 199 ab.
Lingua: bokmål e nynorsk
Moneta: corona norvegese

▽ In Egitto, attorno alle rive del **Nilo**, i terreni sono fertili, ottimi per l'agricoltura. Gli egizi usavano il Nilo per irrigare le coltivazioni e trasportare merci.

I numeri di Peano

Giuseppe Peano conseguì importanti risultati nel campo della logica e dei fondamenti della matematica. Si devono a lui la rigorosa critica dei fondamenti dell'aritmetica, della geometria proiettiva e della teoria degli insiemi. Può considerarsi il fondatore della logica matematica, per la quale istituì il simbolismo tuttora usato. Quinto figlio di una famiglia di agricoltori, nasce a Tetti Galant, vicino a Cuneo. Frequenta la scuola del suo paese quindi continua gli studi a Cuneo e poi a Torino, dove si iscrive alla facoltà di matematica e si laurea a soli 22 anni. Nel 1880 diventa assistente universitario, nel 1887 viene nominato professore stabile alla Reale Accademia di Artiglieria e Genio, nel 1 890 diventa professore straordinario e quindi, nel 1895, professore ordinario. Nel 1889 pubblica *Arithmetices Principia nova methodo exposita,* opera, tutta il latino, famosa in tutto il mondo: la teoria dei **numeri** naturali si sviluppa a partire da cinque semplici proprietà, i cosiddetti *assiomi di Peano.*

nucleare, energia

Il minuscolo nucleo al centro dell'atomo contiene la forza più potente finora scoperta. Questa forza ci fornisce energia nucleare, talvolta chiamata energia atomica. L'elemento più pesante e con l'atomo più grande è l'uranio: il combustibile usato nelle centrali elettriche nucleari è una rara forma di questo metallo, chiamata *uranio 235*. L'energia prodotta dalle reazioni che avvengono nel nucleo dell'atomo è stata purtroppo utilizzata per la fabbricazione di ordigni nucleari, le cosiddette *bombe atomiche* o nucleari.

L'energia nucleare può essere controllata per produrre energia elettrica. In una centrale elettrica nucleare, barre di controllo vengono abbassate all'interno del reattore per mantenere la reazione stabile. L'uranio, però, si surriscalda molto e quindi il reattore è attraversato anche da un refrigerante, liquido o gas. Quando il refrigerante, dopo essersi scaldato, esce dal reattore, entra in una caldaia per produrre vapore: è questo vapore che alimenta i generatori che producono l'elettricità per le nostre case e fabbriche.

I gravi fatti della centrale nucleare di Fukushima, dopo lo tsunami del marzo 2011, hanno prodotto una riflessione, a livello planetario, sull'uso di energie alternative e meno rischiose di quella nucleare.

numero

Per scrivere un numero come 20 o 30, l'uomo dell'età della pietra disegnava 20 o 30 segni separati. In molte antiche caverne questi segni realizzati dagli uomini primitivi sono ancora visibili.

Con il passare del tempo, l'uomo inventò segni speciali o gruppi di segni per rappresentare i diversi numeri. Per secoli molti popoli hanno usato i numeri romani, anche se poco pratici.

Il numero 38, per esempio, in numeri romani è scritto così: XXXVIII.

Il sistema moderno è più semplice e usa i numeri arabi, utilizzati per la prima volta in India. Il numero più importante del nostro attuale sistema di numerazione è lo 0. Se scriviamo il numero 207, intendiamo due centinaia, nessuna decina e sette unità: senza lo 0 non potrebbe essere scritto.

Tutte le grandi civiltà avevano un metodo particolare di scrittura che comprendeva anche i numeri. I numeri scritti più antichi sono quelli usati dai babilonesi circa 5 000 anni fa.

Esistono numeri molto grandi. La popolazione mondiale, per esempio, è rappresentata da un numero altissimo, così come sarebbero enormi il numero di fili d'erba o quello delle foglie degli alberi, se li si potesse contare tutti. Il famoso scienziato greco Archimede (287-212 a.C.) inventò un metodo per esprimere i numeri molto grandi e per illustrarlo calcolò il numero di granelli di sabbia che sarebbero stati necessari per riempire l'universo. Si trattava di un numero molto grande ma comunque finito, ossia preciso. Archimede sapeva anche che alcuni numeri sono infiniti. Se continuiamo a contare 1, 2, 3, 4, 5… e così via, non arriveremo mai alla fine: questa serie di numeri è infinita.

nuoto

Il nuoto è la capacità di muoversi in acqua. Molti animali sanno nuotare dalla nascita, mentre l'uomo deve imparare, solitamente con l'aiuto di un istruttore qualificato.

I nuotatori di solito usano uno dei quattro stili di nuoto: *rana, farfalla, dorso* e *stile libero*. Il nuoto è una delle migliori forme di esercizio fisico, perché l'acqua sostiene il peso del corpo agevolando i movimenti.

Nuova Guinea

La Nuova Guinea è una delle isole più grandi del mondo, situata a nord dell'Australia nell'oceano Pacifico. Gli antenati degli attuali abitanti raggiunsero quest'isola dal Sudest asiatico circa 40 000 anni fa e svilupparono uno stile di vita basato sull'allevamento dei maiali e sulla coltivazione delle patate dolci, tuttora alla base dell'attuale allevamento e dell'agricoltura.

L'isola è politicamente divisa in due parti. La parte occidentale è chiamata *Papua Occidentale* (un tempo Irian Jaya) e appartiene all'Indonesia. La parte orientale è chiamata *Papua Nuova Guinea*, con una popolazione di oltre cinque milioni di abitanti.

Un tempo apparteneva all'Australia ma divenne indipendente nel 1975. La capitale è Port Moresby. La maggior parte della popolazione vive sugli altipiani centrali. Nei secoli, i villaggi isolati sulle montagne hanno sviluppato lingue proprie, tanto che a Papua Nuova Guinea si parlano oltre 800 lingue diverse. Molti abitanti delle isole del Pacifico, di conseguenza, hanno elaborato il cosiddetto *pidgin*, una lingua comune usata per gli scambi commerciali. La Nuova Guinea esporta principalmente tè, cacao, copra (cocco), rame e oro. Il turismo porta valuta straniera nelle isole del Pacifico e offre agli abitanti una ragione per conservare le tradizioni nel campo della danza, della musica e della cucina.

Nuova Zelanda

NUOVA ZELANDA
Forma di governo: monarchia costituzionale
Capitale: Wellington
Superficie: 270 626 km^2
Popolazione: 4 315 800 ab.
Lingua: maori e inglese
Moneta: dollaro neozelandese

La Nuova Zelanda è uno stato insulare dell'oceano Pacifico, 1 600 km a sudest dell'Australia, formato da due isole: l'Isola del Nord, famosa per le sorgenti calde e i vulcani, e l'Isola del Sud, attraversata da una catena di montagne, le Alpi Meridionali, e disseminata di laghi. Entrambe le isole presentano pianure e vallate. Il clima mite consente agli agricoltori di coltivare cereali, ortaggi e mele e di allevare pecore e bovini. La Nuova Zelanda è il terzo produttore mondiale di pecore e lana. Si calcola che vi si allevino circa 45 milioni di pecore.

I neozelandesi, chiamati anche *kiwi* dal nome del famoso uccello che non vola, tipico del paese, sono più di 4 milioni e l'85% circa di essi vive in centri urbani. La città più grande è Auckland, ma la capitale è Wellington, entrambe situate sull'Isola del Nord.

La Nuova Zelanda è membro del Commonwealth e molti abitanti discendono dai coloni britannici. Altri abitanti sono i *maori*, discendenti degli indigeni che vivevano in Nuova Zelanda prima che vi giungessero i coloni britannici nel 1769. Alla fine del XIX secolo la maggior parte dei maori era stata decimata dalle guerre e dalle malattie. Ora la popolazione maori è nuovamente in crescita e maori puri e discendenti dei matrimoni misti costituiscono il 14% della popolazione totale. Il governo della Nuova Zelanda ha restituito molte terre ai maori e la loro lingua è oggi una delle lingue ufficiali che vengono insegnate nelle scuole.

nutrizione

La nutrizione è il processo in base al quale noi assumiamo e utilizziamo gli alimenti. Gli esseri umani hanno bisogno di cibo per far funzionare il corpo e rifornirlo di energia.

La *malnutrizione* è un indebolimento generale dell'organismo causato dall'ingestione di cibo che non possiede sostanze nutritive sufficienti a mantenere il corpo sano e forte.

Le sostanze nutritive possono essere divise in sei gruppi: proteine, carboidrati, grassi, vitamine, minerali e acqua. Nessuna sostanza è più importante dell'altra, perché ognuna svolge una precisa azione. Una dieta bilanciata le contiene tutte.

▽ Una dieta equilibrata contiene tutte le sostanze necessarie per la corretta **nutrizione** e la salute di una persona. Un'ampia varietà di cibi e di liquidi deve essere assunta regolarmente per assicurare l'apporto all'organismo di sostanze nutritive sufficienti.

△ L'**oca** del Canada vola nella caratteristica formazione a V quando si sposta in stormo.

oca

Un'oca è un grosso e robusto uccello con il collo lungo e le zampe palmate, dal caratteristico verso schiamazzante.

Le oche vivono sia sulla terraferma che, soprattutto le specie selvatiche, sull'acqua.

occhio

L'occhio è l'organo della vista, diversamente complesso in vertebrati ed invertebrati. L'occhio umano si comporta in modo molto simile a una macchina fotografica, perché devia i raggi luminosi per formare le immagini degli oggetti.

I raggi luminosi penetrano nell'occhio attraverso una membrana trasparente chiamata *congiuntiva*. I raggi attraversano poi uno strato più rigido, sempre trasparente, chiamato *cornea*, che li devia. La lente, o *cristallino*, li mette a fuoco sulla *retina*, una membrana posta sul retro dell'occhio. L'immagine messa a fuoco è così "ricevuta" da terminazioni nervose

oasi

Un'oasi è un'area fertile del deserto in cui cresce la vegetazione. Può essere semplicemente un raggruppamento di palme o un'ampia area irrigata. Le oasi si sviluppano dove c'è acqua, in genere proveniente da fiumi o da sorgenti sotterranee che emergono in superficie, probabilmente alimentate dalla pioggia che cade su montagne vicine e si infiltra nella roccia fino a giungere sotto la superficie del deserto. L'uomo può creare oasi trivellando pozzi e scavando canali di irrigazione.

▽ Un'**oasi** può essere semplicemente formata da una sorgente e un gruppetto di palme. Alcune oasi, però, sono molto estese: ospitano una grande varietà di piante e animali e talvolta possono rifornire di acqua e cibo grandi città.

sensibili alla luce poste sulla retina, che inviano al cervello un messaggio lungo il nervo ottico. L'*iride* (la parte colorata dell'occhio) è un muscolo che si apre e si chiude per lasciare passare più o meno luce: questo ci consente di vedere sia nell'oscurità che in piena luce.

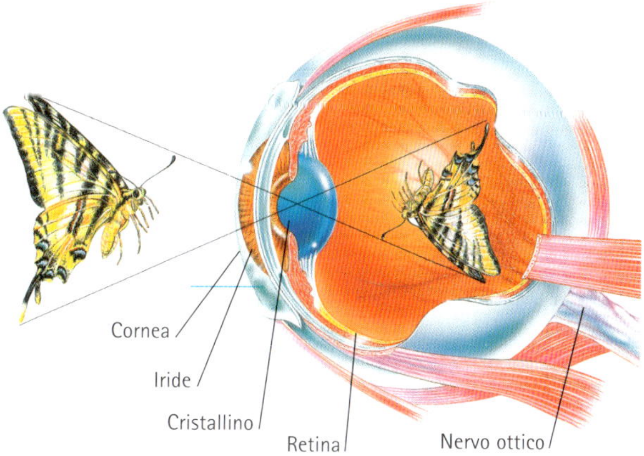

△ All'interno dell'**occhio** umano, l'immagine si forma capovolta sulla retina. Il cervello la analizza e la raddrizza, consentendoci di vedere la cose così come sono.

oceani, *vedi* pp. 274-275

Oceania, *vedi* p. 276

Ohm, George Simon

Fisico tedesco (1 787-1 854). Scoprì la legge, nota come *Legge di Ohm*, che regola la tensione, la resistenza e l'intensità di corrente in un circuito elettrico.

Olanda, *vedi* Paesi Bassi

olfatto

L'olfatto è un senso importante, al pari della vista e dell'udito. Gli esseri umani, come altri mammiferi, percepiscono gli odori attraverso il naso. Quando annusiamo l'aria, gli odori rilasciati dalle cose che ci circondano sono captati da cellule speciali che si trovano nel naso e inviano messaggi al cervello.

Il senso dell'olfatto è utile quando mangiamo perché ci aiuta a gustare i cibi e ci consente di capire quando un alimento si è deteriorato.

Gli animali hanno in genere un olfatto migliore degli uomini. I cani, per esempio, usano l'olfatto per inseguire le prede. Le falene sono prive di naso, ma possono comunque percepire gli odori: alcuni maschi sono in grado di sentire l'odore di una femmina a molti chilometri di distanza.

Olimpiadi

Le Olimpiadi sono la manifestazione sportiva più antica del mondo. Le prime ebbero luogo nel 776 a.C. a Olimpia, in Grecia, ma queste olimpiadi antiche terminarono nel 393 d.C.

Dal 1896, le Olimpiadi moderne internazionali si tengono ogni quattro anni in uno stato sempre diverso.

continua a p. 277

▽ Le **Olimpiadi** hanno visto, negli anni, il trionfo di molti atleti internazionali.
Ecco alcuni dei vincitori dal 1896 al 1996.

Thomas Burke, USA, 100 metri piani — Squadra canadese di hockey su ghiaccio — Attilio Pavesi, Italia, ciclismo — Dawn Fraser, Australia, nuoto — Joe Frazier, USA, pugilato — Nadia Comaneci, Romania, ginnastica artistica — Steffi Graf, Germania, tennis — Jan Zelezny, Repubblica Ceca, lancio del giavellotto

OCEANI

Gli oceani coprono quasi tre quarti della superficie della Terra. Se si versasse in 100 gigantesche cisterne tutta l'acqua presente sul pianeta, 97 sarebbero riempite soltanto dagli oceani.

▽ *Un atollo inizia come una scogliera corallina attorno a un'isola vulcanica (1). Mentre l'isola sprofonda lentamente, la scogliera si sviluppa verso l'alto (2). Infine, l'isola è completamente sommersa e tutto ciò che resta è l'atollo, che circonda una laguna (3).*

GLI OCEANI DEL MONDO

Gli oceani sono tre: il più vasto e profondo è l'oceano Pacifico, il secondo per grandezza è l'Atlantico, poco più della metà del Pacifico, e l'ultimo è l'oceano Indiano, più piccolo, ma più profondo dell'Atlantico. Il mar Glaciale Artico, un'estensione settentrionale dell'oceano Atlantico, talvolta è considerato il più piccolo e meno profondo degli oceani.

Gli oceani non sono mai fermi. I venti increspano la loro superficie in milioni di onde, la corrente del Golfo e altre correnti (alcune calde, altre fredde) li attraversano come fossero fiumi e ogni giorno la loro superficie si alza e si abbassa con le maree. D'inverno le acque dei mari polari ghiacciano e gli iceberg che si staccano possono andare alla deriva per centinaia di chilometri.

△ *Gli oceani e i mari del mondo occupano quasi il 71 per cento della superficie terreste.*

MOVIMENTI TETTONICI

La crosta terrestre è composta da un certo numero di grandi placche di roccia solida, o *zolle*, che galleggiano sulla roccia fusa sottostante, spostandosi l'una rispetto all'altra. I movimenti delle zolle fanno sì che il pavimento oceanico cambi sempre di forma, costantemente creato e distrutto da questi movimenti.

IL CICLO DELL'ACQUA

Gli oceani perdono continuamente acqua sotto forma di vapore che si leva dalla loro superficie per azione del calore del Sole, ma gran parte dell'acqua evaporata vi ritorna sotto forma di pioggia. L'acqua piovana che scorre sulla terraferma trasporta sali e altri minerali negli oceani. Se un serbatoio cubico con il lato di un chilometro venisse riempito di acqua marina, conterrebbe quattro milioni di tonnellate di magnesio. È dagli oceani, infatti, che proviene gran parte del magnesio utilizzato nella fabbricazione di oggetti come componenti per aerei, fuochi d'artificio, razzi luminosi di segnalazione e batterie.

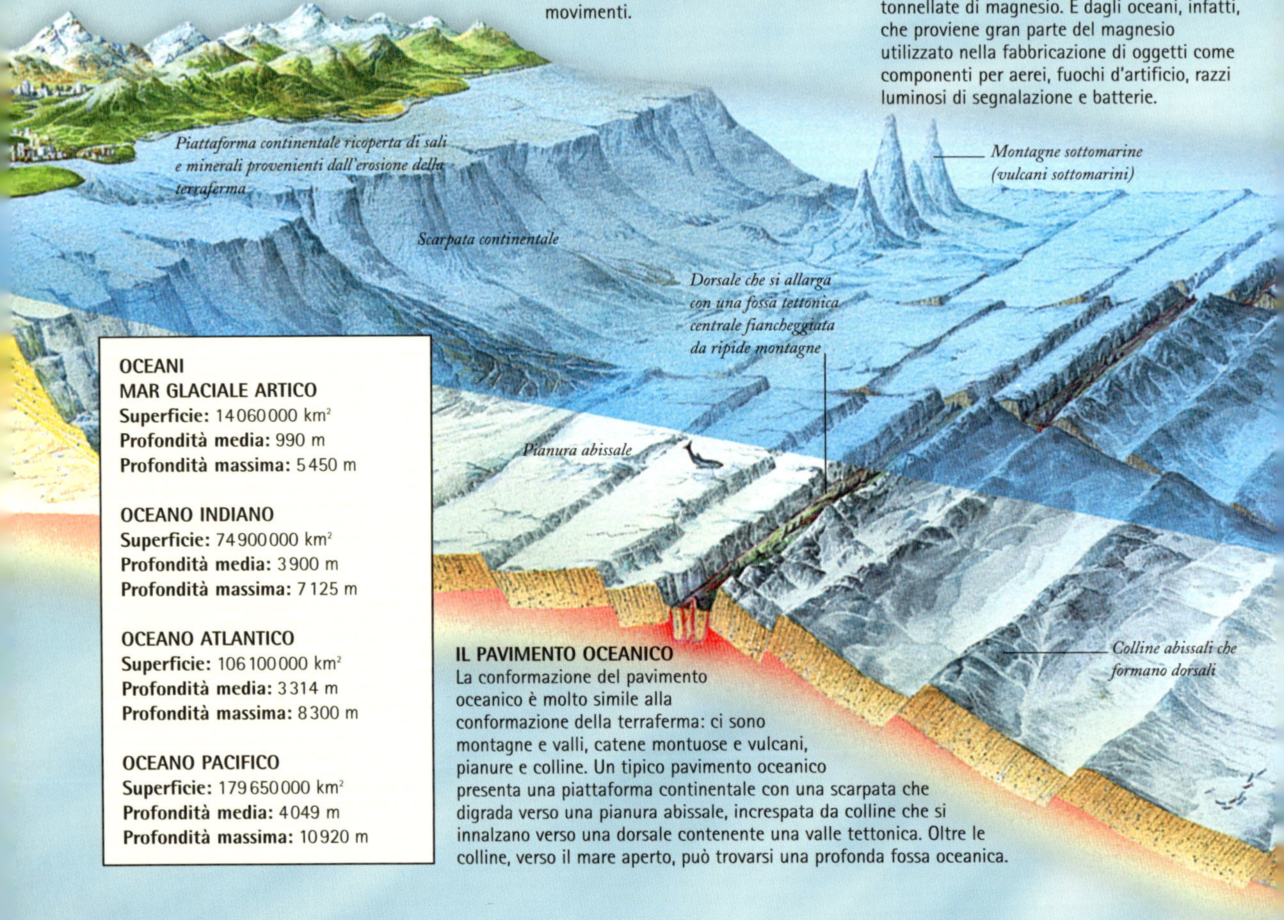

OCEANI

MAR GLACIALE ARTICO
Superficie: 14 060 000 km^2
Profondità media: 990 m
Profondità massima: 5 450 m

OCEANO INDIANO
Superficie: 74 900 000 km^2
Profondità media: 3 900 m
Profondità massima: 7 125 m

OCEANO ATLANTICO
Superficie: 106 100 000 km^2
Profondità media: 3 314 m
Profondità massima: 8 300 m

OCEANO PACIFICO
Superficie: 179 650 000 km^2
Profondità media: 4 049 m
Profondità massima: 10 920 m

IL PAVIMENTO OCEANICO

La conformazione del pavimento oceanico è molto simile alla conformazione della terraferma: ci sono montagne e valli, catene montuose e vulcani, pianure e colline. Un tipico pavimento oceanico presenta una piattaforma continentale con una scarpata che digrada verso una pianura abissale, increspata da colline che si innalzano verso una dorsale contenente una valle tettonica. Oltre le colline, verso il mare aperto, può trovarsi una profonda fossa oceanica.

VITA MARINA

Gli oceani ospitano innumerevoli esseri viventi, ma le forme di vita si trovano per lo più entro i 100 m di profondità, dove i raggi del Sole riescono a penetrare. I minerali contenuti nell'acqua marina costituiscono il nutrimento di minuscole piante che galleggiano nei pressi della superficie, piante che rappresentano una fonte di cibo per altri animali minuscoli, alcuni composti da una sola cellula. Nel complesso, questi minuscoli animali (*zooplancton*) e piante (*fitoplancton*) sono chiamati *plancton* e sono alla base dell'intera catena alimentare oceanica. Tutte le creature marine dipendono dal plancton stesso o da animali che si nutrono di esso. Per esempio, lo zooplancton si nutre di fitoplancton, ma entrambi vengono ingeriti da piccoli pesci, i quali, a loro volta, sono il nutrimento di predatori più grandi, che probabilmente sfamano uno dei predatori in cima alla catena alimentare, forse uno squalo.

ESPLORAZIONE DELLE PROFONDITÀ

L'esplorazione dei livelli più profondi degli oceani, a oltre 10 000 m di profondità, venne condotta inizialmente usando speciali veicoli sottomarini chiamati *batiscafi*. Oggi vengono ancora usati piccoli sommergibili per esplorare i mari, studiarne la vita, esaminare relitti come quello del *Titanic* e studiare la geologia del pavimento oceanico.

△ *Negli oceani vive un'enorme varietà di specie, alcune delle quali molto bizzarre, e ognuna occupa un proprio spazio a diversi livelli di profondità.*

1 Aringa 2 Capodoglio 3 Gambero 4 Chimera 5 Rana pescatrice 6 Macruride 7 Merluzzo 8 *Eurypharynx pelecanoides* 9 Picnogonide (ragno di mare), anelli tubicoli, mollusco bivalve, granchio fantasma 10 *Bathypterois dubius* 11 Tracina 12 *Chiasmodon* nero 13 Pesce lanterna 14 Pesce spada 15 Tonno pinna gialla 16 Calamaro gigante 17 Pesce martello 18 Barracuda 19 Caravella portoghese 20 Plancton 21 Testuggine verde 22 Leone marino 23 Delfino comune

La fossa oceanica più profonda del mondo è la *Fossa delle Marianne* al largo dell'isola di Guam, nell'oceano Pacifico. Questa fossa segna il punto in cui la zolla pacifica, che si muove velocemente, incontra la zolla delle Filippine, più lenta. Il suo punto più profondo è il Challenger Deep: qui la fossa si inabissa nella Terra per una profondità (10 920 m) superiore all'altezza a cui l'Everest, la montagna più alta del mondo, si innalza al di sopra del livello del mare (8 854 m).

VEDI ANCHE
acqua; Artide e Antartide; Atlantico, oceano; Indiano, oceano; minerale; montagna; Pacifico, oceano; sale; Terra

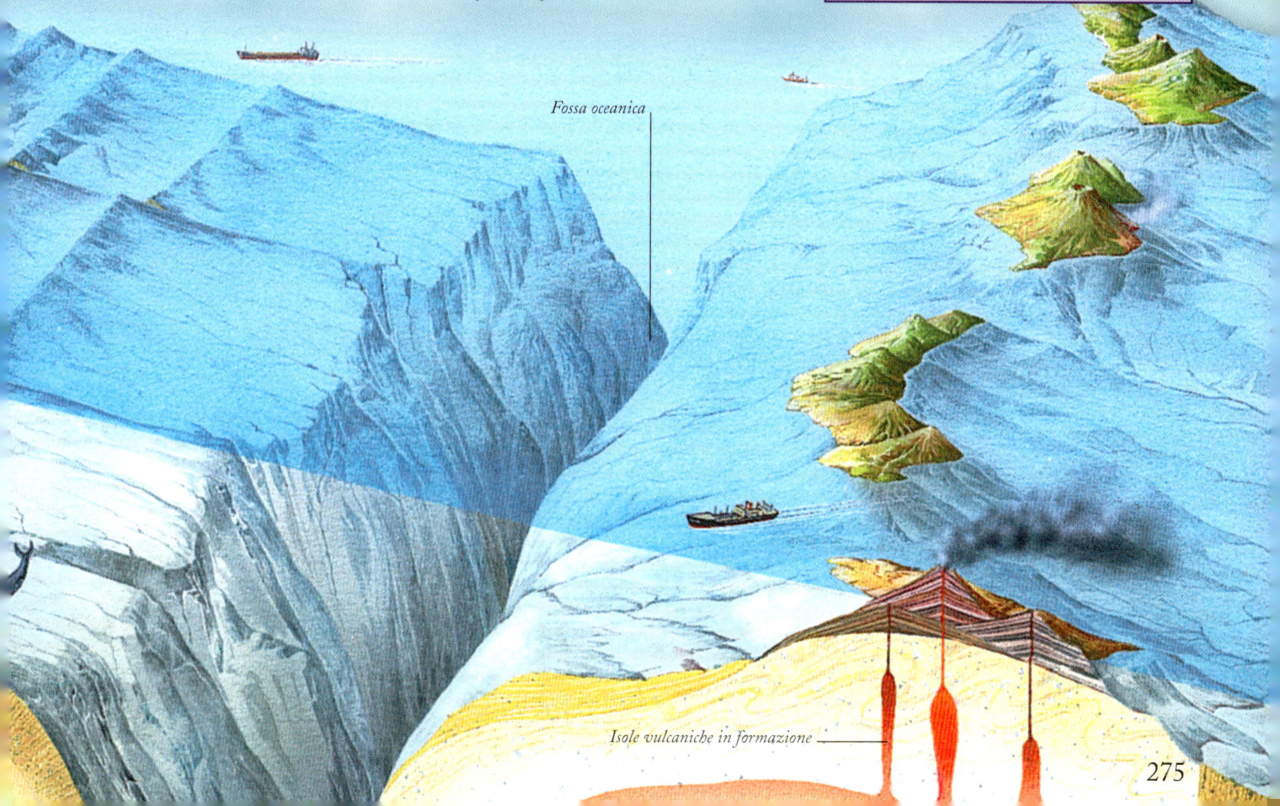

OCEANIA

Continente che comprende l'Australia (con la Tasmania), la Nuova Guinea, la Nuova Zelanda e un grandissimo numero di isole e arcipelaghi minori, sparsi nell'oceano Pacifico, e raggruppati convenzionalmente in Melanesia, Micronesia e Polinesia. Con una densità di 3 ab./km², l'Oceania è la parte del mondo meno popolata.

Sydney è la città più antica e più grande dell'Australia. È costruita attorno a un'ampia baia sulla costa orientale del paese. L'imponente sagoma della Sydney Opera House è famosa in tutto il mondo.

Il didgeridoo *è uno strumento aborigeno che produce un suono cupo e simile a un ronzio.*

DESERTI E VULCANI

L'Australia è la più antica tra le terre emerse ed è per la maggior parte occupata da un deserto arido e pianeggiante. Il resto dell'entroterra è ricoperto di zone erbose con alberi e cespugli sparsi. Queste calde pianure sono tra le zone più remote e scarsamente popolate del mondo. Le altre isole che compongono il continente sono invece più recenti e presentano molti vulcani ancora attivi.

MONTAGNE E FORESTE

L'Australia ha poche catene montuose. La principale è la Grande Catena Divisoria, che attraversa la costa orientale e separa i vasti deserti dell'entroterra da una striscia di terreno fertile lungo il mare. Sulle pendici di questi monti crescono foreste di eucalipti.

Foreste pluviali lussureggianti prosperano nell'estremo nordest dell'Australia, dove il clima è molto più umido. La Tasmania è una grande isola dal territorio prevalentemente montuoso al largo dell'estremità sudorientale dell'Australia.

BARRIERE CORALLINE

Una delle meraviglie più spettacolari dell'Oceania è rappresentata dalla *Grande Barriera Corallina*, situata al largo della costa nordorientale dell'Australia. Questa scogliera ha un'estensione di circa 2000 km ed è composta da oltre 2500 barriere più piccole e isole coralline.

▽ La Grande Barriera Corallina ospita un'incredibile varietà di specie marine.

STORIA

I primi abitanti dell'Oceania furono gli *aborigeni*, che dalle isole sperdute del Pacifico si spinsero fino all'Australia, su cui si insediarono e vissero da nomadi cacciando per procurarsi il cibo di cui si nutrivano.
Sul finire del XVIII secolo iniziarono ad arrivare i coloni dalla Gran Bretagna in cerca di una nuova vita, e si stabilirono principalmente in Australia e Nuova Zelanda.

UNA POTENZA PACIFICA NEL PACIFICO

Un vero sistema economico esiste soltanto in Australia e in Nuova Zelanda, ed è fondato principalmente sull'allevamento. Enormi mandrie di bovini e ovini pascolano nelle pianure dell'entroterra, dove il clima è troppo caldo per consentire l'agricoltura.
Gli allevamenti australiani di pecore producono un terzo della lana di tutto il mondo. Le estrazioni minerarie e la viticoltura sono altre attività molto importanti.
Nelle isole minori l'economia si basa principalmente sulla pesca e sul turismo.

OCEANIA
Superficie: 8 531 840 km²
Monte più alto: Wilhelm (Papua Nuova Guinea), 4 509 m
Massima depressione: lago Eyre, 16 m al di sotto del livello del mare
Lago più grande: Eyre (Australia), 9 583 km²
Fiume più lungo: Murray-Darling (Australia), 3 490 km
Città più popolata: Sydney (Australia), 4 399 722 ab.
Popolazione totale: 37 468 846 ab.

VEDI ANCHE
aborigeni; Australia; deserto; emù; Grande Barriera Corallina; marsupiali; Nuova Zelanda; Papua Nuova Guinea

UN MONDO A PARTE

L'Australia si staccò dalla massa dei continenti 65 milioni di anni fa. Da allora la sua flora e la sua fauna si sono gradualmente evolute in forme nuove e diverse. Molte specie sono uniche e non vivono in nessun'altra località del mondo.

Gli eucalipti australiani hanno la corteccia resistente al fuoco e possono crescere in condizioni desertiche. Animali tipici di questa terra sono i koala, i canguri e i vombati, tutti marsupiali. I mari sono abitati da numerosi delfini e balene in quelli più meridionali vivono anche le foche.

▽ I canguri sono diventati così comuni che in molte aree sono considerati animali nocivi.

continua da p. 273

Oltre 6000 atleti provenienti da più di 100 nazioni gareggiano negli sport più diversi e i vincitori non ricevono alcun premio in denaro ma soltanto medaglie. La cerimonia di apertura di ogni Olimpiade culmina nell'accensione della fiamma olimpica con una torcia proveniente dalla Grecia e trasportata da una staffetta di atleti e sportivi di tutte le nazionalità.

Dal 1924 si disputano giochi olimpici invernali organizzati due anni dopo ogni Olimpiade estiva. A Torino, in Italia, si è svolta dal 10 al 26 febbraio 2006 la XX Olimpiade Invernale. Le gare si sono disputate sia a Torino città che in altre otto località del Piemonte.

Le Olimpiadi del 2008, in Cina, sono iniziate alle 8:08 dell'8/08, perché per i cinesi questo numero porta fortuna.

olografia

L'olografia è una tecnica di realizzazione di immagini tridimensionali chiamate *ologrammi*, ottenute usando un raggio laser al posto della macchina fotografica.

Per realizzare un ologramma, un raggio laser viene diviso in due fasci: uno colpisce l'oggetto ed è riflesso su una lastra fotografica, mentre l'altro, opportunamente angolato da specchi, colpisce direttamente la lastra. La lastra fotografica viene quindi sviluppata e compare un'immagine in bianco e nero, l'*ologramma*. Quando l'*ologramma* è colpito da un raggio laser e viene osservato dal lato opposto rispetto alla fonte del laser, produce un'immagine tridimensionale dell'oggetto originale. L'immagine sembra reale, con profondità, larghezza e altezza, ma non ha i colori originali dell'oggetto: l'ologramma assume il colore del raggio laser. L'olografia fu inventata negli anni 60 del secolo scorso. Gli ologrammi, per esempio, potrebbero rivelarsi utili in medicina per esplorare il corpo umano.

Oman

L'Oman è uno stato situato nella parte sudorientale della penisola arabica, sul golfo Persico. Nella fertile pianura costiera si coltivano frutta (datteri in particolare) e ortaggi. Il petrolio è la principale fonte di ricchezza del paese. Gran parte della popolazione dell'Oman è costituita da nomadi.

OMAN
Forma di governo: sultanato
Capitale: Mascate
Superficie: 309 500 km²
Popolazione: 2 845 000 ab.
Lingua: arabo
Moneta: rial Omani

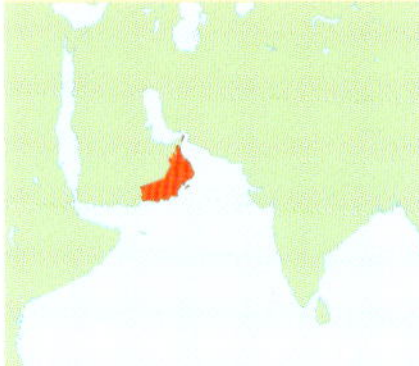

Omero

Poeta greco (forse 700 a.C.). Non si sa molto sulla sua vita, al di fuori del fatto che si suppone sia l'autore di due famosi poemi, l'*Iliade* e l'*Odissea*, dai

◁ In un episodio dell'*Odissea* di **Omero**, Ulisse e i suoi uomini incontrano le sirene, tre mostri metà donne e metà uccelli, le cui incantevoli voci attirano i marinai verso la costa rocciosa finché non vi si schiantano. Per riuscire a sfuggire alla tentazione, Ulisse si fa legare all'albero della nave e invita i suoi uomini a tapparsi le orecchie con la cera.

quali abbiamo tratto gran parte delle informazioni a noi note riguardo alla storia e ai miti greci. L'*Iliade* narra la storia della guerra di Troia, mentre l'*Odissea* racconta le avventure dell'eroe greco Odisseo, o Ulisse.

onda

Quando il vento soffia sul mare, solleva onde. Le dimensioni e la velocità di un'onda dipendono dall'intensità del vento e dal tratto di mare aperto su cui esso spira senza incontrare ostacoli.

Una leggera brezza provoca leggeri increspamenti, ma un temporale può produrre onde più alte di una casa.

Sebbene le increspature e le onde attraversino il mare, l'acqua in realtà non si muove con esse: ogni onda solleva semplicemente le particelle d'acqua, le spinge in avanti, le fa scendere e le riporta indietro nella posizione di partenza. Questo spiega perché gli oggetti che galleggiano si muovono soltanto verticalmente e non si spostano con le onde.

Le onde più grandi sono gli *tsunami*, originati da terremoti, frane o vulcani sottomarini. Le onde *tsunami* a volte producono inondazioni lungo le coste e possono provocare un gran numero di vittime. Nel 2004, un terremoto in Indonesia ha originato uno *tsunami* che ha raggiunto le coste della Tanzania, in Africa, lasciando dietro di sé molte vittime. Nel marzo 2011, un terremoto nel nord del Giappone ha provocato onde *tsunami* alte oltre 10 metri che si sono abbattute sulla costa spazzando via interi villaggi. Le onde possiedono un'energia che può essere sfruttata da una macchina sperimentale rappresentata da un braccio galleggiante munito di dispositivi chiamati *nodding duck*, ossia "anatra che annuisce", ognuno contenente un piccolo generatore. Quando le onde fanno muovere su e giù il "becco" di ogni anatra, i generatori producono elettricità.

▽ Gli appassionati di surf viaggiano per il mondo alla ricerca dell'"**onda** perfetta". I polinesiani (delle Hawaii, nel Pacifico) inventarono il surf molti secoli fa e lo chiamarono *he'e nalu* ("scivolo sulle onde").

ONU

Dal 3 luglio 2006 gli stati che fanno parte dell'ONU sono 192. L'Organizzazione delle Nazioni Unite fu fondata nel 1945, dopo la seconda guerra mondiale, per discutere problemi, negoziare soluzioni e aiutare i popoli di tutto il mondo. Ogni stato membro invia delegati agli incontri dell'Assemblea Generale che si tengono a New York, USA.

L'Assemblea Generale suggerisce il comportamento che le nazioni dovrebbero adottare. Non può costringerle a seguire le sue indicazioni, ma il Consiglio di Sicurezza può chiedere agli stati membri di inviare truppe in aree problematiche del mondo per mantenere la pace, fare smettere di combattere e proteggere i civili coinvolti nei conflitti. Le Nazioni Unite operano attraverso 15 agenzie per promuovere la salute, l'istruzione e l'intesa culturale tra i popoli. L'organizzazione per l'alimentazione e l'agricoltura, *Food and Agriculture Organization* (*FAO*) aiuta le nazioni ad aumentare la produzione alimentare, l'Organizzazione Mondiale della Sanità (*OMS*) combatte le malattie, mentre il Fondo Monetario Internazionale (*FMI*) fornisce supporti finanziari. L'ONU ha sede a New York. Dal 1° gennaio 2007 il segretario generale è Ban Ki-Moon, che ha sostituito Kofi Annan.

opera

Un'opera, detta anche opera lirica o melodramma, è uno spettacolo teatrale con la musica in cui gli "interpreti" sono cantanti che si esprimono quasi esclusivamente cantando. Nella cosiddetta *buca dell'orchestra*, al di sotto del livello del palcoscenico, un'orchestra accompagna i cantanti.

La prima opera fu eseguita in Italia quasi 400 anni fa. Famosi compositori di opere sono Mozart, Verdi, Puccini e Wagner. Altre opere più brevi e di tono più leggero e scherzoso sono chiamate *operette*.

Dalle operette del XIX secolo ebbero origine le divertenti commedie musicali del XX secolo.

△ L'**opera** è una forma di intrattenimento molto amata. Wagner progettò un teatro d'opera a Bayreuth nel 1876 per poter mettere in scena la rappresentazione completa del suo ciclo dell'*Anello del Nibelungo*.

opossum

Gli opossum sono marsupiali che vivono nell'America settentrionale e meridionale. Alcuni hanno l'aspetto di ratti, altri sono simili ai topi.

L'opossum della Virginia è grande quanto un gatto ed è l'unico marsupiale dell'America settentrionale. Mangia dopo il tramonto e si arrampica sugli alberi, aggrappandosi con la coda.

L'opossum ha vista e udito acutissimi e mangia qualsiasi cosa trovi, viva o morta. In caso di pericolo resta immobile e finge di essere morto. Da una femmina di opossum possono nascere fino a 30 piccoli alla volta, ognuno non più grande di un'ape, ma soltanto pochi di essi sopravvivono.

Come tutti i marsupiali, gli opossum danno alla luce piccoli ancora molto immaturi, che quindi dipendono dalla madre per sopravvivere.

△ Quando un piccolo di **opossum** americano raggiunge i tre mesi circa di età è in grado di farsi trasportare sulla schiena dalla madre.

orango

Questa grande scimmia dal pelo rossiccio vive nelle isole di Borneo e Sumatra, nel Sudest asiatico. Il suo nome deriva dal malese e significa "uomo dei boschi".

Il maschio pesa quanto un uomo, ma è più basso di statura. Gli oranghi usano le lunghe zampe anteriori, vere e proprie braccia, per oscillare da un ramo all'altro degli alberi alla ricerca di frutti e foglie da mangiare. Ogni notte si preparano un nido tra le fronde, protetto dalla pioggia da un tetto di foglie.

Gli oranghi vivono soli o in piccoli gruppi familiari. Il loro principale nemico è l'uomo: i cacciatori, infatti, catturano di frodo i piccoli per venderli agli zoo, tanto che oggi gli oranghi rischiano l'estinzione.

◁ L'**orango** è la scimmia più grande dopo il gorilla; un maschio adulto può raggiungere il peso di 90 kg. Le zampe anteriori sono molto più lunghe di quelle posteriori e la fronte è molto alta. Il maschio ha i baffi e la barba, ma il resto del muso è privo di pelo.

orbita

Un'orbita è la traiettoria curva compiuta da un oggetto che ruota attorno a un altro oggetto nello spazio celeste. I satelliti artificiali e la Luna ruotano attorno alla Terra lungo un'orbita e ogni pianeta, Terra compresa, segue una propria orbita attorno al Sole.

Un oggetto in orbita cerca di muoversi in linea retta, ma è attratto dalla forza gravitazionale dell'oggetto attorno al quale orbita. Un tempo si pensava che i pianeti si muovessero lungo un'orbita circolare, ma in effetti la forma della traiettoria è più simile a un cerchio appiattito, o *ellisse*.

orchestra

Un'orchestra è un grande gruppo di musicisti che suonano insieme.

Il termine "orchestra" anticamente

significava "luogo delle danze": nei teatri dell'antica Grecia, infatti, i danzatori e i musicisti si esibivano in uno spazio compreso tra il pubblico e il palcoscenico.

Quando in Italia fu inventata l'opera, i teatri disposero i musicisti allo stesso modo e gradualmente la gente cominciò a usare la parola orchestra per descrivere il gruppo di musicisti e non il luogo che essi occupavano.

L'orchestra moderna deve molto al compositore Haydn, il quale ordinò gli strumenti al suo interno dividendoli in quattro gruppi principali: gli strumenti a corde, ad arco, i fiati (divisi in legni e ottoni) e le percussioni. Solitamente le orchestre sono guidate da un direttore.

I solisti provano con l'orchestra e il *direttore* ha il compito di coordinare tutti i musicisti, che possono essere anche più di cento.

△ I grandi **organi** da chiesa sono dotati di una o più tastiere e di diverse file di canne. Spesso sono riccamente decorati.

orchidea

Esistono oltre 15 000 specie di queste rare e bellissime piante, diffuse soprattutto nelle foreste pluviali. Molte crescono proprio sugli alberi e hanno radici libere che traggono il nutrimento dall'aria umida. Solitamente ogni tipo di orchidea viene fecondato da un tipo specifico di insetto, ma alcune possono essere impollinate dalle chiocciole o dai colibrì.

L'*orchidea di Fuchs*, diffusa anche alle nostre latitudini, cresce in luoghi erbosi, umidi o asciutti, e nelle foreste più rade. I suoi habitat sono oggi minacciati dai moderni metodi agricoli.

▽ Molte api e colibrì che vivono nella foresta pluviale si nutrono del nettare e del polline delle **orchidee**, contribuendo così alla loro impollinazione trasportando il polline di pianta in pianta.

orecchio

L'orecchio è l'organo che ci dona il senso dell'udito e ci consente di mantenere l'equilibrio. È composto da tre parti principali: l'orecchio esterno, l'orecchio medio e l'orecchio interno.

L'*orecchio esterno* è costituito dalla parte visibile (il *padiglione auricolare*) e dal canale che conduce dall'esterno fino all'interno del cranio. I suoni giungono all'orecchio esterno sotto forma di vibrazioni o onde sonore. Grazie alla sua forma, il padiglione auricolare raccoglie queste onde e le convoglia lungo il canale, chiamato *condotto uditivo*.

Il suono giunge così all'*orecchio medio*: qui le onde fanno muovere avanti e indietro il *timpano*, una sottile "pellicina" che chiude l'ingresso dell'orecchio medio. Il movimento del timpano fa vibrare minuscole ossa contenute all'interno dell'orecchio medio, la *staffa*, l'*incudine* e il *martello*.

Le vibrazioni si trasmettono quindi all'*orecchio interno*, dove agitano un liquido contenuto nella *chiocciola*, così chiamata per la sua somiglianza con la conchiglia del mollusco omonimo. I nervi all'interno della chiocciola trasformano le vibrazioni in messaggi elettrici che vengono trasmessi al cervello.

L'orecchio interno possiede anche tre canali semicircolari contenenti un liquido e dai quali partono segnali inviati al cervello che ci consentono di mantenere l'equilibrio.

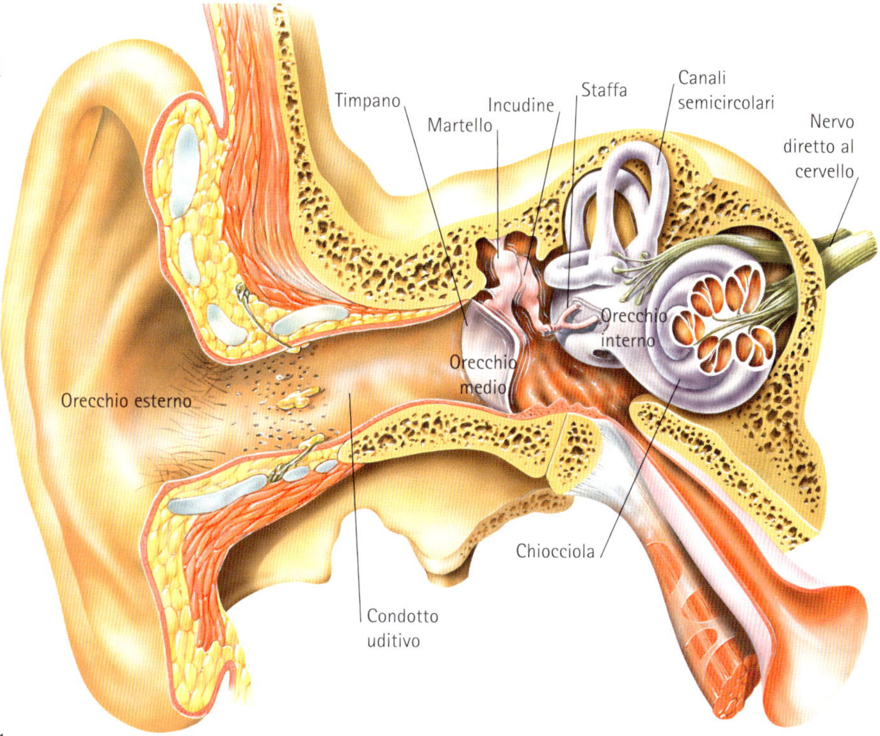

△ L'**orecchio** è un organo complesso e molto delicato. Le onde sonore sono convogliate dall'orecchio esterno alla chiocciola, o coclea, dove vengono trasformate in messaggi elettrici.

organo

Gli organi a canne sono strumenti musicali provvisti di numerose canne di altezza e larghezza diversa, ognuna delle quali, quando è attraversata dall'aria, produce un suono speciale. Gli organi più grandi hanno più di 30 000 canne. L'organista suona l'organo premendo tasti disposti in file chiamate *manuali*, ognuno dei quali controlla una diversa serie di canne.

Leve o manopole chiamate *registri* consentono all'organista di combinare diversi gruppi di canne. Gli organi elettronici hanno un suono simile, ma sono privi di canne.

oritteropo

L'oritteropo è un mammifero che si nutre di termiti. Con i robusti artigli apre i nidi di questi insetti e vi infila la lunga lingua vischiosa, alla quale restano appiccicate centinaia di termiti. L'oritteropo vive in aperta campagna nell'Africa centrale e meridionale. È un animale schivo con grandi orecchie simili a quelle dell'asino, abilissimo nello scavare tane sotterranee. Se si sente in pericolo, scava a tutta velocità un buco in cui nascondersi.

◁ L'**oritteropo** usa il suo olfatto sviluppatissimo per individuare i nidi di termiti, che distrugge per catturare i gustosi insetti con la lingua appiccicosa.

ormoni

Gli ormoni sono "messaggeri" chimici, sostanze che si trovano in tutti gli animali e le piante. Negli animali gli ormoni sono prodotti da organi chiamati *ghiandole*, situate in varie parti del corpo. Da queste ghiandole, i diversi ormoni sono trasportati ad altre parti del corpo attraverso il sangue.

La ghiandola pituitaria, o *ipofisi*, situata alla base del cranio, produce numerosi ormoni che coordinano la secrezione ormonale da parte delle altre ghiandole. La *tiroide*, per esempio, situata nel collo, è stimolata dalla ghiandola pituitaria a produrre un ormone che controlla la velocità con cui gli alimenti vengono utilizzati dal corpo. Una quantità insufficiente di questo ormone rende le persone sovrappeso.

L'*adrenalina*, invece, è prodotta dalle ghiandole surrenali, situate sopra ai reni. La sua produzione è controllata da messaggi nervosi ed è stimolata quando si è spaventati o agitati. Quando l'adrenalina scorre nel sangue, il cuore batte più velocemente, la pressione sanguigna aumenta e l'organismo si prepara per un'intensa fatica fisica.

Oggi molti ormoni possono essere prodotti in laboratorio e somministrati per aiutare chi è affetto da malattie provocate dalla mancanza di alcuni di essi. L'*insulina*, per esempio, è un ormone usato nella cura del diabete, una malattia che determina una quantità eccessiva di zucchero nel sangue.

ornitorinco

L'ornitorinco è un mammifero australiano che depone uova. Il suo nome significa "becco d'uccello": l'animale possiede infatti una specie di becco piatto simile a quello delle anatre, che usa per cercare vermi e insetti sott'acqua.

L'ornitorinco usa le zampe palmate per nuotare nei fiumi, lungo le cui rive costruisce la sua tana. La femmina depone in un nido piccole uova dal guscio morbido, delle dimensioni di una bilia.

△ L'**ornitorinco**, con il suo bizzarro becco d'anatra, è soltanto uno dei molti animali insoliti che vivono in Australia e in Nuova Zelanda. Queste due isole si staccarono dalla massa continentale milioni di anni fa quando i continenti si separarono, e gli animali che vi vivevano si svilupparono in totale isolamento da quelli di qualsiasi altro luogo.

▽ Sul finire del XIX secolo, si ebbe la cosiddetta "febbre dell'**oro**" in Canada, Repubblica Sudafricana, Nuova Zelanda, Stati Uniti e Australia. La gente accorreva in massa in questi Paesi in cerca di fortuna.

oro

L'oro è un metallo di colore giallo, molto morbido, che non arrugginisce mai. Sottili filoni d'oro si formarono nelle rocce molto tempo fa da gas e liquidi ad alta temperatura che salivano dalle profondità della Terra. Metà dell'oro del mondo viene estratto nella Repubblica Sudafricana. Quando le rocce vengono erose, grumi d'oro, chiamati *pepite*, possono finire nei letti di ruscelli e fiumi.

L'oro è molto bello ma piuttosto scarso, per questo è tanto prezioso. La maggior parte dell'oro del mondo è conservata nelle banche in barre a forma di mattone chiamate *lingotti*. I gioielli sono realizzati con oro mescolato ad altre sostanze che lo rendono più resistente.

orologio

Molto tempo fa l'uomo misurava il tempo piantando un bastoncino nel terreno e osservando la sua ombra che si spostava con il movimento del Sole rispetto all'orizzonte. Le meridiane funzionano allo stesso modo, ma questi orologi solari sono utili soltanto quando splende il Sole. I primi orologi meccanici furono realizzati in Europa nel XIII secolo, sebbene è probabile che i cinesi possedessero tipi molto semplici di orologi già nel 600. Gli orologi europei furono usati inizialmente in chiese e monasteri per segnalare gli orari delle funzioni religiose.

I primi orologi erano poco precisi e potevano perdere o guadagnare un'ora al giorno. Nel 1583 Galileo scoprì che per misurare il tempo poteva essere usato il pendolo e la sua scoperta contribuì alla creazione di orologi più precisi. Molti altri miglioramenti furono apportati e gli orologi comuni hanno ora un'altissima precisione, con uno scarto di pochi minuti all'anno.

Oggi gli scienziati necessitano di orologi precisissimi e hanno inventato prima l'orologio elettrico e poi quello al quarzo. Un orologio al quarzo (il tipo usato in molti modelli da polso) indica il tempo misurando le vibrazioni di un cristallo di quarzo posto al suo interno.

△ Uno dei primi tipi di **orologio** fu la *meridiana*: l'ombra che essa proietta si sposta con il movimento del Sole nel cielo e indica l'ora su un apposito quadrante posto alla base su cui sono riportate le ore.

orso

Gli orsi sono diffusi in tutto il mondo, tranne che in Africa e in Australia. Hanno arti corti e robusti, provvisti di lunghi artigli per scavare e catturare le prede, e la testa molto grande, dotata di forti mandibole.

Non hanno la vista molto acuta, ma l'olfatto è eccezionale. Si muovono lentamente e spesso sembrano goffi, ma possono correre abbastanza velocemente, se necessario, e molti riescono anche ad arrampicarsi sugli alberi.

Esistono sette specie di orsi, comprendenti alcuni dei più grandi carnivori del mondo. L'orso dalle dimensioni maggiori è l'*orso bruno* dell'Alaska, che può superare i 750 kg di peso. Appartiene alla stessa specie dell'orso grigio o *grizzly* dell'ovest dell'America settentrionale e dell'orso bruno europeo e siberiano.

L'*orso polare* vive nelle regioni innevate dell'Artide, dove riesce a mimetizzarsi perfettamente grazie al mantello completamente bianco. Gli altri cinque tipi di orsi hanno il mantello nero: sono il *baribal*, o *orso nero americano*, l'*orso nero asiatico*, l'*orso dagli occhiali*, l'*orso labiato* e l'*orso*

▽ Nonostante la loro mole, gli **orsi** sono in realtà molto schivi e attaccano soltanto se disturbati o minacciati.

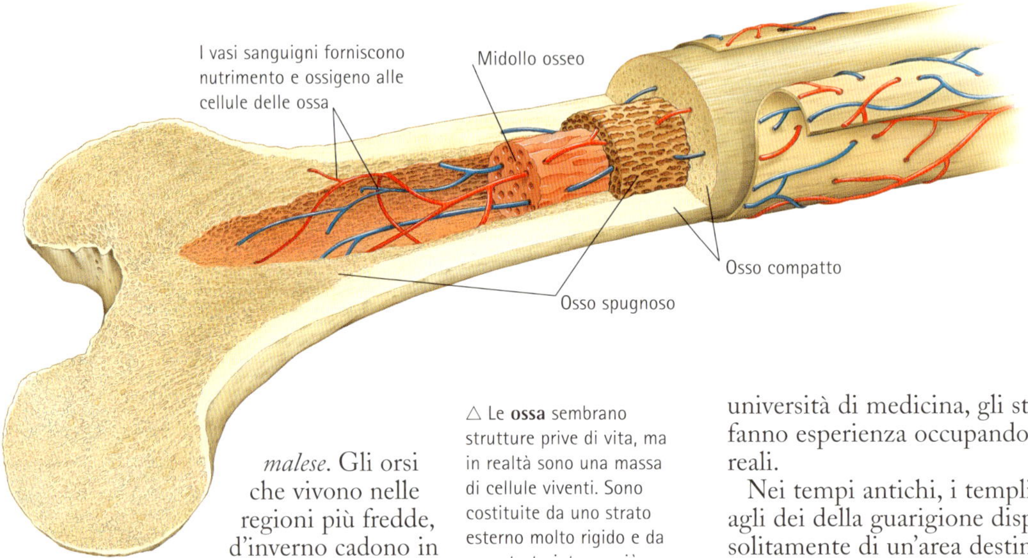

△ Le **ossa** sembrano strutture prive di vita, ma in realtà sono una massa di cellule viventi. Sono costituite da uno strato esterno molto rigido e da uno strato interno più morbido chiamato *osso spugnoso*.

malese. Gli orsi che vivono nelle regioni più fredde, d'inverno cadono in letargo.

Gli orsi bruni e gli orsi neri mangiano quasi ogni cosa, comprese foglie, radici, frutti, miele, vermi, pesci e piccoli animali. Gli orsi polari cacciano piccole balene e foche, mentre gli orsi labiati sono di gusti più difficili e si nutrono soltanto di formiche e termiti. Nel 2008, l'orso polare è stato dichiarato a rischio di estinzione.

ortaggi, *vedi* verdure

ospedale

Gli ospedali sono i luoghi in cui i medici e gli infermieri curano le persone malate, chiamate *pazienti*, e cercano di migliorare le loro condizioni.

Esistono due tipi di ospedali: gli *ospedali generici o policlinici*, che si occupano di tutto, dalle ferite accidentali alle malattie infettive, e gli *ospedali specializzati* in certe aree della medicina, come, per esempio, gli *ospedali pediatrici* dove si curano i bambini e gli *ospedali geriatrici* per gli anziani. Negli ospedali annessi alle università di medicina, gli studenti fanno esperienza occupandosi di casi reali.

Nei tempi antichi, i templi dedicati agli dei della guarigione disponevano solitamente di un'area destinata a ospedale, dove i malati si recavano per pregare ed essere curati. In seguito, nel Medioevo, sorsero ospedali annessi ai monasteri, gestiti da monaci e suore, ma negli ultimi 200 anni gli ospedali non religiosi sono diventati più comuni. In molti Paesi, gli ospedali finanziati dallo stato forniscono cure mediche gratuite a tutti i malati.

La sanità pubblica è uno dei settori principali in cui i governi spendono il denaro raccolto attraverso le tasse.

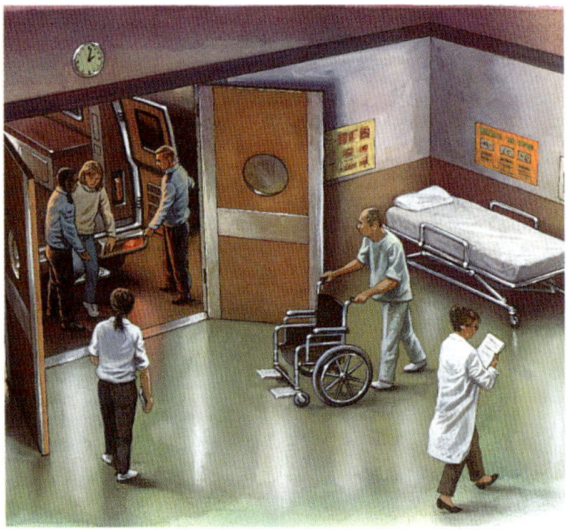

▷ Molti **ospedali** moderni sono grandi organizzazioni che utilizzano centinaia di persone impiegate in ogni genere di lavoro. Gestire un grande ospedale è un'impresa estremamente costosa e complicata.

ossa

Le ossa costituiscono l'intelaiatura rigida che sostiene i muscoli e gli organi interni di tutti i *vertebrati* (animali dotati di colonna vertebrale).

Tutte le ossa sono composte dalla stessa sostanza, principalmente *calcio*, un elemento presente nel calcare, nel gesso e in alcuni alimenti come il latte e i formaggi. Le ossa sono dure all'esterno e morbide all'interno. Il midollo osseo, che occupa la cavità centrale dell'osso, produce i globuli rossi del sangue.

Lo scheletro umano è composto da quattro tipi di ossa: le *ossa lunghe*, come quelle delle braccia e delle gambe, le *ossa piatte*, come quelle della scatola cranica, le *ossa corte*, tra cui quelle delle caviglie e dei polsi, e le *ossa irregolari*, come quelle che costituiscono la colonna vertebrale. Quando si fratturano, le ossa possono saldarsi nuovamente, se le estremità della frattura vengono riavvicinate o disposte in modo adeguato, perché le cellule in queste estremità producono una sostanza che aiuta l'osso a rinsaldarsi nuovamente. Un osso riparato in questo modo è robusto come prima della frattura. Con l'avanzare dell'età, però, le ossa degli anziani diventano fragili e si fratturano più facilmente.

ossigeno

L'ossigeno è un gas incolore e inodore, uno degli elementi più abbondanti e diffusi sulla Terra: ogni cinque parti di aria, una è di ossigeno.

L'ossigeno si trova anche nell'acqua e in molte rocce: gran parte del peso dell'acqua e metà di quello delle rocce è da attribuirsi all'ossigeno che esse contengono.

Il fuoco ha bisogno dell'ossigeno per bruciare, mentre quasi tutti gli esseri viventi necessitano di ossigeno per respirare e per ricevere l'energia necessaria a rimanere in vita.

△ Le candele hanno uno stoppino che viene incendiato per produrre luce, ma perché la fiamma bruci occorre la presenza dell'**ossigeno**.

Gli animali hanno bisogno di più ossigeno per potersi muovere, mentre le piante liberano ossigeno nell'aria.

ostrica

Le ostriche sono molluschi con il corpo morbido protetto da un'ampia conchiglia a due valve, molto ruvida all'esterno. L'interno della conchiglia di un'*ostrica perlifera*, ossia di un'ostrica che produce perle, è invece costituita da liscia e lucente madreperla.

Diversi tipi di ostriche sono commestibili e vengono allevati nelle basse acque costiere. Le ostriche si attaccano a conchiglie vuote, scogli o pali di legno infissi sui fondali marini e quando sono abbastanza grandi vengono raccolte.

Un'ostrica produce una perla quando all'interno della sua conchiglia penetra un corpo estraneo, come un granello di sabbia. Per bloccare l'irritazione provocata dalla sabbia, l'ostrica deposita attorno al granello una sostanza, la madreperla, che lentamente si accumula dando origine a una perla.

△ Tonnellate di **ostriche** vengono raccolte ogni anno per la passione dei buongustai. Le *ostriche perlifere* vengono invece allevate per le perle, utilizzate nella fabbricazione dei gioielli.

Ottawa

Ottawa è la capitale del Canada ed è la terza città del paese, con una popolazione di circa un milione di abitanti. È situata nella provincia dell'Ontario, nel Canada sudorientale, ed è attraversata dai fiumi Ottawa e Rideau.

Il monumento più famoso di Ottawa è il Parlamento, posizionato su una collina sovrastante il fiume Ottawa, con la caratteristica Peace Tower (Torre della pace) con ben 53 campane.

P

△ L'oceano Pacifico è l'oceano più esteso della Terra. La sua profondità media è di 4049 m, ma il punto più profondo è l'*Abisso Vitjaz* nella Fossa delle Marianne, a 11022 m dalla superficie.

Pacifico, oceano

È il più esteso e profondo degli oceani. Le sue acque coprono oltre un terzo della superficie del pianeta e il suo punto più profondo potrebbe sommergere completamente la montagna più alta del mondo, l'Everest.

L'oceano Pacifico è situato a ovest delle Americhe e a est di Asia e Australia e si estende dai ghiacci dell'Artide a quelli dell'Antartide.

Migliaia di minuscole isole sono sparse nelle sue acque, la maggior parte delle quali si sono formate in seguito alle eruzioni di vulcani sottomarini.

Talvolta il fondale è scosso da forti terremoti che provocano enormi onde di marea.

Paesi Bassi

I Paesi Bassi sono uno stato europeo così chiamato perché più di un terzo dei suoi territori si trova al di sotto del livello del mare. Gran parte dei terreni coltivati è stata infatti strappata al mare e bonificata da paludi. Poiché il mare spesso inonda le pianure vicine alla costa, sono state costruite dighe di protezione contro eventuali mareggiate.

PAESI BASSI
Forma di governo: monarchia costituzionale
Capitale: Amsterdam, L'Aia (sede del Governo)
Superficie: 41543 km²
Popolazione: 16577612 ab.
Lingua: olandese
Moneta: euro

Vivendo così vicino al mare, gli abitanti dei Paesi Bassi hanno una lunga tradizione di vita marinara, commercio ed esplorazioni. Rotterdam è il maggior porto europeo.

Il paese è uno dei più densamente popolati d'Europa, con poco meno di 400 abitanti per chilometro quadrato. La maggior parte vive nel *Randstad*, il gruppo di città principali che comprende Rotterdam, Amsterdam e L'Aia. Il Randstad occupa le province dell'Olanda settentrionale e dell'Olanda meridionale. I Paesi Bassi sono infatti comunemente chiamati Olanda, proprio dal nome di queste due province.

È una nazione fiorente, tra i membri fondatori della Comunità Europea. Il potere legislativo nei Paesi Bassi spetta alla Corona e al parlamento, il quale esprime poi un governo.

paesi in via di sviluppo

"Paesi in via di sviluppo" è il termine con cui ci si riferisce agli stati più poveri del mondo, molti dei quali si trovano in Asia, Africa e America meridionale. In queste nazioni si sta ancora cercando di sviluppare alcune infrastrutture che sono invece consuete negli stati più ricchi, come industrie, ospedali, scuole, strade, ferrovie e altri importanti servizi pubblici.

In genere, per la maggioranza degli abitanti dei paesi in via di sviluppo la vita è molto dura e spesso la gente vive in condizioni di estrema povertà, soprattutto nelle aree urbane. Parte della popolazione non ha accesso ad acqua potabile, medicine o dottori e ciò provoca frequentissime epidemie. Molti paesi in via di sviluppo forniscono al resto del mondo generi alimentari, minerali, legname e tessuti, nonché manodopera poco costosa.

Questo modello, che comporta ricchezza in una parte del mondo e povertà nell'altra, è molto difficile da modificare, perché le nazioni più ricche non vogliono rinunciare all'agiatezza e al potere di cui godono da tanto tempo. Questo significa che molti paesi in via di sviluppo diventeranno sempre più poveri, mentre le nazioni ricche si arricchiranno sempre di più.

Paganini, Nicolò

Violinista e compositore italiano (1782-1840). Virtuoso di fama leggendaria, è considerato il padre della moderna tecnica violinistica, che arricchì di fondamentali innovazioni. Il suo repertorio consisteva in esecuzioni tecnicamente complicate ma di straordinario effetto. Tra le sue opere, i concerti per violino e orchestra e i bellissimi *24 Capricci* per violino solo (1817).

Pakistan

Il Pakistan è uno stato asiatico situato tra l'India e l'Iran in cui vivono più di 180 milioni di abitanti, la maggior parte dei quali è di religione islamica.

Il Pakistan ha un clima caldo e asciutto, ma grano e cotone possono essere coltivati grazie all'acqua del fiume Indo, che scorre dall'Himalaya al mare Arabico.

Lo stato nacque nel 1947, quando si separò dall'India. Nel 1971, il Pakistan orientale divenne indipendente con il nome di *Bangladesh*. Nel 1999, i militari assunsero il potere guidati dal generale Musharraf. Benazir Bhutto, che era stata due volte primo ministro e poi costretta all'esilio, si ricandidò nel 2007, ma fu assassinata. Uscito sconfitto dalle elezioni del 2008, Musharraf si è dimesso ed è stato eletto presidente il vedovo della Bhutto, Asif Ali Zardari.

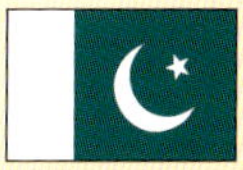

PAKISTAN
Forma di governo: repubblica
Capitale: Islamabad
Superficie: 796096 km^2
Popolazione: 180 808 100 ab.
Lingua: urdu
Moneta: rupia pachistana

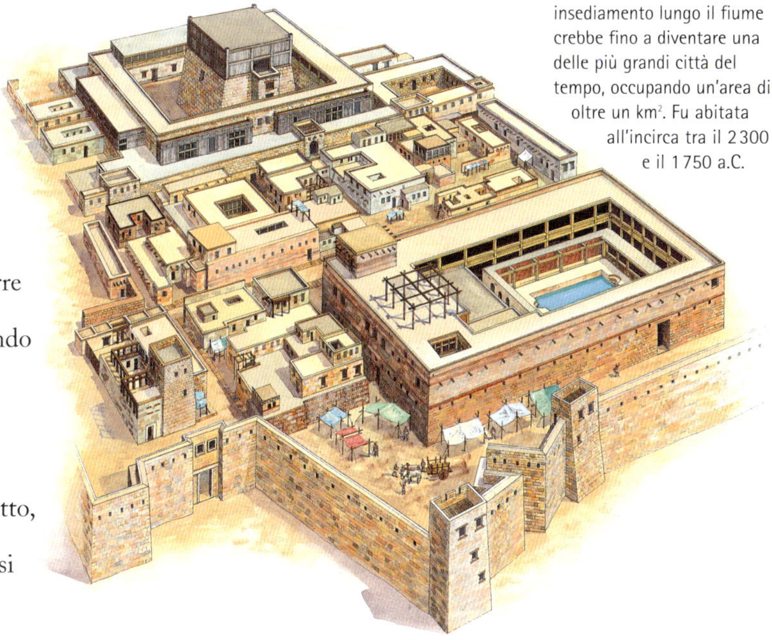

▽ Nel 1826, nell'area del Punjab, in **Pakistan**, gli archeologi hanno riportato alla luce la città preistorica di *Harappa* (qui in una ricostruzione virtuale). Questo primitivo insediamento lungo il fiume crebbe fino a diventare una delle più grandi città del tempo, occupando un'area di oltre un km^2. Fu abitata all'incirca tra il 2300 e il 1750 a.C.

Palestina

La Palestina è una regione situata sulla costa orientale del Mediterraneo di soli 27000 km^2, abitata fin dai tempi del Paleolitico. La maggior parte delle storie narrate nella Bibbia si svolge in Palestina, il cui nome deriva dai filistei. Nel 1800 a.C. gli ebrei fecero della Palestina la loro patria e la governarono come due nazioni separate, chiamate *Israele* e *Giudea*. Nel 1948 fu creato il nuovo stato di Israele dividendo la Palestina e così oggi gran parte della regione si trova all'interno dello stato di Israele, mentre il resto appartiene a Giordania, Libano e Siria. Nei primi anni 90 del secolo scorso si è cercato di creare uno stato palestinese nei territori occupati da Israele, ma il conflitto tra palestinesi e israeliani continua ancora oggi.

PANAMÁ
Forma di governo: repubblica
Capitale: Panamá
Superficie: 75 517 km^2
Popolazione: 3 322 576 ab.
Lingua: spagnolo
Moneta: balboa

pallacanestro

La pallacanestro è un gioco di squadra nato in America e divenuto popolare in tutto il mondo. È uno sport olimpico dal 1936. La pallacanestro è giocata da due squadre di cinque giocatori. Ogni squadra cerca di segnare punti lanciando con le mani un pallone in un canestro di 46 cm di diametro situato a 3 m da terra.

La palla può essere fatta avanzare sul campo soltanto se la si fa rimbalzare a terra o la si lancia a un compagno di squadra, e non è possibile compiere più di un passo se si tiene la palla ferma tra le mani. I giocatori dell'altra squadra devono cercare di bloccare gli avversari senza toccarli. Un lancio a canestro riuscito vale due o tre punti a seconda della distanza del giocatore dal canestro.

palma

La palma più conosciuta è quella con le foglie che partono dalla cima del tronco e formano una specie di ciuffo, ma ne esistono più di 1000 specie, alcune delle quali sono semplici cespugli o rampicanti. Le palme crescono nei climi caldi.

Sono piante molto utili: con le loro foglie si intrecciano stuoie e cesti, mentre i frutti, le *noci di cocco*, sono ottimi da mangiare.

Palma da cocco

Noce di cocco

△ La **palma** da cocco può raggiungere i 30 m di altezza. Il suo frutto, ricoperto da una specie di peluria, è cavo all'interno e contiene il cosiddetto *latte di cocco*. La polpa bianca non solo è ottima da mangiare, ma può anche essere usata nella fabbricazione di saponi, cera e olio.

Panamá

Panamá è un piccolo stato allungato tra l'America centrale e l'America meridionale. Il clima è umido e tropicale, ottimo per la coltivazione di riso, canna da zucchero, banane e ananas.

Il Canale di Panamá taglia il paese in due ed è utilizzato dalle navi per passare dall'oceano Atlantico all'oceano Pacifico e viceversa. Gran parte della ricchezza di Panamá deriva dal commercio e la sua capitale è un centro finanziario internazionale. Molte navi sono registrate a Panamá e battono bandiera panamense. Una serie di chiuse sollevano e abbassano le navi lungo il canale mentre attraversano l'area collinosa.

Nel 1903 Panamá concesse l'occupazione e il controllo del canale agli Stati Uniti. Nel 1978 un nuovo trattato stabilì il graduale ritorno a Panamá del canale, divenuto completamente panamense il 31 dicembre 1999.

panda

Esistono due tipi di panda ed entrambi vivono nelle foreste dell'Asia orientale.

Il *panda gigante* ha l'aspetto di un orso bianco e nero e vive nelle foreste di bambù della Cina. Il *panda minore* non è molto più grande di un gatto, ha la coda folta e il pelo rossiccio. È un

▷ Il **panda** gigante si nutre principalmente di germogli di bambù, erba e fiori come gli iris e i crochi. È una specie a rischio di estinzione.

Il **panda** minore è un mammifero che vive sugli alberi ed è un parente stretto del panda gigante.

PAPUA NUOVA GUINEA
Forma di governo: monarchia costituzionale
Capitale: Port Moresby
Superficie: 462 840 km²
Popolazione: 6 732 200 ab.
Lingua: inglese, hiri motu, pidgin-english
Moneta: kina

animale notturno, ossia dorme durante il giorno e va in cerca di cibo di notte.

Entrambi i panda si nutrono principalmente di piante. I loro parenti più stretti sono i procioni dell'America settentrionale e meridionale.

pane

Il pane è uno degli alimenti più antichi, già diffuso 2 000 anni prima di Cristo e può essere ottenuto con farina di grano, mais, avena, orzo e segale. Inizialmente il pane era una specie di focaccia piatta, ma gli egizi iniziarono ad aggiungere il lievito per far gonfiare l'impasto. Oggi la maggior parte del pane è prodotto con l'aggiunta di lievito.

pantomima

La pantomima è l'arte di recitare senza parole. Il *mimo*, infatti, è un artista che non parla mai e narra una storia soltanto con i movimenti del viso, delle mani e del corpo trasmettendo determinate informazioni al pubblico. I mimi sono un po' come i ballerini: devono controllare ogni movimento con molta attenzione in modo che il pubblica possa seguire la storia narrata.

Ai tempi dell'antica Grecia e dell'Impero Romano, la pantomima comprendeva qualche parte recitata, ma gran parte della storia veniva raccontata con gesti dagli attori, che indossavano maschere. Gradualmente la pantomima diventò interpretazione con il solo ausilio di viso, mani e corpo e le parti recitate andarono perdute.
La pantomima è molto usata nella danza, soprattutto nel balletto classico.

△ In qualità di **papa** attuale, Benedetto XVI è riconosciuto dai cattolici come il rappresentante di Gesù Cristo sulla Terra. Egli è anche il capo di stato della Città del Vaticano, il più piccolo stato del mondo.

papa

"Papa" è il titolo del capo della chiesa cattolica, derivato dal greco *pápas*, ossia "padre". Il papa è anche vescovo di Roma e vive nella Città del Vaticano.

Secondo la religione cattolica, il primo papa fu San Pietro, nominato da Gesù in persona. Da allora, molti altri papi si sono susseguiti e sono considerati i suoi successori. Ogni volta che un papa muore, ne viene eletto uno nuovo scelto tra le persone che ricoprono le più alte cariche religiose. Il papa emana le leggi della chiesa, sceglie i vescovi e nomina i santi.

▷ L'ara macao è il **pappagallo** più grande del mondo. Vive sulle cime degli alberi nella giungla dell'America centrale e meridionale e si nutre di frutta.

pappagallo

Questi uccelli tropicali hanno le piume di colori sgargianti e usano il robusto becco ricurvo per arrampicarsi tra i rami degli alberi, per frantumare le noci e strappare bocconi di frutta.

Esistono centinaia di specie diverse di pappagallo. *Cacatua*, *ara* e i pappagallini chiamati *inseparabili* appartengono tutti alla famiglia dei pappagalli. I *parrocchetti* e altri pappagalli possono imparare a "parlare" riproducendo i suoni delle parole: a un pappagallo cenerino fu possibile insegnare oltre 900 parole diverse.

Papua Nuova Guinea

Papua Nuova Guinea è uno stato dell'Oceania che occupa la metà orientale dell'isola della Nuova Guinea, a nord dell'Australia. La metà occidentale dell'isola, Papua Occidentale (un tempo chiamata *Irian Jaya*) appartiene all'Indonesia. Papua Nuova Guinea ottenne l'indipendenza dall'Australia nel 1975 ed è membro del Commonwealth. È un Paese molto caldo e umido le cui principali coltivazioni sono caffè e cacao.

Paraguay

Il Paraguay è uno stato dell'America meridionale senza sbocchi sul mare. È diviso in due dal fiume Paraguay e gran parte della popolazione vive nella parte orientale del paese. I paraguayani sono per lo più *meticci,* ossia metà amerindi e metà spagnoli, e coltivano soia, cotone, canna da zucchero, tabacco, riso e frutta. Nel 1954 il generale Alfredo Stroessner conquistò il potere e lo mantenne fino al 1989. La vittoria dell'ex vescovo Lugo alle elezioni presidenziali del 2008 segna una svolta epocale per un paese che ha conosciuto lunghe dittature.

PARAGUAY
Forma di governo: repubblica
Capitale: Asunción
Superficie: 406752 km²
Popolazione: 6348900 ab.
Lingua: guaraní e spagnolo
Moneta: guaraní

parassiti

I parassiti sono organismi che vivono su altre creature nutrendosi di esse. I principali parassiti sono *pulci, pidocchi, zecche* e *acari*. Diversi tipi di parassiti vivono su diversi tipi di uccelli e mammiferi. La maggior parte di essi succhia il sangue e diffonde germi che provocano malattie. Alcuni tipi di vermi, come la *tenia*, o verme solitario, penetrano all'interno del corpo dell'animale di cui si nutrono e vivono nel suo intestino oppure si insinuano nella profondità dei suoi muscoli. Anche nel mondo vegetale ci sono parassiti che vivono a spese della pianta che li ospita danneggiandola. Si tratta di alcune muffe e molti funghi. Anche il vischio è un parassita: si nutre infatti degli alberi su cui cresce.

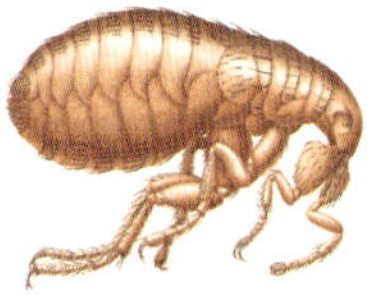

△ La pulce di alcuni tipi di ratti è un **parassita** che può provocare la peste bubbonica nell'uomo.

△ Louis **Pasteur** sviluppò vaccini contro il colera, l'idrofobia, il carbonchio e altre malattie mortali.

◁ Il **Partenone** di Atene fu costruito con il marmo bianco della migliore qualità per compiacere la dea Atena in onore della quale fu eretto. Gli enormi blocchi di pietra furono trasportati al cantiere su carri trainati da buoi e sollevati con funi e carrucole.

Parigi

Parigi è la capitale della Francia e la città più grande del paese, in cui vivono oltre nove milioni di persone, compresi gli abitanti dei sobborghi. Il fiume Senna divide la città in due parti: la Riva destra e la Riva sinistra.

Dall'alto della Tour Eiffel è possibile ammirare parchi e giardini, piazze bellissime e viali alberati. Altri monumenti importanti sono la cattedrale di Notre Dame, la basilica del Sacré Coeur, l'Arco di Trionfo (fatto costruire da Napoleone) e il palazzo del Louvre, ora museo e galleria d'arte.

Parigi è famosa per la moda, i profumi e i gioielli. Importante è l'industria automobilistica.

parlamento

Il parlamento è un'assemblea eletta dal popolo che si occupa di creare le leggi di una nazione. Il termine "parlamento" deriva da "parlare", perché all'interno dell'assemblea i diversi temi politici vengono discussi tra i membri. Uno dei primi parlamenti fu l'*Althing*, istituito più di 1000 anni fa in Islanda.

I parlamenti esistono in molti stati del mondo. In Italia è *bicamerale*, ossia composto da due camere, la Camera dei Deputati e il Senato della Repubblica.

Partenone

Il Partenone è uno degli edifici più famosi del mondo. Le rovine di questo straordinario tempio in marmo bianco si ergono sull'**Acropoli,** una collina che domina la capitale della Grecia, Atene.

Gli ateniesi costruirono il Partenone tra il 447 e il 433 a.C. in onore di *Athena Parthenos*, dea della guerra e protettrice della città, usando i materiali più pregiati e gli artigiani più esperti per compiacere la dea. File di colonne simili a enormi tronchi d'albero sostenevano il tetto spiovente. Eleganti statue, alti pilastri e fregi dipinti decoravano l'esterno. All'interno, le stanze erano colme di tesori, tra cui una gigantesca statua di Atena in oro e avorio realizzata dallo scultore Fidia.

Nel 1687 il Partenone rimase danneggiato da un bombardamento durante la guerra turcoveneziana, e oggi risente dell'inquinamento atmosferico, ma le sue rovine dominano ancora la città di Atene.

◁ **Parigi** è dominata dalla *Tour Eiffel*, progettata da Gustave Eiffel (1832-1923) ed eretta per l'Esposizione mondiale di Parigi del 1889. Fu la costruzione più alta del mondo fino al 1930.

Pascoli, Giovanni

Poeta italiano (1855-1912). La sua vita fu sconvolta da lutti familiari (specialmente l'uccisione del padre).

Grande latinista, nel 1905 succedette a Carducci nella cattedra di letteratura italiana a Bologna. La sua poesia è intimistica e decadente dapprima e si spinge a cantare poi la patria tentando un'epica italiana. Profonda è l'influenza di Pascoli sulla poesia contemporanea, dai crepuscolari a Montale. Tra le sue opere: *Myricae*, *Odi e inni* e *Poemi italici*.

△ A **Pasqua** ci si scambia in dono, per tradizione, uova decorate che simboleggiano la nuova vita a cui torna la natura più o meno in questo periodo dell'anno.

Pasqua

Pasqua è una delle più importanti festività religiose del cristianesimo: in questo giorno i cristiani ricordano la resurrezione di Gesù. La Pasqua viene festeggiata ogni anno in una data diversa, ma è sempre una domenica di fine marzo o di aprile.

Pasteur, Louis

Scienziato francese (1822-1895). Dimostrò che le malattie sono provocate da batteri e altri germi e ideò la *vaccinazione*, che consisteva nell'iniettare batteri indeboliti in animali ed esseri umani per evitare che essi contraessero le malattie che quei batteri normalmente provocavano.

Inventò anche la *pastorizzazione*, un metodo in base al quale il latte e altri liquidi alimentari vengono riscaldati e raffreddati repentinamente: in questo metodo i microrganismi nocivi vengono distrutti e i liquidi possono durare più a lungo. Pasteur scoprì inoltre che le cellule di lievito trasformano lo zucchero in alcol.

patata

Le patate sono un alimento prezioso, sono ricche di amidi e contengono proteine e diverse vitamine, ma devono essere cotte per fornire il nutrimento utilizzabile dal nostro corpo.

La pianta della patata è della stessa famiglia dei pomodori: bassa, cespugliosa e con steli delicati. Le patate crescono sulle radici come specie di rigonfiamenti chiamati *tuberi*. Quando i tuberi sono maturi, la pianta muore, ma dai tuberi germogliano nuove piante.

I primi a coltivare le patate furono i nativi americani e gli esploratori spagnoli le introdussero in Europa.

Sono la coltivazione più importante nel mondo dopo il grano, il riso e il granoturco.

pattinaggio

Il pattinaggio a rotelle e quello su ghiaccio sono sport molto popolari.

◁ La **patata** è una radice commestibile. I *tuberi* (la parte che si mangia) variano molto di grandezza, forma, colore e sapore, a seconda della varietà. Le patate vengono anche lavorate industrialmente per produrre le patatine tanto amate dai bambini.

I pattini a rotelle hanno quattro ruote di acciaio e gomma, quelli per il ghiaccio una sottile lama d'acciaio.

Esistono due tipi di pattinaggio su ghiaccio: il *pattinaggio artistico*, una specie di danza sul ghiaccio accompagnata da musica, e il *pattinaggio di velocità*, dove i pattinatori gareggiano in corsa l'uno contro l'altro. I primi pattinatori su ghiaccio avevano pattini con le lame di osso.

Oggi i pattini per il pattinaggio artistico su ghiaccio hanno la lama con la parte frontale seghettata in modo da far presa sul ghiaccio quando il pattinatore vuole fermarsi o rallentare, mentre i pattini da velocità hanno le lame più lunghe. I pattini vengono usati anche dai giocatori di hockey su ghiaccio o a rotelle.

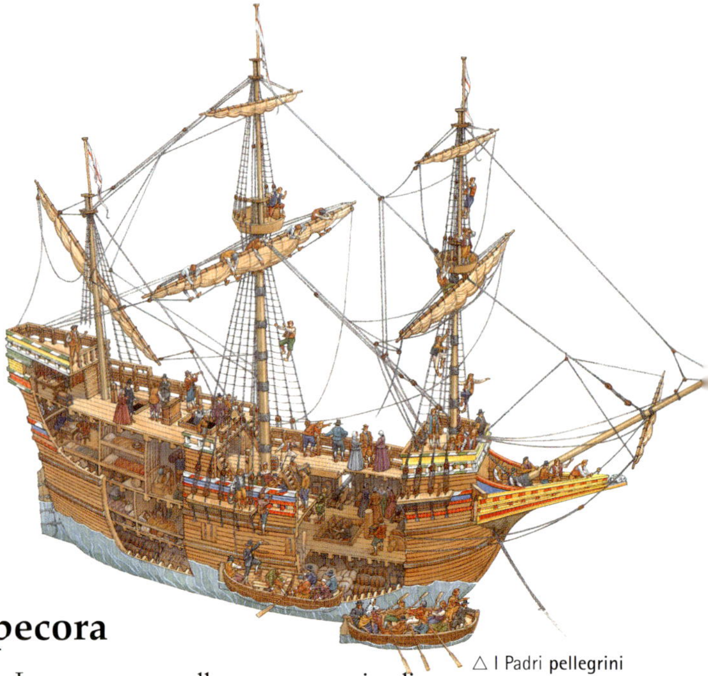

△ I Padri **pellegrini** salparono a bordo della nave *Mayflower*, un galeone di circa 180 tonnellate, probabilmente lungo soltanto 35 m. Durante il viaggio, che durò 66 giorni, un passeggero morì, ma nacquero anche due bambini.

pavone

I pavoni sono grandi uccelli originari dell'Asia. I maschi attirano le femmine aprendo a ventaglio la coda ornata da lunghe penne blu e verdi con grandi macchie rotonde che assomigliano a file di occhi. Il pavone apre la bellissima coda e cammina tutto impettito davanti alla femmina: per questo, quando qualcuno si mette in mostra, si dice che "si pavoneggia".

pecora

Le pecore sono allevate come animali domestici da migliaia di anni.

Inizialmente venivano allevate per il latte e la pelle: il latte poteva essere trasformato in formaggio e la pelle serviva per fabbricare indumenti.

Soltanto successivamente l'uomo scoprì che il fitto mantello degli animali poteva essere rasato e la lana intrecciata in tessuti. Oggi le pecore sono allevate principalmente per la lana e per la carne (di montone o di agnello).

△ Le **pecore** odierne sono state appositamente selezionate per dare la migliore combinazione di lana e carne commestibile.

peli

I peli sono formazioni filiformi che crescono sulla pelle dei mammiferi e sono costituiti dalle stesse sostanze di unghie e artigli, zoccoli, piume e squame dei rettili.

I peli aiutano a mantenere il corpo caldo e proteggono la pelle. La radice di ogni pelo è racchiusa in una specie di astuccio, o *follicolo*, che riceve sangue ed è dotato

◁ Soltanto il maschio del **pavone** possiede la coda spettacolare con gli "occhi". La femmina è meno colorata e ha la coda molto corta.

di un piccolo muscolo erettore e di una ghiandola.

Esistono diversi tipi di peli. I gatti, per esempio, hanno molti peli fitti e morbidi, mentre i porcospini sono protetti da peli rigidi e aguzzi chiamati *aculei*. Anche i capelli dell'uomo sono tipi di peli.

pelle

La pelle è un rivestimento impermeabile ed elastico che ricopre il corpo umano, proteggendolo dallo sporco e dai germi. La pelle è sensibile al calore, al freddo e al dolore ed è in grado di ripararsi da sé. Può essere piuttosto spessa e indurita nei punti del corpo più esposti all'usura, come le piante dei piedi, mentre in altri punti, come in corrispondenza delle palpebre, può essere estremamente sottile.

La pelle umana è composta da due strati. Quello più esterno, l'*epidermide*, contiene una sostanza chimica chiamata *melanina* che dona il colore alla pelle.

Lo strato più interno, il *derma*, contiene i nervi, i vasi sanguigni, le ghiandole sudoripare e le radici dei peli.

pellegrino

Un pellegrino è una persona che compie un viaggio verso una località, solitamente sacra, come atto di fede religiosa. Questo viaggio è chiamato *pellegrinaggio*. Tra i cristiani, i pellegrinaggi erano molto diffusi nel Medioevo e comportavano viaggi in Terra Santa, a Roma e presso i santuari dedicati ai santi.

Anche i gruppi di persone che colonizzano un paese straniero sono spesso chiamati pellegrini. Nel 1620 un gruppo di puritani inglesi alla ricerca della libertà religiosa partì dall'Inghilterra, attraversò l'Atlantico, approdò sulle coste dell'odierno Massachussetts negli USA e vi fondò una colonia. Queste persone (102, tra uomini, donne e bambini) furono chiamate *Padri pellegrini*.

Anche oggi si compiono spesso pellegrinaggi. Il santuario di Bernadette a Lourdes, nel sud della Francia è visitato dai cattolici di tutto il mondo, mentre la città natale del profeta Maometto, La Mecca, in Arabia Saudita, è una città santa meta di pellegrinaggi per oltre due milioni di musulmani ogni anno. Gli uomini e le donne musulmane devono compiere almeno un pellegrinaggio alla Mecca nel corso della loro vita.

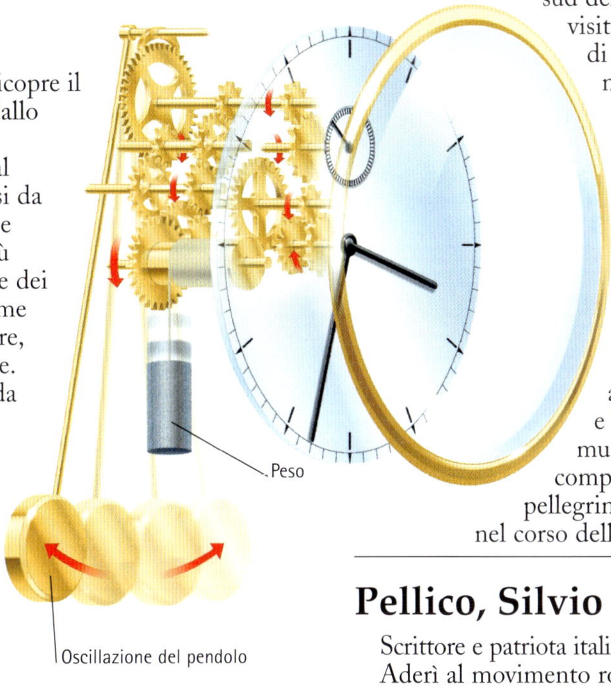

△ L'oscillazione del **pendolo** fa scendere verso il basso in modo costante il peso all'interno di un *orologio a pendolo*. La discesa del peso fa ruotare minuscoli ingranaggi dentati che spostano le lancette sul quadrante dell'orologio.

Pellico, Silvio

Scrittore e patriota italiano (1789-1854). Aderì al movimento romantico e fu redattore del *Conciliatore*. Fu arrestato nel 1820 come carbonaro e condannato a morte; graziato, scontò nove anni di carcere duro nella prigione dello Spielberg, in Moravia. È famoso per il suo diario degli anni di carcere, *Le mie prigioni*. Scrisse anche tragedie, tra le quali *Francesca da Rimini*.

pendolo

Il pendolo è costituito da un oggetto sospeso libero di oscillare. Se si afferra questo oggetto, lo si tira verso un lato e poi lo si lascia andare, la gravità lo fa oscillare avanti e indietro lungo una linea curva che descrive un arco.

Ogni oscillazione è compiuta nello stesso tempo, indipendentemente dal fatto che sia breve o lunga. Per questo il pendolo è utile come elemento di controllo all'interno degli orologi.

Dopo u n po' di tempo il pendolo si ferma, ma in un orologio a pendolo continua a oscillare grazie a un dispositivo meccanico chiamato *ruota di scappamento*, che è responsabile del "tic-tac" dell'orologio.

penna

Gli unici animali ad avere le penne sono gli uccelli. Le penne li proteggono, li scaldano e donano al loro corpo una forma aerodinamica, ma soprattutto formano la superficie delle ali che consentono loro di volare.

Ogni penna è composta da un tubo cavo centrale dal quale si allungano diverse ramificazioni laterali.
Le ramificazioni laterali sono unite insieme da minuscoli uncini, o *barbe*, e formano una superficie uniforme.

Gli uccelli cambiano le penne una o due volte all'anno, in un processo chiamato *muta*: le vecchie penne cadono, ormai consumate e spezzate, e al loro posto ne crescono di nuove.

Perú

Terzo stato più grande dell'America meridionale, il Perú confina con altri cinque stati e a ovest è bagnato dall'oceano Pacifico. Le vette aguzze e innevate delle Ande attraversano il paese da nord a sud come una gigantesca spina dorsale. Tra le montagne e l'oceano si trova una sottile striscia di deserto, mentre a est delle montagne si estendono le foreste torride e umide che circondano il Rio delle Amazzoni. Gli abitanti più antichi del Perú furono gli inca, con il loro impero sulle montagne. Nel 1 532 gli spagnoli conquistarono il paese, che divenne indipendente soltanto nel 1 821. Oggi i peruviani coltivano canna da zucchero e caffè e allevano pecore e lama per produrre lana e carne. Dalle miniere peruviane si estrae rame, ferro e argento destinati all'esportazione. Le zone di pesca in genere abbondano di pesci. Le rivolte delle comunità indigene amazzoniche hanno determinato, nel 2010, l'approvazione di una legge in base alla quale il governo deve consultare gli abitanti delle zone amazzoniche prima di rilasciare concessioni per le estrazioni minerarie.

PERÚ
Forma di governo: repubblica
Capitale: Lima
Superficie: 1 285 216 km²
Popolazione: 29 132 013 ab.
Lingua: aymará, quechua e spagnolo
Moneta: nuovo sol

pesca

L'industria della pesca è un'attività molto importante. Ogni anno circa 60 milioni di tonnellate di pesce vengono catturate negli oceani, nei fiumi e nei laghi di tutto il mondo. I pesci sono una buona fonte di nutrimento perché sono ricchi di proteine. Sono usati anche come mangime per gli animali e come concime e l'olio che vi si ricava è utilizzato nella fabbricazione del sapone. La maggior parte della pesca è effettuata in mare, spesso molto distante dal porto d'origine. I pesci, però, devono essere conservati perché si deteriorano rapidamente e in passato, quando non esistevano i frigoriferi, venivano spesso essiccati, affumicati o salati. Oggi, invece, i pesci sono conservati nel ghiaccio o congelati. Alcune flotte di pescherecci comprendono grandi *navi fattoria*, che prelevano il pesce fresco dai pescherecci e lo confezionano direttamente in mare.

Le località migliori per la pesca sono quelle in cui il fondale non supera i 180 m di profondità. Queste acque costiere si trovano al di sopra della piattaforma continentale e sono ricche di cibo per un grande numero di pesci.

Tuttavia, a causa delle tecniche sempre

Rete a imbrocco

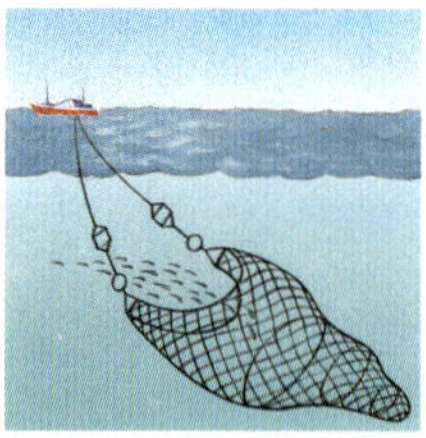

Rete a strascico

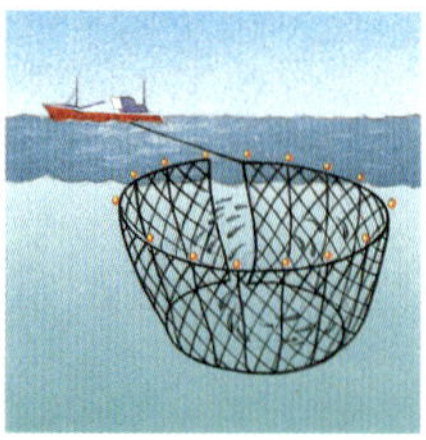

Rete da circuizione o a sacco

◁ Nella **pesca** industriale si usano tre tipi principali di reti. Nelle *reti a imbrocco* i pesci restano impigliati per le branchie, le *reti a strascico* hanno forma di imbuto e vengono trascinate lungo il fondale marino, mentre le *reti da circuizione* o *a sacco*, chiuse progressivamente, intrappolano i pesci al loro interno.

più sofisticate e del numero crescente di imbarcazioni da pesca, attualmente si catturano troppi pesci, tanto che molte specie si sono ridotte di numero, privando così l'ecosistema, uomo compreso, di un'importante fonte di nutrimento.

pesci, *vedi* pp. 296-297

pesci oceanici

La maggior parte degli animali e dei vegetali dei mari e degli oceani del mondo vive entro i primi 200 metri al di sotto della superficie. A maggiori profondità, le condizioni diventano sempre meno adatte per gli esseri viventi. A 1000 m è molto buio e fa molto freddo, perché la luce del Sole non penetra così a fondo. Le piante non possono vivere a queste profondità perché hanno bisogno di luce per produrre il proprio cibo attraverso la fotosintesi, ma alcuni animali possono abitare questi fondali e il loro corpo è strutturato in modo da poter sopportare l'enorme pressione di queste profondità.

Gli animali oceanici sono in genere piuttosto piccoli e spesso dotati di enormi mandibole, denti e occhi. Molti di questi pesci possiedono anche organi idonei alla produzione di una specie di "luce" che aiuta il pesce a comunicare nell'oscurità con altri membri della stessa famiglia. Alcuni pesci oceanici usano le loro luci come esca per attirare la preda a portata di mandibole. Altri animali che vivono a grande profondità sono meduse, crostacei e coralli.

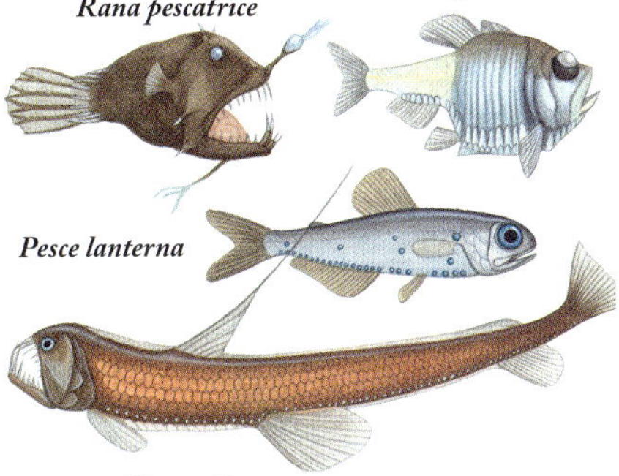

△ I **pesci oceanici** hanno un aspetto molto diverso dai pesci che vivono meno in profondità. Molti hanno occhi, mandibole e denti estremamente sviluppati.

▽ Lungo le barriere coralline vivono migliaia di specie di **pesci tropicali**. Molti hanno colori sgargianti e vivaci disegni.

pesci tropicali

I pesci tropicali sono tra i più colorati del mondo.

Vivono nei mari caldi delle regioni tropicali, spesso lungo i bordi delle barriere coralline, e i loro colori sgargianti tengono lontani i predatori.

Piccoli pesci tropicali d'acqua dolce dai colori vivaci sono animali da acquario molto diffusi.

Anche i pesci marini possono essere tenuti in acquario, ma la loro cura è molto più complicata perché occorre che l'acqua salata contenga la quantità esatta di sale adatta a ogni specie.

La maggior parte degli acquari per pesci tropicali ha un sistema di riscaldamento per mantenere la temperatura dell'acqua attorno ai 24 °C. La vasca è chiusa da un coperchio che trattiene il calore ed evita l'evaporazione e in cui sono installate lampade per illuminare l'acquario e scaldare l'acqua. Quasi tutti gli acquari sono dotati di pompe che filtrano l'acqua per mantenerla pulita e fornire ossigeno, prodotto anche da piante speciali che vengono appositamente sistemate nell'acquario. Il cibo per i pesci tropicali può essere acquistato nei negozi per animali.

La specie di pesce tropicale più comune è il *pesce milione*. Altre specie molto conosciute sono il *pesce angelo*, il *barbero*, il *tetra neon* e i *ciclidi*.

△ *Il* pesce angelo *vive lungo le barriere coralline, che ospitano la più grande varietà di pesci di qualsiasi altra regione degli oceani.*

△ *I colori vivaci del* pesce scorpione *sono un avvertimento per gli altri animali: i suoi aculei sono infatti molto velenosi.*

△ *Quando un* pesce palla *si sente in pericolo, inghiotte rapidamente acqua per "gonfiare" il suo corpo fino a due volte le sue dimensioni normali.*

◁ *I* cavallucci marini *hanno un ciclo vitale piuttosto insolito. La femmina depone le uova in una tasca di cui è provvisto il maschio sul ventre. Quando le uova si schiudono, il maschio spinge i piccoli fuori dalla tasca attraverso un'apertura.*

△ *Lo* squalo martello *è provvisto di due lunghe escrescenze ai lati del muso. È tra gli squali più feroci.*

PESCI

I pesci furono i primi *vertebrati* (animali dotati di colonna vertebrale) a svilupparsi sulla Terra, circa 500 milioni di anni fa. Vivono in acqua e respirano ossigeno attraverso le branchie.

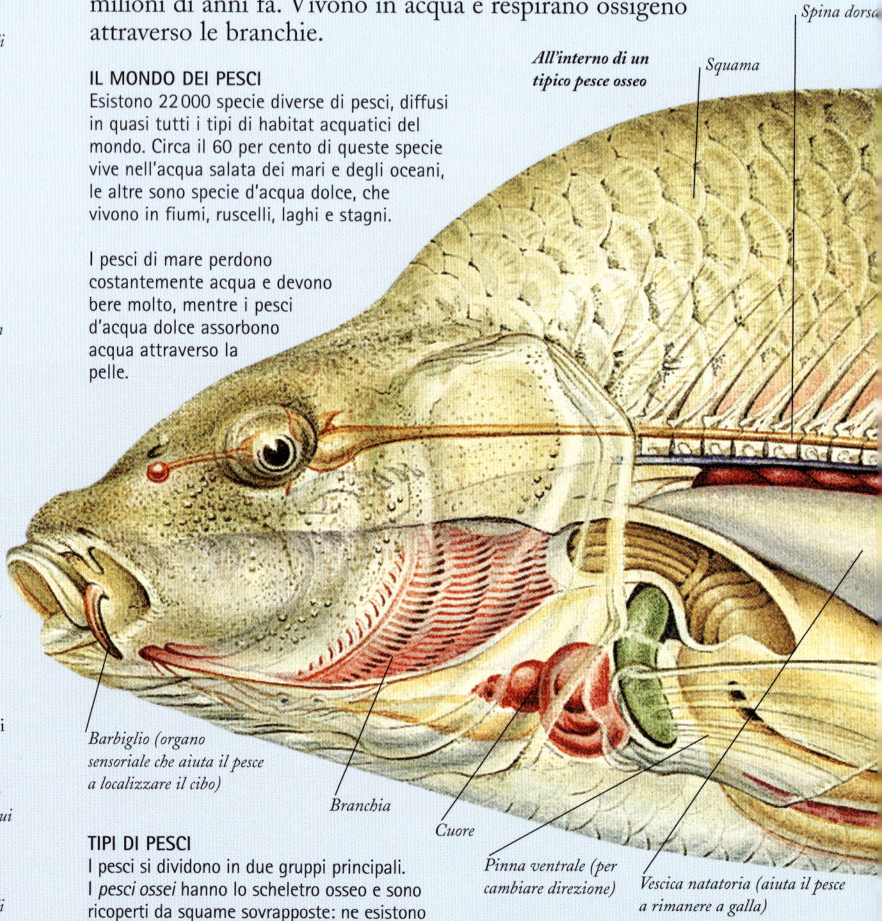

IL MONDO DEI PESCI

Esistono 22 000 specie diverse di pesci, diffusi in quasi tutti i tipi di habitat acquatici del mondo. Circa il 60 per cento di queste specie vive nell'acqua salata dei mari e degli oceani, le altre sono specie d'acqua dolce, che vivono in fiumi, ruscelli, laghi e stagni.

I pesci di mare perdono costantemente acqua e devono bere molto, mentre i pesci d'acqua dolce assorbono acqua attraverso la pelle.

TIPI DI PESCI

I pesci si dividono in due gruppi principali. I *pesci ossei* hanno lo scheletro osseo e sono ricoperti da squame sovrapposte: ne esistono circa 20 000 specie, tra cui salmoni, sardine e anguille. I *pesci cartilaginei*, invece, hanno lo scheletro di cartilagine flessibile e sono ricoperti da minuscole protuberanze simili a dentini che al tatto danno l'impressione di carta vetrata molto ruvida. Esistono più di 600 specie di pesci cartilaginei, tra cui squali e razze.

CIBO E NUTRIMENTO

La maggior parte dei pesci d'acqua dolce ha un'alimentazione varia che può comprendere alghe, lumache, insetti, larve, vermi e altri pesci. I pesci che vivono nei mari, invece, sono in genere carnivori e si nutrono di un'ampia gamma di prede, come gamberi, calamari e altri pesci. Alcuni pesci di mare, però, si nutrono anche di alghe o *plancton*, microscopici animali e piante che galleggiano sospesi nell'acqua.

FORME E CAPACITÀ NATATORIE

Per muoversi facilmente nell'acqua, molti pesci hanno una forma idrodinamica e la coda biforcata o a forma di mezza luna. Le pinne dei pesci hanno usi diversi: la pinna caudale spinge il pesce in avanti, quella ventrale e quella pelvica servono per cambiare direzione, mentre la pinna anale e quella dorsale aiutano il pesce a rimanere verticale nell'acqua.

All'interno del corpo di un pesce osseo è contenuta una sacca piena d'aria chiamata *vescica natatoria* che aiuta il pesce a rimanere a galla e in posizione eretta, più o meno allo stesso modo di un giubbotto di salvataggio. Gli squali e gli altri pesci cartilaginei sono privi di vescica natatoria e devono muoversi continuamente per evitare di inabissarsi verso il fondo del mare.

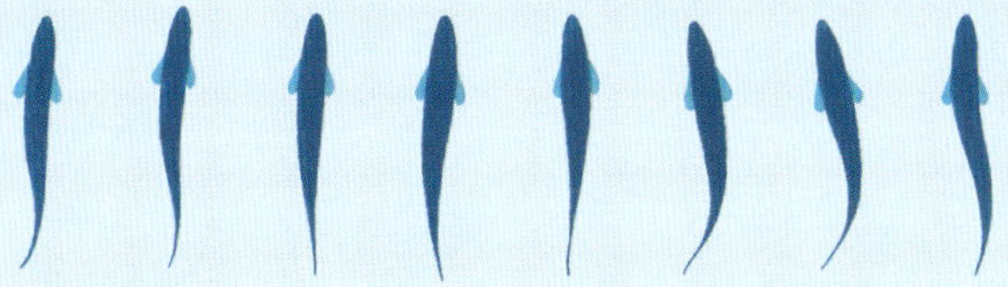

Come nuotano i pesci
I pesci nuotano ondeggiando lateralmente il corpo e la pinna caudale in un movimento a "S", contraendo e rilassando i robusti muscoli ai lati del corpo: quando una serie di muscoli si contrae, i muscoli del lato opposto si allungano. La pinna caudale fornisce al pesce la spinta in avanti.

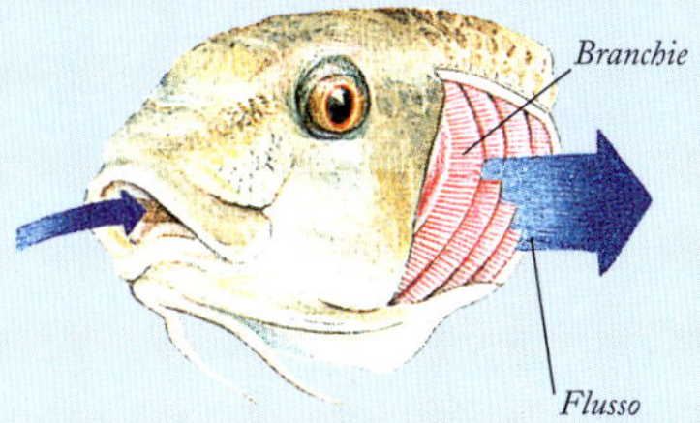

Respirare sott'acqua
Quasi tutti i pesci respirano assorbendo l'ossigeno presente nell'acqua. Gli animali ingoiano l'acqua e la fanno passare attraverso le branchie *(i tessuti simili a lamine disposti ai lati della testa), ricoperte di minuscoli tubicini in cui scorre il sangue. Questi tubicini estraggono l'ossigeno dall'acqua e lo immettono nella circolazione sanguigna. L'acqua residua è espulsa dal corpo attraverso aperture chiamate* fessure branchiali.

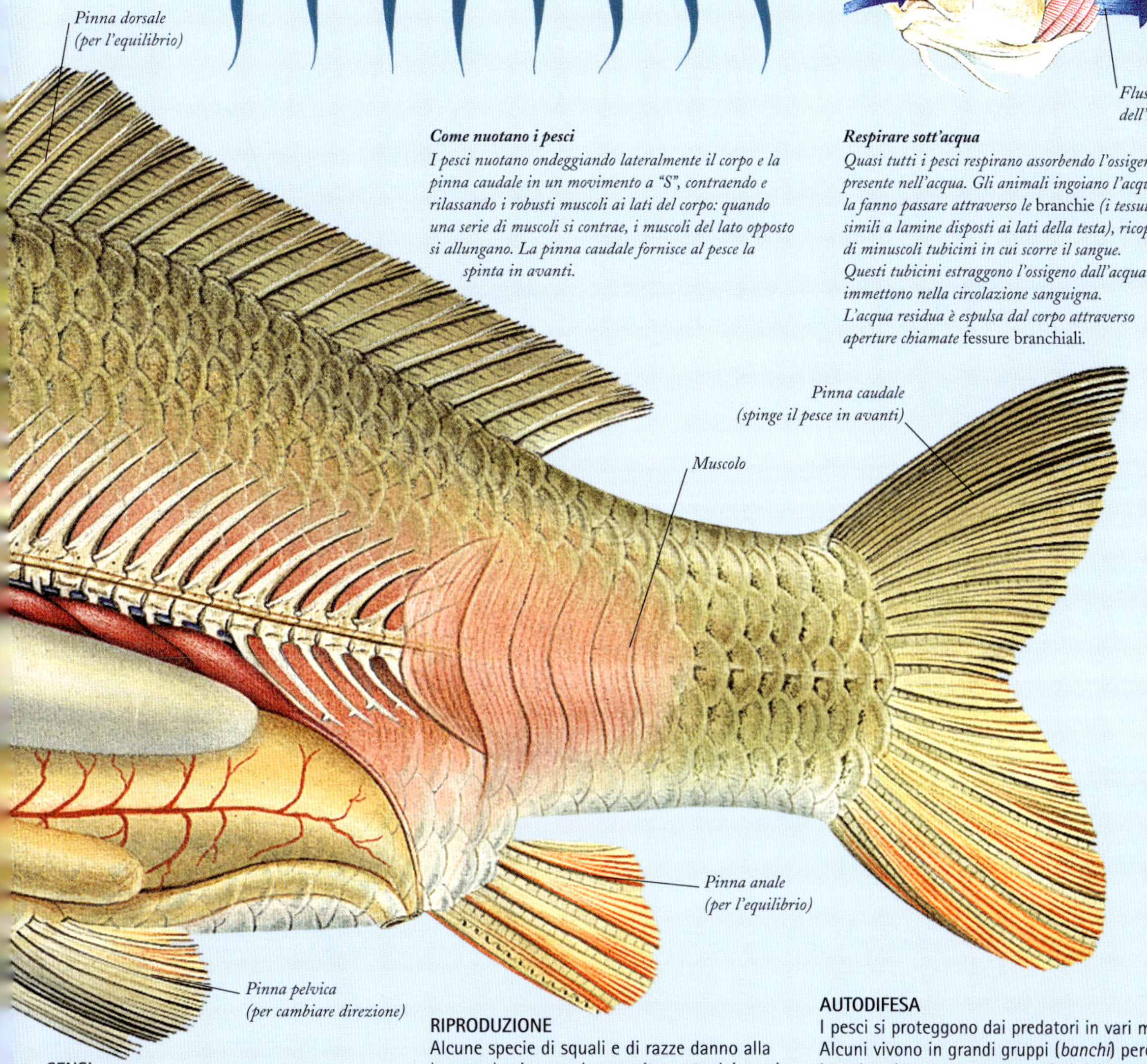

SENSI

I pesci hanno vista e olfatto ottimi e alcuni possiedono specie di sensori simili a baffi attorno alla bocca, chiamati *barbigli*. I pesci sono inoltre provvisti di una struttura speciale chiamata *linea laterale*: si tratta di una fila di minuscoli fori disposti su un lato del corpo, muniti di una specie di microscopici peli che captano le vibrazioni nell'acqua e consentono al pesce di avvertire la presenza di un predatore o di una preda ancora prima di riuscire a scorgerli. Inoltre, gli squali e alcuni tipi di pesci ossei sono in grado di captare le impercettibili correnti elettriche emanate dagli animali e questo permette loro di individuare le prede nell'oscurità o nelle acque più torbide.

RIPRODUZIONE

Alcune specie di squali e di razze danno alla luce prole viva, ma la maggior parte dei pesci depone uova. La femmina solitamente depone un numero enorme di uova, centinaia o migliaia, che vengono poi fecondate dal maschio. Le uova deposte nei fiumi, nei laghi o nei pressi della costa cadono sul fondo, dove possono confondersi tra la vegetazione. Nell'oceano aperto, invece, le uova galleggiano nell'acqua e sono spesso mangiate da altri pesci e animali marini. In ogni caso, viene prodotto un numero di uova sufficiente a garantire che almeno alcune possano sopravvivere. Quasi tutti i pesci appena usciti dall'uovo sono immediatamente indipendenti, ma alcuni tipi di ciclidi africani proteggono i piccoli all'interno della bocca.

AUTODIFESA

I pesci si proteggono dai predatori in vari modi. Alcuni vivono in grandi gruppi (*banchi*) perché i predatori spesso restano confusi dal grande numero e hanno più difficoltà ad attaccarli. Altri invece usano il mimetismo per nascondersi. Alcuni, poi, come la pastinaca e il pesce farfalla, sono dotati di aculei velenosi, mentre i pesci volanti possono sfuggire ai nemici saltando fuori dall'acqua e planando nell'aria grazie alle pinne simili ad ali.

VEDI ANCHE
acqua; anguilla; ippocampo; lago; migrazione; oceano; pesca; pesci oceanici; pesci tropicali; plancton; salmone; squalo; tonno

I topi e la peste
Alcuni affermano che la **peste** arrivò in Europa con i roditori provenienti dalle navi dell'Asia centrale, dove la peste è da sempre presente, e trasmisero l'infezione ai nostri topi, che si trovano in campagna e un po' ovunque. Innocui e simpatici topolini furono in grado di portare la morte a milioni di persone...

pesi e misure

Pesi e misure sono utilizzati per calcolare il peso di un oggetto, oppure la sua lunghezza, larghezza e altezza.

La lunghezza moltiplicata per la larghezza dà come risultato l'*area* (la superficie del pavimento, per esempio, nel caso di una stanza), mentre la lunghezza moltiplicata per la larghezza e per l'altezza dà il *volume* (la quantità di spazio all'interno di qualcosa).

L'uomo iniziò ad avere bisogno di diverse unità di misura quando cominciò a costruire le città e a commerciare. Nell'antico Egitto le misure erano basate su proporzioni del corpo umano. Così, per esempio, quattro dita equivalevano a un palmo, e sette palmi o due spanne (dal mignolo alla punta del pollice) equivalevano a un cubito (la distanza dalla punta delle dita al gomito).

Quasi tutti i Paesi usano oggi il *sistema metrico decimale* per misurare le distanze: si tratta di un sistema che ha come base di numerazione il numero 10 e che venne usato per la prima volta in Francia sul finire del XVIII secolo.

Un altro sistema, il *sistema imperiale*, era originariamente usato in Gran Bretagna e negli Stati Uniti.

peste

La peste è una malattia contagiosa che provoca epidemie. Sin dai tempi più antichi, terribili malattie si sono diffuse di volta in volta attraverso l'Europa, l'Asia e l'Africa, come la *peste bubbonica*, anticamente chiamata *peste nera*, che ha mietuto centinaia di migliaia di vittime nel corso dei secoli.

Raggiunse proporzioni terribili nel Medioevo, quando, nel XIV secolo, provocò la morte di 25 milioni di persone, circa un terzo di tutta la popolazione europea.

La peste è diffusa dalle pulci dei ratti: quando una pulce succhia il sangue di un ratto ammalato e in seguito morde un altro ratto o una persona, trasmette la malattia, che si diffonde molto rapidamente e può condurre a una morte lenta e molto dolorosa.

Petrarca, Francesco

Poeta italiano (1304-1374). Trasferitosi nel 1311 con la famiglia in Francia, conobbe Laura, la sua musa ispiratrice, ad Avignone. Scrisse molte opere latine (*Epistole metricae*, *Africa*, *De viris illustribus*), ma il suo capolavoro è il *Canzoniere* (o *Rerum vulgarium fragmenta*), con il quale il poeta diede l'espressione più limpida e sottile dell'amore e della sua capacità di elevazione dell'uomo, delle sue inquietudini e ambiguità, spirituali e psicologiche, creando uno stile che fu un modello per almeno due secoli.

petrolio

Il petrolio è un miscuglio di sostanze naturali simili all'olio e si è formato milioni di anni fa da accumuli di piante e animali morti. Il petrolio è racchiuso fra strati di rocce nelle profondità del sottosuolo e per estrarlo gli ingegneri trivellano la superficie terrestre.

Giacimenti di petrolio si trovano sia sulla terraferma che in mare, al di sotto dei fondali degli oceani. I più grandi giacimenti di petrolio conosciuti al mondo sono in Medio Oriente, Arabia Saudita, Iran, Iraq e Kuwait. La parte più imponente di una piattaforma petrolifera è la *torre di trivellazione*, l'alta struttura metallica che ospita l'attrezzatura per trivellare. La punta, posta all'estremità del tubo di

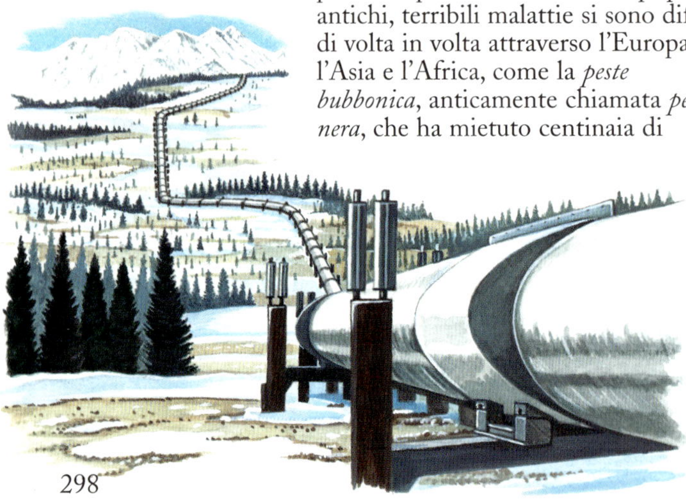

▽ Dall'Alaska, il **petrolio** è trasportato attraverso l'oleodotto transalaskano, costruito su supporti sopraelevati per evitare che sciolga il *permafrost*, il tipo di terreno permanentemente gelato che si trova a queste latitudini.

trivellazione, pratica il foro nella roccia con denti metallici affilati. Esaminando i frammenti di roccia rimossi dalla trivella, gli scienziati capiscono quando sono nelle vicinanze di un giacimento petrolifero, raggiunto il quale il petrolio viene lasciato zampillare fuori dal foro oppure viene pompato in superficie.

Le raffinerie trattano il petrolio e lo separano in diverse sostanze chimiche, come benzina e cherosene. Altri sottoprodotti del petrolio possono essere usati per fabbricare concimi, molti tipi di farmaci, plastica, profumi, saponi, detersivi, vernici e persino mangimi per animali.

In futuro, però, potremmo avere bisogno di trovare nuovi metodi di fabbricazione di questi prodotti, perché le scorte mondiali di petrolio si stanno esaurendo. Oggi gli scienziati stanno lavorando a nuovi metodi di estrazione del petrolio dallo *scisto*, un tipo di roccia, o da sabbie bituminose.

pianeta

Il termine "pianeta" deriva dal greco *planetes* e significa "vagante": molto tempo fa, gli osservatori del cielo diedero questo nome a "stelle" che sembravano muoversi. Oggi sappiamo che i pianeti non sono stelle, ma corpi che ruotano attorno alle stelle.

La Terra e gli altri pianeti del nostro sistema solare ruotano attorno alla stella che noi chiamiamo Sole. Ogni pianeta si muove seguendo una propria orbita, ma tutti si muovono nella stessa direzione e, fatta eccezione per Plutone e Mercurio, le loro orbite giacciono tutte sullo stesso piano.

Gli astronomi ritengono che i pianeti derivino da fasce di gas e polvere che un tempo turbinavano attorno al Sole. La gravità avrebbe attratto porzioni di queste fasce le une verso le altre, formando masse che divennero poi pianeti. Gli otto pianeti del nostro sistema solare sono Mercurio, Venere, Terra, Marte, Giove, Saturno, Urano e Nettuno: Mercurio è il pianeta più vicino al Sole. Plutone è stato declassato a pianeta nano nell'agosto del 2006. Altri pianeti nani sono Cerere, Eris, Makemake e Haumea.

Visti dalla Terra, i pianeti brillano perché riflettono la luce del Sole.

Un pianoforte a coda

pianoforte

Il pianoforte è uno strumento musicale inventato da Bartolomeo Cristofori nel 1709. Il nome si riferisce alla sua più ampia gamma di sonorità rispetto al clavicembalo, in uso prima dell'invenzione del pianoforte. Quest'ultimo permette infatti diversamente dal clavicembalo, di variare l'intensità del suono in piano e forte con una maggiore pressione dei tasti. I primi pianoforti avevano corde che venivano tese orizzontalmente a partire dalla tastiera, come i *pianoforti a coda* di oggi (sopra). Il *pianoforte verticale*, con le corde tese verticalmente, fu costruito soltanto nel XIX secolo. Un pianoforte moderno standard ha 88 tasti e due o tre pedali che possono essere utilizzati per attutire o prolungare il suono delle note.

Il pianoforte

Il pianoforte si suona premendo una serie di tasti. Il movimento a leva dei tasti è trasmesso a un martelletto ricoperto di feltro che colpisce la rispettiva corda. Un apposito smorzatore impedisce che la nota continui a risuonare dopo che si è rilasciato il tasto.
Il *fortepiano*, lo strumento che lo precedette, aveva la caratteristica di poter variare l'intensità del suono, cosa impossibile sugli illustri, ma ancor più precedenti, *clavicordo* e *clavicembalo*.
Il **pianoforte**, per la sua capacità polifonica che è in grado di riprodurre un'intera orchestra, è stato, e a tutt'oggi è, la fucina della musica moderna.

piante, *vedi* pp. 300-301

PIANTE

△ *La* viola *è un esempio di pianta molto versatile. È usata nella produzione di profumi, può essere aggiunta a insalate esotiche o candita, ed è anche utilizzata per curare disturbi della pelle e preparare cataplasmi da applicare sulle lesioni cutanee.*

Le piante sono organismi che sfruttano l'energia del Sole per nutrirsi e fabbricare materia vivente. In questo processo assorbono anidride carbonica dall'aria ed emettono ossigeno. Senza le piante il nostro pianeta sarebbe un mondo senza vita perché esse producono tutto l'ossigeno di cui necessitano gli animali per respirare. Forniscono anche nutrimento agli animali e sono alla base della catena alimentare degli habitat in cui vivono.

Esistono oltre 375 000 specie diverse di piante, dai minuscoli muschi di pochi millimetri alle sequoie gigantesche, alte oltre 100 m. Le piante vivono in quasi tutte le regioni del mondo, ma la metà delle specie conosciute cresce nelle foreste tropicali: questi enormi agglomerati di piante producono così tanto ossigeno che spesso sono definiti i "polmoni del pianeta". Ogni specie di pianta si è adattata al proprio habitat, a volte anche in presenza di condizioni estreme. Le piante del deserto come i cactus e le altre piante grasse, per esempio, hanno radici lunghe e molto ramificate per raccogliere più acqua possibile e immagazzinarla nei fusti e nelle foglie. Le piante delle località più fredde crescono invece in gruppi molto fitti per proteggersi dal gelo e dal vento.

I GRUPPI DI PIANTE

Esistono numerosi gruppi di piante. Le *epatiche* e i *muschi* crescono nelle località umide e non hanno radici, fiori o semi, ma soltanto foglie. Gli *equiseti* sono un antico gruppo di piante che crescono nelle zone ombrose e umide, con piccole foglie e steli cavi. Le *felci* hanno steli curvi e foglie pennate e si riproducono spargendo spore da appositi organi disposti sulla faccia inferiore delle foglie.

Le conifere (*gimnosperme*) come pini e abeti sono piante che producono coni, o pigne, che contengono semi nudi e furono le prime piante con semi a comparire sulla Terra. Molte conifere crescono in località asciutte e fredde. Le piante da fiore (*angiosperme*) si dividono in due classi: monocotiledoni e dicotiledoni. Le *monocotiledoni* si sviluppano da semi che contengono una sola foglia embrionale, *cotiledone*, hanno foglie lunghe e strette e comprendono piante erbacee, bambù, palme, gigli e campanelle. Le *dicotiledoni* crescono da semi che contengono invece due cotiledoni: sono il gruppo più numeroso con oltre 200 000 specie, tra cui querce, meli, betulle, cactus, margherite e patate.

FABBRICHE DI CIBO

Le cellule delle piante contengono un pigmento verde chiamato *clorofilla*. Questo pigmento assorbe energia dal Sole per produrre *glucosio* (un tipo di zucchero) dall'anidride carbonica presente nell'aria e dall'acqua contenuta nel suolo. Questo processo, che si verifica soltanto nelle piante, si chiama *fotosintesi*. Le molecole di glucosio prodotte nel corso della fotosintesi si uniscono per formare altre sostanze. Una di queste è la *cellulosa*, usata per la crescita e per la creazione di nuove cellule, e l'altra è l'*amido*, usato come riserva di cibo.

△ *Le foglie sono le fabbriche del cibo delle piante. Nelle foglie le cellule sono disposte in modo che assorbano più luce solare possibile.*

▷ *I fiori sono dotati di organi riproduttivi chiamati* carpelli *e* stami. *Gli stami sono gli organi maschili e i carpelli, o* stimmi, *quelli femminili. Ogni stame possiede un'antera, che produce minuscoli granelli di polline. Nell'illustrazione, le api stanno raccogliendo nei sacchi pollinici il polline di questo giglio e lo trasportano di pianta in pianta favorendo l'impollinazione.*

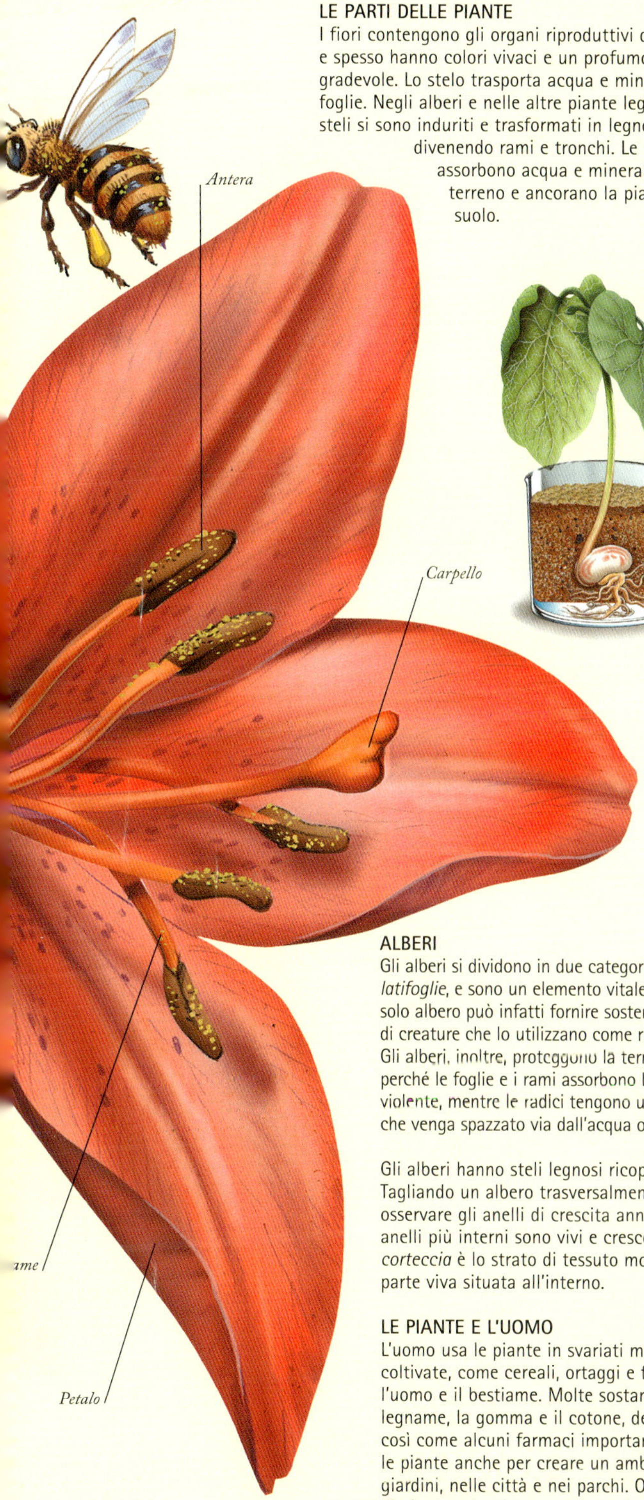

LE PARTI DELLE PIANTE

I fiori contengono gli organi riproduttivi della pianta e spesso hanno colori vivaci e un profumo gradevole. Lo stelo trasporta acqua e minerali alle foglie. Negli alberi e nelle altre piante legnose, gli steli si sono induriti e trasformati in legno, divenendo rami e tronchi. Le radici assorbono acqua e minerali dal terreno e ancorano la pianta al suolo.

LA RIPRODUZIONE DELLE PIANTE

La maggior parte dei fiori è dotata di organi maschili e femminili. Le parti maschili, gli *stami*, producono il polline, che viene trasferito alle parti femminili, gli *stimmi*, solitamente di un altro fiore: è la cosiddetta *impollinazione*. Alcune piante diffondono il polline con il vento, altre sfruttano animali come gli insetti per trasportarlo ad altri fiori.

Le piante disperdono i propri semi in modi diversi. Alcuni semi sono piccoli e leggeri e possono essere sparsi dal vento, altri sono dotati di minuscoli uncini o di un rivestimento appiccicoso e restano attaccati al corpo degli animali, che li trasportano lontano dalla pianta; molti vengono anche mangiati da altri animali, attratti dai frutti succosi che li contengono. Alcune piante, come il cocomero asinino, lanciano letteralmente in aria i semi maturi. Molte possono riprodursi anche senza semi, semplicemente sviluppando una versione in miniatura di se stesse.

Germinazione di un fagiolo

GERMINAZIONE

La germinazione è lo sviluppo di un seme in una piantina giovane, processo che si verifica quando le condizioni di temperatura, luce e umidità sono adeguate. Il seme assorbe l'acqua, si gonfia e si fende, lasciando fuoriuscire una radice in embrione che si dirige verso il basso, affondando nel terreno. Quindi dal seme esce un germoglio che punta verso l'alto e si sviluppa verso la luce del Sole.

ALBERI

Gli alberi si dividono in due categorie, *conifere* e *latifoglie*, e sono un elemento vitale di molti habitat: un solo albero può infatti fornire sostentamento a migliaia di creature che lo utilizzano come riparo e fonte di cibo. Gli alberi, inoltre, proteggono la terra dall'erosione, perché le foglie e i rami assorbono le piogge più violente, mentre le radici tengono unito il suolo evitando che venga spazzato via dall'acqua o dal vento.

Gli alberi hanno steli legnosi ricoperti di corteccia. Tagliando un albero trasversalmente è possibile osservare gli anelli di crescita annuale del tronco: gli anelli più interni sono vivi e crescono, mentre la *corteccia* è lo strato di tessuto morto che protegge la parte viva situata all'interno.

LE PIANTE E L'UOMO

L'uomo usa le piante in svariati modi. Le piante coltivate, come cereali, ortaggi e frutta, nutrono l'uomo e il bestiame. Molte sostanze utili, come il legname, la gomma e il cotone, derivano da piante, così come alcuni farmaci importanti. L'uomo coltiva le piante anche per creare un ambiente piacevole nei giardini, nelle città e nei parchi. Oggi molte migliaia di piante selvatiche sono in pericolo perché i loro habitat sono minacciati dall'uomo, ed è importante impegnarsi per la loro protezione.

▷ *Gli alberi decidui sono a foglia larga* (latifoglie) *e hanno chiome e radici molto ramificate. I fiori primaverili si trasformano in frutti.*

VEDI ANCHE

acqua; alberi; aria; cellula; conifere; foglia; frutto e frutta; gas; luce; medicina; ossigeno; riproduzione; seme; temperatura; verdure

piattaforma continentale

I continenti non terminano nel punto in cui la costa incontra il mare, il loro vero limite è situato nelle profondità marine. Ogni continente è infatti circondato da un'area inclinata che digrada dolcemente al di sotto del mare, la piattaforma continentale, che a volte si estende per centinaia di chilometri dalla costa, al termine della quale si trova il pavimento oceanico.

La maggior parte della vita marina si concentra sulla piattaforma continentale: qui la luce del Sole penetra attraverso l'acqua favorendo lo sviluppo di piante, pesci e altri animali.

◁ Negli Stati Uniti sudoccidentali vive il **picchio** dorato, una specie che costruisce il nido negli imponenti cactus saguaro.

Picasso, Pablo

Pittore spagnolo (1881-1973). Fu l'artista più famoso del XX secolo. Nacque in Spagna, ma visse gran parte della sua vita in Francia. La leggenda narra che Picasso sapesse disegnare ancora prima di imparare a parlare. A 14 anni sostenne un esame per una scuola d'arte preparandosi in un solo giorno, quando la maggior parte degli allievi impiegava un mese, e a 16 anni aveva già superato tutti gli esami che le scuole d'arte spagnole potevano offrire. Non amava i dipinti realistici e ammirava le forme curve della scultura africana.

Dipinse figure umane con forme semplici, poi abbracciò il movimento cubista, divenendone il pittore più autorevole. Produsse anche molte sculture e ceramiche. Tra le sue opere ricordiamo: *Les demoiselles d'Avignon*, *Chitarra* e il famosissimo *Guernica*.

picchio

Esistono circa 200 tipi diversi di picchio, diffusi in molte parti del mondo, ma soprattutto in America settentrionale, America meridionale e Asia.

I picchi usano il becco aguzzo e robusto per praticare fori nella corteccia degli alberi, nei quali infilano la lunga lingua per mangiare gli insetti che si trovano all'interno. Alcuni costruiscono il nido in questi fori negli alberi.

I picchi hanno colori brillanti e macchie distintive, soprattutto sul capo.

piccione e colomba

I piccioni e le colombe sono uccelli che mangiano semi o frutta e producono un caratteristico verso gutturale. Il *piccione Victoria* è grande come un pollo, ma esistono anche piccioni delle dimensioni di un'allodola.

I piccioni domestici discendono tutti dal colombo selvatico, che nidifica sulle scogliere. I piccioni e le colombe sono ormai considerati animali domestici:

alcuni da compagnia, altri vengono usati nelle gare. I piccioni viaggiatori possono volare percorrendo grandi distanze e tornare indietro: possono percorrere anche 1 000 km in un solo giorno!

Pico della Mirandola

Filosofo e umanista italiano (1463-1494). Uomo di straordinaria memoria, nel 1486 presentò a Roma 900 tesi (*Conclusiones*) per una pubblica discussione su tutti i problemi di filosofia e di teologia.
L'orazione *De hominis dignitate*, un inno alla libertà, è considerata il suo capolavoro.

Piemonte

Regione (4 446 230 ab.), dell'Italia nordoccidentale, confinante con Francia, Svizzera, Lombardia, Emilia Romagna e Liguria.
Montuosa (Alpi) e collinare, ha al centro la pianura padana, attraversata dal fiume Po e dai suoi affluenti. È sviluppata la viticoltura, che produce vini rinomati, e la produzione di riso.
L'industria è automobilistica, tessile, dell'oro e dei rubinetti. Le sue province sono: Torino (capoluogo), Vercelli, Novara, Asti, Biella, Cuneo, Alessandria, Verbano-Cusio-Ossola. Il turismo è sviluppato sui laghi (Maggiore e d'Orta).

Piero della Francesca

Pittore italiano (ca. 1420-1492). È uno tra i maggiori artisti del Rinascimento.

△ Le opere di **Pablo Picasso** influenzarono il mondo dell'arte nella prima metà del XX secolo.

◁ I **piccioni** hanno il corpo tondeggiante, la coda rotonda e penne marrone chiaro, rosa o grigio-azzurro.

Fu allievo di Domenico Veneziano e lavorò per gli Este a Ferrara, per i Malatesta a Rimini e per i Montefeltro a Urbino. Subì l'influenza di Masaccio e fu anche un teorico della prospettiva.
Ricordiamo: la *Madonna del parto*, *La resurrezione di Cristo* e gli affreschi con la *Leggenda della vera croce*.

Pietra, Età della

L'Età della Pietra è il lungo periodo della preistoria in cui l'uomo non aveva ancora imparato a costruire utensili di metallo e utilizzava la pietra, il legno e le ossa di animali.
L'Età della Pietra ebbe inizio probabilmente più di tre milioni di anni fa e terminò con l'inizio dell'Età del Bronzo in Iraq e in Egitto, circa 5 000 anni fa.

L'Età della Pietra si divide in tre parti: Paleolitico, Mesolitico e Neolitico. In Medio Oriente il *Paleolitico*, o antica Età della Pietra, durò fino a 10 000 anni fa. Quando ebbe inizio, i cacciatori sapevano a malapena spezzare la pietra e affilarla, ma al termine del Paleolitico l'uomo aveva imparato a scheggiare perfettamente la selce per fabbricare coltelli, punte di lance e raschietti.

Nel *Mesolitico*, o Età della Pietra intermedia, i cacciatori montavano piccoli frammenti di selce sulle punte delle frecce e degli arpioni.

Il *Neolitico*, o recente Età della Pietra, ebbe inizio in Medio Oriente circa 9 000 anni fa. In questo periodo l'uomo fabbricava asce con lame di pietra affilata e levigata e l'agricoltura iniziò ad avere il sopravvento sulla caccia come principale fonte di approvvigionamento di cibo.

pietre preziose

Alcune rocce contengono cristalli che possono essere tagliati e lavorati per farne risaltare i colori trasparenti e brillanti: sono le pietre preziose, spesso usate nella realizzazione dei gioielli.

I diamanti sono tra le pietre preziose più rare e belle, ma anche gli zaffiri blu, gli smeraldi verdi e i rubini rossi sono molto ricercati. Esistono anche pietre artificiali, ossia imitazioni di pietre preziose fabbricate in vetro o plastica.

Smeraldo tagliato e lucidato

Smeraldo grezzo

Smeraldo contenuto nella roccia

△ Lo smeraldo è un tipo di **pietra preziosa**. Quando sono ancora contenute nelle rocce, le pietre preziose sembrano piuttosto anonime, ma mani esperte sanno estrarle, tagliarle in forme particolari e lucidarle per esaltarne la bellezza.

pile e batterie

Le pile producono elettricità grazie alle sostanze chimiche che contengono. Le *pile a secco*, come quelle usate in molti apparecchi radio, torce elettriche e calcolatori, producono elettricità soltanto per un tempo limitato. Nelle pile a secco una miscela di sostanze chimiche simile a una pasta viene avvolta attorno a una barra di carbonio.

Le *batterie delle automobili* possono invece essere ricaricate e usate per molto tempo. Contengono coppie di piastre di piombo e di ossido di piombo immerse in una soluzione di acido solforico. Quando la batteria è in funzione, le sostanze chimiche delle piastre si modificano finché non producono più elettricità, ma facendo passare una corrente elettrica nella batteria, le sostanze chimiche delle piastre ritornano al loro stato originale, consentendo nuovamente la produzione di corrente.

Un tipo speciale di pile sono le *pile a combustibile*: si tratta di batterie elettriche che continuano a produrre elettricità finché vengono alimentate con un combustibile. Il principale campo di impiego delle pile a combustibile è quello delle esplorazioni spaziali. Pile a combustibile fornivano elettricità nelle varie navicelle Apollo utilizzate tra il 1969 e il 1972.

Queste pile usavano come combustibile ossigeno e idrogeno, che si combinavano insieme producendo elettricità e acqua. Quest'ultima non andava sprecata: la bevevano gli astronauti.

Pinguino imperatore ***Pinguino reale*** ***Pinguino antartico*** ***Pinguino crestato*** ***Pinguino papua***

▷ Esistono 17 specie di **pinguini**, molti dei quali vivono in enormi gruppi chiamati *colonie*. Le cinque specie qui illustrate vivono in Antartide. Le penne molto rigide e uno spesso strato di grasso li mantengono caldi anche nelle rigidissime condizioni ambientali del continente di ghiaccio.

ping pong

Il ping pong è un gioco molto veloce tra due giocatori e consiste nel colpire una leggera pallina di plastica per lanciarla verso la parte opposta di un tavolo da gioco. Ogni giocatore è munito di una racchetta di legno con un rivestimento di gomma. La pallina deve essere colpita con la racchetta in modo da superare una rete che divide il tavolo a metà, rimbalzando una sola volta sulla parte di campo al di là della rete. Se uno dei giocatori non riesce a rilanciare la pallina nel campo avversario, l'altro totalizza un punto.

Questo gioco fu inventato in Inghilterra all'inizio del XX secolo come intrattenimento serale del dopo cena ed è oggi uno sport popolare in tutto il mondo, tanto da essere stato inserito tra gli sport olimpici.

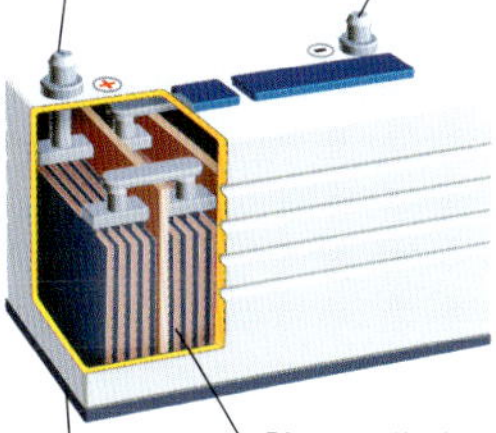

△ La maggior parte dei veicoli è dotata di una **batteria** che alimenta l'impianto elettrico. Quando il veicolo è in funzione, il motore aziona un generatore che ricarica la batteria.

pinguino

I pinguini sono uccelli capaci di nuotare ma non di volare perché hanno ali a forma di pinne che utilizzano per "remare" nell'acqua.

Nuotano in superficie e in profondità con grande abilità.

I pinguini sono diffusi soltanto nell'emisfero meridionale del pianeta. I pinguini imperatore vivono in Antartide. D'inverno la femmina depone un uovo sul ghiaccio e il suo compagno lo fa rotolare fino a posizionarlo tra le zampe, dove lo terrà al caldo per due mesi finché non si schiuderà.

pino, *vedi* conifere

Pinocchio

È il burattino di legno protagonista del celebre *Le avventure di Pinocchio*, scritto da Carlo Collodi nel 1880, una delle più grandi opere della letteratura italiana per l'infanzia. Pinocchio è un po' discolo, e ogni volta che racconta una bugia il suo naso... si allunga! Dopo tante avventure e disavventure, e soprattutto con l'aiuto della fata Turchina, il suo sogno di diventare un bambino vero sarà esaudito.

△ Il **piombo** era un tempo usato nei cosmetici, prima che si scoprisse che questo metallo può essere nocivo per l'uomo.

piogge acide

Normalmente tutta la pioggia è leggermente acida. Il debole acido contenuto nell'acqua piovana è in grado di erodere la pietra calcarea degli edifici e delle statue.

La pioggia, però, può anche reagire con i gas di scarico emessi dalle centrali elettriche, dalle automobili e dalle fabbriche. Quando questo accade, la pioggia cade sul terreno sotto forma di debole acido solforico e acido nitrico ed è chiamata pioggia acida. Con il tempo, le piogge acide possono lentamente contaminare laghi e ruscelli, minacciando la vita delle piante e degli animali che vi vivono.

Per questo si sta cercando di ridurre la quantità di gas di scarico che le nazioni industrializzate emettono nell'aria.

piombo

Il piombo è un metallo pesante che non arrugginisce, di colore blu-grigio.

È usato in molti oggetti, ma principalmente nelle batterie delle automobili.

▷ Le **piogge acide** sono il risultato dell'inquinamento provocato dalle fabbriche, i cui gas di scarico si mescolano all'acqua presente nell'aria.
Le piogge acide uccidono la fauna ed erodono gli edifici.

Schermi in piombo proteggono gli operatori dai pericolosi raggi X nei reparti di radiologia degli ospedali e dalle radiazioni nelle centrali nucleari (*vedi* **radioattività**).

Il piombo viene combinato allo stagno per ottenere una lega per saldatura, usata per unire pezzi di metallo. Molti oggetti sono oggi realizzati senza piombo perché si è scoperto che può essere nocivo per l'uomo: questo metallo interferisce infatti con la produzione dei globuli rossi del sangue e può danneggiare organi come il cervello, i reni e il fegato.

pipistrello

I pipistrelli sono gli unici veri mammiferi volanti. Le loro ali non hanno piume, ma sono costituite da una membrana di pelle tesa tra le ossa allungate delle "dita" degli arti anteriori. In molti pipistrelli, le ali sono collegate anche alle zampe posteriori e alla coda.

Esistono quasi 1000 specie diverse di pipistrello, molte delle quali vivono ai tropici e nelle regioni più calde del mondo. Nelle zone dove gli inverni sono freddi, i pipistrelli vanno in letargo. Molti pipistrelli si nutrono di frutti maturi, soprattutto nelle regioni tropicali, altri invece si nutrono di insetti che catturano in volo.

I pipistrelli sono per lo più animali notturni: dormono durante il giorno e sono attivi di notte. Gli scienziati hanno dimostrato con vari esperimenti che i pipistrelli non hanno bisogno di una buona vista per volare, ma riescono a orientarsi nell'oscurità usando un sistema simile a un sonar: emettono una serie di suoni molto acuti e sulla base dell'eco che rimbalza sugli oggetti colpiti dalle onde sonore sono in grado di determinare la posizione di tali oggetti.

Pteropo dell'isola di Rodrigues

piramide

Le piramidi sono enormi edifici a pianta quadrata con i lati triangolari che si incontrano in corrispondenza del vertice.

Gli egizi costruivano piramidi come tombe per i loro sovrani. La prima piramide, eretta attorno al 2650 a.C. a Sakkara, è alta 62 m. Le tre piramidi più famose si trovano nei pressi di Giza. La *Grande Piramide*, fatta costruire attorno al 2600 a.C. dal faraone Cheope è alta 137 m. Chefren, che succedette a Cheope, fece costruire la seconda, alta 136 m, mentre la terza, realizzata da Micerino, successore di Chefren, è alta 73 m. In Egitto si trovano ancora 80 piramidi circa.

Anche le popolazioni native dell'America centrale e meridionale costruirono templi a forma di piramide nei primi sei secoli dopo Cristo: un esempio famoso è l'enorme piramide di Choula, nei pressi di Città del Messico, alta circa 54 m.

△ Le enormi **piramidi** costruite migliaia di anni fa in Egitto sono grandi opere di ingegneria, ma dovettero essere impiegati migliaia di schiavi per trasportare gli immensi blocchi di pietra.

Pirenei

I Pirenei sono una catena montuosa situata tra la Francia e la Spagna. Si estendono per circa 435 km dal golfo di Biscaglia al mar Mediterraneo e da sempre formano una barriera naturale tra i due stati, infatti la maggior parte degli scambi commerciali franco-spagnoli si è sempre svolta via mare.

Ferro, piombo, argento e cobalto vengono estratti dalle montagne, i cui incantevoli paesaggi attirano anche numerosi turisti.

Le vette più alte dei Pirenei superano i 3000 m, ma la media si aggira attorno ai 1100 m. Il monte più alto è il *Pico de Aneto*, a 3404 m di altitudine. Sul versante meridionale dei Pirenei orientali è adagiata la minuscola repubblica di **Andorra**.

pitone

I pitoni sono grandi serpenti ovipari non velenosi della famiglia dei boa, diffusi per lo più in Africa e in Asia sudorientale. Qualche specie vive anche in Australia. Alcuni raggiungono la lunghezza di 9 m e sono *costrittori*, ossia stringono le loro prede, generalmente lepri, ratti e antilopi, fino a farle soffocare e poi le ingoiano intere.

▷ Il **pitone** delle rocce africano vive nelle praterie e nelle foreste, dove caccia qualsiasi animale, dagli uccelli ai mammiferi delle dimensioni di questa zebra. I colori e i disegni del suo corpo si mimetizzano bene nell'ambiente circostante ed è difficile per la preda sfuggire al rettile. È uno dei serpenti più lunghi del mondo.

pittura

La pittura è una forma d'arte in cui si usano colori per realizzare immagini su tela, gesso, legno o carta. Oggi molti dipingono perché amano farlo, ma in passato non è sempre stato così.

I cacciatori dell'Età della Pietra probabilmente usavano la pittura come forma di magia. Disegnavano animali selvatici feriti sulle pareti delle loro caverne pensando che questi dipinti li avrebbero aiutati a uccidere gli animali veri nella battuta di caccia successiva.

△ La **pittura** può essere un'attività lunga e impegnativa, ma appagante sia per il pittore che per chi ne fruisce. Nel 1 508 Michelangelo fu incaricato da papa Giulio II di dipingere affreschi sul soffitto e sulle pareti della Cappella Sistina in Vaticano, un'impresa che richiese molti anni di lavoro.

Nel Medioevo la maggior parte degli artisti lavorava per la Chiesa e i loro dipinti solitamente raffiguravano scene tratte da racconti della Bibbia che aiutavano chi non sapeva leggere a comprendere i messaggi biblici.

Nel XV secolo i ricchi principi e i mercanti europei pagavano gli artisti per realizzare dipinti con cui decoravano le loro case. In genere si trattava di ritratti di famiglia, di nature morte con fiori e frutti o di paesaggi che raffiguravano le città in cui vivevano e i loro possedimenti.

Nel XIX secolo molti artisti elaborarono nuove idee nel campo della pittura. Alcuni, per esempio, cercarono di trasmettere la sensazione di luce e ombra nei paesaggi, altri invece iniziarono a usare colori brillanti e pieni per far emergere le forme che si celano nelle nature morte e nei paesaggi. Nel XX secolo, Pablo Picasso e altri artisti iniziarono la sperimentazione con l'Astrattismo, concentrandosi sulle forme, sui colori e sui motivi elementari degli oggetti che dipingevano.

△ Il **plancton** spesso presenta bellissime strutture complesse, nonostante le dimensioni microscopiche. Queste diatomee sono dotate di conchiglie di silice, un materiale di difesa rigido e incolore.

plancton

Il plancton è un complesso di piante e animali minuscoli che vivono sospesi nelle acque dei mari e dei corsi d'acqua. Il plancton è in genere di dimensioni così piccole che può essere osservato soltanto al microscopio.

L'insieme degli organismi vegetali che compongono il plancton è chiamato *fitoplancton*, normalmente diffuso vicino alla superficie dell'acqua, dove riceve la luce di cui ha bisogno. Alcune piante microscopiche nuotano agitando minuscoli organi a forma di frusta, altre invece sono dotate di conchiglie aguzze che sembrano di vetro.

L'insieme degli organismi animali che costituiscono il plancton è lo *zooplancton*, che vive a maggiori profondità ed emerge verso la superficie soltanto di notte per cercare

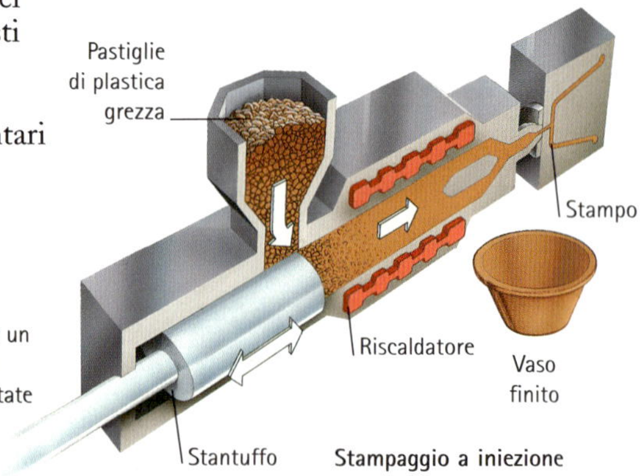

▷ Gli oggetti di **plastica** possono essere realizzati con un processo chiamato *stampaggio a iniezione*, in base al quale pastiglie di plastica grezza vengono fuse e iniettate in uno stampo. Per produrre barre o fogli di plastica è utilizzato invece un metodo chiamato *estrusione a caldo*, con il quale la plastica fusa viene fatta passare con forza attraverso fori adeguatamente sagomati.

nutrimento. Lo zooplancton comprende minuscole creature unicellulari e piccoli di granchi e pesci.

Il plancton forma la base della catena alimentare oceanica. Tutte le creature marine dipendono direttamente dal plancton per il proprio nutrimento, o da animali che si nutrono di plancton.

plastica

La plastica è un prodotto industriale modellato in forme diverse per realizzare gli oggetti più disparati, da mobili a sedili di automobili, da scarpe a stoviglie.

Si ottiene dal petrolio, ma vengono usati anche carbone, calcare, sale e acqua. Può essere dura, morbida o liquida e realizzata in modo da assomigliare al vetro, al metallo, al legno o ad altri materiali.

Ridotta in fili sottili, come nel caso del *nylon*, può essere usata per produrre morbidi collant. La prima plastica prodotta fu la *celluloide*, inventata nel XIX secolo. Alcune bottiglie e sacchetti sono realizzati con una plastica morbida chiamata *polietilene*.

Dal 1° Gennaio 2011, per motivi ambientali, è vietato commercializzare sacchetti di plastica usa e getta.

Platone

Filosofo greco (427 ca.-347 a.C.). Le sue idee furono di fondamentale importanza per la filosofia.

Allievo di Socrate, Platone credeva che le cose che vediamo attorno a noi fossero soltanto copie scadenti di cose perfette esistenti in un mondo ideale. Elaborò idee come il concetto di giustizia, e nella sua opera *Repubblica* (uno dei suoi 34 dialoghi) descrisse il suo principio di nazione perfetta, o *Utopia*, governata da re filosofi. Platone viaggiò molto prima di stabilirsi ad Atene, dove fondò l'Accademia ed ebbe anche Aristotele tra i suoi allievi. Tra le sue opere più famose vi sono l'*Apologia di Socrate*, *Fedone* e *Fedro*.

Plutone

Plutone prende il nome dal dio greco che governava il mondo dei morti.

È un corpo celeste gelido, perché è più lontano dal Sole di qualsiasi altro pianeta: la sua distanza dal Sole è infatti 40 volte la distanza tra il Sole e la Terra. Nel 2006 è stata lanciata verso questo pianeta la sonda New Horizons.

L'Accademia

Per accademia si intende un'associazione di studiosi di lettere, arti e scienza. Furono molto importanti le accademie sorte tra il XV e il XVI secolo, tra cui la *Pomponiana* a Roma, la *Crusca* (1583) e, un secolo dopo, l'*Arcadia* (1690) a Firenze.

La prima accademia fu fondata da **Platone** nel 387 a.C. sotto la forma (comune a tutte le scuole filosofiche greche) di un sodalizio religioso in onore dell'eroe *Academo*.

Le discipline insegnate all'Accademia erano direttamente connesse alla dottrina platonica e alla sua filosofia.

L'Accademia fu chiusa dall'imperatore Giustiniano nel 529.

▷ **Plutone** ha tre satelliti: Caronte, il più grande, Notte e Idra, scoperti nel maggio 2005.

PLUTONE

Distanza media dal Sole: 5 906 milioni di km
Distanza minima dalla Terra: 5 800 milioni di km
Temperatura media: -230 °C
Diametro equatoriale: 2 300 km
Atmosfera: rarefatta, probabilmente di metano
Numero di lune: 3, Caronte, Notte e Idra
Lunghezza del giorno: 6 giorni e 9 ore terrestri
Lunghezza dell'anno: 248 anni terrestri

△ La **polizia** solitamente pattuglia le strade in motocicletta e in automobile, ma in alcune città, come a New York, USA, i poliziotti usano anche i cavalli.

Plutone ruota su se stesso e ruota attorno al Sole più lentamente della Terra. Un giorno su Plutone dura circa quanto una settimana sulla Terra. Un anno dura poco più di 248 anni terrestri. Le sue dimensioni sono la metà di quelle della Terra e il suo peso un sesto di quello del nostro pianeta. Il 24 agosto 2006 Plutone è stato declassato a pianeta nano dall'Unione Astronomica Internazionale.

poesia

La poesia è la più antica forma di letteratura. Prima di sviluppare la scrittura, l'uomo scoprì che il modo migliore per ricordare una storia consisteva nel cantarla o nel narrarla in rima. I poeti scelgono le parole con cura, in base sia al loro suono che al loro significato. La poesia può essere paragonata alla musica perché crea ritmi eufonici con le parole.

La poesia è in genere scritta in rima e le righe da cui è composta, quindi, terminano con parole dal suono simile.

Le rime, però, non sono indispensabili in una poesia: i poeti, infatti, le usano in alcune poesie e non in altre. Le poesie sono solitamente divise in parti, o versi, ognuno con un ritmo ottenuto con l'utilizzo di parole più forti e altre più deboli. Esistono tre tipi principali di poesia: narrativa, lirica e drammatica. La *poesia narrativa* racconta una storia, la *poesia lirica* esprime i sentimenti del poeta, mentre la *poesia drammatica* ha personaggi che raccontano una storia, proprio come in molte opere teatrali.

▽ Nelle fattorie il **pollame** può essere allevato libero, come questo gallo e queste galline, o nei cosiddetti allevamenti intensivi in batteria.

polizia

La polizia è impiegata dal governo di un Paese per far rispettare le leggi e mantenere l'ordine, un compito che implica anche la protezione della vita e delle proprietà dei cittadini: la polizia pattuglia le strade, controlla le folle, trova le persone scomparse e aiuta chi resta coinvolto in incidenti. Inoltre i poliziotti cercano di prevenire i reati e di catturare i criminali: questo è un compito pericoloso e può capitare che qualcuno di essi perda la vita. Le forze di polizia sono in genere armate.

La polizia si occupa anche delle indagini scientifiche di un reato, tra cui l'analisi delle impronte digitali e di altri indizi, e della *criminologia*, ossia lo studio dei criminali, dei loro reati e del modo in cui funziona la loro mente.

pollame

Tutti gli uccelli allevati con lo scopo di utilizzarne la carne o le uova sono chiamati pollame. In genere per pollame si intendono polli e galline, anatre, oche e tacchini, ma anche struzzi, pernici, faraone, pavoni, fagiani e piccioni possono essere allevati come pollame.

I polli e le galline sono la specie di pollame più numerosa e producono una quantità tale di uova da poterne garantire un centinaio a testa ogni anno a ogni abitante della Terra.
La carne di pollo, inoltre, ha costi di produzione inferiori rispetto alla carne delle pecore o dei bovini.

polmoni

I polmoni sono gli organi della respirazione. Sono due grandi masse spugnose situate nel torace che assorbono ossigeno dall'aria ed eliminano l'anidride carbonica dal sangue. L'aria entra nei polmoni attraverso la trachea. All'interno dei polmoni ci sono minuscoli tubi, i *bronchioli*, che terminano in sacche contenenti aria, gli *alveoli*: è qui che i polmoni immettono ossigeno nel sangue ed eliminano da esso l'anidride carbonica.

Polo, Marco

Mercante e viaggiatore italiano (1254-1324). Si recò in Cina in un periodo della storia in cui le popolazioni europee conoscevano ben poco dell'Oriente. Il padre e gli zii erano mercanti a Venezia e decisero di portare il giovane Marco nel loro secondo viaggio in Oriente compiuto nel 1271. Attraversarono la Persia (l'attuale Iran) e lo sconfinato deserto del Gobi finché, nel 1275, i Polo raggiunsero Pechino (l'attuale Beijing) e furono accolti alla corte di *Kubilay Khan*, un grande conquistatore mongolo. I Polo rimasero in Cina molti anni, durante i quali Marco viaggiò in tutto il paese come inviato al servizio del Khan. I Polo lasciarono la Cina nel 1292 e fecero ritorno a casa, a Venezia, nel 1295. In seguito, Marco Polo raccontò le sue avventure in un libro, il *Milione*.

Polonia

La Polonia è uno stato dell'Europa orientale affacciato sul mar Baltico. La maggior parte del Paese è occupata da terreni pianeggianti coltivati, ma sulle montagne dei Carpazi, nell'estremo sud, è presente qualche foresta. Il fiume più lungo della Polonia è la Vistola, che sfocia nel mar Baltico. Spesso, nei freddi e nevosi inverni polacchi, i fiumi diventano ghiacciati.

La Polonia ha oltre 38 milioni di abitanti, la maggior parte dei quali professa la religione cattolica.

Nel 1989 in Polonia si tennero le prime elezioni libere dopo 40 anni di regime sovietico. Il sindacato indipendente *Solidarnosc* assunse il potere e la Polonia divenne il primo stato non comunista all'interno dell'ex blocco sovietico. Nel 1999 la Polonia è entrata nella NATO e dal 2004 ha aderito all'Unione Europea.

△ Aerei di rifornimenti atterrano al **Polo Sud** quasi ogni giorno. La popolazione dell'Antartide è costituita soltanto dagli scienziati che lavorano presso le basi di ricerca scientifica.

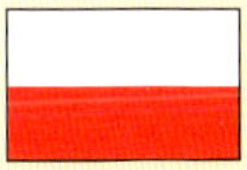

POLONIA
Forma di governo: repubblica
Capitale: Varsavia
Superficie: 312 679 km²
Popolazione: 38 153 389 ab.
Lingua: polacco
Moneta: zloty

Polo Nord

Il Polo Nord è la località più a nord della Terra. La sua latitudine è 90° nord: è l'estremità settentrionale dell'asse terrestre, la linea immaginaria attorno alla quale la Terra ruota.

Il Polo Nord si trova al centro del mar Glaciale Artico, la cui superficie è sempre ghiacciata. D'inverno il Sole non sorge e d'estate non tramonta per diverse settimane. La prima persona ad aver raggiunto il Polo Nord fu l'esploratore americano *Robert E. Peary* (1856-1920), che vi arrivò nel 1909 con la sua spedizione usando slitte trainate da cani.

La prima imbarcazione a raggiungere il Polo Nord fu il sottomarino nucleare statunitense *Nautilus*, che passò al di sotto dei ghiacci polari il 3 agosto 1958.

Polo Sud

Il Polo Sud è il punto sulla carta geografica che indica l'estremità meridionale dell'asse terrestre. Il Polo Nord indica invece la sua estremità settentrionale. Il Polo Sud è situato tra alte montagne ghiacciate nel mezzo dell'Antartide.

La prima persona a raggiungere il Polo Sud fu l'esploratore norvegese **Roald Amundsen** (1872-1928), nel dicembre 1911.

Nel 1956 gli Stati Uniti realizzarono una base scientifica al Polo Sud e la chiamarono *Stazione Amundsen-Scott*.

polpo

I polpi sono molluschi marini dal corpo molle caratterizzato da otto tentacoli. Esistono circa 50 specie di polpi: quello più grande ha tentacoli della lunghezza di nove metri, ma la maggior parte di essi non è più grande del pugno di un uomo. Diversamente da molti molluschi, il polpo è privo di conchiglia, ma è dotato di una pelle robusta che protegge gli organi all'interno del corpo.

Il polpo si nasconde in caverne o crepacci sottomarini, oppure striscia sul fondo del mare alla ricerca di cibo.

I due grandi occhi sono sempre all'erta per individuare eventuali nemici. Se avverte un pericolo, il polpo può confondere l'assalitore sprigionando un liquido simile all'inchiostro che rimane sospeso nell'acqua come una nuvola.

Il polpo è in grado di avanzare rapidamente emettendo getti d'acqua alle sue spalle da uno speciale tubo di cui è dotato il suo corpo.

Il polpo è il più intelligente degli *invertebrati* (animali privi di colonna vertebrale): può essere addestrato a orientarsi in un labirinto e può imparare a risolvere problemi semplici, come per esempio togliere il tappo a un barattolo chiuso che contiene cibo.

In molti paesi, soprattutto in quelli affacciati sul Mediterraneo, il polpo è un cibo prelibatissimo.

△ Il **polpo** usa i tentacoli muniti di ventose per afferrare granchi, crostacei o altre prede e portarle alla bocca, dura e appuntita come il becco di un uccello.

pomodoro

I pomodori sono frutti rotondi, rossi e polposi che contengono una grande quantità delle vitamine di cui l'uomo necessita, soprattutto le vitamine A e C.

I pomodori furono coltivati per la prima volta migliaia di anni fa in America meridionale.

△ I **pomodori** si sviluppano da grappoli di piccoli fiori gialli. Dopo l'impollinazione, il frutto inizia a svilupparsi: l'intero processo dal fiore al pomodoro maturo dura da 40 a 75 giorni.

Nel 1596 gli spagnoli li importarono in Europa, ma inizialmente nessuno volle mangiarli perché si pensava che fossero velenosi e quindi vennero coltivati come piante ornamentali.

Nel XX secolo divennero un cibo popolare e oggi sono coltivati in tutto il mondo.

pompa

Le pompe sono generalmente usate per lo spostamento di liquidi, ma talvolta vengono impiegate anche per spostare gas. Esistono diversi tipi di pompe: la pompa di una bicicletta, per esempio, è una semplice *pompa alternativa*, ossia con un pistone che si muove avanti e indietro all'interno di un cilindro.

Una pompa simile è la *pompa sollevante*, in grado di sollevare acqua dal fondo di un pozzo profondo fino a nove metri: ha un cilindro verticale contenente un pistone azionato da una manopola. Le *pompe prementi* sono invece usate per sollevare acqua da profondità maggiori.

Pompei

Pompei, che si trova in Campania, in provincia di Napoli, è l'unica città antica della quale si possiede esattamente la struttura topografica. Fondata da genti osche nel VII sec. a.C., nell'80 a.C. divenne una colonia romana. Nel 63 d.C. fu gravemente danneggiata da un violento terremoto; fu presto ricostruita ma, nel 79 d.C., il vicino vulcano Vesuvio eruttò e ricoprì la città di Pompei di cenere e scorie vulcaniche.

Gas velenosi invasero le strade e un abitante su dieci rimase avvelenato dai fumi contenuti nelle nuvole di ceneri ardenti che scesero lungo le pendici del vulcano. La cenere e la pomice seppellirono i corpi delle vittime e ricoprirono completamente la città, tanto che, con il passare del tempo, ci si dimenticò che Pompei fosse mai esistita.

Nel corso dei secoli, lo strato di cenere di Pompei, spesso 6-7 m, si indurì e protesse la città dagli agenti atmosferici, finché, nel XVIII secolo, si cominciò a scavare per riportarla alla luce. Gli scavi continuano ancora oggi e ci forniscono una testimonianza originale della vita e della cultura di quel tempo. Sono stati scoperti interi edifici, strade, utensili e statue. I corpi delle vittime, uomini e animali, decomponendosi hanno lasciato cavità nella cenere solidificata e gli archeologi hanno ricavato i calchi a grandezza naturale delle persone, così come erano state sorprese dall'eruzione. Parte della città antica è ancora sepolta, e la città moderna è oggi situata a est del sito archeologico.

△ Gli archeologi hanno riportato alla luce quasi metà della città di **Pompei**. Calchi in gesso sono stati ricavati dalle impronte lasciate dalle vittime dell'eruzione nella cenere solidificata.

ponte

I ponti sono usati per consentire a strade, sentieri o linee ferroviarie di oltrepassare fiumi, vallate o altri ostacoli. I primi ponti costruiti dall'uomo erano probabilmente costituiti da semplici tronchi appoggiati sulle due sponde di un fiume o di una piccola conca. I romani furono tra i primi grandi costruttori di ponti e alcuni dei loro ponti in pietra sono visibili ancora oggi. Nel Medioevo, invece, sui ponti situati all'interno delle città spesso si costruivano negozi e case.
La costruzione dei ponti moderni ebbe inizio soltanto nel XVIII secolo con i ponti in ferro, seguiti, alla fine del XIX secolo, dai primi ponti in acciaio. Oggi esiste una grande varietà di ponti, ma i tre tipi principali sono i ponti a travata, ad arco e sospesi.

Un moderno *ponte a travata* funziona allo stesso modo di un semplice tronco dell'antichità: è realizzato con travate robuste gettate tra due sponde, talvolta con piloni che le sostengono al centro.

Un *ponte ad arco* può avere uno o più archi. In passato, i ponti ad arco erano solitamente in pietra, ma oggi sono costruiti con acciaio o calcestruzzo.

I *ponti a sospensione* sono sospesi ad alte torri con l'aiuto di robusti cavi d'acciaio. Anche le torri hanno cavi che le fissano al terreno.

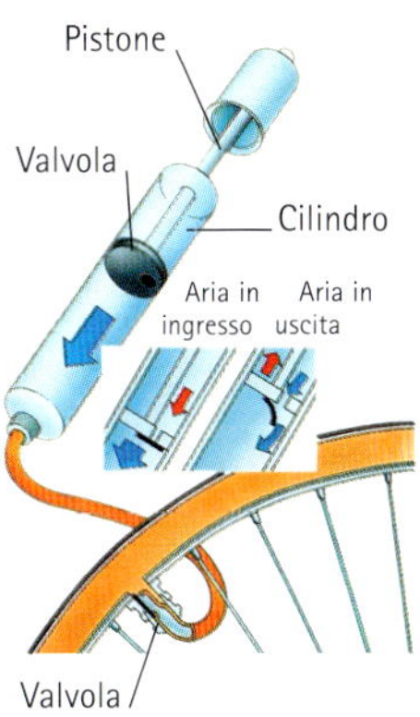

◁ Le **pompe** come questa, usata per gonfiare gli pneumatici di una bicicletta, sono meccanismi molto semplici. L'aria viene immessa nello pneumatico da un pistone che viene spinto su e giù all'interno di un cilindro. Una valvola nel cilindro consente all'aria di passare soltanto in una direzione. Lo pneumatico è dotato di una seconda valvola, che impedisce all'aria di uscire quando la pompa viene rimossa.

▷ Il **ponte** chiamato *Golden Gate* di San Francisco, California, USA, è uno dei ponti sospesi più famosi del mondo. È lungo 1 280 m.

△ Circa 20 000 anni fa le **popolazioni preistoriche** vivevano in caverne o semplici capanne costruite con legno o pelli. Usavano utensili di pietra e di osso per cacciare e preparare il cibo, ma anche per fabbricare indumenti e rifugi. Nell'Età della Pietra si calcola che soltanto poche migliaia di persone vivessero in tutta l'Africa e qualche altro migliaio in Asia.

△ Di tutte le **popolazioni preistoriche**, l'*Homo habilis* fu probabilmente il primo essere umano a costruire e utilizzare utensili, come coltelli di selce.

pop, musica

"Pop" è un'abbreviazione di "popular", ossia musica popolare, nel senso di "famosa", "in voga". La moderna musica pop è caratterizzata da ritmi vivaci e melodie semplici, spesso orecchiabili, con brani per lo più cantati. Un gruppo pop solitamente ha uno o più cantanti e i musicisti suonano strumenti come la chitarra elettrica, le tastiere o la batteria.

I gruppi pop spesso hanno bisogno di furgoni per trasportare la loro attrezzatura e di persone che la montino, la smontino e la sistemino.

Elvis Presley fu una delle prime star del *rock and roll* a diventare un idolo dei giovani. Famosi gruppi rock e stelle del calibro dei Beatles, di Madonna, Michael Jackson e Britney Spears hanno attirato e continuano ad attirare folle oceaniche ai loro concerti in tutto il mondo. Milioni di persone, nel 1986, seguirono in TV il famoso concerto *Live Aid* per la raccolta di fondi destinati alle popolazioni bisognose dell'Africa.

popolazione

Tutte le persone che vivono in una località, sia essa un villaggio, una città o uno stato, costituiscono la popolazione di quella località. Nell'Età della Pietra in tutto il mondo vivevano soltanto pochi milioni di persone, un numero che rimaneva basso a causa della mancanza di cibo, degli incidenti e delle malattie. Man mano che questi problemi furono risolti, la popolazione del mondo iniziò a crescere.

Dall'anno 1 al 1650 la popolazione mondiale raddoppiò, e raddoppiò nuovamente soltanto 150 anni dopo il 1650 e da allora continua a crescere ancora più velocemente. Nel 1930 nel mondo vivevano due miliardi di persone; nel 2011 la popolazione ha raggiunto i sette miliardi e sta ancora aumentando velocemente...

popolazioni preistoriche

Le popolazioni preistoriche vissero molto tempo fa, quando ancora non esistevano documentazioni storiche scritte. Sappiamo della loro esistenza grazie a ciò che rimane di loro.

La preistoria è divisa in tre età, Età della Pietra, Età del Bronzo ed Età del Ferro, che prendono il nome dai materiali usati dall'uomo per fabbricare armi e utensili.

L'*Età della Pietra* durò molto a lungo. Iniziò all'incirca 2,5-3 milioni di anni fa, quando sulla Terra comparvero le prime creature somiglianti a esseri umani e diverse dagli animali simili alle scimmie che vivevano nello stesso periodo: esse avevano infatti il cervello più grande, usavano utensili di pietra e camminavano erette.

Circa 1,5 milioni di anni fa comparve un'altra creatura più simile all'uomo: gli scienziati chiamano questo primo umano *Homo erectus*, ossia "uomo eretto". L'Homo erectus fu probabilmente il progenitore di tipi più avanzati di esseri umani chiamati *Homo sapiens*, ossia "uomo intelligente". Un tipo di Homo sapiens fu l'uomo di Neandertal, che comparve circa 100 000 anni fa. L'uomo moderno, l'*Homo sapiens sapiens,* fece la sua comparsa in Europa e in Asia circa 35 000 anni fa.

Verso la fine dell'Età della Pietra, circa 10 000 anni fa, le popolazioni preistoriche iniziarono a usare i metalli, il primo dei quali fu il rame. È di 5 000 anni fa l'invenzione del bronzo, una lega dura di rame e stagno, e questo sviluppo segnò l'inizio dell'*Età del Bronzo*, durante la quale sorsero le prime civiltà.

L'Età del Bronzo terminò circa 3 300 anni fa in Europa sudorientale, quando le popolazioni impararono a costruire utensili di ferro.

Il ferro è molto più duro del bronzo e con esso gli uomini furono in grado di sviluppare l'agricoltura e metodi di costruzione (*Età del Ferro*).

Portogallo

Il Portogallo è uno stato dell'Europa sudoccidentale dal territorio molto montuoso compreso tra l'oceano Atlantico e la Spagna. Gli inverni miti e le estati calde sono favorevoli alla coltivazione di olive, arance, riso e viti, queste ultime molto importanti perché vi si ricava il *Porto*, un vino che prende il nome dalla città di Oporto.

Il Portogallo produce più sughero di qualsiasi altra nazione. Il paese possiede anche miniere dalle quali si estraggono minerali come il rame e lo stagno e fabbriche di tessuti, pellami e macchinari elettrici. Il Portogallo conta oltre 10 milioni di abitanti. Dopo la dittatura di Salazar (1932-1968) e di Caetano, nel 1974 ha assunto il potere un gruppo di militari progressisti e nel 1976 si sono tenute le prime elezioni democratiche.

Portorico

Portorico, o Puerto Rico, è un'isola tropicale situata nel mar delle Antille. È uno stato libero che beneficia della protezione militare degli Stati Uniti.

I portoricani sono cittadini statunitensi, ma non possono votare alle elezioni americane. Lo stato è densamente popolato e molti portoricani sono emigrati negli Stati Uniti. Il turismo è una delle principali attività economiche del paese.

presidente

Il presidente è il capo di uno stato o di una repubblica eletto dal popolo o dal parlamento, e in alcuni paesi è anche il capo del governo, come negli Stati Uniti.

In Italia, invece, il Presidente è il capo dello stato e nomina un Primo Ministro che formi e guidi il Governo. Il titolo di presidente è conferito anche al più alto dirigente di club, aziende e società.

procione

I procioni sono mammiferi che vivono in America settentrionale. Hanno il pelo lungo, il muso corto e appuntito, una specie di maschera nera attorno agli occhi e una folta coda a strisce nere. Possono crescere fino a raggiungere la lunghezza di 90 cm dal muso alla coda.

I procioni vivono nelle foreste e, poiché sono ottimi arrampicatori, costruiscono la propria tana all'interno di cavità negli alberi. Sono animali notturni e di notte lasciano la tana per andare alla ricerca di cibo. Mangiano quasi ogni cosa: frutti e piante, uova,

PORTOGALLO
Forma di governo: repubblica
Capitale: Lisbona
Superficie: 92 094 km²
Popolazione: 10 707 100 ab.
Lingua: portoghese
Moneta: euro

PORTORICO
Forma di governo: stato libero associato agli USA
Capitale: San Juan
Superficie: 9 044 km²
Popolazione: 3 967 288 ab.
Lingua: inglese e spagnolo
Moneta: dollaro USA

◁ Negli Stati Uniti i **procioni** sono spesso considerati animali nocivi a cui si dà la caccia. Il famoso cappello di Davy Crockett era realizzato in pelliccia di procione, con la coda a strisce che pendeva sul retro.

insetti, pesci, uccelli e piccoli mammiferi, ma il loro alimento principale proviene dai fiumi, quindi costruiscono le tane sugli alberi sempre nei pressi di corsi d'acqua. I procioni spesso giungono fino alle città, dove si nutrono di rifiuti.

△ Una delle conseguenze delle ostilità del 1948 tra arabi ed ebrei fu la migrazione di quasi un milione di arabi che lasciarono le loro case in Palestina, diventando **profughi**, perché temevano le azioni che Israele avrebbe potuto intraprendere dopo la guerra contro la Lega Araba.

profugo

Un profugo è una persona che cerca rifugio o protezione da pericoli o problemi di vario tipo in un'altra nazione. Spesso i profughi fuggono da persecuzioni politiche o religiose, da carestie o inondazioni. Oggi esistono molte organizzazioni che si occupano dei profughi fornendo assistenza internazionale a persone costrette ad abbandonare il proprio paese.

L'organizzazione principale è l'*Alto Commissariato delle Nazioni Unite per i Rifugiati* (UNHCR), che dà protezione e assistenza a oltre 20 milioni di profughi e sfollati di tutto il mondo, la maggior parte dei quali sono donne e bambini.

profumo

I profumi emanano una gradevole fragranza e molti ne fanno uso applicandoli sul proprio corpo. Le industrie aggiungono profumi a prodotti come saponi e detersivi per renderli più piacevoli all'olfatto.

I *profumi naturali* sono oli estratti da fiori, foglie e steli di piante e miscelati con sostanze come il muschio. Molte aziende producono *profumi sintetici* utilizzando materiali vari.

▽ La maggior parte delle **proteine** di cui abbiamo bisogno si trova negli alimenti di origine animale: carne, pesce, uova e formaggio. Anche alcuni vegetali, come le arachidi, i piselli e i fagioli, sono ricchi di proteine.

proteina

Le proteine sono sostanze fondamentali per la vita presenti nei cibi e contenenti carbonio, idrogeno, ossigeno e azoto. Le proteine favoriscono lo sviluppo dei tessuti del corpo, soprattutto dei muscoli, e riparano le cellule che hanno subito lesioni.

Inoltre, forniscono calore ed energia, ci aiutano a crescere e ci proteggono dalle malattie. Il nostro corpo non immagazzina le proteine introdotte in eccesso, quindi dobbiamo ingerirne regolarmente una quantità sufficiente.

proverbio

Un proverbio è un detto popolare che racchiude un insegnamento. La Bibbia contiene un libro chiamato *Proverbi*.

Tutti i popoli del mondo hanno proverbi caratteristici e molti sono internazionali.

psicologia

La psicologia è lo studio scientifico dei processi mentali e del comportamento, umano e animale, sotto il profilo della vita mentale e dell'agire in relazione al contesto sociale in cui si inscrivono. Esistono diversi rami della psicologia. La *psicologia dell'età evolutiva e dello sviluppo*, per esempio, è lo studio del comportamento dei bambini nelle diverse età della crescita. La *psichiatria* è una scienza simile, ma gli psichiatri sono principalmente medici che curano le malattie mentali organiche e i comportamenti anomali come la dipendenza da droghe e la schizofrenia.

pubblicità

La pubblicità è un modo con cui si comunicano informazioni riguardanti determinati prodotti cercando di convincere la gente ad acquistarli. Le pubblicità sono usate su diversi mass media, come televisione, radio, giornali, manifesti e opuscoli, e lanciano messaggi del tipo: "Quel profumo ti renderà irresistibile!".
Oggi la pubblicità è una grande

industria che dà lavoro a molte persone, tra cui scrittori, disegnatori, fotografi, attori e venditori. Molti dei lavoratori di questo settore sono assunti da *agenzie pubblicitarie*, ossia aziende che producono pubblicità per clienti che hanno beni o servizi da vendere.

Le agenzie pubblicitarie cercano di far apparire il più possibile desiderabili e convenienti i prodotti e i servizi che vendono. In molti stati esistono leggi che impediscono alla pubblicità di affermare il falso riguardo ai prodotti che reclamizzano.

Puccini, Giacomo

Compositore italiano (1858-1924). Discendente da un'antica famiglia di musicisti, non ignorò le esperienze musicali più avanzate, anche se la sua musica è tardoromantica e gli guadagnò gli incondizionati favori del pubblico.

Tra le sue opere teatrali: *Tosca*, *Manon Lescaut*, *La Bohème*.

pugilato

Gli uomini usano i pugni per battersi sin dai tempi antichi, ma la boxe moderna nacque nel 1867 quando il marchese di Queensberry stabilì una serie di regole ben precise. I pugili di oggi sono divisi in categorie in base al loro peso, dai *pesi mosca* (meno di 51 kg) ai *pesi massimi* (oltre gli 86 kg).

I giudici assegnano punti ai pugili al termine di ogni *round*, o ripresa, della durata di tre minuti, in base all'abilità nell'attacco e nella difesa. Le gare di dilettanti consistono in genere di tre riprese di tre minuti l'una, con un minuto di intervallo tra le riprese. Le gare tra professionisti possono durare fino a 12 o 15 riprese.

Puglia

Regione (4 084 035 ab.) dell'Italia peninsulare, di cui occupa l'estremo settore sudorientale tra i mari Adriatico e Ionio. Confina con Basilicata, Campania e Molise. La regione, con la sola eccezione dei monti del Gargano, presenta pianure e altipiani solcati dai fiumi Fortore e Ofanto. Si coltivano viti, olivi, mandorli, cereali e si allevano pecore e capre. La pesca è discreta. L'industria è alimentare e petrolchimica. Le sue province sono:

Cassius Clay

Uno dei più grandi campioni del **pugilato**, vinse le Olimpiadi del 1960 nella categoria dei mediomassimi e nel 1964 vinse il titolo mondiale dei pesi massimi. Riuscì a difenderlo in 8 incontri finché ne fu privato nel 1967 per essersi rifiutato di compiere il servizio militare. Riconquistato il titolo nel 1974, lo perse e lo rivinse nel 1978. Sconfitto nel 1980, si ritirò nel 1981.

Bari (capoluogo), Lecce, Brindisi, Taranto, Foggia e Barletta-Andria-Trani.

pulce

Le pulci sono minuscoli insetti privi di ali e di dimensioni inferiori a 3 mm.

Vivono sul corpo di uccelli e mammiferi, compresi gli esseri umani.

Le pulci sono parassiti e si nutrono dell'organismo che le ospita succhiandone il sangue attraverso la pelle.

Le pulci trasmettono germi e altri batteri da un ospite all'altro.

Le pulci dei ratti, per esempio, trasmettono la peste bubbonica all'uomo.

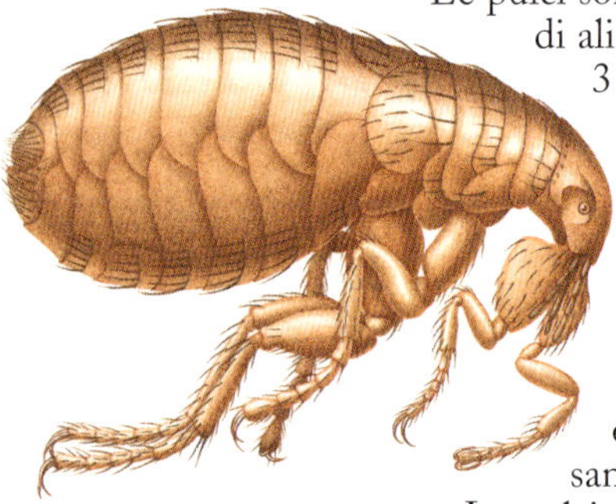

△ Questa immagine fortemente ingrandita del corpo di una **pulce** mette in evidenza il grande addome pieno di sangue.

pulsar

Talvolta una grande stella, molte volte più grande del Sole, diventa così calda che esplode. Per qualche giorno emette una quantità di energia pari a un'intera galassia di stelle: è diventata una stella *supernova*. Dopo una tale esplosione, ciò che rimane è una sfera incandescente di materia del diametro di qualche chilometro che ruota a una velocità elevatissima emettendo un raggio di luce e onde radio come un gigantesco proiettore rotante.

Il raggio sembra "pulsare", perché appare lampeggiante, e per questo l'astro è chiamato pulsar.

La maggior parte delle pulsar sono troppo deboli per poter essere viste se non con un telescopio molto potente, ma emettono onde radio potentissime.

pulsazioni o "polso"

Le pulsazioni sono il battito ritmico del cuore e delle arterie, vasi sanguigni che trasportano il sangue dal cuore verso la periferia.

Una pulsazione è prodotta quando il cuore si contrae (diventa più piccolo) e pompa il sangue nelle arterie.
I medici misurano le pulsazioni per scoprire se il cuore batte normalmente.

Solitamente tastano l'arteria radiale del polso, ma le pulsazioni possono essere avvertite in qualsiasi punto del corpo in cui un'arteria passa al di sopra di un osso. La frequenza normale del polso è di 72 battiti al minuto per l'uomo, e tra i 76 e gli 80 battiti per le donne, ma tutte le frequenze comprese tra le 50 e le 85 pulsazioni sono considerate normali. I bambini hanno pulsazioni più rapide.

▽ Quando una **pulsar**, o stella di neutroni, ruota su se stessa, il suo segnale attraversa lo spazio come il raggio di luce di un faro. Il segnale raggiunge la Terra una volta per ogni rotazione e può essere fotografato o ricevuto da apparecchi radio. Nel corso di milioni di anni, le pulsar rallentano il loro ritmo.

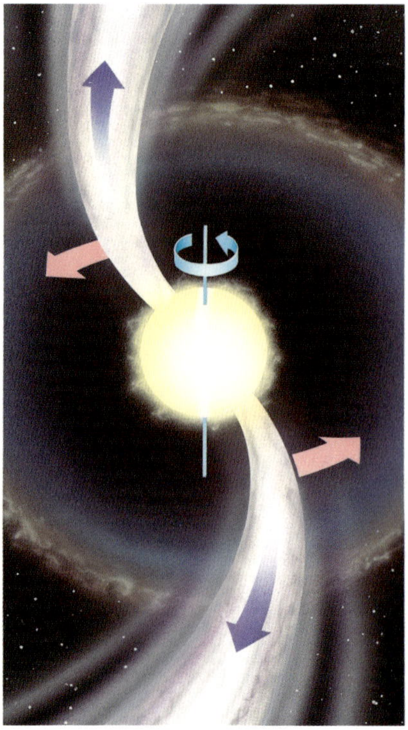

△ La Società dei **Quaccheri** fu fondata in Inghilterra verso la metà del XVII secolo. I suoi membri erano puritani e disdegnavano il controllo della Chiesa da parte dei sacerdoti. I quaccheri, donne comprese, erano incoraggiati a predicare e a esprimere apertamente le loro convinzioni.

quaccheri

I quaccheri sono un movimento religioso noto anche con il nome di "Società degli amici", una setta di protestanti fondata da George Fox (1624-1691) in Inghilterra attorno alla metà del XVII secolo.

Vennero chiamati quaccheri (dall'inglese "to quake", tremare) perché il fondatore invitava gli aderenti a tremare davanti alla parola di Dio. I primi quaccheri non ricevettero una buona accoglienza per via della loro convinzione secondo la quale la religione e il governo devono rimanere separati. I quaccheri tengono riunioni molto informali e al posto di sacerdoti nominano membri anziani.

quanto

Generalmente si pensa che la luce e le altre forme di energia come le onde radio e i raggi X si propaghino sotto forma di onde. La luce, però, può anche essere immaginata come un flusso di minuscoli quanti o fotoni. L'energia di ogni fotone dipende dalla lunghezza d'onda e quindi dal colore della luce. Così, un fotone di luce bianca contiene più energia di un fotone di luce rossa. Gli scienziati combinano i due modi di considerare la luce e pensano che essa si diffonda in "pacchetti" di onde, ognuno dei quali rappresenta un quanto o un fotone.

Essi ritengono inoltre che le minuscole particelle di materia come gli elettroni si comportino sia come onde che come particelle solide.

Se osserviamo la luce di una lampadina, ci sembra abbastanza stabile. In realtà, la luce non è fissa come appare, ma viene emessa in un grande numero di minuscoli blocchi di energia, come i proiettili di una mitragliatrice, ognuno dei quali rappresenta un quanto.

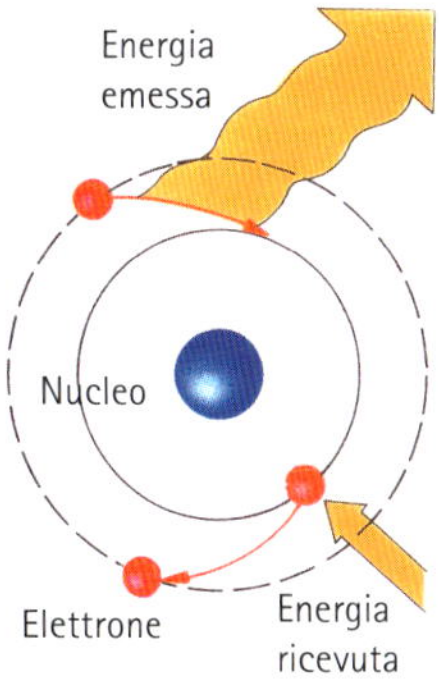

◁ Nella *teoria dei quanti*, gli elettroni che orbitano attorno al nucleo di un atomo possono assorbire energia e spostarsi dalla loro normale orbita a una più elevata. Quando ritornano all'orbita precedente, rilasciano l'energia assorbita. La quantità di energia emessa è misurata in **quanti**.

△ I cristalli di **quarzo** puro sono incolori, ma quando si mescolano ad altre sostanze assumono sfumature diverse.

quarzo

Il quarzo è uno dei minerali più comuni del mondo e si trova ovunque: la sabbia è per la maggior parte composta da quarzo e anche molte rocce lo contengono.

Il quarzo forma cristalli esagonali ed è una sostanza molto dura, persino più dura dell'acciaio. Nella sua forma pura è chiamato *cristallo di rocca*, è incolore e trasparente come il vetro. In genere, però, è bianco lattiginoso o con sfumature di vari colori. Molte pietre semipreziose, come l'agata, l'ametista, l'opale e l'onice, sono quarzi.

Il quarzo è un minerale importante, usato in molti oggetti: in prodotti abrasivi come la carta vetrata, nel cemento, nelle lenti, negli orologi e nelle apparecchiature elettroniche.

quasar

I quasar sono oggetti celesti ricchi di energia e più lontani della più lontana delle galassie.

I quasar furono scoperti dagli astronomi soltanto negli anni 60 del secolo scorso e alcuni studiosi sostengono che potrebbero essere galassie con una fonte di energia estremamente potente al loro centro.

I quasar emettono intensissime onde radio, raggi X, raggi infrarossi e luce.

Tutti i quasar sono a milioni di anni luce di distanza e oggi li vediamo come erano molto tempo fa.

Visti dalla Terra appaiono come stelle piuttosto fioche.

Quasimodo, Salvatore

Poeta italiano (1901-1968). Interrotti gli studi universitari al Politecnico di Roma, fece vari mestieri (commesso, impiegato, contabile) per approdare all'insegnamento della letteratura al Conservatorio di musica di Milano. Ricevette il premio Nobel per la letteratura nel 1959. Le sue poesie sono attribuibili all'ambito dell'ermetismo, anche se in esse è evidente nella forma la lezione classica.

Della sua vasta produzione ricordiamo: *Ed è subito sera*, *Giorno dopo giorno*, *Dare e avere*.

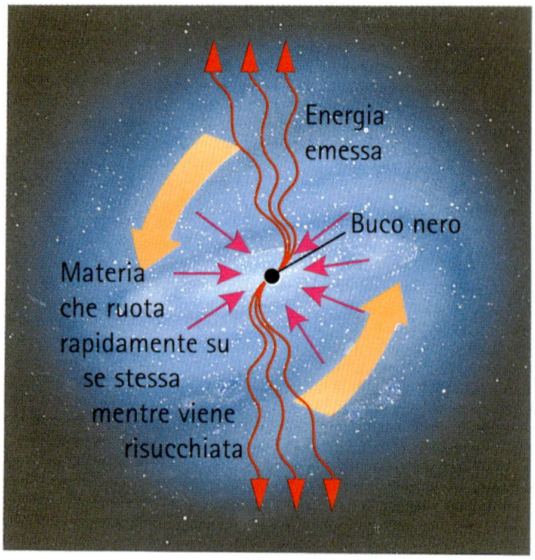

△ I **quasar** sono tra gli oggetti dell'universo più ricchi di energia. Si pensa che al loro centro si trovi un enorme buco nero: mentre il gas, e probabilmente anche stelle intere, vengono risucchiati nel buco nero, enormi quantità di energia sono inviate nello spazio sotto forma di onde radio, raggi infrarossi, raggi X e luce.

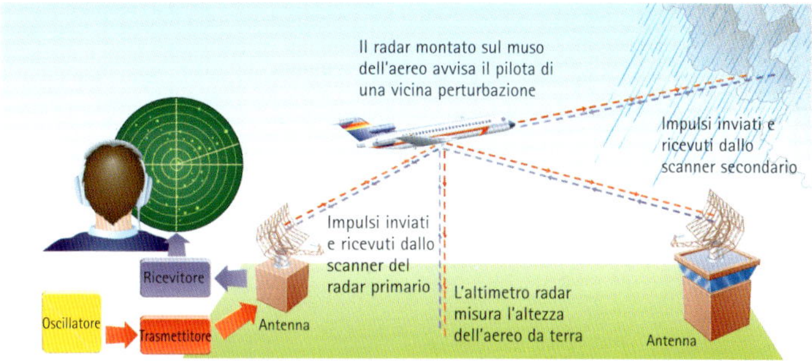

△ Il **radar** è usato dai controllori del traffico aereo negli aeroporti per conoscere la quota e la posizione dei velivoli in modo da evitare le collisioni. Le informazioni ricevute dal radar sono visualizzate su piccoli schermi. Gli aerei più grandi sono dotati di un radar di bordo per individuare gli altri aerei e le perturbazioni atmosferiche.

radar

Il nome radar è una sigla inglese che significa *RAdio Detecting And Ranging*, ossia "rilevamento e misurazione tramite radioonde". Si tratta di un sistema per individuare gli oggetti con l'utilizzo di onde radio, un'invenzione molto utile, perché funziona anche al buio e nella nebbia e può localizzare oggetti che si trovano a migliaia di chilometri di distanza.

Il radar funziona inviando all'incirca 500 volte al secondo un'onda radio di lunghezza ridotta e di potenza elevata.

L'onda viaggia a una velocità stabile di 300 m ogni milionesimo di secondo e quando colpisce un oggetto produce un'eco di ritorno, che viene captata e trasformata in un segnale luminoso su uno schermo. L'operatore del radar può calcolare, in base al segnale luminoso, la distanza dell'oggetto, in quale direzione si sta muovendo e a quale velocità. Il radar è usato dall'esercito per individuare i missili e gli aerei e dalle stazioni meteorologiche per scoprire e seguire l'andamento delle perturbazioni. I satelliti muniti di radar possono tracciare mappe della Terra dallo spazio.

△ Una trasmissione radio viene trasformata in una corrente elettrica oscillante e inviata a un trasmettitore (sopra). Il trasmettitore mescola la corrente oscillante con un'altra corrente più veloce e trasforma entrambe in un'onda radio trasmessa nell'etere, che sarà captata dagli **apparecchi radio**.

radio

Il radio è un elemento chimico che si trova soltanto nei minerali di uranio e fu scoperto da Marie Curie nel 1898, quando, nel condurre esperimenti sull'uranio, si rese conto che esso conteneva moltissima radioattività. Per questo motivo, il radio è molto pericoloso da utilizzare.

Nella sua forma pura, è un metallo biancastro. Per produrre un solo grammo di radio devono essere estratte cinque tonnellate di uranio. Ogni anno nel mondo vengono prodotti meno di 75 grammi di radio, principalmente nella Repubblica Democratica del Congo e in Canada.

Il radio è usato in medicina per la cura del cancro e composti a base di radio sono usati nei quadranti fosforescenti degli orologi.

radio, apparecchio

L'apparecchio che comunemente chiamiamo "radio", presente in quasi tutte le case, è soltanto l'estremità ricevente di un grande sistema di comunicazione. Un programma radiofonico inizia in uno studio radiofonico: qui, voci e musica sono trasformati in segnali elettronici che vengono amplificati (resi più potenti) e trasmessi da alti tralicci sotto forma di

onde radio. Le onde sono captate dagli apparecchi radio nelle case e nuovamente trasformati in suoni.

Le onde radio viaggiano alla velocità della luce: un segnale può compiere 7,5 volte il giro del mondo in un secondo!

Il primo a generare onde radio fu Heinrich Hertz (1857-1894) nel 1887, e nel 1894 Guglielmo Marconi inviò il primo messaggio via radio.

△ I *migali* sono tra i **ragni** più grandi del mondo, con un diametro che può raggiungere i 25 cm. Tutti i ragni hanno il corpo diviso in due parti, *addome* (parte posteriore) e *cefalotorace* (testa e parte anteriore del corpo). Il cervello e lo stomaco sono nel cefalotorace, il cuore e le ghiandole di produzione della seta sono nell'addome.

radioattività

Gli atomi di alcune sostanze emettono minuscoli raggi e particelle invisibili e impercettibili. Questo fenomeno, o radioattività, fu scoperto nel 1896 da Marie e Pierre Curie, i quali compresero che con il passare del tempo queste sostanze radioattive si trasformavano in altre sostanze e che ciò avveniva a un ritmo costante.

Per esempio, in milioni di anni un frammento di uranio subisce un decadimento costante, fino a diventare un pezzo di piombo. Gli scienziati misurano il tasso di decadimento del carbonio radioattivo nei resti fossili di animali e piante per scoprire quante migliaia di anni fa siano vissuti quegli animali e quelle piante. I materiali radioattivi possono essere altamente pericolosi: un'esplosione nucleare provoca livelli di radioattività mortali.

▽ La **radioattività** esiste in tre forme: alfa, beta e gamma. Le diverse capacità di penetrazione sono illustrate qui in basso.

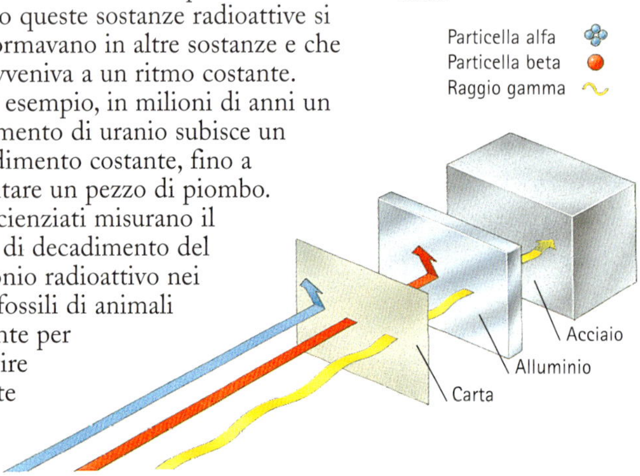

Raffaello Sanzio

Pittore e architetto italiano (1483-1520). Allievo del padre Giovanni Santi, collaborò con il Pinturicchio e il Perugino diventando ben presto uno dei più grandi pittori del Rinascimento. Subì l'influsso di Leonardo e di Michelangelo e alla morte del Bramante condusse i lavori per la basilica di S. Pietro.

Delle sue opere citiamo la *Madonna del cardellino*, lo *Sposalizio della Vergine*, la *Trasfigurazione*.

ragno

I ragni non sono insetti, come molti pensano, ma appartengono alla classe degli *aracnidi*. Un insetto ha sei zampe e il corpo diviso in tre segmenti, mentre il ragno ha otto zampe e il corpo composto da due segmenti. Tutti i ragni tessono fili di seta, generalmente usati nella costruzione di una rete appiccicosa per catturare gli insetti. Alcuni sono cacciatori e inseguono la preda, altri restano immobili in attesa, per poi balzare sulla loro vittima all'improvviso.

Quando un ragno cattura la preda, la tramortisce o la uccide con il veleno. Tutti i ragni iniettano una specie di veleno, che nella maggior parte dei casi è innocuo per gli esseri umani.

Esistono circa 30000 specie di ragni. Una specie di *Achaearanea* non è più grande della capocchia di uno spillo, mentre certi migali possono raggiungere un diametro di 25 cm.

Alcuni ragni hanno un ciclo vitale di un solo anno, altri possono raggiungere i 20 anni di età. Alcuni si accoppiano d'inverno, altri d'estate. Ragni minuscoli depongono poche uova, a volte un uovo solo, mentre quelli più grandi ne possono deporre fino a 2000.

rame

Il rame è un metallo di colore marrone rossiccio, tra i primi utilizzati dall'uomo. Allo stato puro è molto morbido, ma se viene unito ad altri metalli dà origine a leghe come l'ottone e il bronzo, più duri e più indicati per costruire utensili.

Il rame è un buon conduttore di calore e di elettricità, quindi è spesso usato nella fabbricazione di pentole, tegami e cavi elettrici.

rane e rospi

Rane e rospi rappresentano un grande gruppo di **anfibi**, ossia animali in grado di vivere sia sulla terraferma che nell'acqua perché possono respirare attraverso la pelle o con i polmoni.

Come tutti gli anfibi, rane e rospi hanno un ciclo vitale piuttosto complesso. In primavera gli adulti depongono negli stagni o in altre aree umide cumuli di uova gelatinose da cui fuoriescono le larve, chiamate *girini*, che gradualmente sviluppano le zampe e si trasformano in versioni in miniatura dei genitori.

ratto

I ratti sono roditori diffusi in tutto il mondo in enormi quantità, in grado di vivere perfettamente sia in città che in campagna. Il *ratto nero* e il più comune *ratto delle chiaviche* si nutrono quasi di tutto. Sono nocivi per l'uomo perché contaminano il cibo e diffondono malattie. Alcuni ratti sono affetti da un tipo di pulce che può provocare la peste bubbonica negli uomini.

Come tutti i roditori, i ratti hanno una serie di quattro denti affilati disposti sulla parte frontale della bocca e chiamati *incisivi*. Questi denti funzionano come scalpelli e sono usati per rosicchiare il cibo, tritare il materiale usato per il nido e aprire un varco in qualsiasi cosa ostruisca il passaggio all'animale. Le femmine dei ratti delle chiaviche sono in grado di riprodursi già a due mesi di età. Possono dare alla luce fino a 12 piccoli per ogni cucciolata e avere fino a cinque cucciolate all'anno.

razza

Per razza si intende un gruppo di appartenenti a una specie animale o vegetale che possiedono caratteristiche simili.

Tutti gli abitanti della Terra appartengono alla razza umana, ma tradizionalmente con "razza" si è sempre indicato anche un gruppo di esseri umani che condividono alcune caratteristiche fisiche, come il colore della pelle, la forma degli occhi, ecc. Non si sa come e quando si siano differenziate le varie razze, ma le principali sono: mongoloide, caucasica e negroide.

La *razza mongoloide* si distingue per i capelli neri e lisci, la pelle giallastra e gli occhi a mandorla. I *caucasici* hanno i capelli dal biondo-rosso fino al nero, la

Dendrobate o rana freccia avvelenata

Rospo ostetrico

△ **Rane e rospi** sono diffusi in tutto il mondo: ne esistono circa 2500 specie diverse.

▽ In campagna la maggior parte dei **ratti** vive all'aperto e non rappresenta un grande rischio per la salute. Nelle città, invece, i ratti si cibano dei rifiuti e rappresentano quindi un grosso pericolo perché possono diffondere malattie.

pelle molto chiara o olivastra e gli occhi rotondi. La *razza negroide* è caratterizzata da capelli scuri e ricci e pelle scura. Oltre a queste tre razze principali, esistono molti gruppi più piccoli. Migliaia di anni di migrazioni, conquiste e matrimoni hanno mescolato tutte le razze, e quelle "pure" probabilmente non esistono più. In riferimento agli esseri umani, oggi invece che di "razze", si preferisce parlare di etnie, tipi umani o popolazioni.

razzismo

Il razzismo è una forma di discriminazione rivolta verso alcune persone, praticata da chi crede nella superiorità della propria razza rispetto a tutte le altre. Per secoli in molte parti degli Stati Uniti i bianchi hanno discriminato le persone di colore e durante la Seconda guerra mondiale, Hitler sostenne il razzismo nei confronti delle minoranze che vivevano in Germania. Anche l'*apartheid* della Repubblica Sudafricana era una forma di razzismo.

razzo

I razzi usati per i fuochi artificiali e i razzi che trasportano gli astronauti sulla Luna (*vedi* **esplorazioni spaziali**) funzionano più o meno allo stesso modo: entrambi, infatti, bruciano un combustibile per produrre gas ad alta temperatura. I razzi non hanno bisogno di aria per i loro motori, diversamente dai jet, quindi sono l'ideale per i viaggi nello spazio, dove non c'è aria. I cinesi usavano i razzi come armi già nel XIII secolo, ma i razzi usati per lanciare i satelliti e le navicelle spaziali furono sviluppati soltanto dopo la Seconda guerra mondiale. Si tratta di razzi a più stadi, ossia composti da numerosi piccoli razzi uniti insieme che si accendono l'uno dopo l'altro.

Il carburante per i primi razzi, come i V2 tedeschi della Seconda guerra mondiale, era una miscela di cherosene e ossigeno. Oggi i razzi spaziali usano carburanti liquidi, solitamente un liquido chiamato *idrazina* o idrogeno liquido. In un razzo a carburante liquido occorre l'ossigeno perché il carburante bruci. Il carburante e l'ossigeno sono contenuti in serbatoi separati e quando vengono pompati insieme in una camera di combustione danno luogo a un'esplosione, producendo gas che fuoriescono da un ugello, imprimendo in tal modo la spinta verso l'alto al veicolo spaziale.

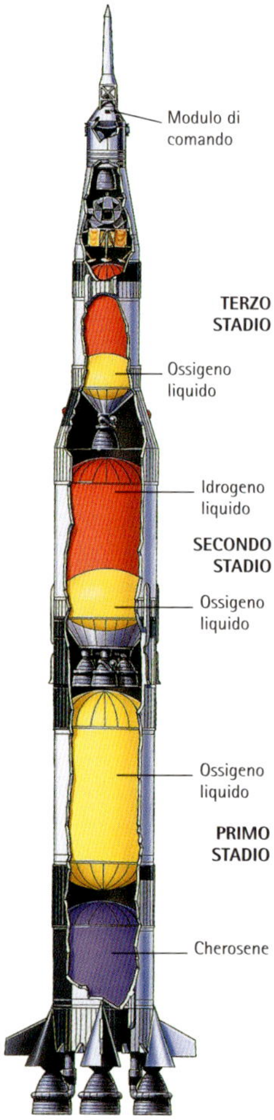

△ Nel 1969 il **razzo** *Saturn V* trasportò sulla Luna l'equipaggio della navicella spaziale statunitense *Apollo 11*. Era composto da tre sezioni separate, o stadi. Quando il primo stadio, il più potente, terminò il carburante, si distaccò e si accesero i motori del secondo stadio. Quando anche il carburante di questo stadio fu esaurito, i motori del terzo stadio aiutarono la navicella a portare a termine il suo viaggio verso la Luna.

reazione, motore a

Un nuotatore avanza spingendo dietro di sé l'acqua, ed è in modo simile che funziona il motore a reazione. Questo tipo di motore fornisce la propulsione a un aeroplano emettendo masse di gas ad alta velocità. L'aria viene risucchiata nella parte anteriore del motore a reazione e inviata nella camera di combustione, dove viene "incendiata" utilizzando un *combustibile avio*, ossia per velivoli, come il cherosene.

Bruciando, il combustibile produce gas di scarico estremamente caldi che fuoriescono ad alta velocità dal retro del motore, provocando un avanzamento del velivolo nel senso opposto. I razzi funzionano in modo simile, ma non necessitano di aria.

re e regine

Un re o una regina sono persone che ereditano il trono di una nazione e diventano capi di stato a vita. In passato, il re o la regina potevano essere eletti, ma solitamente si trattava del primogenito del re o della regina precedenti. Una famiglia di re e regine è chiamata *dinastia*. Una potente famiglia reale d'Europa furono gli Asburgo, cui appartennero molti imperatori e re europei. L'Italia fu governata fino al 1946 dai Savoia.

I sovrani del mondo hanno titoli diversi, come imperatore, sultano, scià o zar. In passato molti hanno goduto di poteri assoluti e a volte si è persino ritenuto che il re o la regina fossero responsabili delle loro azioni soltanto davanti a Dio. Un sistema di governo di questo tipo è contrario alla democrazia, in cui il popolo sceglie i propri governanti con elezioni regolari.

Nella storia, però, si sono avute anche altre forme di *monarchia*, come la *monarchia costituzionale*, in cui i compiti del re o della regina sono per lo più rappresentativi e il vero potere è nelle mani dei politici.

registratore a nastro

Un registratore a nastro trasforma le onde sonore in una traccia magnetica su un nastro. Quando il nastro viene riprodotto, la traccia si trasforma nuovamente in suono.

Un microfono all'interno del registratore o collegato a esso trasforma il suono in un segnale elettrico, che viene quindi amplificato e inviato alla testina di registrazione. Quest'ultima produce un campo magnetico che magnetizza il nastro mentre scorre sopra di essa.

Quando il nastro viene ascoltato, il campo magnetico è convertito in un segnale elettrico che viene inviato a un amplificatore e a un altoparlante.

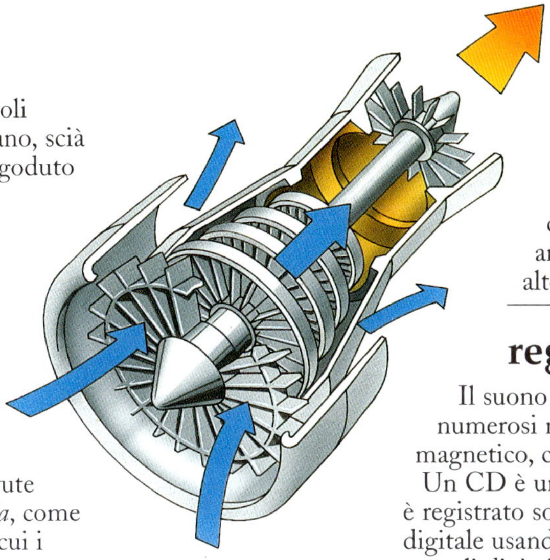

△ Un **motore a reazione** è dotato sulla parte anteriore di pale rotanti che risucchiano l'aria all'interno. L'aria viene compressa e incendiata con combustibile avio: in questo modo si producono gas ad alta temperatura che vengono emessi ad alta velocità nella parte posteriore del motore, provocando un avanzamento nel senso opposto.

registrazione

Il suono può essere registrato in numerosi modi, su nastro magnetico, cassette, CD e DVD.

Un CD è un disco sul quale il suono è registrato sotto forma di segnale digitale usando un raggio laser. I segnali digitali sono rappresentati da una serie di depressioni sulla superficie del disco, che possono essere riprodotte, cioè ascoltate, usando un altro laser. Questa tecnologia è usata anche per creare CD e DVD contenenti immagini e dati.

Un registratore a nastro funziona trasformando le onde sonore in onde magnetiche. Il suono è registrato sotto forma di traccia magnetica sul nastro, e quando il nastro viene riascoltato, la traccia magnetica è riconvertita in suono.

Per registrare un programma televisivo con un videoregistratore si usa una videocassetta che, proprio come una cassetta audio, contiene un nastro su cui è possibile registrare i segnali elettrici provenienti dall'antenna televisiva. Un pioniere della registrazione del suono fu Thomas Edison.

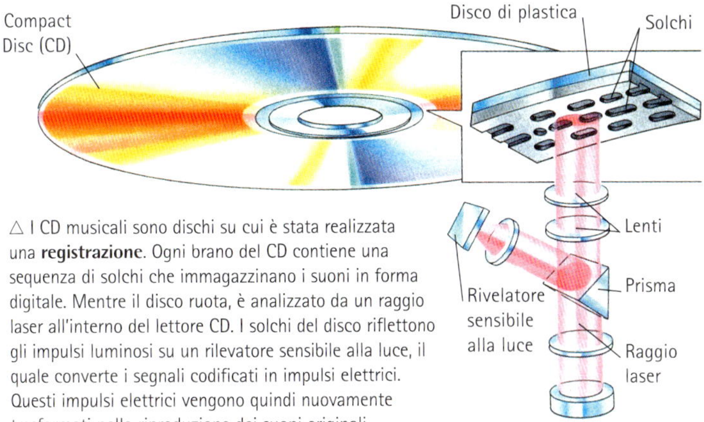

△ I CD musicali sono dischi su cui è stata realizzata una **registrazione**. Ogni brano del CD contiene una sequenza di solchi che immagazzinano i suoni in forma digitale. Mentre il disco ruota, è analizzato da un raggio laser all'interno del lettore CD. I solchi del disco riflettono gli impulsi luminosi su un rilevatore sensibile alla luce, il quale converte i segnali codificati in impulsi elettrici. Questi impulsi elettrici vengono quindi nuovamente trasformati nella riproduzione dei suoni originali.

Regno Unito

Il Regno Unito è uno stato europeo composto esclusivamente da isole e comprendente la Gran Bretagna, suddivisa in Inghilterra, Galles e Scozia, e l'Irlanda del Nord. L'Irlanda del Nord, la Scozia e il Galles sono regioni montuose, mentre l'Inghilterra è per lo più occupata da pianure e vallate. Il monte più alto è il Ben Nevis (1343 m), in Scozia, e il fiume più lungo è il Severn, che attraversa

REGNO UNITO
Forma di governo: monarchia costituzionale
Capitale: Londra
Superficie: 242 513 km^2
Popolazione: 61 565 400 ab.
Lingua: inglese
Moneta: lira sterlina

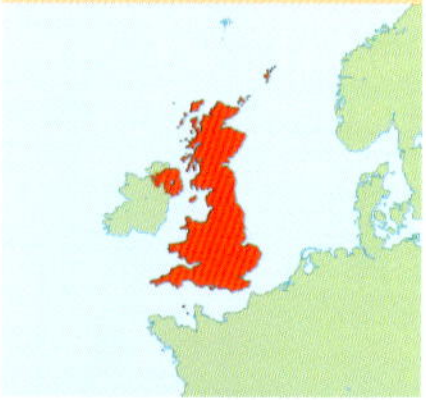

REPUBBLICA SUDAFRICANA
Forma di governo: repubblica
Capitale: Città del Capo (capitale legislativa), Pretoria (capitale amministrativa), Bloemfontein (capitale giudiziaria)
Superficie: 1 220 813 km^2
Popolazione: 49 320 500 ab.
Lingua: afrikaans, inglese e 9 lingue bantu
Moneta: rand sudafricano

l'Inghilterra e il Galles. Il clima è mite.

In Gran Bretagna vivono oltre 60 milioni di persone: pochi stati europei sono così popolosi. Quattro abitanti su cinque vivono in grandi città come Belfast, Glasgow e la capitale, Londra.

Il Regno Unito produce una grande varietà di prodotti, tra cui componenti aerospaziali e apparecchiature elettroniche. Le industrie come il turismo, che forniscono servizi invece di prodotti, sono attualmente in crescita, mentre quelle tradizionali, come l'estrazione del carbone, sono in declino.

relatività

Se viaggiando su un'automobile a 60 km orari fossimo superati da un'altra automobile che viaggia a 80 km orari, questa seconda automobile si allontanerebbe da noi alla velocità di 20 km orari. La sua velocità reale sarebbe 80 km/h, ma la sua velocità relativamente a noi sarebbe di 20 km/h. Questa è l'idea base della relatività: supponendo che noi non siamo in movimento, calcola la velocità di un oggetto che si muove relativamente a noi.

Alla fine del XIX secolo, gli scienziati scoprirono che la velocità della luce è sempre costante, indipendentemente dalla velocità a cui si muove la sua fonte.

Nel 1905 Albert Einstein presentò una sua speciale teoria per spiegare questo fenomeno.

La sua teoria riguarda, tra l'altro, l'effetto del moto sul tempo, sulla lunghezza e sulla massa. Per esempio, la teoria sostiene che in una navicella spaziale che attraversi l'universo sfrecciando a una velocità prossima a quella della luce, il tempo scorrerebbe più lentamente, la lunghezza della navicella aumenterebbe e la sua massa diventerebbe superiore a quella di una navicella simile ferma sulla Terra.
Nel 1916 Einstein formulò la sua *teoria generale sulla relatività*, che ha aiutato gli scienziati a capire meglio lo spazio, la gravità e la natura dell'universo.

religione

Le cinque grandi religioni attuali sono il *buddismo* (basato sugli insegnamenti di Budda), il *cristianesimo* (basato sugli insegnamenti di Gesù), l'*induismo* (seguito dagli induisti), l'*islamismo* (praticato dai musulmani) e l'*ebraismo* (praticato dagli ebrei). Sono tutte religioni molto antiche.

La più recente è l'islamismo, fondata circa 1300 anni fa da Maometto e la più seguita è il cristianesimo, con circa 2 miliardi di fedeli.

Vi sono anche persone che seguono antiche religioni basate sul culto di dei e spiriti, spesso identificati con elementi del mondo naturale, come rocce, alberi e laghi.

Gli edifici destinati al culto religioso comprendono magnifici santuari, templi e chiese.

Statue e opere d'arte sono usate per trasmettere messaggi religiosi o narrare storie. Sacerdoti e guide spirituali recitano preghiere e celebrano cerimonie religiose, oltre a studiare le leggi e gli insegnamenti contenuti nei libri sacri come, per esempio, la Bibbia e il Corano.

Rembrandt, Harmenszoon van Rijn

Pittore olandese (1606-1669). Nel suo grande studio, aiutato da allievi e assistenti, produsse una quantità di opere straordinarie: 650 quadri a olio, 2000 tra disegni e studi e 300 acqueforti.

Rembrandt è famoso per i ritratti dei più facoltosi personaggi olandesi, in particolare di Amsterdam, dove trascorse gran parte della vita. Diversamente da molti altri pittori, divenne famoso mentre era ancora in vita, ma sul finire della carriera il suo stile cambiò e non fu più apprezzato.

Rembrandt però realizzò le opere migliori proprio negli ultimi anni della sua vita.

Ricordiamo: *Lezioni di anatomia del dottor Tulp*, *Ronda di notte*, *Sansone accecato dai Filistei*.

rene

Tutti i *vertebrati* (animali dotati di colonna vertebrale) possiedono due reni, organi di colore rosso bruno a forma di grosso fagiolo.

I reni umani sono all'incirca delle dimensioni di un pugno serrato e sono disposti ai lati della spina dorsale all'altezza della vita.

I reni puliscono il sangue filtrando le scorie e l'acqua di cui il nostro organismo non necessita. Il sangue pompato dal cuore penetra in ognuno dei reni attraverso un'arteria. I reni eliminano dal sangue le scorie e l'acqua in eccesso: queste, mescolate insieme, danno luogo all'*urina*, che lentamente passa nella vescica. Il sangue così "ripulito" esce dai reni attraverso una vena.

repubblica

La repubblica è una forma di governo in cui il potere è esercitato dal popolo, dai rappresentanti che esso elegge o da un presidente, invece che da un re o da una regina. Molte repubbliche sono nate come reazione a governanti considerati ingiusti e deposti.

Le prime repubbliche sorsero nell'antica Grecia e nell'antica Roma, ma, a quei tempi, molti abitanti erano schiavi. Nonostante il potere di governare sia ufficialmente attribuito dal popolo, in realtà oggi alcune repubbliche sono governate da persone che non sono state regolarmente elette: una repubblica, infatti, non è necessariamente democratica (*vedi* **democrazia**).

Repubblica Sudafricana

La Repubblica Sudafricana, o Sudafrica, è uno stato dell'Africa meridionale occupato per la maggior parte da un tavolato, una regione di alte colline dalla cima piatta. Lungo la costa si estende invece una stretta pianura. Il clima è caldo e asciutto.

È una nazione ricca, con industrie che producono una grande varietà di prodotti. Dalle miniere si estraggono oro, diamanti, uranio, rame, ferro e altri minerali, mentre nelle fattorie si coltivano grandi quantità di mais, grano e frutta. Nella Repubblica Sudafricana vivono oltre 49 milioni di abitanti, tre quarti dei quali sono neri africani. I bianchi sono meno di cinque milioni: discendenti dei coloni olandesi e britannici, un tempo controllavano il governo e l'economia del paese. Negli anni 40 del secolo scorso lo stato adottò una politica di *apartheid*, ossia di segregazione razziale, che stabiliva la netta separazione tra i bianchi e i non bianchi.

Nel 1991 il governo pose fine all'*apartheid* e nel 1994 l'African National Congress (ANC), a maggioranza nera, vinse le prime elezioni libere della Repubblica Sudafricana e il leader del partito, **Nelson Mandela**, divenne presidente. Mandela si ritirò nel 1999 e gli succedette Mbeki e, nel 2009, Zuma.

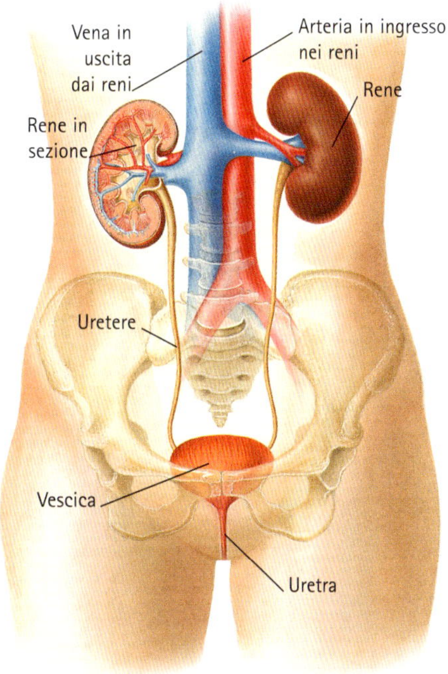

△ I **reni** fanno parte di un sistema che pulisce il sangue dalle impurità e dai liquidi in eccesso, i quali, attraverso gli ureteri, vengono fatti defluire nella vescica ed escono dal corpo attraverso l'uretra sotto forma di urina.

△ **Rembrandt** fu un eccellente ritrattista e ritrasse se stesso in molti dei suoi dipinti. Questo autoritratto fu realizzato negli anni della maturità, nel 1661-1662.

Resistenza

Movimento europeo di opposizione politica e di lotta armata contro le truppe della Germania nazista e dell'Italia fascista durante la Seconda guerra mondiale, inteso sia come guerra di liberazione nazionale che come lotta per la libertà. Assunse aspetti diversi nei vari paesi occupati, in relazione alle differenti condizioni storico-politiche.

△ Durante il **Rinascimento** Firenze fu il centro culturale e intellettuale d'Italia. Il nuovo interesse per l'arte e l'architettura classica nacque a Firenze, dove, nel 1563, fu fondata la prima accademia d'arte.

respirazione

Respirare è un'attività che non è necessario ricordarci di compiere.

Appena nati, iniziamo a respirare e continuiamo a farlo per tutta la vita. Respiriamo perché abbiamo bisogno dell'ossigeno contenuto nell'aria, che ci serve, come a tutti gli esseri viventi, per rimanere in vita. L'ossigeno è utilizzato con il cibo di cui ci nutriamo per produrre l'energia necessaria al corpo per muoversi e funzionare.

L'aria che respiriamo finisce nei polmoni. Da qui, attraverso minuscoli tubicini passa nei vasi sanguigni ed è trasportata in tutto il corpo con la circolazione sanguigna. In questo processo eliminiamo un altro tipo di gas, l'anidride carbonica, che fuoriesce dai polmoni con l'espirazione.

△ I **ricci** sono animali molto utili nei giardini perché si nutrono di lumache e di insetti nocivi. Nonostante le zampe molto corte, possono percorrere fino a 1,5 km ogni notte alla ricerca di cibo.

Quando inspiriamo, la cassa toracica si sposta verso l'alto e l'aria viene risucchiata nei polmoni, e il processo si inverte quando espiriamo.

rettile, *vedi* p. 31

riccio

Il riccio è un mammifero con il dorso ricoperto di aculei di protezione che sono, in realtà, peli modificati. Quando è in pericolo, si arrotola su se stesso e diventa una palla irta di spine.

Esistono diverse specie di ricci, diffuse in Europa, Africa settentrionale e parti dell'Asia. Le specie più note vivono nei boschi, tra le siepi e nei giardini di quasi tutta Europa. Il riccio esce dalla tana di notte per cacciare lumache, chiocciole, vermi e insetti, che rintraccia grazie allo straordinario olfatto. Durante l'inverno cade in una specie di sonno profondo chiamato *letargo*.

Riforma

Riforma è il nome dato a un periodo di grande sconvolgimento religioso iniziato in Europa nel XVI secolo, periodo in cui si verificò una specie di rivolta all'interno della religione cristiana. In segno di protesta per quelli che consideravano errori e pratiche ingiuste della Chiesa di Roma, alcuni gruppi di fedeli si separarono fondando

Chiese proprie e vennero chiamati *protestanti*.

Ciò che molti protestanti desideravano era una forma più semplice ed essenziale di cristianesimo che consentisse loro di praticare il culto in modo più libero. Con il crescere del numero dei protestanti, molti governanti videro il nuovo movimento come una possibilità di intensificare il loro potere alle spese della Chiesa e furono quindi felici di sostenere i protestanti perché la protesta religiosa consentiva loro di acquistare maggiore influenza. La Riforma provocò guerre tra i governanti che sostenevano la Chiesa protestante e quelli che appoggiavano la Chiesa di Roma, cattolica.

Rinascimento

Con Rinascimento si indica un periodo di circa 200 anni della storia d'Europa.

Come indica il nome stesso, fu un periodo di rinascita caratterizzato da un rinnovato interesse per ogni aspetto dell'arte, della scienza, dell'architettura e della letteratura.

Dai tempi degli antichi greci e romani l'uomo non manifestava interesse per nuove idee, ma nel XIV secolo alcuni studiosi italiani iniziarono a guardare al passato con occhi nuovi e al tempo stesso a cercare anche nuove spiegazioni scientifiche per i misteri del mondo e dell'universo. In Italia durante il Rinascimento emerse un grande numero di pittori, scultori e architetti: le opere di Leonardo da Vinci e di Michelangelo sono tra le più famose di questo periodo. Dall'Italia, le nuove idee del Rinascimento si diffusero nel resto d'Europa.

Oltre a un fiorire di idee artistiche e scientifiche, vi fu un notevole sviluppo anche nel commercio. In seguito vi furono i viaggi di esplorazione in Africa e India, e nel 1492 Cristoforo Colombo scoprì il continente americano.

A rischio di estinzione

I **rinoceronti** hanno la vista debole, e questo li rende un facile bersaglio per i bracconieri. Il rinoceronte asiatico ha un solo corno sul naso, mentre il cugino africano ne ha due. Il corno è costituito della stessa sostanza delle unghie umane, e per procurarsi i corni i bracconieri hanno praticamente sterminato la specie. Il corno ha infatti un grande valore e viene utilizzato per fabbricare svariati oggetti e preparati medicinali molto ricercati in Asia e in Africa. Pur non avendo nemici naturali, i rinoceronti rischiano l'estinzione a causa dell'uomo.

rinoceronte

I rinoceronti sono tra i più grandi e forti animali terrestri: un maschio adulto, infatti, può raggiungere il peso di 3,5 tonnellate e nonostante questo è molto agile e può galoppare veloce come un cavallo! Questi animali massicci hanno la pelle molto spessa e coriacea che li protegge come uno scudo; il muso è ornato di uno o due corni che possono crescere fino a 127 cm di lunghezza.

I rinoceronti vivono in Africa e nel Sudest asiatico, dove si nutrono di ramoscelli, arbusti ed erba.

Rio delle Amazzoni

Il Rio delle Amazzoni è il fiume con la maggior portata d'acqua del pianeta, secondo soltanto al Nilo per lunghezza (6281 km). Nasce in Perù e attraversa il Brasile per sfociare nell'oceano Atlantico. Quasi tutto il bacino del Rio delle Amazzoni è occupato da una fitta foresta pluviale.

Nel XVI secolo un esploratore spagnolo scorse alcune donne-guerriero indigene lungo le sponde del fiume, che fu quindi così chiamato in onore delle mitiche amazzoni della Cappadocia e della Scizia.

riproduzione

La riproduzione è il processo in base al quale piante e animali producono nuove piante e animali a loro simili. Alcuni tra gli organismi più semplici possono riprodursi semplicemente dividendosi in due e molte piante si riproducono asessualmente sviluppando gemme che si staccano e si conficcano nel terreno da sole. Altre producono invece spore che possono essere trasportate dal vento, dall'acqua o dal pelo degli animali.

Nella *riproduzione sessuale*, una cellula maschile chiamata *spermatozoo* si unisce a una cellula femminile chiamata *ovulo* o uovo e la feconda, dando luogo a una nuova cellula fecondata. Questa cellula inizia un continuo processo di suddivisione finché non si viene a formare un nuovo organismo.

La maggior parte delle femmine dei pesci depone le uova nell'acqua, dopo di che il maschio nuota sopra di esse e le feconda. Il nuovo essere che si sviluppa, o *embrione*, cresce utilizzando la scorta di cibo che si trova all'interno dell'uovo.

In molti animali, invece, la fecondazione avviene nel corpo della femmina. Dopo la fecondazione, le femmine degli uccelli e dei rettili depongono le uova, all'interno delle quali l'embrione si sviluppa finché l'individuo formato non è pronto per uscire. Anche nei mammiferi la fecondazione avviene internamente al corpo della femmina e l'embrione si sviluppa all'interno della madre, ricevendo nutrimento dalla sua circolazione sanguigna finché non è pronto per nascere.

Dopo la nascita, la madre nutre il piccolo con il proprio latte.

Il numero di piccoli che la madre dà alla luce ogni volta dipende dal numero di uova fecondate. Negli esseri umani solitamente viene fecondato un solo ovulo, se ne viene fecondato più di uno possono nascere due o anche più gemelli.

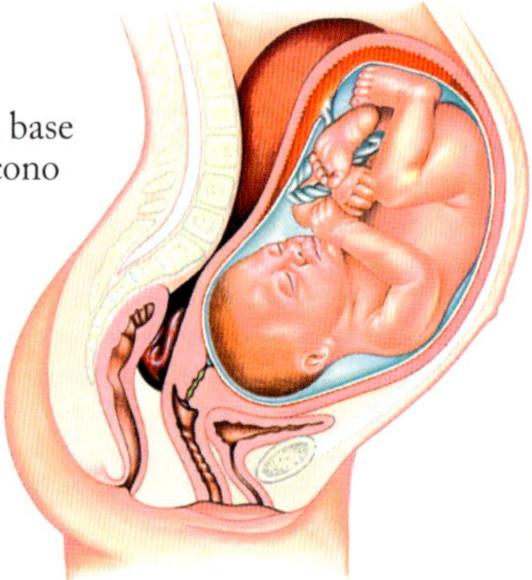

△ Le parti del corpo adibite alla **riproduzione** sono molto diverse negli uomini e nelle donne. La donna produce ovuli nelle ovaie. Gli ovuli scendono lungo gli ovidotti e, se vengono fecondati dagli spermatozoi dell'uomo durante un rapporto sessuale, si sviluppano all'interno dell'utero della madre fino a diventare un bambino completamente formato (sopra). Gli uomini producono milioni di spermatozoi nei testicoli. Lo spermatozoo e l'ovulo contengono tutto il necessario per dare la vita a un altro essere umano.

▽ Il **riscaldamento globale** è il risultato di una quantità eccessiva di anidride carbonica nell'atmosfera. Questo gas trattiene il calore del Sole e aumenta la temperatura della Terra.

riscaldamento globale

Il riscaldamento globale è il lento aumento della temperatura della Terra che provoca mutamenti nel clima.

L'atmosfera terrestre è composta da gas, come l'anidride carbonica, che intrappolano l'energia termica (ossia il calore) del Sole. Questi gas producono un fenomeno chiamato *effetto serra* perché trattengono il calore negli strati bassi dell'atmosfera allo stesso modo in cui il calore si accumula in una serra.

L'equilibrio di questi gas è stato sconvolto dalle attività umane, per esempio dall'utilizzo di combustibili fossili come il carbone e la benzina, tanto che ora nell'atmosfera è presente troppa anidride carbonica, che trattiene molto più calore di quanto la Terra ne abbia bisogno. Il conseguente aumento

Riso all'italiana
In Italia si iniziò a coltivare il **riso** nelle pianure del milanese e del vercellese tra la fine del XIV e l'inizio del XV secolo, a tutt'oggi le principali zone di produzione del riso. Ormai piatto quotidiano per larga parte della popolazione, il riso cominciò a essere consumato in occidente intorno al I secolo a.C. Per i romani era considerato un alimento dal costo proibitivo da riservare alle occasioni speciali.

della temperatura potrebbe provocare lo scioglimento dei ghiacci, l'innalzamento del livello dei mari e alterazioni delle precipitazioni: ciò avrebbe un forte impatto su tutti gli esseri viventi. Per questo, nel 2008 le nazioni più industrializzate hanno stabilito di dimezzare le emissioni di gas serra entro il 2050.

riso

Il riso è una pianta erbacea, il più importante cereale coltivato nel mondo e la principale fonte di nutrimento per la maggior parte della popolazione dell'Asia meridionale.

Il riso viene seminato direttamente in campi allagati chiamati *risaie* oppure viene fatto germinare all'asciutto e quando le piantine sono sufficientemente cresciute vengono trapiantate nella risaia, dove continuano la crescita in 5-10 cm di acqua finché il chicco non è maturo per essere raccolto. Il riso ha foglie lunghe e sottili e produce grappoli di fiori che si trasformano nei chicchi che mangiamo.

Risorgimento

Il termine indica sia il movimento che portò all'Unità d'Italia che il periodo di tempo (XIX sec.) in cui ciò avvenne.

La sua nascita fu sicuramente influenzata dai principi della Rivoluzione Francese che si erano diffusi in tutta Europa.

L'iniziativa fu dapprima assunta da una rete di sette segrete (fra cui emergeva per diffusione e determinazione la *Carboneria*) e poi coinvolse le masse popolari e i partiti politici.

rivoluzione

In genere, per rivoluzione si intende il rovesciamento di un governo o di un sistema politico da parte di chi è governato. A volte, però, le rivoluzioni sono rifiuti pacifici, ma efficaci, di un sistema. Per esempio, può esserci una rivoluzione nelle idee, ossia un cambiamento radicale del modo di pensare riguardo a un particolare argomento.

Rivoluzione francese

La Rivoluzione francese, culminata il 14 luglio 1789 con la presa della Bastiglia, simbolo del dispotismo regio, fu una delle più importanti rivoluzioni della storia. Fu causa di enormi cambiamenti nella vita politica, religiosa e culturale della Francia e i suoi effetti si avvertirono in tutto il mondo. Nella Francia del 1789 il re e i nobili erano, per il popolo, i potenti che spendevano enormi somme di denaro in lussi. Costruivano per sé dimore e palazzi sontuosi, mentre molti cittadini morivano di fame nella miseria più completa. La partecipazione della Francia a varie guerre aveva prosciugato le

◁ Durante la **Rivoluzione francese** il popolo parigino eresse barricate per le strade per opporre resistenza all'esercito e alla polizia.

casse dello stato, quindi erano state imposte al popolo tasse ancora più elevate. Allo stesso tempo, i prezzi dei generi alimentari erano raddoppiati in seguito a uno scarsissimo raccolto. Sempre più francesi, tra cui contadini, negozianti, borghesi, mercanti e persino alcuni nobili, desideravano che qualcosa cambiasse.

Poiché non esisteva un parlamento che impedisse al sovrano di trattare ingiustamente i suoi sudditi, alla fine la rabbia del popolo francese esplose in una rivoluzione. Scoppiarono rivolte per il cibo e la violenza della folla si diffuse. Il 26 agosto 1789 fu promulgata la Dichiarazione dei diritti dell'uomo e del cittadino. Il re, Luigi XVI, cercò di fuggire dal paese, ma fu arrestato e successivamente ghigliottinato.

Nel periodo del Terrore che seguì, quasi 20000 persone furono giustiziate in quanto nemiche della rivoluzione.

Nel 1790 si insediò un nuovo governo che cercò di introdurre gli ideali della rivoluzione, ma i nuovi capi continuarono a litigare fra loro, finché nel 1799 il governo fu rovesciato da Napoleone.

Rivoluzione industriale

Rivoluzione industriale è il termine con cui si definiscono i grandi cambiamenti che ebbero luogo in Europa nel XVIII e XIX secolo, quando iniziarono a essere utilizzate le macchine per produrre merci all'interno di fabbriche, invece di produrle manualmente a casa.

Le nuove macchine erano alimentate da motori a vapore ed erano in grado di compiere operazioni di lavorazione molto più velocemente di quanto potessero fare gli operai a mano. Le estrazioni minerarie e la lavorazione dei metalli crebbero di importanza e furono costruite le prime ferrovie.

Molti si trasferirono dalle campagne alle città e iniziarono a lavorare nelle fabbriche in rapida

▽ Le nuove fabbriche della **Rivoluzione industriale** erano costruite nei pressi di canali e ferrovie, in modo da poter ricevere le materie prime e trasportare verso i mercati il prodotto finito con più facilità. I proprietari delle fabbriche costruirono case e scuole per gli operai, ma molte aree industriali si trasformarono ben presto in quartieri degradati.

espansione. Un'altra ragione per cui la popolazione si trasferì nelle aree urbane furono i grandi cambiamenti che stavano avvenendo anche in agricoltura: metodi perfezionati di coltivazione e raccolta implicavano infatti la necessità di una minore manodopera nelle campagne.

△ Durante la **Rivoluzione russa** i lavoratori avevano l'appoggio dei soldati e della marina e il 6 novembre 1917 attaccarono il Palazzo d'Inverno di Pietrogrado (l'attuale San Pietroburgo). Nonostante fosse il quartier generale del governo dello zar, non aveva molte difese e cadde ben presto nelle mani dei rivoltosi.

Rivoluzione russa

La Rivoluzione russa vide il susseguirsi di due rivolte nello stesso anno. Nel 1917 la Russia era governata dallo zar Nicola II (1868-1918), i contadini erano sottomessi ai padroni e i poveri delle aree urbane non godevano di diritti civili. In seguito a dimostrazioni di massa di lavoratori e soldati a Pietrogrado, in febbraio lo zar fu costretto ad abdicare e seguì un breve periodo di governo democratico. I problemi sociali, però, erano ancora numerosi e Lenin, capo del partito comunista, ne approfittò per far divampare la rivolta in molte città importanti. Nel novembre 1917 Lenin assunse il potere e diede vita al primo

governo comunista sovietico. Lo zar e la sua famiglia furono fucilati nel 1918.

robot

Nei film e nei romanzi ambientati nel mondo del futuro spesso i robot hanno l'aspetto di esseri umani di metallo e sono in grado di camminare, parlare e persino pensare. I veri robot sono in realtà molto diversi. Sono macchine con "bracci" che possono muoversi in molte direzioni, realizzate in forme diverse, alcune simili all'uomo, altre ad animali o addirittura a insetti. Si tratta di *macchine programmabili*: questo significa che possono essere istruite a compiere diverse operazioni, le cui istruzioni, o *programmi*, sono memorizzate nel cervello del robot, ossia nel suo computer.

I robot sono impiegati per lo più nelle industrie per svolgere operazioni come dipingere a spruzzo, saldare e sollevare carichi pesanti. Alcuni robot lavorano in ambienti pericolosi per l'uomo, come le centrali nucleari e lo spazio.

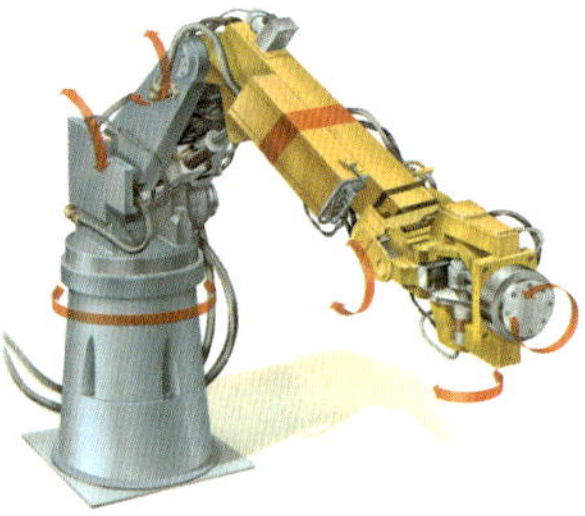

▷ Questo **robot** industriale giapponese può compiere una grande varietà di operazioni a seconda di come viene programmato. Il braccio automatizzato può saldare metalli, usare vernici a spruzzo o spostare oggetti da una postazione all'altra.

roccia

Le rocce sono composte da granelli di minerali uniti insieme. Le *rocce ignee* si formano quando il *magma* (roccia fusa) si raffredda: una parte del magma si indurisce nei pressi della superficie terrestre e forma rocce come il basalto e l'ossidiana, altre rocce si consolidano invece nelle profondità del sottosuolo e danno origine al granito.

Le *rocce sedimentarie* sono costituite da sedimenti, come la sabbia. I *conglomerati*, per esempio, sono rocce sedimentarie composte da ciottoli e sabbia, mentre molte *rocce calcaree* sono costituite da sedimenti derivati principalmente da resti di piante e animali morti. Le *rocce metamorfiche* sono invece rocce ignee o sedimentarie modificate dall'azione del calore e della pressione. Le rocce calcaree, per esempio, possono trasformarsi in *marmo*, una roccia metamorfica più dura.

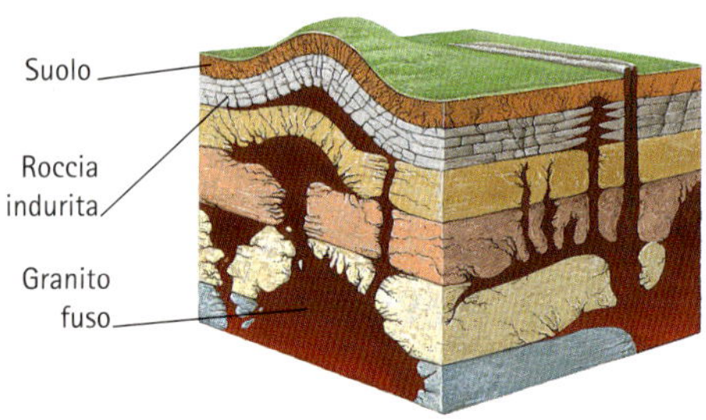

◁ Questa sezione raffigura una **roccia** ignea (granito) nella forma fusa che risale verso la superficie terrestre. Nel suo percorso, spinge gli strati di roccia già indurita e di terreno sopra di sé, dando luogo a una protuberanza rotondeggiante.

ROMANIA
Forma di governo: repubblica
Capitale: Bucarest
Superficie: 238 391 km²
Popolazione: 21 498 616 ab.
Lingua: romeno
Moneta: nuovo leu (al plurale lei)

roditori

I roditori sono un gruppo di animali dotati di denti frontali molto grandi e affilati con cui rosicchiano il cibo e ogni altra cosa. Data l'intensa attività, i denti si consumano e quindi crescono in continuazione. Sempre con i denti, gli animali scavano anche buche nel terreno che usano come tane. I castori sono persino in grado con i soli denti di abbattere grandi alberi per costruire le loro caratteristiche dighe.

Le circa 2000 specie di roditori comprendono, tra gli altri, topi, ratti, istrici e scoiattoli. Il *capibara sudamericano* è il roditore più grande del mondo: ha l'aspetto di una cavia, cresce fino a una lunghezza di 1,25 m e può pesare più di 45 kg.

Il roditore più piccolo è il *topolino delle risaie*, diffuso in Europa, lungo soltanto 7 cm.

Roma

Roma è la capitale dell'Italia e, con una popolazione di 2 743 796 abitanti, è anche la città italiana più popolosa.

Sorge sul fiume Tevere a circa 27 km dal mar Mediterraneo e si estende su sette colline.

Molti turisti visitano Roma per ammirare le rovine dell'antica città (*vedi* **Impero Romano**) e le sue bellissime chiese, le fontane, i palazzi e le gallerie d'arte. Al suo interno comprende il piccolo stato di **Città del Vaticano**.

Romania

La Romania è un piccolo stato dell'Europa sudorientale, caratterizzato da bellissime montagne e grandi foreste.

La maggior parte della popolazione è dedita all'agricoltura, ma anche le estrazioni minerarie e la produzione di petrolio sono attività importanti.

Nel 1989 i romeni rovesciarono il governo comunista di Ceauşescu e nel 1991 fu introdotta una nuova costituzione democratica.

Dal 1° Gennaio 2007 fa parte dell'Unione Europea.

▽ Le **ruote** moderne sono diverse dalla ruote inventate 5 000 anni fa. Questa illustrazione raffigura alcune delle ruote che sono state usate nel corso della storia.

Roosevelt, Franklin Delano

Presidente americano (1882-1945). Nato a New York da una famiglia abbiente, studiò per diventare avvocato. Nel 1923 rimase paralizzato, ma questo non gli impedì di diventare governatore di New York nel 1928. Fu eletto presidente nel 1932 e dovette subito affrontare la crisi economica nota come *Grande Depressione*, alla quale rispose con il programma chiamato *New Deal*.

Questo programma ebbe un successo tale che alle successive elezioni del 1936 ottenne una vittoria schiacciante e si assicurò un terzo mandato nel 1940 e un quarto nel 1944.

Condusse il suo paese nella Seconda guerra mondiale al fianco degli Alleati e si incontrò con Churchill e Stalin a Teheran nel 1943 e a Yalta nel 1945 per definire la configurazione del mondo del dopoguerra.

rospo, *vedi* rane e rospi

Rossini, Gioacchino

Compositore italiano (1792-1868). Fin da giovanissimo ebbe le prime esperienze musicali nei teatri lirici, essendo il padre un suonatore di corno e la madre una cantante. Divenne quindi presto un maestro del filone comico e giocoso dell'opera. Ebbe importanza assai rilevante anche nell'ambito dell'opera seria, avendone arricchito il repertorio con veri capolavori, tra i più alti di tutta la storia del melodramma. Sue sono anche pagine di musica sacra tra le più belle dell'Ottocento. Tra le sue opere, citiamo: *Il barbiere di Siviglia*, *Cenerentola* e *Guglielmo Tell*.

Rosso, mar

Il mar Rosso è un sottile braccio di mare appartenente all'oceano Indiano che si allunga per 2 300 km, dividendo l'Arabia dall'Africa nordorientale. Ha una superficie di circa 440 000 km² e nella sua estremità settentrionale è collegato al mar Mediterraneo attraverso il canale di Suez.

La sua estremità meridionale è lo stretto di Bab el Mandeb. Il mar Rosso è un mare poco profondo, e poiché non è attraversato da forti correnti è anche molto caldo e salato.

RUANDA
Forma di governo: repubblica
Capitale: Kigali
Superficie: 26 338 km²
Popolazione: 9 997 600 ab.
Lingua: francese, inglese e kinyaRwanda
Moneta: franco del Ruanda

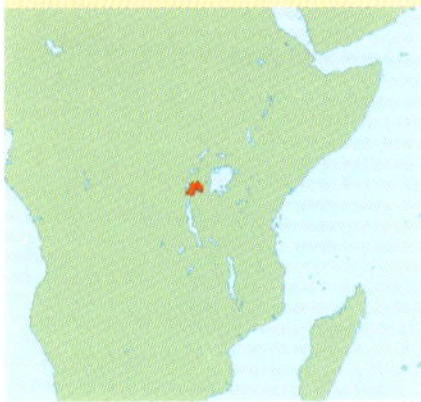

Ruanda

Il Ruanda è un piccolo stato dell'Africa centrale, dal territorio montuoso, con un clima fresco e piacevole. La popolazione ruandese è composta da contadini che producono caffè, tè, mais e fagioli e allevano bovini. Il paese è uno dei più densamente popolati di tutta l'Africa.

Divenne indipendente dal Belgio nel 1962, ma nel 1994 è stato lacerato da una guerra civile che ha lasciato una situazione tuttora instabile.

rugby, *vedi* sport

ruggine

La ruggine è un'incrostazione marrone-rossastra che si forma sul ferro e sull'acciaio non trattati quando restano esposti all'umidità.

La ruggine erode la superficie del metallo, che può però essere protetta con grasso, olio e vernice.

ruota

La ruota è una delle invenzioni più utili dell'uomo: una ruota che gira attorno a un asse è infatti un ottimo sistema per spostare carichi, più facile e meno faticoso del sollevarli o trascinarli sul terreno. Furono le popolazioni dell'Età del Bronzo a inventare la ruota, circa 5 000 anni fa. Le ruote più antiche avevano l'aspetto di semplici segmenti di tronco tagliati trasversalmente, ma ognuno di questi dischi pieni era costituito da tre parti.

Inizialmente le ruote vennero fissate all'asse, ed era l'asse che, ruotando, faceva ruotare le ruote del carro.

Successivamente l'asse fu fisso, con le ruote che giravano alle sue estremità.

Con il tempo l'uomo imparò che una ruota con i raggi era altrettanto robusta di una ruota piena, ma molto più leggera. Oggi le ruote delle automobili e degli aerei hanno pneumatici cavi di gomma, pieni d'aria e molto elastici.

Cuscinetti a sfera consentono ai mozzi delle ruote di ruotare facilmente sugli assi. Nei sistemi di ingranaggi le ruote dentate si trasmettono a vicenda il movimento rotatorio e consentono di far funzionare qualsiasi tipo di macchinario.

Sebbene la ruota fosse già in uso in gran parte dell'Oriente nel 1500 a.C., è interessante notare come fosse invece totalmente sconosciuta sul continente americano finché non fu introdotta dagli europei nel XVI secolo.

RUSSIA
Forma di governo: repubblica federale
Capitale: Mosca
Superficie: 17 075 400 km²
Popolazione: 141 903 979 ab.
Lingua: russo
Moneta: rublo

Russia (Federazione Russa)

Originatasi dalla scissione della ex Unione Sovietica, la Russia è ancora lo stato più grande del pianeta.

Ha una popolazione superiore a quella di tutti gli altri stati ex sovietici e vi sorgono la maggior parte delle grandi città, come Mosca e San Pietroburgo. È ricca di minerali e ha una solida industria, ma anche l'agricoltura è importante, soprattutto la coltivazione dei cereali e l'allevamento del bestiame.

△ Gli imperatori del **Sacro Romano Impero** avevano il diritto di essere incoronati dal papa a Roma.

sabbia

La sabbia è composta da tanti piccoli frammenti di roccia, più piccoli di quelli della ghiaia ma più grandi di quelli del limo o del fango. Sulle coste, la sabbia si accumula formando spiagge sabbiose nell'entroterra, invece nei deserti forma specie di colline chiamate *dune*. La sabbia è un importante componente del suolo.

Strati di sabbia nelle profondità del terreno possono subire una compressione dando origine a una roccia dura chiamata *arenaria*, la seconda roccia più comune del mondo. Il principale minerale che compone la sabbia è il *quarzo*.

Sacro Romano Impero

Per oltre 700 anni, gran parte dell'Europa fu unita nel Sacro Romano Impero. In epoche diverse l'impero incluse Italia, Germania e Austria e parti dei Paesi Bassi, Francia e Svizzera.

Il primo imperatore fu il re dei franchi Carlo Magno, incoronato dal papa Leone III il 25 dicembre dell'anno 800. Il termine "sacro" fu unito al titolo dell'imperatore soltanto successivamente.

Con il passare del tempo i papi iniziarono ad avere più problemi che vero aiuto dagli imperatori e vi furono molti scontri tra l'impero e la Chiesa di Roma. Dalla fine del XV secolo, la maggior parte degli imperatori fu della famiglia reale degli Asburgo d'Austria.

Nel XVI secolo, però, alcuni stati tedeschi divennero sempre più estesi e forti e gli imperatori iniziarono a perdere potere. Nel XIX secolo l'imperatore governava in realtà soltanto su Austria e Ungheria.

▽ In questo paesaggio aspro e arido del **Sahara**, in Africa settentrionale, rocce erose dalla forma bizzarra sembrano tremolare all'orizzonte nell'aria torrida del deserto libico.

Sahara, deserto del

Con una superficie di 9 milioni di km^2, il Sahara, in Africa settentrionale, è il deserto caldo più grande del mondo. Si estende dall'oceano Atlantico, a ovest, al mar Rosso a est, e fino alla costa del Mediterraneo di Libia ed Egitto a nord.

Poiché negli ultimi anni le piogge sono state scarse anche negli stati a sud del Sahara, il deserto si sta lentamente estendendo verso sud.

Circa un terzo del Sahara è coperto da sabbia, il resto è occupato da ghiaia e pietre o da roccia nuda. Il Sahara è la località più calda della Terra: la temperatura più alta mai registrata all'ombra, 57,7 °C, fu rilevata in Libia.

△ Molte **salamandre** producono veleno da speciali ghiandole della pelle. I colori sgargianti avvisano i predatori di tenersi alla larga.

salamandre e tritoni

Le salamandre sono anfibi simili a grosse lucertole con le zampe corte e la coda lunga. Da adulte alcune salamandre vivono nei boschi umidi, altre abitano stagni e ruscelli. La maggior parte si nutre di insetti e ha la pelle liscia e lucente.

Le salamandre dell'Europa e dell'America settentrionale che vivono per lo più nell'acqua sono chiamate *tritoni*. Molti tritoni adulti hanno le zampe palmate e ad alcuni maschi spunta una cresta lungo il dorso nei periodi di riproduzione. La maggior parte dei tritoni maschi si esibisce in una complicata danza per attirare la femmina.

△ I saldatori devono proteggersi gli occhi dal calore e dalle scintille con apposite maschere per **saldatura**.

saldatura

La saldatura è un metodo per unire insieme i metalli utilizzando il calore. I bordi di due pezzi di metallo vengono riscaldati (con gas o elettricità) finché non si fondono insieme e, quando si raffreddano, formano un unico pezzo di metallo. Una giuntura effettuata con la saldatura è molto resistente.

△ I cristalli puri di **sale** sono di forma cubica. Dobbiamo assumere un po' di sale tutti i giorni perché il nostro corpo lo elimina continuamente, per esempio quando sudiamo.

sale

Il nome chimico del sale da cucina è *cloruro di sodio*. Per godere di buona salute abbiamo bisogno di sale, ma non in quantità eccessiva. Il sale è usato anche per conservare i cibi e nella produzione di coloranti, carta, ceramica, cuoio e molti farmaci. Il sale che utilizziamo in cucina proviene in gran parte dall'acqua del mare ed è chiamato *sale marino*, ma una parte, il *salgemma*, è estratta da depositi nel sottosuolo.

Salgari, Emilio

Scrittore italiano (1863-1911). È l'autore di fantasiosi romanzi d'avventure a sfondo esotico che ebbero molta fortuna tra i lettori della letteratura per ragazzi. Ricordiamo: *Le tigri di Mompracem*, *Il corsaro nero*, *Sandokan alla riscossa*.

salmone

I salmoni sono pesci che vivono nell'Atlantico e si riproducono nei fiumi poco profondi. Quando le uova si schiudono, i giovani pesci nuotano lungo il fiume fino al mare, dove trascorrono la loro vita adulta, prima di tornare nuovamente nel luogo di nascita per riprodursi a loro volta.

Questo può comportare centinaia o persino migliaia di chilometri di viaggio. La maggior parte dei salmoni muore dopo aver deposto le uova.

salute

Godere di buona salute è una delle cose più importanti della vita ed esistono alcune regole che possono aiutarci a vivere sani. Seguire una dieta bilanciata che comprenda i tipi di alimenti giusti e bere molta acqua è sicuramente molto importante, così come praticare regolarmente esercizio fisico, che rafforzi i muscoli e ci tenga in forma. L'esercizio fisico aiuta il sangue a circolare meglio nel corpo, ripulendolo di tutte le scorie e apportando ossigeno.
Anche dormire a sufficienza è molto importante. Le ore di sonno di cui l'uomo necessita dipendono dall'età: i neonati dormono 20-22 ore al giorno, mentre per gli anziani spesso sono sufficienti 6-7 ore.

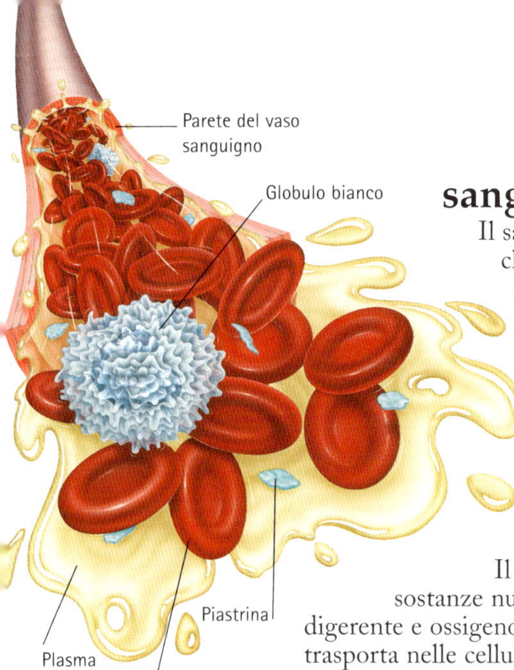

△ Il **sangue** circola nel corpo attraverso una rete di migliaia di vasi sanguigni. Ogni goccia di sangue contiene 250 milioni di globuli rossi, 375 000 globuli bianchi e circa 16 milioni di piastrine.

sangue

Il sangue è il fluido che nutre l'organismo e rimuove i prodotti di scarto. Il cuore pompa il sangue in tutto il corpo attraverso un complesso sistema di vasi sanguigni: *arterie, vene* e *capillari*.

Il sangue assorbe sostanze nutritive dal sistema digerente e ossigeno dai polmoni e li trasporta nelle cellule del corpo. Ogni cellula prende dal sangue esattamente ciò di cui necessita e il sangue la libera dei prodotti di scarto, compresa l'acqua e l'anidride carbonica. Il sangue trasporta anche speciali sostanze chimiche prodotte dall'organismo dove sono necessarie, uccide i germi e mantiene il corpo alla temperatura corretta.

Il sangue è prodotto dal midollo delle ossa. Il corpo umano di un adulto contiene circa sei litri di sangue, costituito da un liquido di colore chiaro chiamato *plasma* e da diversi milioni di *globuli rossi*, minuscoli dischi di colore rosso che donano al sangue il caratteristico colore.

Il sangue contiene anche un numero più ridotto di *globuli bianchi*, a cui spetta la difesa dell'organismo: essi aggrediscono infatti i germi che penetrano nel corpo e li inglobano.

Spesso, però, nella lotta contro una malattia o un'infezione, molti globuli bianchi muoiono e, se si accumulano grandi quantità di globuli bianchi morti, si forma una sostanza chiamata *pus*. Altre particelle, chiamate *piastrine*, aiutano il sangue a coagularsi quando esce dal corpo, consentendo a graffi e ad altre ferite di guarire più velocemente.

Il sangue può essere classificato in diversi gruppi, *A, B, AB* o *0*. I gruppi sanguigni sono importanti quando i pazienti hanno bisogno di trasfusioni, quando, cioè, è necessario sostituire il sangue malato o il sangue perso per una grave ferita. Normalmente, tranne in rari casi, i pazienti ricevono sangue del loro stesso gruppo.

▷ Due **salmoni** mentre risalgono un torrente nel loro viaggio verso le località di riproduzione. I salmoni utilizzano tantissima energia durante il viaggio e possono perdere metà del loro peso corporeo.

sapone

Il sapone è utilizzato per lavare e pulire. È prodotto mescolando grasso o olio vegetale a sostanze chimiche come la soda caustica. Scioglie lo sporco negli indumenti e lo rimuove dai tessuti. Oggi esistono sostanze chimiche chiamate *detergenti*, spesso usate al posto del sapone perché lavano meglio nell'acqua più dura, ossia contenente più calcare.

Sardegna

Regione autonoma a statuto speciale (1 672 404 ab.) dell'Italia insulare, costituita dall'isola omonima nel mare Mediterraneo, tra il mare Tirreno e il mare di Sardegna. L'isola è costituita dal massiccio del Gennargentu e da una sola pianura alluvionale (il Campidano). Le coste sono alte e rocciose, ricche di insenature. Sono presenti numerosi corsi d'acqua (Tirso, Coghinas). L'agricoltura (cereali, frutta, sughero), l'allevamento (ovini e caprini) e la pesca (tonnare) sono molto sviluppati. Le industrie sono tessili, alimentari, del sughero e della carta.

Attivo è anche l'artigianato e in continua espansione è il turismo.
Le sue province sono: Cagliari (capoluogo), Nuoro, Oristano, Sassari, Carbonia-Iglesias, Medio Campidano, Ogliastra e Olbia-Tempio.

satellite

Un corpo celeste che ruota attorno a un altro corpo celeste seguendo un'orbita è chiamato satellite. La Terra e gli altri pianeti del sistema solare sono tutti satelliti del Sole. La Luna è l'unico satellite naturale della Terra, gli altri sono satelliti artificiali lanciati con razzi e collocati in orbite fisse.

I *satelliti meteorologici* sono dotati di telecamere che inviano sulla Terra immagini delle nuvole e delle formazioni temporalesche.

I *satelliti per le comunicazioni* ripetono segnali televisivi e telefonici in tutto il mondo e sono dotati di apparecchi radio e altre attrezzature alimentate da batterie caricate dai raggi solari. Questi satelliti ricevono un segnale da una stazione trasmittente sulla Terra, lo amplificano e lo reinviano a un'altra stazione terrestre, situata anche a migliaia di chilometri di distanza dalla prima. Il primo satellite artificiale fu lo *Sputnik 1*, lanciato dalla ex Unione Sovietica nel 1957.

▽ I **satelliti** meteorologici scattano fotografie delle perturbazioni dallo spazio e le informazioni che inviano sulla Terra consentono di elaborare previsioni meteorologiche accurate con molti giorni di anticipo.

Saturno

Dopo Giove, Saturno è il secondo pianeta più grande del sistema solare, con un diametro di 120536 km. Saturno è famoso per gli anelli che lo circondano, molto sottili e composti da miliardi di particelle ghiacciate, probabilmente resti di una luna che si avvicinò troppo al pianeta e si frantumò.
A occhio nudo, Saturno ha l'aspetto di

SATURNO
Distanza media dal Sole: 1 430 milioni di km
Distanza minima dalla Terra: 1280 milioni di km
Temperatura media (nuvole): -190 °C
Diametro equatoriale: 120 536 km
Diametro del sistema di anelli: 272 000 km
Atmosfera: idrogeno, elio
Numero di lune: 60 conosciute
Lunghezza del giorno: 10 ore e 14 minuti
Lunghezza dell'anno: 29,5 anni terrestri

una stella lucente. Il pianeta in realtà è costituito da gas leggeri ed è meno denso dell'acqua, ma gli scienziati pensano che possa avere un nucleo solido. Saturno possiede almeno 60 satelliti, il più grande dei quali, Titano, ha un diametro medio di circa 5 150 km, superiore a quello di Mercurio.

Titano è l'unica luna conosciuta ad avere un'atmosfera, ossia uno strato di gas che la circonda.

savana

La savana è una vasta prateria tropicale con il terreno pianeggiante o leggermente ondulato e ricoperto di erba. Alberi e cespugli sono sparsi tra l'erba o raggruppati lungo i ruscelli e i fiumi.

La savana è diffusa nel Brasile meridionale e in Australia, ma soprattutto in Africa, in regioni con stagioni umide alternate a stagioni asciutte. Le piante erbacee crescono velocemente e producono semi nella breve stagione umida e seccano o non crescono nella lunga stagione asciutta.

Nella savana africana la temperatura è elevata tutto l'anno. Branchi di animali da pascolo, zebre, gnu ed elefanti, vagano alla ricerca di acqua e cibo, costantemente in fuga da predatori come leoni, ghepardi e iene.

scacchi

Gli scacchi sono un gioco che appassiona da centinaia di anni. Il gioco si svolge tra due giocatori su una scacchiera con 64 caselle bianche e nere. I giocatori allineano sui lati opposti della scacchiera 16 pezzi a testa, ognuno dei quali può essere spostato sulla scacchiera soltanto in un preciso modo. I pezzi sono usati per attaccare, ritirarsi e difendersi e possono essere catturati ed eliminati dal gioco. Il pezzo più importante per ogni giocatore è il "re". Vince il gioco chi riesce a catturare il re dell'avversario.

Scala, Teatro alla

Teatro lirico di Milano tra i più famosi del mondo. Fu costruito su progetto del Piermarini sull'area dell'antica chiesa di S. Maria della Scala e fu inaugurato nel 1778 con un'opera di A. Salieri.

Scarlatti, Alessandro

Compositore italiano (1660-1725). Rinnovò il linguaggio musicale in campo operistico e riuscì a esprimere il suo appassionato accento drammatico in numerosi melodrammi (*Il trionfo della libertà*, *La Griselda*). Scrisse anche oratori, cantate, messe, nonché le splendide *Toccate e fughe* per clavicembalo.

△ Gli anelli di **Saturno** hanno uno spessore inferiore a 30 m e sono composti da particelle di ghiaccio, roccia e polvere. Formano una fascia il cui diametro è 20 volte il diametro della Terra. Nel 2009 è stato scoperto un nuovo anello: si tratta del più grande del sistema solare.

Boris Spassky

Boris Vasilievich Spassky è il decimo campione del Mondo di **scacchi** della storia. Divenne Campione del Mondo nel 1969 battendo a Mosca Tigran Petrosian. La sua fama accrebbe grazie alla sfida di Rejkyavik contro Bobby Fischer con la grande risonanza che ebbe grazie ai mass-media di tutto il mondo: quella "mondiale" sconfitta di Spassky pose termine a un dominio durato 35 anni! Vinse ancora brillantemente nel 1973 il titolo di Campione Sovietico, e molti altri tornei internazionali.

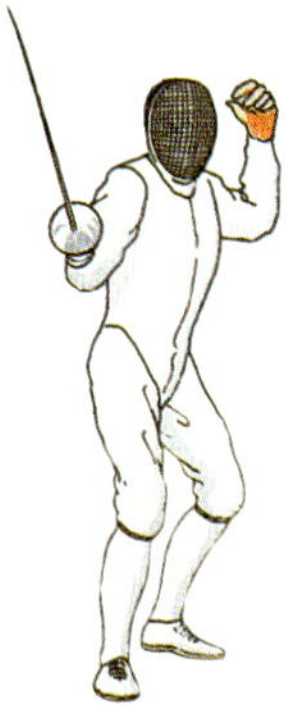

△ Nella **scherma**, i due avversari sono protetti da maschere di rete metallica, spessi giubbotti e un guanto indossato sulla mano che impugna l'arma.

▽ Gli africani catturati e ridotti in **schiavitù** dovevano sopportare un trattamento disumano. Venivano sistemati in gruppi e fatti marciare fino alla costa. Qui venivano imbarcati sulle navi con le catene ai piedi e le mani legate dietro la schiena.

scheletro

Lo scheletro umano è composto da **ossa** e senza di esso il corpo sarebbe una massa informe. Lo scheletro protegge gli organi vitali, come cuore, fegato e polmoni e fornisce un punto di ancoraggio ai muscoli.

Negli esseri umani e negli altri *vertebrati* (animali dotati di colonna vertebrale) lo scheletro è all'interno del corpo, coperto dai muscoli e dalla pelle.

In altri animali, invece, come insetti e ragni, lo scheletro è un rivestimento rigido all'esterno del corpo ed è chiamato *esoscheletro*.

Alcuni animali, le meduse e i polpi, per esempio, sono privi di scheletro e il loro corpo viene sostenuto dall'acqua in cui vivono.

Esistono oltre 200 ossa nello scheletro umano, tra cui le ossa della colonna vertebrale, il cranio (che protegge il cervello), lo sterno, le costole, il bacino e le ossa degli arti.

Le *articolazioni* sono i punti di unione delle ossa. Alcune articolazioni, come quelle del cranio, sono fisse, mentre altre, come quelle della spalla e del bacino, ci permettono di muoverci. I muscoli che circondano le articolazioni si contraggono e si distendono per consentire il movimento delle ossa.

scherma

La scherma può essere definita come lo sport del "duello amichevole". Gli schermidori indossano guanti speciali, un giubbotto imbottito e una maschera sul viso e combattono con spade, sciabole o fioretti non affilati.

Vince chi totalizza più punti toccando l'avversario con la punta della propria arma. In passato la scherma veniva praticata come allenamento per veri duelli, ma oggi è uno sport molto diffuso e inserito nel programma delle Olimpiadi.

schiavitù

La schiavitù è la condizione di una persona ridotta a un "oggetto" di proprietà di un'altra persona. Gli schiavi potevano essere acquistati e venduti. Nelle antiche civiltà i prigionieri catturati in guerra erano spesso ridotti in schiavitù e sovente le famiglie più povere erano costrette a vendere i figli come schiavi.

Nel XVI secolo gli spagnoli iniziarono a fare schiavi tra le popolazioni africane e a trasportarli dall'Africa alle loro colonie nelle Americhe. Attorno al 1770 anche gli inglesi iniziarono a trasferire schiavi nelle Americhe: venivano stipati su navi in condizioni disumane e molti morivano nel viaggio.

La Gran Bretagna abolì il commercio degli schiavi nel 1833. Negli Stati Uniti, invece, ebbe fine nel 1865, al termine della Guerra civile, ma la discriminazione razziale continuò anche dopo l'approvazione di leggi che garantivano diritti civili alla popolazione nera.

sci

Ciascuno dei due lunghi pattini utilizzati per spostarsi sulla neve, probabilmente già utilizzati nel 3000 ca. a.C., si chiama sci. Gli sci più

△ Lo **sciacallo** dorato è chiamato *urlatore* dagli arabi per via dei forti latrati e ululati che spesso si odono di notte.

antichi ritrovati risalgono al 2500 a.C. e sappiamo che anche i vichinghi li utilizzavano. Oggi lo sci è uno sport molto diffuso e inserito nel programma delle Olimpiadi invernali.

Esistono quattro categorie principali: *discesa*, *sci di fondo*, *slalom* (una specie di discesa a ostacoli) e il *salto* con gli sci.

Lo sci di discesa, in cui lo sciatore scivola ad alta velocità lungo una pista in pendenza, è il più praticato. In Australia, Europa e America settentrionale esistono numerose località sciistiche montane nelle quali molti amano trascorrere vacanze sulla neve.

sciacallo

Lo sciacallo appartiene alla stessa famiglia del cane, cioè ai *canidi*. Esistono tre specie di sciacallo, diffuse in Europa orientale, Medio Oriente, Asia meridionale e Africa settentrionale. Come gran parte dei cani selvatici, gli sciacalli sono sia cacciatori che animali spazzini e usano l'udito e l'olfatto, estremamente sviluppati, per cercare il cibo nell'oscurità. Cacciano una grande varietà di animali e di giorno si nascondono nel fitto sottobosco.

scienza

La scienza è l'insieme delle conoscenze riguardanti determinati fenomeni e lo studio dei fenomeni stessi. I principali rami della scienza sono *astronomia, biologia, chimica, geologia, matematica, medicina* e *fisica*.

Gli scienziati moderni compiono ricerche usando il metodo scientifico: inizialmente osservano qualcosa attentamente per trarre tutte le informazioni possibili, quindi formulano una teoria per spiegare da cosa è composto l'oggetto delle loro osservazioni o come funziona.

Successivamente verificano la loro teoria con esperimenti e, se gli esperimenti la confermano, la teoria diventa una legge scientifica. A volte una legge viene modificata quando gli scienziati scoprono nuovi elementi a riguardo: per questo la scienza è in continua trasformazione.

Gli studi scientifici ebbero inizio in tempi molto antichi. Grandi progressi furono compiuti all'epoca delle prime civiltà, in particolare nell'antica Grecia e in Cina. Nel Medioevo la scienza quasi scomparve, ma nel Rinascimento gli scienziati fecero scoperte che rivoluzionarono il modo in cui la gente pensava e viveva. Il processo accelerò ulteriormente durante la rivoluzione industriale e da allora la ricerca scientifica avanza a passi da gigante.

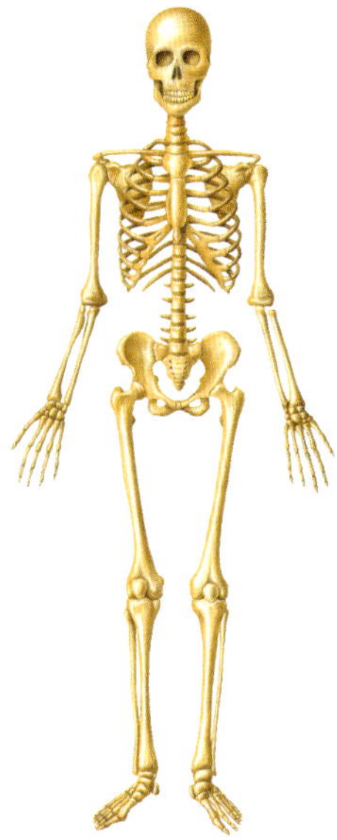

△ Lo **scheletro** di un uomo adulto è composto da circa 206 ossa. I neonati nascono con circa 350 ossa, ma crescendo alcune di esse si saldano tra loro.

▷ Lo **sci** di discesa è uno sport molto diffuso. Gli sciatori indossano caschi protettivi e tute morbide e aderenti per ridurre l'attrito del vento.

△ Le **scimmie** *antropomorfe*, come questi gorilla, sono animali che vivono in gruppi familiari, ognuno costituito da un maschio più vecchio e forte che comanda su tutte le femmine, i piccoli e i maschi più giovani.

scimmie

Le scimmie sono mammiferi appartenenti al gruppo dei *primati*, lo stesso gruppo di animali a cui apparteniamo noi esseri umani. In genere hanno una lunga coda, una fitta pelliccia su tutto il corpo e mani e piedi molto simili per forma a quelli umani, che gli animali utilizzano per afferrare il cibo, i rami e altri oggetti.

Molte scimmie usano la lunga coda come un "braccio" o una "gamba" supplementari per oscillare da un ramo all'altro della foresta.

Le scimmie vivono in gruppi familiari, ognuno dei quali ha un proprio territorio in cui vive e si nutre, e trascorrono molto tempo giocando, facendo la lotta e pulendosi il pelo a vicenda. Esistono numerose specie di scimmie, molte delle quali vivono ai tropici, in particolare nelle foreste dell'America centrale, dell'America meridionale, dell'Africa e dell'Asia.

Un tipo particolare di scimmie è rappresentato dalle scimmie *antropomorfe*, ossia "con forma umana", così chiamate perché, essendo prive di coda, sono gli animali più somiglianti all'uomo: abbiamo infatti lo stesso tipo di scheletro di queste scimmie e contraiamo molte malattie simili.

Le scimmie antropomorfe hanno il cervello molto grande, ma persino quello del gorilla è soltanto la metà di quello umano. Vi sono quattro tipi di scimmie antropomorfe: il *gorilla* e lo *scimpanzé* sono africani, gli *oranghi* vivono invece nel Borneo e a Sumatra, mentre i *gibboni* sono diffusi in tutto il Sudest asiatico. Come le altre scimmie, si nutrono di foglie e frutti.

Tutte le scimmie stanno diventando sempre più rare a causa della caccia e della distruzione delle foreste in cui vivono.

scimpanzé

Gli scimpanzé sono le scimmie antropomorfe più simili agli esseri umani. Uno scimpanzé adulto è alto fino a 1,30 m ed è in grado di camminare eretto, sebbene si sposti solitamente a quattro zampe, usando anche le "mani" per sostenersi. Gli scimpanzé sono diffusi nelle foreste tropicali dell'Africa occidentale e centrale e vivono in gruppi familiari.

Sono animali intelligenti e giocherelloni che si prendono cura dei loro piccoli. Gli esemplari addomesticati possono imparare a comunicare con il linguaggio dei segni e a eseguire semplici operazioni.

Sono i più chiassosi fra tutti i mammiferi: urlano e gridano, percuotono i tronchi degli alberi, battono le zampe per terra, brontolano ed emettono versi in continuazione.

▽ All'alba, le **scimmie** *urlatrici rosse* emettono urli assordanti dalla cima degli alberi per affermare il loro predominio su un territorio. Queste scimmie vivono in grandi gruppi familiari nelle foreste dell'America centrale e meridionale.

scoiattolo

Gli scoiattoli sono *roditori diurni*, ossia attivi durante il giorno, diversamente dalla maggior parte dei piccoli mammiferi.

Gli scoiattoli *arboricoli* (quelli che vivono sugli alberi) sono dotati di artigli affilati per arrampicarsi e di una lunga coda folta per mantenere l'equilibrio.

Possono lanciarsi da un albero all'altro fino a una distanza di 3 m. Gli scoiattoli *volanti*, invece, possono saltare, planando, fino a 30 m e sono dotati di membrane di pelle tra le zampe anteriori e quelle posteriori: quando saltano, allargano le zampe e le membrane formano una specie di paracadute. Sia gli scoiattoli arboricoli che quelli volanti si nutrono di foglie, ramoscelli e semi.

Le specie *terricole* vivono invece in tane sotterranee. Comprendono i cani delle praterie e gli scoiattoli striati o *chipmunk*, tutti diffusi in America settentrionale.

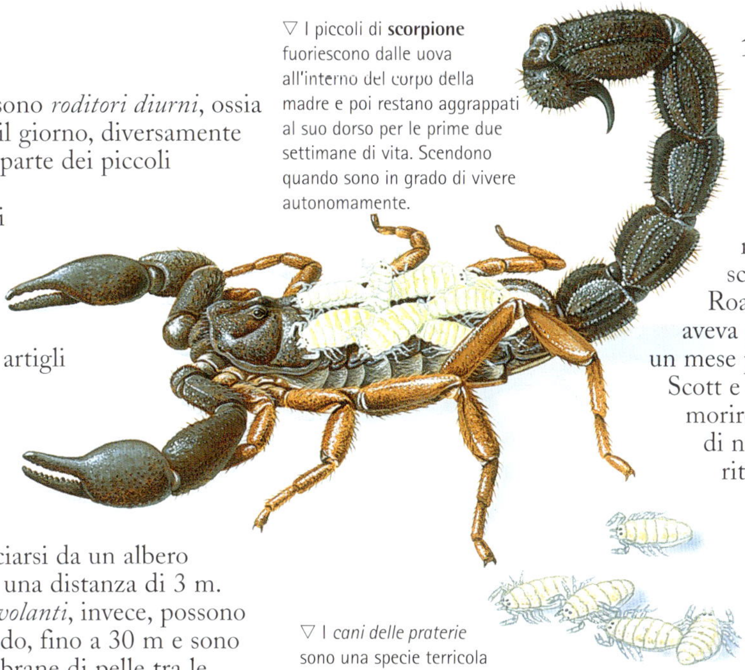

▽ I piccoli di **scorpione** fuoriescono dalle uova all'interno del corpo della madre e poi restano aggrappati al suo dorso per le prime due settimane di vita. Scendono quando sono in grado di vivere autonomamente.

▽ I *cani delle praterie* sono una specie terricola di **scoiattoli** che vivono in grandi gruppi all'interno di un complesso sistema di tane sotterranee. I membri del gruppo svolgono a turno determinate mansioni a vantaggio di tutto il gruppo. Questo cane della prateria è di guardia all'ingresso della tana.

scorpione

Gli scorpioni appartengono alla stessa famiglia dei ragni e vivono per lo più nelle località calde e asciutte. Hanno quattro paia di zampe, un paio di grandi chele e la coda terminante con un aculeo velenoso che usano per paralizzare o uccidere le loro prede. Il veleno può essere molto tossico per l'uomo, ma raramente letale.

Scott, Robert Falcon

Esploratore inglese (1868-1912). Dopo una prima spedizione nel 1901-1904, nel 1911 iniziò la marcia verso il Polo Sud con quattro compagni. Con enormi disagi, raggiunse il polo il 17 gennaio 1912, ma rimase deluso quando scoprì che il norvegese Roald Amundsen lo aveva già raggiunto soltanto un mese prima. Il capitano Scott e i suoi compagni morirono in una tempesta di neve sulla via del ritorno.

scoutismo

Lo scoutismo è un movimento giovanile internazionale fondato in Inghilterra nel 1907 da Robert Baden-Powell (1857-1941) come organizzazione esclusivamente maschile, i *boy scout*.

Nel 1910 fu fondata un'associazione simile per le ragazze, chiamate *guide*.

Entrambi i movimenti si diffusero rapidamente in altri Paesi.

Uno degli scopi dello scoutismo è rafforzare il carattere e l'autostima nei giovani attraverso il contatto con la natura e la disponibilità ad aiutare gli altri.

▷ Alcuni **scimpanzé** hanno imparato a usare bastoncini per estrarre le termiti dai loro nidi. I piccoli apprendono osservando i genitori.

△ *Il pensatore* (1880) è una delle **sculture** più famose dello scultore francese Auguste Rodin (1840-1917).

scrittura

Le prime forme di scrittura erano semplici disegni che trasmettevano un messaggio. Gradualmente i disegni usati più di frequente vennero sempre più semplificati e divennero simboli, come nel caso dei geroglifici degli egizi.

Con il trascorrere del tempo, i simboli divennero segni che, invece di concetti, rappresentavano suoni e potevano essere combinati insieme per formare parole e infine, con tali segni, vennero realizzati gli alfabeti. Le vocali comparvero per la prima volta nelle lingue parlate dagli antichi greci e romani, dai cui alfabeti si è sviluppato l'alfabeto occidentale oggi in uso.

Nel 105 d.C. i cinesi inventarono la carta e da allora la scrittura come mezzo di comunicazione si diffuse enormemente.

Nel 1824, il francese Louis Braille (1809-1852) inventò un alfabeto composto da punti in rilievo sulla carta, che consentiva anche ai non vedenti di "leggere" toccando questi punti sulle pagine dei libri. Oggi la tecnologia ci consente di acquistare *e-book*, ossia libri elettronici, memorizzati su un dischetto e leggibili sul monitor di un computer o su un computer appositamente studiato per questo formato di libro.

Le parole hanno un enorme potere e molti scrittori usano la *satira* (una forma di umorismo) per criticare idee o persone.

▽ Le prime forme di **scrittura** venivano usate su pietre o argilla, ma soltanto poche persone sapevano leggere.

scultura

La scultura è l'arte di modellare o ricavare immagini a tre dimensioni, le *statue*, con i materiali più diversi. Le statue possono essere modellate in argilla, intagliate nella pietra o nel legno oppure ottenute colando un materiale fuso in uno stampo. In quest'ultimo caso, lo scultore realizza prima un modello della statua in argilla o cera e lo utilizza per ricavare il calco.

Metallo fuso, come il bronzo, viene quindi versato nel calco cavo e quando si è solidificato, il calco viene rimosso: la statua finale è la copia perfetta del modello originale.

Le prime statue greche furono di grande ispirazione per gli artisti del Rinascimento come Michelangelo, probabilmente uno dei più grandi scultori del mondo. Molti scultori moderni si sono allontanati dalla raffigurazione realistica e grandi artisti come Henry Moore (1898-1986) si sono dedicati a figure e gruppi astratti.

scuola

Quasi tutti i Paesi del mondo dispongono di un numero di scuole sufficienti a fornire ai giovani un'istruzione adeguata. In molti stati è la legge a stabilire l'obbligo di frequentare la scuola entro una certa età e per un certo periodo di tempo, solitamente dai 5-6 anni ai 14-16.

I Paesi più poveri, invece, spesso non possiedono scuole o insegnanti a sufficienza e cercano di garantire che i bambini frequentino la scuola almeno per il tempo necessario a imparare a leggere, scrivere e usare i numeri.

Ciononostante, quasi un terzo della popolazione mondiale al di sopra dei 15 anni non sa né leggere né scrivere.

secessione, guerra di

La guerra di secessione ebbe luogo negli Stati Uniti d'America dal 1861 al 1865 tra il governo (Unione), appoggiato dagli stati del Nord, e gli stati del Sud (Confederazione).

Nel 1861 un certo numero di stati meridionali cercarono di separarsi dagli Stati Uniti e di formare uno stato indipendente. L'oggetto della discordia era la schiavitù: la popolazione degli stati del Nord voleva liberare gli schiavi neri che ancora lavoravano nelle grandi fattorie o piantagioni degli stati del Sud, e questi si opponevano. Queste divergenze di opinioni condussero allo scoppio di una guerra civile.

Quando la guerra iniziò, 11 stati lasciarono l'Unione per unirsi alla Confederazione. Inizialmente i confederati, guidati dal generale Lee, vinsero molte battaglie, ma furono sconfitti nella battaglia di Gettysburg nel luglio 1863. L'esercito dell'Unione, comandato dal generale Grant, iniziò a riportare una vittoria dopo l'altra, finché nell'aprile 1865 l'esercito confederato si arrese all'Unione.

Gli stati del Nord avevano più industrie degli stati del Sud e alla fine fu questo a decidere le sorti della guerra, al termine della quale molti abitanti del Sud rimasero amareggiati perché la loro prosperità era stata distrutta. L'Unione fu così ricostituita e la schiavitù abolita.

Segantini, Giovanni

Pittore italiano (1858-1899). Artista fra i maggiori dell'800 italiano, fece propria la tecnica divisionista e si ispirò alla vita e al paesaggio dell'alta montagna, che ritrasse spesso in chiave simbolica. Ricordiamo: *Alla stanga*, *Ritorno all'ovile*, *Trittico della montagna*.

selce

La selce è un minerale, per la precisione una forma di quarzo, presente negli strati di gesso e di calcare. La selce è biancastra all'esterno e di un colore dal verde brillante al nero lucidissimo all'interno.

La selce è molto dura, ma può essere scheggiata in frammenti dai bordi taglienti.

Le popolazioni dell'Età della Pietra costruivano utensili e armi con le selci.

Poiché produce una scintilla quando viene sfregata con il ferro, la selce può essere utilizzata per accendere il fuoco.

△ Utensili di **selce** appuntita come questi erano usati dai primi cavernicoli circa 50000 anni fa.

seme

Per le piante i semi sono importantissimi, perché, nelle condizioni adatte, sono in grado di dare vita a nuove piante. I semi iniziano a formarsi quando il polline raggiunge la parte femminile di un fiore e la feconda, consentendo così lo sviluppo di un frutto, all'interno del quale i semi continuano a crescere, protetti dalla polpa. Nell'uva, per esempio, i semini sono circondati da una parte polposa, che è il frutto.

I semi devono venire dispersi per trovare un nuovo terreno su cui crescere. Alcuni semi sono dotati di specie di "ali" e possono essere trasportati dal vento, altri sono irti di spine e si attaccano al pelo degli animali che passano accanto alle piante.

▽ Più di 600 000 soldati morirono nella **guerra di secessione**.
La battaglia di Gettysburg, 1-3 luglio 1863, fu la battaglia più sanguinosa combattuta su suolo americano.

SENEGAL
Forma di governo: repubblica
Capitale: Dakar
Superficie: 196 712 km^2
Popolazione: 12 534 200 ab.
Lingua: francese
Moneta: franco CFA

SERBIA
Forma di governo: repubblica
Capitale: Belgrado
Superficie: 77 474 km^2
Popolazione: 7 350 222 ab.
Lingua: serbo
Moneta: dinaro serbo

Molti semi contengono la piantina giovane e una scorta di nutrimento. Quando il seme comincia a crescere, la piantina usa questo nutrimento finché non sviluppa radici e foglie proprie ed è in grado di produrre da sola le sostanze di cui ha bisogno.

semiconduttori

Alcuni materiali, chiamati *conduttori*, vengono attraversati facilmente dall'elettricità, e per lo più si tratta di metalli. Altri materiali non lasciano passare elettricità e sono chiamati *isolanti*. I *semiconduttori*, invece, sono materiali come il silicio e il germanio, che non sono né conduttori né isolanti.

Unendo ai semiconduttori piccole quantità di altri elementi si possono realizzare importanti dispositivi elettronici, come i *chip*. Questi dispositivi possono lasciar passare quantità diverse di corrente elettrica, bloccarla completamente o consentire il passaggio soltanto in una direzione. I transistor sono costruiti con semiconduttori.

Senegal

Il Senegal è uno stato situato sulla costa occidentale dell'Africa. Le principali coltivazioni del Paese sono arachidi, riso e miglio, e la pesca è l'industria più importante. Il Senegal fu la prima colonia francese in Africa e divenne indipendente nel 1960.

sensi, *vedi* gusto, olfatto, tatto, udito, vista

Serbia

La Serbia confina a nord con l'Ungheria, a nordest con la Romania, a est con la Bulgaria, a sud con Macedonia e Albania, a ovest con il Montenegro e la Bosnia-Erzegovina e a nordovest con la Croazia. Occupata in parte da una fertile pianura e per un terzo da ampie zone boschive, nel Paese scorrono numerosi fiumi, tra cui il Danubio a nord e la Morava a sud. Tra le coltivazioni prevalgono mais e frumento, alberi da frutta, viticoltura, lino, tabacco e girasole. Nei primi anni 90 del secolo scorso, la Serbia combatté contro la Slovenia, la Croazia e la Bosnia una guerra che terminò nel 1 995. In *Kosovo*, un territorio della Serbia, le popolazioni di lingua albanese reclamarono però l'indipendenza e furono attaccate dalle truppe serbe. Le forze NATO intervennero con pesanti bombardamenti sulla Serbia, finché nel 1 999 i serbi si ritirarono dal Kosovo, che fu posto sotto amministrazione ONU. Nel febbraio 2008 il Kosovo proclamò l'indipendenza dalla Serbia, che però non riconobbe il nuovo stato. Il 22 luglio 2010 la Corte internazionale de L'Aia dichiarò legittima l'indipendenza del Kosovo, nonostante la Serbia continui a non riconoscerlo come stato sovrano. A seguito di un referendum del 2006, anche il Montenegro si separò definitivamente dalla Serbia.

serpente

I serpenti sono rettili che si muovono strisciando e contorcendo il corpo lungo e sottile privo di zampe.

La loro pelle è asciutta e liscia e vivono per lo più nelle località calde. Quelli che vivono nei climi più freddi, d'inverno cadono in letargo. Alcuni serpenti danno alla luce prole viva, ma la maggior parte depone uova (fino a dieci per volta). Alcuni serpenti iniettano un veleno nella preda attraverso grandi denti chiamati *denti veleniferi*.

Il *serpente a sonagli* e il *cobra*, per esempio, sono serpenti velenosi.

I serpenti più grandi sono i *pitoni* e gli *anaconda*, che possono raggiungere la lunghezza di 10 m. Entrambi si avvolgono in spire attorno alla preda e la soffocano.

serratura a chiave

Esistono due tipi principali di serratura. Nella più semplice, quando si ruota la chiave, un pezzo di metallo chiamato *chiavistello*, viene spinto all'interno di una fessura. La chiave è provvista di intagli che combaciano perfettamente con intagli simili all'interno della serratura. L'altro tipo di serratura è la *Yale*, inventata nel 1860 dove la chiave fa ruotare un cilindro mentre alcune punte metalliche all'interno vengono spinte fino all'altezza giusta dagli intagli della chiave. Date le innumerevoli possibilità di combinazione delle altezze delle punte, la serratura Yale offre maggiore sicurezza.

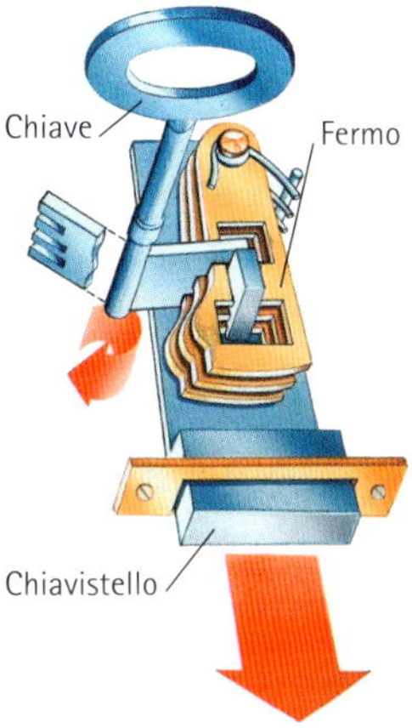

△ Una **serratura** è composta da un chiavistello che scivola in una placchetta metallica montata sul telaio della porta quando viene inserita la chiave corretta. Nella serratura dell'illustrazione, gli intagli della chiave si inseriscono in piastre metalliche chiamate *fermi* che fanno muovere il chiavistello.

seta

La seta è una fibra naturale ricavata dal bozzolo della larva, o baco, di una specie di falena. *I bachi da seta*, che in realtà sono bruchi, sono conservati in contenitori speciali e nutriti con foglie di gelso per circa quattro settimane, al termine delle quali iniziano a tessere il bozzolo per trasformarsi in farfalle.

Quando i bozzoli sono completati, le crisalidi all'interno vengono eliminate e ogni bozzolo viene dipanato in un unico filo lungo tra 600 e 900 m.

La seta fu usata per la prima volta in Asia molti secoli fa, soprattutto in Cina e Giappone, mentre in Europa la tessitura della seta si sviluppò soltanto nel XV secolo.

La seta è utilizzata per produrre una stoffa molto pregiata. Altri tessuti ricavati da questa fibra naturale sono il raso e il crespo di seta.

Sette meraviglie del mondo

Le Sette meraviglie del mondo erano sette costruzioni straordinarie dei tempi antichi. Erano così chiamate perché la gente provava un'autentica meraviglia alla vista delle loro dimensioni o della loro bellezza. Soltanto una di queste meraviglie esiste ancora al giorno d'oggi, le *piramidi*; tutte le altre sono andate distrutte.

I *giardini pensili di Babilonia* erano costruiti sull'alto delle mura dei templi e probabilmente furono un dono del re Nabucodonosor II (630 ca.-562 a.C.) a una delle sue mogli. Il *tempio di Artemide a Efeso* (nell'attuale Turchia) era uno dei più imponenti templi dell'antichità. Alcune delle sue colonne di marmo sono custodite al British Museum di Londra. La *statua di Zeus a Olimpia*, un centro religioso dell'antica Grecia, raffigurava il re degli dei sul trono ed era realizzata in oro e avorio. La *tomba di Alicarnasso* (nell'attuale Turchia) fu costruita per Mausoleo (m. 353 a.C.), un re persiano. Era così imponente e divenne così famosa che da allora tutte le tombe di una certa dimensione sono chiamate *mausolei*. Il *Colosso di Rodi*, in Grecia, era un'enorme statua di bronzo del dio del Sole, Elio, che torreggiava all'ingresso del porto della città. Il *Faro di Alessandria*, in Egitto, fu il primo faro moderno. Fu costruito nel 270 a.C. sull'isola di Pharos, al largo del porto di Alessandria, e aveva un fuoco che ardeva sulla cima.

Shakespeare, William

Scrittore inglese (1564-1616). È ritenuto da molti il più grande drammaturgo e poeta di tutti i tempi. Si sa molto poco della vita di Shakespeare. Nacque a Stratford-upon-Avon ed era figlio di un guantaio.

▽ I *giardini pensili di Babilonia* erano una delle **Sette meraviglie del mondo**. Babilonia sorgeva sulle rive del fiume Eufrate (nell'attuale Iraq).

SIERRA LEONE
Forma di governo: repubblica
Capitale: Freetown
Superficie: 71 740 km²
Popolazione: 5 696 500 ab.
Lingua: inglese
Moneta: leone

A 18 anni sposò Anne Hathaway, figlia di un contadino, da cui ebbe tre figli. A 20 anni lasciò Stratford e si trasferì a Londra, dove divenne attore e drammaturgo e negli ultimi anni della sua vita fece ritorno alla città natale.

I suoi drammi, circa 40, sono messi in scena e studiati in tutto il mondo. Ricordiamo: *Sogno di una notte di mezza estate*, *Amleto* e *Romeo e Giulietta*.

Siberia

La Siberia è una vasta regione che occupa gran parte del territorio asiatico della Russia, a est dei monti Urali. È una regione molto fredda, lungo la cui costa settentrionale si estende la *tundra*, una zona fredda semidesertica.

Le foreste coprono circa un terzo dei 15 milioni di km² di cui è costituita la regione. Verso il confine con la Mongolia si trova il lago Bajkal, uno dei laghi più grandi dell'Asia.

Sicilia

Regione autonoma a statuto speciale (5 042 992 ab.) dell'Italia meridionale, costituita dall'isola omonima, la più estesa del mar Mediterraneo, separata dalla Calabria mediante lo stretto di Messina. Comprende alcune isole minori (Ustica e Pantelleria) e gli arcipelaghi delle Eolie, delle Egadi e delle Pelagie. Il territorio è prevalentemente montuoso (monti Peloritani, Nebrodi e Madonie). Isolato, presso la costa ionica, si erge il cono vulcanico attivo dell'Etna. Tra i suoi fiumi, l'Alcantara, il Belice, il Simeto. L'agricoltura è l'attività economica prevalente (cereali, ortaggi e frutta). In attivo è anche la pesca. Le industrie sono farmaceutiche, cantieristiche, del tabacco e alimentari. In costante aumento è il turismo. Le sue province sono: Palermo (capoluogo), Agrigento, Caltanisetta, Catania, Enna, Messina, Siracusa, Ragusa e Trapani.

Sierra Leone

La Sierra Leone è uno stato situato sulla costa occidentale dell'Africa, caratterizzato da un clima caldo e umido. Nell'area di Freetown, la capitale, cadono circa 380 cm di pioggia ogni anno. La popolazione è per lo più composta da contadini che producono riso, semi di palma da olio, zenzero, caffè e cacao. Si estraggono minerali ferrosi, bauxite e diamanti. La Sierra Leone era una colonia britannica e ottenne l'indipendenza nel 1961. Nel 1971 divenne una repubblica, ma nel 1992 esplose una terribile guerra civile. Nel 2001 è stato raggiunto un accordo di pace.

Signorelli, Luca

Pittore italiano (ca. 1445-1523). Allievo di Piero della Francesca, ispirò, con i suoi nudi e i suoi arditi scorci, Michelangelo. Gli affreschi nella cappella di S. Brizio nel duomo di Orvieto sono il suo capolavoro.

sinagoga

L'edificio in cui gli *ebrei* (i seguaci dell'**ebraismo**) si raccolgono per studiare e pregare è chiamato sinagoga. Le principali funzioni di preghiera si svolgono in occasione del *Sabbath*, la festa settimanale che dura dal tramonto del venerdì al tramonto del sabato, e sono spesso tenute da un *rabbino* (un maestro, per gli ebrei).

I bambini si recano alla sinagoga per imparare la lingua ebraica e studiare la *Torah*, ossia il libro sacro contenente gli insegnamenti dell'ebraismo.

Singapore

Singapore è un piccolo stato insulare del Sudest asiatico situato di fronte alla punta meridionale della penisola di Malacca (Malaysia). Tre quarti della popolazione è cinese, ma vi vive gente proveniente da tutte le parti del mondo.

Anche la capitale è chiamata Singapore ed è uno dei porti più attivi del mondo, che intrattiene scambi con molti stati. Ex colonia britannica, nel 1963 entrò nella Federazione della Malaysia e nel 1965 divenne indipendente.

SINGAPORE
Forma di governo: repubblica
Capitale: Singapore
Superficie: 710 km^2
Popolazione: 4 987 600 ab.
Lingua: cinese, malese, tamil e inglese
Moneta: dollaro di Singapore

sirena

Figura mitologica dal corpo di donna nella parte superiore e di pesce (in origine di uccello) nella parte inferiore.

Nell'Odissea, con il loro canto dolcissimo le sirene ammaliavano i naviganti (vedi **Omero**).

Siria

La Siria è uno stato arabo che si affaccia per un breve tratto sulla costa orientale del Mediterraneo. Gran parte del Paese è occupata da aride pianure calde d'estate e fredde d'inverno.

Popolazioni nomadi pascolano greggi di pecore e capre sui terreni brulli, mentre gli agricoltori coltivano cereali, viti e albicocchi nelle aree in cui i fiumi o la pioggia forniscono acqua a sufficienza. Molte città siriane si svilupparono lungo le strade un tempo usate dai mercanti per portare merci dall'Oriente. Dal 1516 la Siria fu governata dalla Turchia per 400 anni.

Dopo la Prima guerra mondiale i francesi amministrarono lo stato per conto della Società delle Nazioni e il Paese divenne indipendente nel 1946.

Dal 1963 è al potere il Baath, il partito nazionalista arabo. Nel 1970, dopo la sconfitta contro Israele nella "guerra dei sei giorni", un nuovo colpo di stato portò al potere il generale Hafiz al-Assad. Alla morte di questi, nel 2000, è diventato presidente il figlio Bashar.
Nella primavera 2011 la popolazione è scesa in piazza in tutto il paese a protestare contro il governo e chiedere riforme e maggiori diritti. Bashar Assad ha represso duramente le proteste.

SIRIA
Forma di governo: repubblica
Capitale: Damasco
Superficie: 185 180 km^2
Popolazione: 20 367 000 ab.
Lingua: arabo
Moneta: lira siriana

sistema solare, *vedi* pp. 352-353

◁ La battaglia di Yarmuk fu combattuta in **Siria** nel 636. I musulmani sconfissero un esercito bizantino di dimensioni doppie rispetto al loro e conquistarono la Siria e la Palestina, le aree più fiorenti dell'impero bizantino. Presero anche la città di Gerusalemme e posero le basi di un grande impero.

SISTEMA SOLARE

Il sistema solare è costituito dal Sole e dai corpi celesti che orbitano attorno a esso. L'insieme rimane unito grazie alla forte attrazione gravitazionale esercitata dal Sole.

IL POTENTE SOLE

Il Sole, la nostra stella locale, è il corpo celeste più grande del sistema solare. Rappresenta infatti oltre il 95% della massa dei materiali presenti nel sistema. Il resto è suddiviso tra i corpi celesti che vi orbitano intorno: otto pianeti, più di 150 lune, miliardi di asteroidi e miliardi di comete. A causa delle grandi dimensioni, il Sole esercita una fortissima attrazione gravitazionale che contribuisce a tenere unito il sistema solare e controlla i movimenti dei pianeti.

LA NASCITA DEL SISTEMA SOLARE

Circa cinque miliardi di anni fa, il sistema solare nacque da una grande nuvola di gas e pulviscolo chiamata *nebulosa solare*, composta da scorie del processo di formazione della Via Lattea, la nostra galassia. La nebulosa cominciò a condensarsi in una serie di protostelle, una delle quali si sviluppò in un giovane Sole. Il gas e il pulviscolo si raccolsero attorno al Sole in un disco. Questo disco si raffreddò e granelli di materia solida iniziarono a congelare e a raggrupparsi insieme. In migliaia di anni questi grumi di materia si unirono, dando origine ai pianeti.

UN SISTEMA STABILE

Nel sistema solare poco è cambiato negli ultimi quattro miliardi di anni. Il Sole è diventato leggermente più lucente, qualche cometa e qualche asteroide sono entrati in collisione, ma i nove pianeti sono sempre rimasti in orbita. Soltanto la Terra è cambiata notevolmente, poiché ha sviluppato forme di vita sulla sua superficie.

MONDI ROCCIOSI E GIGANTI DI GAS

Inizialmente i pianeti erano composti principalmente da idrogeno ed elio. I pianeti più vicini al Sole (Mercurio, Venere, la Terra e Marte) erano troppo caldi per poter trattenere una tale quantità di gas leggeri e divennero così piccoli mondi composti da rocce e metalli. Nelle zone più lontane dal Sole, dove le temperature erano molto basse, i pianeti attirarono verso di sé enormi quantità di idrogeno ed elio e divennero giganti di gas come Giove, Saturno, Urano e Nettuno.

Plutone è il corpo celeste più piccolo e più lontano dal Sole, più simile a una luna che a un vero pianeta. Nell'agosto 2006 è stato declassato a pianeta nano dall'Unione Astronomica Internazionale.

I PIANETI DEL SISTEMA SOLARE

Nome	Distanza media dal Sole (milioni di km)	Diametro (km)	Lunghezza del giorno	Lunghezza dell'anno	Lune
Mercurio	58	4 879,4	58,6 giorni	88 giorni	0
Venere	108	12 103,6	243 giorni	225 giorni	0
Terra	149,6	12 757	23 ore e 56 minuti	365,25 giorni	1
Marte	228	6 792,4	24 ore e 37 minuti	687 giorni	2
Giove	778	142 984	9 ore e 50 minuti	11,9 anni	63
Saturno	1 430	120 536	10 ore e 14 minuti	29,5 anni	60
Urano	2 867	51 118	17 ore e 14 minuti	84 anni	27
Nettuno	4 499	49 528	19 ore e 12 minuti	165 anni	13

SISTEMI SOLARI LONTANI

Nell'universo ci sono molte altre stelle simili al Sole. Gli astronomi hanno sempre pensato che una di queste potesse avere un sistema di pianeti in orbita intorno a sé, ma le stelle sono così lontane e lucenti che individuare un pianeta, molto meno luminoso, accanto a una di esse fu impossibile per molto tempo.

Negli anni 80 del secolo scorso gli astronomi scoprirono le prime stelle circondate da dischi di gas e pulviscolo. Un decennio dopo furono individuati i primi sistemi solari diversi dal nostro. Il primo fu scoperto nel 1995 intorno a una stella chiamata *51 Pegasi*: il suo pianeta ha un'orbita di 4,2 giorni terrestri ed è almeno 150 volte più grande della Terra e 20 volte più vicino alla sua stella di quanto lo sia la Terra al Sole.

Sono state scoperte all'incirca altre 15 stelle con un pianeta orbitante. Gli astronomi non riescono a vedere i pianeti direttamente, ma sono in grado di individuare un leggero tremolio nella stella, che sarebbe prodotto dall'attrazione gravitazionale del pianeta mentre orbita attorno a essa.

ASTEROIDI E COMETE

Tra le orbite di Marte e Giove si trova una gigantesca fascia composta da oltre 4000 frammenti di roccia: sono asteroidi delle dimensioni più disparate, da quelli di pochi m di diametro al più grande, chiamato *Cerere*, con un diametro di circa 1000 km, l'unico asteroide a essere considerato un pianeta nano, come Plutone, Makemake, Haumea ed Eris. Il limite esterno del nostro sistema solare è segnato da un'enorme nuvola di miliardi di comete gelate, chiamata *nube di Oort*. Gli scienziati pensano che questa nube possa essere composta da detriti che risalgono all'epoca in cui si formò il sistema solare.

VEDI ANCHE
asteroidi; astronomia; cometa; eclisse; galassia; gravità; Giove; Luna; Marte; Mercurio; meteora; Nettuno; pianeta; Plutone; Saturno; solare, energia; Sole; Terra; Universo; Venere; Via Lattea

sito Web, *vedi* Internet

Slovacchia

Questo territorio fu governato per molti secoli dagli ungheresi e nel 1918 la regione ceca e quella slovacca furono unite nella Cecoslovacchia, in cui nel 1948 venne instaurato un governo comunista.

Con la caduta del comunismo nel 1989, la nazione diventò uno stato democratico e ben presto gli slovacchi vollero l'indipendenza.

Nel 1993 il paese fu così diviso in due stati autonomi, la Slovacchia e la Repubblica Ceca.

Dal 2004 la Slovacchia fa parte della UE e della NATO, e dal 2006 è membro non permanente del Consiglio di Sicurezza dell'ONU.

SLOVACCHIA
Forma di governo: repubblica
Capitale: Bratislava
Superficie: 49 035 km²
Popolazione: 5 424 925 ab.
Lingua: slovacco
Moneta: euro

Slovenia

La Slovenia, un tempo parte dell'ex Iugoslavia, dichiarò la propria indipendenza nel 1991. Fino al 1918 era stata governata dall'Austria. È la più occidentalizzata delle ex repubbliche iugoslave e la sua popolazione è per gran parte cattolica.

Lubiana, la capitale, è un importante centro industriale. Nel 2004 è entrata nella UE.

SLOVENIA
Forma di governo: repubblica
Capitale: Lubiana
Superficie: 20 273 km²
Popolazione: 2 042 335 ab.
Lingua: sloveno
Moneta: euro

società

Una società è un'organizzazione creata allo scopo di far guadagnare denaro alle persone che la possiedono attraverso la vendita di beni o di servizi. Le società sono di varie dimensioni, da quelle con un solo *dipendente*, o lavoratore, a quelle che ne hanno migliaia.

Una società deve registrare tutto il denaro e i beni che entrano ed escono nello svolgimento dell'attività: deve, cioè, *tenere la contabilità*, un compito che spetta a un contabile, o *ragioniere*.

Alcune delle prime società furono fondate in Europa nel Medioevo. Acquistavano e vendevano prodotti come lana, legname e prodotti alimentari. Oggi molte società sono di proprietà degli *azionisti*, ossia di persone che hanno acquistato quote di quella società. Le quote, o *azioni*, delle società sono vendute e acquistate nelle cosiddette borse valori.

Socrate

Filosofo greco (469-399 a. C.). Visse quasi sempre ad Atene insegnando ai giovani; accusato di corruzione, fu processato e condannato a morte (eseguì da sé la sentenza bevendo la cicuta). Si occupò di problemi etici, cercando la via per conoscere la "virtù", e di educazione, spingendo i giovani a giungere da sé alla conoscenza (*maieutica*).

Per Socrate la *virtù* è la conoscenza e essere virtuosi significa essere felici.

Nonostante non abbia lasciato nessuno scritto, il suo pensiero influì su tutta la filosofia greca e occidentale.

sogno

Si sogna quando il cervello è attivo durante il sonno. Alcuni sogni sono bellissimi, altri sono ricorrenti e altri ancora sono soltanto un insieme di immagini confuse. Spesso si sogna di cadere, di essere inseguiti o di trovarsi nell'acqua, e quando i sogni diventano veramente spaventosi vengono chiamati *incubi*. Altre volte, al risveglio, è possibile che non ci si ricordi cosa si è sognato.

Le teorie sul significato dei sogni sono molte e diverse. Secondo la psicoanalisi, che se ne occupò molto, interpretare i sogni è una delle vie per accedere all'inconscio.

solare, energia

L'energia solare è prodotta dal Sole e raggiunge la Terra sotto forma di luce e calore, due fattori senza i quali non ci potrebbe essere la vita sul nostro

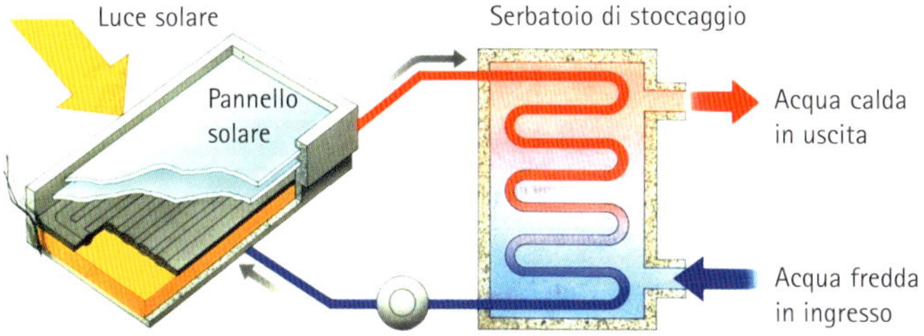

△ I pannelli solari usano l'**energia solare** per riscaldare l'acqua nelle abitazioni e in altri edifici.

pianeta. Soltanto il 15% dell'energia solare che giunge fino a noi è assorbito dalla superficie terrestre, il resto è riflesso nello spazio. L'energia solare può essere "raccolta" da speciali pannelli e specchi e usata per produrre elettricità.

Sole

Il Sole è una stella dei molti milioni di stelle della Via Lattea ed è il centro del sistema solare attorno a cui ruotano i pianeti con le rispettive lune. Il calore e la luce emessi dal Sole rendono possibile la vita di piante e animali sulla Terra.

Il Sole sembra piccolo perché è molto lontano. Una navicella spaziale in grado di compiere un'orbita attorno alla Terra in un'ora, impiegherebbe cinque mesi per raggiungere il Sole. In effetti, il Sole è tanto grande che potrebbe ospitare un milione di pianeti come la Terra e resterebbe ancora un po' di spazio. Un secchio del materiale di cui è composto il Sole peserebbe meno di un secchio di rocce della Terra, ma il Sole intero pesa oltre 750 volte tutti i pianeti messi insieme.

Il Sole è una grande sfera incandescente di gas, al centro della quale un processo chiamato *fusione nucleare* trasforma l'idrogeno in elio.

Questa trasformazione emette enormi quantitativi di energia nucleare che il Sole irradia in tutte le direzioni sotto forma di onde elettromagnetiche: luce e calore, ma anche radioonde, raggi ultravioletti, raggi X e altri tipi di onde.

Il Sole ebbe origine da un'immensa massa di gas e pulviscolo cinque miliardi di anni fa e contiene combustibile a sufficienza per continuare ad ardere per altri cinque miliardi di anni.

▷ La superficie lucente del **Sole** è chiamata *fotosfera*. La porzione più scura dell'illustrazione è un'area più fredda, chiamata *macchia solare*.

sollevamento pesi

Il sollevamento pesi è uno sport compreso nel programma olimpico. In una gara di sollevamento pesi, i concorrenti sollevano pesi enormi da terra portandoli al di sopra del capo con le braccia completamente tese. I *pesisti*, come i pugili, sono divisi in classi a seconda del loro peso. I campioni di sollevamento pesi sono in grado di sollevare oltre 250 kg.

Molti altri sportivi, come i nuotatori e i calciatori, praticano il sollevamento pesi come allenamento per rafforzare i muscoli e migliorare la respirazione.

Somalia

La Somalia è uno stato dell'Africa orientale affacciato sull'oceano Indiano.

È un paese molto povero e gran parte della popolazione è nomade. La scarsa piovosità fa sì che l'agricoltura sia possibile soltanto attorno ai fiumi Uebi Scebeli e Giuba. I prodotti principali sono canna da zucchero, banane, sorgo e incenso. Dopo il regime autoritario del generale Barre (1969-1991) è scoppiata una guerra civile tra fazioni, che ha smembrato il paese in diverse "repubbliche" autonome che il governo non riesce a controllare.

SOMALIA
Forma di governo: repubblica
Capitale: Mogadiscio
Superficie: 637 657 km²
Popolazione: 9 133 100 ab.
Lingua: somalo e arabo
Moneta: scellino somalo

sonar

Sonar è l'acronimo di *Sound Navigation* and *Ranging*, ossia navigazione e misurazione tramite onde sonore. È usato dalle navi per individuare la posizione di qualsiasi cosa si trovi negli abissi: può misurare il fondale o localizzare sottomarini e banchi di pesci.

Il sonar di una nave trasforma segnali elettrici in impulsi sonori che si propagano attraverso l'acqua. Qualunque oggetto sia urtato dagli impulsi sonori invia un'eco di ritorno.

Il sonar trasforma nuovamente gli echi in segnali elettrici e misura l'intervallo di tempo tra l'emissione del suono e il suo ritorno, in base al quale stabilisce la posizione dell'oggetto e la visualizza su uno schermo.

sonno

Il sonno è un periodo di riposo, che si alterna allo stato di veglia, caratterizzato dalla perdita di coscienza. Senza sonno gli uomini e alcuni animali riducono le prestazioni e dopo un po' di tempo si potrebbero verificare fenomeni deliranti o dissociativi con perdita del senso di realtà.

Le fasi del sonno sono quattro, e in ognuna le onde elettriche emesse dal cervello cambiano. Quando si è profondamente addormentati queste onde sono lente e ampie, mentre nella prima fase del sonno sono più veloci: è questo il momento in cui l'uomo sogna, e come lui tutti i mammiferi.

sottomarino

I sottomarini sono imbarcazioni che possono navigare sott'acqua. Un sottomarino galleggia in superficie quando i suoi grandi serbatoi di zavorra sono colmi d'aria, ma se in questi serbatoi viene pompata acqua, il sottomarino scende in immersione. Per ritornare in superficie, è nuovamente immessa nei serbatoi aria compressa, che spinge fuori l'acqua.

I primi mezzi sottomarini erano a propulsione manuale e quindi molto lenti. Attorno al 1870 fu inventato un sottomarino a vapore, ma ogni volta che si immergeva, l'equipaggio doveva smontare il camino e spegnere il fuoco che scaldava l'acqua per produrre il vapore.

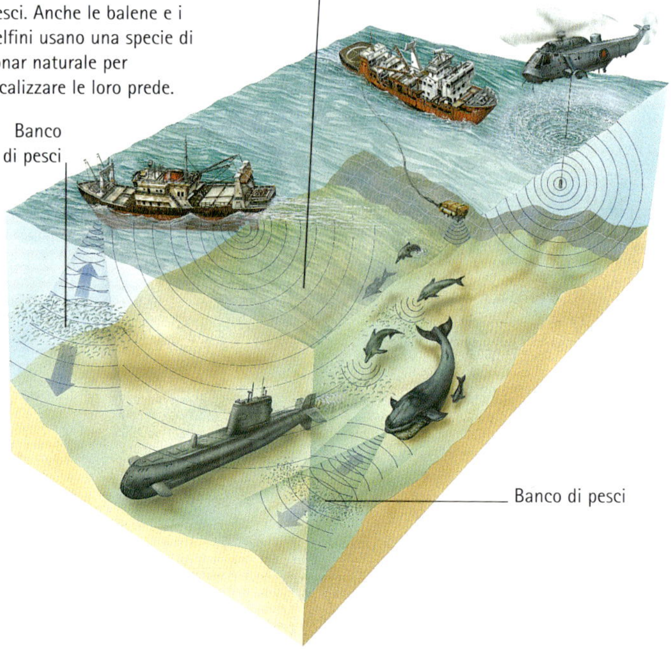

▽ I **sonar** possono essere usati dalle navi per tracciare mappe del fondale marino e per individuare banchi di pesci. Anche le balene e i delfini usano una specie di sonar naturale per localizzare le loro prede.

Nel 1900 l'inventore americano John P. Holland costruì il primo vero sottomarino.

Motori a benzina lo facevano risalire in superficie, ma poiché la benzina ha bisogno di aria per bruciare, quand'era in immersione funzionava con motori alimentati da batterie.

Nel 1955 fu inventato il primo *sottomarino nucleare*, un'imbarcazione in grado di compiere il giro del mondo sott'acqua senza mai risalire in superficie. Nel 1958 il sottomarino nucleare *Nautilus* della marina degli Stati Uniti attraversò per la prima volta il Polo Nord in immersione.

I sottomarini moderni più grandi pesano oltre 20 000 tonnellate e possono ospitare all'incirca 150 membri dell'equipaggio e 16 missili nucleari.

Spagna

La Spagna è uno stato dell'Europa sudoccidentale, situato al di là dei Pirenei.

Gran parte del Paese è occupata da altipiani e montagne, con una bassa pianura lungo la costa. Gli altipiani hanno estati calde e inverni freddi e ricevono pochissima pioggia, mentre la costa è più mite e umida, specialmente al nord.

La popolazione si occupa in gran parte dell'agricoltura coltivando patate, grano, viti, ulivi e alberi da frutto. Vino, olio di oliva e arance sono importanti prodotti d'esportazione. Molti spagnoli che vivono lungo le coste sono pescatori, altri lavorano nel settore turistico. Ogni anno milioni di turisti si recano in Spagna per via delle sue spiagge assolate. Le due principali aree industriali si trovano attorno a Bilbao a nord e a Barcellona nel nordest.

SPAGNA
Forma di governo: monarchia costituzionale
Capitale: Madrid
Superficie: 505 990 km²
Popolazione: 46 593 673 ab.
Lingua: spagnolo
Moneta: euro

sparviero

Gli sparvieri sono uccelli predatori della stessa famiglia dei falchi e delle aquile, dotati di una vista straordinaria per individuare le loro prede, di becchi adunchi e artigli affilati come rasoi per catturare e uccidere le vittime e di lunghe code per cambiare direzione in volo.

Molte specie di sparvieri hanno quasi lo stesso aspetto dei falchi, ma solitamente hanno ali più ampie e con la punta più arrotondata. Le femmine hanno sempre dimensioni superiori ai maschi.

Gli sparvieri sono diffusi in tutto il mondo, tranne che nelle isole del Pacifico. L'*astore* vive nelle regioni del nord dell'America settentrionale, dell'Europa e dell'Asia ed è così forte da poter uccidere prede delle dimensioni di anatre e conigli. Alla famiglia degli sparvieri appartengono anche i condor e i gheppi americani.

specchio

Uno specchio è una lastra di vetro sul cui retro è stato applicato a spruzzo uno strato sottilissimo di argento o alluminio, successivamente ricoperto con una vernice per proteggere da graffi la superficie del metallo.

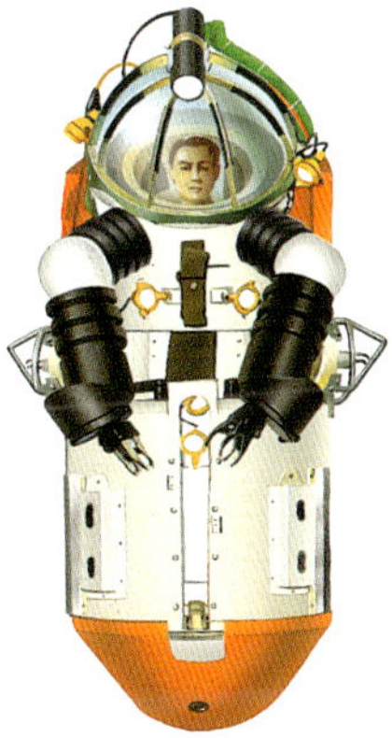

◁ Questo **sottomarino** *monoposto* può sopportare l'effetto di schiacciamento prodotto dalla pressione dell'acqua. Consente ai sommozzatori di lavorare fino a profondità di 300 m.

▽ La forma affusolata consente al **sottomarino** di scivolare nell'acqua incontrando la minima resistenza. Il sottomarino è governato da timoni verticali e la sua profondità è controllata da timoni orizzontali simili ad ali disposti sulla parte anteriore e su quella posteriore.

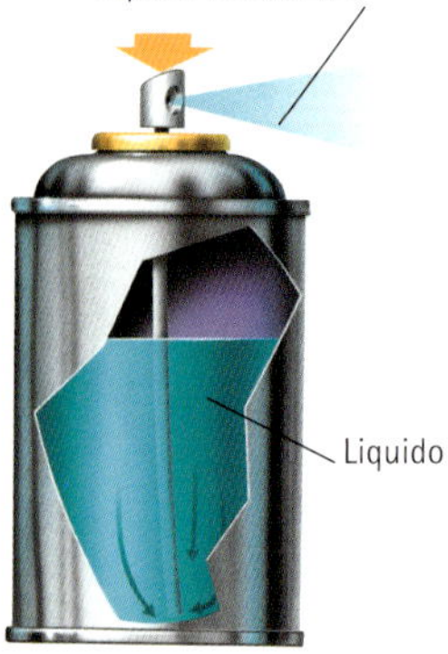

Premendo il pulsante di una bomboletta **spray**, il liquido contenuto è spinto da un gas sotto pressione lungo un tubicino fino a un ugello, da cui esce finemente nebulizzato.

Gli specchi furono costruiti in questo modo per la prima volta nel XVI secolo a Venezia. Prima di quella data gli specchi erano solitamente frammenti di metalli come l'argento o il bronzo, opportunamente lucidati.

La superficie liscia riflette la luce e questo riflesso è l'immagine che vediamo quando ci guardiamo allo specchio, un'immagine che è in realtà capovolta: se solleviamo la mano sinistra, infatti, la nostra immagine solleva la mano alla sua destra.

Uno *specchio piano* ha la superficie piatta. Uno *specchio convesso* è incurvato verso l'esterno, come il retro di un cucchiaio, mentre uno *specchio concavo* curva verso l'interno, come una ciotola di acciaio.

spettro

Da cosa sono originati i colori di un arcobaleno? La risposta si ebbe nel 1666, quando Sir Isaac Newton pose un blocco di vetro a forma di piramide, chiamato *prisma*, davanti a un raggio di Sole: il prisma curvò la luce e la separò nei vari colori dell'arcobaleno. Newton dimostrò che la luce solare è composta da uno spettro di numerosi colori e che appare bianca perché contiene tutti questi colori mescolati insieme.

Lo spettro di luce visibile è soltanto una piccola parte dell'intero spettro elettromagnetico, suddiviso in base alla *lunghezza d'onda* (la distanza tra le onde) e alla *frequenza* (numero di onde al secondo) delle onde. Le onde radio hanno la frequenza più bassa e la lunghezza d'onda più lunga, mentre i raggi gamma hanno la frequenza più elevata e la lunghezza d'onda più breve.

Tra questi due tipi di onde si collocano i raggi ultravioletti, i raggi X e altri raggi.

spezie

Pepe, zenzero, chiodi di garofano, cannella e noce moscata sono spezie comuni. Le spezie hanno un sapore e un odore intensissimi e sono usate per insaporire gli alimenti e le bevande.

Sono parti essiccate di alcune piante, solitamente macinate fino a ottenere una polvere.

La maggior parte delle piante di spezie cresce in località calde come l'Africa, l'India e il Sudest asiatico.

sport, *vedi* pp. 360-361

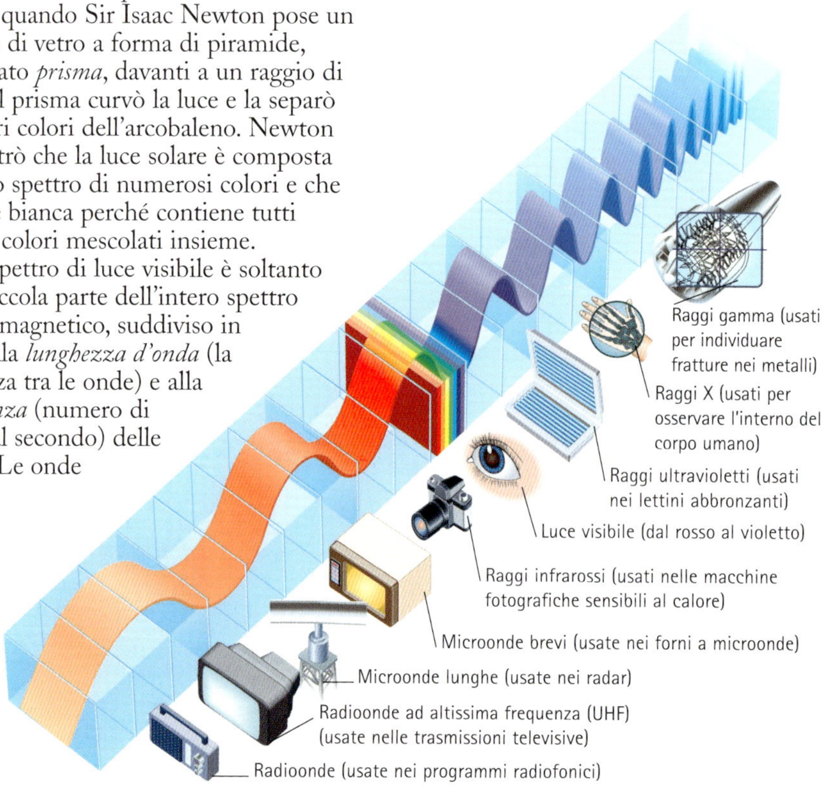

▷ Lo **spettro** *elettromagnetico* comprende un'ampia gamma di onde di energia elettromagnetica. Le uniche onde visibili all'uomo sono le onde luminose, ma onde invisibili sono intorno a noi in qualsiasi momento del giorno. Le varie onde dello spettro elettromagnetico sono usate per scopi diversi e producono effetti diversi.

△ L'alpinismo è uno **sport estremo** molto diffuso. Richiede una combinazione di forza, agilità, buona forma fisica e concentrazione.

sport estremi

Gli sport sono attività o giochi che comportano determinate capacità fisiche e spesso sono praticati in competizione con altri giocatori o squadre. "Sport estremi" è una definizione per una serie di sport che presentano per i partecipanti un elemento aggiunto di rischio o di pericolo. Nonostante il nome, che può spaventare, gli sport estremi sono meno pericolosi se chi li pratica usa l'attrezzatura corretta e adotta le precauzioni di sicurezza adeguate.

Gli sport estremi comprendono, tra gli altri, il *deltaplano*, lo *snowboard* (la discesa su piste innevate in equilibrio su una tavola), il *rafting* (la discesa di fiumi dal corso impetuoso a bordo di zattere gonfiabili) e la *speleologia* (l'esplorazione di caverne sotterranee).

L'*alpinismo* consiste nello scalare pareti usando funi e imbracature. Una volta raggiunta la vetta, gli alpinisti spesso scendono a corda doppia: attaccati a una fune, "camminano" lentamente lungo la parete rocciosa.

Il *paracadutismo* sportivo è uno sport nato attorno agli anni 40 del secolo scorso. Consiste nel lanciarsi da aeroplani ad alta quota lasciandosi cadere e compiendo acrobazie per qualche minuto prima di aprire il paracadute.

spray

Uno spray è un dispositivo che spruzza vernice, cosmetici o *insetticidi* (sostanze chimiche che uccidono gli insetti nocivi). Consiste in una bomboletta che, oltre alla vernice o alla sostanza che deve essere spruzzata, contiene un gas liquido ad alta pressione. Premendo un pulsante sulla parte superiore della bomboletta si apre un minuscolo ugello e il gas spinge all'esterno il contenuto sotto forma di liquido finemente nebulizzato.

Gli spray un tempo contenevano sostanze chimiche nocive chiamate *CFC*, ma la maggior parte dei Paesi del mondo li ha oggi sostituiti con sostanze meno pericolose.

spugna

Le spugne sono animali acquatici molto semplici. Per la maggior parte vivono nelle aree più calde dei mari e degli oceani del globo, ma alcune si trovano anche nei mari più freddi. Altre sono invece animali d'acqua dolce.

Il corpo di una spugna è una massa di sostanza gelatinosa attraversata da minuscoli tubicini che conducono a piccoli fori superficiali. L'acqua, che trasporta ossigeno e frammenti di cibo, entra nei fori e scende lungo i tubicini: è così che l'animale respira e si nutre. I prodotti di scarto sono eliminati attraverso altri tubicini.

Quando una spugna muore, il suo corpo si decompone e resta intatto soltanto il suo scheletro. Alcuni di questi scheletri sono così morbidi che vengono usati come spugne da bagno. La maggior parte di quelle oggi in uso, però, non sono vere spugne, ma sono prodotte con gomma o plastica.

squalo

La famiglia degli squali comprende i pesci più grandi e feroci del mondo. Molti squali hanno la testa

continua a p. 362

▷ Il grande **squalo** bianco può raggiungere la lunghezza di 8 metri. Come la maggior parte degli squali, è in grado di captare i segnali elettrici emessi dalla contrazione dei muscoli degli animali che si trovano nelle vicinanze.

SPORT

Uno sport è un'attività che comporta un'abilità fisica, solitamente esercitata nell'ambito di una gara. Gli sport sono seguiti da milioni di persone nel mondo e fanno ormai parte della grande industria dell'intrattenimento.

△ *Il discobolo ruota su se stesso prima di lanciare il disco.*

△ *I giocatori di hockey su ghiaccio sfrecciano sulla pista ghiacciata spingendo davanti a sé un dischetto di gomma dura che devono lanciare in porta.*

LA GARA

Centinaia di sport diversi sono giocati in tutto il mondo: atleti singoli o squadre si affrontano nella sfida a fornire la loro migliore prestazione fisica. Gli sport offrono divertimento e possibilità di esercizio fisico ad atleti improvvisati o che praticano attività a livello amatoriale, mentre lo sport professionistico è un affare multimiliardario. Le stelle di molti sport, come il cestista Michael Jordan o il calciatore David Beckham sono celebrità mondiali.

Nei tempi antichi le gare sportive erano prove di forza, coraggio e bravura nelle capacità necessarie per cacciare, lottare e fuggire. Gli egizi giocavano antiche forme di pallamano, hockey, scherma, tiro alla fune e corsa di fondo, ossia su lunghe distanze. Il più grande evento sportivo dei tempi antichi furono le Olimpiadi in Grecia. Le Olimpiadi odierne, che coinvolgono decine di sport e migliaia di atleti, sono una versione moderna di questo antico evento.

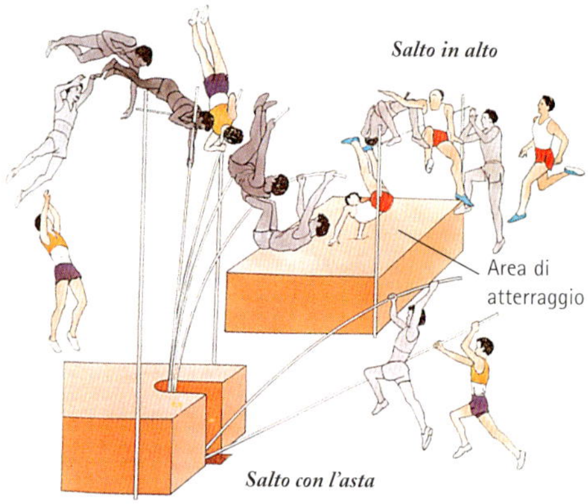

ATLETICA LEGGERA

Gli incontri di atletica leggera si tengono attorno e all'interno di una pista ovale lunga 400 m. Molte specialità risalgono ai tempi antichi, e le gare consistono nel dimostrare chi è il più veloce, il più forte, l'uomo che salta più in alto o più lontano. Il vincitore dei 100 m piani infatti è considerato la persona più veloce del mondo. Le gare su pista comprendono *corse su distanze* di 100 m, 200 m o 400 m, corse a ostacoli e *corse di fondo* e *mezzo fondo.* Le gare non su pista comprendono quattro specialità di lancio, e precisamente *lancio del disco, del giavellotto, getto del peso* e *del martello,* e tre gare di salto: *salto in alto, salto in lungo* e *salto con l'asta.*

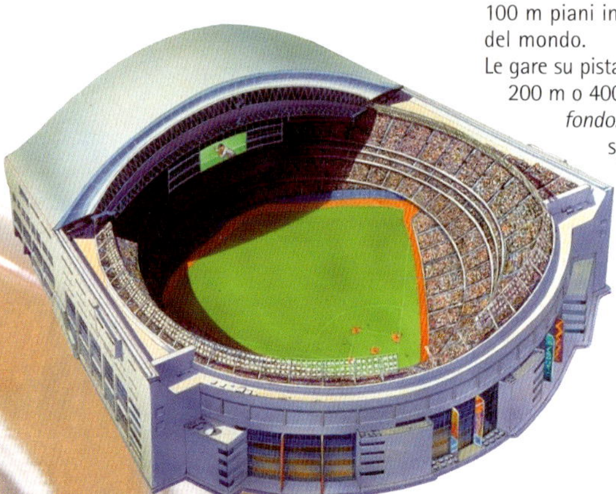

◁ *Il* baseball, *diffusosi negli Stati Uniti dal XIX secolo, è uno degli sport più praticati del mondo. Migliaia di persone assistono agli incontri della World Series, tifando per squadre come i New York Yankees e i Toronto Blue Jays.*

CALCIO

Il calcio è uno sport semplice da capire e da praticare ed è il più diffuso nel mondo. Un incontro è giocato da due squadre di undici giocatori per due tempi di 45 minuti ciascuno. I giocatori possono usare qualsiasi parte del corpo, tranne le mani e le braccia, per colpire la palla e lanciarla nella porta avversaria. Fa eccezione il portiere, che può respingere la palla con le mani per evitare che entri in porta. Il calcio è uno sport regolamentato dalla fine del XIX secolo e già negli anni 30 del secolo scorso più di cento Paesi organizzavano un campionato di calcio nazionale. In ogni paese i migliori calciatori vengono scelti per giocare nella squadra nazionale che prende parte a incontri internazionali come i Campionati Europei e l'evento calcistico più importante di tutti, la *Coppa del Mondo*. La diciannovesima edizione dei Campionati Mondiali di Calcio è stata disputata in Sudafrica ed è stata vinta, l'11 luglio 2010, dalla Spagna.

◁ *Influenzato dalla lotta cinese e da quella coreana, il* sumo *si sviluppò in Giappone tra il 300 e il 200 a.C. Tra molti cerimoniali e rituali, i due avversari devono cercare di spingersi a vicenda fuori da un cerchio disegnato a terra.*

◁ *Il* colpo di testa *è molto importante nel calcio. I giocatori colpiscono la palla con la fronte per deviarla se sono in difesa o dirigerla in porta se sono in attacco.*

▽ *La* pallacanestro *è lo sport indoor più famoso del mondo. Negli USA i migliori giocatori, come Michael Jordan e Magic Johnson, guadagnano somme stratosferiche e sono famosi come eroi nazionali.*

FOOTBALL AMERICANO

Il football americano è uno sport molto duro che deriva dal rugby e dal calcio e in cui è ammesso il contatto fisico. Due squadre si fronteggiano per lanciare una palla di forma ovale oltre la linea di porta degli avversari e segnare un *touchdown*. Ogni squadra è composta da 45 giocatori divisi in tre gruppi, uno per l'attacco quando la squadra ha il possesso della palla, uno per la difesa e un gruppo speciale per calciare la palla nella porta avversaria. I giocatori fanno avanzare la palla sul campo correndo mentre la tengono tra le mani o lanciandola a un compagno di squadra. Negli Stati Uniti le squadre di professionisti si affrontano ogni stagione per arrivare alla finalissima, il *Superbowl*.

VEDI ANCHE
arti marziali; baseball; equitazione; ginnastica; golf; hockey su ghiaccio; maratona; nuoto; olimpiadi; pallacanestro; pattinaggio; ping pong; pugilato; sci; sollevamento pesi; sport estremi; tennis; vela

continua da p. 359

di forma affusolata, il corpo allungato e una pinna dorsale triangolare che a volte spunta dall'acqua. Il loro scheletro non è osseo, ma composto da cartilagine simile a gomma. Gli squali vivono in genere nei mari caldi e variano molto di dimensioni. Il *gattuccio*, uno degli squali più piccoli, è lungo soltanto 60 cm, mentre il pesce più grande dell'oceano, lo *squalo balena*, misura oltre 15 m di lunghezza, più di un autobus.

Lo squalo balena e lo squalo elefante sono innocui per l'uomo e gli altri animali perché si nutrono di plancton, ma molti squali sono animali ferocissimi e con file di denti affilati che spesso usano anche contro l'uomo.

Il grande squalo bianco ingoia le sue prede intere: nel suo stomaco sono stati trovati resti di altri animali, come delfini, foche e altri squali.

Squali pericolosi sono lo *squalo azzurro* o *verdesca*, lo *squalo tigre* e lo *squalo leopardo*, quest'ultimo maculato come il felino omonimo. L'odore del sangue nell'acqua può spingere questi animali ad attaccare qualsiasi cosa si trovi nelle vicinanze, anche altri squali.

Sri Lanka

Lo Sri Lanka è uno stato insulare al largo della punta meridionale dell'India, chiamato *Ceylon* fino al 1972. L'isola si trova vicino all'equatore, per cui il clima è caldo-umido. Gran parte degli alberi e degli arbusti sono stati abbattuti per lasciare spazio alle coltivazioni, ma si trovano ancora molte piante di bambù e palme.

Elefanti, leopardi, scimmie, serpenti e uccelli multicolori vivono nelle aree più selvagge. Le principali coltivazioni dello Sri Lanka sono tè, albero della gomma e noci di cocco.

Vi sono continui disordini tra i singalesi, rappresentati al governo e principalmente buddisti, e le popolazioni *tamil*, per lo più seguaci della religione induista.

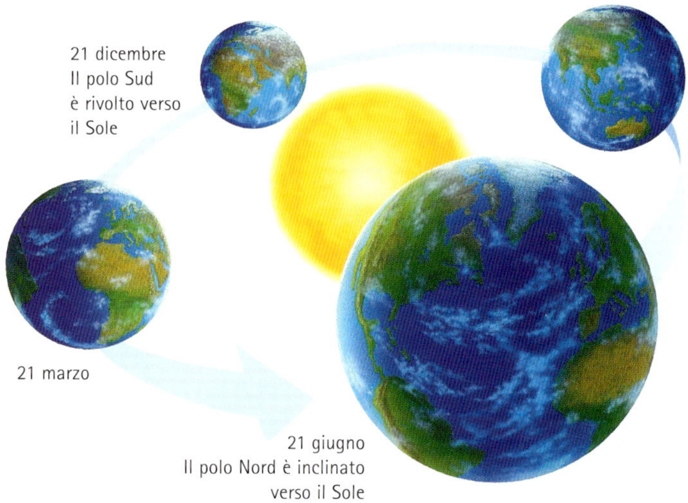

△ Nell'emisfero settentrionale della Terra l'estate inizia ufficialmente il 21 giugno. Le altre **stagioni** iniziano il 23 settembre (autunno), il 21 dicembre (inverno) e il 21 marzo (primavera). Nell'emisfero meridionale, le stagioni sono invertite.

SRI LANKA
Forma di governo: repubblica
Capitale: Sri Jayewardenepura Kotte
Superficie: 65 610 km²
Popolazione: 20 237 700 ab.
Lingua: singalese e tamil
Moneta: rupia di Sri Lanka

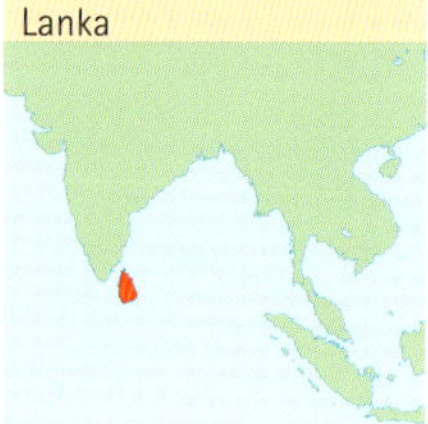

stagioni

L'anno è diviso in quattro stagioni: *primavera*, *estate*, *autunno* e *inverno*, ognuna delle quali è caratterizzata da un determinato tempo atmosferico.

In primavera, per esempio, le giornate diventano più calde, le piante iniziano nuovamente a crescere dopo il freddo dell'inverno e molti animali si riproducono. In autunno le giornate sono più fredde, le foglie cadono dagli alberi e molti uccelli migrano verso località più calde in cui trascorrere l'inverno.

Il fenomeno delle stagioni è dovuto al fatto che la Terra è inclinata sul proprio *asse* (una linea immaginaria che attraversa il centro del pianeta dal Polo Nord al Polo Sud). Mentre la Terra compie la sua orbita, prima un polo, poi l'altro, si trovano rivolti verso il Sole. Quando il Polo Nord è rivolto verso il Sole, è estate nella metà settentrionale del mondo e inverno in quella meridionale. Sei mesi dopo è il Polo Sud a essere rivolto verso il Sole, per cui è estate nell'emisfero meridionale e inverno in quello settentrionale. La primavera e l'autunno, le stagioni intermedie tra estate e inverno, corrispondono alle posizioni della Terra intermedie tra quella estiva e quella invernale.

Ai poli esistono soltanto due stagioni, estate e inverno. D'inverno il Sole non sorge mai e i giorni sono bui, mentre d'estate il Sole splende tutto il giorno e non c'è una vera notte.

In corrispondenza dell'equatore, lontano dai poli, l'inclinazione dell'asse terrestre non produce alcun effetto: in questa parte del mondo non c'è una differenza ben definita tra le stagioni.

stagno

Lo stagno è un metallo morbido di colore biancastro che può essere mescolato al rame per ottenere il bronzo. È uno dei metalli più antichi conosciuti dall'uomo: lo stagno veniva infatti estratto in Mesopotamia (l'attuale Iraq) e in Europa oltre 4000 anni fa, prima che venisse scoperto il ferro. I *fenici*, una popolazione dell'antichità, navigavano dal Mediterraneo al sud dell'Inghilterra per scambiare tessuti e pietre preziose con questo metallo. Oggi le principali miniere di stagno si trovano in Bolivia, nel Sudest asiatico e in Africa occidentale.

Lo stagno non è un metallo comune ed è molto utile. È usato nelle confezioni degli alimenti perché non arrugginisce e come rivestimento brillante e lucente su altri metalli. Le lattine sono fabbricate con lamine di acciaio rivestite di stagno. Mescolato all'antimonio e al rame, lo stagno dà origine al *peltro*, una lega morbida un tempo utilizzata per le stoviglie.

Stalin

Iosif Vissarionovič Džugašvili, detto Stalin. Uomo politico sovietico (1879-1953). Governò l'Unione Sovietica dal 1929 al 1953. Dopo la morte di Lenin, Stalin fece del suo Paese una delle due superpotenze mondiali. Agì da dittatore, facendo uccidere e incarcerare coloro che non lo sostenevano e non erano d'accordo con il suo tipo di comunismo.

△ **Stalin** governò l'Unione Sovietica come un dittatore. Stalin in russo significa "uomo d'acciaio".

stampa

La stampa è una tecnica che consente di ottenere copie di testi e immagini con mezzi meccanici. È usata nella produzione di libri, giornali, riviste e altri articoli come le etichette per i prodotti alimentari e i sacchetti del supermercato. Può anche essere usata

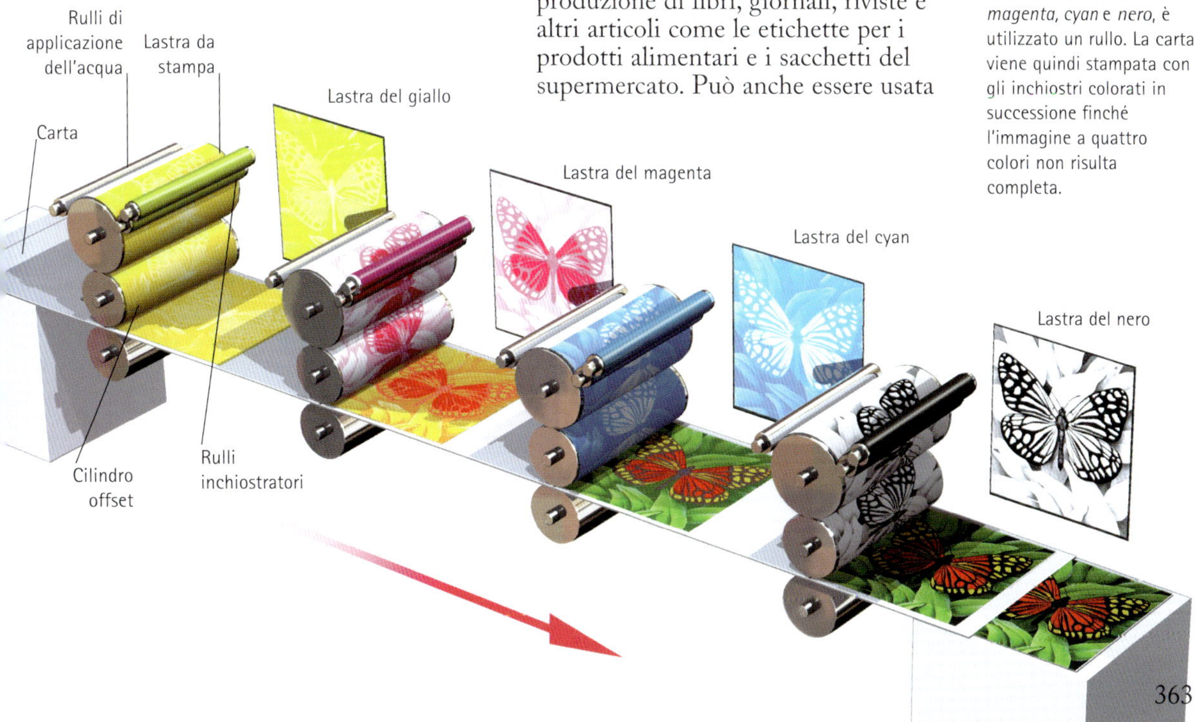

▽ Nella **stampa** *offset*, su rulli ricoperti di tessuto gommato viene riportata l'immagine da stampare, per esempio una farfalla. Per ognuno dei quattro colori base, *giallo*, *magenta*, *cyan* e *nero*, è utilizzato un rullo. La carta viene quindi stampata con gli inchiostri colorati in successione finché l'immagine a quattro colori non risulta completa.

▽ Nel XIX secolo migliaia di europei emigrarono negli **Stati Uniti d'America** con navi di grandi società di spedizioni come la Canard, viaggiando stipati in condizioni di incredibile affollamento.

per riprodurre immagini sui tessuti. I primi sistemi di stampa, che consistevano in blocchi di legno intagliati, si svilupparono in Cina probabilmente già nell'VIII secolo.

Attorno al 1440 il tedesco **Johann Gutenberg** inventò la prima *macchina da stampa a caratteri mobili* che prevedeva l'uso di singole lettere in rilievo che potevano essere riutilizzate più volte. Il processo è chiamato *stampa a rilievo* e consiste nell'applicare inchiostro sulle lettere in rilievo per poi premerle sulla carta. Il metodo oggi più comune di stampa a rilievo è la *stampa tipografica*, ma i sistemi di stampa sono molti. Nella stampa in cavo o nella *fotoincisione*, spesso usate dagli artisti, l'immagine non è in rilievo, ma è incisa. In altri tipi di stampa l'inchiostro, invece, è applicato su una superficie liscia. La *stampa offset*, per esempio, utilizza lastre di stampa ottenute fotograficamente. Le lastre sono trattate con sostanze chimiche in modo che l'inchiostro, a base di grassi, aderisca soltanto alle zone corrispondenti alle immagini da stampare.

Questo metodo, inventato agli inizi del XX secolo, rese possibile la stampa a colori a livello industriale. Oggi la maggior parte delle pubblicazioni è stampata da files generati al computer. Le *stampanti laser* depositano inchiostro in polvere sul foglio di carta con un rullo caricato elettricamente da un laser, le *stampanti a getto d'inchiostro* spruzzano inchiostro sulle pagine, e le *stampanti ad aghi* producono immagini usando minuscoli punti di inchiostro.

Stati Uniti d'America

Gli Stati Uniti d'America sono, per estensione, il quarto Paese del mondo, dopo Russia, Cina e Canada, e il terzo per popolazione, dopo Cina e India. Gli Stati Uniti sono una federazione di 50 stati (48 sul continente nordamericano a cui si aggiungono l'Alaska, più a nord, e le Hawaii nel Pacifico) più il Distretto Federale della Capitale.

Gli Stati Uniti continentali si estendono dal Pacifico all'Atlantico.

Lunghe catene montuose scorrono parallele alla costa del Pacifico. Più all'interno il territorio è occupato da altipiani e valli, tra cui la *Valle della Morte*, l'area più bassa rispetto al livello del mare di tutte le Americhe, e il *Grand Canyon*, un'enorme gola scavata dal fiume Colorado. Più a est svettano le Montagne Rocciose, allungate tra il Canada e il Messico, al di là delle quali si aprono le grandi pianure attraversate dall'imponente Mississippi. Un'altra catena montuosa, quella dei monti Appalachi, si snoda lungo la costa orientale degli Stati Uniti. Gli Stati Uniti sono uno stato

(1) Una *nebulosa* (una nuvola di gas e polveri) è all'origine di una stella.

(2) Il gas e le polveri si addensano. La stella comincia a prendere forma.

(3) Inizia la fusione nucleare: l'idrogeno si trasforma in elio.

(4) La nuova stella emette luce e calore.

(5) La stella gialla rimane stabile per miliardi di anni.

△ Una **stella** nasce da una nuvola di gas e polveri e continua a splendere per miliardi di anni.

molto giovane. Le 13 colonie originarie dichiararono la loro indipendenza dall'Inghilterra nel 1776 e George Washington fu eletto primo presidente nel 1789. Verso la metà del XIX secolo gli Stati Uniti avevano già raggiunto all'incirca le stesse dimensioni di oggi. Gli esploratori avevano annesso nuovi territori alle prime colonie e il Paese si estendeva già fino al Pacifico.

Nel 1865 fu combattuta una guerra civile, la cosiddetta **guerra di secessione**, tra gli stati del Sud, favorevoli alla schiavitù, e quelli del Nord, che credevano nel diritto di ogni uomo di essere libero. Gli stati del nord vinsero la guerra e la schiavitù fu abolita. Tra il 1870 e il 1900 migliaia di europei emigrarono negli Stati Uniti alla ricerca di nuove terre e di una nuova vita.

◁ Gli immigrati che arrivavano negli **Stati Uniti d'America** potevano ammirare nel porto di New York la *Statua della Libertà*, ricevuta in dono dalla Francia nel 1884 per celebrare i 100 anni di indipendenza degli USA.

Nel 1900 la popolazione era già raddoppiata e oggi comprende nativi americani, inuit, polinesiani e discendenti di europei, africani e asiatici. Washington è la capitale, ma è New York la città più grande. Altre metropoli sono Los Angeles, Chicago e San Francisco. Gli Stati Uniti sono una delle nazioni più ricche del mondo: producono più grano, arance, carne, uova e formaggio di qualsiasi altra nazione. Nelle miniere si estrae carbone, rame, piombo e uranio.

Gli Stati Uniti sono il Paese leader nel settore delle automobili e dei prodotti chimici. La California, sulla costa occidentale del Paese, è un grande centro di sviluppo delle nuove tecnologie (computer e software). Il 4 novembre 2008, la competizione per la Casa Bianca degli Stati Uniti si è conclusa con la clamorosa vittoria del senatore democratico Barack Obama, divenuto in tal modo il primo presidente afroamericano nella storia del Paese.

STATI UNITI D'AMERICA
Forma di governo: repubblica federale
Capitale: Washington
Superficie: 9 371 175 km²
Popolazione: 307 006 550 ab.
Lingua: inglese
Moneta: dollaro USA

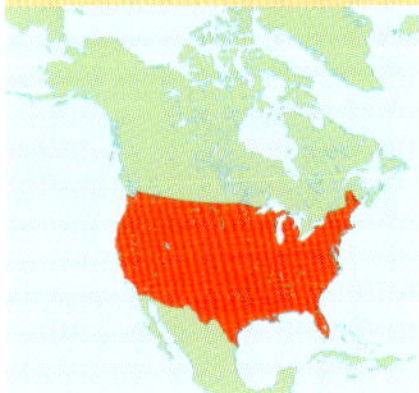

stella

Le stelle che vediamo dalla Terra sono soltanto alcune dei molti miliardi sparsi nello spazio. Sembrano piccole perché sono molto lontane, in realtà sono enormi sfere incandescenti di gas, proprio come il Sole. Le stelle hanno origine da nuvole di gas. La gravità attira le particelle di gas verso il centro della nuvola, dove entrano in collisione le une con le altre e aumentano di temperatura.

Le particelle continuano ad addensarsi fino a dare origine a una stella, la temperatura sale e gli atomi di idrogeno al suo interno si trasformano in atomi di elio in un processo chiamato *fusione*, producendo energia nucleare che fa risplendere la stella.

Quando tutto l'idrogeno al centro di una stella è esaurito, gli strati esterni si dilatano e la stella aumenta notevolmente di dimensioni.

Gli astronomi chiamano queste stelle *giganti rosse*: queste, successivamente, si contraggono in minuscole stelle chiamate stelle *nane bianche* che, con il trascorrere del tempo, scompaiono nell'oscurità dello spazio.

stella marina

Le stelle marine sono animali che vivono sui fondali dei mari, provvisti di cinque bracci che si diramano dal centro del loro corpo come i raggi di una ruota. Le stelle marine non hanno la colonna vertebrale, ma sono munite di uno scheletro di piastre ossee. Si muovono lentamente su minuscoli tentacoli chiamati *pedicelli ambulacrali* disposti sulla faccia inferiore dei bracci.

Una stella marina è capace di aprire una noce di mare afferrando le due valve della conchiglia con i pedicelli e tirando con forza. L'animale fa quindi uscire una parte dello stomaco dalla bocca, situata al centro del corpo, la infila all'interno della conchiglia della noce di mare e digerisce il corpo molle del mollusco.

△ Le **stelle marine** comuni hanno cinque bracci che possono ricrescere se strappati. Non sono dotate né di testa né di cervello, ma possiedono una rete di nervi che si dirama in tutto il corpo. La bocca è sulla faccia inferiore.

Stevenson, Robert Louis

Scrittore scozzese (1850-1894).

È l'autore di romanzi di avventura famosi come *L'isola del tesoro*, racconto entusiasmante della ricerca di un tesoro di pirati, e *La freccia nera*, romanzo storico ambientato nella vecchia Scozia. Stevenson è famoso anche per *Lo strano caso del Dottor Jekyll e del Signor Hyde*.

stomaco

Lo stomaco umano è una sacca muscolare aperta a entrambe le estremità a forma di lettera J un po' tondeggiante.

Ha un ruolo importantissimo nella digestione degli alimenti.

Quando si mangia, il cibo scivola lungo l'esofago fino allo stomaco, dove appositi succhi inumidiscono e iniziano a decomporre gli alimenti e uccidono i germi in essi contenuti. I muscoli dello stomaco rimescolano la

▷ Gli archeologi affermano che alcuni degli enormi massi di pietra che formano **Stonehenge** furono trasportati da un luogo a oltre 400 km di distanza. Gli uomini del tempo devono avere impiegato anni per portare a termine quest'opera.

miscela così ottenuta e infine la spingono nell'intestino tenue, in cui la digestione continua.

Stonehenge

Stonehenge è un enorme tempio preistorico che sorge sulla pianura di Salisbury, nel sud dell'Inghilterra.

La porzione principale è rappresentata da grandi pietre verticali, alte il doppio di un uomo e del peso di circa 30 tonnellate, disposte in un enorme circolo.

Originariamente, altre pietre erano appoggiate orizzontalmente sulla cima delle pietre verticali e formavano un anello, all'interno del quale si ergevano pietre verticali più piccole e un grande masso che potrebbe essere stato un altare. Le enormi pietre furono posizionate 3 500 anni fa, ma alcune parti sono ancora più antiche.

△ La **storia** delle civiltà antiche spesso deve essere ricostruita sulla base dei resti che sono giunti fino a noi. Questa enorme testa di pietra, una delle otto scolpite dagli olmechi del Messico oltre 3 000 anni fa, potrebbe raffigurare un importante governante olmeco.

storia

La storia è la narrazione e lo studio di fatti umani avvenuti nel passato. Gli studiosi di storia sono chiamati *storici* e studiano eventi importanti come guerre e rivoluzioni, governanti e governi, perché sono tutti fattori che influiscono sui destini delle nazioni. Gli storici sono anche interessati alla vita e alle opinioni della gente comune.

Oggi pensiamo alla storia come a una specie di racconto scritto nei libri, ma nei tempi antichi, prima dei libri e della stampa, la storia veniva tramandata per via orale. La gente narrava storie di governanti, guerre e avventure, ma anche della propria famiglia. Le storie popolari dell'antica Grecia furono così raccolte dal poeta Omero e poi narrate nell'*Iliade* e nell'*Odissea*.

Alcune narrazioni antiche come queste erano composte in versi e cantate con l'accompagnamento della musica: in questo modo era più facile per la gente ricordare i racconti correttamente.

Nell'antico Egitto gli studiosi documentavano le imprese del loro faraone ed elencavano le sue vittorie in battaglia in racconti scritti con geroglifici, spesso su tavolette di pietra.

Anche le persone più dotte dell'Impero Romano e dell'antica Cina erano interessate alla documentazione storica e furono le prime a considerare seriamente il compito di scrivere la storia, descrivendo come le loro civiltà divennero potenti.

Nell'Europa del Medioevo molti non sapevano né leggere né scrivere e la stampa non era ancora stata inventata.

Così, erano i sacerdoti e i monaci a custodire i libri scritti a mano e a occuparsi della documentazione e della conservazione dei registri ufficiali. Fu soltanto nel XVIII e XIX secolo che la

▷ Gli eventi che cambiano il corso della **storia** sono definiti *svolte*. Questa fotografia fu scattata in occasione della *Conferenza di Yalta* (1 945), in cui i capi delle forze Alleate si incontrarono per discutere della ricostruzione dell'Europa dopo la Seconda guerra mondiale. Ritrae (da sinistra a destra) Winston Churchill per la Gran Bretagna, il presidente Roosevelt per gli USA e Stalin per la Russia.

storia divenne un'importante materia di studio nelle università europee.

Oggi gli storici ricavano informazioni sia dai libri antichi che dai resti delle civiltà, come oggetti rinvenuti nelle antiche tombe. Lo studio dei resti delle civiltà del passato è chiamato *archeologia*. La storia, però, non ha a che fare soltanto con il passato a noi più lontano. Dopo tutto, la storia è anche il nostro presente: ciò che oggi fa notizia, domani sarà storia.

Gli storici moderni, quindi, si occupano anche della documentazione del presente: parlano con le persone anziane per farsi raccontare la loro vita ma conservano anche registrazioni degli eventi odierni.

La televisione è ormai diventata una fonte importantissima di informazioni per gli storici.

strada

Gli antichi romani furono i primi grandi costruttori di strade, alcune delle quali esistono ancora oggi. Le costruivano con ghiaia e pietre e le rivestivano con lastre di pavimentazione arcuate, in modo da permettere alla pioggia di scivolare e raccogliersi in canaletti laterali.

La costruzione delle strade moderne ebbe inizio durante la Rivoluzione industriale. All'inizio del XIX secolo, l'ingegnere scozzese John McAdam (1756-1836) studiò un tipo di pavimentazione di pietrisco, chiamata *macadam* dal suo stesso nome, che ebbe una grande diffusione, ma successivamente le superfici pietrose di queste strade si rivelarono poco adatte ai veicoli con pneumatici di gomma. Fu così adottato un tipo di macadam all'asfalto o al bitume, in cui il catrame teneva maggiormente unito il pietrisco e rendeva più lisce le superfici stradali. Molte strade, soprattutto le autostrade, sono oggi realizzate in asfalto o cemento.

△ L'immagine classica della **strega**, una vecchia donna bruttissima che fa incantesimi, è viva ancora oggi nella nostra tradizione, soprattutto nelle fiabe per i bambini.

▽ Le **strade** moderne sono ricoperte da uno strato liscio di cemento o asfalto mescolato a pietrisco che viene applicato sopra uno strato base di pietre di 4 cm di diametro e un sottostrato di terreno compresso e livellato.

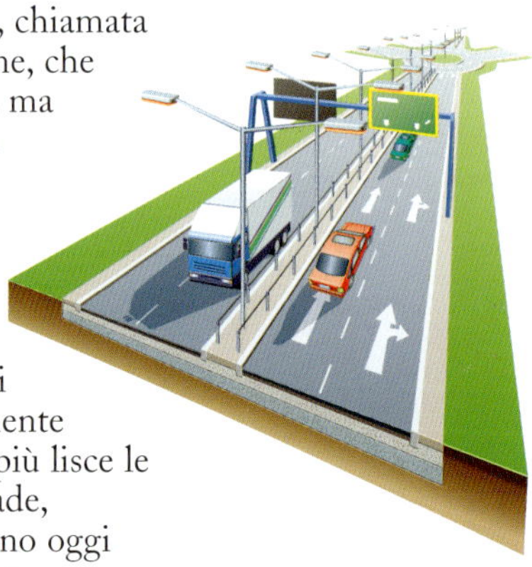

Stradivari, Antonio

Liutaio italiano (ca. 1643-1737). Di famiglia nobile, si dedicò alla liuteria con il maestro Nicola Amati.

Affinò continuamente la sua produzione, che si suole dividere in tre fasi: degli *stradivari amatizzati* (viole, violini, chitarre, violoncelli) in cui si ispirò, perfezionandoli, ai modelli del maestro; della *ricerca di un proprio stile* per ottenere un suono penetrante e potente; del *massimo splendore*: è questo il periodo degli stradivari che hanno avuto celebri possessori. Due dei suoi undici figli, Francesco e Omobono continuarono la tradizione paterna.

strega

Molti un tempo credevano all'esistenza delle streghe, donne che si pensava fossero dotate di poteri magici, adorassero il demonio e facessero incantesimi che "stregavano" le persone, a volte provocando la morte o malattie. Per questo motivo, in passato, molte donne innocenti furono bruciate vive perché si pensava fossero streghe.

Nella fantasia popolare, le streghe volano in cielo di notte a cavallo di scope e si riuniscono in incontri segreti chiamati *sabba*. Oggi sono rimasti in pochi a credere ancora alle streghe, ma esistono persone che sostengono di praticare la magia, anche se solitamente si limitano a offrire cure miracolose a base di erbe e filtri d'amore.

strumento musicale

Nell'orchestra classica esistono quattro tipi principali di strumenti musicali.

Gli *strumenti a fiato* si dividono in legni e ottoni. I *legni* producono le note tramite la vibrazione dell'aria all'interno di un tubo e comprendono clarinetto, oboe, fagotto, flauto traverso, ottavino e flauto dolce.

Negli *ottoni*, come la tromba, il basso tuba e il trombone, la vibrazione delle labbra del suonatore fa vibrare l'aria all'interno degli strumenti.

Gli *strumenti a corda* sono di due tipi: le corde possono essere fatte vibrare da un archetto, come nel violino, nel violoncello e nel contrabbasso, oppure possono essere pizzicate, come nella chitarra e nell'arpa. Negli *strumenti a percussione*, invece, le note sono prodotte percuotendo una pelle tesa o un blocco di legno o di metallo. Gli strumenti a percussione comprendono tamburi, piatti, tamburelli e xilofono.

struzzo

Lo struzzo è il più grande uccello del mondo. Può pesare il doppio di un uomo e superare i 2 m di altezza.

Gli struzzi non volano, e se sono attaccati da un nemico fuggono, anche se con un calcio sarebbero in grado di squarciare un leone. Vivono in Africa in grandi branchi capeggiati da un maschio. Le femmine depongono grosse uova bianche in un nido scavato nella sabbia. Gli struzzi possono vivere più di 50 anni. Oltre a deporre le uova più grandi di qualsiasi altro uccello, detengono il primato del numero di uova deposte: fino a 15 per volta.

△ Lo **struzzo** è l'unico uccello con le zampe dotate di due sole dita. Pur non volando, può raggiungere la velocità di 70 km orari correndo sulle robuste zampe.

Sudan

Il Sudan è il più grande stato dell'Africa ed è caratterizzato da un clima molto caldo. Il deserto occupa la parte settentrionale del Paese, al centro vi sono ampie praterie pianeggianti, mentre il sud è coperto da foreste e grandi paludi.

La maggior parte dei sudanesi vive lungo il Nilo, che attraversa il paese da sud a nord. Per decenni il Sudan è stato teatro di una sanguinosa guerra civile tra nord e sud, ma il 9 gennaio 2005 il governo centrale ha riconosciuto l'autonomia del Sudan meridionale. Nel referendum del gennaio 2011 la popolazione si è espressa a favore della secessione del Sudan meridionale, che diventerà uno stato indipendente. Dal 2003, anche il Darfur lotta per l'indipendenza. Nel luglio 2010 il presidente sudanese Omar Hassan Ahmed el-Bashir è stato incriminato dalla Corte penale internazionale de L'Aia per il reato di genocidio nei confronti delle popolazioni del Darfur.

SUDAN
Forma di governo: repubblica federale
Capitale: Karthoum
Superficie: 2 505 810 km²
Popolazione: 42 272 400 ab.
Lingua: arabo
Moneta: sterlina sudanese

Sudest asiatico

Il Sudest asiatico è una grande area situata a sud della Cina e a est dell'India, composta da molti stati. Uniti al continente asiatico vi sono Myanmar, Thailandia, Malaysia, Singapore, Cambogia, Vietnam e Laos. Più a est e a sud si trovano arcipelaghi di isole divise tra gli stati delle Filippine, dell'Indonesia e del Brunei.

Il territorio è per lo più montuoso con un clima tropicale, caratterizzato da forti precipitazioni nella stagione delle piogge. La maggior parte della popolazione si occupa di agricoltura: riso, tè, mais, gomma e canna da zucchero sono tra le coltivazioni principali. Le risorse minerarie comprendono petrolio, stagno e *bauxite* (minerale da cui si estrae l'alluminio).

Gran parte della popolazione vive in piccoli villaggi, ma le grandi città non mancano: Bangkok in Thailandia,

▷ Danzatrice tipica dell'isola indonesiana di Bali, nel **Sudest asiatico**. Le danzatrici si esibiscono nei villaggi dell'isola: alcune danze sono religiose, altre hanno il solo scopo di intrattenere amici, familiari e turisti.

△ Un jet vola a **velocità supersonica** quando supera la velocità del suono. Mentre si avvicina a questa velocità, l'aria si accumula di fronte all'aereo formando un'onda d'urto. Una seconda onda d'urto si forma in corrispondenza della coda del velivolo. Queste onde d'urto raggiungono il terreno producendo un doppio "bang".

Kuala Lumpur in Malaysia, Ho Chi Minh City in Vietnam, e Singapore nell'isola omonima, uno dei più grandi porti del mondo.

Il Sudest asiatico è densamente popolato da una grande varietà di gruppi etnici che parlano lingue diverse e conducono stili di vita altrettanto diversi.

Suez, canale di

Il canale di Suez attraversa l'Egitto da Porto Said sul Mediterraneo a Suez, sul mar Rosso. È il canale più lungo del mondo che può essere usato dalle grandi navi: misura 169 km di lunghezza ed è largo da 70 a 125 m.

È usato come scorciatoia nelle rotte tra Europa e Asia, perché consente di risparmiare i 9000 km di navigazione necessari per doppiare la punta meridionale dell'Africa.

I lavori per il canale iniziarono nel 1859 per opera di un ingegnere francese, Ferdinand de Lesseps (1805-1894). Più di 8000 uomini e centinaia di cammelli vi lavorarono per dieci anni. La Francia e il Regno Unito gestirono il canale finché non subentrò l'Egitto nel 1956. Il canale rimase bloccato per otto anni dopo la guerra tra Egitto e Israele del 1967 per via di alcune navi affondate.

SURINAME
Forma di governo: repubblica
Capitale: Paramaribo
Superficie: 163 820 km²
Popolazione: 519 700 ab.
Lingua: olandese
Moneta: dollaro di Suriname

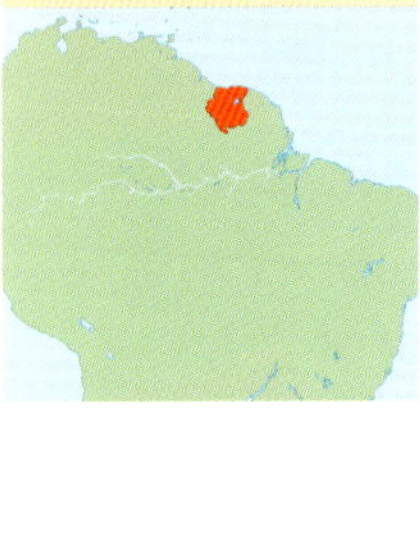

suolo

Il suolo è lo strato superficiale della crosta terrestre, talvolta piuttosto spesso, che ricopre le rocce di cui è composto il pianeta. È costituito da piccoli frammenti di minerali, dai resti decomposti di piante (chiamati *humus*), da funghi, batteri e molti animali minuscoli.

Un suolo fertile è rappresentato da un misto di argilla, limo e sabbia con tanto humus.

Spesso, invece, al suolo più povero vengono aggiunti letame o concimi chimici per apportare le sostanze minerali necessarie.

suono

Il suono è prodotto dalle vibrazioni di alcuni oggetti che si propagano nell'aria come onde sonore: quando queste vibrazioni raggiungono le nostre orecchie, le percepiamo come suoni.

Il suono viaggia alla velocità di circa 334 m al secondo: è quindi piuttosto lento, tanto che possiamo vedere un'esplosione in lontananza prima di sentirne il fragore. La velocità delle vibrazioni differenzia i tipi di suoni che sentiamo.

Se le vibrazioni sono molto veloci, si dicono ad *alta frequenza* e il suono che udiamo è molto acuto. Se sono lente, il suono è definito a *bassa frequenza* ed è grave.

superconduttività

Alcuni materiali consentono il passaggio di elettricità più facilmente di altri materiali. Questi buoni conduttori, come il rame e l'argento, oppongono comunque un minimo di resistenza a una corrente elettrica, che, mentre li attraversa, li riscalda.

Nel 1911 si scoprì che un metallo chiamato *mercurio* perde tutta la sua resistenza elettrica quando viene raffreddato a -273 °C, la temperatura più bassa possibile. Il mercurio diventava così un *superconduttore*, ma era un materiale molto costoso e produrre una tale temperatura era alquanto difficoltoso.

Oggi gli scienziati hanno creato *materiali ceramici* (a base di argilla) che superconducono a temperature più elevate e usano il *ghiaccio secco* (anidride carbonica solida) per raffreddare la ceramica a -78,5 °C.

Ora la sfida consiste nel trovare materiali che abbiano caratteristiche di superconduttori a temperatura ambiente: se mai si raggiungesse questo obiettivo, l'intera industria elettronica subirebbe una rivoluzione.

I computer diventerebbero più piccoli e veloci e macchine come gli scanner usati in medicina sarebbero più economiche da produrre e da gestire.

supersonica, velocità

Supersonico significa più veloce della velocità del suono nell'aria, ossia circa 1255 km orari a livello del mare. Più si sale di quota, più il suono si propaga lentamente.

Quando un aereo vola più lentamente della velocità del suono, l'aria davanti a esso ha il tempo di dividersi ordinatamente e di fluire attorno all'aereo. Con l'avvicinarsi della velocità del suono, invece, l'aria di fronte all'aereo non ha tempo di prepararsi ed è così "perturbata" da formare un'onda d'urto che produce un forte "bang" e può imprimere un brutto sobbalzo al velivolo.

I costruttori di aeroplani cercano di evitare questo tipo di scossoni costruendo velivoli come il *Concorde*, con musi lunghi e a punta e ali corte e molto arretrate. Un aereo supersonico può volare sei volte più veloce del suono.

Suriname

Il Suriname è un piccolo stato situato sulla costa nordorientale dell'America meridionale, abitato da popoli di diverse etnie che coltivano riso, banane, cacao, canna da zucchero e frutta nelle pianure costiere. Il prodotto più importante del Suriname è la bauxite, da cui viene estratto l'alluminio.

Il Suriname divenne un possedimento olandese nel 1667, anno in cui la Gran Bretagna lo cedette all'Olanda in cambio della colonia olandese di Nuova Amsterdam (l'attuale New York). Il Suriname divenne indipendente nel 1975.

SVEZIA
Forma di governo: monarchia costituzionale
Capitale: Stoccolma
Superficie: 450 295 km^2
Popolazione: 9 349 059 ab.
Lingua: svedese
Moneta: corona svedese

Svezia

La Svezia è uno stato nordeuropeo situato tra la Norvegia e il mar Baltico.

A ovest si snodano catene montuose e più della metà del Paese è occupata da vaste foreste le cui conifere producono gran parte del legno dolce utilizzato nel mondo. Molta elettricità della Svezia proviene da fiumi di montagna dal corso impetuoso.

Le fattorie lungo la costa producono latte, carne, cereali e barbabietole da zucchero. Il nord è troppo freddo per consentire l'agricoltura, ma possiede ricche miniere di ferro. Anche la pesca è molto importante per l'economia svedese.

Molti abitanti vivono nel sud del paese. La capitale è Stoccolma.

SVIZZERA
Forma di governo: repubblica federale
Capitale: Berna
Superficie: 41 285 km^2
Popolazione: 7 783 200 ab.
Lingua: tedesco, francese, italiano e reto-romancio
Moneta: franco svizzero

Svizzera

La Svizzera è un piccolo stato federale dell'Europa centrale, composto da 23 Cantoni. È occupato per gran parte dalle cime innevate delle Alpi e da strette vallate e il turismo è la principale industria: molti si recano in montagna per vacanze sugli sci o passeggiate nei boschi.

Le coltivazioni sono concentrate nelle zone più pianeggianti dell'altopiano svizzero: qui sorgono anche molte delle città principali, tra cui Berna, la capitale.

Le fabbriche svizzere sono attive nel settore dei prodotti chimici, dei macchinari e degli orologi. Cioccolato e formaggi sono prodotti con il latte dei bovini che pascolano sulle Alpi.

La Svizzera è tra gli stati più ricchi del mondo e ha scelto di non aderire alla UE.

▽ Le **testuggini** del deserto raggiungono i 35 cm di lunghezza e vivono nei deserti americani. Se riescono a trovare qualche cactus succoso non hanno bisogno di bere.

tabacco

Il tabacco si ricava dalle foglie essiccate di una pianta del genere *Nicotiana*, appartenente alla stessa famiglia delle patate e nativa dell'America centrale e dell'America meridionale, ma coltivata in tutto il mondo dopo che fu importata in Europa nel 1559 dall'esploratore spagnolo Francisco Hernández.

Le foglie del tabacco vengono raccolte, essiccate e arrotolate per produrre sigari o macinate per ottenere tabacco da pipa o da sigaretta. Il tabacco può anche essere masticato o ridotto in polvere come tabacco da fiuto. Tutte queste forme di tabacco sono nocive per la salute dell'uomo perché possono provocare gravi danni, in particolare ai polmoni, al cuore e ai vasi sanguigni.

Taiwan

Taiwan, un tempo chiamato *Formosa*, è uno stato insulare a 140 km dalla costa della Cina. La principale coltivazione è il riso.

La maggior parte della popolazione è costituita da cinesi i cui avi emigrarono nell'isola nel XVIII secolo, altri si sono rifugiati qui dopo che, nel 1949, i comunisti conquistarono il potere in Cina e vi fondarono la Repubblica popolare Cinese. Taiwan occupò il seggio della Cina alle Nazioni Unite fino al 1971, anno in cui subentrò la Cina comunista e Taiwan fu espulsa. La Cina ha sempre reclamato il ritorno dell'isola di Taiwan sotto il suo controllo, ma dal 2001 i rapporti tra i due stati si sono fatti meno tesi e si sta instaurando una maggiore collaborazione.

TAIWAN
Forma di governo: repubblica
Capitale: T'aipei
Superficie: 36 191 km^2
Popolazione: 23 119 772 ab.
Lingua: cinese
Moneta: nuovo dollaro di Taiwan

▷ Le **talpe** hanno una pelliccia molto morbida che si appiattisce in qualsiasi direzione la si strofini: in questo modo non oppone resistenza quando l'animale si infila in cunicoli anche stretti.

talpa

Le talpe sono piccoli mammiferi diffusi in tutto il mondo che vivono per lo più sottoterra scavando lunghe gallerie.

Hanno il muso sottile ed enormi zampe munite di artigli per realizzare velocemente cunicoli nel suolo.

Hanno occhi quasi privi di vista, ma possiedono un eccellente udito e un olfatto particolarmente sviluppato per individuare il cibo dall'odore.

▷ Nel XVII secolo i coloni europei in America coltivavano il **tabacco** e altri raccolti come il grano e il cotone.

Si nutrono di vermi e larve di insetti. Immagazzinano una parte del cibo per nutrirsene in futuro e le loro tane hanno spazi separati per dormire e crescere i piccoli.

tamburo

I tamburi sono importanti *strumenti a percussione* in cui il suono è prodotto colpendo con apposite bacchette una membrana di pelle o di plastica perfettamente tesa su un supporto rigido. Il *timpano* ha una pelle tesa sull'apertura di una specie di grosso catino di metallo. La *grancassa* ha due pelli, ognuna tesa sull'apertura di un grande "bidone" aperto sui due lati.

Tanzania

TANZANIA
Forma di governo: repubblica
Capitale: Dodoma
Superficie: 945 090 km^2
Popolazione: 43 739 100 ab.
Lingua: swahili e inglese
Moneta: scellino della Tanzania

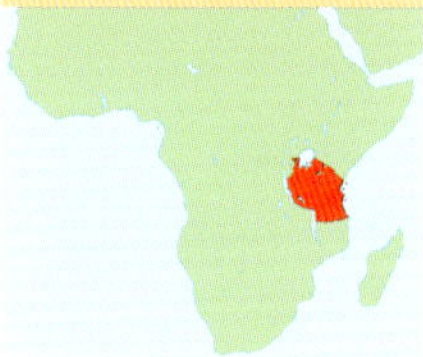

La Tanzania è nata nel 1964 dall'unione del Tanganica (ex colonia tedesca) e di Zanzibar (ex protettorato britannico).

Si affaccia sull'oceano Indiano e comprende nel suo territorio una porzione del più grande lago africano, il lago Vittoria, e la montagna più alta dell'Africa, il Kilimangiaro (5 895 m), pertanto possiede una ricca varietà di fauna e flora e magnifici paesaggi.

I diamanti sono la risorsa più importante del Paese, ma ci sono anche miniere d'oro.

L'ex capitale Dar es Salaam è la città più popolosa del Paese.

tartarughe e testuggini

Le tartarughe e le testuggini sono rettili che vivono sulla Terra da oltre 200 milioni di anni e comprendono specie terrestri, d'acqua dolce e marine.

Grandi popolazioni di tartarughe si trovano negli Stati Uniti sudorientali e nel Sudest asiatico.

Tutte hanno la pelle squamosa e sono dotate di una corazza protettiva che ricopre gran parte del corpo. I gusci delle tartarughe, sia di terra che d'acqua, sono costituiti da placche ossee ricoperte da grandi squame cornee. Invece dei denti, questi rettili hanno un becco corneo.

Le *tartarughe marine* vivono in genere nei mari caldi e si nutrono di piante e animali marini, comprese le meduse. Nuotano per grandi distanze alla ricerca di cibo e molte sono dotate di zampe palmate o simili a pinne che le aiutano nel nuoto. La tartaruga verde può trattenere il respiro sott'acqua per oltre un'ora. Le tartarughe d'acqua tornano sulla terraferma una volta all'anno per deporre le uova, che solitamente seppelliscono nella sabbia o nascondono tra le alghe. Quando i piccoli di tartaruga fuoriescono dall'uovo, scavano finché non emergono in superficie e si dirigono verso il mare: è in questo momento che sono in pericolo, perché esposti a predatori come uccelli e granchi.

Esistono diversi tipi di tartarughe marine. La più grande è la *tartaruga liuto*, che può pesare più di 725 kg e raggiungere una lunghezza di 1,8 m.

La tartaruga verde è oggetto di caccia perché è usata a

Tartaruga palustre o emide orbicolare

△ Le **tartarughe** *d'acqua dolce* vivono in stagni, laghi, fiumi e paludi e si nutrono di diversi animali d'acqua dolce, come le rane e i pesci.

▽ La **tartaruga** *verde* trascorre quasi tutta la sua vita in mare e si nutre di alghe.

fini alimentari e le sue uova sono la base di un piatto della cucina di alcuni paesi asiatici.

La *tartaruga alligatore* è la più grande *tartaruga d'acqua dolce*, con oltre 60 cm di lunghezza e 90 kg di peso. Non è però una grande nuotatrice e solitamente cammina sui letti dei fiumi e dei laghi in cui vive. È diffusa negli stati centrali e orientali degli USA e in alcune aree dell'America centrale.

Le *tartarughe terrestri*, o *testuggini*, si muovono invece molto lentamente: in un minuto non percorrono più di 5 m. Se si spaventano, ritirano il capo all'interno del guscio. Esistono circa 40 specie di testuggini terrestri, diffuse principalmente nelle aree più calde del mondo.

Nelle isole Galapagos, nell'oceano Indiano, vive una specie di testuggine gigante che può raggiungere i 225 kg di peso e 1,8 m di lunghezza. Alcune tartarughe terrestri tra le più grandi possono vivere più di 150 anni.

△ I **tassi** europei e asiatici hanno un curioso muso a strisce. Solitario e notturno, questo simpatico mammifero non esita a difendersi utilizzando i suoi forti artigli quando viene minacciato o disturbato.

tassa

Il governo di uno stato ha bisogno di denaro per svolgere i suoi compiti e fornire servizi, denaro che ricava in gran parte tassando la popolazione. Le *imposte dirette*, ossia quelle sul reddito, sono le tasse che i cittadini di uno stato pagano direttamente al governo. L'ammontare delle tasse che ognuno paga dipende da diversi fattori. In genere, più il reddito è elevato, più lo sono anche le tasse, ma vi sono agevolazioni, per esempio, per chi ha figli. Le *imposte indirette* sono quelle applicate su alcune merci acquistate nei negozi o in altri punti vendita e si tratta per lo più di *IVA* (Imposta sul Valore Aggiunto). Alcuni stati applicano tasse su beni di lusso come alcolici e sigarette, che diventano così molto costosi.

Le tasse pagate dai cittadini di uno stato servono per finanziare i servizi essenziali e renderli disponibili a tutti, come i servizi di emergenza (ambulanze, polizia e vigili del fuoco), scuole, ospedali, costruzione di strade e difesa (esercito, marina e aviazione). Le modalità di spesa del denaro raccolto con le tasse variano da stato a stato.

△ Questa bizzarra figura illustra le aree del nostro corpo più sensibili al **tatto**. Le parti del corpo ingrandite (bocca, piedi e mani) sono le più sensibili.

tasso

I tassi sono mammiferi della stessa famiglia dei furetti, delle donnole e delle lontre, ma hanno il corpo più tozzo, lunghi artigli smussati per scavare e robuste mandibole. Esistono diversi tipi di tasso, come il tasso europeo, il tasso americano e la mellivora africana.

Raramente si può scorgere un tasso durante il giorno perché è un *animale notturno* ed esce dalla sua tana sotterranea alla ricerca di cibo soltanto dopo il tramonto. I tassi mangiano quasi ogni cosa, da radici e frutti a vermi, topi e altri piccoli animali.

Tasso, Torquato

Poeta italiano (1544-1595). Orfano di madre, seguì il padre, anch'egli poeta, di corte in corte. Ossessionato da scrupoli religiosi e da manie di persecuzione, fu rinchiuso per sette anni in ospedale a Ferrara, quindi si stabilì a Roma, dove morì nel Convento di S. Onofrio. Il suo capolavoro è la *Gerusalemme Liberata*, che riassume la crisi dei valori rinascimentali in cui affiorano preoccupazioni morali e religiose che conducono al dissidio tra moralismo e tendenza a libertà e piacere e rispecchia l'età della Controriforma.

Tra le altre opere ricordiamo le *Rime* e *Rinaldo*.

tatto

Sulla pelle sono distribuite cellule nervose particolari, chiamate *recettori*, che rispondono ai cinque principali tipi di sensazioni tattili: *tocco leggero, pressione, dolore, caldo e freddo.*

I *recettori* trasmettono le sensazioni al cervello attraverso i nervi.

I recettori del dolore sono presenti in maggiore quantità, quelli del freddo sono i meno numerosi. Alcune parti del corpo, come la lingua e la punta delle dita, hanno più recettori di altre.

Esistono recettori anche all'interno del corpo umano: solitamente non ci accorgiamo che funzionano, tranne quando producono sensazioni come fame o stanchezza.

tè

Il tè è una bevanda rinfrescante preparata versando acqua bollente sulle foglie essiccate e tritate della pianta del tè.

I cinesi furono i primi a coltivare il tè, che fu importato in Europa dai commercianti olandesi attorno al 1660.

Oggi la maggior parte del tè è coltivata in India settentrionale, in Cina e in alcune aree dello Sri Lanka.

Una pianta del tè adulta può raggiungere i 10 m di altezza, ma nelle coltivazioni viene mantenuta piccola e cespugliosa con regolari potature, in modo che tutta la sua energia venga indirizzata nella crescita di nuove foglie da usare nella produzione dell'infuso.

△ In Giappone esiste un'antica cerimonia del **tè** chiamata *chanoyu*. Il tè viene preparato lentamente e sorseggiato con tanta cura che a volte si impiega un pomeriggio intero per berne una tazza.

▽ Il Metropolitan Opera House, chiamato *Met* è un **teatro** di New York dove vengono messi in scena balletti e opere liriche. Ogni volta che si allestisce uno spettacolo vengono impiegate circa 1000 persone.

teatro

Il teatro è il luogo in cui gli attori si esibiscono in spettacoli davanti al pubblico. Un teatro può essere un semplice appezzamento di terreno oppure un grande edificio.

I primi teatri furono costruiti dai greci all'aperto: scavavano conche a semicerchio nei fianchi delle colline e vi disponevano file di sedili di pietra affacciati su un palcoscenico rotondo disposto in basso, in piano.

I romani copiarono lo schema greco, ma costruirono la maggior parte dei loro teatri su terreni pianeggianti, con le file di sedili sorrette da un muro.

Prima del XVI secolo, in Europa le compagnie di attori girovaghi usavano carri come palcoscenici.

Successivamente, iniziarono a esibirsi nelle case e nei cortili dei più ricchi.

I primi edifici adibiti a teatro furono costruiti in legno. Il palcoscenico sporgeva in una specie di grande cortile e tutto intorno si succedevano gallerie sovrapposte di posti a sedere. C'erano anche sedili sul palcoscenico, ma soltanto per i ricchi. Questo tipo di teatro era privo di tetto e quando pioveva, gli spettatori della platea, ossia le persone in piedi attorno al bordo del palcoscenico, si bagnavano.

Le opere di Shakespeare erano rappresentate in teatri come questo. Nel XIX secolo divennero popolari i teatri di varietà che mettevano in scena

spettacoli con attori, cantanti e comici, e sempre in questo periodo acquistarono sempre più popolarità anche spettacoli più sfarzosi, come le opere liriche e i balletti. Verso la fine del XIX secolo l'illuminazione elettrica, palcoscenici girevoli ed effetti speciali con acqua e fumo venivano utilizzati per aggiungere divertimento allo spettacolo.

Oggi esistono teatri di vario tipo, dagli enormi teatri professionali che offrono i più moderni effetti elettronici, impianti di illuminazione e di amplificazione del suono, ai piccoli saloni e teatri scolastici dove vanno in scena produzioni molto semplici. Le moderne produzioni teatrali offrono una gamma molto varia di spettacoli, tra cui opere liriche, balletti, commedie e drammi storici e contemporanei.

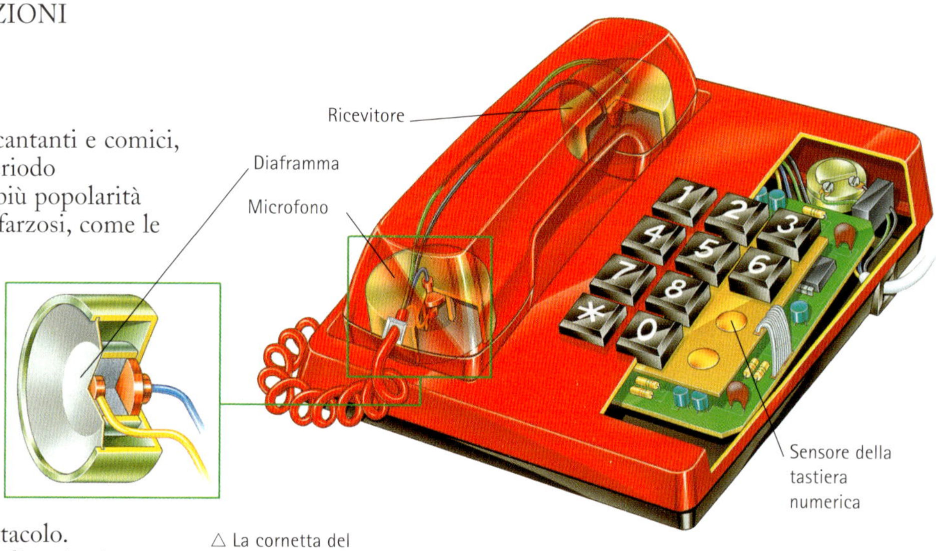

△ La cornetta del **telefono** è dotata di un microfono in cui si parla e di un ricevitore da tenere all'orecchio per poter sentire.

telecomunicazioni

La parola greca "*tele*" significa "lontano, a distanza": per telecomunicazioni, quindi, si intendono le comunicazioni a distanza effettuate via radio, telegrafo, telefono e televisione. Gran parte delle moderne telecomunicazioni utilizza l'elettronica.

Le telecomunicazioni sono molto veloci perché i segnali dei suoni e delle immagini viaggiano come correnti elettriche lungo fili, come onde radio attraverso l'aria e lo spazio o come onde luminose lungo fibre di vetro. Le onde radio e le onde luminose viaggiano a 300 000 km al secondo, i segnali elettrici quasi alla stessa velocità. Le reti di cavi, telefoniche e radiofoniche usano satelliti per le telecomunicazioni posti in orbita nello spazio attorno alla Terra.

La rapida crescita di Internet ha rivoluzionato l'industria delle telecomunicazioni. Un messaggio di posta elettronica (*e-mail*) inviato da una nazione all'altra può viaggiare lungo percorsi diversi. Per esempio, una e-mail inviata con il computer viaggia su cavi a fibre ottiche, poi viene trasmessa attraverso microonde a un satellite, per arrivare infine al destinatario nuovamente via cavo. Anche gli apparecchi telefax hanno un ruolo importante nelle comunicazioni di oggi. Il fax è munito di telefono: uno

▽ Nelle nostre case usiamo numerosi sistemi di **telecomunicazione**. I computer usano le reti telefoniche per inviare e ricevere posta elettronica (*e-mail*) e per collegarsi a Internet. Nella maggior parte delle abitazioni, poi, si trova un apparecchio radio, un televisore e un telefono.

scanner all'interno dell'apparecchio legge la pagina da inviare e la trasforma in segnali elettrici trasmissibili via linea telefonica. L'apparecchio all'estremità ricevente traduce i segnali e stampa una copia del messaggio inviato.

telefono

Il telefono consente di parlare con persone lontane. Quando si solleva il ricevitore di un cosiddetto *telefono fisso*, si attiva una debole corrente elettrica che mette in funzione un microfono nella cornetta. Le onde sonore della voce colpiscono un disco metallico all'interno del microfono, chiamato *diaframma*, e lo fanno vibrare.
Le vibrazioni viaggiano lungo un cavo sotto forma di onde elettriche. Quando raggiungono il telefono della persona chiamata, colpiscono un altro diaframma nel ricevitore che trasforma le vibrazioni nuovamente in onde sonore udite come la voce del suo interlocutore. Il primo telefono elettrico, inventato da Antonio Meucci nel 1871 e perfezionato da Alexander Bell (1847-1922), sulle distanze più lunghe produceva soltanto un suono debole. Oggi le reti telefoniche usano un sistema mondiale di cavi e satelliti per comunicazioni. Sono sempre più diffusi i *cordless* (telefoni senza fili) e i *cellulari* (telefoni portatili individuali). Questi ultimi utilizzano onde radio che consentono di comunicare con quasi tutte le località del mondo. Nuove tecnologie hanno portato all'utilizzo del cellulare anche per videotelefonate, registrazione e visualizzazione di videofilmati e visione di TV e programmi dedicati; inoltre i nuovi apparecchi possono essere dotati di schermo a colori, connessione a internet, fotocamera digitale e lettore MP3 e MP4.

Telefono azzurro

È un'associazione di volontari fondata a Bologna nel 1987 da E. Caffo il cui scopo è quello di raccogliere segnalazioni di casi di violenza e maltrattamenti di minori al di sotto dei 14 anni, predisponendo interventi legali e assistenziali.

telescopio, *vedi* cannocchiali e telescopi

televisione

▷ La trasmissione di immagini (**televisione**) si avvale di un apparecchio ricevente, il *televisore*. Il componente principale del più comune **televisore** è il *tubo catodico*. L'estremità allargata è lo schermo, mentre l'estremità più sottile contiene tre cannoni elettronici che inviano fasci di elettroni sulle strisce di fosforo dello schermo. Quando un elettrone colpisce lo schermo, accende un piccolo punto: questi minuscoli lampi di colore compongono l'immagine. Sullo schermo di un televisore a colori le immagini sono quindi il risultato della combinazione di tre colori fondamentali: rosso, blu e verde, ognuno dei quali è fornito da uno dei cannoni.
Sono però sempre più diffusi i televisori che utilizzano invece uno schermo con tecnologia a cristalli liquidi, o LCD, oppure al plasma.

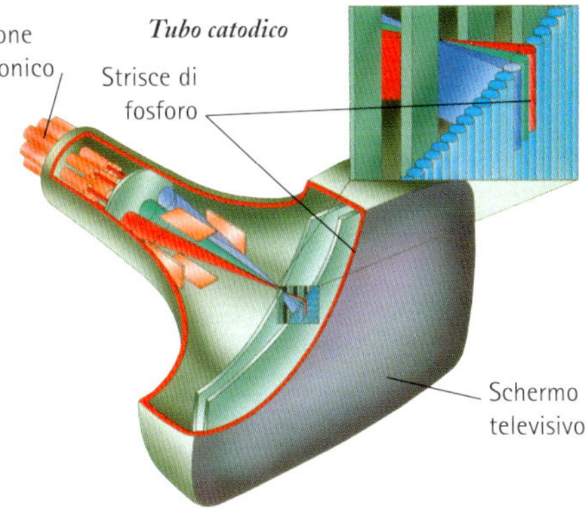

La televisione è un sistema di comunicazione che trasmette a distanza immagini in movimento e suoni.
Lo scienziato John Logie Baird (1888-1946) riuscì a trasmettere le prime immagini nel 1926, ma il primo vero servizio pubblico di teletrasmissioni si ebbe nel Regno Unito nel 1936.
Inizialmente le trasmissioni televisive erano in bianco e nero; la televisione a colori fu introdotta negli Stati Uniti nel 1956. In Italia le trasmissioni televisive iniziarono invece il 3 gennaio 1954. La televisione funziona trasformando le onde luminose in segnali elettrici. Questo processo avviene all'interno di una telecamera: un'immagine di ciò che sta

△ Molti animali a sangue freddo, come le lucertole, possono sopravvivere anche se la loro **temperatura** corporea scende quasi fino al punto di congelamento. La temperatura corporea di una lucertola nel deserto è altissima durante il caldo cocente del giorno e molto bassa nella notte gelida.

▽ Il mondo è diviso in 24 zone di fuso orario diverso a partire dal *meridiano di riferimento di Greenwich*, nel Regno Unito. Ogni zona a ovest del meridiano di riferimento è un'ora, periodo di **tempo** di 60 minuti, indietro rispetto a quella che la precede. Ogni zona a est è *un'ora* avanti rispetto alla precedente.

avvenendo di fronte all'obiettivo si forma su uno schermo diviso in piccolissime parti posto dietro alla lente. Dietro allo schermo è posizionato invece un cannone elettronico che emette un fascio di elettroni sullo schermo, spostandosi da sinistra a destra per coprire tutte le parti dello schermo in cui è divisa l'immagine. Ognuna di queste parti è così trasformata in un segnale elettrico che viene amplificato e inviato a un trasmettitore.

Tutti i segnali sono trasmessi sotto forma di onde radio, diffuse attraverso un satellite o inviate lungo reti di cavi.

Le onde sono quindi ritrasformate in segnali elettrici, inviati direttamente ai televisori nelle abitazioni, che ricostruiscono l'immagine. I programmi televisivi in diretta mostrano quello che accade nel momento stesso in cui accade, ma la maggior parte dei programmi è registrata su pellicole o nastri magnetici e mandata in onda in un momento successivo. Recentemente la qualità del suono e delle immagini della televisione è migliorata enormemente con l'introduzione della tecnologia digitale che produce immagini più chiare e definite. Il passaggio alla televisione digitale necessita di un apparecchio, il *decoder*, per decodificare il segnale ricevuto. Lo spegnimento del vecchio segnale analogico è previsto per il 12 dicembre 2012.

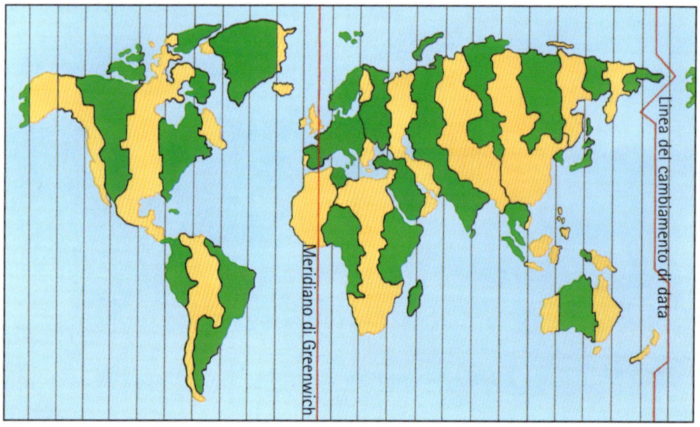

temperatura

La temperatura è la misura del calore, generalmente effettuata su una scala riportata su un termometro. In quasi tutto il mondo è usata la *scala Celsius* o centigrada, tranne che negli Stati Uniti, dove è in uso la *scala Fahrenheit*.

Alcuni mammiferi, esseri umani compresi, sono a *sangue caldo*, ossia la loro temperatura rimane più o meno stabile. La temperatura corporea normale di una persona sana è di 37 °C e può salire fino a 41 °C in caso di malattie. Animali come i serpenti e le rane sono invece *a sangue freddo*, ossia la loro temperatura corporea aumenta o diminuisce con la temperatura dell'ambiente in cui si trovano.

tempo

Sebbene non sia mai stato in grado di spiegare cosa sia realmente il tempo, l'uomo ha inventato molti modi per misurarlo. Inizialmente il tempo fu diviso in anni e mesi sulla base di eventi naturali che si verificavano con una certa regolarità, come le stagioni o le dimensioni e la forma della Luna.

La posizione del Sole nel cielo, invece, indicava all'uomo dell'antichità l'ora del giorno. Il primo vero orologio fu la *meridiana*, probabilmente inventata dagli egizi. Un'asta verticale posta al centro della meridiana proiettava un'ombra su una scala divisa in ore disegnata attorno a essa, si trattava però di un'ombra che si muoveva con il muoversi del Sole nel cielo, e quindi assolutamente non utilizzabile di notte. Furono così inventati altri modi di seguire lo scorrere del tempo senza l'aiuto del Sole, come per esempio la *clessidra*, costituita da due bulbi di vetro uniti insieme contenenti sabbia.

Una determinata quantità di sabbia, da uno dei bulbi, impiegava un'ora esatta a scendere nell'altro bulbo attraverso un forellino. Gli orologi meccanici azionati da pesi furono inventati soltanto nel XIII secolo, quelli azionati da molle nel XVI secolo e all'inizio del XVII secolo fu applicato il principio del pendolo agli orologi per renderli più precisi.

Gli orologi moderni sono esattissimi e funzionano elettronicamente.

Gli scienziati hanno bisogno di misurare il tempo con molta precisione e usano *orologi atomici*, precisi al decimilionesimo di secondo.

Noi pensiamo al tempo come a qualcosa che rimane costante in tutte le situazioni, ma non è veramente così.

Albert Einstein dimostrò che la rapidità con cui scorre il tempo varia in base alla velocità a cui viaggiamo.

Così, su un jet supersonico gli orologi si muovono leggermente più lentamente che non sulla Terra.

La differenza, però, potrebbe essere evidente soltanto a bordo di una navicella spaziale che viaggiasse a una velocità molto prossima a quella della luce.

A causa della rotazione della Terra, il Sole sorge negli Stati Uniti orientali, per esempio, tre ore prima che sulla costa occidentale. Per questa ragione, il mondo è stato diviso in 24 zone chiamate *fusi orari*. La data del giorno cambia in corrispondenza della linea del cambiamento di data.

tempo atmosferico,

vedi pp. 380-381

temporale

I temporali sono provocati dall'elettricità presente nell'aria.

All'interno delle grandi nuvole di pioggia si accumulano cariche elettriche diverse. Quando il campo elettrico di queste aree è sufficientemente intenso, si verifica una scarica elettrica tra le due parti della nuvola, il *fulmine*. A volte il fulmine si dirige dalla nuvola verso il suolo e

vediamo il suo bagliore sotto forma di *lampo*. I lampi riscaldano l'aria, che si espande così velocemente da esplodere, producendo il caratteristico fragore che chiamiamo *tuono*.

Poiché il suono si propaga più lentamente della luce, il tuono si ode sempre dopo aver visto il fulmine.

Il tuono impiega circa tre secondi per compiere 1 km di distanza. Per scoprire a quanti chilometri di distanza si trova il temporale, è sufficiente contare i secondi che trascorrono da quando si vede un fulmine a quando si sente il rispettivo tuono e dividere il numero per tre.

I fulmini

Durante i **temporali** vediamo i fulmini e i lampi, a cui normalmente seguono fragorosi tuoni. Per il tempo brevissimo in cui dura, mediamente un milionesimo di secondo, il fulmine crea un potenziale elettrico superiore a quello di tutte le centrali europee! Tuttavia, questa enorme energia, che sarebbe davvero interessante poter sfruttare, dura così poco che terrebbe una lampadina accesa soltanto per un mese...

tennis

Il tennis è uno sport per due o quattro giocatori praticato su un campo speciale diviso in due da una rete alta 91,5 cm. Se l'incontro è disputato da

continua a p. 382

TEMPO ATMOSFERICO

Nella maggior parte delle regioni della Terra le condizioni meteorologiche, come pioggia, vento e Sole, cambiano costantemente perché l'aria dello strato più basso dell'atmosfera è in continuo movimento.

△ *L'arcobaleno compare quando il Sole fa capolino tra le nuvole mentre sta ancora piovendo. I colori non cambiano mai: rosso in alto, quindi arancione, giallo, verde, blu, indaco e violetto.*

LA TROPOSFERA

Gli 11 km di atmosfera più vicini alla Terra, quella che noi chiamiamo *troposfera*, presentano tutte le condizioni meteorologiche che si possano riscontrare. Il Sole riscalda aree diverse della troposfera in modo diverso. Per esempio, l'aria al di sopra degli oceani si riscalda e si raffredda più lentamente dell'aria al di sopra della terraferma, mentre l'aria all'equatore si riscalda più intensamente che ai poli. Queste differenze di temperatura determinano le condizioni meteorologiche del pianeta.

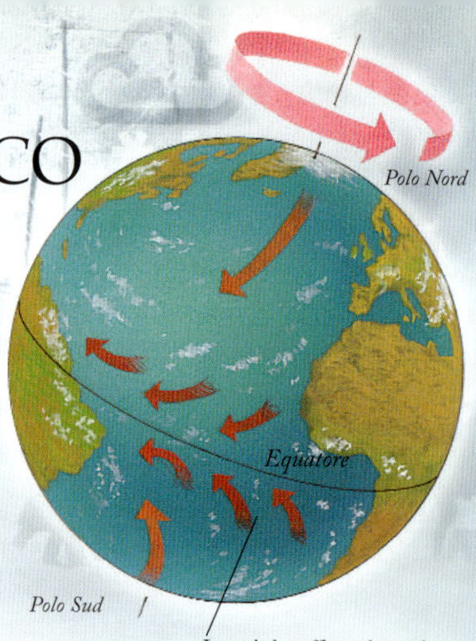

I venti che soffiano da est si chiamano alisei.

△ *La Terra ruota sul proprio asse come una trottola. Di conseguenza, l'aria che si sposta da un punto all'altro del pianeta risulta avere un andamento curvo: è il cosiddetto* effetto di Coriolis. *L'aria che si sposta dai poli verso l'equatore risulta deviata verso ovest.*

MASSE D'ARIA E FRONTI

Il confine tra due masse d'aria a temperatura diversa è chiamato fronte. La maggior parte dei cambiamenti del tempo si verificano in corrispondenza di fronti. Un *fronte freddo* si forma quando l'aria fredda si sposta verso una massa di aria calda e spinge rapidamente quest'ultima verso l'alto: in questo caso spesso si verificano temporali. Un *fronte caldo* si crea quando l'aria calda raggiunge una massa di aria fredda e sale lentamente al di sopra dell'aria fredda: questo provoca nuvole e lunghi periodi di pioggia. Un *fronte occluso* è dovuto invece all'incontro tra masse di aria calda e fredda che si mescolano insieme: quando questo accade, il fronte si indebolisce e scompare.

NUVOLE

Le nuvole sono formate da aria che sale verso l'alto e si raffredda. Quando l'aria si raffredda, il vapore acqueo in essa contenuto inizia a condensarsi, ossia si trasforma in liquido. Se la temperatura è sufficientemente bassa, le goccioline d'acqua congelano e formano cristalli di ghiaccio: le nuvole sono composte da questi cristalli e goccioline.

▽ *Quando l'aria sale e si raffredda in condizioni diverse dà luogo a diversi tipi di nuvole.*

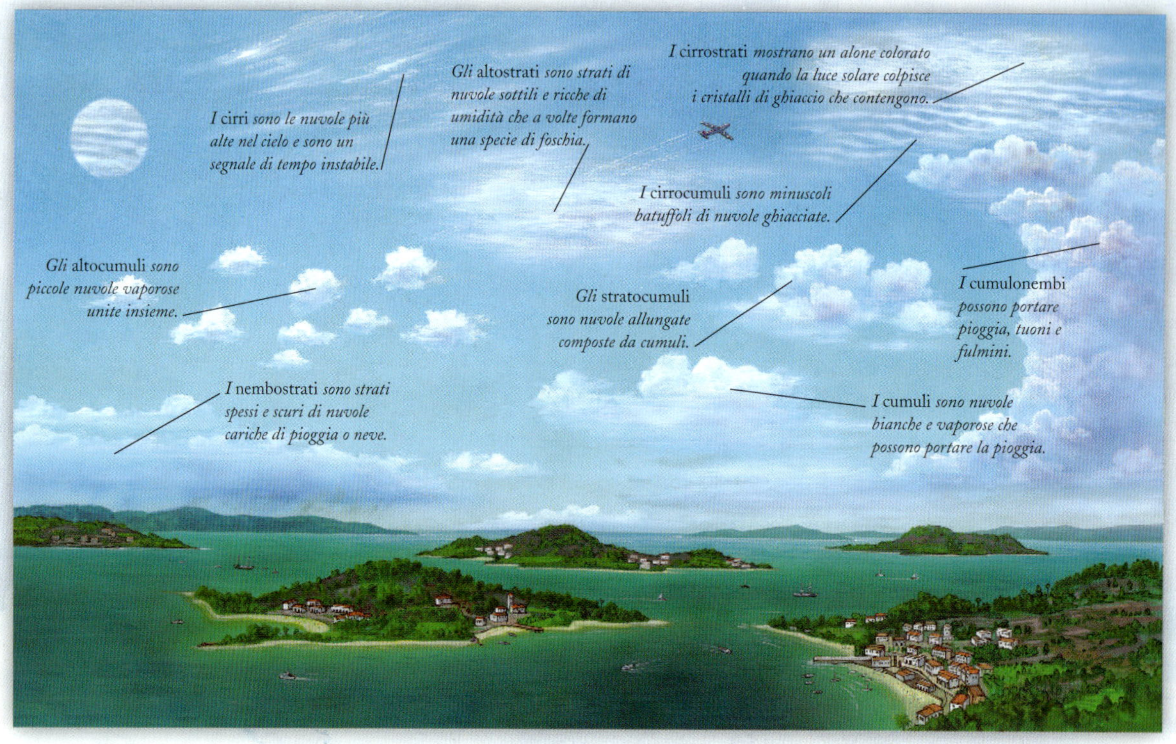

△ *I meteorologi usano dati provenienti dalle stazioni meteorologiche, da aerostati ad alta quota, aeroplani e satelliti per seguire i movimenti di fronti e aree di alta e bassa pressione. Questo consente loro di produrre previsioni del tempo abbastanza accurate con un massimo di sette giorni di anticipo.*

PRECIPITAZIONI

L'acqua che cade dalle nuvole sotto forma di pioggia, neve, nevischio o grandine è definita genericamente precipitazione. Ai tropici le correnti d'aria fanno sì che le minuscole goccioline d'acqua di cui sono composte le nuvole urtino le une contro le altre, fondendosi in gocce più grandi e pesanti che cadono sul terreno sotto forma di *pioggia*. Lontano dai tropici la pioggia ha origine invece da cristalli di ghiaccio presenti in nuvole molto fredde. Man mano che le minuscole goccioline d'acqua gelano su di essi, i cristalli diventano sempre più grandi, fino a formare *fiocchi di neve* che iniziano a cadere. Se la temperatura a livello del suolo è inferiore a 0°, i cristalli di ghiaccio raggiungono il terreno sotto forma di *neve*. Se la temperatura è di qualche grado superiore allo zero, i cristalli si sciolgono parzialmente e ricadono a terra come *nevischio*. A temperature più elevate si sciolgono completamente e cadono sotto forma di pioggia. La grandine si forma quando forti correnti d'aria trasportano i cristalli di ghiaccio su e giù tra i due strati di una nube temporalesca. I cristalli diventano sempre più grandi finché non ricadono a terra come chicchi di *grandine*.

△ *I tornadi (o* twister*) sono le tempeste più violente e sono formati da venti che soffiano in un vortice a forma di imbuto alla velocità di 450 km/h. Si formano sulla terraferma durante i temporali.*

▽ *Gli* uragani *sono grandi tempeste tropicali che si formano al di sopra degli oceani. I venti soffiano a mulinello attorno a un centro di calma (*l'occhio del ciclone*) a velocità che possono anche raggiungere i 200 km/h. Scatenano violente piogge e provocano enormi onde che spesso causano gravi inondazioni.*

PREVISIONI PER IL FUTURO

Gli scienziati prevedono che la temperatura media della superficie terrestre potrebbe aumentare da 1 a 5 °C entro il 2 100. Si pensa che questo riscaldamento del pianeta sia il risultato dell'*effetto serra*, ossia dell'accumulo di gas che intrappolano gran parte dell'energia solare nell'atmosfera terrestre. Questo cambiamento di temperatura potrebbe provocare, tra le altre cose, lo scioglimento dei ghiacci, l'innalzamento del livello dei mari e condizioni meteorologiche più estreme.

VEDI ANCHE
atmosfera; barometro; clima; piogge acide; riscaldamento globale; temperatura; termometro; Terra; uragano; vento

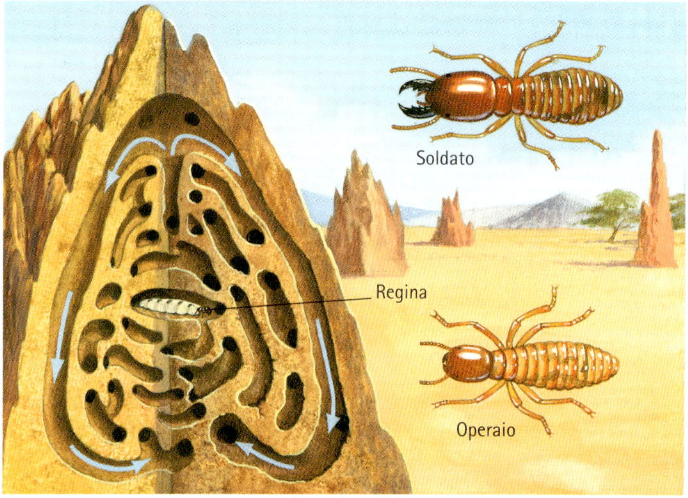

△ Molte **termiti** costruiscono il nido in enormi cumuli di terra, all'interno dei quali si snoda un labirinto di cunicoli e camere in cui le termiti operaie si prendono cura dei piccoli. La regina vive al centro del nido, alla cui difesa da eventuali predatori provvedono le termiti soldato.

▽ I **termometri** per abitazioni misurano la temperatura dell'aria all'interno o all'esterno degli edifici.
Per lo più contengono alcol perché è più economico del mercurio.

continua da p. 379

due giocatori è chiamato *singolo*, se i giocatori sono quattro si parla di *doppio*.

La pallina da tennis deve avere un diametro di 63 mm circa e un peso di 56,8 g. Le racchette sono lunghe 68 cm.

Un incontro di tennis è diviso in *set* (partite). In genere vince chi si aggiudica due set su tre (per le donne) o tre set su cinque (per gli uomini).

Ogni set è composto da sei *game* (giochi) e per vincere un game, un giocatore o una coppia di giocatori deve segnare almeno cinque punti.

Lo scopo del tennis consiste nel colpire la pallina e lanciarla nel campo dell'avversario in modo che questi non riesca a rilanciarla al volo o dopo un unico rimbalzo. Il tennis moderno è una versione dell'antico *jeu de paume* francese, simile alla nostra pallacorda, successivamente divenuto in Inghilterra *royal tennis*.

Teresa di Calcutta

Nome con cui è nota la missionaria cattolica di origine albanese Agnes Gonxha Bojaxhiu (1910-1997).

Entrata nel 1928 nella congregazione delle Suore di Nostra Signora di Loreto, in Irlanda, svolse il noviziato in India e vi rimase come insegnante presso la St. Mary's High School di Calcutta.

Qui fondò nel 1950 la congregazione delle *Missionarie della Carità*, elevata a congregazione pontificia nel 1965, centro propulsore di numerosissime attività assistenziali. Nel 2003 la congregazione contava 4500 religiose, presenti con 779 case di accoglienza in tutte le diocesi dell'India, in America latina, in Europa, in Asia, in Africa, nell'America settentrionale e in quella centrale. In Italia i centri voluti da Madre Teresa sono una quindicina.

Nel 1979 Teresa di Calcutta è stata insignita del premio Nobel per la pace.

Alla sua morte, nel settembre del 1997, la città di Calcutta le ha tributato solenni funerali di stato. Nel 2003 è avvenuto il rito della beatificazione.

termite

Le termiti sono insetti che si nutrono di legno. Hanno il corpo morbido di colore tenue e vivono nelle regioni più calde del mondo. Alcune termiti scavano cunicoli nel terreno o nel legno utilizzato nelle abitazioni, provocando gravi danni, altre vivono invece in enormi cumuli di terra.

Tutte le termiti conducono una vita sociale in grandi gruppi chiamati *colonie*. Ogni colonia ha una regina, un re, soldati e operai. Le termiti sono in gran parte operai, maschi e femmine, e i piccoli sono ciechi e senza ali.
Le termiti scavano cunicoli o formano un cumulo di terra e vanno in cerca di cibo per il resto della colonia.

Le termiti soldato hanno la testa più grande e robusta e sono anch'esse maschi e femmine ciechi e privi di ali.

Difendono le colonie dagli attacchi.
La regina è molto più grande delle altre termiti e il suo ruolo consiste nel deporre uova: vive in una camera speciale al centro della colonia insieme al re. Le termiti operaie la nutrono e si

prendono cura delle uova finché non si schiudono.

termometro

Il termometro è uno strumento che misura la temperatura, solitamente composto da un tubo di vetro graduato, all'interno del quale si trova un tubo più sottile che termina in un bulbo contenente un liquido. Quando la temperatura sale, il liquido si riscalda e si espande (aumenta di dimensioni), risalendo lungo il tubo. Nel punto in cui termina la sua salita è possibile leggere la temperatura sulla scala graduata. Quando la temperatura scende, il liquido si contrae (diminuisce di dimensioni) e scivola giù lungo il tubo. Un tempo si usavano termometri a mercurio, ma dal 2009 la UE ne ha vietato la produzione in Europa, essendo il mercurio tossico e inquinante. Gli attuali termometri usano in genere *galinstano*, una miscela di gallio, indio e stagno. Se viene usato l'alcol, solitamente è colorato di rosso.

La maggior parte dei termometri misura temperature comprese tra il punto di ebollizione e il punto di congelamento dell'acqua, vale a dire tra 0° e 100° della scala Celsius. Quasi tutti i Paesi utilizzano la *scala Celsius*, fatta eccezione per alcuni, come gli Stati Uniti, in cui è in uso la *scala Fahrenheit*, in cui il punto di congelamento dell'acqua corrisponde a 32 °F e il punto di ebollizione a 212 °F.

Terra, *vedi* pp. 384-385

terremoto

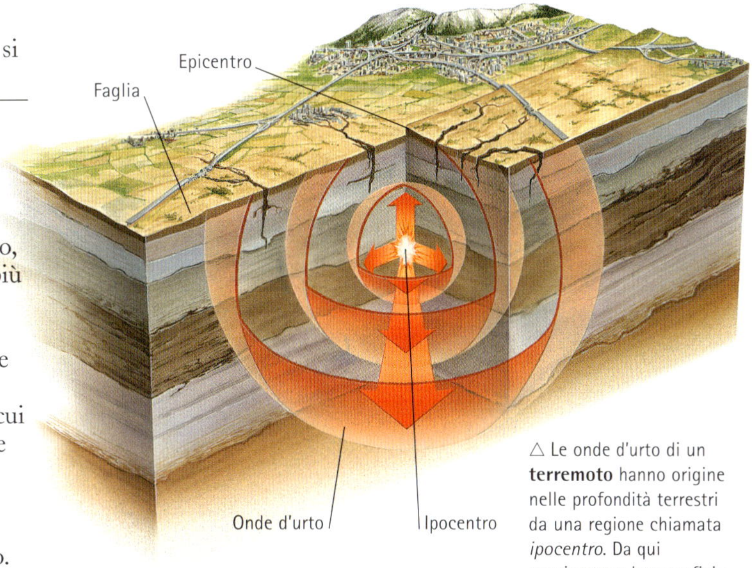

△ Le onde d'urto di un **terremoto** hanno origine nelle profondità terrestri da una regione chiamata *ipocentro*. Da qui raggiungono la superficie immediatamente soprastante, nel punto chiamato *epicentro*, dal quale si diffondono in tutte le direzioni.

Un terremoto si verifica quando la superficie della Terra trema per l'improvviso allentamento della pressione accumulata attraverso i punti deboli della crosta terrestre, le cosiddette *faglie*.

Ogni anno si verificano circa mezzo milione di terremoti, ma per la maggior parte sono così deboli di intensità da venire registrati soltanto da speciali strumenti chiamati *sismografi*. Un sismografo visualizza i tremiti della Terra sotto forma di variazioni in una linea tracciata su un rullo rotante: i tremiti fanno infatti vibrare il peso che trattiene il traccialinee.

La Terra trema quando i vulcani eruttano, quando il tetto di una caverna sotterranea crolla o quando sopravviene una frana, ma i terremoti più intensi si verificano quando un grande frammento di crosta terrestre scivola improvvisamente lungo un altro frammento. Questo fenomeno può avvenire molto in profondità, ma l'onda d'urto si propaga verso l'alto e fa tremare la superficie. Un terremoto sul fondale marino può provocare uno *tsunami*, un'enorme onda oceanica che viaggia a grande velocità e per lunghe distanze. Soltanto un terremoto su 500 provoca danni, ma alcuni possono causare terribili distruzioni.

Nel 1906 un forte terremoto e l'enorme incendio che ne seguì devastarono San Francisco, negli USA. Quando il terremoto scosse la pianura di Kwanto, in Giappone, nel 1923, crollarono 570 000 edifici. Nel 1976, un terremoto devastante colpì la città

continua a p. 386

Terribili terremoti

Ogni anno i sismografi registrano circa 500 000 scosse sismiche o microsismiche di diversa intensità. Un quinto circa di queste possono essere avvertite anche senza strumenti, e circa mille scosse possono causare invece gravi danni. Il più grave **terremoto** in Italia fu quello di Messina del 28 dicembre 1908, dove il 91% degli edifici fu letteralmente raso al suolo e il disastro umano fu immenso. Altri terremoti avvennero in Belice, Friuli e, nel 2009, in Abruzzo.

TERRA

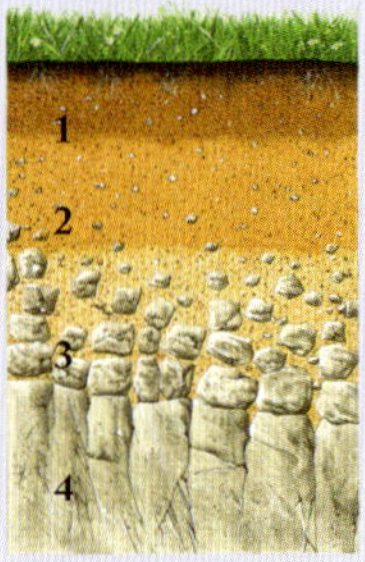

△ *Lo strato superiore della Terra è costituito da soprassuolo (1), sottosuolo (2), roccia frammentata (3) e roccia madre dura (4).*

La Terra è uno degli otto pianeti che ruotano attorno al Sole. È una sfera gigantesca di roccia con un nucleo centrale di metallo fuso, denso e incandescente. Diversamente dagli altri pianeti del sistema solare, la Terra è avvolta da una coltre di gas chiamata *atmosfera* e gran parte della sua superficie è coperta d'acqua. Sono proprio queste condizioni particolari ad aver consentito che sulla Terra si sviluppasse la vita.

▷ *La Terra ebbe origine da un'enorme nuvola di pulviscolo che circondava il Sole. Il pulviscolo si agglomerò e nel corso di milioni di anni divenne un pianeta roccioso.*

LA TERRA RUOTA

La Terra ruota costantemente attorno al Sole lungo un percorso *ellittico* (di forma ovale) chiamato *orbita*. Viaggia a una velocità media di 30 km al secondo e impiega 365,25 giorni, ossia un anno, per completare la sua orbita. In questo lasso di tempo, la Terra copre una distanza totale di 958 milioni di km. Oltre a orbitare attorno al Sole, la Terra ruota anche attorno al proprio *asse*, una linea immaginaria che unisce il Polo Nord al Polo Sud, compiendo una rotazione completa ogni 24 ore. Ruotando, nella parte del pianeta rivolta verso il Sole è giorno, mentre nella parte opposta, avvolta dall'oscurità, è notte.

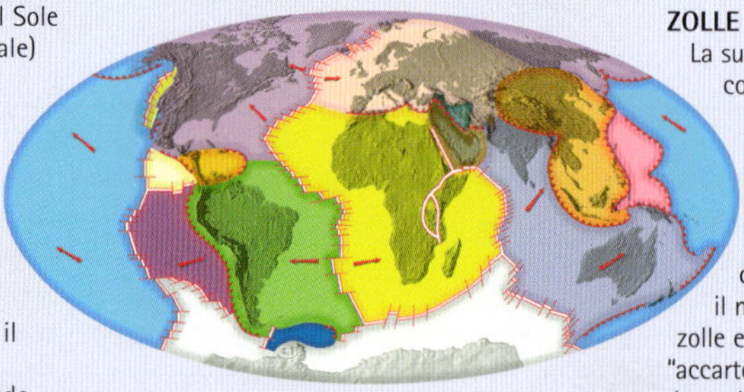

△ *In questo schema sono stati usati colori diversi per raffigurare le zolle tettoniche della crosta terrestre. Le frecce indicano la direzione in cui si muove ogni zolla.*

ZOLLE IN MOVIMENTO

La superficie della Terra è composta da circa 20 placche o *zolle tettoniche*, simili a enormi tessere di un puzzle, sopra alle quali sono appoggiati i continenti. Le zolle non sono fisse, ma si muovono lentamente, provocando la collisione e la frattura dei continenti: questo movimento è noto con il nome di *deriva dei continenti*. Quando due zolle entrano in collisione, il terreno si "accartoccia" e nascono le montagne. Quando due zolle si allontanano l'una dall'altra, il magma fuso risale dalle profondità per creare nuove terre o fondali oceanici. In certi punti della Terra zolle vicine strisciano l'una contro l'altra: questo dà origine a un enorme accumulo di pressione che alla fine viene liberata sotto forma di eruzioni vulcaniche o terremoti.

STAGIONI ALTERNE

L'asse della Terra è inclinato di 23,5° circa sul piano dell'orbita. Orbitando, alcune parti si trovano rivolte verso il Sole e ricevono più luce e calore: in quelle regioni è estate. Proseguendo nell'orbita, queste parti della Terra si trovano successivamente inclinate nella direzione opposta rispetto al Sole e in esse è quindi inverno.

DENTRO LA TERRA

Il *nucleo interno* della Terra è solido ed è composto da ferro allo stato quasi puro, mentre il nucleo esterno è costituito principalmente da ferro e nichel semiliquidi. Il *nucleo esterno* è in continuo movimento ed è caratterizzato da intense correnti elettriche che generano il *campo magnetico terrestre*. Attorno al nucleo si trova il *mantello*, composto da una combinazione di minerali e metalli come quarzo, silicio e alluminio. Il mantello è ricoperto da una crosta rocciosa.

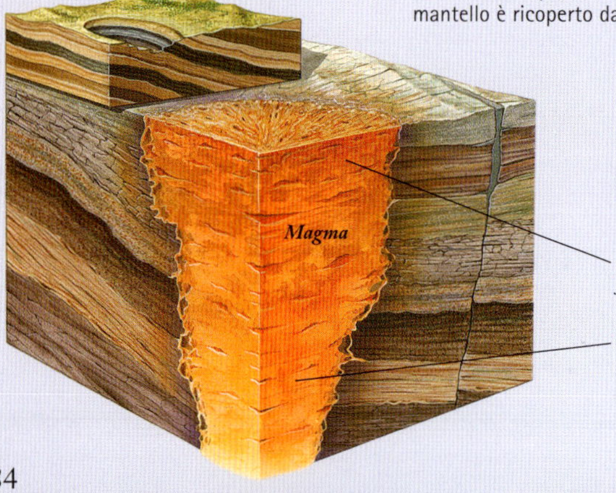

◁ *Le rocce, la sabbia e il suolo sono costituiti da minerali. Molti minerali si formano nelle profondità della Terra da "laghi" di magma incandescente.*

I minerali più leggeri si formano in superficie.

I minerali più compatti si formano in profondità.

TERRA
ETÀ: circa 4550 milioni di anni
DIAMETRO: 12757 km (dal Polo Nord al Polo Sud attraverso il centro della Terra)
CIRCONFERENZA: 40076 km (attorno all'equatore)
SUPERFICIE DELLE ACQUE: circa 360 milioni di km², 71% della superficie terrestre
SUPERFICIE DELLE TERRE EMERSE: circa 150 milioni di km², 29% della superficie terrestre
MONTAGNA PIÙ ALTA: Everest, in Asia, 8848 m sul livello del mare
FOSSA OCEANICA PIÙ PROFONDA: Fossa delle Marianne, nell'oceano Pacifico, 10920 m di profondità
LOCALITÀ PIÙ CALDA: Al'Aziziyah, in Libia, in cui nel 1992 si registrò una temperatura di 57,7 °C
LOCALITÀ PIÙ FREDDA: Vostok, in Antartide, dove nel 1983 si registrò una temperatura di -89,2 °C

DALLA CROSTA AL NUCLEO

La Terra è composta da quattro strati principali.
La *crosta* è lo strato solido esterno del pianeta, di spessore variabile tra i 6 e i 30 km.
La crosta galleggia sul *mantello*, uno strato dello spessore di 2 900 km di roccia semifusa. Al di sotto del mantello si trova il *nucleo esterno*, dello spessore di 2 240 km, principalmente composto da metalli fusi per via dell'enorme pressione a cui sono soggetti.
Il centro della Terra è il *nucleo interno*, una sfera di materiale solido del diametro di circa 2 240 km la cui temperatura supera i 6 000 °C.

UN MONDO D'ACQUA

Oltre il 70% della superficie terrestre è coperto d'acqua. Il 97% circa di quest'acqua è acqua salata dei mari e degli oceani. Il resto è acqua dolce di laghi, fiumi, ghiacciai, calotte glaciali e neve. La profondità media degli oceani è di 4 000 m, ma le fosse oceaniche più profonde sfiorano gli 11 000 m. L'immenso volume d'acqua presente sulla Terra contribuisce a regolare il clima del pianeta. L'acqua è continuamente riciclata: evapora da fiumi, laghi, mari e oceani formando vapore acqueo, che a sua volta dà origine alle nuvole e precipita nuovamente a terra sotto forma di pioggia. Ogni essere vivente ha bisogno di acqua per poter vivere.

LA VITA SULLA TERRA

La distanza della Terra dal Sole è ideale: il pianeta infatti non è né troppo caldo come Venere, né troppo freddo come Marte. Questo consente il proliferare di un'enorme varietà di vita animale e vegetale, dai batteri più minuscoli agli esseri umani. La vita sulla Terra ebbe inizio milioni di anni fa, quando comparvero semplici piante che cominciarono a liberare ossigeno. Gradualmente si accumulò ossigeno a sufficienza per creare l'atmosfera, indispensabile per il successivo sviluppo degli animali, che dipendono da essa per respirare.

ZONE CLIMATICHE

Sulla Terra le condizioni climatiche sono molto varie. Le regione polari sono innevate e ghiacciate, mentre le aree tropicali, che circondano la fascia dell'equatore, sono calde e umide. Tra questi due estremi vi sono regioni temperate, con estati calde, inverni freddi e precipitazioni moderate.

VEDI ANCHE
atmosfera; clima; continente; deserto; gravità; montagna; oceani; orbita; pianeta; stagioni; sistema solare; tempo atmosferico; terremoto

continua da p. 383

cinese di Tangshan, provocando la morte di circa 750 000 persone. Nel marzo 2011 il Giappone è stato colpito da un terremoto così potente che secondo gli scienziati potrebbe avere provocato lo spostamento dell'asse terrestre di diversi centimetri. Anche in Italia si sono verificati terribili terremoti, come quello del 1976 in Friuli e del 2009 in Abruzzo.

THAILANDIA
Forma di governo: monarchia costituzionale
Capitale: Bangkok
Superficie: 513 119 km²
Popolazione: 67 764 000 ab.
Lingua: thai
Moneta: baht

terrorismo

Il terrorismo è l'uso della violenza e del terrore per raggiungere obiettivi politici.

I terroristi uccidono con bombe e armi da fuoco, dirottano aeroplani, rapiscono persone e le trattengono come ostaggi, rapinano banche e spesso sono coinvolti nel traffico di droga.

Il terrorismo è un problema mondiale. L'11 settembre 2001 quattro aerei statunitensi dirottati da terroristi si schiantarono a New York, a Washington D.C. e in Pennsylvania, uccidendo oltre 3000 persone in poche ore. Da allora, gli Stati Uniti hanno dichiarato guerra al terrorismo e molti Paesi di tutto il mondo stanno lavorando insieme per sconfiggere i gruppi terroristici. Nel 2008, cinque imputati dell'attacco dell'11 settembre 2001 si sono dichiarati colpevoli, e alle 00:05 del 2 maggio 2011 i Navy SEAL della marina statunitense hanno ucciso in un conflitto a fuoco lo sceicco del terrore ad Abbottabad, vicino ad Islamabad: con la morte di Osama Bin Laden, riconosciuto capo assoluto del terrorismo planetario, si chiude in modo emblematico il terribile dramma dell'11 Settembre 2001.

tessitura

Tende e lenzuola, abiti, tappeti e asciugamani sono soltanto alcuni degli utilissimi articoli prodotti attraverso un processo chiamato tessitura, in cui fili di fibre vengono intrecciati insieme per ottenere un tessuto. L'uomo tesse dall'Età della Pietra. I tessuti più antichi furono prodotti quasi 8000 anni fa in Turchia, utilizzando una fibra ricavata dalla pianta del lino. Nel 2000 a.C. i cinesi producevano già tessuti con la seta, mentre in India le popolazioni usavano le fibre della pianta del cotone.

Nel frattempo i nomadi dei deserti e delle montagne dell'Asia avevano scoperto come tessere la lana.

Fino al XVIII secolo i filatoi e i telai erano azionati manualmente, ma poi furono inventate macchine che funzionavano più velocemente e che permettevano di aumentare la produzione rendendola più economica. Oggi, in quasi in tutti i Paesi, la maggior parte dei tessuti è fabbricata a macchina con telai completamente automatizzati, anche se telai manuali sono ancora utilizzati per tessuti speciali di lana o seta. Una sola persona è in grado di far funzionare 20 moderni telai automatici dei nostri giorni.

tessuto

Un tessuto è una stoffa ottenuta mediante la tessitura. Prima della

▽ Aeroporti e aerei sono obiettivi del **terrorismo**. Gli aeroporti hanno aumentato la sicurezza e individuano la presenza di bombe e altre armi con apparecchiature chiamate *metal detector*, in grado di individuare i metalli, e con l'uso di raggi X.

Rivoluzione industriale, tutti i tessuti venivano prodotti manualmente da fibre naturali di lana, seta, cotone o lino. Da allora, gli scienziati hanno sviluppato molti tipi di *fibre artificiali*. Il *rayon*, per esempio, è ricavato dal legno, mentre il *nylon* è un derivato del petrolio.

Esistono persino alcune fibre ricavate dal vetro. Le fibre artificiali sono più economiche da produrre e spesso più facili da lavare. A volte sono mescolate a fibre naturali per combinare le migliori qualità di entrambi i materiali. Alcuni tessuti sono sottoposti a un trattamento speciale per evitare che si sgualciscano o scoloriscano.

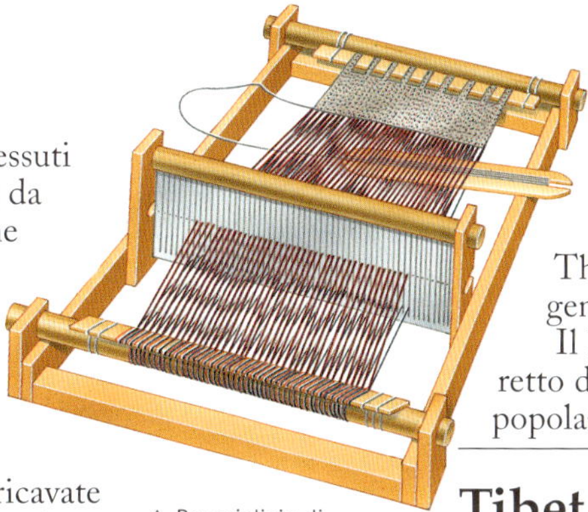

△ Per migliaia di anni la **tessitura** fu un lavoro che richiedeva molto tempo. Innanzitutto, dalla pianta si ricavavano le fibre, che venivano attorcigliate in un lungo filo (*filatura*). Poi una serie di fili venivano tesi l'uno accanto all'altro (l'*ordito*) nel senso della lunghezza su una struttura chiamata *telaio*. Quindi un filo (la *trama*) veniva fatto passare da un lato all'altro del telaio perpendicolarmente ai fili tesi, passando alternativamente sopra e sotto i fili dell'ordito. Un grosso ago, chiamato *spoletta*, era utilizzato per far passare il filo della trama tra i fili dell'ordito.

testuggine, *vedi* tartarughe e testuggini

Thailandia

La Thailandia è uno stato del Sudest asiatico che confina con Myanmar (l'ex Birmania), Laos e Cambogia. La costa meridionale si affaccia sul golfo del Siam, la parte più occidentale del mar Cinese meridionale. La Thailandia ha un paesaggio tropicale di montagne e foreste pluviali, con pianure al centro, dove vive gran parte della popolazione. Quest'area è attraversata da numerosi fiumi ed è quindi molto fertile.
La popolazione è composta per lo più da contadini, dediti soprattutto alla coltivazione del riso. Altre coltivazioni sono cotone, tabacco, granoturco, noci di cocco e banane. Al nord ci sono ampie foreste di tek, largamente esportato all'estero. La parte sudoccidentale della penisola thailandese è molto ricca di minerali, in particolare di stagno. I thailandesi sono in maggioranza buddisti: molti uomini trascorrono un periodo di tempo come monaci in uno dei numerosi templi buddisti, indossando le distintive vesti di colore arancione.

Prima del 1939 la Thailandia era chiamata *Siam*. "Thai" significa "libero", quindi Thailandia vuol dire "terra della gente libera".

Il Paese è una monarchia ma è retto da un governo eletto dalla popolazione.

Tibet

Situato in Asia centrale, il Tibet è il più vasto altopiano del pianeta (1 200 000 km^2) e, con i suoi 4900 m di altitudine, supera persino le vette alpine.

Enormi catene montuose circondano l'altopiano: a sud l'Himalaya, in cui svetta l'Everest, a ovest il Karakorum nel Kashmir e a nord i monti Kunlun. Dal 1959, il Tibet è occupato dalla Cina, ma il **Dalai Lama** ne chiede l'indipendenza e, nel 2008, 400 monaci hanno partecipato a una marcia di protesta, contrastata dalle forze cinesi.

tigre

Le tigri sono i felini più grandi. Quelle *siberiane*, tipiche di una remota regione della Russia sudorientale, possono raggiungere la lunghezza di 4 m e pesare oltre 300 kg.

Le tigri vivono nelle foreste, sulle montagne rocciose e nelle pianure paludose dell'Asia e dell'Indonesia, in regioni sia tropicali che molto fredde.

▽ Lhasa, nel **Tibet**, è la città a più alta quota del mondo, a 3 650 m sul livello del mare. È stata sede del *Dalai Lama*, il capo dei buddisti tibetani, fino al 1959, anno del suo esilio in India.

Solitamente riposano durante il giorno e cacciano da sole dopo il tramonto.

Sono eccezionali cacciatori che seguono furtivamente le loro prede nei pressi di piste e sorgenti e le assalgono di sorpresa, trascinando poi le vittime in un luogo più appartato per divorarle in tranquillità. Una tigre è in grado di trascinare un bufalo morto, che neppure un gruppo di 5 uomini riuscirebbe a trasportare!

Fino al XIX secolo nelle foreste asiatiche vivevano migliaia di tigri, ma poi i cacciatori iniziarono a ucciderle sia per il puro e sciocco piacere della caccia che per le loro pelli pregiate.

Oggi le tigri sono oggetto di caccia perché alcune parti del loro corpo sono considerate preziosi ingredienti di alcuni farmaci della medicina tradizionale cinese. Inoltre, la loro sopravvivenza è minacciata anche dalla distruzione degli habitat delle foreste in cui vivono.

△ Il **tonno** è uno dei pesci commestibili più importanti e rappresenta una risorsa alimentare fondamentale per i popoli del Mediterraneo sin dai tempi dell'antica Grecia.

▽ La **tigre** *siberiana* è la tigre più grande e rara. Attualmente è considerata una specie a gravissimo rischio di estinzione.

tiro con l'arco

Il tiro con l'arco era un tempo praticato per cacciare e combattere in guerra, oggi, invece, è principalmente uno sport. Non si sa quando l'arco e le frecce furono usati per la prima volta, ma l'uomo preistorico sicuramente li utilizzava per uccidere gli animali, sia per procurarsi il cibo che per proteggere se stesso.

Fino alla scoperta della polvere da sparo, l'esercito con i migliori arcieri era in genere quello che vinceva le battaglie.

Gli archi moderni sono solitamente in legno o fibra di vetro laminati.

Tokyo

Tokyo è la capitale del Giappone, situata sulla costa sudorientale di Honshu, la principale isola del paese. È una delle città più grandi del mondo, la cui popolazione, compresi i sobborghi, supera i

12 milioni di abitanti. Le case, gli edifici e le fabbriche di Tokyo si sviluppano in modo incontrollato lungo il lato occidentale della baia di Tokyo.

Tokyo è il principale centro commerciale, finanziario e industriale del Giappone e produce una grande varietà di articoli, tra cui prodotti elettrici ed elettronici, macchine fotografiche e automobili. Grazie alla sua posizione sul mare, è un importante porto commerciale. Lungo la costa si trovano anche enormi cantieri navali e raffinerie di petrolio.

△ **Tokyo** è il centro culturale del Giappone, nonché l'area metropolitana più estesa del paese. In questa caotica città vive oltre il dieci per cento della popolazione giapponese.

Tolstoj, Lev Nikolaevič

Scrittore russo (1828-1910). Nato da una famiglia nobile, combatté nella guerra di Crimea (1853-1856).

Tolstoj odiava l'avidità e l'egoismo che vedeva attorno a sé e si allontanò dalla chiesa ortodossa russa abbracciando uno stile di vita basato sul cristianesimo e sugli insegnamenti di Gesù. Pensava che la violenza e la ricchezza fossero un male e che soltanto l'amore e la compassione avrebbero potuto dare la felicità all'uomo.

Tolstoj aveva idee molto moderne per i suoi tempi e desiderava anche che le persone che lavoravano per lui potessero avere case dignitose e una buona istruzione.

Morì all'età di 82 anni. Rifiutò la sepoltura religiosa, ma la gente comune accorse al suo funerale perché lo considerava un uomo che aveva fatto molto per migliorare le condizioni delle classi più disagiate.

È famoso soprattutto per i romanzi *Guerra e pace* e *Anna Karenina* e per il racconto *La sonata a Kreutzer*.

tonno

Il tonno è un pesce di grandi dimensioni la cui carne molto compatta è ricca di proteine e vitamine.

I tonni vivono principalmente nei mari caldi del sud, ma d'estate possono recarsi anche in acque più settentrionali. Oltre al tonno comune, che può raggiungere la lunghezza di 3 m, è molto diffuso anche il tonno bianco o alalunga. I tonni sono gli unici pesci la cui temperatura corporea è più elevata della temperatura dell'acqua che li circonda. Negli ultimi anni anche il WWF si è mobilitato per elaborare strategie di conservazione del tonno rosso, considerato una specie a rischio.

topo

Il topo è un roditore, come il suo parente più stretto, il ratto.

Esistono diversi tipi di topi, diffusi in moltissimi habitat differenti. Sono animali che si riproducono molto velocemente: una femmina può avere 40 piccoli ogni anno e i nuovi nati sono in grado di riprodursi già a 12 mesi.

△ Il topolino delle risaie è un **topo** che vive nei campi e tra le siepi. Con gli steli delle piante erbacee intreccia un nido a forma di cupola delle dimensioni di una pallina da tennis.

topografia

La topografia usa sistemi di rilevamento e calcoli per individuare l'esatta struttura del terreno di un'area geografica e realizzare carte geografiche chiamate *carte topografiche* che indicano strade, centri abitati, rilievi, fiumi, ecc.

toporagno

I toporagni sono animali con il muso appuntito, più o meno delle dimensioni di un topo. Sono difficili da scorgere durante il giorno perché hanno abitudini notturne. I toporagni sono molto attivi e devono mangiare insetti e vermi quasi di continuo per sopravvivere. Spesso sono preda di cacciatori notturni più grandi, come gufi, gatti e tassi.

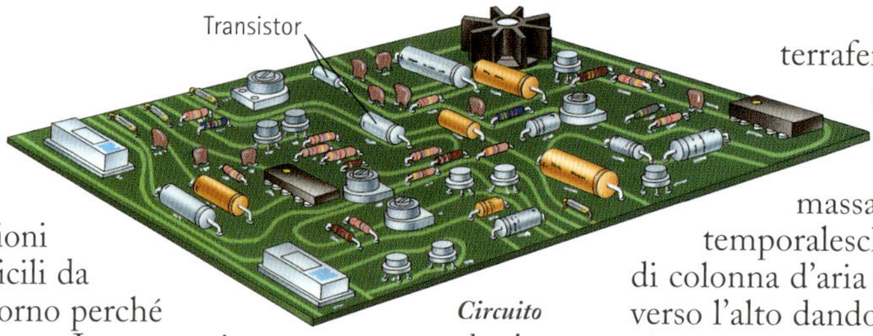

Circuito elettrico

△ I **transistor** possono funzionare all'interno di un circuito elettrico come interruttori o amplificatori. Circuiti come questo contengono numerosi componenti elettronici che vengono attraversati da una corrente elettrica per far funzionare un apparecchio come un tostapane o un computer.

tornado

I tornadi sono violente e vorticose trombe d'aria tipiche dell'America settentrionale, ma possono svilupparsi anche in qualsiasi altra parte del mondo.

Gli *uragani* sono trombe d'aria che si formano al di sopra dei mari tropicali, mentre i tornadi si formano sulla terraferma in seguito all'incontro di grandi masse di nuvole. Al di sotto di una massa di nuvole temporalesche si forma una specie di colonna d'aria che sale a spirale verso l'alto dando origine a una gigantesca tromba d'aria che risucchia qualsiasi cosa lungo il suo percorso: alberi, case o persone.

La velocità del vento in un uragano può raggiungere i 650 km orari.

Toscana

Regione (3 730 130 ab.) della sezione nordoccidentale dell'Italia peninsulare, confinante con Liguria, Emilia Romagna, Marche, Umbria e Lazio, è bagnata dal mar Tirreno. Il territorio è prevalentemente collinare, con ampie vallate in cui scorrono l'Arno, il Cecina e il Serchio. L'agricoltura è fiorente per la produzione di vini (famosi quelli del Chianti) e d'olio (Lucca). Il sottosuolo è ricco di minerali e famose sono le cave di marmo e di alabastro.

Le industrie sono tessili, chimiche, alimentari. Le sue province sono: Arezzo, Firenze (capoluogo), Grosseto, Livorno, Lucca, Massa Carrara, Pisa, Pistoia, Prato e Siena. L'industria turistica si impernia su Firenze, sulle città antiche e sulle spiagge tirreniche.

transistor

I transistor sono piccoli dispositivi elettronici, solitamente utilizzati per amplificare le correnti elettriche all'interno di attrezzature elettroniche come apparecchi radio, televisori, computer e satelliti. Possono anche attivare e disattivare correnti elettriche.

▽ I **toporagni**, come questo toporagno nano, sono piccoli mammiferi feroci: spesso usano i denti affilati per attaccare topi e altri toporagni.

I transistor hanno in gran parte sostituito le valvole, un tempo usate allo stesso scopo.

Oggi complicati circuiti contenenti migliaia di transistor possono essere alloggiati su chip che misurano un solo centimetro quadrato.

I primi veri transistor furono realizzati negli anni 40 del secolo scorso dagli scienziati statunitensi Walter Brattain (1902-1987), John Bardeen (1908-1991) e William Shockley (1910-1989). L'invenzione del transistor rivoluzionò completamente l'elettronica e milioni di questi dispositivi vengono oggi prodotti ogni anno.

Trentino-Alto Adige

Regione autonoma (1 028260 ab.) dell'Italia settentrionale, confinante con Austria, Svizzera, Lombardia e Veneto.

Passata all'Italia dopo la Prima guerra mondiale, la regione venne divisa nelle province di Trento, capoluogo, (1920) e Bolzano (1926), quest'ultima di lingua e tradizioni tedesche. L'Italia ha emanato nel 1948 lo Statuto speciale della regione. Il territorio è prevalentemente montuoso (alpi orientali, Adamello e Dolomiti) ed è attraversato dall'Adige.

La regione ospita numerosi laghi. L'agricoltura si basa sulla vite e sugli alberi da frutta (mele). Si allevano bovini. L'industria sfrutta l'abbondanza di energia idroelettrica, di alluminio e acciaio; presente anche l'industria tessile e agroalimentare (birrifici). Il turismo è rilevante per gli sport invernali e le località di villeggiatura.

▽ Il **tricheco** vive nei mari artici poco profondi. È dotato di pinne ma è privo di coda. Sebbene sia goffo quando è sulla terraferma, in mare può nuotare a una velocità di circa 24 km orari. I trichechi dell'Atlantico e del Pacifico vivono nelle zone artiche più fredde. Sono animali mastodontici: un maschio adulto dell'Atlantico può raggiungere i 4 m di lunghezza e i 1 800 kg di peso.

tricheco

Il tricheco appartiene alla stessa famiglia delle foche e vive nelle acque fredde del mar Glaciale Artico e dell'oceano Atlantico settentrionale.

I suoi enormi denti canini sono simili a zanne e possono raggiungere la lunghezza di 1 m. Il tricheco li usa per raccogliere i molluschi di cui si nutre dall'interno delle conchiglie e per lottare: persino gli orsi polari stanno alla larga dai trichechi adulti!

Trinidad e Tobago

Trinidad e Tobago è uno stato costituito da due isole delle Antille al largo della costa del Venezuela. Il clima è caldo e umido e la principale attività è l'agricoltura. Trinidad è un grande produttore di petrolio, principale ricchezza del Paese.

Ogni anno in occasione del carnevale le isole attirano numerosi turisti che possono ascoltare i gruppi di *steel drum* e il *calipso* per il quale Trinidad è famosa.

TRINIDAD E TOBAGO
Forma di governo: repubblica
Capitale: Port of Spain
Superficie: 5 128 km²
Popolazione: 1 338 600 ab.
Lingua: inglese
Moneta: dollaro di Trinidad e Tobago

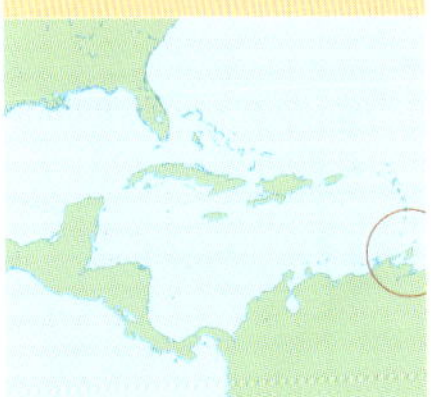

tritone, *vedi* salamandre e tritoni

Troia, guerra di

La guerra di Troia fu combattuta per dieci anni nel 1200 a.C. circa tra i greci e gli abitanti di Troia, una città dell'attuale Turchia. Il poeta greco **Omero**, nel suo poema *Iliade*, narra la storia di un breve periodo di questa guerra, il resto è noto attraverso altri scritti.

Paride, principe di Troia, si innamorò di Elena, moglie del re Menelao di Sparta, in Grecia. Paride portò Elena a Troia e Menelao, intenzionato a riportare la moglie in patria, con altri re e soldati greci partì alla volta di Troia e la mise sotto assedio per anni.

Alla fine i greci ebbero la meglio sui troiani con un inganno. Costruirono un enorme cavallo di legno e lo lasciarono fuori dalle mura di Troia dopo essersi nascosti all'interno. I troiani, non immaginando il trucco, lo portarono dentro le mura e nella notte furono assaliti di sorpresa dai greci, che distrussero Troia.

Non si sa se sia storia o leggenda, ma verso la fine del XIX secolo gli archeologi scoprirono in Turchia i resti di una città fortificata che aveva subito un assedio e un incendio all'incirca nello stesso periodo in cui i greci distrussero Troia.

TUNISIA
Forma di governo: repubblica
Capitale: Tunisi
Superficie: 163 610 km²
Popolazione: 10 434 300 ab.
Lingua: arabo
Moneta: dinar tunisino

tundra

"Tundra" è un termine usato in geografia per descrivere le vaste pianure delle regioni più a nord dell'America settentrionale, dell'Europa e della Russia, il cui clima è troppo freddo per consentire agli alberi di crescere. La tundra è situata immediatamente a sud delle regioni polari coperte dalla calotta glaciale.

Gli inverni sono lunghi nella tundra, quando il Sole non sorge per numerose settimane o mesi: in questo periodo nevica e il terreno è ghiacciato.

D'estate, invece, la temperatura media si aggira sui 10 °C.

Nonostante il clima rigido, piante robuste come muschi, arbusti nani e licheni riescono a crescere. La regione ospita anche una grande varietà di insetti che rappresentano una buona fonte di cibo per gli uccelli come i cigni, le oche e le anatre. D'estate la tundra attira gli animali migratori come il bue muschiato e il

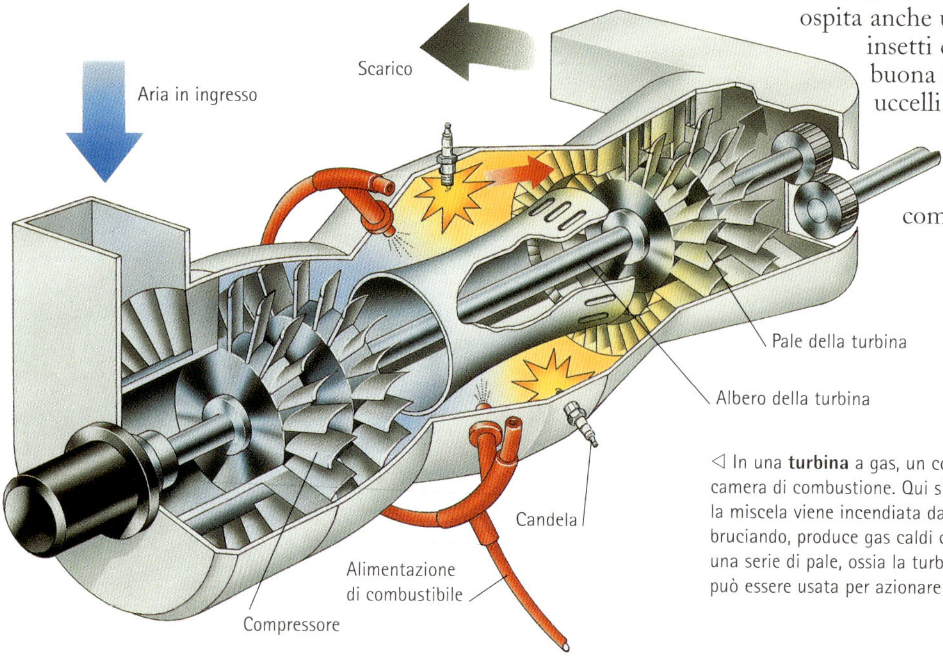

◁ In una **turbina** a gas, un compressore spinge l'aria in una camera di combustione. Qui si mescola con il combustibile e la miscela viene incendiata da una scintilla. Il combustibile, bruciando, produce gas caldi che si espandono e azionano una serie di pale, ossia la turbina. La rotazione della turbina può essere usata per azionare un generatore.

△ Nella **tundra** le temperature salgono al di sopra dello zero soltanto per due-quattro mesi all'anno. Ciononostante, nella regione cresce una curiosa vegetazione.

caribù, o la renna, alla ricerca di zone più miti. Nella tundra vivono anche volpi artiche, orsi, lepri, lupi e lemming. La popolazione umana, invece, fatta eccezione per pochi inuit, è scarsa. La tundra ha importanti risorse minerarie, come petrolio e gas naturale.

Tunisia

La Tunisia è uno stato dell'Africa settentrionale dal clima molto caldo, le cui spiagge attirano molti turisti dall'Europa. Il nord è scosceso e riceve la maggior parte delle precipitazioni, il sud invece è occupato dall'arido Sahara. L'agricoltura e il turismo sono le principali risorse, ma anche petrolio e fosfati sono importanti prodotti d'esportazione. In Tunisia vivono oltre 10 milioni di abitanti, la maggior parte di religione musulmana. Nei pressi della capitale, Tunisi, si trovano le rovine di *Cartagine*, una grande potenza del Mediterraneo dell'antichità, distrutta dall'Impero Romano nel 146 a.C. Nel gennaio 2011, a seguito delle proteste popolari per il carovita e degli scontri, il presidente Abdin Ben Ali è stato destituito dopo 23 anni di regime assoluto ed è fuggito all'estero.

△ Secondo l'*Iliade* di Omero, durante la **guerra di Troia** l'eroe Ulisse e molti altri uomini dell'esercito greco si nascosero all'interno di un grande cavallo di legno per cogliere di sorpresa i troiani.

turbina

La turbina è una macchina in cui una ruota, un cilindro o una vite vengono fatti ruotare da acqua ad alta velocità o da vapore, vento o gas, allo scopo di produrre energia. Le *turbine ad acqua*, o idrauliche, sono usate nelle *centrali idroelettriche*. Queste centrali sono situate nei pressi di dighe o cascate: la forza dell'acqua chc cade da una diga lungo un tubo fa ruotare una turbina.
La turbina non genera elettricità di per sé ma, ruotando, aziona un generatore, che produce elettricità.

TURCHIA
Forma di governo: repubblica
Capitale: Ankara
Superficie: 783 562 km²
Popolazione: 72 561 312 ab.
Lingua: turco
Valuta: nuova lira turca

Alcune turbine sono *ruote* o cilindri, con pale o benne a forma di tazza lungo i bordi, altre hanno invece la forma di viti o eliche.

Le *turbine a vapore* sono azionate da getti di vapore e hanno usi diversi: producono elettricità nelle centrali elettriche, spingono le navi e azionano pompe. Le *turbine a gas* sono azionate da getti di gas ad alta velocità prodotti dalla combustione di combustibili come il petrolio. La forza dell'aria calda in espansione che fuoriesce dalla camera di combustione fa ruotare la turbina. Le turbine a gas sono usate per azionare le eliche degli aeroplani.

Minuscole *turbine azionate da aria compressa* sono impiegate nei trapani per dentisti e ne azionano la punta facendola ruotare a oltre 250 000 giri al minuto, per rendere il più veloce possibile la trapanazione.

Le *turbine a vento* sono una grande fonte di energia rinnovabile perché generano elettricità semplicemente sfruttando la forza del vento e senza usare combustibili.

◁ La *Moschea Blu* di Istanbul, in **Turchia**, è uno degli edifici religiosi più belli del mondo. Fu costruita tra il 1609 e il 1616 per ordine del sultano Ahmet I.

Turchia

La Turchia è uno stato situato in parte in Europa e in parte in Asia. La piccola porzione europea rappresenta soltanto il tre per cento del territorio, a ovest del canale che collega il mar Nero con il Mediterraneo, ma comprende la città più grande del paese, Istanbul, l'antica Costantinopoli. La parte asiatica, a volte chiamata *Anatolia* o *Asia Minore*, comprende invece la capitale, Ankara.

I turchi sono per la maggioranza di religione islamica. Il territorio è prevalentemente montuoso e grandi aeree sono occupate da aridi altipiani, ma le pianure costiere sono fertili e l'agricoltura è l'industria principale. La Turchia è anche un'importante produttore di cromo, un metallo utilizzato per irrobustire il ferro e l'acciaio.

Nell'antichità la Turchia apparteneva all'*Impero Bizantino*, la parte orientale dell'Impero Romano. Dopo la caduta di Costantinopoli nel 1453, i musulmani ottomani conquistatori realizzarono un enorme impero, che al suo culmine si estendeva dalla Russia meridionale al Marocco e dal Danubio al golfo Persico. Dopo il XVII secolo, però, l'impero iniziò un rapido declino e crollò durante la Prima guerra mondiale. Nel 1923, Kemal Atatürk (1881-1938) proclamò la repubblica. "Atatürk" significa "padre dei turchi".

Tutankhamon

Tutankhamon fu un faraone dell'antico Egitto la cui tomba fu scoperta nel 1922 da un archeologo britannico, Howard Carter (1873-1939), mentre si trovava insieme al conte di Carnarvon (1866-1923) nella Valle dei Re, in Egitto, per condurre scavi archeologici. La scoperta fu entusiasmante perché fu rinvenuta

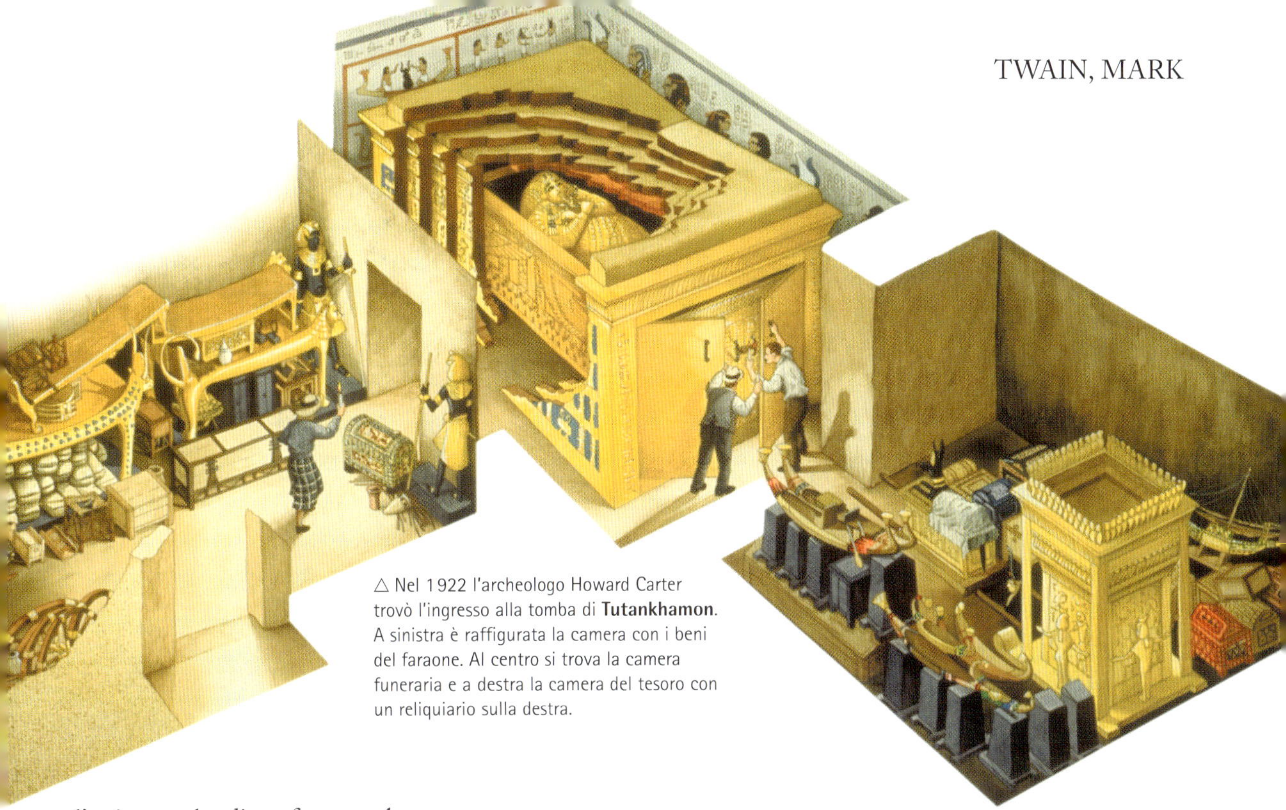

△ Nel 1922 l'archeologo Howard Carter trovò l'ingresso alla tomba di **Tutankhamon**. A sinistra è raffigurata la camera con i beni del faraone. Al centro si trova la camera funeraria e a destra la camera del tesoro con un reliquiario sulla destra.

l'unica tomba di un faraone che non fosse già stata depredata dei suoi tesori.

Nella tomba furono trovati un trono d'oro, scrigni, statue, pietre preziose e mobili. Nella camera funeraria erano collocati quattro sarcofagi d'oro, l'uno dentro l'altro.

Tutankhamon divenne faraone all'età di 11 anni circa, probabilmente perché, ancora bambino, aveva sposato la figlia del faraone Akhenaton. Akhenaton adorava il dio del Sole Aton e aveva stabilito la nuova capitale del regno ad Amarna. Tutankhamon ripristinò l'antica religione e riportò la capitale a Tebe. Morì nel 1352 a.C. dopo aver regnato per circa otto anni.

Twain, Mark

Samuel Langhorne Clemens, chiamato Mark Twain. Scrittore statunitense (1835-1910). Crebbe ad Hannibal, in Missouri, negli USA, sul fiume Mississippi, e svolse diversi lavori, compreso il mozzo su un battello a vapore: fu da questa esperienza che trasse il suo nome d'arte.

L'espressione "mark twain" nel gergo dei battelli a vapore significa "due bracci" (un braccio è una misura nautica pari a 1,8 m). Twain tenne conferenze in tutto il mondo e scrisse dei suoi viaggi e della vita lungo il Mississippi con tratti piuttosto umoristici. I suoi romanzi più famosi sono *Le avventure di Tom Sawyer*, *Le avventure di Huckleberry Finn* e *Il principe e il povero*.

◁ Il corpo di **Tutankhamon** era protetto da una serie di sarcofagi a forma umana, contenuti all'interno di un grande sepolcro di pietra. Ogni sarcofago era decorato con oro e gioielli. La mummia stessa indossava una bellissima maschera funeraria di oro massiccio. I sarcofagi fornivano una dimora allo spirito, chiamato *ka* dagli egizi.

U

uccelli, *vedi* p. 397

Ucraina

L'Ucraina divenne uno stato indipendente nel 1991 in seguito allo smembramento dell'Unione Sovietica.

Il territorio è molto vario, e presenta fertili pianure e montagne coperte da foreste. L'Ucraina possiede grandi risorse di minerali e le sue fabbriche producono acciaio, prodotti chimici e cemento.

UCRAINA
Forma di governo: repubblica
Capitale: Kiev
Superficie: 603 500 km²
Popolazione: 45 905 341 ab.
Lingua: ucraino
Moneta: hryvna

udito

L'udito è il senso che consente di percepire i suoni attraverso uno speciale organo sensoriale, l'*orecchio*.

I *non udenti* non sono in grado di sentire i suoni e possono essere nati privi dell'udito o avere sviluppato la sordità in seguito ai danni provocati da una malattia o da un incidente.

Tutti i *vertebrati* (animali dotati di colonna vertebrale) sono dotati di organi uditivi e alcune specie hanno l'udito più sviluppato dell'uomo, come i felini e i cani, per esempio, che percepiscono molti più suoni di noi. I pipistrelli utilizzano il loro udito straordinario per individuare le prede: emettono una serie di squittii molto acuti e sono in grado di captare l'eco prodotta dalle onde sonore che rimbalzano sugli insetti in volo.

Uganda

L'Uganda è una piccola repubblica dell'Africa orientale, divenuta indipendente nel 1962, dopo essere stata un possedimento del Regno Unito. Nel 1971, il generale Idi Amin Dada instaurò una sanguinaria dittatura, ma nel 1979 fu destituito da una rivolta popolare appoggiata dalla Tanzania e fuggì in Arabia Saudita. Da allora, gli scontri tra guerriglieri ed esercito non sono mai cessati.

La popolazione ugandese è per la maggioranza composta da contadini che coltivano caffè, tè e cotone.

UGANDA
Forma di governo: repubblica
Capitale: Kampala
Superficie: 241 551 km²
Popolazione: 30 661 400 ab.
Lingua: swahili e inglese
Moneta: scellino ugandese

Ulisse

Eroe della mitologia greca le cui gesta furono narrate da Omero nei suoi due poemi. Era figlio di Laerte e di Anticlea, marito di Penelope e padre di Telemaco.

Personaggio di primo piano nell'Iliade e protagonista dell'Odissea, è rappresentato da Omero come il più astuto dei greci, artefice di innumerevoli stratagemmi (fu opera sua l'ingegnoso inganno del cavallo di Troia) e protagonista di una lunga serie di avventure per terra e per mare.

ultravioletta, luce

Passando attraverso un prisma, la luce del Sole si separa in un arcobaleno di colori chiamato *spettro* in cui il rosso è situato a un'estremità e il violetto a quella opposta. La luce ultravioletta (*UV*) si trova immediatamente al di là dell'estremità violetta dello spettro.

Gli esseri umani non sono in grado di vederla, ma questa luce impressiona la pellicola fotografica e fa risplendere alcune sostanze chimiche come se

continua a p. 398

UCCELLI

Gli uccelli esistono in molte forme e dimensioni diverse e sono diffusi in ogni parte del mondo. Sono gli unici animali dotati di penne.

Il falco pellegrino *è l'uccello più veloce: quando piomba in picchiata sulla preda può raggiungere i 320 km di velocità.*

IL MONDO DEGLI UCCELLI

Gli uccelli sono *vertebrati* (animali dotati di colonna vertebrale) di cui si contano quasi 9000 specie diverse delle dimensioni più disparate, dai minuscoli colibrì che pesano meno di 2 g agli enormi struzzi, che raggiungono il peso di 150 kg e l'altezza di un uomo adulto.

Gli uccelli possono vivere quasi ovunque, compresi i deserti più aridi, le calotte polari e il cuore frenetico delle città. Alcune foreste pluviali ospitano oltre 400 specie di uccelli.

I tucani *hanno un becco enorme per riuscire ad aprire i frutti più duri. Ogni specie di tucano ha il becco di colore diverso.*

La sturnella americana *ha un canto melodioso. I maschi cantano per attirare le femmine e per segnalare ai maschi rivali di tenersi alla larga.*

PERFETTAMENTE ADATTATO

L'aspetto di un uccello fornisce informazioni circa la sua alimentazione e la località in cui vive. Per esempio, le aquile hanno il becco adunco per strappare la carne delle vittime, mentre i picchi hanno becchi affilati e appuntiti per forare i tronchi degli alberi. Uccelli acquatici come i cigni hanno bisogno di un piumaggio impermeabile e di zampe palmate per nuotare nei laghi e negli stagni. Gli uccelli che invece volano per molto tempo, come le rondini, spesso hanno lunghe ali e il corpo di forma aerodinamica per volare più velocemente.

VEDI ANCHE
albatro; anatra; colibrì; dodo; falco; gufo; migrazione; nido; penna; picchio; pinguino; struzzo; uovo

IL POTERE DEL VOLO

Gli uccelli si sono evoluti dai rettili ricoperti di squame che vivevano all'epoca dei dinosauri. Nel corso di milioni di anni, le squame si sono trasformate in penne e le zampe anteriori sono diventate ali. Gli uccelli hanno le ossa cave per essere più leggeri, e robusti muscoli pettorali per azionare le ali. Gli uccelli più grandi, come le aquile e le cicogne, agitano le ali lentamente e si levano nel cielo sfruttando le correnti aeree. Gli uccelli più piccoli, invece, devono battere le ali molto velocemente per rimanere sospesi in aria.

Alcuni uccelli possono volare per migliaia di chilometri: i loro lunghi viaggi sono chiamati *migrazioni*. Altri uccelli, come i pinguini, non sono invece assolutamente in grado di volare.

▷ *Il* casuario *è un uccello gigantesco inadatto al volo che vive nelle foreste pluviali della Nuova Guinea e dell'Australia.*

*L'*aninga *usa il becco simile a una lancia per infilzare i pesci.*

LA FAMIGLIA

Tutti gli uccelli depongono uova. Dopo averle deposte, la femmina le cova, ossia si posiziona sopra di esse per scaldarle. A volte entrambi i genitori fanno a turno nella cova. Occorrono almeno dieci giorni perché le uova si schiudano, ma per alcuni uccelli possono essere necessari anche due mesi.

La maggior parte degli uccelli costruisce un nido per proteggere le uova e i piccoli. Luoghi comuni per la costruzione dei nidi sono alberi, cespugli e scogliere. Alcuni uccelli, come i fagiani e le anatre depongono invece le uova direttamente sul terreno.

▽ *La* rondine comune *costruisce un nido di forma concava con fango essiccato. Nutrire i piccoli affamati è un'impresa ardua.*

VITA INSIEME

Quando è il momento della riproduzione, si formano le coppie. Per attirare una compagna adeguata, i maschi cantano, fanno sfoggio del loro piumaggio e a volte si esibiscono persino in danze o voli speciali. Alcuni uccelli si riproducono insieme in grandi gruppi, o *colonie*, composti da numerose coppie di uccelli.

▷ *Le* sule *nidificano sulle pareti delle ripide scogliere.*

continua da p. 396

fossero fosforescenti.
Gran parte della luce ultravioletta del Sole viene dispersa nell'atmosfera, ma sulla Terra giungono raggi a sufficienza per consentire alle persone di abbronzarsi.

Se venissimo raggiunti da raggi ultravioletti più numerosi, sarebbe molto pericoloso per la nostra salute.

La luce ultravioletta ha molti impieghi. Distrugge i batteri e può essere usata per sterilizzare il cibo e le apparecchiature mediche. Documenti contraffatti possono essere individuati con la luce ultravioletta: i diversi tipi di inchiostro utilizzati emettono infatti una particolare lucentezza.

Umbria

Regione (900 790 ab.) dell'Italia centrale racchiusa tra le Marche, il Lazio e la Toscana. Il territorio comprende una fascia appenninica e rilievi minori che digradano in colli. Il fiume principale è il Tevere.

L'economia si basa sull'agricoltura (cereali, ortaggi, tabacco e vite), sull'allevamento del bestiame e sulle industrie siderurgiche, meccaniche, chimiche, alimentari e tessili.

Il turismo è in costante aumento, favorito dalle città come Assisi, Todi e Orvieto.

Le sue province sono Perugia (capoluogo) e Terni.

Ungaretti, Giuseppe

Poeta italiano (1888-1970). Di famiglia toscana, trascorse l'infanzia e l'adolescenza in Egitto, poi si trasferì a Parigi. Partecipò alla Prima guerra mondiale, insegnò letteratura italiana all'università di São Paulo, in Brasile, e dal 1942 ebbe una cattedra all'università di Roma.

La sua poesia (che si iscrive nell'ermetismo, di cui Ungaretti è considerato il caposcuola) è essenziale, tutta concentrata nella parola-immagine ed esprime la pena derivante da una solitudine senza rimedio, in versi di scabra e rarefatta liricità. Tra le sue opere, *Allegria di naufragi*, *Il porto sepolto* e *Sentimento del tempo*.

Ungheria

L'Ungheria è uno stato senza sbocchi sul mare situato nel cuore dell'Europa.

Il Danubio scorre verso il mar Nero, quasi dividendo in due il territorio. Le navi possono risalire il fiume fino a Budapest, capitale e più grande città del paese.

L'Ungheria è bassa sul livello del mare e piuttosto pianeggiante: a est si estende infatti una vasta prateria in cui pascolano pecore, bovini e cavalli.

L'agricoltura è importante, ma lavorano più persone nell'industria e nelle estrazioni minerarie che nei campi.

Quando l'impero austroungarico crollò, nel 1918, l'Ungheria divenne una repubblica indipendente. Nel 1947 fu proclamata la repubblica popolare guidata dal partito comunista con l'appoggio dell'Unione Sovietica, ma nel 1989 il paese si distaccò dal blocco sovietico e introdusse un sistema più democratico. Nel 2004 l'Ungheria è entrata nella UE.

UNGHERIA
Forma di governo: repubblica
Capitale: Budapest
Superficie: 93 027 km^2
Popolazione: 10 030 975 ab.
Lingua: ungherese
Moneta: fiorino ungherese

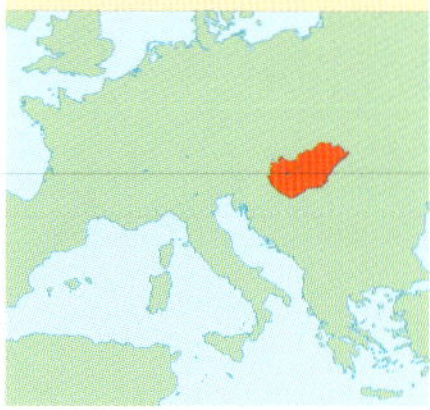

unghie e artigli

Unghie e artigli sono costituiti da una specie di pelle indurita, la stessa sostanza di cui sono composte le corna degli animali, e crescono all'estremità delle dita degli arti.

Quando sono larghe e piatte si chiamano unghie, ma se sono affilate e appuntite si tratta di artigli. Le unghie dell'uomo non sono di grande utilità, ma uccelli, mammiferi e rettili usano i loro artigli per attaccare o difendersi dai predatori.

Dalle unghie degli animali è possibile capire molte cose del loro stile di vita.

I felini e gli uccelli predatori hanno artigli molto affilati e a uncino per trattenere la preda e strapparne la carne. I formichieri hanno artigli lunghi, robusti e curvi per distruggere i nidi delle termiti. Gli artigli sono vitali per la sopravvivenza di uccelli, rettili e mammiferi. Tutti gli appartenenti alla famiglia dei felini possono ritrarre gli artigli in una fodera speciale all'interno dei cuscinetti delle zampe.

△ Gli **artigli** sono dello stesso materiale delle unghie. Gli animali preistorici, come il dinosauro *Deinonychus*, avevano grandi artigli affilati per squarciare e uccidere la preda.

Unione Europea

L'Unione Europea (*UE*) raggruppa diverse nazioni europee che collaborano per facilitare la circolazione di merci, denaro e persone tra i paesi membri. Vi fanno parte Austria, Belgio, Danimarca, Finlandia, Francia, Irlanda, Italia, Regno Unito, Grecia, Lussemburgo, Paesi Bassi, Portogallo, Spagna, Svezia e Germania. Il 1° maggio 2004 l'Europa unita si è "allargata", passando da 15 a 25 stati con l'ingresso di Estonia, Lettonia, Lituania, Polonia, Repubblica Ceca, Slovacchia, Slovenia, Ungheria, Malta e Cipro. Dal 1° Gennaio 2007 ne fanno parte anche Romania e Bulgaria. L'Unione diventa così la terza "entità" politica per grandezza, dopo Cina e India.
Il quartier generale dell'Unione Europea è a Bruxelles, in Belgio. Alcuni stati membri della UE (17) hanno adottato una moneta unica, l'**euro**.

Unione Sovietica (ex)

La vasta area che fino al 1990 fu l'Unione Sovietica, o meglio, l'Unione delle Repubbliche Socialiste Sovietiche (*URSS*), è ora un complesso di stati indipendenti.

I tre stati baltici, Lettonia, Lituania ed Estonia, dichiararono la loro indipendenza dall'Unione Sovietica nel 1991.

Nel 1992 undici delle rimanenti repubbliche avevano già dato vita alla Comunità di Stati Indipendenti (*CSI*): Armenia, Azerbaigian, Bielorussia, Kazakistan, Kirghizistan, Moldova, Russia, Tagikistan, Turkmenistan, Ucraina e Uzbekistan. La Georgia, l'ultima repubblica sovietica, si unì in un momento successivo. Ogni stato è oggi completamente indipendente, con un proprio governo, esercito e sistema economico. Da allora, però, la CSI è dominata economicamente e militarmente dalla *Russia*, prima sotto la guida di Boris Eltsin e, dal 2000, da Vladimir Putin.

Prima del 1922 l'Unione Sovietica era chiamata Russia ed era governata da zar, o imperatori. Dopo la rivoluzione del 1917 salì al potere un governo comunista (*vedi* **comunismo**) guidato da Vladimir Lenin.

La Russia fu quindi lacerata da una guerra civile tra i comunisti e i loro oppositori, nella quale i comunisti ebbero la meglio e iniziarono a trasformare il Paese in una grande nazione industriale.

Durante la Seconda guerra mondiale i sovietici occuparono l'Ungheria, la Bulgaria, la Romania, la Cecoslovacchia, la Polonia e parte della Germania, e dopo la guerra vi insediarono governi comunisti strettamente legati all'Unione Sovietica.

Negli anni 50 del secolo scorso gli Stati Uniti e l'Unione Sovietica iniziarono a diffidare gli uni dell'altra ed ebbe inizio la cosiddetta *guerra fredda*.

Con il suo ultimo leader, Michail Gorbaciov, l'Unione Sovietica attraversò un periodo di grandi cambiamenti e disordini. Quando nel 1991 il Paese iniziò a disgregarsi, il partito comunista era ormai allo sbando. La penuria di generi alimentari affliggeva tutto il Paese e l'economia tracollò. Alla fine del dicembre 1991 fu proclamata la costituzione della CSI.

Gli stati ex sovietici sono ricchi di minerali: possiedono grandi giacimenti di carbone, petrolio e gas naturale, ferro, piombo, cromo e manganese.

Gli agricoltori coltivano grano, orzo e segale, nonché ortaggi, frutta, tè e cotone. Anche la pesca e la selvicoltura sono molto importanti.

università

Le università sorsero nel Medioevo quando gruppi di studenti e insegnanti delle scuole di ogni città decisero di riunirsi in associazioni.

Man mano che le associazioni crescevano, venivano acquistati edifici per ospitare gli appartenenti.

La prima università europea fu fondata nell'XI secolo a Bologna. Subito dopo sorsero altre università a Parigi, in Francia, a Salamanca in Spagna e a Oxford in Inghilterra. Oggi quasi tutti gli stati possiedono università.

Terminati gli studi secondari, i giovani possono decidere di continuare a studiare nelle università, dove solitamente si specializzano in un campo. Gli studenti devono sostenere esami, orali e scritti, realizzare progetti e talvolta condurre esperimenti in laboratorio. Le università sono dotate di biblioteche che gli studenti possono usare per studiare ed effettuare ricerche.

Dopo tre o più anni, gli studenti che hanno superato tutti gli esami previsti dal corso di studi presentano un lavoro scritto chiamato *tesi* e conseguono un diploma di *laurea*. Esistono anche corsi di specializzazione da seguire dopo la laurea per ottenere una qualifica superiore.

△ Gli scienziati ritengono che l'**universo** sia nato da una gigantesca esplosione chiamata *Big Bang*, avvenuta 15 milioni di anni fa, che produsse un'enorme quantità di calore e lanciò gas e altra materia nello spazio.

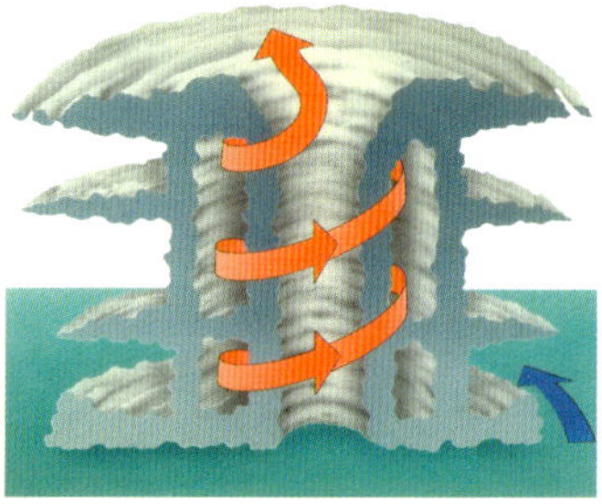

△ In un **uragano** i venti ruotano verso l'alto a spirale a grande velocità all'interno di una massa di nuvole temporalesche. Il *vortice* si crea attorno a una stretta colonna centrale di aria che si muove molto più lentamente.

universo

L'universo è composto da stelle, pianeti, lune e altra materia sparsa nello spazio. La Terra è soltanto una parte minuscola del sistema solare, compreso in un grande gruppo di stelle (una *galassia*) chiamato *Via Lattea*.

Oltre alla nostra galassia esistono probabilmente 10 000 milioni di altre galassie, alcune delle quali sono così lontane che la loro luce impiega migliaia di milioni di anni per giungere fino a noi.

Gli scienziati pensano che tutta la materia presente nell'universo un tempo fosse ammassata in una palla di fuoco che a un certo punto esplose, lanciando materia in ogni direzione. Disperdendosi nello spazio, questa materia si raffreddò e nuvole di gas e polvere si ammassarono insieme formando stelle, pianeti, lune e così via. Questa idea è chiamata *teoria del Big Bang*, ossia della "grande esplosione".

Gli scienziati stanno cercando di capire quale sarà il futuro dell'universo.

Secondo la *teoria dell'universo senza fine*, le galassie continueranno ad allontanarsi finché lo spazio non rimarrà un vuoto buio e immenso. Nella *teoria del Big Crunch*, ossia della "grande contrazione", invece, le galassie smetteranno di allontanarsi e la loro forza gravitazionale le attirerà verso l'interno dell'universo finché non entreranno in collisione ed esploderanno.

unni

Gli unni furono un gruppo di guerrieri nomadi che giunsero in Europa attorno al 400 d.C. dalle pianure dell'Asia centrale, conquistando vaste aree della Germania e della Francia. Il loro

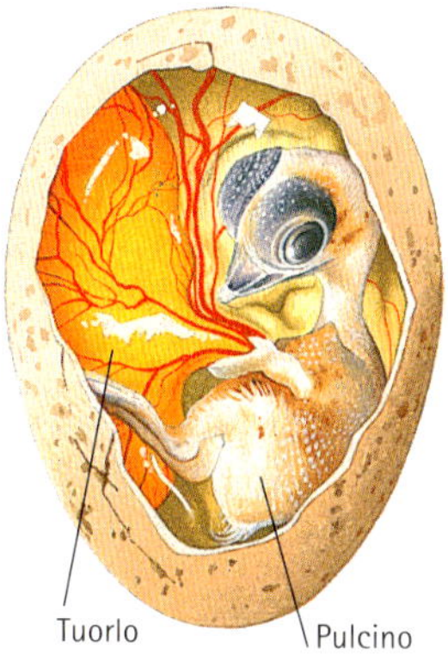

△ All'interno dell'**uovo** di un uccello il pulcino è nutrito dal tuorlo. Quando l'uovo si schiude, il pulcino possiede penne e artigli ed è perfettamente formato.

generale più famoso fu *Attila*, che attaccò Roma e giunse quasi a distruggere l'Impero Romano. Il potere degli unni, però, declinò improvvisamente dopo la morte di Attila nel 453 d.C.

uovo

Un uovo è una cellula animale femminile che può crescere fino a diventare un nuovo animale.

Normalmente un uovo si sviluppa soltanto se si unisce a una cellula maschile, ossia se viene fecondato. Le cellule maschili degli animali sono gli *spermatozoi*. In quasi tutti i mammiferi le uova fecondate si sviluppano all'interno del corpo della madre, mentre tutti gli uccelli e la maggior parte dei pesci, degli anfibi e dei rettili depongono uova che contengono nutrimento a sufficienza perché il piccolo possa svilupparsi all'interno dell'uovo, fuori dal corpo della madre.

uragano

Un uragano è una violenta tempesta in cui spirano venti ad almeno 120 km orari. Gli uragani si formano al di sopra degli oceani nei pressi dell'equatore, dove l'aria è molto umida. Gli uragani dell'oceano Pacifico sono chiamati *tifoni*, quelli dell'oceano Indiano *cicloni*.

Durante un uragano il vento soffia vorticosamente a spirale e raggiunge velocità superiori a 300 km orari e un diametro di 1600 km! Al centro dell'uragano si trova una stretta colonna d'aria, che ruota molto lentamente, detta *occhio*. Se un uragano raggiunge la costa può provocare danni immensi agli edifici e alle costruzioni. Oggi le immagini scattate dai satelliti aiutano gli scienziati a prevedere gli uragani dando alle popolazioni il tempo di mettersi in salvo. L'uragano *Kyrill* si è abbattuto sull'Europa settentrionale nei giorni fra il 16 e il 19 gennaio 2007: i venti soffiavano fino a 225 km orari. I danni causati da Kyrill si aggirano sul miliardo di euro. *Katrina* ha colpito gli Stati Uniti tra la fine di agosto e l'inizio di settembre del 2005, con raffiche che soffiavano fino a 320 km orari e ha provocato migliaia di morti, un milione di senzatetto e danni stimati per 100 miliardi di dollari. Nel 2008, *Nargis* ha colpito il Myanmar provocando oltre 130000 vittime.

uranio

Questo raro metallo biancastro è uno degli elementi più pesanti tra quelli conosciuti. L'uranio emette radioattività: in questo modo perde particelle atomiche e decade, trasformandosi, dopo milioni di anni, in piombo. Il personale che lavora a contatto con l'uranio deve indossare speciali indumenti per proteggere il corpo dai danni provocati dalle radiazioni. L'uranio non trovò molti impieghi fino al 1940, quando gli scienziati trovarono un modo per ricavarne energia. Oggi è il combustibile usato per produrre l'energia nucleare nelle bombe atomiche e nelle centrali elettriche nucleari. Una tonnellata di uranio può produrre energia pari a 30000 tonnellate di carbone ed è quindi un

◁ Il 26 aprile 1986 un reattore nucleare esplose nella centrale nucleare di Chernobyl, in Ucraina, emettendo elementi radioattivi, **uranio** incluso, nell'area circostante. Circa tre milioni di persone rimasero colpite dal disastro.

△ **Urano** visto da *Miranda*, la più piccola delle sue lune. La superficie di Miranda è ricoperta di crateri, montagne e crepacci di ghiaccio.

URANO
Distanza media dal Sole: 2 867 milioni di km
Distanza minima dalla Terra: 2 650 milioni di km
Temperatura media (nuvole): -200 °C
Diametro equatoriale: 51 118 km
Atmosfera: idrogeno, elio, metano
Numero di lune: 27 conosciute
Lunghezza del giorno: 17 ore e 14 minuti
Lunghezza dell'anno: 84 anni terrestri

metallo molto prezioso. Esistono miniere in molti stati: la maggior parte dell'uranio del mondo occidentale proviene dagli Stati Uniti e dal Canada.

Urano

Il pianeta Urano dista dal Sole 19 volte la distanza esistente tra la Terra e il Sole e fu il primo pianeta scoperto con l'aiuto di un cannocchiale.

Sebbene sia quattro volte più grande della Terra, visto al cannocchiale o al telescopio, Urano ha l'aspetto di un minuscolo disco blu-verdastro.

Diversamente dal nostro pianeta, Urano è principalmente composto da gas. Ha un nucleo roccioso circondato da acqua e la sua densa atmosfera è costituita da elio, idrogeno e soprattutto metano, che dona al pianeta il distintivo colore blu-verde.

Urano ruota su se stesso a una velocità tale che uno dei suoi giorni è lungo circa 17 ore terrestri. Un anno sulla sua superficie dura invece 84 anni terrestri.

È l'unico pianeta del sistema solare a ruotare su un asse quasi parallelo al piano della sua orbita attorno al Sole: questo fa sì che su Urano vi siano bizzarre stagioni. I poli sono i punti più caldi, con un'estate che dura 42 anni durante i quali il Sole non tramonta mai al polo sud, mentre il polo nord è immerso nell'oscurità.

Non si sapeva nulla della superficie di Urano fino al 1986, quando il *Voyager II* passò molto vicino al pianeta e scattò numerose fotografie che mostrarono l'esistenza di nuvole attorno alla sua superficie, con venti che soffiano fino a 300 km orari. Il pianeta è circondato da undici anelli composti da frammenti scuri delle dimensioni di massi e ha almeno 27 lune, una delle quali, *Miranda*, è caratterizzata da montagne alte anche 26 km.

URUGUAY
Forma di governo: repubblica
Capitale: Montevideo
Superficie: 176 065 km²
Popolazione: 3 344 938 ab.
Lingua: spagnolo
Moneta: peso uruguayo

Uruguay

L'Uruguay è uno degli stati più piccoli dell'America meridionale, lungo soltanto 500 km da nord a sud. È situato nel sudest, compreso tra Argentina e Brasile ed è affacciato sull'oceano Atlantico. In passato l'Uruguay era una provincia del Brasile e divenne uno stato indipendente nel 1825.

Bassipiani e colline basse ed erbose occupano gran parte del Paese. Molti ruscelli e fiumi confluiscono nel fiume Uruguay o nel grande estuario chiamato *Rio della Plata*. L'Uruguay ha inverni miti ed estati calde.

Gli abitanti discendono perlopiù da coloni spagnoli o da emigranti italiani e all'incirca un uruguayano su tre vive nella capitale, Montevideo.

Le fabbriche producono capi d'abbigliamento, mobili e altro, ma gran parte della popolazione lavora negli impianti di produzione di carne in scatola e nei magazzini di lana oppure nelle fattorie, dove mandriani chiamati *gauchos* si occupano dei milioni di pecore e bovini che vi si allevano. L'allevamento del bestiame alimenta infatti le principali industrie e la lana è il prodotto d'esportazione più pregiato dell'Uruguay.

△ **Van Gogh** dipinse circa 30 autoritratti nel breve periodo di cinque anni, dal 1885 al 1890, anno della sua morte. Questo fu realizzato nel 1889.

vaccinazione, *vedi* immunità

Valle d'Aosta

Regione autonoma a statuto speciale (127 866 ab.) dell'Italia nordoccidentale confinante con Francia, Svizzera e Piemonte. Il territorio presenta imponenti massicci (monte Bianco, 4807 m; monte Rosa 4637 m; Cervino, 4478 m; Gran Paradiso, 4601 m) e si identifica con la valle percorsa dalla Dora Baltea, da Entrèves fino a Pont-Saint-Martin. Numerose sono le valli minori: la valle del Gran San Bernardo, la Valtournenche, la Val d'Ayas, la valle del Lys; La Thuile, la Valgrisenche, la Val di Rhêmes, la Valsavarenche e la valle di Cogne, centri di soggiorno estivo e invernale di fama internazionale. L'economia si basa sull'allevamento, che fornisce una ricca produzione casearia, e sull'agricoltura (cereali, foraggi e frutta). Discreto il settore industriale nei comparti tessile, chimico e dei liquori e l'artigianato (pizzi, ferro battuto, legno). Il suo capoluogo è Aosta.

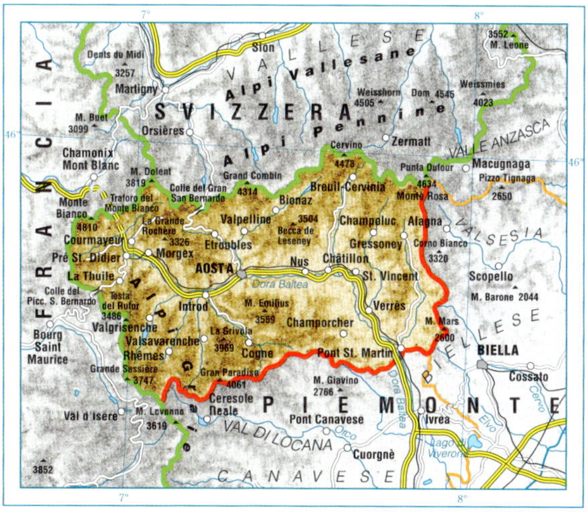

Van Gogh, Vincent

Pittore olandese (1853-1890). Ebbe una vita travagliata che lo condusse alla follia. Si dedicò all'arte per esprimere i forti sentimenti religiosi, ma fu soltanto nel 1880 che decise di diventare pittore. Nel 1886 si recò a Parigi a trovare il fratello, direttore di una galleria d'arte, e fu subito attratto dalle opere degli impressionisti (*vedi* **impressionismo**). Influenzato da queste, iniziò a dipingere con colori accesi e pennellate decise, che divennero caratteristiche dei suoi quadri. Nel 1888 si trasferì ad Arles, nel sud della Francia, dove realizzò gran parte dei suoi dipinti più famosi. Negli ultimi anni della vita soffrì di una terribile depressione. Vendette il suo primo quadro nel 1890, ma si suicidò nel luglio dello stesso anno. Oggi le sue opere sono famose in tutto il mondo, ma soltanto il fratello Theo (1857-1891) credette nel suo genio mentre era ancora in vita. Ricordiamo: *Autoritratto con cappello di paglia*, *I girasoli* e *Campo di grano con volo di corvi*.

vapore, motore a

Quando bolle, l'acqua si trasforma in vapore. Il vapore occupa uno

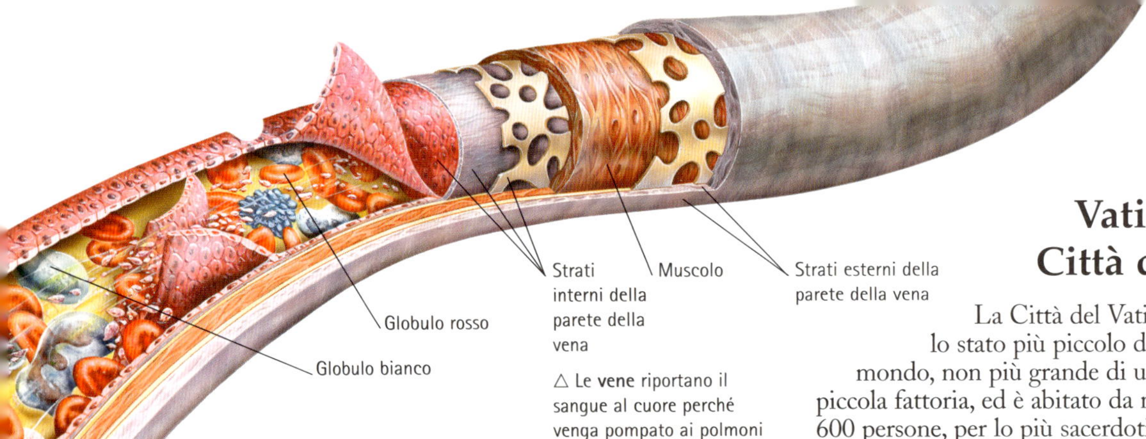

spazio 1700 volte superiore a quello dell'acqua che lo produce e quindi, se si trova "schiacciato" in un piccolo contenitore, esercita una forte pressione sulle pareti.

Se una di queste è libera di muoversi, viene spinta verso l'esterno.

Nel XVIII secolo inventori come Thomas Newcomen (1663-1729) si basarono su questo fenomeno per costruire motori azionati dal vapore.

Nel motore di Newcomen, l'acqua veniva riscaldata in una caldaia e produceva vapore che spingeva un pistone verso l'alto all'interno di un cilindro. Quando il vapore si raffreddava e si ritrasformava in acqua, l'aria spingeva il pistone nuovamente verso il basso. Un motore di questo tipo era usato per estrarre l'acqua dalle miniere allagate.

James Watt costruì un motore più potente in cui il vapore spingeva, prima in una direzione e poi nell'altra, un pistone collegato ad aste che facevano girare una ruota. All'inizio del XIX secolo con motori di questo tipo si spostavano carichi pesanti più velocemente di quanto fosse possibile con i cavalli.

Nelle fabbriche, i motori a vapore furono installati sulle macchine che resero possibile la rivoluzione industriale e furono adottati anche su locomotive e imbarcazioni.

Il *motore a combustione interna* ha ampiamente sostituito i motori a vapore, ma molte eliche di navi e generatori di centrali elettriche sono ancora azionati da vapore che mette in movimento ruote chiamate *turbine*.

△ Le **vene** riportano il sangue al cuore perché venga pompato ai polmoni e successivamente al resto del corpo.

CITTÀ DEL VATICANO
Forma di governo: monarchia assoluta teocratica elettiva a carattere vitalizio
Capitale: Città del Vaticano
Superficie: 0,44 km²
Popolazione: 799 ab.
Lingua: italiano
Moneta: euro

Vaticano, Città del

La Città del Vaticano è lo stato più piccolo del mondo, non più grande di una piccola fattoria, ed è abitato da meno di 600 persone, per lo più sacerdoti e suore.

Situato sul colle del Vaticano, nella zona nordoccidentale di Roma, è la sede del papa e il quartier generale della Chiesa cattolica. Nonostante le piccole dimensioni, la città-stato ha una propria bandiera, una stazione radiofonica, un sistema bancario e una ferrovia. Emette anche francobolli propri.

La Città del Vaticano è circondata da mura e contiene molti edifici famosi, come i Musei Vaticani, la cappella Sistina affrescata da Michelangelo e la *Basilica di San Pietro*, la più grande chiesa cristiana del mondo.

vela

Un tempo, quasi tutte le navi usavano vele, ma a metà del XIX secolo le navi a vela erano già state ampiamente sostituite da navi a vapore. Oggi, infatti, la navigazione a vela è praticata quasi essenzialmente per passione o per sport.

▽ Fino agli anni 50 del secolo scorso, i treni erano per la maggior parte trainati da locomotive azionate da **motori a vapore**. Nell'illustrazione è raffigurata la più veloce locomotiva a vapore del mondo, la *Mallard*. Nel 1938 questa locomotiva aerodinamica raggiunse la velocità record di 201 km orari.

Le barche a vela variano di dimensioni, dalle piccole derive ai grandi yacht. Lo *scafo*, ossia il corpo della barca, è realizzato in fibra di vetro o in legno compensato sagomato. Le vele sono solitamente di un materiale sintetico come il nylon e possono essere orientate a favore del vento con funi chiamate *sartie*. Le barche a vela possono veleggiare in qualsiasi direzione, tranne che perfettamente controvento.

Una delle più famose gare di vela è l'*America's Cup*, disputata per la prima volta nel 1870. La vela è uno sport olimpico dal 1908.

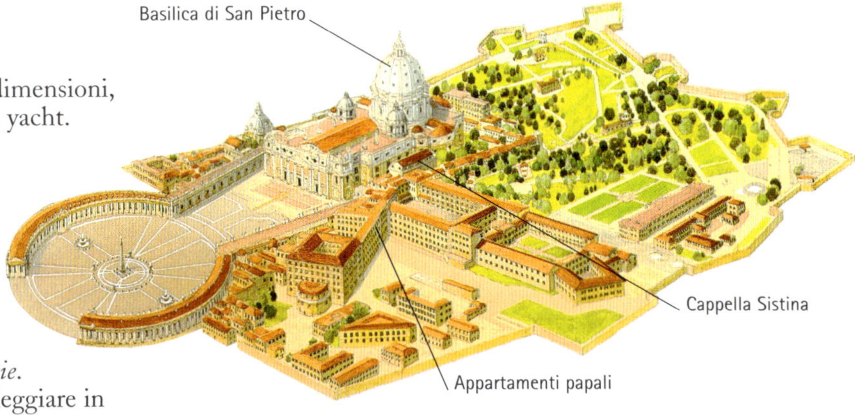

△ Gli edifici storici della **Città del Vaticano** comprendono la *Basilica di San Pietro*, costruita tra il 1506 e il 1614, gli appartamenti papali, accanto alla *basilica*, e la *Cappella Sistina*, con gli affreschi di Michelangelo.

▽ Molti **veleni** sono così pericolosi che devono essere muniti di una chiara etichetta di avvertimento quando vengono trasportati da una località all'altra o immagazzinati. Il simbolo internazionale per le sostanze velenose è il *teschio con le tibie incrociate*. L'altro simbolo dell'illustrazione indica che il contenuto del barile è radioattivo.

veleno

I veleni sono sostanze chimiche che uccidono o procurano lesioni agli esseri viventi. Alcuni veleni penetrano nel corpo attraverso la pelle, altri sono sostanze che vengono ingerite, mentre i gas velenosi sono nocivi se vengono respirati. Veleni diversi agiscono in modi diversi.

Gli acidi o gli alcali molto potenti procurano ustioni, mentre i veleni che attaccano i nervi possono provocare l'arresto del cuore.

Altri veleni, invece, scatenano emorragie interne. Se somministrati in tempo, farmaci chiamati *antidoti* possono curare chi è rimasto intossicato da determinati veleni.

▽ Manovrare una barca a **vela** richiede una grande abilità. La barca è governata con una barra che aziona il *timone*, ossia una tavola posta verticalmente sul retro dell'imbarcazione.

vena

Le vene sono condotti sottili che riportano al cuore il sangue carico di rifiuti proveniente da tutte le parti del corpo. Il sangue che scorre nelle arterie è spinto dalla forza di pompaggio del cuore, ma il sangue che scorre nelle vene non ha un organo che lo spinga in circolo, così molte vene possiedono specie di valvole al loro interno che si chiudono qualora il sangue iniziasse a rifluire nella direzione opposta.

Venere

Il pianeta Venere deve il nome alla dea romana della bellezza e dell'amore. Venere è il pianeta più luminoso del sistema solare,

VENERE
Distanza media dal Sole: 108 milioni di km
Distanza minima dalla Terra: 42 milioni di km
Temperatura media: 480 °C
Diametro equatoriale: 12 103,6 km
Atmosfera: anidride carbonica, azoto
Numero di lune: 0
Lunghezza del giorno: 243 giorni terrestri
Lunghezza dell'anno: 225 giorni terrestri

△ Nel 1982 la sonda spaziale russa *Venera 13* atterrò su **Venere** e inviò a terra immagini e informazioni. Subito dopo l'atterraggio la sonda venne distrutta dal terribile clima del pianeta.

visibile in cielo come una stella al mattino o alla sera, a seconda del punto in cui si trova nel suo percorso attorno al Sole. Se si osserva Venere con un cannocchiale può sembrare simile a una piccola Luna, in cui è visibile soltanto la parte illuminata dal Sole.

Venere impiega 225 giorni a compiere un'orbita attorno al Sole, quindi su Venere trascorrono più di tre anni ogni due sulla Terra. Il pianeta, però, ruota così lentamente su se stesso che un suo giorno dura 243 giorni terrestri.

È l'unico pianeta del sistema solare a ruotare su se stesso nella direzione opposta rispetto a quella dell'orbita.

△ Maschere bellissime, costumi e mantelli sono indossati dalla gente durante l'annuale carnevale di **Venezia**. Molti dei costumi si ispirano agli abiti del XVIII secolo, quando il carnevale fu al suo apice.

Venere è all'incirca delle stesse dimensioni della Terra, ed è composto da roccia vulcanica, ma il suo ambiente è il più ostile di tutto il sistema solare.

La sua superficie è infatti nascosta sotto una coltre di nuvole di un bianco abbagliante, probabilmente composte da minuscole gocce di acido solforico.

Poiché è il secondo pianeta più vicino al Sole, la sua superficie è molto più calda di quella della Terra. L'atmosfera consiste principalmente di anidride carbonica, che provoca un effetto serra intrappolando il calore del Sole vicino alla superficie (*vedi* **riscaldamento globale**).

La temperatura media di Venere è di 480 °C, quattro volte quella dell'acqua bollente. Venti violentissimi sferzano la superficie a oltre 320 km orari e le reazioni chimiche che avvengono nell'atmosfera provocano tempeste di elettricità.

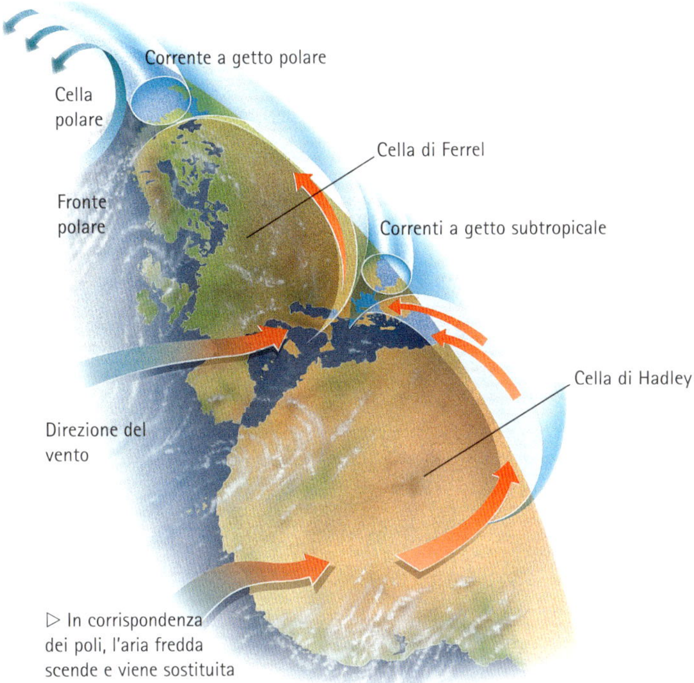

▷ In corrispondenza dei poli, l'aria fredda scende e viene sostituita da aria più calda proveniente dall'alto, in una cella di circolazione atmosferica chiamata *cella polare*. Le *celle di Ferrel* si formano invece a latitudini comprese tra i 30° e i 60°. L'aria fredda che si allontana dai poli incontra i **venti** caldi provenienti dalle aree subtropicali e spinge l'aria calda nuovamente verso l'equatore.

Veneto

Regione (4 912 438 ab.) dell'Italia nordorientale, confinante con Austria, Trentino Alto Adige, Lombardia, Emilia Romagna, è bagnata dal mar Adriatico. Il suo territorio presenta rilievi alpini e dolomitici e una vasta pianura, con rilievi isolati (monti Berici, colli Euganei), che arriva fino al mare. La costa è orlata di lagune.

I suoi fiumi sono il Po, l'Adige, il Brenta, il Piave e il Tagliamento. L'agricoltura è molto sviluppata, soprattutto la viticoltura. Intensa è la pesca e attivo è l'allevamento e la relativa industria tessile-laniera. Importante è l'artigianato: vetri a Murano, merletti a Burano. Il turismo è in costante aumento. Le sue province sono: Belluno, Padova, Rovigo, Treviso, Verona, Vicenza e Venezia (capoluogo).

Venezia

Venezia è una bellissima città d'arte e di cultura, affacciata sul mare Adriatico, che fu costruita sulla laguna omonima su un gruppo di 120 isolotti di sabbia e fango. Le case sono edificate su pali di legno conficcati nella sabbia. Un ponte della lunghezza di poco più di 4 km collega la città alla terraferma e su di esso scorrono una strada e una ferrovia.

All'interno della città, un intrico di oltre 180 canali sostituisce la rete stradale e la gente si sposta su battelli chiamati *vaporetti*. Un'altra imbarcazione tipica è la *gondola*, una barca dal fondo piatto molto elegante, di colore nero lucente e condotta da rematori chiamati *gondolieri*, ma è usata principalmente dai turisti che ogni anno si riversano a migliaia in città.

Per centinaia di anni Venezia fu il più importante centro del commercio marittimo tra l'Europa e gli imperi d'Oriente. La ricchezza della città di un tempo può ancora essere ammirata nell'eleganza delle case e dei palazzi costruiti dai mercanti.

Venezuela

VENEZUELA
Forma di governo: repubblica federale
Capitale: Caracas
Superficie: 916 445 km²
Popolazione: 28 833 845 ab.
Lingua: spagnolo
Moneta: bolívar

Ex colonia spagnola, indipendente dal 1 821, il Venezuela è un grande stato situato sulla costa settentrionale dell'America meridionale. In spagnolo il suo nome significa "piccola Venezia" e fu così chiamato perché i suoi numerosi fiumi ricordarono agli esploratori i canali della città veneta.

Nel nordovest si estendono le propaggini del sistema andino, mentre il centro è occupato da una vastissima pianura, che a sud confina con una zona di alte terre. L'altopiano della Guayana, a sudest, è ricoperto di fitte foreste pluviali e vi si trovano le *cascate Angel*, le più alte cascate del mondo, con un salto di 972 m. Nelle pianure erbose chiamate *llanos,* ai lati del fiume Orinoco, pascolano migliaia di capi di bovini. La maggior parte dei venezuelani vive nelle città lungo le coste. In Venezuela si coltiva caffè, cotone e cacao. Le risorse petrolifere fanno del Paese il più ricco del continente sudamericano.

vento

I venti sono masse d'aria in movimento: quelli più lenti sono *brezze leggere*, quelli più veloci sono *venti di burrasca* o *fortunali*. È possibile capire la velocità del vento dall'effetto che produce su alberi ed edifici.

I venti si producono perché alcune masse d'aria si riscaldano più di altre.

Quando l'aria si riscalda, le sue particelle si espandono: una massa d'aria calda è quindi più leggera di una massa d'aria fredda che occupa lo stesso spazio e pertanto tende a salire verso l'alto. Quando l'aria calda sale, l'aria fredda velocemente prende il suo posto: è questo fenomeno che provoca gli *alisei* che costantemente soffiano sugli oceani tropicali. I venti influenzano il clima e il **tempo atmosferico**.

Una scala di velocità del vento fu elaborata nel 1805 dall'ammiraglio Sir Francis Beaufort ed è chiamata *scala Beaufort*. In questa scala la forza del vento è misurata con numeri da 0 a 12.

Lo 0 indica calma (assenza di vento) mentre il 4, per esempio, è già una brezza che agita i rami più sottili degli alberi e le bandiere. A forza 7 alberi interi vengono scossi ed è difficile camminare in direzione contraria al vento. Forza 12 è un vento violentissimo che pochi hanno potuto osservare: è un vero uragano, che provoca danni terribili alle navi in mare e alle case sulla terraferma.
Le banderuole indicano la direzione del vento: la punta della freccia si orienta verso i punti cardinali, nord, est, sud e ovest.

verbo

I verbi sono parole che indicano azioni o modi di essere, per esempio: andare, scegliere, avere ed essere. Descrivono ciò che fanno persone o cose o ciò che accade loro.

Ecco tre esempi di verbi all'interno di frasi: "È una notte fredda", "Marco mangiò un panino", "Anna ha bevuto un'aranciata". Nei primi due esempi, il verbo è una sola parola, "è" e "mangiò".

Nel terzo esempio il verbo ha un tempo composto, formato da due parole: "ha bevuto".

Nella prima frase il verbo descrive qualcosa che sta accadendo ora: il verbo è al tempo *presente*. Se l'azione fosse avvenuta nel *passato*, il verbo cambierebbe: "Era una notte fredda".

Allo stesso modo, se l'azione avvenisse nel *futuro*, il verbo diventerebbe: "Sarà una notte fredda".

I verbi possono essere *attivi* o *passivi*. Nella frase: "Marco mangiò un panino", il verbo "mangiò" è nella forma attiva. Se si dicesse "Il panino fu mangiato da Marco", il verbo "fu mangiato" sarebbe nella forma passiva.

Verdi, Giuseppe

Compositore italiano (1813-1901). Fu il dominatore incontrastato dell'opera italiana dopo la morte di Donizetti.

Di modestissima famiglia, e nonostante studi musicali irregolari, esordì al Teatro alla Scala di Milano già nel 1839 con *Oberto, conte di San Bonifacio* e il successo

▽ Esistono molti tipi di **verdure** diverse che possiamo consumare nella nostra dieta giornaliera. La maggior parte di esse si sviluppa da semi, bulbi e tuberi e viene raccolta annualmente. Alcune verdure crescono invece su piante perenni.

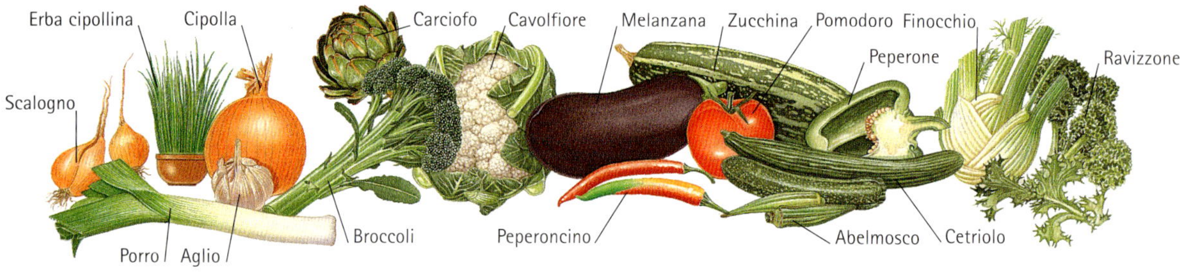

gli arrise con il *Nabucco*.
La peculiarità del genio verdiano consiste nell'intensa drammaticità della sua concezione della vita. Tra i suoi capolavori ricordiamo *La traviata*, *Aida* e *Otello*.

△ Il *lombrico comune* è un tipo di **verme** dotato di organi sia maschili che femminili. Le nereidi e le arenicole vivono lungo le coste fangose e sabbiose.

verdure

Le verdure sono piante di cui è possibile mangiare alcune parti. Di verdure come la lattuga e gli spinaci si mangiano le foglie. Di altre verdure, invece, si mangiano le radici o gli steli: la carota e la pastinaca, per esempio, sono *radici*, il sedano e l'asparago sono *steli*. Fagioli, piselli e granoturco sono *semi*, mentre pomodori e zucche sono in realtà *frutti*, come molte altre verdure.

I semi commestibili, ossia i *legumi*, forniscono preziose proteine che contribuiscono a rafforzare l'organismo.

Le *verdure in foglia* o in *radice* apportano invece vitamine, minerali e fibre per aiutare la digestione, mentre le patate contengono amido, che il corpo brucia per produrre energia. Le verdure in scatola spesso perdono molte vitamine e minerali, ma quelle surgelate e secche mantengono intatto il loro contenuto di sostanze nutritive.

Le verdure possono perdere il loro prezioso contenuto di vitamine e minerali, e spesso anche il sapore, se vengono cotte troppo. Il modo migliore di consumare le verdure è mangiarle crude in insalata, oppure cotte al forno o al vapore.

Alcune verdure, come le patate, non possono però essere mangiate crude e devono essere cotte prima di essere consumate.

Molte persone sono *vegetariane*, ossia non mangiano la carne degli animali, neppure il pollame o il pesce.

I vegetariani si nutrono quindi con una dieta a base di verdure, cereali, frutta secca, legumi e frutti. La soia è un'ottima fonte di proteine. Chi segue una dieta vegetariana equilibrata ha in genere la pressione sanguigna più bassa e meno grasso superfluo di chi consuma carne.

I vegetariani, però, devono fare attenzione a ingerire proteine e vitamine a sufficienza per mantenersi in buona salute.

vermi

Esistono centinaia di animali diversi con il corpo molle e piatto comunemente chiamati vermi.

Alcuni, come i nematelminti o i platelminti, sono creature molto semplici, altri, come i lombrichi, le sanguisughe e le larve di alcuni insetti sono più complicati e il loro corpo è diviso in numerosi segmenti.

I vermi semplici sono per lo più molto piccoli e solitamente vivono come *parassiti* all'interno del corpo di animali o piante. Le fascicole epatiche e le tenie sono creature di questo tipo.

▽ Luigi XIV desiderava che **Versailles** fosse il palazzo più sfarzoso di Francia e per la sua realizzazione spese all'incirca l'equivalente di 100 milioni di euro, una cifra enorme per il tempo.

Versailles

Versailles è una famosa località della Francia, alla periferia di Parigi, in cui sorge un palazzo famosissimo che il re Luigi XIV (1638-1715) fece costruire nel 1661 come una specie di "casa di villeggiatura" per sé e la sua corte.

I più famosi architetti, scultori e giardinieri del tempo lavorarono al palazzo e al suo parco perché il re potesse vivere nel lusso come nessun altro sovrano del tempo.

Il palazzo è costruito in pietra di colore rosa e crema ed è lungo più di 800 m. All'interno vi sono centinaia di bellissime stanze e saloni, il più famoso dei quali è il *Salone degli Specchi*, con 483 enormi specchi che rivestono le pareti e molti dipinti.

Luigi XIV spese enormi somme di denaro per la realizzazione del palazzo. Lo spreco e lo sfarzo di Versailles furono una delle cause che, un secolo dopo, scatenarono la rivoluzione francese. Oggi il palazzo è un museo e attira turisti da tutto il mondo.

△ Circa 520 milioni di anni fa, il pesce *Pikaia* (al centro) fu il primo **vertebrato**, ossia un animale dotato di spina dorsale, a fare la comparsa sulla Terra.

vertebrati

I vertebrati sono animali dotati di *colonna vertebrale*, o spina dorsale, costituita da ossa corte chiamate *vertebre*, il cui nome deriva da un termine latino che significa “girare”.

La maggior parte dei vertebrati può infatti piegare e raddrizzare la colonna vertebrale ruotando leggermente le vertebre.

Sono molti i fattori che rendono i vertebrati diversi dagli altri animali. In genere hanno un involucro osseo che protegge il cervello, costole che riparano il cuore, i polmoni e altre parti delicate e uno o due paia di arti. Quasi tutti hanno uno scheletro osseo.

Esistono sette gruppi principali di vertebrati. Il gruppo più semplice comprende le lamprede, pesci simili alle anguille e privi di mandibole: hanno la spina dorsale ma sono prive di scheletro. Un po' più complesso è il gruppo degli squali e delle razze, che hanno lo scheletro di un materiale leggero ed elastico chiamato *cartilagine*.

Tutti gli altri vertebrati, invece, sono dotati di scheletro osseo, come pesci ossei, anfibi, rettili, uccelli e mammiferi.

△ La prima eruzione del **Vesuvio**, avvenuta nel 79 d.C.

▽ Questo è l'aspetto che potrebbe avere la **Via Lattea** osservata da numerose centinaia di anni luce al di sopra della nostra galassia. Ha una serie di bracci disposti a spirale e un rigonfiamento centrale di stelle più vecchie e più ammassate.

Vesuvio

Il Vesuvio è uno dei vulcani più famosi del mondo e l'unico attivo dell'Europa continentale. Domina la baia di Napoli, nel sud dell'Italia, con 1281 m di quota, ma ogni volta che erutta diminuisce di altezza.

La prima eruzione ebbe luogo nel 79 d.C.: fino a quel tempo le antiche popolazioni non si erano rese conto che si trattava di un vulcano attivo e sulle sue pendici avevano costruito città e impiantato coltivazioni. Per tre giorni il Vesuvio scagliò cenere e lava attorno a sé, seppellendo le città di Pompei e di Ercolano. Negli ultimi 200 anni si sono verificate nove grandi eruzioni.

La più grave in anni recenti si ebbe nel 1944, durante la Seconda guerra mondiale. Un villaggio rimase distrutto e le truppe alleate aiutarono la gente a fuggire dal fiume di lava.

Via Lattea

Guardando il cielo in una notte limpida e senza Luna si riesce a scorgere una pallida nuvola luminosa. Osservandola con un binocolo o un telescopio, si scopre che la nuvola è in realtà un ammasso di milioni di stelle. Tutte queste stelle, e la maggior parte delle altre che vediamo, fanno parte della nostra galassia, chiamata Via Lattea.

Gli astronomi ritengono che la Via Lattea sia composta da circa 150 miliardi di stelle, tra cui il Sole, e che si estenda per 100 000 anni luce.

Un *anno luce* è la distanza che la luce compie in un anno alla velocità di 300 000 km al secondo. Il nostro sistema solare si trova a 30 000 anni luce di distanza dal centro della Via Lattea.

vichinghi, *vedi* pp. 412-413

Vienna

Vienna è la capitale dell'Austria, situata lungo il Danubio, nella parte orientale del Paese. È una città molto antica: i celti si stabilirono in questo sito oltre 2000 anni fa, seguiti dai romani, che decisero di costruirvi una città e la chiamarono *Vindobona*. A Vienna sono ancora visibili molti edifici che risalgono al Medioevo, il più famoso dei quali è la Cattedrale di S. Stefano.

Fino alla fine della Prima guerra mondiale la città fu la sede della potente famiglia degli Asburgo.

Vienna è sempre stata popolare tra gli artisti: Beethoven (1770-1827) e Mozart (1756-1791) furono tra i numerosi musicisti che vi abitarono.

Anche grandi uomini di scienza e di medicina, come Sigmund Freud, vissero a Vienna, oggi abitata da oltre 1,6 milioni di abitanti.

Vienna è un importante centro industriale, di scambi commerciali e di comunicazioni. I principali articoli qui prodotti sono apparecchiature elettriche, carta e abbigliamento.

Il turismo rappresenta una delle industrie più importanti.

Vietnam

Il Vietnam è un piccolo stato del Sudest asiatico dal clima caldo e umido, un tempo governato dalla Francia come parte dell'Indocina. Dopo la Seconda guerra mondiale fu diviso in due stati: Vietnam del Nord e Vietnam del Sud. Hanoi era la capitale dello stato a nord, Saigon (oggi chiamata *Ho Chi Minh*) la capitale di quello a sud.

Negli anni 60 del secolo scorso si scatenò la guerra tra il nord, comunista, e il sud, aiutato dagli Stati Uniti. La guerra terminò nel 1975, dopo aver causato più di un milione di vittime.

Le truppe USA si ritirarono e il Paese fu riunificato sotto il governo socialista di Hanoi.

VIETNAM
Forma di governo: repubblica socialista
Capitale: Hanoi
Superficie: 331 051 km²
Popolazione: 85 789 573 ab.
Lingua: vietnamita
Moneta: dong

vino

Il vino è una bevanda ricavata dal succo dell'uva, contenente alcol prodotto in un processo chiamato *fermentazione*.

L'uva viene pigiata, quindi il succo viene lasciato fermentare in contenitori chiamati *tini*, dopo di che viene trasferito in botti finché non è pronto per essere bevuto. I vini dolci sono ricchi di zucchero, mentre nei vini più secchi gran parte dello zucchero è diventato alcol.

Prima di arrivare nelle nostre case sotto forma di vino, l'uva attraversa molti processi. Dopo la fermentazione alcuni vini sono conservati in cantine per un certo periodo per "invecchiare" e

continua a p. 414

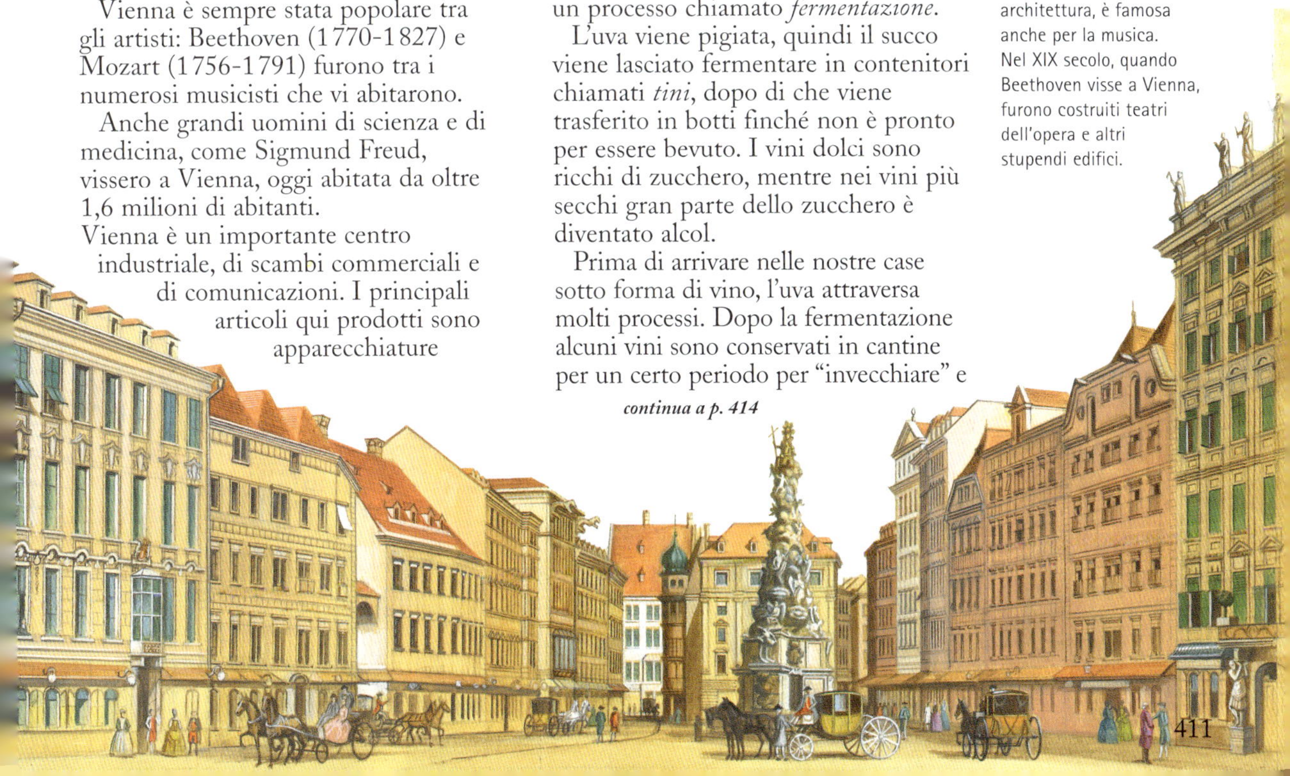

▽ **Vienna**, in Austria, oltre che per la straordinaria architettura, è famosa anche per la musica. Nel XIX secolo, quando Beethoven visse a Vienna, furono costruiti teatri dell'opera e altri stupendi edifici.

△ *I capi vichinghi locali, o* jarl, *possedevano armi raffinate con else d'oro o d'argento lavorato.*

VICHINGHI

Nell'800 d.C. ca., alcuni popoli del nord chiamati vichinghi iniziarono a lasciare i loro villaggi in Norvegia, Danimarca e Svezia alla ricerca di nuove terre da coltivare. La loro forza e le capacità marinare divennero leggendarie in tutta l'Europa.

△ L'Althing *vichingo in Islanda: l'assemblea emanava leggi e trovava accordi su problemi importanti.*

NAVI

I vichinghi erano marinai straordinari. Nei loro lunghi viaggi per mare navigavano su caratteristiche navi lunghe, estremamente veloci e con la prua ornata da polene scolpite con le sembianze di animali feroci. Chi le vedeva, le chiamava "navi del drago". Le lunghe navi dei vichinghi erano slanciate e costruite con sottili assi sovrapposte, in grado di flettersi nel mare agitato. Erano leggere e con i fianchi molto bassi, così potevano essere usate sia per attraversare i mari che per risalire i fiumi. I vichinghi furono i primi europei ad adottare vele sulle loro navi, che erano quindi molto veloci. Queste navi potevano anche essere azionate a remi quando non c'era vento o in prossimità della costa prima di attraccare. I vichinghi costruivano anche navi più larghe e profonde che utilizzavano per il commercio e piccole barche a remi per la navigazione sotto costa.

ESPLORATORI E COLONI

I vichinghi erano agricoltori e la necessità di trovare nuovi terreni coltivabili li spinse a viaggiare e a esplorare nuovi Paesi. Grazie alla loro abilità di marinai viaggiavano in gran parte dell'Atlantico del nord, un oceano noto per le sue acque impetuose e ingannevoli.

I vichinghi scoprirono e colonizzarono la Groenlandia e l'Islanda. Secondo la leggenda, il vichingo Eric il Rosso (950 ca.-1003) chiamò *Islanda*, ossia "terra di ghiaccio", la verde isola del nord per dissuadere i potenziali predoni. Dopo 60 anni di colonizzazione dell'Islanda, iniziata nell'874 circa, i vichinghi avevano già fondato un'assemblea nazionale che è oggi il parlamento più antico del mondo. Molte delle grandi città del nord dell'Inghilterra, come York, furono fondate dai vichinghi. Si pensa anche che l'esploratore vichingo Leif Eriksson sia approdato in America settentrionale nel 1003 d.C., quasi 500 anni prima dell'arrivo di Cristoforo Colombo (1451-1506) nel 1492.

COMMERCIO

I vichinghi erano commercianti abilissimi. Fondarono molte basi mercantili, come Dublino in Irlanda e York in Inghilterra, dalle quali le merci venivano inviate nei loro Paesi d'origine. Con le rotte commerciali raggiunsero anche l'est verso Kiev e Novgorod in Russia, e il sud, fino all'Iraq e alla Siria. In questo modo i vichinghi ebbero accesso a merci che non avrebbero mai potuto essere prodotte nei loro paesi d'origine, come seta, miele e spezie.

▷ *Le* pietre runiche *furono erette dai vichinghi: erano grandi pietre poste verticalmente con incise* rune *(lettere) e bellissime decorazioni.*

◁ *Molti insediamenti vichinghi erano situati nei pressi del mare e spesso si vedevano i commercianti scaricare merci sulla spiaggia.*

SOCIETÀ VICHINGA

I Paesi d'origine dei vichinghi erano divisi in molti regni, ognuno governato da un re. Tuttavia, la gente era più fedele ai capi locali, o *jarl*, che al re. Gli jarl, perciò, erano le figure più ricche e potenti della società. Regnavano su una regione e disponevano di una compagnia di guerrieri che utilizzavano per le loro scorrerie.

Il gruppo più numeroso della società vichinga era rappresentato dai *karl*, uomini e donne liberi, agricoltori o artigiani. I più poveri erano i *thrall*, schiavi catturati nelle incursioni o karl che avevano commesso un reato. I thrall lavoravano come servitori degli agricoltori.

RELIGIONE

I vichinghi adoravano molti dei e dee all'aria aperta nei pressi di monumenti naturali come cascate o grandi rocce. Divinità diverse controllavano diversi aspetti della loro vita e *Odino*, il re degli dei, governava su tutte le cose. I vichinghi credevano che gli dei controllassero anche ciò che accadeva loro dopo la morte. Nel XII secolo molti vichinghi, però, si erano già convertiti al cristianesimo.

▷ *Quando uno jarl moriva, veniva organizzata una sepoltura spettacolare. Il suo corpo era sistemato in un'imbarcazione a cui veniva dato fuoco.*

CASE VICHINGHE

La maggior parte delle famiglie vichinghe viveva in abitazioni comuni basse e rettangolari, con una grande stanza principale in cui viveva e dormiva tutta la famiglia. Al centro della stanza si trovava un grande focolare che scaldava e illuminava l'ambiente ed era usato per cucinare. Il fumo prodotto dal fuoco usciva da un piccolo foro sul tetto. La vita familiare si svolgeva attorno al focolare. Le donne e le fanciulle si occupavano dei lavori di casa, come cucinare, e filavano lana e lino, che poi intessevano su un telaio producendo stoffe.

Interno di un'abitazione comune vichinga

DIVERTIMENTI

Di sera, le case dei vichinghi si preparavano per lo svago. I vichinghi erano infatti straordinari narratori e amavano recitare poemi e racconti chiamati *saghe*. Questi racconti narravano delle grandi imprese di dei e famosi guerrieri e venivano imparati a memoria, perché non esistevano né carta né penna per scriverli. I vichinghi amavano anche i giochi come gli scacchi o la dama e gli sport competitivi come la lotta e lo sci.

GUERRIERI

I vichinghi avevano fama di guerrieri assetati di sangue ed erano temuti in tutta Europa. Ogni vichingo di sesso maschile e di sana costituzione veniva addestrato al combattimento. I guerrieri erano comandati dal loro jarl e d'estate si avventuravano in scorrerie o intraprendevano commerci. I guerrieri non avevano paura di morire, perché la morte in battaglia significava l'ingresso nel *Valhalla* (il paradiso del dio Odino), dove avrebbero festeggiato e bevuto per l'eternità: per questo combattevano con ferocia e coraggio. Le loro armi erano spade, asce, lance e scudi di legno. I guerrieri più ricchi indossavano anche cotte di maglia metallica ed elmi di metallo.

LA FINE DELL'ERA VICHINGA

Il potere dei vichinghi iniziò a tramontare attorno al 1066, quando il re di Norvegia, Harald Hardrada (1015-1066) fu ucciso nella battaglia di Stamford Bridge in Inghilterra dal re anglosassone Aroldo d'Inghilterra (1020-1066). La morte di Aroldo, avvenuta nello stesso anno nel corso della battaglia di Hastings contro Guglielmo il Conquistatore, duca di Normandia (1028-1087), segnò la fine dell'era vichinga e l'inizio del potere normanno in Europa.

▷ *Le incursioni vichinghe erano condotte anche da 60 navi stipate di guerrieri. I vichinghi saccheggiavano le città costiere alla ricerca di chiese colme di tesori.*

VEDI ANCHE
cristianesimo; dei e dee; miti e leggende; nave; Parlamento; tessitura.

continua da p. 411

diventare vini pregiati. Vengono filtrati, pastorizzati (*vedi* **Pasteur, Louis**) e quindi imbottigliati non appena estratti dalle botti.

violino

Il violino è uno strumento musicale appartenente alla famiglia degli *strumenti a corda*, solitamente il più piccolo di questa famiglia presente all'interno di un'orchestra.

È costituito da una cassa di legno, o *tavola armonica*, dalla forma che ricorda un "8", a un'estremità della quale è fissato un lungo manico.

Quattro corde, di budello o di nylon, sono tese tra l'estremità superiore del manico e l'estremità inferiore della tavola.

Il violino è suonato con un archetto munito di una specie di nastro composto da circa 150 crini di cavallo tesi: scorrendo sulle corde, l'archetto le fa vibrare, producendo suoni. Le corde possono anche essere pizzicate.

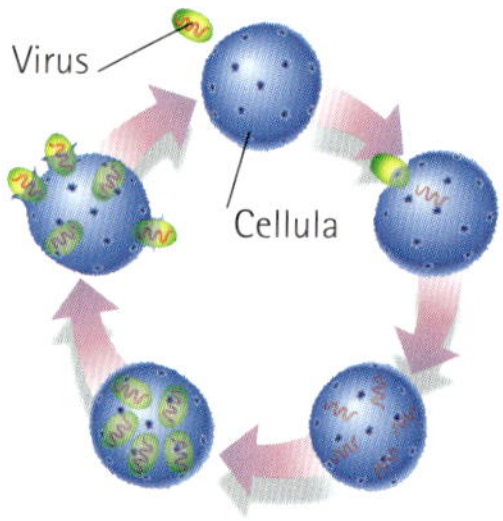

△ I **virus** si diffondono in un organismo usando le cellule dell'organismo stesso per moltiplicarsi creando copie esatte di se stessi. Quando le repliche dei virus escono dalla cellula, la distruggono, e ogni virus ricomincia a replicarsi.

virus

I virus sono piccolissimi esseri viventi che provocano malattie nelle piante e negli animali. Sono più piccoli dei batteri e visibili soltanto con un potentissimo microscopio elettronico.

Solitamente i virus ci infettano quando li ingeriamo o li respiriamo, ma anche alcuni insetti trasportano virus, che trasmettono pungendo.

Una volta all'interno del corpo, il virus viene trasportato dalla circolazione sanguigna e penetra in una cellula, dove produce altri virus, a volte provocando la distruzione completa della cellula.

Malattie causate da virus sono il *morbillo*, la *varicella*, gli orecchioni o *parotite*, l'***AIDS***, l'*influenza* e il *raffreddore*. I virus sono molto difficili da uccidere, ma la vaccinazione (*vedi* **immunità**) aiuta a prevenire alcune di queste malattie.

Quando un virus penetra nel corpo, il sangue produce sostanze chiamate *anticorpi* per combattere il virus. In genere dopo qualche tempo gli anticorpi sono in numero sufficiente a uccidere il virus e il paziente guarisce.

△ Gli agrumi come i *lime*, o limette, sono preziose fonti di **vitamina** C.

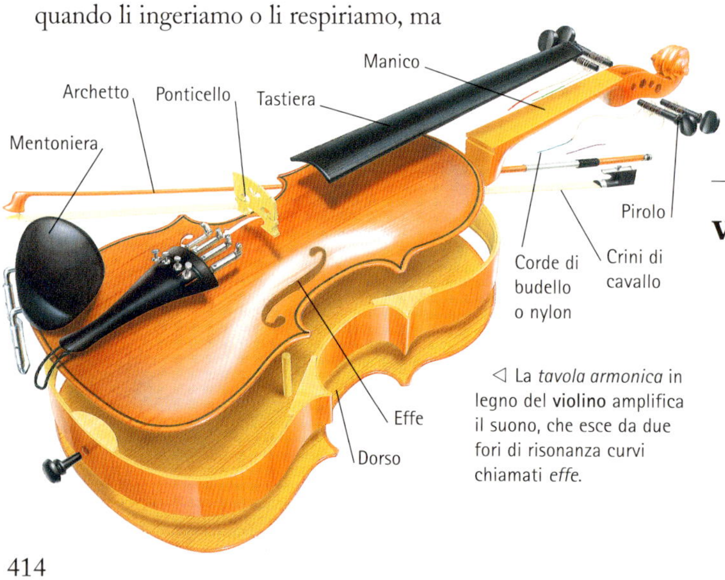

◁ La *tavola armonica* in legno del **violino** amplifica il suono, che esce da due fori di risonanza curvi chiamati *effe*.

vista

La vista è il senso che consente a uomini e animali di vedere, grazie a quell'importante organo sensoriale che è l'*occhio*. Per molti animali la vista è il senso più importante perché consente loro di cercare il cibo, di accoppiarsi e di evitare i pericoli.

Gli *invertebrati* (animali privi di colonna vertebrale) hanno in genere occhi semplici che forniscono soltanto un'immagine piuttosto indistinta di ciò che li circonda.

I *vertebrati* (animali dotati di colonna vertebrale), invece, sono in grado di vedere con nitidezza, ma soltanto l'uomo e alcuni tipi di animali possono vedere perfettamente a colori.

vitamine e minerali

Le vitamine sono sostanze chimiche che si trovano in diversi tipi di cibo e di cui l'uomo ha bisogno per rimanere in buona salute. Esistono sei tipi di vitamine, *A*, *B*, *C*, *D*, *E* e *K*, ma la vitamina B è in realtà composta da un gruppo di molte vitamine.

I primi a rendersi conto che certi tipi

di alimenti erano importanti per la salute furono i marinai. Se nei lunghi viaggi non riuscivano a mangiare frutta e verdure fresche, contraevano una malattia chiamata *scorbuto*, provocata dalla carenza di vitamina C. Dal XVIII secolo alcuni marinai inglesi iniziarono quindi a portare con sé scorte di agrumi per evitare lo scorbuto.

Non esiste un alimento che contenga tutte le vitamine di cui una persona necessita. Ecco perché è importante seguire un'alimentazione varia. Alcuni assumono le vitamine in pillole, ma in realtà non c'è bisogno di pillole se si segue una dieta diversificata e sana. Gli anziani, i bambini e le donne in gravidanza devono assumere più vitamine di altri, ma occorre fare attenzione, perché un eccesso di alcune vitamine, come la vitamina A, può essere nocivo.

L'uomo ha anche bisogno di piccole quantità di minerali: il *calcio*, contenuto nel latte e nei formaggi, aiuta a rafforzare le ossa e i denti. Il *ferro* è necessario per l'*emoglobina*, una sostanza contenuta nei globuli rossi che trasporta l'ossigeno dai polmoni ai tessuti. Altri minerali necessari sono *iodio*, *fosforo*, *sodio* e *potassio*.

vite

La vite è una *macchina semplice*.

Esistono molti tipi di viti, ma le più note sono quelle di metallo usate per unire oggetti o parti di oggetti. La porzione a spirale della vite è chiamata *filetto*. Facendo ruotare una vite con un cacciavite in un apposito foro in un blocco di legno, il filetto fa inserire la vite all'interno del blocco.

Vivaldi, Antonio

Compositore italiano (1678-1742). Sacerdote, fu a lungo maestro di Cappella del Conservatorio di Venezia, viaggiò molto e morì a Vienna povero e in circostanze oscure. È considerato il più grande compositore di musica strumentale che abbia avuto l'Italia.

Il suo nome è legato specialmente alla forma del concerto che egli trasformò grazie all'inconfondibile varietà degli organici strumentali, delle soluzioni timbriche e dell'estro inventivo.

Della sua produzione ricordiamo i famosissimi concerti *Le quattro stagioni* e i *Sei concerti per flauto e archi*. La sua produzione cadde nell'Ottocento in un completo oblio, e soltanto in questi ultimi decenni si è provveduto a rivalutarne lo splendore.

vocale

Le vocali sono le lettere *A, E, I, O* e *U*. Si pronunciano con la bocca aperta e il loro suono dipende dalla posizione della lingua all'interno della bocca. Anche la posizione delle labbra è importante: se sono spinte in avanti, come per fischiare, verrà prodotto il suono "U", se invece sono tese, il suono sarà "I".

Le vocali possono anche essere classificate in *aperte* o *chiuse*, in base al grado di apertura della bocca e al suono grave o acuto emesso.

A volte due o tre suoni vocalici sono uniti per creare un nuovo suono chiamato *dittongo*. I suoni delle vocali di una lingua spesso sono difficili da pronunciare per chi parla un'altra lingua.

volo a vela

Nel volo a vela si vola senza usare la potenza di un motore. I velivoli a vela sono chiamati *alianti* e hanno ali lunghe e strette che forniscono una forte spinta verso l'alto. Per prendere il volo, l'aliante viene

△ Il **volo a vela** è uno sport molto diffuso. Il design del deltaplano è il risultato di una ricerca sul rientro delle navicelle dallo spazio effettuata dalla NASA nell'ambito del programma spaziale statunitense.

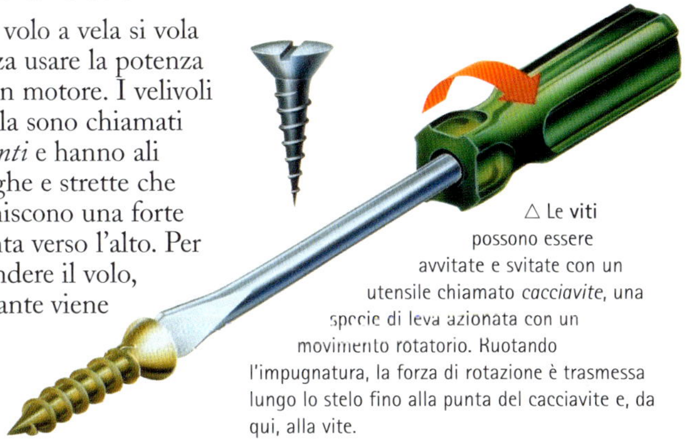

△ Le **viti** possono essere avvitate e svitate con un utensile chiamato *cacciavite*, una specie di leva azionata con un movimento rotatorio. Ruotando l'impugnatura, la forza di rotazione è trasmessa lungo lo stelo fino alla punta del cacciavite e, da qui, alla vite.

▷ L'aria carica di polvere viene aspirata da un aspirapolvere, che funziona sulla base del principio del **vuoto**. All'interno si produce un vortice che separa dall'aria la sporcizia, intrappolandola all'interno ed emettendo aria ripulita. Le frecce rosse indicano la direzione dell'aria carica di polvere.

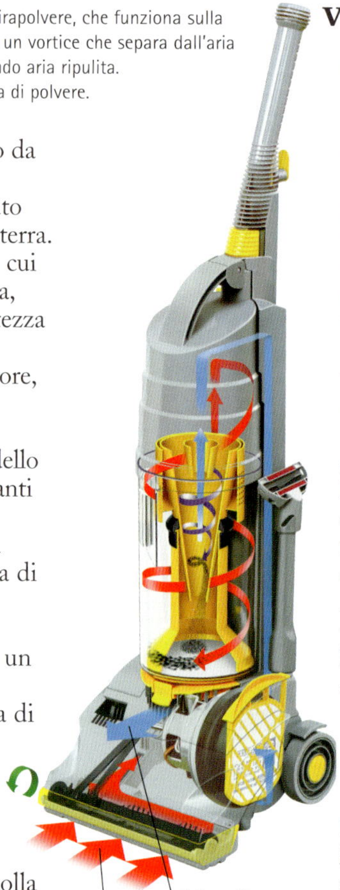

lanciato con un verricello o trainato da un aereo, e una volta in cielo perde quota molto gradualmente, sostenuto dalle correnti calde che salgono da terra. Se l'aria sale alla stessa velocità con cui il velivolo perde naturalmente quota, l'aliante può rimanere alla stessa altezza dal suolo.

Se l'aria sale a una velocità superiore, l'aliante aumenta di quota.

Nel 1853 il primo aliante con un uomo a bordo attraversò una valle dello Yorkshire, nel Regno Unito. Gli alianti moderni possono fare molto di più: nel 1986, in California, negli Stati Uniti, un aliante raggiunse la quota di 11500 m.

Il volo in *deltaplano* è uno sport estremo in cui il pilota è sospeso a un velivolo molto semplice con un'imbracatura e una barra a forma di trapezio.

Il deltaplano ha un'ala in tessuto ed è leggero: solitamente ha un peso compreso tra 22 e 44 kg e può essere trasportato e lanciato da una sola persona. Si decolla da una collina, da una scogliera o da una montagna con una pendenza sufficiente a far prendere il volo al velivolo. Una volta in aria, il pilota manovra il deltaplano spostando il peso del corpo.

volpe

Le volpi sono mammiferi appartenenti alla stessa famiglia dei cani.

Sono cacciatori attivi e velocissimi dotati di olfatto, vista e udito straordinari grazie ai quali catturano le prede. La specie più comune è la *volpe rossa*, diffusa in Europa, Africa settentrionale, America settentrionale e parti dell'Asia. Si nutre di piccoli uccelli, insetti e roditori anche delle dimensioni di conigli e scava tane nel terreno oppure occupa quelle abbandonate da conigli o tassi.

Recentemente sono sempre più numerose le volpi rosse che raggiungono le città, dove vivono negli scantinati degli edifici o in qualsiasi posto riparato riescano a trovare, nutrendosi degli avanzi che rubano dai bidoni della spazzatura. Altre specie di volpe comprendono la *volpe grigia* dell'America settentrionale e l'*otocione africano*, che vive nelle zone desertiche dell'Africa.

Volta, Alessandro

Fisico italiano (1745-1827). Studiò l'effetto che da lui prese nome e inventò la pila, aprendo la via allo sfruttamento dell'energia elettrica.

Studiò la dilatazione dei gas, trovando, prima di Gay-Lussac e di Dalton, la legge della dilatazione termica dell'aria.

L'*Effetto Volta* è un fenomeno consistente nell'insorgere di una differenza di potenziale fra due conduttori diversi quando sono posti a contatto.

▽ La *volpe americana* vive nei deserti dell'America settentrionale. Trascorre le giornate in profonde tane in cui la temperatura è fresca e da cui esce soltanto di notte per andare a caccia di insetti, roditori e altri piccoli mammiferi.

volume

Il volume è la quantità di spazio che occupa un oggetto.
Si può calcolare il volume di un solido misurandone l'altezza, la larghezza e la profondità e moltiplicando le 3 misure insieme. Un cubo con il lato di 10 cm avrà così un volume di 1000 cm cubici (1000 cc), ossia 10 x 10 x 10.

È facile calcolare il volume di scatole o mattoni o di qualsiasi oggetto abbia bordi rettilinei. Misurare il volume di un oggetto dalla forma irregolare è invece più difficile. Un metodo molto semplice fu scoperto da *Archimede* (287-212 a.C.), il grande scienziato greco. Secondo un aneddoto, mentre entrava in una vasca piena d'acqua fino all'orlo per fare il bagno, l'acqua traboccò e immediatamente si rese conto che il volume dell'acqua che era uscita dalla vasca doveva essere esattamente uguale al volume del suo corpo. Questo significa che il volume di un oggetto di forma irregolare può essere misurato immergendolo nell'acqua e misurando l'aumento del livello di quest'ultima.

vulcano

Un vulcano è un'apertura sulla superficie della Terra dalla quale fuoriescono gas incandescenti, rocce fuse e cenere, a volte semplicemente a rigagnoli, altre volte con esplosioni chiamate *eruzioni*.

Alcuni vulcani sono montagne dai pendii piuttosto dolci che presentano fenditure dalle quali fuoriesce roccia caldissima e liquida chiamata *lava*. Altri vulcani, invece, sono montagne dai pendii più ripidi con un grande foro in cima: sono i cosiddetti *vulcani a cono*, il tipo che quando erutta produce esplosioni.

Le eruzioni vulcaniche possono provocare molti danni. Nel 79 d.C. la città romana di Pompei fu distrutta dal *Vesuvio*. Nel 1883 il *Krakatoa*, un vulcano dell'Indonesia, eruttò provocando uno *tsunami* (un'onda di marea) che uccise 36 000 persone.

I vulcani possono anche dare origine a nuove terre: un'isola chiamata *Surtsey*, a sud dell'Islanda, nacque dall'eruzione di un vulcano sottomarino nel 1963.

I vulcani sono disposti sulla superficie del pianeta in lunghe catene: esse segnano i limiti delle enormi zolle che compongono la crosta terrestre e ne rappresentano le parti più instabili. Una di queste catene, chiamata *l'anello di fuoco,* delimita quasi perfettamente l'oceano Pacifico. Nelle zone dei vulcani si verificano anche terremoti e sono comuni i *geyser* e le sorgenti calde.

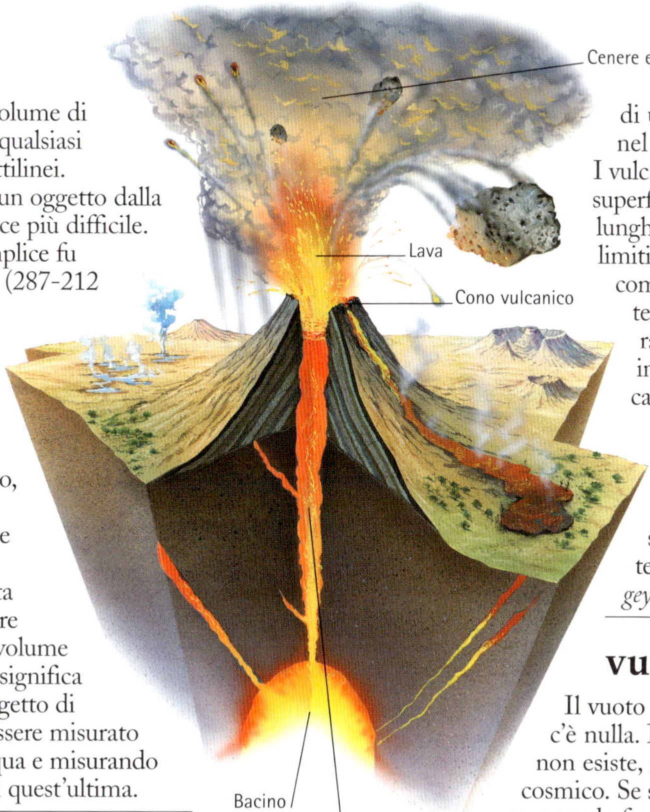

△ Molto al di sotto della superficie di un **vulcano** a cono si trova una cavità contenente *magma* (roccia fusa) e gas che ribollono ad alta temperatura. Durante un'eruzione il magma risale verso l'alto attraverso un condotto simile a quello di un camino, e lava e cenere esplodono al di fuori del cono vulcanico.
Nel 2010, l'eruzione di un vulcano sotto il ghiacciaio islandese Eyjafjallajökull, durata da marzo a ottobre, ha causato la paralisi quasi totale del traffico aereo per oltre una settimana in gran parte dell'Europa a causa dell'immensa nube di cenere sollevatasi in cielo.

vuoto

Il vuoto è uno spazio in cui non c'è nulla. In realtà il vuoto totale non esiste, nemmeno nello spazio cosmico. Se si svuota un contenitore pompando fuori l'aria che contiene, ne rimarrà sempre una piccolissima quantità all'interno. Questo spazio parzialmente vuoto è chiamato *vuoto parziale* e quando si verifica una situazione di questo tipo, altra aria riempie lo spazio rimasto: questo è il modo in cui funzionano anche i nostri polmoni. Quando espiriamo, creiamo un vuoto parziale nei polmoni che altra aria tende a riempire, facendoci inspirare.

Lo spazio rimasto vuoto, però, non sempre si riempie di aria.

Se risucchiamo aria da una cannuccia immersa nell'aranciata, per esempio, è l'aranciata che tende a riempire il vuoto e raggiunge la nostra bocca. È il vuoto parziale che aiuta gli aeroplani a rimanere sospesi in aria.

Le ali di un aereo hanno una forma tale che, quando l'aereo vola, producono un vuoto parziale al di sopra di esse. L'aria che si trova al di sotto tende a salire per riempire lo spazio vuoto al di sopra, spingendo in questo modo l'ala verso l'alto.

W

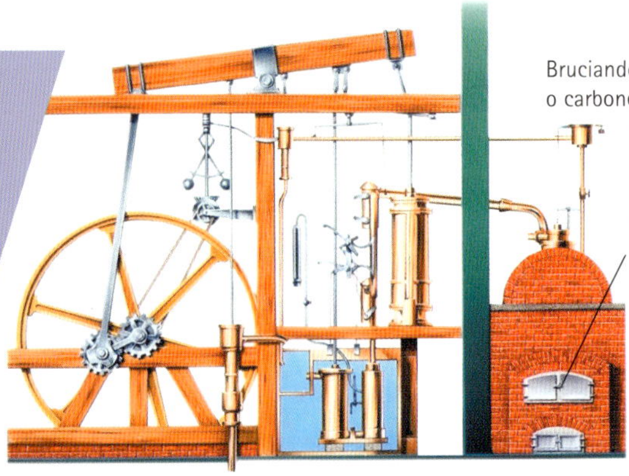

△ Nel motore a vapore di **Watt** la pressione prodotta dal vapore azionava le diverse parti. Questo motore fu usato inizialmente per pompare l'acqua dalle miniere di stagno e rame della Cornovaglia, in Inghilterra, e successivamente fu adottato nei cotonifici.

Wagner, Richard

Compositore tedesco (1813-1883). La sua musica introdusse grandi cambiamenti nel mondo dell'opera lirica. Egli credeva che la musica e la trama di un'opera dovessero essere strettamente collegate, allo stesso modo in cui lo sono le parole e la trama di una commedia. Diversamente da molti altri compositori, Wagner scriveva anche i *libretti* (i testi) delle proprie opere.

Nel 1848 partecipò a una rivolta politica in Germania e dovette fuggire in Svizzera, dove iniziò la sua opera più importante, *L'anello del Nibelungo*, un ciclo di quattro drammi musicali basati su antiche leggende tedesche. Quando Wagner tornò in Germania, costruì un teatro a Bayreuth. Ancora oggi la gente si reca a Bayreuth da tutte le parti del mondo per ascoltare le sue opere.

Wagner trascorse l'ultima parte della vita sommerso dai debiti. Morì un anno dopo la rappresentazione della sua ultima opera, il *Parsifal*.

Washington, George

Presidente degli Stati Uniti d'America (1732-1799). Fu al comando dell'esercito dei coloni che vinse la Guerra di indipendenza americana contro la Gran Bretagna. In un discorso tenuto al Congresso, uno dei suoi ufficiali disse di lui: "Fu il primo in guerra, il primo nella pace e il primo nel cuore dei suoi compatrioti".

George Washington era nato in una fattoria a Westmoreland County, in Virginia. Nel 1752 ereditò una proprietà chiamata *Mount Vernon* e, per qualche tempo, si dedicò all'agricoltura. Nel 1775 scoppiò la Guerra di indipendenza e Washington fu scelto come comandante in capo delle truppe americane. Nonostante i numerosi problemi, le colonie americane conquistarono l'indipendenza dalla Gran Bretagna.

Washington provò a tornare alla sua attività di agricoltore, ma nel 1787 gli fu chiesto di contribuire alla stesura della Costituzione e in occasione delle prime elezioni divenne presidente.

Rimase in carica per circa dieci anni (1789-1797) e morì due anni dopo

▷ Nel 1781, al termine di una guerra di sei anni, gli inglesi finalmente si arresero all'esercito americano a Yorktown, in Virginia. **George Washington**, che era stato comandante in capo, fece ritorno alla sua casa a Mount Vernon, ma ben presto ritornò alla vita pubblica e nel 1789 divenne il primo presidente della nuova nazione.

△ Si narra che Wilbur **Wright** stesse torcendo una scatola di cartone contenente una camera d'aria da bicicletta quando si rese conto che la forma del cartone cambiava ma non le sue dimensioni. Questa osservazione ispirò l'inventore a realizzare il meccanismo cosiddetto di *svergolamento alare* che governava il primo velivolo del 1903.

essersi ritirato a vita privata nella sua amata Mount Vernon.

Watt, James

Ingegnere scozzese (1736-1819). Si dedicò allo studio dei *motori a vapore*. Nei primi motori di questo tipo, il vapore veniva riscaldato e raffreddato all'interno di un cilindro, ma Watt disegnò un modello in cui il vapore si raffreddava all'esterno del cilindro, rendendo il motore molto più potente.

Watt apportò molti altri miglioramenti al motore a vapore, in modo che potesse funzionare su tutti i tipi di macchine, e in effetti il tipo da lui studiato era molto più efficiente di quelli fino ad allora utilizzati.

Uno dei miglioramenti fu l'aggiunta di un regolatore di vapore che utilizzava due pesanti sfere montate su bracci oscillanti: il regolatore stabilizzava la velocità del motore regolando la quantità di vapore che veniva immessa dalla caldaia.

Oltre al motore a vapore, Watt inventò altri dispositivi, come il *propulsore a elica* utilizzato nelle navi.

Wilde, Oscar

Scrittore irlandese (1854-1900). Fu un tipico esponente dell'estetismo decadente; scrisse favole (*La casa dei melograni*), il romanzo *Il ritratto di Dorian Grey*, ma diede il meglio di sé nel teatro (*L'importanza di chiamarsi Ernesto*).

△ Tra le opere del compositore tedesco Richard **Wagner** sono da ricordare *L'Olandese volante*, *Tannhäuser*, *Tristano e Isotta*, *Lohengrin* e *I maestri cantori di Norimberga*.

World Wide Web

Abbreviato in *www.*, è una rete mondiale di computer che comunicano tra loro usando un linguaggio comune. Permette l'accesso al mondo di Internet mediante opportuni programmi chiamati browser, i quali consentono di visualizzare testi e immagini e accedere a informazioni di ogni tipo. I contenuti del Web sono collegati tra loro attraverso i cosiddetti collegamenti ipertestuali, *hyperlink* in inglese.. Nei testi World Wide Web le parole sottolineate, o comunque marcate, operano come *puntatori*, ossia consentono di recuperare documenti approfonditi.

Wright, fratelli

Ingegneri statunitensi: Wilbur (1867-1912) e Orville (1871-1948).

Costruttori di biciclette, progettarono e fecero volare il primo **aeroplano** della storia. La loro macchina volante fu costruita dopo anni di esperimenti condotti con modellini e alianti. Il primo volo fu compiuto a Kitty Hawk, in North Carolina, nel dicembre 1903. Il loro semplice aereo azionato con un motore a benzina volò per 12 secondi. Cinque anni dopo volarono per quasi 75 minuti su un aereo a cui avevano apportato molte migliorie rispetto al primo. L'originale *Flyer I* dei fratelli Wright è esposto al National Air and Space Museum di Washington D.C., negli Stati Uniti.

X

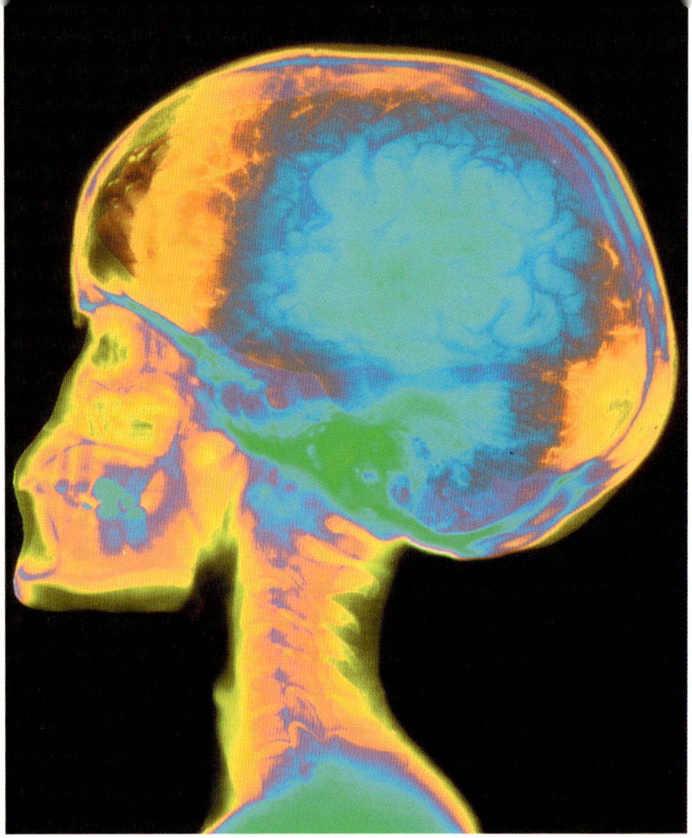

△ Un radiologo ha effettuato questa immagine ai **raggi X**, o *radiografia*, della testa di un uomo. L'immagine risultante è stata colorata per visualizzare più chiaramente il cranio e il cervello.

X, raggi

I raggi X sono onde di energia, così come le onde radio o la luce. Queste onde riescono a passare attraverso la maggior parte degli esseri viventi e possono lasciare impressa su una lastra fotografica un'immagine che mostra l'organismo attraverso il quale sono passate. I medici usano i raggi X per ottenere "fotografie" dell'interno degli esseri umani e in questo modo riescono a capire cosa non va nei pazienti.

Anche la *Tomografia Assiale Computerizzata* (*TAC*) è utile nella diagnosi: in questo tipo di esame il paziente viene fatto passare lentamente all'interno di una specie di tubo in cui i raggi X sono irradiati sul suo corpo da tutte le angolazioni. Un potente computer elabora le informazioni, visualizzando le sezioni del corpo del paziente su un monitor.

Alte dosi di raggi X possono danneggiare le cellule del corpo, ma proprio gli effetti nocivi di questi raggi sono spesso sfruttati nella cura del cancro: i tecnici di radiologia dirigono infatti i raggi X sulle cellule dei tumori per eliminarle.

I raggi X sono prodotti all'interno di un tubo di vetro che non contiene né aria né altri gas. Alle estremità opposte del tubo si trovano un *catodo*, che emette elettroni, e un *anodo*, o bersaglio. Se il catodo viene riscaldato, emette elettroni che colpiscono l'anodo, producendo i raggi X.

Lo scienziato tedesco Wilhelm Röntgen (1845-1923) scoprì i raggi X per caso nel 1895, facendo passare elettricità attraverso un gas.

△ Lo **xilofono** è un tipo di strumento a percussione che produce un suono caratteristico.

xilofono

Lo xilofono è uno strumento musicale a percussione dall'aspetto un po' bizzarro.

È composto da file di piastre di legno pieno di diversa lunghezza fissate a un telaio. Quando viene percossa con un'apposita bacchetta, ogni piastra produce un suono di altezza diversa.

Esiste anche una versione di xilofono con le piastre in metallo, che in questo caso è chiamato *vibrafono*.

Lo xilofono è usato dalle orchestre e dai gruppi musicali di tutto il mondo.

I *risuonatori* (i tubi su cui appoggia ogni piastra) contribuiscono ad amplificare il suono, ossia a intensificarlo.

Nel vibrafono i risuonatori amplificano il suono con un dispositivo elettrico.

Y

△ Lo **yak** fu addomesticato oltre 2 000 anni fa e, oltre a essere usato come mezzo di trasporto, fornisce alle popolazioni tibetane latte, carne, cuoio e lana. Gli yak si muovono con sicurezza sui sentieri rocciosi e sono in grado di sopravvivere a rigide condizioni climatiche.

yak

Lo yak è una specie di bue molto grande, con il pelo arruffato e un paio di lunghe corna.

Gli yak vivono nelle regioni montuose del Tibet, della Cina e dell'Asia settentrionale. Gli yak selvatici possono raggiungere l'altezza di un uomo, ma quelli domestici sono all'incirca delle dimensioni di una mucca europea.

Yangtze Kiang (Chang Jiang)

Lo Yangtze Kiang, o Chang Jiang, o Fiume Azzurro, è il più lungo e importante della Cina e il terzo del mondo. Dalla sua sorgente, sulle alte montagne del Tibet, scorre per 5 800 km attraverso il centro della Cina per sfociare nel mar Cinese Orientale nei pressi di Shanghai.

Il fiume deve il nome all'antico regno di Yang, che si sviluppò attorno al suo corso 3 000 anni fa. Oggi lo Yangtze Kiang è ancora una delle principali rotte commerciali della Cina e il porto di Shanghai, il più grande del Paese, sorge alla sua foce. Grandi navi risalgono lo Yangtze Kiang fino a Hankow in un percorso di quasi 1 125 km nell'entroterra. Imbarcazioni più piccole possono raggiungere I-Ch'ang, a circa 1 600 km dal mare.

Milioni di persone vivono e lavorano sullo Yangtze Kiang o nelle sue vicinanze. Alcuni abitano proprio sul fiume su barche di legno chiamate *giunche*.

▽ Nel corso di migliaia di anni, lo **Yangtze Kiang** ha creato fertili terreni coltivabili lasciando dietro di sé strati di ricco limo quando inonda le terre circostanti. Per proteggere i campi dalle inondazioni i contadini costruiscono enormi argini di terra.

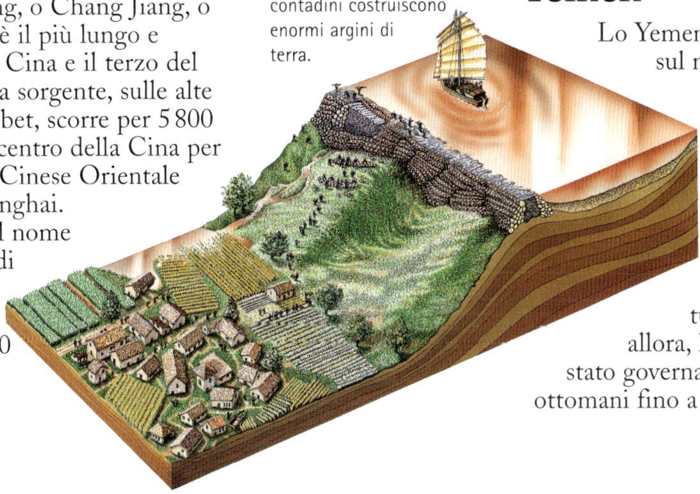

Yemen

Lo Yemen è uno stato affacciato sul mar Rosso e sul golfo di Aden, all'estremità sudoccidentale della penisola arabica. È una repubblica nata nel 1990 dalla fusione tra Yemen del Nord e Yemen del Sud dopo anni di tumulti politici. Prima di allora, lo Yemen del Nord era stato governato per anni dai turchi ottomani fino a ottenere l'indipendenza nel 1918. Lo Yemen del Sud era invece composto dalla ex colonia inglese di Aden e dall'ex protettorato inglese dell'Arabia del sud ed era divenuto indipendente nel 1967.

Il territorio yemenita è tra i più fertili della penisola arabica, grazie ai monsoni che portano le piogge sulle sue montagne ogni primavera.

Molti yemeniti sono contadini e coltivano cotone, grano, caffè, miglio e frutta.

Il porto di Aden, sulla costa meridionale, è da 2000 anni un importante centro di commerci tra oriente e occidente.

Nel 1994 esplose una guerra civile tra l'ex Yemen del Nord e l'ex Yemen del Sud, che terminò quando le forze governative assunsero il controllo di Aden. Ciononostante, nel nord del paese continuarono gli scontri tra l'esercito e i guerriglieri sciiti zaiditi e si ripeterono per molti anni atti di terrorismo e attacchi agli stranieri.
Dal febbraio del 2004, lo Yemen è suddiviso in 20 governatorati e una municipalità.

yeti

Secondo la leggenda, lo yeti, o "abominevole uomo delle nevi", è un enorme essere simile a una scimmia che vivrebbe sull'*Himalaya*, la catena montuosa più alta del mondo.

Diversi avvistamenti sono stati segnalati dalla fine del XIX secolo e sono state pubblicate fotografie di presunte impronte dello yeti, lunghe oltre 30 cm.

Anche se molti credono nella sua esistenza, finora le spedizioni non sono ancora riuscite a trovare prove a sostegno di questa credenza.

△ Questa fotografia raffigura quella che molti ritengono essere l'impronta di un piede dello **yeti**. Fu scattata da alcuni scalatori nel 1951 ed è lunga quanto la testa di una piccozza.

yoga

Metodo di autodisciplina proprio del sistema filosofico dell'induismo, codificato dal filosofo indiano Patanjali (forse V sec.), attraverso cui si ottiene il dominio delle forze spirituali e le si orienta al raggiungimento della pace e della conoscenza, alla liberazione dai legami del mondo, all'unione con l'assoluto.

Consiste nella pratica delle virtù e nell'esercizio di tecniche fisiche tra cui il controllo del respiro e varie "posizioni" corporee.

yogurt

Lo yogurt è un alimento ottenuto dalla fermentazione del latte da parte di lattobacilli. Viene preparato sin dall'antichità nell'Europa mediterranea e orientale, nel vicino Oriente, in Africa settentrionale e nell'Asia centrale, da latte vaccino, caprino e di cammello. Oggi la sua produzione è industriale e si può trovare ovunque intero, scremato, spesso arricchito con zucchero, frutta, cioccolato, cereali.

YEMEN
Governo: repubblica
Capitale: Sana'a
Superficie: 527 968 km^2
Popolazione: 23 580 200 ab.
Lingua: arabo
Valuta: riyal yemenita

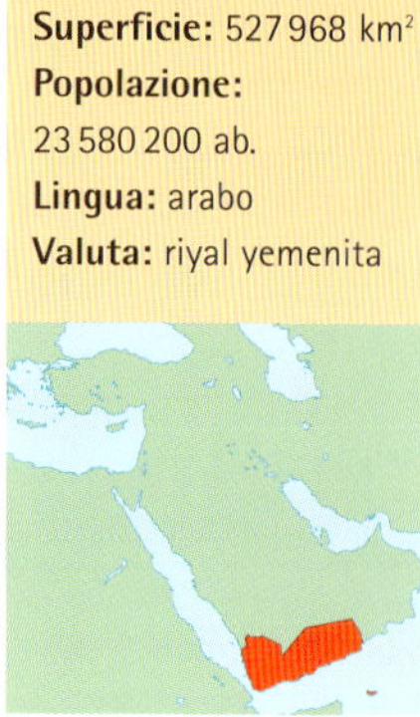

△ La **zebra** *di Burchell* è il tipo di zebra più diffuso in Africa orientale. Qui, un piccolo appena nato, ancora coperto dai resti della placenta, succhia il latte dalla madre.

Zambia

Lo Zambia è uno stato senza sbocchi sul mare situato nell'Africa meridionale e confinante con la Repubblica Democratica del Congo, la Tanzania, il Malawi, il Mozambico, il Botswana, lo Zimbabwe, la Namibia e l'Angola.

Lo Zambia prende il nome dal fiume Zambesi che scorre nella parte occidentale del Paese e lungo il confine con lo Zimbabwe.

La maggior parte degli abitanti è dedita all'agricoltura, ma solitamente sono le donne che coltivano i campi perché gli uomini lavorano per lo più nell'industria delle estrazioni minerarie.

La ricchezza del Paese, infatti, deriva principalmente dalle miniere di rame.

Lo Zambia è un ex possedimento britannico un tempo chiamato *Rhodesia del Nord*, divenuto una repubblica indipendente nel 1964. Nel 1972 ebbe inizio il lungo predominio di un partito unico e le prime elezioni democratiche si tennero soltanto nel 1991.

Come in molte nazioni africane, anche in Zambia la popolazione ha una speranza di vita media molto bassa: 37 anni per uomini e donne. Questo perché l'**AIDS** continua a devastare il Paese africano: nel 2400 si sono verificati circa 45 000 decessi.

Quando una **zanzara** femmina punge, inietta nella vittima una speciale sostanza che causa la fuoriuscita del sangue: ecco perché le punture di zanzara, in genere, danno prurito.

ZAMBIA
Forma di governo: repubblica
Capitale: Lusaka
Superficie: 752 612 km²
Popolazione: 12 840 180 ab.
Lingua: inglese
Moneta: kwacha zambiano

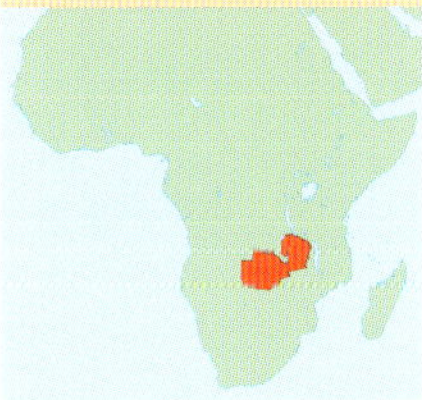

zanzara

La zanzara è un piccolo insetto dal corpo affusolato, tre paia di lunghe zampe e due ali sottili. Le femmine pungono e succhiano il sangue. Sono infatti dotate di un tubicino a punta con il quale perforano i minuscoli vasi sanguigni delle loro vittime.

Le zanzare maschio si nutrono invece di sostanze estratte dalle piante. Alcuni tipi di zanzare diffondono malattie come la malaria e la febbre gialla.

zebra

Le zebre appartengono alla stessa famiglia dei cavalli. Vivono nelle vaste pianure dell'Africa a sud del deserto del Sahara. Le zebre sono bianche con

ZIMBABWE
Forma di governo: repubblica
Capitale: Harare
Superficie: 390 757 km²
Popolazione: 12 522 800 ab.
Lingua: inglese
Moneta: dollaro USA (il dollaro dello Zimbabwe è ufficialmente sospeso dal 2009 per la forte inflazione)

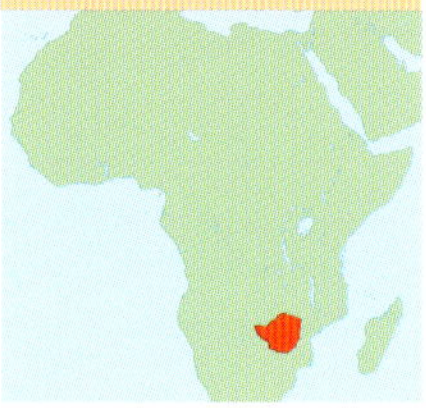

strisce nere o marroni che formano un disegno unico e distintivo: non esistono infatti due zebre che abbiano il mantello uguale.

Le zebre vivono in branchi, si nutrono di erba e spesso vagano per le praterie insieme a branchi di antilopi.

Possono correre molto velocemente, ma spesso sono preda di leoni, leopardi e iene. Come gli altri cavalli selvatici, sopravvivono soltanto grazie alla loro velocità: in corsa possono infatti raggiungere i 40 km orari.

L'uomo un tempo cacciava le zebre per la pelle originale e la carne gustosa, ma oggi la caccia alla zebra è vietata nella maggior parte dei Paesi.

Zimbabwe

Lo Zimbabwe è un piccolo stato dell'Africa meridionale, a circa 240 km dalla costa dell'oceano Indiano. A nord il confine è segnato dal fiume Zambesi, famoso per le cascate Vittoria e la diga di Kariba, che fornisce energia elettrica sia allo Zimbabwe che al vicino Zambia.

Nel territorio dell'odierno Zimbabwe, dal 900 d.C. ca. fino a tutto il Medioevo, si sviluppò un fiorente impero. Le imponenti rovine di questa antica civiltà si rivelarono al resto del mondo nel 1868 quando una spedizione di caccia le scoprì fortuitamente.

Lo Zimbabwe costituì la colonia inglese chiamata *Rhodesia* fino al 1965, anno in cui i coloni bianchi assunsero il potere e dichiararono l'indipendenza dal Regno Unito.

Scoppiò poi una guerra civile tra i coloni e la popolazione nera che si ribellava alle leggi razziali imposte dai bianchi. Nel 1980, il leader dei ribelli, Robert Mugabe, divenne capo dello stato, ma da allora ha mantenuto il potere con spregiudicatezza, alterando i risultati elettorali con brogli e violenze contro gli avversari. Nel 2008, però, è stato costretto a formare un governo di unità nazionale assieme al leader dell'opposizione, Tsvangirai. La stabilità politica ha favorito l'avvio di una certa ripresa economica.

▽ Anche se costituito da robusto materiale corneo, lo **zoccolo** di un cavallo può consumarsi camminando su superfici dure come le strade. Ecco perché a molti cavalli vengono applicati i caratteristici ferri ricurvi.

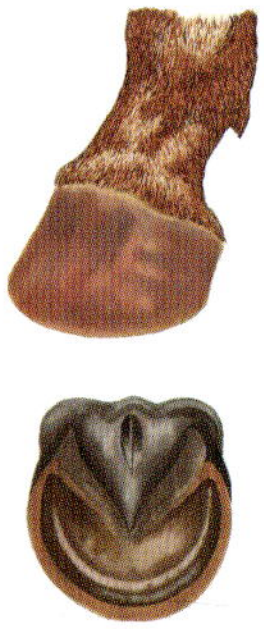

zinco

Lo zinco è un metallo duro, di colore bianco azzurrognolo. È un elemento usato da oltre 2000 anni in lega con il rame nella fabbricazione dell'ottone.

Gran parte dello zinco prodotto nel mondo proviene da Canada, Australia e Stati Uniti.

Le miniere di zinco solitamente contengono altri metalli come rame, oro, piombo e argento.

Principalmente è utilizzato per zincare l'acciaio, ossia per applicarvi un sottile rivestimento di protezione ed è usato anche nelle pile elettriche.

Oltre all'ottone, lo zinco dà origine a molte altre leghe, tra cui il nichel e il bronzo. Lo zinco si trova sempre combinato ad altre sostanze. L'uomo ha bisogno di una piccola quantità di zinco nella sua alimentazione: la carenza di zinco può causare diverse problematiche, tra cui ritardo di crescita, stanchezza e difficoltà di rimarginazione delle ferite.

Un'alimentazione corretta apporta tutto lo zinco necessario per crescere e mantenersi sani.

zingari

Gli zingari sono una popolazione diffusa in tutto il mondo. Alcuni vivono in case, altri viaggiano sempre e vivono in roulotte.

Gli zingari preferiscono guadagnarsi da vivere in modo indipendente, per esempio commerciando o sfruttando le loro capacità di artisti e artigiani.

Si pensa che siano originari dell'India e che circa 600 anni fa siano giunti in Europa, dove oggi prevalentemente vivono, soprattutto in Romania, Ungheria e Spagna.

zoccolo

Lo zoccolo è la copertura dura di materiale corneo che protegge la parte terminale delle zampe di alcuni mammiferi.

Gli animali dotati di zoccoli si dividono in due gruppi principali, quelli con un *numero pari di dita* e quelli con un *numero dispari di dita*.

Gli animali con un numero pari di dita comprendono cervidi, antilopi, bovini, capre, cammelli, maiali e pecore: tutte queste specie hanno due o quattro dita.

Gli animali con un solo dito comprendono cavalli e zebre. Nei cavalli domestici gli zoccoli vengono accorciati, limati e dotati di appositi ferri.

zolfo

Lo zolfo è un elemento che spesso si trova sotto forma di cristalli gialli nei pressi della bocca dei vulcani e delle sorgenti di acque termali calde.

Cavoli, uova e altri alimenti contengono zolfo. Piante e animali necessitano di una piccola quantità di zolfo per crescere bene.

Lo zolfo è usato per fabbricare concimi, farmaci, polvere da sparo e molte altre utili sostanze chimiche.

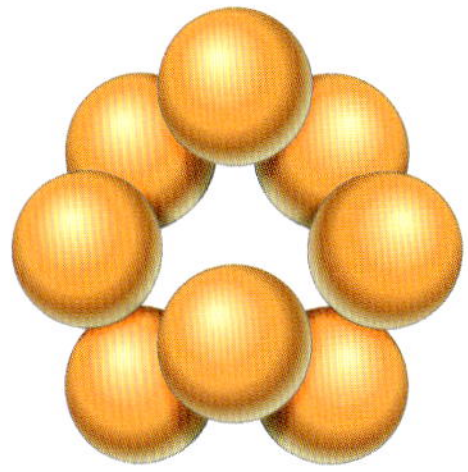

△ Lo **zolfo** è un elemento di colore giallo intenso. Una molecola di zolfo contiene otto atomi disposti ad anello.

zoologia

La zoologia è la scienza che studia gli animali. Tradizionalmente è suddivisa in *zoologia generale* e *zoologia sistematica*. Quest'ultima si occupa della classificazione del mondo animale.
La zoologia generale è ripartita in più branche di cui le principali sono: la *morfologia* e *l'anatomia*, la *fisiologia*, l'*embriologia*, la *genetica*, la *paleontologia*, l'*ecologia*, l'*etologia*, la *zoogeografia* e la *zoologia applicata*.
Due ulteriori grandi capitoli della zoologia relativi al comportamento degli animali e alla loro interazione con l'ambiente sono l'*etologia* e l'*ecologia*.

Zorro

Personaggio creato dallo scrittore statunitense J. Mc Cully nel romanzo *La maledizione di Capistrano* (1919), protagonista di molti racconti, fumetti, film e telefilm.

È l'incarnazione, nella California della metà dell'Ottocento, della classica figura del vendicatore mascherato. Il suo vero nome è Don Diego de la Vega, nobile di origine spagnola che si traveste di nero e si maschera il volto e difende gli oppressi con la sua abilità di spadaccino, facendosi chiamare Zorro (che in spagnolo significa "volpe").

zucchero

Lo zucchero è un alimento di sapore dolce aggiunto agli ingredienti necessari per preparare dolci, gelati, caramelle e bibite e usato per addolcire alimenti e bevande come il caffè e il tè. Dà energia all'organismo più rapidamente di qualsiasi altro alimento, ma consumarne troppo può provocare carie ai denti. Fino al XVIII secolo le diverse aree culturali del mondo ebbero ognuna una forma specifica di zucchero: il *miele*, in Europa, gli zuccheri di frutta (*fruttosio*) nel bacino del Mediterraneo e nel Medio Oriente, la *melassa* in Asia e in Cina, lo *zucchero d'acero* presso gli indiani d'America. Lo zucchero contiene atomi di carbonio, idrogeno e ossigeno. Raggruppamenti diversi di questi atomi danno vita ai diversi tipi di zucchero. Il tipo che oggi si consuma più frequentemente è chiamato *saccarosio*. Tutte le piante verdi producono zucchero. La maggior parte dello zucchero che utilizziamo è ricavata dalla *canna da zucchero*, un tipo di pianta erbacea molto alta, o dalla *barbabietola da zucchero*, una pianta con una radice molto spessa ricca di zuccheri.

Indirizzi Internet

Nel World Wide Web esistono centinaia di migliaia di siti: in effetti sono così numerosi che trovare il sito che cerchi può essere un'impresa piuttosto difficoltosa. Questa è una guida ad alcuni dei siti più utili, in ognuno dei quali troverai *link* (rimandi ad altri siti) che ti indirizzeranno verso altri siti interessantissimi!

La storia di Internet e una spiegazione del suo funzionamento è fornita alle pagine 200-201 di questa enciclopedia.

MOTORI DI RICERCA
www.baol.it
Motore di ricerca per i piccoli utenti, suddiviso per argomenti. Contiene anche un indice di utili pagine Web.

www.bambini.puntopartenza.it
Un'ottima guida Internet per i più piccoli con un motore di ricerca collegato a Google.

www.simpaticoland.it
Motore di ricerca per giovani utenti e link a siti di vario interesse.

CONSULTAZIONE GENERALE
www.mediasoft.it
Enciclopedia multimediale suddivisa per temi, come geografia d'Italia, dinosauri, musica, educazione stradale e foto d'epoca.

www.sapere.it
Versione on-line dell'enciclopedia *Il Sapere*.

www.treccani.it
Vocabolario, Enciclopedia e Dizionario Biografico on line: opere di consultazione on line gratuite, complete e aggiornatissime.

www.sussidiario.it/risorse_didattiche/studenti/
Portale per l'accesso a informazioni utili per gli studenti, suddivise per temi: archeologia, filosofia, letteratura, architettura, storia, geografia...

http://dienneti.it/bambini.htm
Portale per l'educazione e la didattica con una selezione di siti per bambini e ragazzi, giochi on-line e programmi televisivi.

www.museionline.it
Elenco di musei italiani, suddivisi per tipologia o regioni, con i link ai siti di ognuno dei musei elencati.

GEOGRAFIA
www.globalgeografia.com
Fornisce dati geografici di tutto il mondo, curiosità e fotografie e immagini della Terra dal satellite.

www.giochi-geografici.com
Un sito giovane, divertente e molto istruttivo sulle città e le regioni d'Italia, d'Europa, del mondo.

IL PIANETA TERRA
www.eniscuola.net
Presentazione del nostro pianeta, con particolare attenzione alle risorse naturali e alle fonti di energia.

http://geologia.com/area_raga/evoluzione/intro.html
Storia dell'evoluzione della Terra, da 4,5 miliardi di anni fa a oggi, attraverso tutte le ere geologiche.

www.astrosurf.com/cosmoweb/terra
Appunti sul nostro Pianeta e sugli astri, con almanacco astronomico e un utile glossario.

MONDO NATURALE
www.animalinelmondo.com
Portale dedicato agli animali, con articoli, schede informative, consigli e servizi.

www.wwf.it
Sito italiano del World Wildlife Fund. Contiene una sezione per ragazzi, con fotografie, giochi e approfondimenti.

www.rokiu.com
Portale dedicato agli animali esotici, domande e risposte più frequenti.

www.greenpeace.it
Sito italiano dell'associazione ambientalista internazionale.

www.geologia.com/html/link/dinopage.html
Questa pagina fornisce un elenco di utilissimi siti sui dinosauri.

CORPO UMANO
http://www.linguaggioglobale.com/sos/menu_sos_2.htm
Tante spiegazioni, chiare illustrazioni e molti rimandi e approfondimenti per conoscere il corpo umano navigando...

SCIENZE
http://dienneti.it/scienze/scienza.htm
Siti di interesse scientifico e didattico con motori di ricerca e indici.

http://scienzapertutti.lnf.infn.it/index7.html
Sito di una comunità di fisici e ricercatori italiani dell'Istituto Nazionale di Fisica Nucleare.

www.molecularlab.it
News, community, didattica in scienza, ricerca, biotech e biologia molecolare attraverso immagini e animazioni interattive.

MATEMATICA
www.math.it
Sito di matematica con una sezione dedicata agli utenti più giovani, con giochi e matematica ricreativa.

INVENZIONI E TECNOLOGIE
http://cronologia.leonardo.it/
Storia del mondo delle civiltà, invenzioni e scoperte, biografie, motore di ricerca interno a cronologia.

www.museoelettrico.com
Viaggio attraverso la storia dell'elettricità: informazioni, personaggi e invenzioni.

www.museoscienza.org
Un'interessantissima galleria delle macchine disegnate da Leonardo da Vinci.

www.cartaecartone.it
Alla scoperta della carta e delle varie tecniche di fabbricazione.

ALIMENTAZIONE
www.softwaredidattico.it/EducazioneAlimentare/
Conoscere i segreti dell'alimentazione in modo divertente nel portale dell'educazione alimentare per ragazzi.

STORIA
http://www.riflessioni.it/siti/storia_documenti.htm
Molti siti di storia antica, moderna e contemporanea.

www.cronologia.it
Duemila anni di storia organizzata in ordine cronologico.

RELIGIONI E MITOLOGIA
http://spazioinwind.libero.it/popoli_antichi/
Aree archeologiche, civiltà antiche, personaggi storici e religioni nel mondo.

LINGUA E LETTERATURA
www.languageguide.org/it
Dizionario illustrato multilingue per bambini: inglese, francese, spagnolo, italiano, tedesco e altre 27 lingue! Si passa con il mouse sull'illustrazione e si legge in lingua!

www.juniorlibri.it
Portale dedicato alla letteratura per ragazzi. Contiene informazioni, ultime novità editoriali e sezioni dedicate a favole, filastrocche e giochi.

ARTE E ARCHITETTURA
www.storiadellarte.com
Sito della storia dell'arte italiana, suddivisa per periodi e in varie sezioni: pittura, scultura, architettura e biografie degli artisti.

www.uffizi.firenze.it
Sito della Galleria degli Uffizi di Firenze, con una visita virtuale ad alcune delle sale.

www.activitaly.it/monument/monumenti_Roma.htm
Schede e immagini dei principali monumenti di Roma.

ARTI SCENICHE
http://www.oradimusica.it/sitopub/index.htm
Materiale didattico per lo studio della musica: valori delle note, figure, ritmo e tecnica di scrittura. Attività di educazione musicale, con spartiti e basi musicali per il flauto dolce.

www.danza.it
Il portale italiano sulla danza, con sezioni dedicate alla storia della danza, ai più famosi coreografi e ai vari tipi di balli nel mondo.

http://www.1aait.com/larovere/storiaci.htm
Questo sito fornisce informazioni sugli elementi essenziali della storia del cinematografo.

SPORT
www.olimpiadi.it
Informazioni sulle Olimpiadi, le varie discipline e i campioni di tutti i tempi.

SPAZIO
www.astrofili.com
Sito per amanti dell'astronomia.

Indice analitico

I numeri in **neretto** rimandano al lemma principale.

INDICE ANALITICO